ग्रेट बिझनेसमॅन इन द वर्ल्ड
हिंन्दी

मनोज डोळे

सफल उद्यमी अन्य सफल उद्यमियों को प्रेरित करते हैं और सुपर सफल उद्यमियों की इस सूची ने लाखों लोगों को प्रेरित किया है! सभी सफल उद्यमियों की दो प्रमुख विशेषताएं उनका ध्यान और दृढ़ संकल्प हैं। समस्याओं को सुलझाने और दुनिया को एक बेहतर जगह बनाने के परिणामस्वरूप उनकी सफलता मिली है। क्या आप दुनिया के सबसे प्रसिद्ध उद्यमियों की सूची ढूंढ रहे हैं? आप सही जगह आ गए हैं।

इस पुस्तक में आधुनिक युग में अनुसरण करने के लिए कुछ सर्वश्रेष्ठ उद्यमियों की सूची शामिल है। हमने उनकी नेट वर्थ, पसंदीदा उद्धरण और पाठ भी शामिल किए हैं जो हम सभी दुनिया के शीर्ष उद्यमियों से सीख सकते हैं।

ईमानदारी से, "उद्यमिता" शब्द की कई परिभाषाएँ हैं। स्टीव जॉब्स के दृष्टिकोण से, उद्यमिता अद्भुत चीजों को प्राप्त करने के लिए वास्तव में पागल चीजें करने के बारे में है। यह सिर्फ ब्रह्मांड में सेंध लगा रहा है।

उद्यमिता का विचार मुख्य रूप से एक विचार के इर्द-गिर्द घूमता है, उस पर तब तक काम करना जब तक वह वास्तविकता न बन जाए, दैनिक चुनौतियों का सामना करना, अपने उद्योग में दूसरों के साथ प्रतिस्पर्धा करना और अंततः अपने व्यवसाय की लाभप्रदता बढ़ाना।

यदि आप एक सफल उद्यमी बनना चाहते हैं, तो आपके पास स्पष्ट दृष्टिकोण होना चाहिए, अपने लक्ष्यों के लिए कड़ी मेहनत करनी चाहिए, सही टीम का चयन करना चाहिए और अगले कुछ वर्षों तक लगातार बने रहना चाहिए।

आखिरकार, उद्यमिता अत्यधिक कठिन परिश्रम करने, अपने लक्ष्यों तक पहुँचने, लाभ कमाने और सही ग्राहकों को आकर्षित करने के बारे में है ताकि आप लंबे समय तक जीवित रह सकें।

उद्यमिता के बारे में बहुत कुछ कहा जा चुका है, अब आइए 2022 और उसके बाद अनुसरण करने वाले कुछ सर्वश्रेष्ठ उद्यमियों की सूची पर सीधे चलते हैं।

क्रम-सूची

क्रम-सूची

1
जमशेदजी टाटा

जमशेदजी टाटा

Top Richest People

जमशेदजी (जमशेदजी) नुसरवानजी टाटा (3 मार्च 1839 - 19 मई 1904) एक भारतीय उद्योगपति थे जिन्होंने भारत के सबसे बड़े समूह टाटा समूह की स्थापना की। कई चुनावों और रैंकिंग सूचियों द्वारा पिछली सदी के सबसे महान परोपकारी का नाम दिया गया, उन्होंने

जमशेदपुर शहर की स्थापना की।

जमशेदजी टाटा को "भारतीय उद्योग के पिता" के रूप में जाना जाता है। वह व्यापार की दुनिया में इतने प्रभावशाली थे कि जवाहरलाल नेहरू ने टाटा को एक व्यक्ति योजना आयोग के रूप में संदर्भित किया।

"जब आप कार्रवाई में, विचारों में नेतृत्व करना चाहते हैं - एक नेतृत्व जो राय के माहौल से मेल नहीं खाता है - वह वास्तविक साहस, शारीरिक या मानसिक या आध्यात्मिक है, जो आपको पसंद है वह कहें और यह प्रकार है। साहस और दृष्टि द्वारा दिखाया गया जमशेदजी टाटा। हम उनकी स्मृति का सम्मान करेंगे। यह सही है कि उन्हें आधुनिक भारत के महान संस्थापकों में से एक के रूप में सम्मानित और याद किया जाना चाहिए।" - जवाहर लाल नेहरू

टाटा, जो अपने प्रारंभिक जीवन में एक व्यवसायी थे, ने कपास और पिग आयरन उद्योगों में अपने कई उपक्रमों के माध्यम से भारत के व्यापार जगत को बदल दिया और आधुनिक भारतीय अर्थव्यवस्था के सबसे महत्वपूर्ण बिल्डरों में से एक के रूप में पहचाने जाते हैं। उनकी कई उपलब्धियों में, टाटा जमशेदपुर में टाटा आयरन एंड स्टील वर्क्स कंपनी के लिए विशेष रूप से उल्लेखनीय है।

टाटा को 1892 में उनके लैंडमार्क देने की शुरुआत के बाद से लगभग 102.4 बिलियन डॉलर के कुल दान के साथ "हुरुन फिलैंथ्रोपिस्ट्स ऑफ द सेंचुरी" (2021) में पहले स्थान पर रखा गया था।

जमशेदजी टाटा का जन्म 3 मार्च, 1839 को दक्षिण गुजरात के नवसारी में नुसरवानजी और जीवनबाई टाटा के यहाँ हुआ था। उनका परिवार पारसियों या पारसियों के एक अल्पसंख्यक समूह का हिस्सा था, जो ईरान में पारसियों के उत्पीड़न से भागकर भारत आए थे। उनका जन्म एक सम्मानित लेकिन गरीब पुरोहित परिवार में हुआ था। उनके पिता नुसरवानजी पारसी पारसी पुजारियों के परिवार के पहले व्यापारी थे। उनकी मातृभाषा गुजराती थी। उन्होंने अपने परिवार की पुरोहित परंपरा को तोड़ा और व्यवसाय शुरू करने वाले परिवार के पहले सदस्य बने। उन्होंने मुंबई में एक एक्सपोर्ट ट्रेडिंग फर्म शुरू की।

अन्य पारसी लोगों के विपरीत, जमशेदजी टाटा के पास एक औपचारिक पश्चिमी शिक्षा थी क्योंकि उनके माता-पिता ने यह देखा था कि उन्हें कम उम्र से ही विशेष मानसिक अंकगणित प्राप्त हो गया था। हालाँकि, बाद में उन्हें और अधिक आधुनिक शिक्षा प्राप्त करने के लिए बॉम्बे भेजा गया। 14 साल की उम्र में, वह बंबई में अपने पिता नुसरवानजी से जुड़ गए और एलफिन्स्टन कॉलेज में दाखिला लिया, "ग्रीन स्कॉलर" (स्नातक समकक्ष) के रूप में अपनी शिक्षा पूरी की। उनका विवाह छात्र रहते हुए हीराबाई डब्बू से हुआ था।

1858 में बॉम्बे के एलफिन्स्टन कॉलेज से स्नातक होने के बाद, वह अपने पिता की निर्यात-व्यापार फर्म में शामिल हो गए और जापान, चीन, यूरोप और संयुक्त राज्य अमेरिका में इसकी मजबूत शाखाएँ स्थापित करने में मदद की। व्यवसाय शुरू करने के लिए यह एक अशांत समय था क्योंकि 1857 के भारतीय विद्रोह को ब्रिटिश सरकार ने दबा दिया था। नुसरवानजी टाटा ने पारसियों की एक छोटी कॉलोनी में अफीम के व्यापार से परिचित होने के लिए नियमित रूप से चीन की यात्रा की, फिर बाहरी लोगों के लिए सख्ती से बंद कर दिया। उद्धरण आवश्यक है

नुसरवानजी टाटा चाहते थे कि उनका बेटा व्यापार में शामिल हो, इसलिए उन्होंने उसे वहां के व्यापार और अफीम के व्यापार के बारे में जानने के लिए चीन भेजा। हालाँकि, जब टाटा ने चीन की यात्रा की, तो उन्होंने महसूस किया कि कपास उद्योग फलफूल रहा था और इसमें भारी मुनाफा कमाने की क्षमता थी।

व्यवसाय

इस खंड में सत्यापन के लिए अतिरिक्त उद्धरणों की आवश्यकता है। कृपया विश्वसनीय स्रोतों से उद्धरण जोड़कर इस लेख को बेहतर बनाने में सहायता करें। बिना सूत्रों की सामग्री को चुनौति देकर हटाया जा सकता है।

खोज स्रोत: "जमशेदजी टाटा" - समाचार • समाचार पत्र • पुस्तकें • विद्वान • जेएसटीओआर (मार्च 2017) (जानें कि इस टेम्पलेट संदेश को कैसे और कब हटाएं)

भारतीय विज्ञान संस्थान, बंगलौर के फैकल्टी हॉल में जेएन टाटा (शीर्ष) की एक मूर्ति जिसके हाथ में फैकल्टी हॉल का लघु मॉडल है

टाटा ने 29 साल की उम्र तक अपने पिता की कंपनी में काम किया। उन्होंने 1868 में £21,000 पूंजी (2015 में US$52 मिलियन मूल्य) के साथ एक ट्रेडिंग कंपनी की स्थापना की। 1869 में उन्होंने चिंचपोकली में एक दिवालिया तेल मिल खरीदी और इसे एक सूती मिल में बदल दिया, जिसका नाम उन्होंने एलेक्जेंड्रा मिल रखा। उसने लाभ के लिए 2 साल बाद मिल बेच दी। बाद में, 1874 में, जमशेदजी टाटा ने नागपुर में सेंट्रल इंडिया स्पिनिंग, वीविंग एंड मैन्युफैक्चरिंग कंपनी शुरू की, क्योंकि उन्हें लगा कि यह एक और व्यावसायिक उद्यम स्थापित करने के लिए उपयुक्त जगह है। इस अपरंपरागत स्थान के कारण, बंबई के लोगों द्वारा बॉम्बे में सूती व्यवसाय को बढ़ावा नहीं देने के लिए टाटा का उपहास किया गया था, जिसे भारत के "कॉटनपोलिस" के रूप में जाना जाता है। वे समझ नहीं पाए कि एक नया व्यवसाय शुरू करने के लिए वह अविकसित शहर नागपुर क्यों चले गए।

हालाँकि, टाटा की नागपुर की पसंद ने उन्हें सफलता दिलाई। मुंबई के विपरीत, नागपुर में जमीन सस्ती थी और संसाधन आसानी से उपलब्ध थे। प्रचुर मात्रा में कृषि उत्पादन, आसान वितरण और सस्ती भूमि थी, जिसने बाद में रेलवे को नागपुर में परिवर्तित कर दिया,

जिसने शहर को और विकसित किया। 1 जनवरी 1877 को रानी विक्टोरिया के लिए भारत का युद्ध 1877 में, घी घोषित होने के बाद, टाटा ने एक नई सूती मिल, "एम्प्रेस मिल" की स्थापना की। उद्धरण आवश्यक है

उनके जीवन के चार लक्ष्य थे: एक लोहा और इस्पात कंपनी, एक विश्व स्तरीय शैक्षणिक संस्थान, एक अद्वितीय होटल और एक जलविद्युत संयंत्र स्थापित करना। 3 दिसंबर 1903 को मुंबई में कोलाबा तट पर £11 मिलियन (2015 में £11 बिलियन मूल्य) के उद्घाटन के साथ केवल होटल उनके जीवनकाल के दौरान एक वास्तविकता बन गया। उस समय यह भारत का एकमात्र बिजली वाला होटल था। उद्धरण आवश्यक है

1885 में, टाटा ने पांडिचेरी में एक और कंपनी शुरू की, जिसका एकमात्र उद्देश्य बिना शुल्क चुकाए पास के फ्रांसीसी उपनिवेशों में भारतीय वस्त्र वितरित करना था; हालांकि, कपड़ों की अपर्याप्त मांग के कारण यह असफल रहा। इस वजह से उन्होंने कुर्ला, मुंबई में धर्मसी मिल खरीदी और बाद में अहमदाबाद में एडवांस मिल्स खरीदने के लिए इसे फिर से बेच दिया। टाटा ने इसे एडवांस मिल्स कहा क्योंकि यह उस समय की सबसे हाई-टेक मिलों में से एक थी। अपनी तकनीक के संदर्भ में, कंपनी ने अहमदाबाद शहर पर अच्छा प्रभाव डाला क्योंकि टाटा ने अपने समुदाय को आर्थिक विकास प्रदान करने के लिए शहर में मिलों को एकीकृत करने का प्रयास किया। इन कई योगदानों के माध्यम से, टाटा ने भारत में कपड़ा और कपास उद्योग को आगे बढ़ाया। जमशेदजी टाटा अपने जीवन के उत्तरार्ध में भी औद्योगिक जगत में एक महत्वपूर्ण व्यक्ति बने रहे। बाद में, टाटा स्वदेशीवाद के कट्टर समर्थक बन गए।

स्वदेशी आंदोलन 1905 तक शुरू नहीं हुआ था; हालाँकि, टाटा ने अपने जीवनकाल में इन्हीं सिद्धांतों का प्रतिनिधित्व किया। स्वदेशी ब्रिटिश भारत में एक राजनीतिक आंदोलन था जिसने घरेलू उत्पादन को बढ़ावा दिया और आयातित वस्तुओं का बहिष्कार किया। उनके सिद्धांतों से प्रभावित होकर, टाटा ने बंबई में निर्मित अपनी नई सूती मिल का नाम "स्वदेशी मिल" रखा। इस नई मिल का मूल विचार मैनचेस्टर से आने वाले प्रकार के महीन कपड़े का उत्पादन करना था। मैनचेस्टर मुलायम कपड़े के उत्पादन के लिए प्रसिद्ध था, और लोग अब भारत में उत्पादित मोटे कपड़े को पसंद नहीं करते थे।

विदेशों से आयात की संख्या को कम करने के प्रयास में, टाटा मैनचेस्टर के कपड़े के बराबर गुणवत्ता वाले कपड़े का उत्पादन करना चाहते थे। उनका दृष्टिकोण भारत को एक प्राथमिक उत्पादक और अंततः सभी प्रकार के वस्त्रों का निर्यातक बनाना था। वह चाहते थे कि भारत उन बेहतरीन कपड़ों का एकमात्र उत्पादक बने जिनके लिए भारत के आदिम बुनकर प्रसिद्ध थे। टाटा ने भारत के विभिन्न भागों में कपास की खेती में सुधार के लिए विभिन्न प्रयोग शुरू किए। उनका मानना था कि भारत में कपास उद्योग अपने नरम कपास के लिए प्रसिद्ध मिस्र के रैयतों द्वारा इस्तेमाल की जाने वाली खेती के तरीकों को अपनाकर इन लक्ष्यों को प्राप्त कर सकता है। टाटा अपनी मिलों में रिंग स्पिंडल पेश करने वाले पहले व्यक्ति थे, जो जल्द ही निर्माताओं द्वारा उपयोग किए जाने वाले थ्रॉटल को बदल देते थे।

उनके उत्तराधिकारियों के काम से शेष तीन विचारों की प्राप्ति हुई:

टाटा स्टील (पूर्व में टिस्को - टाटा आयरन एंड स्टील कंपनी लिमिटेड) एशिया की पहली और भारत की सबसे बड़ी स्टील कंपनी है। सालाना 28 मिलियन टन स्टील का उत्पादन करने के बाद कोरस ग्रुप दुनिया की पांचवीं सबसे बड़ी स्टील कंपनी बन गई।

भारतीय विज्ञान संस्थान, बैंगलोर, विज्ञान और इंजीनियरिंग में अनुसंधान और शिक्षा के लिए प्रमुख भारतीय संस्थान।

Tata Hydroelectric Power Supply Company, जिसका नाम बदलकर Tata Power Company Limited रखा गया है, वर्तमान में 8000MW से अधिक की स्थापित उत्पादन क्षमता के साथ भारत की सबसे बड़ी निजी बिजली कंपनी है। उद्धरण आवश्यक है

दूसरों का उपकार करने का सिद्धान्त

जमशेदजी ने मुख्य रूप से शिक्षा और स्वास्थ्य सेवा के लिए उदारतापूर्वक दान दिया। एडलगिव फाउंडेशन और हुरुन रिसर्च इंडिया द्वारा उन्हें पिछली शताब्दी का सबसे बड़ा परोपकारी व्यक्ति नामित किया गया था। वह 20वीं सदी के दुनिया के शीर्ष परोपकारी लोगों की सूची में 102 अरब डॉलर के मुद्रास्फीति-समायोजित दान के साथ शीर्ष पर थे।

व्यक्तिगत जीवन

टाटा ने हीराबाई डब्बू से शादी की। उनके बेटे दोराबजी टाटा और रतनजी टाटा ने टाटा को टाटा समूह के अध्यक्ष के रूप में उत्तराधिकारी बनाया।

टाटा के पहले चचेरे भाई रतनजी दादाभाई टाटा थे, जिन्होंने टाटा समूह की स्थापना में महत्वपूर्ण भूमिका निभाई थी। उनकी बहन जेरबाई, जिनकी शादी बंबई के एक व्यवसायी से हुई थी, शापुरजी सकलतवाला की माँ बनीं, जिन्हें टाटा ने ओडिशा और बिहार में कोयले और लौह अयस्क की सफलता के लिए नियोजित किया था। सकलातवाला बाद में टाटा के मैनचेस्टर कार्यालय का प्रबंधन करने के लिए इंग्लैंड में बस गए, और बाद में ब्रिटिश संसद के कम्युनिस्ट सदस्य बन गए।

अपने चचेरे भाई रतनजी दादाभाई के माध्यम से, वे उद्यमियों जेआरडी टाटा और सिला टाटा के चाचा थे; बाद की शादी दिनशॉ मानेकजी पेटिट, पेटिट्स के तीसरे बैरोनेट से हुई थी। बैरोनेट की बहन, रतनबाई पेटिट, पाकिस्तान के संस्थापक मोहम्मद अली जिन्ना की पत्नी थीं।

मौत

1900 में जर्मनी की व्यापारिक यात्रा के दौरान, टाटा गंभीर रूप से बीमार पड़ गए। 19 मई 1904 को बैड नौहाइम में उनकी मृत्यु हो गई और उन्हें इंग्लैंड के वोकिंग में ब्रुकवुड कब्रिस्तान में पारसी कब्रिस्तान में दफनाया गया।

विरासत

झारखंड के साकची गांव में टाटा का लोहा और इस्पात संयंत्र स्थापित किया गया था। गाँव एक कस्बा बन गया और वहाँ के रेलवे स्टेशन का नाम टाटानगर हो गया। अब, यह झारखंड में जमशेदपुर के नाम से जाना जाने वाला एक हलचल भरा शहर है, जिसका नाम उनके सम्मान में रखा गया है। साकची (अब शहरीकरण यह पुराना गांव अब जमशेदपुर शहर में मौजूद है। टाटा टाटा परिवार के संस्थापक सदस्य बने।

7 जनवरी 1965 को इंडिया पोस्ट द्वारा जमशेदजी टाटा पर एक स्मारक डाक टिकट जारी किया गया था।

"इसका समर्थन करने की शक्ति के बिना स्वतंत्रता, और यदि आवश्यक हो, तो इसका बचाव करना, एक क्रूर भ्रम होगा।

"मुक्त उद्यम में, समुदाय व्यवसाय में केवल एक अन्य हितधारक नहीं है, बल्कि वास्तव में, इसके अस्तित्व का उद्देश्य है।"

"हमारे बीच एक प्रकार का दान पर्याप्त है ... वह गोधूलि परोपकार है जो चिथड़ों को कपड़े पहनाता है, गरीबों को खिलाता है, और बीमारों को चंगा करता है। मैं उस नेक भावना की निंदा करने से बहुत दूर हूं जो गरीब या परेशान आदमी की मदद करना चाहती है। होने के नाते। ...हालाँकि एक राष्ट्र या समाज की प्रगति अपने सबसे कमजोर और सबसे असहाय सदस्यों की मदद करने में नहीं है, बल्कि सबसे अच्छे और सबसे प्रतिभाशाली लोगों को ऊपर उठाने में है, ताकि वे देश की सबसे बड़ी सेवा कर सकें।"

"तेजी से बढ़ने वाले छायादार पेड़ों से घिरे चौड़े रास्ते तय करें। सुनिश्चित करें कि लॉन और बगीचों के लिए पर्याप्त जगह है। फुटबॉल, हॉकी और पार्कों के लिए बड़े स्थान आरक्षित करें। हिंदू मंदिरों, मुस्लिम मस्जिदों और ईसाई चर्चों के लिए जगह तय करें।" -टाटा ने बेटे दोराब को एक पत्र में टाउनशिप के लिए अपनी दृष्टि के बारे में बताया जो अंततः जमशेदपुर बन जाएगा।

"वह जनता की नज़र में एक आदमी नहीं थे। उन्हें सार्वजनिक सभाएँ पसंद नहीं थीं, उन्हें भाषण देने की परवाह नहीं थी, उनका मजबूत चरित्र, चाहे कितना भी महान हो, किसी के पक्ष में कांटा नहीं बनना चाहिए, क्योंकि वह खुद अपने आप में महान थे।" अपने तरीके से, अधिकांश लोगों से बड़ा... उन्होंने कोई सम्मान नहीं मांगा और उन्होंने किसी विशेषाधिकार का दावा नहीं किया, लेकिन भारत और उसके असंख्य लोगों की प्रगति उनके साथ एक निरंतर जुनून था। टाटा की मौत पर टाइम्स ऑफ इंडिया

"जबकि कई अन्य लोगों ने गुलामी की जंजीरों को तोड़ने और स्वतंत्रता की सुबह की ओर तेजी से काम करने के लिए काम किया, टाटा ने सपना देखा और जीवन के लिए काम किया जैसा कि मुक्ति के बाद होना था। अधिकांश अन्य लोगों ने गुलामी के बुरे जीवन से मुक्ति के लिए काम किया।" टाटा ने आर्थिक स्वतंत्रता का बेहतर जीवन जीने के लिए आजादी के लिए काम किया।' -डॉ जाकिर हुसैन, भारत के पूर्व राष्ट्रपति

"यह स्पष्ट है कि वह नियति के व्यक्ति थे। वास्तव में, जैसे कि उनके जन्म का समय, उनका जीवन, उनकी प्रतिभा, उनके कार्य, उनके द्वारा की गई घटनाओं की श्रृंखला या प्रभावित, और उनके द्वारा प्रदान की गई सेवाएं। हमारे देश को प्रदान की गई और इसके लोग, यह सब भारत की महान नियति के हिस्से के रूप में पूर्वनियत थे।" - जेआरडी टाटा

"वर्तमान पीढ़ी के किसी भी भारतीय ने भारत के वाणिज्य और उद्योग के लिए अधिक नहीं किया है।" -लॉर्ड कर्जन, टाटा की मृत्यु के बाद भारत के वायसराय

यह पुराना गांव अब जमशेदपुर शहर में मौजूद है। टाटा टाटा परिवार के संस्थापक सदस्य बने।

7 जनवरी 1965 को इंडिया पोस्ट द्वारा जमशेदजी टाटा पर एक स्मारक डाक टिकट जारी किया गया था।

"इसका समर्थन करने की शक्ति के बिना स्वतंत्रता, और यदि आवश्यक हो, तो इसका बचाव करना, एक क्रूर भ्रम होगा।

"मुक्त उद्यम में, समुदाय व्यवसाय में केवल एक अन्य हितधारक नहीं है, बल्कि वास्तव में, इसके अस्तित्व का उद्देश्य है।"

"हमारे बीच एक प्रकार का दान पर्याप्त है ... वह गोधूलि परोपकार है जो चिथड़ों को कपड़े पहनाता है, गरीबों को खिलाता है, और बीमारों को चंगा करता है। मैं उस नेक भावना की निंदा करने से बहुत दूर हूं जो गरीब या परेशान आदमी की मदद करना चाहती है। होने के नाते। ...हालाँकि एक राष्ट्र या समाज की प्रगति अपने सबसे कमजोर और सबसे असहाय सदस्यों की मदद करने में नहीं है, बल्कि सबसे अच्छे और सबसे प्रतिभाशाली लोगों को ऊपर उठाने में है, ताकि वे देश की सबसे बड़ी सेवा कर सकें।"

"तेजी से बढ़ने वाले छायादार पेड़ों से घिरे चौड़े रास्ते तय करें। सुनिश्चित करें कि लॉन और बगीचों के लिए पर्याप्त जगह है। फुटबॉल, हॉकी और पार्कों के लिए बड़े स्थान आरक्षित करें। हिंदू मंदिरों, मुस्लिम मस्जिदों और ईसाई चर्चों के लिए जगह तय करें।" -टाटा ने बेटे दोराब को एक पत्र में टाउनशिप के लिए अपनी दृष्टि के बारे में बताया जो अंततः जमशेदपुर बन जाएगा।

"वह जनता की नज़र में एक आदमी नहीं थे। उन्हें सार्वजनिक सभाएँ पसंद नहीं थीं, उन्हें भाषण देने की परवाह नहीं थी, उनका मजबूत चरित्र, चाहे कितना भी महान हो, किसी के पक्ष में कांटा नहीं बनना चाहिए, क्योंकि वह खुद अपने आप में महान थे।" अपने तरीके से, अधिकांश लोगों से बड़ा... उन्होंने कोई सम्मान नहीं मांगा और उन्होंने किसी विशेषाधिकार का दावा नहीं किया, लेकिन भारत और उसके असंख्य लोगों की प्रगति उनके साथ एक निरंतर जुनून था। टाटा की मौत पर टाइम्स ऑफ इंडिया

"जबकि कई अन्य लोगों ने गुलामी की जंजीरों को तोड़ने और स्वतंत्रता की सुबह की ओर तेजी से काम करने के लिए काम किया, टाटा ने सपना देखा और जीवन के लिए काम किया जैसा कि मुक्ति के बाद होना था। अधिकांश अन्य लोगों ने गुलामी के बुरे जीवन से मुक्ति के लिए काम किया।" टाटा ने आर्थिक स्वतंत्रता का बेहतर जीवन जीने के लिए आजादी के लिए काम किया।' -डॉ जाकिर हुसैन, भारत के पूर्व राष्ट्रपति

"यह स्पष्ट है कि वह नियति के व्यक्ति थे। वास्तव में, जैसे कि उनके जन्म का समय, उनका जीवन, उनकी प्रतिभा, उनके कार्य, उनके द्वारा की गई घटनाओं की श्रृंखला या प्रभावित, और उनके द्वारा प्रदान की गई सेवाएं। हमारे देश को प्रदान की गई और इसके लोग, यह सब भारत की महान नियति के हिस्से के रूप में पूर्वनियत थे।" - जेआरडी टाटा

"वर्तमान पीढ़ी के किसी भी भारतीय ने भारत के वाणिज्य और उद्योग के लिए अधिक नहीं किया है।" -लॉर्ड कर्जन, टाटा की मृत्यु के बाद भारत के वायसराय

2

रतन टाटा

रतन टाटा

Top Richest People

Scan for Story Videos - www.itibook.com

रतन नवल टाटा (रतन? ए, जन्म 28 दिसंबर 1937) एक भारतीय व्यवसायी, परोपकारी और टाटा संस के पूर्व अध्यक्ष हैं। वह 1990 से 2012 तक टाटा समूह के अध्यक्ष रहे और फिर अक्टूबर 2016 से फरवरी 2017 तक इसके चैरिटेबल ट्रस्ट के अध्यक्ष के रूप में अंतरिम अध्यक्ष रहे। वह दो भारतीय नागरिक पुरस्कारों के प्राप्तकर्ता हैं, पद्म विभूषण (2008), दूसरा सर्वोच्च नागरिक सम्मान, और पद्म भूषण (2000), तीसरा सर्वोच्च नागरिक सम्मान।

1937 में जन्मे, वे टाटा परिवार के उत्तराधिकारी हैं, और नवल टाटा के पुत्र हैं, जिन्हें बाद में टाटा समूह के संस्थापक जमशेदजी टाटा के पुत्र रतनजी टाटा ने गोद ले लिया था। वह कॉर्नेल यूनिवर्सिटी कॉलेज ऑफ आर्किटेक्चर और हार्वर्ड बिजनेस स्कूल के एडवांस्ड मैनेजमेंट प्रोग्राम के पूर्व छात्र हैं, जिसे उन्होंने 1975 में पूरा किया था। वह 1961 में कंपनी में शामिल हुए जब वे टाटा स्टील के शॉप फ्लोर पर काम कर रहे थे और 1991 में उनकी सेवानिवृत्ति के बाद जेआरडी टाटा के स्पष्ट उत्तराधिकारी थे। उन्होंने टेटली, टाटा मोटर्स से जगुआर लैंड रोवर खरीदने के लिए टाटा टी का अधिग्रहण किया। और टाटा स्टील कोरस का अधिग्रहण करने के लिए, टाटा को बड़े पैमाने पर भारत-केंद्रित समूह से वैश्विक व्यापार में बदलने के प्रयास में। उनके मुनाफे का लगभग 60-65% दान में दिया जाता है, जिससे वह दुनिया के सबसे महत्वपूर्ण परोपकारी लोगों में से एक बन जाते हैं।

रतन टाटा का जन्म 28 दिसंबर 1937 को बॉम्बे, अब मुंबई में ब्रिटिश शासन के तहत हुआ था, और वे नवल टाटा (सूरत में पैदा हुए) के पुत्र हैं। उनकी जैविक दादी समूह के संस्थापक जमशेदजी टाटा की पत्नी हीराबाई टाटा की बहन थीं। उनके जैविक दादा होर्मुसजी टाटा टाटा परिवार से थे; तो रतन जन्म से टाटा थे। नवल और सोनू के माता-पिता 1948 में अलग हो गए जब रतन 10 वर्ष के थे, और उसके बाद उनका पालन-पोषण उनकी दादी, सर रतनजी टाटा की विधवा नवजबाई टाटा ने किया, जिन्होंने औपचारिक रूप से उन्हें जेएन पेटिट पारसी अनाथालय से गोद लिया था। उनका एक सौतेला भाई है, नोएल टाटा (साइमन टाटा से नवल टाटा की दूसरी शादी), जिनके साथ वे बड़े हुए। उनकी पहली भाषा गुजराती है।

उन्होंने कैंपियन स्कूल, मुंबई में कक्षा 8 तक पढ़ाई की, उसके बाद कैथेड्रल और जॉन कॉनन स्कूल, मुंबई और शिमला में बिशप कॉटन स्कूल और 1955 में न्यूयॉर्क शहर के रिवरडेल कंट्री स्कूल से स्नातक किया। 1959 में, उन्होंने कॉर्नेल विश्वविद्यालय से वास्तुकला में डिग्री के साथ स्नातक की उपाधि प्राप्त की और 1975 में, हार्वर्ड बिजनेस स्कूल के सात-सप्ताह के उन्नत प्रबंधन कार्यक्रम में भाग लिया - एक संस्था जिसे उन्होंने तब से प्रदान किया है।

1970 के दशक में प्रबंधन के लिए पदोन्नत, रतन ने राष्ट्रीय रेडियो और इलेक्ट्रॉनिक्स (NELCO) के लिए समूह का नेतृत्व किया, प्रारंभिक सफलता प्राप्त की, केवल आर्थिक मंदी के दौरान ढह गई। 1991 में, जेआरडी टाटा ने टाटा संस के अध्यक्ष के रूप में कदम रखा और उन्हें अपना उत्तराधिकारी नियुक्त किया। जब वह नई भूमिका में आ गए, तो उन्हें कई कंपनी प्रमुखों के कड़े प्रतिरोध का सामना करना पड़ा, जिनमें से कुछ ने अपनी संबंधित कंपनियों में दशकों बिताए थे, और जेआरडी टाटा के अधीन काम करने की स्वतंत्रता ने उन्हें बहुत शक्तिशाली और प्रभावशाली बना दिया। उन्होंने सेवानिवृत्ति की आयु निर्धारित करके उन्हें बदलना शुरू किया और फिर अलग-अलग कंपनियों ने समूह कार्यालय को सूचना दी और प्रत्येक ने टाटा समूह ब्रांड के निर्माण और उपयोग के लिए अपने लाभ के एक हिस्से का योगदान दिया। नवाचार को प्राथमिकता दी गई और युवा प्रतिभाओं को शामिल किया गया और जिम्मेदारियां दी गईं। उनके नेतृत्व में, समूह की कंपनियों के बीच ओवरलैपिंग संचालन को एक साथ सुव्यवस्थित किया गया, 17 सॉल्ट-टू-सॉफ्टवेयर समूहों ने वैश्वीकरण को अपनाने के लिए असंबद्ध व्यवसायों को छोड़ दिया।

21 वर्षों में उन्होंने टाटा समूह का नेतृत्व किया, राजस्व 40 गुना बढ़ा और मुनाफा 50 गुना बढ़ गया। जब उन्होंने कार्यभार संभाला, तो पूरे समूह की बिक्री बड़े पैमाने पर वस्तुओं से हुई, जब वे बाहर निकले, तो अधिकांश बिक्री ब्रांडों से हुई। उन्होंने साहसपूर्वक कोरस को टाटा टी के लिए टेटली, टाटा मोटर्स के लिए जगुआर लैंड रोवर और टाटा स्टील के अधिग्रहण के लिए राजी किया। इन सबने टाटा को बड़े पैमाने पर भारत-केंद्रित समूह से एक वैश्विक व्यापार में बदल दिया, जिसका 65% से अधिक राजस्व 100 से अधिक देशों में संचालन और बिक्री से आता है। उन्होंने टाटा नैनो कार की परिकल्पना की थी। 2015 में, उन्होंने हार्वर्ड बिजनेस स्कूल के क्रिएटिंग इमर्जिंग मार्केट्स प्रोजेक्ट के लिए एक साक्षात्कार में समझाया कि टाटा नैनो का विकास महत्वपूर्ण था क्योंकि यह औसत भारतीय उपभोक्ता की पहुंच के भीतर कार की कीमत लाने में मदद करता था।

रतन टाटा ने 28 दिसंबर 2012 को टाटा समूह में अपनी कार्यकारी शक्तियों से इस्तीफा दे दिया, जब वह 75 वर्ष के हो गए, और बोर्ड और कानूनी विभाग ने साइरस मिस्त्री को शापूरजी पल्लोनजी समूह के पालनजी मिस्त्री के 44 वर्षीय बेटे के उत्तराधिकारी के रूप में नियुक्त करने से इनकार कर दिया। समूह का सबसे बड़ा व्यक्तिगत शेयरधारक और विवाह से संबंधित। अक्टूबर 2016 को साइरस मिस्त्री को टाटा संस के चेयरमैन पद से हटा दिया गया और रतन टाटा को अंतरिम चेयरमैन बनाया गया। यह फैसला गहन मीडिया जांच के दायरे में आया, जिसने कई लोगों को चौंका दिया टाटा सेंटर फॉर टेक्नोलॉजी एंड डिजाइन (टीसीटीडी) की स्थापना लोगों और समुदायों की जरूरतों को पूरा करने के लिए डिजाइन और इंजीनियरिंग सिद्धांतों को विकसित करने के लिए की गई थी उन्होंने संगठन को 950 मिलियन पाउंड दिए जो संगठन के इतिहास में सबसे बड़ा दान था।

रतन टाटा की अध्यक्षता में टाटा ट्रस्ट ने अल्जाइमर रोग के अंतर्निहित तंत्र का अध्ययन करने और इसके शुरुआती निदान और उपचार के तरीकों का विकास करने के लिए सेंटर फॉर न्यूरोसाइंस, इंडियन इंस्टीट्यूट ऑफ साइंस को 750 मिलियन पाउंड का अनुदान दिया। अनुदान 2014 से 5 वर्षों में फैलाया जाना था।

टाटा समूह ने रतन टाटा के नेतृत्व में मैसाचुसेट्स इंस्टीट्यूट ऑफ टेक्नोलॉजी (एमआईटी) में एमआईटी टाटा सेंटर ऑफ टेक्नोलॉजी एंड डिजाइन की स्थापना की, जिसका मुख्य फोकस संसाधनों की कमी वाले समुदायों की चुनौतियों का समाधान करने के लिए भारत पर था।

बोर्ड की सदस्यता और संबद्धता

वह टाटा संस के अंतरिम अध्यक्ष थे। वह टाटा समूह की होल्डिंग कंपनी में 66% की संयुक्त हिस्सेदारी के साथ दो मुख्य टाटा ट्रस्ट सर दोराबजी टाटा एंड एलाइड ट्रस्ट और सर रतन टाटा ट्रस्ट और इसके संबद्ध ट्रस्ट, टाटा संस के प्रमुख हैं।

उन्होंने भारत और विदेशों में संगठनों में विभिन्न क्षमताओं में काम किया है। वह प्रधान मंत्री की 'व्यापार और उद्योग परिषद' और 'राष्ट्रीय विनिर्माण प्रतिस्पर्धात्मकता परिषद' के सदस्य हैं। वह प्रिट्ज़कर आर्किटेक्चर प्राइज 55 के जूरी पैनल में हैं - जिसे दुनिया के प्रमुख आर्किटेक्चर पुरस्कारों में से एक माना जाता है।

वह एल्कोआ इंक., मोंडेलेज इंटरनेशनल 56 और ईस्ट-वेस्ट सेंटर के बोर्ड ऑफ गवर्नर्स में निदेशक हैं। वह दक्षिणी कैलिफोर्निया विश्वविद्यालय, हार्वर्ड बिजनेस स्कूल बोर्ड ऑफ डीन के सलाहकार, एक्स पुरस्कार 57 और कॉर्नेल विश्वविद्यालय के न्यासी बोर्ड के सदस्य हैं। वह बोकोनी विश्वविद्यालय में अंतर्राष्ट्रीय सलाहकार बोर्ड के सदस्य हैं

वह 2006 से हार्वर्ड बिजनेस स्कूल इंडिया एडवाइजरी बोर्ड (आईएबी) के सदस्य हैं और पहले हार्वर्ड बिजनेस स्कूल एशिया-पैसिफिक एडवाइजरी बोर्ड (एपीएबी) 2001-2006 के सदस्य रहे हैं। उद्धरण आवश्यक है

2013 में, उन्हें कार्नेगी एंडोमेंट फॉर इंटरनेशनल पीस के न्यासी बोर्ड में नियुक्त किया गया था।

फरवरी 2015 में, रतन ने वाणी कोला द्वारा स्थापित एक उद्यम पूंजी फर्म, कलारी कैपिटल में एक सलाहकार की भूमिका निभाई।

अक्टूबर 2016 में, टाटा संस ने साइरस मिस्त्री को अध्यक्ष पद से हटा दिया, लगभग 4 साल बाद जब उन्होंने 100 बिलियन डॉलर से अधिक के समूह की बागडोर संभाली, रतन टाटा 4 महीने के लिए कंपनी के अंतरिम बॉस के रूप में वापस आ गए। 12 जनवरी 2017 को, नटराजन चंद्रशेखरन को टाटा संस के अध्यक्ष के रूप में नामित किया गया था, जिसे उन्होंने फरवरी 2017 में ग्रहण किया था।

सम्मान और पुरस्कार

रतन टाटा को 2000 में पद्म भूषण और 2008 में पद्म विभूषण मिला, जो भारत सरकार द्वारा प्रदान किया जाने वाला तीसरा और दूसरा सर्वोच्च नागरिक सम्मान है। 2021 में उन्हें असम में कैंसर देखभाल के लिए उनके असाधारण योगदान के लिए असम का सर्वोच्च नागरिक पुरस्कार 'असम वैभव' मिला।

अन्य पुरस्कारों में शामिल हैं:

पुरस्कार देने वाले संस्थान का नाम Ref.

2001 ओहियो स्टेट यूनिवर्सिटी मानद डॉक्टर ऑफ बिजनेस एडमिनिस्ट्रेशन

2004 उरुग्वे सरकार पदक के ओरिएंटल गणराज्य

2004 प्रौद्योगिकी एशियाई प्रौद्योगिकी संस्थान के मानद डॉक्टर।

2005 इंटरनेशनल डिस्टिंग्विश्ड अचीवमेंट अवार्ड बनी बारिथ इंटरनेशनल

2005 वारविक के विज्ञान विश्वविद्यालय के मानद डॉक्टर।

2006 मानद डॉक्टर ऑफ साइंस इंडियन इंस्टीट्यूट ऑफ टेक्नोलॉजी मद्रास

2006 विज्ञान और प्रौद्योगिकी की प्रेरणा और मान्यता के लिए जिम्मेदार पूंजीवाद पुरस्कार (FIRST)

2007 मानद फैलोशिप लंदन स्कूल ऑफ इकोनॉमिक्स एंड पॉलिटिकल साइंस

2007 परोपकार का कार्नेगी मेडल अंतर्राष्ट्रीय शांति के लिए कार्नेगी एंडोमेंट

2008 कैम्ब्रिज विश्वविद्यालय के मानद डॉक्टर

2008 मानद डॉक्टर ऑफ साइंस इंडियन इंस्टीट्यूट ऑफ टेक्नोलॉजी बॉम्बे

2008 खड़गपुर भारतीय विज्ञान संस्थान के मानद डॉक्टर

2008 सिंगापुर सरकार मानद नागरिक पुरस्कार

2008 मानद फैलोशिप इंजीनियरिंग और प्रौद्योगिकी संस्थान

2008 प्रेरित नेतृत्व पुरस्कार प्रदर्शन थियेटर

2009 मानद नाइट कमांडर ऑफ द ऑर्डर ऑफ द ब्रिटिश एम्पायर (KBE) महारानी एलिजाबेथ द्वितीय

2009 इंजीनियरिंग में लाइफ टाइम कंट्रीब्यूशन अवार्ड

2009 इटली गणराज्य सरकार के ऑर्डर ऑफ मेरिट के ग्रैंड ऑफिसर

2010 मानद डॉक्टर ऑफ लॉ, कैम्ब्रिज विश्वविद्यालय

2010 हैड्रियन अवार्ड वर्ल्ड मॉन्यूमेंट्स फंड

2010 ओस्लो बिजनेस फॉर पीस अवार्ड बिजनेस फॉर पीस फाउंडेशन

2010 लीजेंड इन लीडरशिप अवार्ड येल यूनिवर्सिटी

2010 लॉ पेपरडाइन यूनिवर्सिटी के मानद डॉक्टर

2010 पीस अवार्ड बिजनेस फॉर पीस फाउंडेशन

2010 एशियन अवार्ड्स में बिजनेस लीडर ऑफ द ईयर।

2012 मानद फेलो 4 द रॉयल एकेडमी ऑफ इंजीनियरिंग

2012 न्यू साउथ वेल्स विश्वविद्यालय द्वारा डॉक्टर ऑफ बिजनेस का पुरस्कार

2012 ग्रैंड कॉर्डन ऑफ द ऑर्डर ऑफ द राइजिंग सन गवर्नमेंट ऑफ जापान

2013 फॉरेन एसोसिएट नेशनल एकेडमी ऑफ इंजीनियरिंग

दशक 2013 के परिवर्तनकारी नेता इंडियन अफेयर्स इंडिया लीडरशिप कॉन्क्लेव 2013

2013 अन्स्र्ट एंड यंग एंटरप्रेन्योर ऑफ द ईयर - लाइफटाइम अचीवमेंट अन्स्र्ट एंड यंग

2013 मानद डॉक्टर ऑफ बिजनेस प्रैक्टिस कार्नेगी मेलन यूनिवर्सिटी

2014 मानद डॉक्टर ऑफ बिजनेस सिंगापुर प्रबंधन विश्वविद्यालय

2014 सयाजी रत्न पुरस्कार बड़ौदा प्रबंधन टीम

2014 ऑर्डर के मानद नाइट ग्रैंड क्रॉस ब्रिटिश साम्राज्य की (GBE) महारानी एलिजाबेथ द्वितीय

2014 लॉ यॉर्क विश्वविद्यालय, कनाडा के मानद डॉक्टर

2015 क्लेम्सन यूनिवर्सिटी ऑटोमोटिव इंजीनियरिंग के मानद डॉक्टर

2015 सयाजी रत्न पुरस्कार बड़ौदा प्रबंधन संघ, मानद उपाधि, एचईसी पेरिस

2016 फ्रांस की लीजन ऑफ ऑनर सरकार के कमांडर

2018 मानद डॉक्टरेट स्वानसी विश्वविद्यालय

2022 एचएसएनसी विश्वविद्यालय मानद डॉक्टरेट

व्यक्तिगत जीवन

2011 में, रतन टाटा ने कहा, "मैं चार बार शादी करने के करीब आया था और हर बार मैं डर से या किसी न किसी कारण से पीछे हट गया।" रतन टाटा ने हाल ही में कहा था कि लॉस एंजिलिस में काम करने के दौरान उन्हें एक लड़की से प्यार हो गया था। परिवार के सदस्य बीमार होने के कारण उसे भारत लौटना पड़ा लेकिन लड़की के माता-पिता ने उसे टाटा के साथ भारत नहीं आने दिया। इसलिए टाटा अपनी प्रतिबद्धता पर अड़े रहे और उन्होंने कभी शादी नहीं की।

लोकप्रिय संस्कृति में

मेगा आइकॉन्स (2018-2020), नेशनल ज्योग्राफिक पर प्रमुख भारतीय हस्तियों पर एक भारतीय वृत्तचित्र टेलीविजन श्रृंखला, रतन टाटा के योगदान के लिए एक एपिसोड समर्पित करती है। वह भारतीय अभिनेत्री सिमी गरेवाल द्वारा आयोजित एक अनौपचारिक चैट शो सिमी गरेवाल के साथ रेंडीज़वस में भी दिखाई दिए।

3

जेफ बेजोस

जेफ बेजोस

Top Richest People

Scan for Story Videos - www.itibook.com

जेफरी प्रेस्टन बेजोस का जन्म 12 जनवरी, 1964 को एक अमेरिकी उद्यमी, मीडिया मालिक, निवेशक, कंप्यूटर इंजीनियर और वाणिज्यिक अंतरिक्ष यात्री है। वह अमेज़ॅन के संस्थापक, कार्यकारी अध्यक्ष और पूर्व अध्यक्ष और सीईओ हैं। ब्लूमबर्ग बिलियनेयर्स इंडेक्स और फोर्ब्स दोनों के अनुसार, अगस्त 2022 तक 159 बिलियन अमेरिकी डॉलर की कुल संपत्ति के साथ बेजोस दुनिया के दूसरे सबसे अमीर

व्यक्ति हैं और 2017 से 2021 तक सबसे अमीर थे।

अल्बुकर्क में जन्मे और ह्यूस्टन और मियामी में पले-बढ़े, बेजोस ने 1986 में प्रिंसटन यूनिवर्सिटी से स्नातक किया। उनके पास इलेक्ट्रिकल इंजीनियरिंग और कंप्यूटर साइंस में डिग्री है। 1986 से 1994 की शुरुआत तक, उन्होंने वॉल स्ट्रीट पर विभिन्न संबंधित क्षेत्रों में काम किया। बेजोस ने 1994 के अंत में न्यूयॉर्क शहर से सिएटल की सड़क यात्रा पर अमेज़न की स्थापना की। कंपनी एक ऑनलाइन बुकस्टोर के रूप में शुरू हुई और बाद में वीडियो और ऑडियो स्ट्रीमिंग, क्लाउड कंप्यूटिंग और आर्टिफिशियल इंटेलिजेंस सहित कई अन्य ई-कॉमर्स उत्पादों और सेवाओं में विस्तारित हुई। यह वर्तमान में दुनिया की सबसे बड़ी ऑनलाइन बिक्री कंपनी है, राजस्व के हिसाब से सबसे बड़ी इंटरनेट कंपनी है, और अपनी Amazon Web Services शाखा के माध्यम से आभासी सहायक और क्लाउड इंफ्रास्ट्रक्चर सेवाओं की सबसे बड़ी प्रदाता है।

बेजोस ने 2000 में एयरोस्पेस निर्माता और सब-ऑर्बिटल स्पेसफ्लाइट सर्विस कंपनी ब्लू ओरिजिन की स्थापना की। ब्लू ओरिजिन का न्यू शेपर्ड यान 2015 में अंतरिक्ष में पहुंचा और बाद में सफलतापूर्वक पृथ्वी पर लौट आया। उन्होंने 2013 में 250 मिलियन डॉलर में प्रमुख अमेरिकी समाचार पत्र द वाशिंगटन पोस्ट को खरीदा और अपनी उद्यम पूंजी फर्म, बेजोस एक्सपेडिशंस के माध्यम से कई अन्य निवेशों का प्रबंधन किया। सितंबर 2021 में, बेजोस ने Mail.ru के संस्थापक यूरी मिलनर के साथ बायोटेक्नोलॉजी कंपनी Altos Labs की सह-स्थापना की।

फोर्ब्स वेल्थ इंडेक्स पर पहली शताब्दी, बेजोस को "आधुनिक इतिहास में सबसे अमीर व्यक्ति" नामित किया गया था क्योंकि जुलाई 2018 में उनकी कुल संपत्ति 150 बिलियन डॉलर तक पहुंच गई थी। फोर्ब्स के अनुसार, अगस्त 2020 तक, उनकी कुल संपत्ति $200 बिलियन से अधिक थी। 2020 में कोविड-19 महामारी के दौरान, उनकी संपत्ति में अनुमानित रूप से 24 बिलियन डॉलर की वृद्धि हुई। जुलाई 2021 को, बेजोस ने अमेज़न के सीईओ और अध्यक्ष के रूप में पद छोड़ दिया और कार्यकारी अध्यक्ष की भूमिका में परिवर्तित हो गए; अमेज़न के क्लाउड कंप्यूटिंग डिवीजन के प्रमुख एंडी जेसी ने बेजोस की जगह अमेज़न के सीईओ और अध्यक्ष के रूप में काम किया। 20 जुलाई, 2021 को उन्होंने अपने सौतेले भाई मार्क के साथ अंतरिक्ष में उड़ान भरी। उपकक्षीय उड़ान 10 मिनट से अधिक समय तक चली, 66.5 मील (107.0 किमी) की अधिकतम ऊंचाई तक पहुंच गई।

जेफरी प्रेस्टन जोर्गेनसन का जन्म 12 जनवरी, 1964 को अल्बुकर्क, न्यू मैक्सिको में हुआ था, जो जैकलीन (नी गिसे) और थियोडोर जोर्गनसेन के पुत्र थे। जेफ के जन्म के समय, उनकी मां 17 वर्षीय हाई स्कूल की छात्रा थीं और उनके पिता 19 वर्ष के थे। जोर्गेनसन डेनिश मूल के थे और उनका जन्म शिकागो में एक बैपटिस्ट परिवार में हुआ था। चुनौतीपूर्ण परिस्थितियों के बावजूद हाई स्कूल पूरा करने के बाद, जैकलीन ने नाइट स्कूल में दाखिला लिया, जेफ को एक बच्चे के रूप में साथ लाया। जेफ अल्बुकर्क, न्यू मैक्सिको में एक मॉंटेसरी स्कूल में भाग लिया जब वह दो साल का था। उनके माता-पिता के तलाक के बाद, उनकी मां ने अप्रैल 1968 में क्यूबा के अप्रवासी मिगुएल "माइक" बेजोस से शादी की। शादी के कुछ समय बाद, माइक ने चार वर्षीय जेफ को गोद लिया, जिसका अंतिम नाम बाद में कानूनी रूप से जोर्गनसन से बदलकर बेजोस कर दिया गया।

माइक के न्यू मैक्सिको विश्वविद्यालय से स्नातक होने के बाद, परिवार ह्यूस्टन, टेक्सास चला गया, ताकि वह एक्सॉन के लिए एक इंजीनियर के रूप में काम कर सके। जेफ चौथी से छठी कक्षा तक ह्यूस्टन के रिवर ओक्स एलीमेंट्री स्कूल में पढ़े। जेफ के दादा, लॉरेंस प्रेस्टन गिसे, अल्बुकर्क में अमेरिकी परमाणु ऊर्जा आयोग (एईसी) के क्षेत्रीय निदेशक थे। लॉरेंस कूट, टेक्सास के पास अपने परिवार के खेत में जल्दी सेवानिवृत्त हो गया, जहां जेफ ने अपनी युवावस्था में कई ग्रीष्मकाल बिताए। जेफ बाद में खेत खरीदेंगे और इसे 25,000 एकड़ (10,117 हेक्टेयर) से बढ़ाकर 300,000 एकड़ (121,406 हेक्टेयर) कर देंगे। जेफ ने वैज्ञानिक रुचि और तकनीकी दक्षता प्रदर्शित की और एक बार अपने छोटे भाई-बहनों को अपने कमरे से बाहर रखने के लिए एक बिजली का अलार्म लगा दिया। परिवार मियामी, फ्लोरिडा चला गया जहां जेफ ने मियामी पाल्मेटो हाई स्कूल में पढ़ाई की। जब जेफ हाई स्कूल में था, उसने मैकडॉनल्ड्स में नाश्ते की शिफ्ट के दौरान शॉर्ट-ऑर्डर लाइन कुक के रूप में काम किया।

बेजोस ने फ्लोरिडा विश्वविद्यालय में एक छात्र विज्ञान प्रशिक्षण कार्यक्रम में भाग लिया। वह 1982 में हाई स्कूल वेलेडिक्टोरियन, नेशनल मेरिट स्कॉलर और सिल्वर नाइट अवार्ड विजेता थे। अपने ग्रेजुएशन स्पीच में बेजोस ने श्रोताओं से कहा कि उन्होंने एक ऐसे दिन का सपना देखा था जब मानव जाति अंतरिक्ष का उपनिवेश करेगी। एक स्थानीय समाचार पत्र ने "पृथ्वी पर सभी लोगों को बाहर निकालने और इसे एक बड़े राष्ट्रीय उद्यान में बदलने" के इरादे का हवाला दिया। 1986 में, उन्होंने प्रिंसटन विश्वविद्यालय से 4.2 जीपीए और इलेक्ट्रिकल इंजीनियरिंग और कंप्यूटर विज्ञान में बैचलर ऑफ साइंस इन इंजीनियरिंग डिग्री (बीएसई) के साथ स्नातक की उपाधि प्राप्त की; वह फी बेटा कप्पा के सदस्य हैं वहां प्रिंसटन में रहते हुए, बेजोस, प्रिंसटन के ईटिंग क्लबों में से एक, क्वाड्रैंगल क्लब के सदस्य थे। इसके अतिरिक्त, वह ताऊ बेटा पाई के लिए चुने गए थे और अंतरिक्ष की खोज और विकास (एसईडीएस) के लिए छात्रों के प्रिंसटन अध्याय के अध्यक्ष थे।

व्यावसायिक करियर

करियर की शुरुआत

1986 में बेजोस के कॉलेज से स्नातक होने के बाद, उन्हें इंटेल, बेल लैब्स और एंडरसन कंसल्टिंग में नौकरी की पेशकश की गई। उन्होंने सबसे पहले फिनटेक टेलीकम्युनिकेशन स्टार्ट-अप फिटेल में काम किया, जहां उन्हें अंतरराष्ट्रीय व्यापार के लिए एक नेटवर्क बनाने का काम सौंपा गया था। बेजोस को तब विकास के प्रमुख और ग्राहक सेवा के निदेशक के रूप में पदोन्नत किया गया था। उन्होंने 1988 से 1990 तक बैंकर्स ट्रस्ट में उत्पाद प्रबंधक के रूप में बैंकिंग उद्योग में प्रवेश किया। इसके बाद वह 1990 में गणितीय मॉडलिंग पर जोर देने के साथ नवगठित हेज फंड डीई शॉ एंड कंपनी में शामिल हो गए और 1994 तक वहां काम किया। बेजोस बने। डीई शॉ 30 साल की उम्र में चौथे वरिष्ठ उपाध्यक्ष थे।

वीरांगना

1993 के अंत में, बेजोस ने पढ़ा कि इंटरनेट सालाना 2300% की दर से बढ़ रहा था और उन्होंने एक ऑनलाइन किताबों की दुकान स्थापित करने का फैसला किया। उन्होंने और उनकी तत्कालीन पत्नी मैकेंज़ी ने डीई शॉ में अपनी नौकरी छोड़ दी और 5 जुलाई, 1994 को न्यूयॉर्क शहर से सिएटल तक एक क्रॉस-कंट्री ड्राइव पर एक व्यवसाय योजना लिखने के बाद, बेलेव्यू, वाशिंगटन में एक किराए के गैरेज में अमेज़ॅन की स्थापना की। बेजोस के नेतृत्व में और स्कॉट ने इसके संचालन में एक अभिन्न भूमिका निभाई - चेक लिखना, पुस्तकों का ट्रैक रखना और कंपनी के पहले माल ढुलाई अनुबंध पर बातचीत करना - गैरेज-रन ऑपरेशन ने तेजी से विकास की नींव रखी। सिएटल में बसने से पहले, बेजोस ने करों का भुगतान करने से बचने के लिए सैन फ्रांसिस्को के पास एक भारतीय रिजर्वेशन पर अपनी कंपनी स्थापित करने की जांच की थी। 50 बेजोस ने शुरू में अपनी नई कंपनी का नाम Cadabra रखा था लेकिन बाद में दक्षिण अमेरिका में अमेज़ॅन नदी के बाद इसका नाम बदलकर अमेज़ॅन कर दिया, क्योंकि नाम A अक्षर से शुरू होता है, जो वर्णमाला की शुरुआत है। उस समय, वेबसाइट लिस्टिंग वर्णानुक्रम में होती थी, इसलिए उपभोक्ताओं द्वारा ऑनलाइन खोज करने पर "ए" से शुरू होने वाला नाम तुरंत दिखाई देता था। इसके अलावा, उन्होंने "अमेज़ॅन" को दुनिया की सबसे बड़ी नदी का नाम माना और उम्मीद की कि यह दुनिया की सबसे बड़ी ऑनलाइन किताबों की दुकान बन जाएगी। उन्होंने अपने माता-पिता से लगभग $300,000 स्वीकार किए और Amazon में निवेश किया। उन्होंने कई शुरुआती निवेशकों को चेतावनी दी कि अमेज़ॅन के विफल होने या दिवालिया होने की 70% संभावना है। हालांकि अमेज़ॅन मूल रूप से एक ऑनलाइन बुकस्टोर था, बेजोस ने हमेशा अन्य उत्पादों में विस्तार करने की योजना बनाई थी। बेजोस द्वारा अमेज़ॅन की स्थापना के तीन साल बाद, वह प्रारंभिक सार्वजनिक पेशकश (आईपीओ) के साथ सार्वजनिक हो गया। फॉर्च्यून और बैरन की आलोचनात्मक रिपोर्टों के जवाब में, बेजोस ने कहा कि इंटरनेट का विकास बड़े पुस्तक विक्रेताओं जैसे बॉर्डर्स और बान्स एंड नोबल से प्रतिस्पर्धा को पीछे छोड़ देगा।

1998 में, बेजोस ने संगीत और वीडियो की ऑनलाइन बिक्री में विविधता लाई, और साल के अंत तक उन्होंने कंपनी के उत्पादों का विस्तार करते हुए विभिन्न उपभोक्ता वस्तुओं को शामिल किया। बेजोस ने छोटे प्रतिस्पर्धियों के आक्रामक अधिग्रहण के वित्तपोषण के लिए कंपनी की 1997 की इक्विटी पेशकश के दौरान जुटाए गए $54 मिलियन का उपयोग किया। 2000 में, बेजोस ने बैंकों से 2 बिलियन डॉलर उधार लिए, क्योंकि उनका कैश बैलेंस घटकर सिर्फ 350 मिलियन डॉलर रह गया। 2002 में, बेजोस ने अमेज़ॅन को अमेज़ॅन वेब सर्विसेज लॉन्च करने का नेतृत्व किया, जिसने मौसम चैनलों और वेबसाइट ट्रैफिक से डेटा एकत्र किया। 2002 के अंत में, अमेज़ॅन द्वारा तेजी से खर्च करने से वित्तीय संकट पैदा हो गया जब राजस्व स्थिर हो गया। कंपनी के लगभग दिवालिया हो जाने के बाद, उसने वितरण केंद्रों को बंद कर दिया और अमेज़ॅन के 14% कर्मचारियों को बंद कर दिया। 57 2003 में, Amazon ने वित्तीय अस्थिरता से वापसी की और $400 मिलियन का मुनाफा कमाया। सत्यापन विफल नवंबर 2007 में, बेजोस ने अमेज़ॅन किंडल लॉन्च किया। 2008 के टाइम प्रोफाइल के अनुसार, बेजोस एक ऐसा उपकरण बनाना चाहते थे जो वीडियो गेम के अनुभव के समान पढ़ने में "फ्लो स्टेट" पेश करता हो। 2013 में, बेजोस ने Amazon Web Services की ओर से सेंट्रल इंटेलिजेंस एजेंसी (CIA) के साथ $600 मिलियन के अनुबंध पर हस्ताक्षर किए। उसी वर्ष अक्टूबर में, Amazon को दुनिया के सबसे बड़े ऑनलाइन शॉपिंग रिटेलर के रूप में मान्यता मिली।

2010 में बेजोस

मई 2016 में, बेजोस ने कंपनी में अपने 1 मिलियन से अधिक शेयरों को 671 मिलियन डॉलर में बेच दिया, यह अब तक की सबसे बड़ी राशि है जो उन्होंने अपने कुछ अमेज़ॅन स्टॉक को बेचकर जुटाई है। 4 अगस्त 2016 को, बेजोस ने 756.7 मिलियन डॉलर में अपने दस लाख शेयर बेचे। एक साल बाद, बेजोस ने 130,000 नए कर्मचारियों को काम पर रखा क्योंकि उन्होंने कंपनी के वितरण केंद्रों पर काम पर रखा था। 19 जनवरी, 2018 तक, उनकी अमेज़ॅन स्टॉक होल्डिंग $109 बिलियन से थोड़ी अधिक थी; कुछ महीने बाद उन्होंने अन्य उपक्रमों, विशेष रूप से ब्लू ओरिजिन के लिए नकदी जुटाने के लिए स्टॉक बेचना शुरू किया। 29 जनवरी, 2018 को, वह अमेज़ॅन के सुपर बाउल कमर्शियल में दिखाई दिए। 1 फरवरी, 2018 को, अमेज़ॅन ने 2 अरब डॉलर के तिमाही राजस्व के साथ अपने उच्चतम लाभ की सूचना दी। चीन में अलीबाबा के विकास के कारण, बेजोस ने अक्सर अमेज़ॅन को भारत में विस्तारित करने में रुचि व्यक्त की है। 27 जुलाई, 2017 को, बेजोस ने तुरंत माइक्रोसॉफ्ट के सह-संस्थापक बिल गेट्स को दुनिया के सबसे अमीर व्यक्ति के रूप में पार कर लिया, जब उनकी अनुमानित कुल संपत्ति $90 बिलियन से अधिक हो गई। 24 नवंबर, 2017 को पहली बार उनका भाग्य $ 100 बिलियन से अधिक हो गया और 6 मार्च, 2018 को फोर्ब्स ने आधिकारिक तौर पर उन्हें 112 बिलियन डॉलर की संपत्ति के साथ दुनिया का सबसे अमीर व्यक्ति घोषित किया।

अमेज़न के साथ अपने काम के लिए बेजोस ने 14 जून, 2016 को जेम्स स्मिथसन बाइसेन्टेनियल मेडल प्राप्त किया।

मार्च 2018 में, बेजोस ने कंपनी के संपूर्ण आपूर्ति श्रृंखला चैनलों को स्थानीय बनाने के लिए अमेज़न के वैश्विक वरिष्ठ उपाध्यक्ष अमित अग्रवाल को 5.5 बिलियन डॉलर के साथ भारत भेजा। बाद के महीने में, अमेरिकी राष्ट्रपति डोनाल्ड ट्रम्प ने विशेष रूप से अमेज़न और बेजोस पर बिक्री कर चोरी, डाक मार्गों के दुरुपयोग और प्रतिस्पर्धी-विरोधी व्यापार प्रथाओं का आरोप लगाया। राष्ट्रपति की नकारात्मक टिप्पणियों के जवाब में अमेजन के शेयर की कीमत 9% गिर गई; इससे बेजोस की निजी संपत्ति में 10.7 अरब डॉलर की कमी आई। कुछ हफ्ते बाद, स्टैनफोर्ड यूनिवर्सिटी की अकादमिक रिपोर्टों ने सुझाव दिया कि बेजोस ने अपने नुकसान को कवर किया था जब ट्रम्प किसी भी अर्थपूर्ण तरीके से अमेज़न को विनियमित करने के लिए बहुत कुछ करने में असमर्थ थे। जुलाई 2018 के दौरान, अमेरिकी कांग्रेस के कई सदस्यों ने बेजोस से अमेज़न के फेस रिकग्निशन सॉफ्टवेयर, रिकॉग्निशन के अनुप्रयोगों का विस्तार करने के लिए कहा।

बेजोस ने 25 अक्टूबर, 2017 को लॉस एंजिल्स एयर फोर्स बेस का दौरा किया।

अमेज़न की व्यावसायिक प्रथाओं की आलोचना सितंबर 2018 में जारी रही जब सीनेटर बर्नी सैंडर्स ने स्टॉप बैड एम्प्लॉयर्स को जीरोइंग आउट सब्सिडी (स्टॉप बेजोस) अधिनियम के माध्यम से पेश किया और अमेज़न पर कॉर्पोरेट कल्याण का आरोप लगाया। इसके बाद गैर-लाभकारी समूह न्यू फूड इकोनॉमी द्वारा एक खुलासा किया गया जिसमें पाया गया कि एरिजोना में अमेज़न के एक तिहाई कर्मचारी और पेंसिल्वेनिया और ओहियो में अमेज़न के दसवें कर्मचारी खाद्य टिकटों पर निर्भर हैं। बिल पेश करने की तैयारी करते समय, सैंडर्स ने कहा: "मंगल या चंद्रमा पर जाने की कोशिश करने के बजाय, जेफ बेजोस अपने कर्मचारियों को जीवित मजदूरी का भुगतान कैसे करेंगे?" उन्होंने बाद में कहा: "बेज़ोस एक महत्वपूर्ण भूमिका निभा सकते हैं। अगर वह आज कहते हैं कि अमेज़न में काम करने वाले किसी भी व्यक्ति को जीवित मजदूरी से कम भुगतान नहीं किया जाएगा, तो वह अमेरिका में हर निगम को एक संदेश भेजेंगे।" सैंडर्स के प्रयासों ने अमेज़न से प्रतिक्रिया प्राप्त की, जिसने 130,000 नौकरियों को बनाने की ओर इशारा किया। 2017 और अपने औसत वेतन "भ्रामक" के लिए $ 28,446 का आंकड़ा कहा क्योंकि इसमें अंशकालिक कार्यकर्ता शामिल थे। हालांकि, सैंडर्स ने प्रतिवाद किया कि उनके प्रस्ताव द्वारा लक्षित कंपनियां लाभ दायित्वों से बचने के लिए अंशकालिक श्रमिकों पर अधिक ध्यान केंद्रित करती हैं। 2 अक्टूबर, 2018 को, बेजोस ने कंपनी-व्यापी वेतन वृद्धि की घोषणा की, जिसकी सैंडर्स ने प्रशंसा की। अमेरिकी श्रमिकों के लिए जिन्हें न्यूनतम वेतन का भुगतान किया गया था, इसे बढ़ाकर $15 प्रति घंटा कर दिया गया, एक निर्णय को $15 की लड़ाई के समर्थन के रूप में व्याख्यायित किया गया।

फरवरी 2021 में, बेजोस ने घोषणा की कि वह 2021 की तीसरी तिमाही में अमेज़न के सीईओ के रूप में अपनी भूमिका से हटकर अमेज़न के बोर्ड के कार्यकारी अध्यक्ष बनेंगे। उनकी जगह एंडी जेसी को सीईओ बनाया जाएगा। 2 फरवरी, 2021 को, बेजोस ने सभी अमेज़न कर्मचारियों को एक ईमेल भेजा, जिसमें बताया गया कि संक्रमण उन्हें "दिन 1 फंड, बेजोस अर्थ फंड, ब्लू ओरिजिन, द वाशिंगटन पोस्ट, पर ध्यान केंद्रित करने के लिए आवश्यक समय और ऊर्जा देगा।" और उनके अन्य हित।"

अमेरिकी रक्षा मंत्री ऐश कार्टर ने 2016 में बेजोस से पेंटागन में मुलाकात की थी

सितंबर 2000 में, बेजोस ने एक मानव अंतरिक्ष यान स्टार्टअप ब्लू ओरिजिन की स्थापना की। बेजोस ने लंबे समय से अंतरिक्ष यात्रा और सौर मंडल में मानव जीवन के विकास में रुचि व्यक्त की है। उनके 1982 के हाई स्कूल वेलेडिक्टोरियन सीनियर ग्रेजुएशन भाषण के बाद मियामी हेराल्ड के साथ एक साक्षात्कार हुआ जिसमें उन्होंने कक्षा में मनुष्यों के लिए होटल, मनोरंजन पार्क और बस्तियों के निर्माण और विकास में रुचि व्यक्त की। बेजोस, 18, ने कहा कि वह संसाधनों की कमी के माध्यम से पृथ्वी को अत्यधिक उपयोग से बचाना चाहता है। रॉब मेयरसन ने 2003 से 2017 तक ब्लू ओरिजिन का नेतृत्व किया और इसके पहले अध्यक्ष के रूप में कार्य किया।

इसकी स्थापना के बाद, ब्लू ओरिजिन ने 2006 तक एक लो प्रोफाइल बनाए रखा, जब उसने लॉन्च और परीक्षण सुविधा के लिए वेस्ट टेक्सास में जमीन का एक बड़ा हिस्सा खरीदा। 2000 के दशक के अंत में कंपनी ने लोगों का ध्यान आकर्षित करने के बाद, बेजोस मनुष्यों के लिए अंतरिक्ष यात्रा की लागत को कम करने के साथ-साथ अलौकिक यात्रा की सुरक्षा बढ़ाने में रुचि रखने लगे। सितंबर 2011 में, कंपनी के मानव रहित प्रोटोटाइप वाहनों में से एक शॉर्ट-हॉप परीक्षण उड़ान के दौरान दुर्घटनाग्रस्त हो गया। हालांकि दुर्घटना को एक झटके के रूप में देखा गया था, लेकिन समाचार आउटलेट्स ने नोट किया है कि स्पेसफ्लाइट की उन्नति में कंपनी अपनी स्थापना के बाद से कितनी दूर आ गई है। दुर्घटना के बाद, बेज़ोस ने अंधविश्वास से अपने "भाग्यशाली" टेक्सास काउबॉय जूते सभी रॉकेट प्रक्षेपणों में पहने। मई 2013 में, बेजोस वाणिज्यिक स्पेसफ्लाइट अवसरों और रणनीतियों पर चर्चा करने के लिए वर्जिन गैलेक्टिक के अध्यक्ष रिचर्ड ब्रैनसन से मुलाकात की। 98 उनकी तुलना ब्रैनसन और एलोन मस्क से की गई है क्योंकि तीनों अरबपति हैं जो अपने व्यावसायिक हितों के बीच स्पेसफ्लाइट को प्राथमिकता देते हैं।

2015 में, बेजोस ने घोषणा की कि एक नया कक्षीय प्रक्षेपण यान विकास के अधीन था और 2010 के अंत में अपनी पहली उड़ान भरेगा। बाद में नवंबर में, ब्लू ओरिजिन के न्यू शेपर्ड अंतरिक्ष यान ने सफलतापूर्वक अंतरिक्ष में लॉन्च किया और वेस्ट टेक्सास में लॉन्च साइट पर लंबवत लैंडिंग करने से पहले 329,839 फीट (100.5 किलोमीटर) की एक नियोजित परीक्षण ऊंचाई पर पहुंच गया। 2016 में, बेजोस ने चुनिंदा पत्रकारों को अपनी सुविधा का दौरा करने, भ्रमण करने और तस्वीरें लेने की अनुमति दी। उन्होंने व्यापार से संबंधित प्रदूषण से जुड़ी

नकारात्मक लागत को कम करने के लिए बार-बार अंतर-अंतरिक्ष ऊर्जा और औद्योगिक उत्पादन में वृद्धि का आह्वान किया है।

दिसंबर 2017 में, न्यू शेपर्ड ने सफलतापूर्वक उड़ान भरी और डमी यात्रियों को उतारा, जिससे इसके मानव अंतरिक्ष यान की शुरुआत की तारीख 2018 के अंत तक पहुंच गई। इस कार्यक्रम को लागू करने के लिए, ब्लू ओरिजिन ने परीक्षण और संचालन के सभी चरणों का समर्थन करने के लिए छह वाहनों का निर्माण किया: यात्रियों के बिना परीक्षण उड़ानें, परीक्षण यात्रियों के साथ उड़ानें और वाणिज्यिक-यात्री साप्ताहिक संचालन। 2016 के बाद से, बेजोस ने सौर प्रणाली को उपनिवेश बनाने की अपनी उम्मीदों के बारे में अधिक खुलकर बात की है, और प्रयासों का समर्थन करने के लिए ब्लू ओरिजिन के प्रयासों को भुनाने के लिए हर साल अमेज़न स्टॉक में यूएस $ 1 बिलियन बेच रहा है। मई 2018 में, बेजोस ने कहा कि ब्लू ओरिजिन का प्राथमिक लक्ष्य मानव प्रजातियों को बहु-ग्रहीय बनाकर पृथ्वी के प्राकृतिक संसाधनों को संरक्षित करना है। उन्होंने घोषणा की कि न्यू शेपर्ड नवंबर 2018 तक मनुष्यों को उप-कक्षीय अंतरिक्ष में ले जाना शुरू कर देगा। जुलाई 2018 में, बेजोस ने घोषणा की कि वाणिज्यिक अंतरिक्ष उड़ान टिकटों की कीमत प्रति व्यक्ति $ 200,000 और $ 300,000 के बीच है।

20 जुलाई, 2021 को उन्होंने अपने सौतेले भाई मार्क बेजोस, वैली फंक और ओलिवर डेमन के साथ NS-16 मिशन लॉन्च किया। रिचर्ड ब्रैनसन द्वारा वर्जिन गैलेक्टिक यूनिटी 22 मिशन पर लॉन्च करने के नौ दिन बाद उन्होंने लॉन्च किया।

वाशिंगटन पोस्ट

5 अगस्त 2013 को, बेजोस ने अपने दोस्त डॉन ग्राहम के सुझाव पर द वाशिंगटन पोस्ट को 250 मिलियन डॉलर नकद में खरीदने की घोषणा की। बिक्री को निष्पादित करने के लिए, उन्होंने एक होल्डिंग कंपनी के रूप में कार्य करने के लिए एक सीमित देयता कंपनी, नैश होल्डिंग्स का गठन किया, जिसके माध्यम से वह अखबार का मालिक होगा। 1 अक्टूबर, 2013 को बिक्री बंद हो गई और नैश होल्डिंग्स ने नियंत्रण कर लिया। मार्च 2014 में, बेजोस ने वाशिंगटन पोस्ट में अपना पहला महत्वपूर्ण परिवर्तन किया, टेक्सास, हवाई और मिनेसोटा में कई अमेरिकी स्थानीय समाचार पत्रों के ग्राहकों के लिए एक ऑनलाइन पेवॉल उठाया। जनवरी 2016 में, बेजोस ने अपने डिजिटल मीडिया, मोबाइल प्लेटफार्म और एनालिटिक्स सॉफ्टवेयर का पुनर्गठन करते हुए अखबार को एक मीडिया और प्रौद्योगिकी कंपनी के रूप में फिर से स्थापित किया। स्वामित्व के अपने शुरुआती वर्षों के दौरान, बेजोस पर कागज पर संभावित हितों के टकराव का आरोप लगाया गया था। बेजोस और अखबार के संपादकीय बोर्ड ने आरोपों से इनकार किया कि उन्होंने पेपर की सामग्री को गलत तरीके से नियंत्रित किया और बेजोस ने पेपर की स्वतंत्रता को बनाए रखा। 2016 में ऑनलाइन पाठकों की संख्या बढ़ने के बाद, 2013 में बेजोस द्वारा इसे खरीदने के बाद पहली बार पेपर लाभदायक हो गया।

बेजोस अभियान

बेजोस अपने उद्यम पूंजी वाहन, बेजोस एक्सपेडिशंस के माध्यम से व्यक्तिगत निवेश करते हैं। 1998 में जब उन्होंने $250,000 का निवेश किया, तब वे Google के पहले शेयरधारकों में से एक थे। उस $250,000 के निवेश से 2017 में लगभग $3.1 बिलियन मूल्य के Google स्टॉक के 3.3 मिलियन शेयर हो गए। उन्होंने उम्र बढ़ने की प्रक्रिया को धीमा करने या रोकने की उम्मीद में एक जीवन-विस्तार अनुसंधान कंपनी यूनिटी बायोटेक्नोलॉजी में भी निवेश किया। बेजोस हेल्थकेयर क्षेत्र में शामिल है, जिसमें यूनिटी बायोटेक्नोलॉजी, ग्रिल, जूनो थेरेप्यूटिक्स और ज़ोडोक में निवेश शामिल है। जनवरी 2018 में, एक नई, अनाम स्वास्थ्य सेवा कंपनी में बेजोस की भूमिका के संबंध में एक घोषणा की गई थी। उद्यम, जिसे बाद में हेवन नाम दिया गया, के अमेज़न, जेपी मॉर्गन और बर्कशायर हैथवे के बीच एक साझेदारी होने की उम्मीद है।

बेजोस प्रत्यक्ष दान और बेजोस अभियान के माध्यम से वित्त पोषित गैर-लाभकारी परियोजनाओं के माध्यम से परोपकारी प्रयासों का भी समर्थन करता है। बेजोस ने प्रिंसटन न्यूरोसाइंस इंस्टीट्यूट में सिएटल म्यूजियम ऑफ हिस्ट्री एंड इंडस्ट्री में इनोवेशन सेंटर और बेजोस सेंटर फॉर न्यूरल सर्किट डायनेमिक्स सहित कई परोपकारी परियोजनाओं को निधि देने के लिए बेजोस एक्सपेडिशंस का इस्तेमाल किया। 2013 में, बेजोस एक्सपेडिशंस ने अटलांटिक महासागर के तल से दो सैटर्न V पहले चरण के रॉकेटडाइन F-1 इंजन की रिकवरी के लिए वित्त पोषित किया। अपोलो 11 मिशन के S-1C चरण से संबंधित जुलाई 1969 से इसकी सकारात्मक रूप से पहचान की गई है। इंजन वर्तमान में उड़ान के सिएटल संग्रहालय में प्रदर्शित हैं।

अल्टोस लैब

सितंबर 2021 में, बेजोस ने Mail.ru के संस्थापक यूरी मिलनर के साथ Altos Labs की सह-स्थापना की। अल्टोस लैब्स उदारता से वित्तपोषित जैव प्रौद्योगिकी कंपनी है जो दीर्घायु उपचारों को विकसित करने के लिए सेलुलर रीप्रोग्रामिंग का उपयोग करने के लिए समर्पित है। इस। कंपनी ने अग्रणी वैज्ञानिकों जैसे जुआन कार्लोस इझ़्पिसुआ बेलमॉंटे (रिप्रोग्रामिंग के माध्यम से कायाकल्प पर अपने काम के लिए जाना जाता है), स्टीव होर्वाथ (एपिजेनेटिक एजिंग क्लॉक पर अपने काम के लिए जाने जाते हैं) और शिन्या यामानाका (स्तनधारी कोशिकाओं में सेलुलर रीप्रोग्रामिंग के नोबेल पुरस्कार विजेता खोजकर्ता) की भर्ती की है।)।).

कंपनी ने स्टील्थ मोड को छोड़ दिया और 19 जनवरी, 2022 को $ 3 बिलियन की शुरुआती पूंजी और हैल बैरन के नेतृत्व वाली एक कार्यकारी टीम के साथ लॉन्च किया।

सार्वजनिक छवि

न्यूयॉर्क टाइम्स के पत्रकार नेली बाउल्स ने बेजोस के सार्वजनिक व्यक्तित्व और व्यक्तित्व को "एक शानदार लेकिन रहस्यमय और ठंडे खून वाले कॉर्पोरेट टाइटन" के रूप में वर्णित किया। 134 1990 के दशक में, बेजोस ने सार्वजनिक दान और सामाजिक कल्याण की कीमत पर, अमेज़न को लगातार आगे बढ़ाने के लिए प्रतिष्ठा प्राप्त की। पत्रकार मार्क ओ'कोनेल ने बेजोस के अथक उपभोक्ता फोकस की आलोचना करते हुए इसे मानवता को समग्र रूप से प्रभावित करने के लिए "बहुत छोटा" बताया, एक सेंटीमेंट टेक्नोलॉजिस्ट टिम ओ'रिली इससे सहमत थे। उनकी व्यावसायिक प्रथाओं को उनके अपने धन और अमेज़न की विवेक और पारदर्शिता की सार्वजनिक छवि के साथ जोड़ा गया। बेजोस एक अरबपति थे जिन्होंने 1996 की होंडा एकॉर्ड चलाई थी। 2000 के दशक की शुरुआत में, उन्हें एक गीक या बेवकूफ माना जाता था।

बेजोस को कुछ लोगों द्वारा अनावश्यक रूप से मात्रात्मक और डेटा-संचालित के रूप में देखा गया था। इस धारणा को एलन इयूशमैन ने विस्तृत किया, जिन्होंने उसे "सूचियों में बात करना" और "हर निर्णय के लिए, महत्व के क्रम में मानदंडों की गणना" के रूप में वर्णित किया। जनता का ध्यान। विशेष रूप से, पत्रकार ब्रैड स्टोन ने बेजोस को एक मांग करने वाले बॉस के साथ-साथ अति-प्रतिस्पर्धी के रूप में वर्णित करते हुए एक किताब लिखी, और कहा कि बेजोस शायद "इंटरनेट पर सबसे बड़ा दांव लगाता है" किसी और से ज्यादा। बेजोस को एक कुख्यात अवसरवादी सीईओ के रूप में जाना जाता है जो बाधाओं और बाह्यताओं के लिए बहुत अधिक चिंता किए बिना कार्य करता है।

2010 की शुरुआत में, बेजोस ने आक्रामक व्यावसायिक प्रथाओं के लिए अपनी प्रतिष्ठा को मजबूत किया और अपनी सार्वजनिक छवि को बदलना शुरू किया। बेजोस ने सिलवाए हुए कपड़े पहनना शुरू किया; उन्होंने वजन प्रशिक्षण लिया, नियमित आहार का पालन किया और अपना पैसा स्वतंत्र रूप से खर्च करना शुरू कर दिया। उनके भौतिक परिवर्तन की तुलना अमेज़न से की गई है; इसे अक्सर कंपनी उपनाम के रूप में जाना जाता है। उनकी शारीरिक उपस्थिति ने उन्हें व्यापार और लोकप्रिय संस्कृति में प्रतीकात्मक रूप से प्रभावशाली व्यक्ति के रूप में सार्वजनिक धारणा के लिए प्रेरित किया है, जिसमें उन्हें एक उद्यमी पर्यवेक्षक के रूप में चित्रित किया गया है। 2017 के बाद से, उन्हें काइल मूनी और स्टीव कैरेल द्वारा सैटरडे नाइट लाइव में चित्रित किया गया है, आमतौर पर एक समझदार, दबंग व्यक्तित्व के रूप में। अच्छा सोत आवश्यक मई 2014 में, अंतर्राष्ट्रीय व्यापार संघ परिसंघ ने बेजोस को "दुनिया का सबसे खराब बॉस" नाम दिया। ", इसके महासचिव शरण बुरो ने कहा:" जेफ बेजोस उत्तर अमेरिकी कॉर्पोरेट मॉडल को बढ़ावा देने वाले नियोक्ताओं की अमानवीयता का प्रतिनिधित्व करते हैं ", जबकि 2019 में, हार्वर्ड बिजनेस रिव्यू, जिसने बेजोस को लगातार 4 वर्षों तक सर्वश्रेष्ठ प्रदर्शन करने वाले सीईओ से सम्मानित किया। 2014 से, अमेज़न के "कम ईएसजी (पर्यावरण, सामाजिक और शासन) स्कोर का हवाला देते हुए इसकी तुलना में यह शीर्ष 100 में भी रैंक नहीं करता है" जो "काम करने की स्थिति और रोजगार नीतियों, डेटा सुरक्षा और एंटीट्रस्ट मुद्दों से उत्पन्न जोखिम" को दर्शाता है। "

2010 के अंत में, बेजोस ने गैर-व्यवसाय-संबंधित खर्चों पर पैसा खर्च करने में अनिच्छुक होने के लिए अपनी प्रतिष्ठा को उलट दिया। अन्य अरबपतियों की तुलना में उनके परोपकार की सापेक्ष कमी ने 2016 से जनता से नकारात्मक प्रतिक्रिया प्राप्त की है। बेजोस को महत्वपूर्ण लेखों में किए गए दावों का सार्वजनिक रूप से विरोध करने के लिए जाना जाता है, जैसा कि 2015 में उदाहरण के तौर पर देखा गया था जब उन्होंने न्यूयॉर्क टाइम्स के एक टुकड़े की निंदा करने वाले कर्मचारियों को एक मेमो भेजा था। 158

बेजोस ने अपनी विकास मानसिकता का वर्णन करने के लिए "यह हमेशा पहला दिन है" कहा है।

बेजोस ने डीई शॉ में काम करते हुए और फिर से अमेज़न के शुरुआती दिनों में "अफसोस-न्यूनीकरण ढांचे" के रूप में जाना जाता है। उन्होंने इस जीवन दर्शन का वर्णन करते हुए कहा: "जब मैं 80 वर्ष का हो जाऊँगा, तो क्या मुझे वॉल स्ट्रीट छोड़ने का पछतावा होगा? नहीं। क्या मुझे इंटरनेट की शुरुआत को याद करने का पछतावा होगा? हाँ।" , एक कंपनी चलाने के सभी पहलुओं की मात्रा निर्धारित करने का प्रयास, अक्सर कर्मचारियों को स्प्रैडशीट्स पर सूचीबद्ध करने और डेटा पर कार्यकारी निर्णयों को आधार बनाने की विशेषता थी। अमेज़न को आगे बढ़ाने के लिए, बेजोस ने "गेट बिग फास्ट" मंत्र विकसित किया, जिसके लिए कंपनी को बाजार पर हावी होने के लिए अपने परिचालन को बढ़ाने की आवश्यकता थी। उन्होंने लाभांश के रूप में शेयरधारकों के बीच वितरित करने के बजाय अमेज़न के मुनाफे को कंपनी में वापस लाने का समर्थन किया।

बेजोस अधिक मानक "कार्य-जीवन संतुलन" के बजाय "कार्य-जीवन संतुलन" शब्द का उपयोग करते हैं क्योंकि उनका मानना है कि संतुलन का मतलब है कि आपके पास केवल एक हो सकता है और दूसरा नहीं। उनका मानना है कि काम और घरेलू जीवन आपस में जुड़े हुए हैं, एक दूसरे को सूचित करते हैं और कैलिब्रेट करता है। पत्रकार वॉल्ट मॉसबर्ग ने इस विचार को डब किया कि जो कोई भी आलोचना या आलोचना बर्दाश्त नहीं कर सकता, उसे "द बेजोस प्रिंसिपल" के लिए कुछ भी नया या दिलचस्प नहीं करना चाहिए। बेजोस सुबह की बैठकों का समय निर्धारित नहीं करते हैं और दो-पिज़्ज़ा नियम लागू करते हैं- बोर्ड रूम में सभी को दो पिज्जा खिलाने के लिए बैठकें काफी कम होती हैं। अमेज़न में नौकरी के लिए उम्मीदवारों का साक्षात्कार करते समय, उन्होंने कहा कि वह तीन सवालों पर विचार करते हैं: क्या वह व्यक्ति की प्रशंसा कर सकता है, क्या वह व्यक्ति मानक बढ़ा सकता है, और किन परिस्थितियों में व्यक्ति अनुकरणीय हो सकता है।

वह साल में केवल छह घंटे ही अमेजन के निवेशकों से मिलते हैं। प्रेजेंटेशन स्लाइड्स का उपयोग करने के बजाय, बेजोस को उच्च-स्तरीय कर्मचारियों को छह-पृष्ठ की कहानियों के साथ जानकारी प्रस्तुत करने की आवश्यकता थी। 1998 से, बेजोस ने अमेज़न शेयरधारकों को एक

वार्षिक पत्र प्रकाशित किया है जिसमें वह बार-बार पांच सिद्धांतों को संदर्भित करता है: ग्राहकों पर ध्यान केंद्रित करें, बाजार के नेतृत्व के लिए जोखिम उठाएं, प्रतिस्पर्धा नहीं, कर्मचारियों का मनोबल बढ़ाएं, कंपनी संस्कृति का निर्माण करें और लोगों को सशक्त बनाएं। बेजोस द्वारा जेफ@ amazon.com इस ईमेल पते को ग्राहकों के लिए उस तक और कंपनी तक पहुंचने के लिए एक आउटलेट के रूप में बनाए रखा जाता है। हालांकि वह ईमेल का जवाब नहीं देता है, फिर भी वह उनमें से कुछ को विषय पंक्ति में एक प्रश्न चिह्न के साथ समस्या को हल करने की कोशिश कर रहे अधिकारियों को भेजता है। बेजोस जेफ इम्मेट (न्यू एंटरप्राइज़ एसोसिएट्स के), वारेन बफेट (बर्कशायर हैथवे के), जेमी डिमोन (जेपी मॉर्गन चेज़ के) और बॉब इगर (वॉल्ट डिज़नी के) को उनकी नेतृत्व शैली पर प्रमुख प्रभाव के रूप में उद्धृत करते हैं।

बेजोस को अमेज़ॅन में शत्रुतापूर्ण वातावरण बनाने के साथ-साथ अपने कर्मचारियों का अपमान करने और मौखिक रूप से गाली देने के लिए जाना जाता है। जैसा कि पत्रकार ब्रैड स्टोन ने अपनी किताब द एवरीथिंग स्टोर में खुलासा किया है, बेजोस अपने कर्मचारियों से पूछते थे, "मुझे खेद है, क्या मैंने आज अपनी बेवकूफी भरी गोलियां लीं?", "क्या आप आलसी हैं या सिर्फ अक्षम हैं?" और जवाब दिया "क्यों हैं?" क्या तुम मेरा जीवन बर्बाद कर रहे हो?" इसके अलावा, बेजोस ने अमेज़ॅन टीमों को एक दूसरे के खिलाफ खड़ा किया और एक बार अमेज़ॅन कर्मचारियों को कार्यालय छोड़ने से हतोत्साहित करने के लिए सिटी बस पास देने से इनकार कर दिया।

पहचान

1999 में, बेजोस को अपना पहला बड़ा पुरस्कार मिला जब टाइम ने उन्हें अपना पर्सन ऑफ द ईयर नामित किया।

2008 में, यूएस न्यूज एंड वर्ल्ड रिपोर्ट ने उन्हें अमेरिका के सर्वश्रेष्ठ नेताओं में से एक का नाम दिया।

बेजोस को 2008 में कार्नेगी मेलन विश्वविद्यालय द्वारा विज्ञान और प्रौद्योगिकी में डॉक्टरेट की मानद उपाधि से सम्मानित किया गया था।

2011 में, द इकोनॉमिस्ट ने अमेज़ॅन किंडल के लिए बेजोस और ग्रेग ज़हर को एक इनोवेशन अवार्ड से सम्मानित किया।

2012 में, फॉर्च्यून द्वारा बेजोस को बिजनेसपर्सन ऑफ द ईयर नामित किया गया था।

वह बिल्डरबर्ग समूह के सदस्य भी हैं और 2011 में सेंट मोरिट्ज़, स्विट्ज़रलैंड में बिल्डरबर्ग सम्मेलन और 2013 में वाटफोर्ड, हर्टफोर्डशायर, इंग्लैंड में सम्मेलन में भाग लिया। वह 2011 और 2012 के लिए बिजनेस काउंसिल की कार्यकारी समिति के सदस्य थे।

2014-2018, उन्हें हार्वर्ड बिजनेस रिव्यू द्वारा दुनिया के सर्वश्रेष्ठ प्रदर्शन करने वाले सीईओ के रूप में स्थान दिया गया था।

2015 में, वह फॉर्च्यून की दुनिया के 50 महानतम नेताओं की सूची में लगातार तीन वर्षों तक स्थान पर रहे।

सितंबर 2016 में, अंतरिक्ष व्यावसायीकरण में अग्रिमों के लिए हेनलिन पुरस्कार जीतने के लिए बेजोस को $ 250,000 से सम्मानित किया गया था, जिसे उन्होंने अंतरिक्ष की खोज और विकास के लिए छात्रों को दान किया था। बेहतर स्रोत चाहिए

फरवरी 2018 में, बेजोस को "अंतरिक्ष अन्वेषण, स्वायत प्रणालियों में नेतृत्व और नवाचार और मानव अंतरिक्ष यान के लिए वाणिज्यिक मार्ग बनाने" के लिए नेशनल एकेडमी ऑफ इंजीनियरिंग के लिए चुना गया था।

मार्च 2018 में, ब्लू ओरिजिन के साथ उनके काम की पहचान के लिए उन्हें एक्सप्लोरर्स क्लब के वार्षिक रात्रिभोज में बज़ एल्ड्रिन स्पेस एक्सप्लोरेशन अवार्ड से सम्मानित किया गया।

उन्हें बिजनेस इनोवेशन और सोशल रिस्पॉन्सिबिलिटी के लिए जर्मनी का 2018 एक्सल स्प्रिंगर अवार्ड मिला। टाइम पत्रिका ने 2008 और 2018 के बीच पांच अलग-अलग मौकों पर उन्हें दुनिया के 100 सबसे प्रभावशाली लोगों में से एक का नाम दिया।

अमेज़ॅन की प्रारंभिक सार्वजनिक पेशकश (आईपीओ) के माध्यम से 54 मिलियन डॉलर जुटाने के बाद बेजोस 1997 में पहले करोड़पति बन गए। उन्हें पहली बार 1999 में फोर्ब्स की दुनिया के अरबपतियों की सूची में 10.1 बिलियन डॉलर की पंजीकृत संपत्ति के साथ शामिल किया गया था। एक साल बाद उनकी कुल संपत्ति 40.5% की गिरावट के साथ $6.1 बिलियन हो गई। अगले वर्ष उनका भाग्य और भी गिर गया, 66.6% गिरकर 2.0 बिलियन डॉलर हो गया। अगले वर्ष उसे $500 मिलियन का नुकसान हुआ, जिससे उसकी कुल संपत्ति $1.5 बिलियन हो गई। अगले वर्ष, उनका शुद्ध मूल्य 66.66% बढ़कर 2.5 बिलियन डॉलर हो गया। 2005 से 2007 तक, उन्होंने अपनी नेटवर्थ को चार गुना बढ़ाकर 8.7 बिलियन डॉलर कर दिया। वित्तीय संकट और उसके बाद की मंदी के बाद, उसकी कुल संपत्ति $6.8 बिलियन तक गिर जाएगी - 17.7% की गिरावट। 2010 में उनकी संपत्ति में 85.2% की वृद्धि हुई और उनके पास 12.6 बिलियन डॉलर थे। इस प्रतिशत वृद्धि ने उन्हें 68वें स्थान से 43वें स्थान पर पहुंचा दिया।

अमेज़ॅन द्वारा स्मार्टफोन विकसित करने की अफवाह के बाद बेजोस की कुल संपत्ति 2014 में बढ़कर 30.5 बिलियन डॉलर हो गई। एक साल बाद, बेजोस ने शीर्ष दस में प्रवेश किया, जिससे उनकी कुल संपत्ति 50.3 बिलियन डॉलर हो गई। बाजार बंद होने के कुछ घंटे पहले बेजोसदुनिया के 5वें सबसे अमीर शख्स बने; उन्होंने एक घंटे में 7 अरब डॉलर कमाए। मार्च 2016 फोर्ब्स की सूची के अनुसार उनकी कुल संपत्ति $45.2 बिलियन बताई गई थी। हालांकि, कुछ महीने बाद अक्टूबर 2016 में, उनका भाग्य 16.2 बिलियन डॉलर बढ़कर 66.5 बिलियन डॉलर हो गया, जिससे वह अनौपचारिक रूप से वॉरेन बफेट के बाद दुनिया के तीसरे सबसे अमीर व्यक्ति बन गए। अमेज़ॅन के शेयर की कीमत में छिटपुट उछाल के बाद, जुलाई 2017 में इसने माइक्रोसॉफ्ट के सह-संस्थापक बिल गेट्स को दुनिया के सबसे अमीर व्यक्ति के रूप में पीछे

छोड़ दिया।

फोर्ब्स पत्रिका द्वारा अनुमानित अमेरिकी डॉलर में 1999 से 2018 तक जेफ बेजोस की कुल संपत्ति। उनकी कुल संपत्ति की गणना हर साल मार्च के हिसाब से अरबों में की जाती है।

अमेज़न के शेयर की कीमत में उतार-चढ़ाव के बाद बेजोस अक्टूबर 2017 में छिटपुट रूप से गेट्स को हराते रहेंगे। 202 अमेज़न की शुद्ध संपत्ति 24 नवंबर, 2017 को पहली बार $ 100 बिलियन से अधिक हो गई, जब इसके शेयर की कीमत 2.5% से अधिक बढ़ गई। जब 2017 की सूची जारी की गई थी, तो बेजोस की कुल संपत्ति 72.8 बिलियन डॉलर बताई गई थी, जो पिछले वर्ष की तुलना में 27.6 बिलियन डॉलर अधिक थी। बेजोस को आधिकारिक तौर पर दुनिया के तीसरे सबसे अमीर व्यक्ति के रूप में स्थान दिया गया था, जो 2016 में 5वें स्थान पर था। 2016 से 2017 तक उनकी संपत्ति में तेजी से वृद्धि ने मिश्रित समीक्षा की कि बेजोस ने नियंत्रित, कम समय में कितना पैसा कमाया। 10 अक्टूबर, 2017 को इसने 5 मिनट में लगभग 6.24 बिलियन डॉलर कमाए, जो किर्गिस्तान के वार्षिक सकल घरेलू उत्पाद से थोड़ा कम है।

6 मार्च, 2018 को, बेजोस को 112 बिलियन डॉलर की पंजीकृत संपत्ति के साथ दुनिया का सबसे अमीर व्यक्ति नामित किया गया था। उन्होंने बिल गेट्स ($90 बिलियन) को पीछे छोड़ा जो तीसरे स्थान के लिए वारेन बफेट ($84 बिलियन) से $6 बिलियन आगे थे। उन्हें पहला पंजीकृत सेंटी-अरबपति माना जाता है (मुद्रास्फीति के लिए समायोजित नहीं)।

2017-18 में उनकी संपत्ति 27 लाख अमेरिकियों के बराबर थी। जनवरी 2017 से जनवरी 2018 के बीच बेजोस की नेटवर्थ 33.6 अरब डॉलर बढ़ी। यह विकास दुनिया भर के 96 से अधिक देशों के आर्थिक विकास (जीडीपी के संदर्भ में) को पीछे छोड़ देता है। 9 मार्च के दौरान बेजोस ने हर 60 सेकंड में 230,000 डॉलर कमाए। द मोटली फूल का अनुमान है कि 2018 में बेजोस की कुल संपत्ति 181 बिलियन डॉलर होगी यदि उन्होंने 1997 में अपनी मूल सार्वजनिक पेशकश से अपने किसी भी शेयर को नहीं बेचा था। क्वार्ट्ज के अनुसार, जुलाई 2018 में उसकी 150 बिलियन डॉलर की कुल संपत्ति नाइजीरिया, हंगरी, मिस्र, लक्समबर्ग और ईरान के पूरे शेयर बाजारों को खरीदने के लिए पर्याप्त थी। क्वार्ट्ज की रिपोर्ट के बाद, पोलैंड, (जर्मनी) और स्पेन में अमेज़न श्रमिकों ने इसकी बढ़ती संपत्ति और मुआवजे की कमी, श्रम अधिकारों और चयनित अमेज़न श्रमिकों के लिए असंतोषजनक कामकाजी परिस्थितियों पर ध्यान आकर्षित करने के लिए प्रदर्शनों और श्रमिक हड़तालों में भाग लिया। 17 जुलाई, 2018 को, ब्लूमबर्ग बिलियनेयर्स इंडेक्स, फॉर्च्यून, 221 मार्केटवॉच, द वॉल स्ट्रीट जर्नल और फोर्ब्स द्वारा उन्हें "आधुनिक इतिहास का सबसे अमीर व्यक्ति" नामित किया गया था।

2019 में बेजोस का अपनी पत्नी मैकेंजी बेजोस से तलाक होने से उनकी संपत्ति में कमी आई। फोर्ब्स के अनुसार, अगर वाशिंगटन राज्य के समान कानून को उनके तलाक के लिए पूर्व-विवाह समझौते के बिना लागू किया गया होता, तो बेजोस की संपत्ति उनकी पूर्व पत्नी के साथ समान रूप से विभाजित हो जाती; हालांकि, अंततः उन्हें बेजोस के अमेज़न शेयरों का 25% प्राप्त हुआ, जिसकी अनुमानित कीमत $36 बिलियन थी, जिससे वह दुनिया की तीसरी सबसे अमीर महिला बन गईं। बेजोस ने द वाशिंगटन पोस्ट और ब्लू ओरिजिन में अपने हितों को बनाए रखा, साथ ही साथ अपनी पूर्व पत्नी से विरासत में मिले शेयरों पर वोटिंग नियंत्रण भी बनाए रखा।

जून 2019 में, बेजोस ने मैनहट्टन में मैडिसन स्क्वायर पार्क को देखने के लिए पेंटहाउस सहित तीन आसन्न अपार्टमेंट खरीदे, जो कि कुल 80 मिलियन अमेरिकी डॉलर थे, जिससे यह 2019 की न्यूयॉर्क शहर की सबसे महंगी अचल संपत्ति खरीद बन गई। बेजोस ने 1999 में मैनहट्टन में 25 सेंट्रल पार्क वेस्ट में 7.65 मिलियन डॉलर में तीन निकटवर्ती अपार्टमेंट खरीदे; उन्होंने 2012 में उस इमारत में 5.3 मिलियन डॉलर में चौथी इकाई खरीदी।

फरवरी 2020 में, बेजोस ने डेविड गेफेन से $ 165 मिलियन में वार्नर एस्टेट खरीदा, लॉस एंजिल्स क्षेत्र में एक निवास के लिए भुगतान की गई रिकॉर्ड कीमत। 150 मिलियन डॉलर के पिछले रिकॉर्ड उच्च मूल्य का भुगतान लाचलान मर्डोक ने चार्टवेल हवेली के लिए किया था। कोविड-19 महामारी के दौरान, अमेज़न पर लॉकडाउन खरीदारी पर घरों की बढ़ती मांग के कारण बेजोस की संपत्ति में 24 अरब डॉलर की वृद्धि दर्ज की गई थी। 11 उन्होंने फरवरी 2022 में अपने आवासीय होल्डिंग्स का और विस्तार किया, फ्लैटिरॉन पड़ोस में मैडिसन स्क्वायर पार्क से 24-मंजिला बुटीक कॉन्डोमिनियम में $16.13 मिलियन का अपार्टमेंट खरीदा, जहां वे पहले से ही सभी ऊपरी मंजिल इकाइयों के मालिक हैं।

बेजोस के पास Y721 है, जो $500,000,000 से अधिक मूल्य का एक लक्ज़री सुपरयॉट है। यह दुनिया की सबसे बड़ी नौका है।

व्यक्तिगत जीवन

1992 में, बेजोस मैनहट्टन में डीई शॉ के लिए काम कर रहे थे, जब उनकी मुलाकात उपन्यासकार मैकेंजी टटल से हुई, जो फर्म में एक शोध सहयोगी थे; एक साल बाद, जोड़े ने शादी कर ली। 1994 में, वह देश भर में सिएटल, वाशिंगटन चले गए, जहां बेजोस ने अमेजन की स्थापना की।स्थापित। बेजोस और उनकी अब पूर्व पत्नी मैकेंजी चार बच्चों के माता-पिता हैं: चीन से गोद लिए गए तीन बेटे और एक बेटी। बेजोस और मैकेंजी ने अपने धार्मिक जुड़ाव का खुलासा नहीं किया है। सार्वजनिक रिकॉर्ड, पारिवारिक इतिहास और जीवनी संबंधी विवरण बताते हैं कि दोनों का पालन-पोषण किसी न किसी रूप में ईसाई धर्म में हुआ था।

मार्च 2003 में, बेजोस एक हेलीकॉप्टर में एक यात्री था जो ब्लू ओरिजिन के लिए जमीन खरीदने के लिए सर्वेक्षण करते समय वेस्ट टेक्सास में दुर्घटनाग्रस्त हो गया था; हेलीकॉप्टर में अन्य 3 यात्री पायलट चार्ल्स "चीटर" बेला, अमेज़न अटॉर्नी एलिजाबेथ कॉरेल और स्थानीय रैंचर टाइ हॉलैंड थे। सब बचा लिया; बेजोस को केवल मामूली चोटें आईं और उसी दिन एक स्थानीय अस्पताल से उन्हें छुट्टी दे दी गई।

बेजोस ने 2016 की फिल्म स्टार ट्रेक बियॉन्ड में एक स्टारफ्लीट अधिकारी की भूमिका निभाई और सैन डिएगो कॉमिक-कॉन स्क्रीनिंग में कलाकारों और चालक दल में शामिल हुए। उन्होंने भाषण मान्यता में एलेक्सा की भूमिका और व्यक्तिगत / व्यावसायिक रुचि के लिए पैरामाउंट की पैरवी की। उनकी एक पंक्ति संकट में एक अजनबी के प्रति उनकी प्रतिक्रिया थी: "सामान्य रूप से बोलें।" 2011 की शुरुआत में एलेक्सा बनने वाली परियोजना के बारे में अपने तकनीकी सलाहकार ग्रेग हार्ट के साथ चर्चा में, बेजोस ने उन्हें बताया कि लक्ष्य "स्टार ट्रेक कंप्यूटर" बनाना था। स्टार ट्रेक का एक पात्र।

9 जनवरी, 2019 को बेजोस और मैकेंजी ने अलगाव की "लंबी अवधि" के बाद तलाक लेने के अपने इरादे की ट्विटर पर घोषणा की। गैर-प्राथमिक स्रोत की आवश्यकता 4 अप्रैल, 2019 को तलाक हो गया। बेजोस को युगल के अमेज़न स्टॉक का 75% और मैकेंज़ी को अमेज़न स्टॉक में शेष 25% ($ 35.6 बिलियन) प्राप्त हुआ। हालाँकि, बेजोस युगल के सभी मतदान अधिकारों को बरकरार रखेंगे।

बेजोस ने 7 फरवरी, 2019 को एक ऑनलाइन निबंध प्रकाशित किया, जिसमें उन्होंने अमेरिकी मीडिया, इंक। के मालिक डेविड पैकर पर बेजोस और वर्तमान प्रेमिका लॉरेन सांचेज 250 की अंतरंग तस्वीरें प्रकाशित करने की धमकी देने के लिए "जबरन वसूली और ब्लैकमेल" करने का आरोप लगाया। नेशनल इंक्वायरर को उनके टेक्स्ट मैसेज और अन्य तस्वीरें कैसे लीक हुईं, इसकी जांच की जा रही है।

राजनीति

सार्वजनिक अभियान वित्त रिकॉर्ड के अनुसार, बेजोस ने वाशिंगटन, पैटी मरे और मारिया कैंटवेल में दो डेमोक्रेटिक अमेरिकी सीनेटरों के चुनाव अभियानों का समर्थन किया। उन्होंने डेमोक्रेट अमेरिकी प्रतिनिधि जॉन कॉनयर्स के साथ-साथ अमेरिकी सीनेटर पैट्रिक लेहि और रिपब्लिकन स्पेंसर अब्राहम का समर्थन किया है, जो इंटरनेट से संबंधित मुद्दों पर काम करने वाली समितियों में काम करते हैं। जेफ बेजोस और मैकेंजी बेजोस ने समान-सेक्स विवाह के वैधीकरण का समर्थन किया है और 2012 में वाशिंगटन यूनाइटेड फॉर मैरिज के लिए 2.5 मिलियन डॉलर का योगदान दिया, एक समूह जिसने वाशिंगटन रेफरेंडम 74 पर हां वोट का समर्थन किया, जिसने राज्य के समान-सेक्स विवाह कानून की पुष्टि की। 254 बेजोस ने 2010 में वाशिंगटन राज्य के आयकर विरोधी आंदोलन "शीर्ष कमाई करने वालों के लिए" $100,000 का दान दिया। 2012 में, उन्होंने क्रमशः डेमोक्रेट और रिपब्लिकन को $ 56,000 और $ 74,500 देकर अमेज़न की राजनीतिक कार्रवाई समिति (PAC) को दान दिया।

2016 के राष्ट्रपति चुनाव के बाद, बेजोस को डोनाल्ड ट्रम्प के रक्षा नवाचार सलाहकार बोर्ड में शामिल होने के लिए आमंत्रित किया गया था, जो रक्षा विभाग द्वारा उपयोग की जाने वाली तकनीक में सुधार के लिए एक सलाहकार परिषद है। ट्रम्प ने ट्विटर के माध्यम से बेजोस पर बार-बार हमला किया, बेजोस पर कॉर्पोरेट करों से बचने, अनुचित राजनीतिक प्रभाव प्राप्त करने और "फर्जी समाचार" फैलाकर अपने राष्ट्रपति पद को कमजोर करने का आरोप लगाया।

2014 में, Amazon ने CIA के साथ $600 मिलियन मूल्य के क्लाउड कंप्यूटिंग अनुबंध के लिए बोली जीती। 2018 में, संयुक्त उद्यम रक्षा अवसंरचना (JEDI) परियोजना के रूप में जाना जाने वाला $ 10 बिलियन का अनुबंध, इस बार पेंटागन के साथ, कथित तौर पर इस तरह से लिखा गया था जो अमेज़न के पक्ष में था। विवाद तब पैदा हुआ जब जनरल जेम्स मैटिस ने बेजोस के मुख्यालय का दौरा करने का निमंत्रण स्वीकार किया और सैली डोनेली के माध्यम से सौदे का समन्वय किया, जो एक पैरवीकार था, जो पहले अमेज़न के लिए काम करता था। नवंबर 2019 में, जब इसके बजाय Microsoft को अनुबंध दिया गया, तो Amazon ने बोली प्रक्रिया को पक्षपातपूर्ण बताते हुए मुकदमा दायर किया। 6 जुलाई, 2021 को, पेंटागन ने Microsoft के साथ JEDI अनुबंध को रद्द कर दिया, जिसमें कहा गया था कि "बढ़ती जरूरतों, बढ़ती क्लाउड बातचीत और उद्योग की प्रगति के कारण, JEDI क्लाउड अनुबंध अब इसकी जरूरतों को पूरा नहीं करता है।" अप्रवासियों के लिए खुली सीमा नीति के लिए बेजोस के समर्थन के बावजूद, अमेज़न ने अपने चेहरे की पहचान सॉफ्टवेयर को यूएस इमिग्रेशन एंड कस्टम्स इंफोर्समेंट (आईसीई) में सक्रिय रूप से विपणन किया है।

2019 में, बेजोस से जुड़ी राजनीतिक कार्रवाई समिति ने सिएटल सिटी काउंसिल के सदस्य और कार्यकर्ता क्षमा सावंत की फिर से चुनावी बोली को हराने के असफल प्रयास में $1 मिलियन से अधिक खर्च किए।

22 नवंबर, 2021 को, जेफ बेजोस ने ओबामा फाउंडेशन को "उभरते नेताओं तक पहुंचने वाली प्रोग्रामिंग की पहुंच का विस्तार करने में मदद करने के लिए" $ 100 मिलियन का दान दिया और अनुरोध किया कि ओबामा प्रेसिडेंशियल सेंटर के प्लाजा का नाम जॉन लुईस के नाम पर रखा जाए।

सऊदी हैकिंग का दावा

मार्च 2018 में बेजोस ने सऊदी अरब के क्राउन प्रिंस और वास्तविक शासक मोहम्मद बिन सलमान के साथ सिएटल में सऊदी विजन 2030 के लिए निवेश के अवसरों पर चर्चा करने के लिए मुलाकात की।ली। मार्च 2019 में बेजोस के सुरक्षा सलाहकार ने सऊदी सरकार पर बेजोस का फोन हैक करने का आरोप लगाया था। बीबीसी के अनुसार, बेजोस के शीर्ष सुरक्षा कर्मचारी गेविन डी बेकर ने "हैक को वाशिंगटन पोस्ट के इस्तांबुल में सऊदी वाणिज्य दूतावास में सऊदी लेखक जमाल खशोगी की हत्या के कवरेज से जोड़ा"। सऊदी पत्रकार और असंतुष्ट खशोगी ने बेजोस के स्वामित्व वाली वाशिंगटन पोस्ट के लिए एक लेखक के रूप में काम किया। खशोगी की सऊदी सरकार और उसके नेता के खिलाफ आलोचनात्मक रुख और पत्रकारिता के लिए तुर्की में सऊदी वाणिज्य दूतावास में 2018 के अंत में हत्या कर दी गई थी।

जनवरी 2020 में, द गार्जियन ने बताया कि हैक को हत्या से पहले लॉन्च किया गया था, लेकिन खशोगी द्वारा वाशिंगटन पोस्ट में क्राउन प्रिंस के बारे में एक महत्वपूर्ण लेख लिखे जाने के बाद। कंसल्टेंसी एफटीआई कंसल्टिंग द्वारा बेजोस के मोबाइल फोन के एक फोरेंसिक विश्लेषण ने निष्कर्ष निकाला कि 1 मई को व्हाट्सएप संदेश में बेजोस को भेजे गए वीडियो में छिपी एक दुर्भावनापूर्ण फ़ाइल का उपयोग करके क्राउन प्रिंस के व्यक्तिगत खाते को हैक कर लिया गया था। , 2018. सऊदी अरब इस दावे का खंडन करता है।

दूसरों का उपकार करने का सिद्धान्त

बेजोस ने 2015 में अटलांटिक महासागर के तल से इन F-1 इंजन के पुर्जों की रिकवरी के लिए वित्त पोषित किया, अंततः उन्हें सिएटल म्यूजियम ऑफ फ्लाइट को दान कर दिया। वे अपोलो 16 (ऊपर) और अपोलो 12 (नीचे) से हैं।

बेजोस ने 2009 और 2017 के बीच कई बार फ्रेड हचिंसन कैंसर रिसर्च सेंटर को दान दिया। 276 2013 में, उन्होंने वर्ल्डरीडर को 500,000 डॉलर देने का वादा किया, जो एक गैर-लाभकारी अमेज़न कर्मचारी द्वारा स्थापित किया गया था।

सितंबर 2018 में, बिजनेस इनसाइडर ने बताया कि बेजोस दुनिया के शीर्ष पांच अरबपतियों में से एक थे, जिन्होंने गिविंग प्लेज पर हस्ताक्षर नहीं किया, बिल गेट्स और वॉरेन बफेट द्वारा बनाई गई एक पहल जो अमीर लोगों को अपने धन का बड़ा हिस्सा देने के लिए प्रोत्साहित करती है। उसी महीने, फाउंडेशन सेंटर में पारदर्शिता पहलों के निदेशक जेनेट केमरेना को सीएनबीसी द्वारा उद्धृत किया गया था, जिसमें कहा गया था कि उनके पास बेजोस के नए § डे 1 फंड के बारे में प्रश्न हैं, जिसमें फंड की संरचना शामिल है और वास्तव में फंडिंग कैसे वित्त पोषित होगी।

मई 2017 में, बेजोस ने पत्रकारों की स्वतंत्रता के लिए प्रेस कमेटी को 1 मिलियन डॉलर दिए, जो अमेरिकी पत्रकारों के लिए उचित कानूनी सेवाएं प्रदान करती है। 15 जून, 2017 को, उन्होंने ट्विटर पर एक संदेश पोस्ट किया जिसमें परोपकार के लिए विचार मांगे गए थे: "मैं परोपकार के लिए एक रणनीति के बारे में सोच रहा हूं जो कि मेरे समय के विपरीत है - लंबे समय तक काम करना"। पद के समय, धर्मार्थ कारणों पर बेजोस का जीवन भर का खर्च अनुमानित रूप से $100 मिलियन था। कई राय स्तंभकारों ने बेजोस को अमेज़न गोदाम श्रमिकों को अधिक भुगतान करने के लिए कहा। एक साल बाद जून में, उन्होंने ट्वीट किया कि वह 2018 की गर्मियों के अंत तक दो परोपकार की घोषणा करेंगे। बेजोस ने सितंबर 2018 में घोषणा की कि वह अमेरिकी बेघरों को संबोधित करने और कम आय वाले समुदायों के लिए गैर-लाभकारी पूर्वस्कूली का एक नेटवर्क स्थापित करने के लिए लगभग 2 बिलियन डॉलर की फंडिंग करेंगे। इस घोषणा के हिस्से के रूप में, उन्होंने बचपन की शिक्षा के लिए "रैन बसेरों और बेघर परिवारों के लिए डे केयर सेंटर" और "डे 1 अकादमी फंड" के वित्तपोषण के लिए "डे 1 फैमिली फंड" स्थापित करने के लिए प्रतिबद्ध किया।

जनवरी 2018 में, बेजोस ने TheDream.US को 33 मिलियन डॉलर का दान दिया, जो नाबालिगों के रूप में संयुक्त राज्य अमेरिका में लाए गए अप्रवासियों के लिए एक कॉलेज छात्रवृत्ति कोष है। बेहतर स्रोतों की जरूरत जून 2018 में बेजोस ने ब्रेकथ्रू एनर्जी वेंचर्स को दान दिया। बिल गेट्स द्वारा स्थापित एक निजी परोपकारी कोष का उद्देश्य उत्सर्जन मुक्त ऊर्जा को बढ़ावा देना है। 288 सितंबर 2018 में, बेजोस ने राजनीतिक कार्यालय में दिग्गजों की संख्या बढ़ाने के लिए काम करने वाले एक गैर-पक्षपाती संगठन, विथ ऑनर को $ 10 मिलियन का दान दिया।

फरवरी 2020 में, बेजोस ने बेजोस अर्थ फंड के माध्यम से जलवायु परिवर्तन से निपटने के लिए 10 बिलियन डॉलर देने का वादा किया। उस वर्ष बाद में, नवंबर में, बेजोस ने स्थापित, प्रसिद्ध समूहों को $791M दान देने की घोषणा की, जिसमें प्रत्येक $100M पर्यावरण रक्षा कोष, प्राकृतिक संसाधन रक्षा परिषद, प्रकृति संरक्षण, विश्व संसाधन संस्थान और विश्व वन्यजीव में जा रहा था। फंड, और बाकी अन्य समूहों को। अप्रैल 2020 में, कोविड-19 महामारी की शुरुआत में, बेजोस ने फीडिंग अमेरिका के माध्यम से खाद्य बैंकों को $100 मिलियन का दान दिया। नवंबर 2021 में, बेजोस ने 2021 संयुक्त राष्ट्र जलवायु परिवर्तन सम्मेलन में खाद्य प्रणालियों और प्रकृति संरक्षण के लिए $2 बिलियन दान करने का संकल्प लिया।

बेजोस अकादमी कम आय वाले परिवारों के छात्रों के लिए ट्यूशन-मुक्त पूर्वस्कूली का एक समूह है, जो बेजोस द्वारा बनाया गया है और मॉन्टेसरी पद्धति के समान तरीके से संचालित होता है।

4

एलोन मस्क

एलोन मस्क

Scan for Story Videos - www.itibook.com

एलोन रीव मस्क FRS, जन्म 28 जून, 1971 एक व्यापारी और निवेशक हैं। वह स्पेसएक्स के संस्थापक, सीईओ और मुख्य अभियंता हैं; एंजल निवेशक, टेस्ला, इंक. के सीईओ और उत्पाद वास्तुकार; बोरिंग कंपनी के संस्थापक; और Neuralink और OpenAI के सह-संस्थापक हैं। ब्लूमबर्ग बिलियनेयर्स इंडेक्स और फोर्ब्स रियल-टाइम बिलियनेयर्स लिस्ट के अनुसार, 17 अगस्त, 2022 तक 266 बिलियन अमेरिकी डॉलर की अनुमानित संपत्ति के साथ मस्क दुनिया के सबसे अमीर व्यक्ति हैं।

मस्क का जन्म दक्षिण अफ्रीका के प्रिटोरिया में हुआ था, जहां वे बड़े हुए। 17 साल की उम्र में कनाडा जाने और कनाडा में जन्मी अपनी मां के माध्यम से नागरिकता प्राप्त करने से पहले उन्होंने प्रिटोरिया विश्वविद्यालय में संक्षिप्त अध्ययन किया। दो साल बाद, उन्होंने क्वीन्स यूनिवर्सिटी में मैट्रिक किया और पेन्सिलवेनिया विश्वविद्यालय में स्थानांतरित हो गए, जहाँ उन्होंने अर्थशास्त्र और भौतिकी में डिग्री के साथ स्नातक किया। वह 1995 में स्टैनफोर्ड विश्वविद्यालय में भाग लेने के लिए कैलिफोर्निया चले गए, लेकिन अपने भाई किंबले के साथ वेब सॉफ्टवेयर कंपनी Zip2 के सह-संस्थापक के रूप में एक व्यावसायिक कैरियर बनाने का फैसला किया। 1999 में कॉम्पैक द्वारा 307 मिलियन डॉलर में स्टार्टअप का अधिग्रहण किया गया था। उसी वर्ष, मस्क ने ऑनलाइन बैंक X.com की सह-स्थापना की, जिसने 2000 में पेपाल बनाने के लिए कॉन्फिनिटी के साथ विलय कर दिया। ईबे ने पेपाल को 2002 में 1.5 बिलियन डॉलर में खरीदा था।

2002 में, मस्क ने एक एयरोस्पेस निर्माता और अंतरिक्ष परिवहन सेवा कंपनी, स्पेसएक्स की स्थापना की, जिसके वे सीईओ और मुख्य अभियंता के रूप में कार्य करते हैं। 2004 में, उन्होंने इलेक्ट्रिक वाहन निर्माता टेस्ला मोटर्स, इंक। का अधिग्रहण किया। (अब टेस्ला, इंक.) एक शुरुआती निवेशक थे। वह 2008 में इसके अध्यक्ष और उत्पाद वास्तुकार बने। 2006 में, उन्होंने SolarCity, एक सौर ऊर्जा कंपनी बनाने में मदद की, जिसे बाद में Tesla द्वारा अधिग्रहित कर लिया गया और Tesla Energy बन गई। 2015 में, उन्होंने अनुकूली कृत्रिम बुद्धिमत्ता (AI) को बढ़ावा देने वाली एक गैर-लाभकारी शोध कंपनी OpenAI की सह-स्थापना की। 2016 में, उन्होंने मस्तिष्क-कंप्यूटर इंटरफेस विकसित करने पर केंद्रित एक न्यूरोटेक्नोलॉजी कंपनी न्यूरालिंक की सह-स्थापना की, और एक सुरंग निर्माण कंपनी बोरिंग कंपनी की स्थापना की। यह प्रमुख अमेरिकी सामाजिक नेटवर्किंग सेवा ट्विटर को 2022 में $44 बिलियन में खरीदने के लिए सहमत हुआ, लेकिन बाद में कहा कि यह सौदा समाप्त कर रहा है; वह वर्तमान में ट्विटर के साथ कानूनी लड़ाई में लगे हुए हैं जो लेन-देन को पूरा करने का इरादा रखता है। मस्क ने हाइपरलूप हाई-स्पीड वैक्ट्रेन ट्रांसपोर्टेशन सिस्टम प्रस्तावित किया है और मस्क फाउंडेशन के अध्यक्ष हैं, जो वैज्ञानिक अनुसंधान और शिक्षा के लिए दान करता है।

COVID-19 महामारी के बारे में गलत सूचना फैलाने जैसे अवैज्ञानिक और विवादास्पद बयान देने के लिए मस्क की आलोचना की गई है। 2018 में, अमेरिकी प्रतिभूति और विनिमय आयोग (एसईसी) ने मस्क पर झूठा ट्वीट करने के लिए मुकदमा दायर किया कि उन्होंने टेस्ला के निजी अधिग्रहण के लिए धन प्राप्त किया था; उन्होंने एसईसी के साथ समझौता किया लेकिन दोषी नहीं होने का अनुरोध किया और अस्थायी रूप से टेस्ला के अध्यक्ष के रूप में पद छोड़ दिया। 2019 में, उन्होंने एक ब्रिटिश कावर द्वारा उनके खिलाफ लाया गया मानहानि का मुकदमा जीता, जिसने थाम लुआंग गुफा बचाव की सलाह दी थी।

एलोन रीव मस्क का जन्म 28 जून 1971 को दक्षिण अफ्रीका के राजधानी शहरों में से एक प्रिटोरिया में हुआ था और उन्होंने एंग्लिकन चर्च में बपतिस्मा लिया था। कस्तूरी ब्रिटिश और पेंसिलवेनिया डच मूल की है। उनकी मां माये मस्क (नी हल्दमैन) हैं, जो एक मॉडल और आहार विशेषज्ञ हैं, जिनका जन्म कनाडा के सस्केचेवान में हुआ था और दक्षिण अफ्रीका में पली-बढ़ी थीं। उनके पिता, एरोल मस्क, एक दक्षिण अफ्रीकी इलेक्ट्रोमैकेनिकल इंजीनियर, पायलट, नाविक, सलाहकार और संपत्ति डेवलपर हैं, जिनके पास तांगन्यिका झील के पास जाम्बियन पन्ना खदान का आधा स्वामित्व है। मस्क का एक छोटा भाई किम्बॉल (जन्म 1972) और एक छोटी बहन तोस्का (जन्म 1974) है।

मस्क परिवार अपनी जवानी में अमीर था। उनके पिता रंगभेद विरोधी प्रगतिशील पार्टी के प्रतिनिधि के रूप में प्रिटोरिया नगर परिषद के लिए चुने गए थे, उनके बेटों ने रंगभेद के प्रति अपने पिता की अरुचि दिखाई। उनके दादा, जोश्अा हल्दमैन, एक अमेरिकी मूल के कनाडाई एडवेंचरर थे, जो अपने परिवार को एक इंजन वाले बेलांका हवाई जहाज में अफ्रीका और ऑस्ट्रेलिया की रिकॉर्ड-तोड़ यात्रा पर ले गए थे। 1980 में अपने माता-पिता के तलाक के बाद, मस्क ज्यादातर अपने पिता के साथ रहते थे। मस्क को बाद में अपने फैसले पर पछतावा हुआ क्योंकि वह अपने पिता से अलग हो गए थे। उनकी एक सौतेली बहन और एक सौतेला भाई है।

एशले वेंस ने अपनी जीवनी में मस्क को एक अजीब और अंतर्मुखी बच्चे के रूप में वर्णित किया है। 24 जब मस्क 10 साल के थे, तब उन्हें कंप्यूटर और वीडियो गेम में दिलचस्पी हो गई, इसलिए उन्होंने एक कमोडोर VIC-20 25 लिया और यूजर मैनुअल से खुद को प्रोग्रामिंग सिखाई। 12 साल की उम्र में, उन्होंने अपने बेसिक-आधारित गेम ब्लास्टर को पीसी और ऑफिस टेक्नोलॉजी पत्रिका को लगभग $500 में बेच दिया। 26 27

शिक्षा

एक अलंकृत स्कूल भवन

मस्क ने दक्षिण अफ्रीका के प्रिटोरिया बॉय़ज़ हाई स्कूल से स्नातक किया।

उन्होंने वाटरक्लोफ हाउस प्रिपरेटरी स्कूल, ब्रायनस्टन हाई स्कूल में भाग लिया और प्रिटोरिया बॉयज़ हाई स्कूल से स्नातक किया। 28 यह जानते हुए कि संयुक्त राज्य अमेरिका में प्रवास करना आसान होगा, मस्क ने कनाडा में जन्मी माँ के माध्यम से कनाडा को चुना 29 30मैंने पासपोर्ट के लिए आवेदन किया था। 31 दस्तावेजों की प्रतीक्षा करते हुए, उन्होंने प्रिटोरिया विश्वविद्यालय में पांच महीने तक अध्ययन किया; इसने उन्हें दक्षिण अफ्रीकी रक्षा बल में अनिवार्य सेवा से बचने की अनुमति दी। 32

मस्क जून 1989 में कनाडा पहुंचे और एक साल के लिए सस्केचेवान में दूसरे चचेरे भाई के साथ रहे, 33 एक खेत और एक चीरघर में छोटे-मोटे काम करते थे। 34 1990 में, उन्होंने किंग्स्टन, ओंटारियो में क्वींस विश्वविद्यालय में दाखिला लिया। 35 36 दो साल बाद, उन्होंने पेंसिल्वेनिया विश्वविद्यालय में स्थानांतरित कर दिया, जहां उन्होंने 1995 में व्हार्टन स्कूल से भौतिकी में कला स्नातक और अर्थशास्त्र में विज्ञान स्नातक की डिग्री के साथ स्नातक किया। 37 38 स्पष्टीकरण की आवश्यकता है

1994 में, मस्क ने सिलिकॉन वैली में दो इंटर्नशिप आयोजित की: एक ऊर्जा भंडारण स्टार्टअप शिखर अनुसंधान संस्थान में, जिसने ऊर्जा भंडारण के लिए इलेक्ट्रोलाइटिक अल्ट्राकैपेसिटर की जांच की, और दूसरा पालो अल्टो-आधारित स्टार्टअप रॉकेट साइंस गेम्स में। 39 1995 में, उन्हें स्टैनफोर्ड विश्वविद्यालय में सामग्री विज्ञान में डॉक्टर ऑफ फिलॉसफी (पीएचडी) कार्यक्रम में स्वीकार किया गया। 40 हालांकि, मस्क ने 41 के बजाय इंटरनेट बूम में शामिल होने का फैसला किया और नेटस्केप में नौकरी के लिए आवेदन किया, कोई प्रतिक्रिया नहीं मिली। 29

व्यावसायिक कैरियर

zip2

मुख्य लेख: Zip2

बाहरी वीडियो

वीडियो आइकन मस्क YouTube पर यूएससी में अपने 2014 के शुरुआती भाषण के दौरान अपने शुरुआती व्यावसायिक अनुभव के बारे में बात करते हैं

बाद में 1995 में, मस्क, उनके भाई किंबले और ग्रेग कोरी ने मस्क के पिता से धन उधार लिया और Zip2 की स्थापना की। 22 कंपनी ने मानचित्रों, दिशाओं, पीले पन्नों के साथ इंटरनेट सिटी गाइड विकसित की और उन्हें समाचार पत्रों में विज्ञापित किया। 42 वे पालो ऑल्टो में एक छोटे से किराए के कार्यालय में काम करते थे, 43 मस्क हर रात वेबसाइट को कोड करते थे। [43] आखिरकार, Zip2 ने न्यूयॉर्क टाइम्स और शिकागो ट्रिब्यून के साथ अनुबंध पर हस्ताक्षर किए। 44 अविश्वसनीय स्रोत? भाइयों ने सिटीसर्च के साथ विलय को छोड़ने के लिए निदेशक मंडल को राजी किया, 45 हालांकि, मस्क द्वारा स्वयं सीईओ बनने के प्रयासों को विफल कर दिया गया। 46 कॉम्पैक ने फरवरी 1999 में 307 मिलियन डॉलर नकद में Zip2 का अधिग्रहण किया, 47 48 और मस्क ने अपनी 7 प्रतिशत हिस्सेदारी के लिए 22 मिलियन डॉलर प्राप्त किए। 49

X.com और पेपैल

मुख्य लेख: X.com, PayPal, और PayPal माफिया

बाद में 1999 में, मस्क ने एक ऑनलाइन वित्तीय सेवा और ई-मेल भुगतान कंपनी X.com की सह-स्थापना की। 50 X.com संघीय रूप से बीमाकृत पहले ऑनलाइन बैंकों में से एक था और इसके संचालन के महीनों के भीतर 200,000 से अधिक ग्राहक जुड़ गए। 51 हालांकि मस्क ने कंपनी की स्थापना की, निवेशकों ने उन्हें अनुभवहीन माना और वर्ष के अंत में उनकी जगह इंट्यूट के सीईओ बिल हैरिस ने ले ली। 52

2000 में, 43 52 53 प्रतिस्पर्धा से बचने के लिए X.com का ऑनलाइन बैंक कॉन्फिनिटी के साथ विलय हो गया क्योंकि कॉन्फिनिटी की मनी ट्रांसफर सेवा पेपाल की X.com सेवा से अधिक लोकप्रिय थी। 54 मस्क तब विलय की गई कंपनी के सीईओ के रूप में लौटे। यूनिक्स-आधारित सॉफ्टवेयर पर Microsoft के लिए उनकी प्राथमिकता ने कंपनी के कर्मचारियों के बीच दरार पैदा कर दी और कॉन्फिनिटी के संस्थापक पीटर थिएल को इस्तीफा देना पड़ा। 55 तकनीकी समस्याओं और एक संसक्त व्यवसाय मॉडल की कमी के अलावा, बोर्ड ने मस्क को निकाल दिया और सितंबर 2000 में उनकी जगह थिएल को नियुक्त किया। 2001. 58 59

अगले वर्ष, पेपाल को ईबे द्वारा स्टॉक में $1.5 बिलियन के लिए अधिग्रहित किया गया था, जिसमें से मस्क- 11.72% शेयरों के साथ सबसे बड़े शेयरधारक- को $175.8 मिलियन प्राप्त हुए। 60 61 डेढ़ दशक से भी अधिक समय के बाद, मस्क ने 2017 में पेपाल से अपने व्यक्तिगत भावनात्मक मूल्य के कारण X.com डोमेन खरीदा। 62 63

स्पेसएक्स

मुख्य लेख: स्पेसएक्स

स्पेसएक्स ड्रैगन कैप्सूल से पहले मस्क ने नासा के प्रशासक चार्ल्स बोल्डेन से हाथ मिलाया

नासा के प्रशासक चार्ल्स बोल्डेन ने 2012 के सफल मिशन के बाद स्पेसएक्स ड्रैगन के सामने मस्क को बधाई दी

2001 की शुरुआत में, मस्क गैर-लाभकारी मार्स सोसाइटी में शामिल हो गए और उन्होंने मंगल ग्रह पर पौधों के विकास कक्षों को निधि देने की योजना पर चर्चा की। 64 उस वर्ष के अक्टूबर में, उन्होंने जिम कैंटेल और एडीओ रेसी के साथ उन्नत अंतरमहाद्वीपीय बैलिस्टिक मिसाइल (आईसीबीएम) खरीदने के लिए मास्को की यात्रा की जो अंतरिक्ष में ग्रीनहाउस पेलोड लॉन्च कर सकती थी। उन्होंने NPO Lavochkin और Kosmotras कंपनियों के साथ मुलाकात की; हालांकि, मस्क को नौसिखिए 65 के रूप में देखा गया और समूह खाली हाथ संयुक्त राज्य अमेरिका लौट आया। फरवरी 2002 में, समूह तीन आईसीबीएम खोजने के लिए माइक ग्रिफिन (इन-क्यू-टेल के अध्यक्ष) के साथ रूस लौट आया। उनकी कॉस्मोनॉट्स के साथ एक और बैठक हुई और उन्हें 8 मिलियन डॉलर में एक रॉकेट की पेशकश की गई, जिसे मस्क ने ठुकरा दिया। इसके बजाय उन्होंने एक ऐसी कंपनी शुरू करने का फैसला किया जो सस्ते रॉकेट बना सके। 65 $100 मिलियन के अपने प्रारंभिक भाग्य के साथ, 66 मस्क ने मई 2002 में स्पेसएक्स की स्थापना की और कंपनी के सीईओ और मुख्य अभियंता बने। 67 68

स्पेसएक्स ने 2006 में फाल्कन 1 रॉकेट के पहले प्रक्षेपण का प्रयास किया। 69 हालांकि रॉकेट पृथ्वी की कक्षा तक पहुंचने में विफल रहा, इसे उस वर्ष बाद में नासा के प्रशासक (और पूर्व स्पेसएक्स सलाहकार 70) माइक ग्रिफिन द्वारा एक वाणिज्यिक कक्षीय परिवहन सेवा कार्यक्रम अनुबंध से सम्मानित किया गया। 71 72 दो और विफल अभ्यासउसके बाद, जिसने मस्क और उनकी कंपनियों को लगभग दिवालिया कर दिया, 69 स्पेसएक्स ने 2008 में फाल्कन 1 को कक्षा में लॉन्च करने में कामयाबी हासिल की। 73 उस वर्ष बाद में, स्पेसएक्स ने नासा से अपने फाल्कन 9 रॉकेट और ड्रैगन अंतरिक्ष यान की 12 उड़ानों के लिए $1.6 बिलियन का वाणिज्यिक पुन: आपूर्ति सेवा कार्यक्रम अनुबंध प्राप्त किया, जो 2011 में अंतर्राष्ट्रीय अंतरिक्ष स्टेशन के लिए अपनी सेवानिवृत्ति के बाद स्पेस शटल को बदलने के लिए था। 74 2012 में, ड्रैगन वाहन आईएसएस के साथ आया, जो निजी उद्योग के लिए पहला था। 75 मस्क ने कंपनी को बचाने के लिए नासा के प्रशासक के रूप में माइक ग्रिफिन के अंतिम कार्यों में से एक, नासा पुरस्कार का श्रेय दिया। 76

कस्तूरी, सूट पहने हुए, एक स्टारशिप का धातु मॉडल रखती है

मस्क ने 2019 में NORAD और AFSPC के साथ स्टारशिप पर चर्चा की

पुन: प्रयोज्य रॉकेट के लक्ष्य की दिशा में काम करते हुए, 2015 में स्पेसएक्स ने फाल्कन 9 के पहले चरण को अंतर्देशीय प्लेटफॉर्म पर सफलतापूर्वक उतारा। 77 बाद में स्वायत स्पेसपोर्ट ड्रोन जहाजों पर लैंडिंग की गई, जो एक महासागर-आधारित रिकवरी प्लेटफॉर्म है। 78 2018 में, स्पेसएक्स ने फाल्कन हेवी लॉन्च किया; उद्घाटन मिशन में डमी पेलोड के रूप में मस्क का निजी टेस्ला रोडस्टर था। 79 80 2019 तक, 81 स्पेसएक्स स्टारशिप विकसित कर रहा है, जो कि फाल्कन 9 और हेवी को बदलने के लिए एक पूरी तरह से पुन: प्रयोज्य, सुपर-हेवी-लिफ्ट लॉन्च वाहन है। 82 2020 में, स्पेसएक्स ने अपनी पहली चालक दल वाली उड़ान, डेमो-2 लॉन्च की, जो अंतरिक्ष यात्रियों को कक्षा में भेजने और आईएसएस के साथ चालक दल के अंतरिक्ष यान को डॉक करने वाली पहली निजी कंपनी बन गई। 83

स्पेसएक्स ने 2015 में उपग्रह इंटरनेट एक्सेस प्रदान करने के लिए स्टारलिंक तारामंडल का विकास शुरू किया, फरवरी 2018 में पहले दो प्रोटोटाइप उपग्रहों को लॉन्च किया गया। नक्षत्र मई 2019 में हुआ था, जब पहले 60 परिचालन उपग्रह लॉन्च किए गए थे। स्पेसएक्स द्वारा 85 तारामंडल के डिजाइन, निर्माण और तैनाती के लिए एक दशक लंबी परियोजना की कुल लागत 10 बिलियन डॉलर आंकी गई है। 86सी अंतर्राष्ट्रीय खगोलीय संघ सहित कुछ आलोचकों ने आरोप लगाया है कि स्टारलिंक इस दृष्टिकोण को अवरुद्ध करता है। आकाश और अंतरिक्ष यान में टक्कर का खतरा है। 89 90 91 यूक्रेन पर 2022 के रूसी आक्रमण के दौरान, मस्क ने इंटरनेट एक्सेस और संचार प्रदान करने के लिए यूक्रेन को स्टारलिंक सिस्टम भेजा, 92 यूक्रेन के राष्ट्रपति वलोडिमिर ज़ेलेंस्की द्वारा की गई एक कार्रवाई की प्रशंसा की। 93 94 हालांकि, उन्होंने खुद को "एक मुक्त भाषण निरंकुश" घोषित करते हुए, स्टारलिंक पर रूसी राज्य मीडिया को ब्लॉक करने से इनकार कर दिया। 95 96

टेस्ला

मुख्य लेख: टेस्ला, इंक।

मस्क एक Tesla Model S के सामने खड़े हैं, अपनी बाहों को क्रॉस कर रहे हैं और मुस्कुरा रहे हैं

टेस्ला मॉडल एस, 2011 के बाद कस्तूरी

Tesla, Inc.- मूल रूप से Tesla Motors- की स्थापना 2003 में मार्टिन एबरहार्ड और मार्क तारपेनिंग द्वारा की गई थी, जिन्होंने श्रृंखला A दौर के माध्यम से कंपनी को वित्तपोषित किया था। [97] मस्क के शामिल होने से पहले दोनों व्यक्तियों ने कंपनी के शुरुआती विकास में सक्रिय भूमिका निभाई। 98 मस्क ने फरवरी 2004 में सीरीज़ ए दौर का नेतृत्व किया; उन्होंने $6.5 मिलियन का निवेश किया, बहुसंख्यक शेयरधारक बने और टेस्ला के निदेशक मंडल के अध्यक्ष के रूप में शामिल हुए। 99 100 मस्क ने कंपनी में सक्रिय भूमिका निभाई और रोडस्टर उत्पाद के डिजाइन का निरीक्षण किया लेकिन वह दिन-प्रतिदिन के कारोबार में बहुत शामिल नहीं थे। 101

2007 और 2008 के वित्तीय संकट में बढ़ने वाले संघर्षों की एक श्रृंखला के बाद, एबरहार्ड को फर्म से निकाल दिया गया था। 102 103 मस्क ने 2008 में सीईओ और उत्पाद वास्तुकार के रूप में कंपनी का नेतृत्व ग्रहण किया। 104 2009 में, मस्क को टेस्ला के सह-संस्थापकों, तारपेनिंग और दो अन्य के साथ एबरहार्ड के साथ मुकदमे के लिए नियुक्त किया गया था। 105 106 2019 तक, मस्क वैश्विक स्तर पर

किसी भी ऑटोमोटिव निर्माता के सबसे लंबे समय तक सेवा देने वाले सीईओ हैं। 107 2021 में, सीईओ के रूप में अपना पद बरकरार रखते हुए, मस्क ने नाममात्र के लिए अपना शीर्षक "टेक्नोकिंग" में बदल दिया। 108

टेस्ला ने 2008 में पहली इलेक्ट्रिक स्पोर्ट्स कार, रोडस्टर का उत्पादन किया। यह लगभग 2,500 वाहनों की बिक्री के साथ लिथियम-आयन बैटरी सेल का उपयोग करने वाली पहली श्रृंखला उत्पादन पूर्ण-इलेक्ट्रिक कार थी। 109 टेस्ला ने 2012 में चार दरवाजों वाली मॉडल एस सेडान की डिलीवरी शुरू की। 110 एक क्रॉस-ओवर, मॉडल एक्स को 2015 में लॉन्च किया गया था। 111 112 मास मार्केट सेडान, मॉडल 3, 2017 में जारी किया गया। 113 114 मॉडल 3 दुनिया भर में सबसे अधिक बिकने वाली प्लग-इन इलेक्ट्रिक कार है, और जून 2021 में यह विश्व स्तर पर 1 मिलियन यूनिट बेचने वाली पहली इलेक्ट्रिक कार बन गई। 115 116 पांचवां वाहन, मॉडल वाई क्रॉसओवर, 2020 में लॉन्च किया गया था। 117 साइबरट्रक—एक पूरी तरह से इलेक्ट्रिक पिकअप ट्रक—का अनावरण 2019 में किया गया था। 118 मस्क के नेतृत्व में, टेस्ला ने नेवादा में गीगाफैक्ट्री 1, न्यूयॉर्क में गीगाफैक्ट्री 2, चीन में 120 गीगाफैक्ट्री 3, जर्मनी में 121 गीगाफैक्ट्री 4, टेक्सास में 122 और गीगाफैक्ट्री 5 का निर्माण किया।123

मस्क एक माइक्रोफोन में बोलते हैं, उनके पीछे टेस्ला की एक अनुमानित छवि है

2014 टेस्ला वार्षिक शेयरधारक बैठक में मस्क। इसके पीछे एक मॉडल X को प्रक्षेपित किया गया है।

2010 में इसकी प्रारंभिक सार्वजनिक पेशकश के बाद से, 124 टेस्ला शेयरों में काफी वृद्धि हुई है; यह 2020 की गर्मियों में सबसे मूल्यवान कार निर्माता बन गया, 125 126 और उस वर्ष बाद में S&P 500 में प्रवेश किया। 127 128 अक्टूबर 2021 में, यह $1 ट्रिलियन के बाजार पूंजीकरण तक पहुंच गया, ऐसा करने वाली यह अमेरिकी इतिहास की छठी कंपनी है। 6 नवंबर 2021 को रोजाना 129हालांकि, मस्क ने अपने टेस्ला स्टॉक का 10% बेचने का प्रस्ताव देने के लिए ट्विटर पर कहा, "कर से बचने के साधन के रूप में अवास्तविक मुनाफे के साथ हाल ही में बहुत कुछ चल रहा है"। 130 3.5 मिलियन से अधिक ट्विटर खातों ने बिक्री का समर्थन करने के बाद, मस्क ने 12 नवंबर, 130 को समाप्त सप्ताह में 6.9 बिलियन डॉलर के टेस्ला स्टॉक को साल के अंत में कुल 16.4 बिलियन डॉलर में बेच दिया, जो लक्ष्य का 10% था। 131 फरवरी 2022 में, द वॉल स्ट्रीट जर्नल ने बताया कि एलोन और किंबले मस्क दोनों बिक्री से संबंधित संभावित अंदरूनी व्यापार के लिए एसईसी द्वारा जांच के अधीन थे। 132

एसईसी मुकदमा

2018 में, टेस्ला को निजी लेने के लिए धन सुरक्षित करने का दावा करने वाले ट्वीट के लिए एसईसी द्वारा मस्क पर मुकदमा दायर किया गया था। 133 134 d मुकदमे ने ट्वीट्स को झूठा, भ्रामक और निवेशकों के लिए हानिकारक बताया और मांग की मस्क को सार्वजनिक रूप से कारोबार करने वाली कंपनियों के सीईओ के रूप में काम करने से रोक दिया गया है। 134 138 139 दो दिन बाद, मस्क ने एसईसी के आरोपों को स्वीकार या अस्वीकार किए बिना एसईसी के साथ समझौता किया। नतीजतन, मस्क और टेस्ला पर प्रत्येक पर 20 मिलियन डॉलर का जुर्माना लगाया गया और मस्क को तीन साल के लिए टेस्ला के अध्यक्ष के रूप में पद छोड़ने के लिए मजबूर किया गया, लेकिन सीईओ के रूप में बने रहने में सक्षम थे। 140 141

मस्क ने साक्षात्कारों में कहा है कि उन्हें एसईसी जांच शुरू करने वाले ट्वीट्स पोस्ट करने का कोई अफसोस नहीं है। 142 143 2019 में, मस्क ने एक ट्वीट में कहा कि टेस्ला उस साल पांच लाख कारों का उत्पादन करेगी। 144 SEC ने मस्क के ट्वीट का जवाब देते हुए एक मुकदमा दायर किया और अदालत से कहा कि ऐसे ट्वीट के साथ समझौता समझौते की शर्तों का उल्लंघन करने के लिए अदालत की अवमानना करें, जिस पर मस्क ने विवाद किया। यह अंततः मस्क और एसईसी के बीच पिछले समझौते के विवरण को स्पष्ट करते हुए एक संयुक्त समझौते के माध्यम से हल किया गया था। 145 समझौते में उन विषयों की एक सूची शामिल थी जिन्हें मस्क के ट्वीट करने से पहले पूर्व अनुमोदन की आवश्यकता थी। 146 2020 में, एक न्यायाधीश ने एक मुकदमे को रोक दिया जिसमें दावा किया गया था कि मस्क के ट्वीट्स ने आगे बढ़ने से टेस्ला स्टॉक मूल्य ("बहुत अधिक आईएमओ") का उल्लंघन किया। 147 148 एफओआईए ने जारी किए गए रिकॉर्ड बताते हैं कि एसईसी ने बाद में "टेस्ला की सौर छत उत्पादन मात्रा और इसकी स्टॉक कीमत" के बारे में ट्वीट करके दो बार समझौते का उल्लंघन किया। 149

सोलरसिटी और टेस्ला एनर्जी

मुख्य लेख: सोलरसिटी और टेस्ला एनर्जी

SolarCity लोगो वाली दो हरी वैन

2009 में एक SolarCity सोलर-पैनल इंस्टालेशन वैन

मस्क ने SolarCity के लिए प्रारंभिक अवधारणा और वित्तीय पूंजी प्रदान की, जिसे 2006 में उनके चचेरे भाई लिंडन और पीटर रीव ने स्थापित किया था। 150 2013 तक, SolarCity संयुक्त राज्य अमेरिका में सौर ऊर्जा प्रणालियों का दूसरा सबसे बड़ा प्रदाता था। 151 2014 में, मस्क ने संयुक्त राज्य अमेरिका में सबसे बड़े सौर संयंत्र के आकार का तीन गुना बफ़लो, न्यूयॉर्क में एक उन्नत विनिर्माण सुविधा SolarCity के निर्माण के विचार को बढ़ावा दिया। 152 फैक्ट्री का निर्माण 2014 में शुरू हुआ और 2017 में पूरा हुआ। यह 2020 की शुरुआत

तक पैनासोनिक के साथ एक संयुक्त उद्यम के रूप में काम करता था। 153 154

टेस्ला ने 2016 में सोलरसिटी को 2 बिलियन डॉलर से अधिक में खरीदा और टेस्ला एनर्जी बनाने के लिए इसे अपनी बैटरी यूनिट के साथ मिला दिया। सौदे की घोषणा के कारण टेस्ला के शेयर की कीमत 10% से अधिक गिर गई। उस समय SolarCity तरलता की समस्या का सामना कर रही थी। 155 कई शेयरधारक समूहों ने मस्क और टेस्ला के निदेशकों के खिलाफ मुकदमा दायर किया, यह आरोप लगाते हुए कि सोलरसिटी की खरीद पूरी तरह से मस्क के लाभ के लिए और टेस्ला और उसके शेयरधारकों की कीमत पर की गई थी। 156 157 टेस्ला के निदेशकों ने जनवरी 2020 में मुकदमे का निपटारा किया, जिससे मस्क एकमात्र शेष प्रतिवादी बन गए। 158 159 दो साल बाद, अदालत ने मस्क के पक्ष में फैसला सुनाया। 160

न्यूरालिंक

मुख्य लेख: न्यूरालिंक

मंच पर भारी मेडिकल उपकरणों के बगल में खड़ी कस्तूरी

मस्क ने 2020 में एक लाइव प्रदर्शन के दौरान न्यूरालिंक डिवाइस पर चर्चा की

2016 में, मस्क ने 100 मिलियन डॉलर के निवेश के साथ न्यूरोटेक्नोलॉजी स्टार्टअप न्यूरालिंक की सह-स्थापना की। 161 162 न्यूरालिंक का उद्देश्य मानव मस्तिष्क को मशीनों के साथ विलय की सुविधा के लिए मस्तिष्क में एम्बेडेड उपकरणों का निर्माण करके कृत्रिम बुद्धिमत्ता (एआई) के साथ एकीकृत करना है। ऐसी तकनीक स्मृति का विस्तार कर सकती है या उपकरणों को सॉफ्टवेयर के साथ संवाद करने की अनुमति दे सकती है। 162 163 कंपनी ऐसे उपकरण विकसित करने की उम्मीद करती है जो अल्जाइमर रोग, मनोभ्रंश और रीढ़ की हड्डी की चोटों जैसी न्यूरोलॉजिकल स्थितियों का इलाज करते हैं। 164

2019 में, मस्क ने एक सिलाई मशीन जैसी डिवाइस पर काम करने की घोषणा की, जो मानव मस्तिष्क में धागे को एम्बेड कर सकती है। 161 2020 के एक लाइव प्रदर्शन में, मस्क ने अपने शुरुआती उपकरणों में से एक को "आपकी खोपड़ी में फिटबिट" के रूप में वर्णित किया, जो जल्द ही पक्षाघात, बहरापन, अंधापन और अन्य विकलांगताओं को ठीक कर सकता है। कई न्यूरोसाइंटिस्ट और प्रकाशनों ने इन दावों की आलोचना की, 165 166 167 एमआईटी टेक्नोलॉजी रिव्यू ने उन्हें "अत्यधिक सट्टा" और "न्यूरोसाइंस थिएटर" के रूप में वर्णित किया। 165 प्रदर्शन के दौरान, मस्क ने एक न्यूरालिंक इम्प्लांट के साथ एक सुअर का खुलासा किया जो गंध से संबंधित तंत्रिका गतिविधि को ट्रैक करता है। 164

न्यूरालिंक ने कैलिफोर्निया विश्वविद्यालय, डेविस प्राइमेट रिसर्च सेंटर में मकाक बंदरों पर आगे पशु परीक्षण किया। मध्य 2021, कंपनी ने एक वीडियो जारी किया जिसमें एक मकाक ने न्यूरालिंक इम्प्लांट के माध्यम से वीडियो गेम पोंग खेला। कंपनी के पशु परीक्षण-जिसके परिणामस्वरूप कुछ बंदरों की मौत हुई है-ने पशु क्रूरता के दावों को जन्म दिया है। जिम्मेदार चिकित्सा के लिए चिकित्सकों की समिति ने आरोप लगाया कि न्यूरालिंक के पशु परीक्षणों ने पशु कल्याण अधिनियम का उल्लंघन किया। 168 2022 में, न्यूरालिंक ने घोषणा की कि वर्ष के अंत तक नैदानिक परीक्षण शुरू हो जाएंगे। 169 मस्क को न्यूरालिंक के कुछ शोधों का विवरण देने वाले अक्टूबर 2019 के पेपर के एकमात्र लेखक के रूप में सूचीबद्ध किया गया है, 170 हालांकि एकमात्र लेखक होने के कारण न्यूरालिंक टीम के शोधकर्ताओं को एक जगह मिलती है। 171

बोरिंग कंपनी

मुख्य लेख: द बोरिंग कंपनी

कस्तूरी पत्रकारों की भीड़ से बात करती हैं। उसके पीछे एक रोशन सुरंग है।

कैलिफोर्निया के हॉथोर्न में बोरिंग टेस्ट टनल के 2018 के उद्घाटन के दौरान कस्तूरी

2017 में मस्क ने टनल बनाने के लिए द बोरिंग कंपनी की स्थापना की थी। 172 मस्क ने विशेष उच्च अधिभोग वाले वाहनों की योजनाओं का खुलासा किया जो प्रमुख शहरों में जमीनी यातायात को बाधित करते हुए 150 मील प्रति घंटे की गति से यात्रा कर सकते हैं। 173 2017 की शुरुआत में, कंपनी ने नियामक एजेंसियों के साथ चर्चा शुरू की और परिसर में 30-फुट (9.1 मीटर) चौड़ा, 50-फुट (15 मीटर) लंबा और 15-फुट (4.6 मीटर) गहरा "टेस्ट ट्रेंच" बनाना शुरू किया। . स्पेसएक्स के कार्यालयों में क्योंकि इसके लिए किसी परमिट की आवश्यकता नहीं है। 174 लॉस एंजिल्स सुरंग, दो मील से कम लंबी, 2018 में पत्रकारों के लिए शुरू हुई। इसमें टेस्ला मॉडल एक्स का इस्तेमाल किया गया था और यह एक कठिन सवारी थी और कम गति से चलती थी। 175

शिकागो और वेस्ट लॉस एंजिल्स में 2018 में घोषित दो सुरंग परियोजनाओं को रद्द कर दिया गया है। 176 177 हालांकि, लास वेगास कन्वेंशन सेंटर के तहत एक सुरंग 2021 की शुरुआत में पूरी हो गई थी। 178 स्थानीय अधिकारियों ने सुरंग प्रणाली के और विस्तार को मंजूरी दी है। 179 2021 में, फोर्ट लॉडरडेल, फ्लोरिडा के लिए सुरंग के निर्माण को मंजूरी दी गई थी। 180

नेतृत्व शैली

मस्क ने अंतरिक्ष यात्रियों और नासा के प्रशासक से बात की

अंतरिक्ष यात्री विक्टर जे. ग्लोवर, डग हर्ले, बॉब बेहेनकेन, नासा के पूर्व प्रशासक जिम ब्रिडेनस्टाइन और माइकल एस। हॉपकिंस के साथ कस्तूरी

मस्क को अक्सर माइक्रो-मैनेजर के रूप में वर्णित किया जाता है और उन्होंने खुद को "नैनो-मैनेजर" कहा है। 181 182 कस्तूरी औपचारिक व्यापार योजना नहीं बनाती; 183 इसके बजाय, वह पुनरावृत्त डिजाइन विधियों और विफलताओं के साथ उदारतापूर्वक इंजीनियरिंग समस्याओं को हल करना पसंद करते हैं। 184 मस्क ने कर्मचारियों को कंपनियों के अपने शब्द का पालन करने के लिए मजबूर किया और अपने सलाहकारों की सिफारिशों के खिलाफ महत्वाकांक्षी, महंगी और जोखिम भरी परियोजनाओं को शुरू किया, जैसे कि टेस्ला ऑटोपायलट से सामने वाले रडार को हटाना। 181 वर्टिकल इंटीग्रेशन पर मस्क के आग्रह ने उनकी कंपनियों को अधिकांश उत्पादन इन-हाउस स्थानांतरित करने के लिए प्रेरित किया। जबकि इसने स्पेसएक्स के रॉकेट की लागत को बचाया, 185 ऊर्ध्वाधर एकीकरण ने टेस्ला के सॉफ्टवेयर के लिए कई प्रयोज्य समस्याएं पैदा कीं। 181

कस्तूरी का अपने कर्मचारियों को संभालने - जिनके साथ वह ईमेल के माध्यम से बड़े पैमाने पर संवाद करता है - को "गाजर और छड़ी" के रूप में चित्रित किया गया है, जो रचनात्मक आलोचना को पुरस्कृत करता है और धमकी देता है, शपथ ग्रहण करता है और अपने कर्मचारियों को निकाल देता है। 186 187 188 मस्क उम्मीद करते हैं कि उनके कर्मचारी लंबे समय तक काम करेंगे, कभी-कभी प्रति सप्ताह 80 घंटे, 189 जिनमें से अधिकांश जागरूक हैं और मांगों का पालन करने के लिए तैयार हैं, जबकि कुछ ने नौकरी छोड़ दी। 190 उन्होंने 2018 में मॉडल 3 "प्रोडक्शन हेल" के दौरान अक्सर कर्मचारियों को निकाल दिया, जब मस्क भी श्रमिकों के लिए एक उदाहरण स्थापित करने के लिए कारखाने के फर्श पर सोते थे। 191 192 2022 में, मस्क ने अर्थव्यवस्था के बारे में चिंताओं के कारण टेस्ला के 10 प्रतिशत कर्मचारियों की छंटनी करने की योजना का खुलासा किया। 193 उसी महीने, उन्होंने स्पेसएक्स और टेस्ला में दूरस्थ कार्य को निलंबित कर दिया और कार्यालय में प्रति सप्ताह 40 घंटे काम नहीं करने वाले कर्मचारियों को आग लगाने की धमकी दी। 194

कस्तूरी के नेतृत्व की कुछ लोगों द्वारा प्रशंसा की गई है, जो टेस्ला और उसके अन्य प्रयासों, 181 की सफलता का श्रेय देते हैं और दूसरों द्वारा कठोर और मांग के रूप में आलोचना की जाती है। 188 195 2021 की पुस्तक पावर प्ले में कस्तूरी कर्मचारियों की पीड़ा की कहानियाँ हैं। 196 द वॉल स्ट्रीट जर्नल ने बताया कि मस्क ने अपने वाहनों को "सेल्फ-ड्राइविंग" के रूप में ब्रांड करने पर जोर देने के बाद, ग्राहकों की जान जोखिम में डालने के लिए उन्हें अपने इंजीनियरों की आलोचना का सामना करना पड़ा, जिसके जवाब में कुछ ने इस्तीफा दे दिया। 197 न्यूयॉर्क टाइम्स ने मस्क के दृष्टिकोण को अधिनायकवादी बताया। 183

अन्य क्रियाएँ

ट्विटर

अधिक जानकारी: एलोन मस्क का ट्विटर का प्रस्तावित अधिग्रहण

कस्तूरी, एक स्टारशिप रॉकेट के सामने खड़े होकर, अपने फोन से एक तस्वीर खींचती है

मस्क अपने आईफोन का इस्तेमाल करते हुए स्टारशिप प्रोटोटाइप की तस्वीरें लेते हैं

2009 में सोशल मीडिया प्लेटफॉर्म में शामिल होने के बाद से, 198 मस्क ट्विटर के सक्रिय उपयोगकर्ता हैं, जहां जून 2022 तक उनके 100 मिलियन अनुयायी हैं। 199 वह मेम्स पोस्ट करता है, व्यावसायिक हितों को बढ़ावा देता है, और समकालीन राजनीतिक और सांस्कृतिक विषयों पर टिप्पणी करता है। 200

2017 की शुरुआत में मस्क ने ट्विटर को खरीदने में दिलचस्पी दिखाई थी। 201 जनवरी 2022 में मस्क ने ट्विटर के शेयर खरीदना शुरू कियाऔर मार्च में कंपनी में 5% हिस्सेदारी पर पहुंच गया। अप्रैल 2020 तक, मस्क के पास 9% हिस्सेदारी थी, जिससे वह सबसे बड़े शेयरधारक बन गए। 203 मस्क ने 5% पारित होने के 10 दिनों के भीतर आवश्यक एसईसी दस्तावेज दाखिल नहीं किए, यह अमेरिकी प्रतिभूति कानूनों का उल्लंघन है। 203 204 जब मस्क ने सार्वजनिक रूप से 4 अप्रैल को SEC 13G फाइलिंग में निवेश का खुलासा किया, तो कंपनी के 2013 IPO के बाद से ट्विटर के शेयरों में सबसे बड़ा इंट्राडे लाभ हुआ। 205 मस्क द्वारा ट्विटर में एक महत्वपूर्ण हिस्सेदारी के अधिग्रहण का खुलासा मस्क के मार्च ट्वीट्स के बाद हुआ जिसमें उन्होंने अभिव्यक्ति की स्वतंत्रता के लिए ट्विटर की प्रतिबद्धता और एक प्रतिद्वंद्वी सोशल मीडिया साइट, 206 207 208 के निर्माण पर सवाल उठाया, हालांकि टिप्पणियां उनके बाद की गई थीं। 7.5% प्राप्त किया गया था। 202 209

4 अप्रैल को, मस्क एक सौदे के लिए सहमत हुए, जो उन्हें ट्विटर के निदेशक मंडल में शामिल करेगा और उन्हें कंपनी के 14.9% से अधिक का मालिक बनने से रोकेगा। 210 211 हालांकि, 13 अप्रैल को, मस्क ने $54.20 प्रति शेयर पर ट्विटर के 100% शेयर हासिल करने के लिए एक अधिग्रहण बोली शुरू करते हुए, ट्विटर को खरीदने के लिए $43 बिलियन की पेशकश की। 212 213 214 जवाब में, ट्विटर के बोर्ड ने एक शेयरधारक अधिकार योजना को अपनाया, जिससे किसी एक निवेशक के लिए बोर्ड की मंजूरी के बिना कंपनी के 15% से अधिक का मालिक होना अधिक महंगा हो गया। 215 एक हफ्ते बाद, मस्क ने 46.5 बिलियन डॉलर 216 मूल्य की फंडिंग हासिल की, जिसमें उनके टेस्ला स्टॉक के खिलाफ 12.5 बिलियन डॉलर का कर्ज और इक्विटी फाइनेंसिंग में 21 बिलियन डॉलर शामिल थे। 217 218 उस दिन बाद

में, मस्क ने सफलतापूर्वक लगभग $44 बिलियन की बोली पूरी की। 219

सौदे की प्रतिक्रिया में टेस्ला के शेयर बाजार का मूल्य $125 बिलियन से अधिक गिर गया, जिससे मस्क की कुल संपत्ति का लगभग $30 बिलियन खर्च हो गया। 220 221 उसके बाद उन्होंने अपने 86 मिलियन फॉलोअर्स के लिए ट्विटर कार्यकारी विजया गड्डे की नीतियों की आलोचना की, जिनमें से कुछ ने उनके खिलाफ सेक्सिस्ट और नस्लवादी दुर्व्यवहार शुरू किया। 222 टेकओवर की घोषणा के ठीक एक महीने बाद, मस्क ने कहा कि ट्विटर के दैनिक सक्रिय उपयोगकर्ताओं में से 5 प्रतिशत स्पैम खाते थे, 223 ने रिपोर्ट दी कि सौदा "होल्ड पर" था, जिससे ट्विटर के शेयर 10 प्रतिशत से अधिक गिर गए। 224 हालाँकि उन्होंने शुरू में यह स्पष्ट किया कि वे अधिग्रहण के लिए प्रतिबद्ध थे, 225 उन्होंने जुलाई में अपने अनुबंध को समाप्त करने का नोटिस भेजा; ट्विटर के निदेशक मंडल ने जवाब दिया कि वे उसे व्यवसाय में रखने के लिए प्रतिबद्ध हैं। 226 12 जुलाई, 2022 को, ट्विटर ने ट्विटर को खरीदने के लिए कानूनी रूप से बाध्यकारी समझौते के उल्लंघन के लिए औपचारिक रूप से डेलावेयर के चांसरी कोर्ट में मस्क पर मुकदमा दायर किया। 227

हाइपरलूप

मुख्य लेख: हाइपरलूप और हाइपरलूप पॉड प्रतियोगिता

लगभग 10 फीट व्यास की एक लंबी सफेद ट्यूब

स्पेसएक्स द्वारा प्रायोजित 2017 हाइपरलूप पॉड प्रतियोगिता का ट्यूब भाग

2013 में, मस्क ने वैक्ट्रेन - एक वैक्यूम ट्यूब ट्रेन - के एक संस्करण के लिए योजनाओं की घोषणा की और वैचारिक नींव स्थापित करने और प्रारंभिक डिजाइन बनाने के लिए स्पेसएक्स और टेस्ला के दर्जनों इंजीनियरों को काम पर रखा। 228 उसी वर्ष बाद में, मस्क ने इस अवधारणा का अनावरण किया, जिसे उन्होंने हाइपरलूप नाम दिया। 229 सिस्टम के लिए अल्फा का डिज़ाइन टेस्ला और स्पेसएक्स ब्लॉग पर पोस्ट किए गए एक श्वेत पत्र में प्रकाशित हुआ था। 230 दस्तावेज़ ने प्रौद्योगिकी पर विस्तार से बताया और एक काल्पनिक मार्ग को रेखांकित किया जिसके माध्यम से $6 बिलियन की अनुमानित लागत पर ग्रेटर लॉस एंजिल्स क्षेत्र और सैन फ्रांसिस्को खाड़ी क्षेत्र के बीच ऐसी परिवहन प्रणाली का निर्माण किया जा सकता है। 231 यह प्रस्ताव, यदि तकनीकी रूप से व्यवहार्य है तो वह जिस लागत का हवाला देता है, वह हाइपरलूप यात्रा को इतनी लंबी दूरी के परिवहन के किसी भी अन्य तरीके से सस्ता बना देगा। 232 इसके बाद, मस्क के जीवनी लेखक एशले वेंस ने दावा किया है कि मस्क के हाइपरलूप प्रस्ताव का मूल उद्देश्य "कैलिफ़ोर्निया में हाई-स्पीड रेल परियोजना से बचना" था। 233 234

2015 में, मस्क ने 2015-2017 हाइपरलूप पॉड प्रतियोगिता की घोषणा की, छात्रों और अन्य लोगों के लिए एक स्पेसएक्स-प्रायोजित डिजाइन प्रतियोगिता, जो मील-लंबे ट्रैक पर काम करने के लिए हाइपरलूप पॉड्स का निर्माण करती है। ट्रैक को जनवरी 2017 में उपयोग में लाया गया था, और मस्क ने यह भी घोषणा की कि कंपनी ने हॉथोर्न हवाई अड्डे के साथ एक सुरंग परियोजना शुरू की थी। 235 जुलाई 2017 में, मस्क ने दावा किया कि उन्हें फिलाडेल्फिया और बाल्टीमोर दोनों में स्टॉप के साथ न्यूयॉर्क शहर से वाशिंगटन, डीसी तक हाइपरलूप बनाने के लिए "मौखिक सरकार की मंजूरी" मिली थी। 236 डीसी से बाल्टीमोर सेक्शन के लिए परियोजना को 2021 में बोरिंग कंपनी की वेबसाइट से हटा दिया गया था। 237

ओपनएआई

मुख्य लेख: ओपनएआई

2015 में, मस्क ने OpenAI की स्थापना की, जो एक गैर-लाभकारी AI अनुसंधान कंपनी है, जिसका उद्देश्य कृत्रिम सामान्य बुद्धि विकसित करना है जो मानवता के लिए सुरक्षित और लाभदायक है। 238 कंपनी का एक विशेष फोकस "बड़े निगमों और सरकारों का मुकाबला करना है जो सुपर-इंटेलिजेंस सिस्टम के मालिक होने से अत्यधिक शक्ति प्राप्त कर सकते हैं"। 22 239 2018 में, टेस्ला के सीईओ के रूप में अपनी भूमिका के साथ संभावित संघर्ष से बचने के लिए मस्क ने OpenAI बोर्ड छोड़ दिया क्योंकि कंपनी टेस्ला ऑटोपायलट के माध्यम से AI में अधिक शामिल हो गई। 240 तब से, संगठन ने मशीन लर्निंग में महत्वपूर्ण प्रगति की है, जिसमें GPT-3 (मानव-समान पाठ उत्पन्न करना) 241 और DALL-E (प्राकृतिक भाषा विवरण से डिजिटल वाक्यांश) शामिल हैं।तंत्रिका नेटवर्क जैसे रतिमा गठन) बनाए जाते हैं। 242

थाम लुआंग गुफा रक्षा और मानहानि का मुकदमा

अधिक जानकारी: थाम लुआंग गुफा बचाव

थाम लुआंग गुफा बचाव के दौरान उपकरण

थाम लुआंग गुफा बचाव (चित्रित) के दौरान, मस्क ने बच्चों को निकालने के लिए एक मिनी-पनडुब्बी का प्रस्ताव रखा। इसे खारिज कर दिया गया था।

जुलाई 2018 में, मस्क ने थाईलैंड में बाढ़ वाली गुफा में फंसे बच्चों को बचाने के लिए अपने कर्मचारियों के लिए एक मिनी-पनडुब्बी बनाने की व्यवस्था की। 243 इंटरनेशनल रेस्क्यू डाइविंग टीम के नेता रिचर्ड स्टैंटन ने मस्क से आग्रह किया कि अगर बाढ़ बिगड़ती है तो वाहन

बनाने में मदद करें। स्पेसएक्स और द बोरिंग कंपनी के 244 इंजीनियरों ने फाल्कन 9 लिक्विड ऑक्सीजन ट्रांसफर ट्यूब से आठ घंटे में एक मिनी-पनडुब्बी बनाई और व्यक्तिगत रूप से इसे थाईलैंड पहुंचाया। 245 246 हालांकि, इस समय तक, 12 में से आठ बच्चों को फुल फेस मास्क और एनेस्थीसिया के तहत ऑक्सीजन का उपयोग करके पहले ही बचा लिया गया था; इसलिए, थाई अधिकारियों ने पनडुब्बियों का उपयोग करने से इनकार कर दिया। 243 मस्क बाद में बचाव कार्यों में भाग लेने के लिए मार्च 2019 में थाईलैंड के राजा से विभिन्न सम्मान प्राप्त करने वाले 187 लोगों में से एक थे, उदा। डायरेकगुनभोर का आदेश। 247 248

बचाव के तुरंत बाद, एक ब्रिटिश कैवर, वर्नॉन अन्सवर्थ, जो पिछले छह वर्षों से गुफा की खोज कर रहे थे और ऑपरेशन में एक महत्वपूर्ण सलाहकार की भूमिका निभाई थी, ने सीएनएन पर पनडुब्बी की आलोचना की, यह एक जनसंपर्क प्रयास से ज्यादा कुछ नहीं था। सफलता की संभावनाएं, और मस्क को "पता नहीं था कि गुफा की सड़क कैसी थी" और "अपनी पनडुब्बी को उस जगह चिपका सकते हैं जहां यह दर्द होता है"। मस्क ने ट्विटर पर जोर देकर कहा कि डिवाइस ने काम किया होगा और अन्सवर्थ को "पेडो काउ" के रूप में संदर्भित किया। 249 उन्होंने ट्वीट को हटा दिया, 249 और सॉफ्टवेयर इंजीनियर चेर स्कारलेट के एक महत्वपूर्ण ट्वीट के जवाब के साथ 250 251 माफीनामा जारी किया, जिसके कारण उनके अनुयायियों ने उन्हें परेशान किया। 252 बज़फीड न्यूज को भेजे गए एक ईमेल में, मस्क ने बाद में अन्सवर्थ को "बच्चे का बलात्कारी" कहा और कहा कि उसकी शादी एक लड़के से हुई है। 253 254

सितंबर में, अन्सवर्थ ने लॉस एंजिल्स संघीय अदालत में मानहानि का मुकदमा दायर किया। 255 256 अपने बचाव में, मस्क ने तर्क दिया कि "'पेडो गाय' एक सामान्य अपमान था जिसका उपयोग मैं दक्षिण अफ्रीका में बढ़ रहा था ... 'डरावना बूढ़े आदमी' का पर्याय था और एक व्यक्ति की उपस्थिति और व्यवहार का अपमान करता था।" 28 दिसंबर 2019 में मानहानि का मुकदमा शुरू हुआ, जिसमें अन्सवर्थ ने हर्जाने में \$190 मिलियन की मांग की। 257 परीक्षण के दौरान, मस्क ने ट्वीट के लिए फिर से अन्सवर्थ से माफी मांगी। 6 दिसंबर को, एक ज्यूरी ने मस्क के पक्ष में फैसला सुनाया और उन्हें उत्तरदायी नहीं पाया। 258 259

2018 जो रोगन पॉडकास्ट उपस्थिति

2018 में, मस्क जो रोगन एक्सपीरियंस पॉडकास्ट पर दिखाई दिए और दो घंटे से अधिक समय तक विभिन्न विषयों पर चर्चा की। साक्षात्कार के दौरान, मस्क ने एक सिगार के कश का नमूना लिया जिसके बारे में रोगन ने दावा किया कि तंबाकू में कैनाबिस है। घटना के बाद टेस्ला का स्टॉक गिर गया, जो टेस्ला के वैश्विक वित्त के उपाध्यक्ष के प्रस्थान के दिन की पुष्टि के साथ मेल खाता था। 260 261 फॉर्च्यून ने सोचा कि क्या मारिजुआना का उपयोग संयुक्त राज्य वायु सेना के साथ स्पेसएक्स अनुबंध को प्रभावित कर सकता है, हालांकि वायु सेना के एक प्रवक्ता ने द वर्ज को बताया कि कोई जांच नहीं हुई थी और वायु सेना अभी भी स्थिति को संसाधित कर रही थी। 262 263 60 मिनट्स के साथ एक साक्षात्कार में, मस्क ने इस घटना के बारे में कहा: "मैं पॉट धूम्रपान नहीं करता। जैसा कि कोई भी व्यक्ति जो उस पॉडकास्ट को देखता है, बता सकता है, मुझे पता नहीं है कि पॉट धूम्रपान कैसे किया जाता है।" 264 265 2022 में, मस्क ने कहा कि घटना के एक साल बाद उनका और स्पेसएक्स के कर्मचारियों का बेतरतीब ढंग से ड्रग-परीक्षण किया गया। 266

संगीत गतिविधियाँ

2019 में, मस्क ने साउंडक्लाउड पर ईमो जी रिकॉर्ड्स के रूप में रैप ट्रैक "RIP Harambe" जारी किया। ट्रैक, जो हरांबे द गोरिल्ला की हत्या और उसके बाद की इंटरनेट सनसनी को संदर्भित करता है, यंग जेक और कैरोलिन पोलचेक द्वारा लिखा गया था और ब्लडपॉप द्वारा निर्मित किया गया था। 267 268 अगले वर्ष, मस्क ने ईडीएम ट्रैक "डोंट डाउट उर वाइब" जारी किया, जिसमें उनके खुद के गीत और स्वर शामिल थे। 269 गार्जियन समीक्षक एलेक्सी पेट्रीडिस ने इसे "साउंडक्लाउड पर कहीं और पोस्ट किए गए अनगिनत सक्षम लेकिन बेडरूम इलेक्ट्रॉनिका के रोमांचकारी बिट्स से अप्रभेद्य" के रूप में वर्णित किया, 270 टेकक्रंच ने कहा कि यह "शैली का बुरा प्रतिनिधित्व नहीं था"। 269

संपत्ति

2012 से 2021 तक मस्क की कुल संपत्ति का ग्राफ मोटे तौर पर घातीय प्रवृत्ति दिखाता है

फोर्ब्स पत्रिका ने 2012 से 2021 तक मस्क की कुल संपत्ति का अनुमान लगाया है

2002 में जब पेपाल को ईबे को बेचा गया, तो मस्क ने 175.8 मिलियन डॉलर कमाए। 271 उन्हें पहली बार 2012 में फोर्ब्स की अरबपतियों की सूची में सूचीबद्ध किया गया था, जिनकी कुल संपत्ति 2 बिलियन डॉलर थी। 272

2020 की शुरुआत में मस्क की नेटवर्थ 27 अरब डॉलर थी। 273 वर्षों के अंत तक उनकी कुल संपत्ति में 150 बिलियन डॉलर की वृद्धि हुई थी, जिसका मुख्य कारण उनके पास टेस्ला के लगभग 20% स्टॉक का स्वामित्व था। 274 इस बीच, मस्क की नेटवर्थ में अक्सर उतार-चढ़ाव होता रहा। उदाहरण के लिए, सितंबर में यह 16.3 बिलियन डॉलर गिर गया, जो ब्लूमबर्ग बिलियनेयर्स इंडेक्स के इतिहास में एक दिन की सबसे बड़ी छलांग है। 275 उसी वर्ष नवंबर में, मस्क ने फेसबुक के सह-संस्थापक मार्क जुकरबर्ग को पीछे छोड़ दिया और दुनिया के तीसरे सबसे अमीर व्यक्ति बन गए; एक हफ्ते बाद, वह माइक्रोसॉफ्ट के सह-संस्थापक बिल गेट्स को पीछे छोड़ते हुए दुनिया के दूसरे सबसे सम्मानित व्यक्ति बन गएसहज हो गया। 276 जनवरी 2021 में, मस्क 185 बिलियन डॉलर की संपत्ति के साथ अमेज़न के संस्थापक जेफ

बेजोस को पीछे छोड़ते हुए दुनिया के सबसे अमीर व्यक्ति बन गए। 277 बेजोस ने अगले महीने शीर्ष स्थान हासिल किया। 278 27 सितंबर, 2021 को, फोर्ब्स ने घोषणा की कि मस्क की कुल संपत्ति $200 बिलियन से अधिक है, जिससे वह टेस्ला स्टॉक में वृद्धि के बाद दुनिया के सबसे अमीर व्यक्ति बन गए। 279 नवंबर 2021 में, मस्क 300 बिलियन डॉलर से अधिक की संपत्ति वाले पहले व्यक्ति बने। 280

मस्क की तीन चौथाई दौलत टेस्ला से आती है। 276 मस्क को टेस्ला ने भुगतान नहीं किया; वह 2018 में बोर्ड के साथ एक मुआवजे की योजना पर सहमत हुए, जो उनकी व्यक्तिगत कमाई को टेस्ला के मूल्यांकन और राजस्व से जोड़ता है। 274 अनुबंध में निर्धारित किया गया था कि मस्क को मुआवजा तभी मिलेगा जब टेस्ला कुछ निश्चित बाजार मूल्यों तक पहुंच जाएगा। 281 सीईओ और बोर्ड के बीच यह अब तक का सबसे बड़ा सौदा था। 282 मई 2020 में किए गए पहले पुरस्कार में, वह बाजार मूल्य से कम कीमत पर 1.69 मिलियन TSLA शेयर (कंपनी का लगभग 1%) खरीदने का हकदार था, जिसकी कीमत लगभग $800 मिलियन थी। 282 281

मस्क ने 2014 से 2018 के बीच 1.52 अरब डॉलर की आय पर 45.5 करोड़ डॉलर का कर चुकाया। 283 ProPublica के अनुसार, मस्क ने 2018 में कोई संघीय आय कर का भुगतान नहीं किया। उन्होंने दावा किया कि 284 टेस्ला शेयरों के 14 बिलियन डॉलर के मूल्य की बिक्री के आधार पर उनका 2021 का कर बिल 12 बिलियन डॉलर था। 283

2003 में, मस्क ने कहा कि उनका पसंदीदा विमान L-39 अल्बाट्रॉस था। 285 286 वह स्पेसएक्स के स्वामित्व वाले एक निजी जेट का उपयोग करता है और अगस्त 2020 में एक और जेट खरीदा। 287 288 289 जेट द्वारा जीवाश्म ईंधन के अत्यधिक उपयोग—इसने 2018 में 150,000 मील से अधिक की उड़ान भरी—ने आलोचना की है। 287 290

मस्क ने अक्सर खुद को "कैश पुअर", 291 292 के रूप में वर्णित किया है और "धन के भौतिक हेरफेर में बहुत कम रुचि का दावा किया है"। 291 मई 2020 में, उसने लगभग सभी भौतिक संपत्ति बेचने का वादा किया। 293 292 2021 में, मस्क ने अपने धन का बचाव किया और कहा कि वह मानवता के बाहरी अंतरिक्ष विस्तार के लिए संसाधन जुटा रहे हैं। 294

दूसरों का उपकार करने का सिद्धान्त

कस्तूरी कस्तूरी फाउंडेशन, 295 के अध्यक्ष हैं, जिसका उद्देश्य है: आपदाग्रस्त क्षेत्रों में सौर-संचालित ऊर्जा प्रणाली प्रदान करना; अनुसंधान, विकास और समर्थन (मानव अंतरिक्ष अन्वेषण, बाल रोग, नवीकरणीय ऊर्जा और "सुरक्षित कृत्रिम बुद्धिमत्ता" सहित हितों के लिए); और विज्ञान और इंजीनियरिंग शैक्षिक प्रयासों का समर्थन करता है। 296 2002 से 2018 तक, उन्होंने गैर-लाभकारी संगठनों को सीधे $25 मिलियन दिए, जिनमें से लगभग आधा मस्क के OpenAI, 297 में चला गया, जो उस समय गैर-लाभकारी था। 298

2002 से, फाउंडेशन ने 350 से अधिक अनुदान प्रदान किए हैं। लगभग आधा वैज्ञानिक अनुसंधान या शिक्षा गैर-लाभकारी संगठनों के लिए है। उल्लेखनीय लाभार्थियों में विकिमीडिया फाउंडेशन, पेन्सिलवेनिया विश्वविद्यालय में उनका अल्मा मेटर और उनके भाई किंबले का बिग ग्रीन शामिल हैं। 299 2012 में, मस्क ने गिविंग प्लेज लिया, अपने जीवनकाल के दौरान या अपनी वसीयत में धर्मार्थ कार्यों के लिए अपने धन का अधिकांश हिस्सा देने का वचन दिया। 300 उन्होंने एक्स प्राइज़ फाउंडेशन को पुरस्कारों से सम्मानित किया है, जिसमें बेहतर कार्बन कैप्चर तकनीक के लिए $100 मिलियन के पुरस्कार शामिल हैं। 301 302 303

वोक्स ने नींव को "अपनी सादगी में लगभग मनोरंजक और फिर भी आश्चर्यजनक रूप से अपारदर्शी" के रूप में वर्णित किया, यह देखते हुए कि इसकी वेबसाइट सादे पाठ में सिर्फ 33 शब्द है। अपेक्षाकृत कम मात्रा में दान की गई संपत्ति के लिए 297 फाउंडेशनों की आलोचना की गई है। 304 2020 में, फोर्ब्स ने मस्क को 1 का परोपकार स्कोर दिया, क्योंकि उन्होंने अपनी निवल संपत्ति का 1% से भी कम दान किया था। 299 नवंबर 2021 में, मस्क ने टेस्ला के 5.7 बिलियन डॉलर के शेयर दान में दिए; 305 हालांकि, फॉर्च्यून पत्रिका ने नोट किया कि किसी भी गैर-लाभकारी संस्था ने तब से मस्क से किसी भी पैसे की घोषणा नहीं की है, जो नवंबर 2021 की नियामक फाइलिंग को दान के लिए शेयरों में $ 5.7 बिलियन के रूप में निर्धारित करता है। 306

विचार

मुख्य लेख: एलोन मस्क का दृश्य

अस्तित्वगत खतरे

कस्तूरी 2006 के मार्स सोसाइटी सम्मेलन में बोलते हुए एक लकड़ी के मंच पर खड़ी है

मस्क 2006 मार्स सोसाइटी सम्मेलन में फाल्कन 9 और ड्रैगन अंतरिक्ष यान के बारे में बोलते हुए

मस्क ने कहा है कि आर्टिफिशियल इंटेलिजेंस मानवता के लिए सबसे बड़ा खतरा है। 307 308 उन्होंने "टर्मिनेटर-जैसी" एआई सर्वनाश की चेतावनी दी है और सुझाव दिया है कि सरकारें इसके सुरक्षित विकास को विनियमित करती हैं। 309 310 311 2015 में, मस्क स्टीफन हॉकिंग और सैकड़ों अन्य लोगों के साथ आर्टिफिशियल इंटेलिजेंस पर ओपन लेटर पर एक सह-हस्ताक्षरकर्ता थे, जिसमें स्वायत हथियारों पर प्रतिबंध लगाने का आह्वान किया गया था। 312 आलोचकों जैसे कंप्यूटर वैज्ञानिक यान लेकुन या उद्योग के नेता मार्क जुकरबर्ग, 313 314 315 ने मस्क के एआई रुख को अलार्मिस्ट और सनसनीखेज कहा है, और 2016 में मस्क को वार्षिक लुडाइट अवार्ड देने के लिए थिंक टैंक इंफॉर्मेशन टेक्नोलॉजी एंड इनोवेशन फाउंडेशन का नेतृत्व किया। 316

मस्क ने एआई, 317 के बाद से जलवायु परिवर्तन को मानवता के लिए सबसे बड़ा खतरा बताया है और कार्बन टैक्स की वकालत की है। 318 मस्क जलवायु परिवर्तन पर अपने रुख के लिए राष्ट्रपति डोनाल्ड ट्रम्प के आलोचक रहे हैं, 319 320 और 2017 के पेरिस समझौते से संयुक्त राज्य अमेरिका को वापस लेने के ट्रम्प के फैसले के बाद, उन्होंने दो घोषणा कीराष्ट्रपति के व्यापार सलाहकार परिषदों से इस्तीफा दे दिया। 321

कस्तूरी ने लंबे समय से मंगल ग्रह के उपनिवेशीकरण को बढ़ावा दिया है और तर्क दिया है कि मानवता को "बहुग्रहीय प्रजाति" बनना चाहिए। 322 वह मंगल ग्रह की भू-रचना के लिए परमाणु हथियारों के उपयोग का सुझाव देता है। 323 324 उन्होंने मंगल ग्रह पर प्रत्यक्ष लोकतंत्र स्थापित करने की कल्पना की जिसके लिए कानून बनाने की तुलना में कानून बनाने के लिए अधिक मतों की आवश्यकता होगी। 325 मस्क ने मानव आबादी में गिरावट के बारे में चिंता व्यक्त की है, 326 327 ने कहा, "मंगल ग्रह पर मानव आबादी शून्य है। बहुग्रहीय सभ्यता बनने के लिए हमें बहुत से लोगों की आवश्यकता है।" 328 2021 में वॉल स्ट्रीट जर्नल के सीईओ काउंसिल सत्र में बोलते हुए, मस्क ने कहा कि घटती जन्म दर और जनसंख्या मानव सभ्यता के लिए सबसे बड़ा खतरा है। 329

राजनीति

लाल टेस्ला के बगल में अमेरिकी सीनेटर डायने फेंस्टीन के साथ मस्क चैट करते हैं

मस्क ने अमेरिकी उपराष्ट्रपति माइक पेंस, दूसरी महिला और अन्य अधिकारियों के साथ बातचीत की

स्पेसएक्स के क्रू ड्रैगन डेमो-2 लॉन्च (2020) से पहले टेस्ला फ्रेमॉंट फैक्ट्री (2010) के उद्घाटन के अवसर पर सीनेटर डायने फेंस्टीन के साथ मस्क और कैनेडी स्पेस सेंटर में उपराष्ट्रपति माइक पेंस

हालांकि अक्सर एक उदारवादी के रूप में वर्णित, मस्क ने खुद को "राजनीतिक उदारवादी" कहा है और कैलिफोर्निया में रहते हुए एक पंजीकृत स्वतंत्र थे। न्यूयॉर्क टाइम्स ने उल्लेख किया कि मस्क "ऐसे विचार व्यक्त करते हैं जो अमेरिकी बाइनरी, बाएं-दाएं राजनीतिक ढांचे में बड़े करीने से फिट नहीं होते हैं।" 330 ऐतिहासिक रूप से, मस्क ने डेमोक्रेट और रिपब्लिकन दोनों को दान दिया है, उनमें से 331 उन राज्यों में हैं जिनमें उनका निहित स्वार्थ है। 330 मस्क ने चीन की प्रशंसा की है और इसे चीनी सरकार को लुभाने और टेस्ला के बाजार में प्रवेश करने के लिए "आकर्षक आक्रामक" के रूप में वर्णित किया है। 332 2022 में, मस्क ने चीन साइबरस्पेस के लिए एक लेख लिखा, 333 चीन के साइबरस्पेस प्रशासन का आधिकारिक प्रकाशन जो चीन में इंटरनेट सेंसरशिप को लागू करता है। उनके द्वारा लिखे गए लेख को उनके "मुक्त भाषण की मुखर वकालत" के विपरीत बताया गया था। 334 335 336 337

मस्क ने 2016 के अमेरिकी राष्ट्रपति चुनाव में हिलेरी क्लिंटन को वोट दिया था। 338 2020 डेमोक्रेटिक प्रेसिडेंशियल प्राइमरी में, मस्क ने उम्मीदवार एंड्रयू यांग का समर्थन किया और उनकी प्रस्तावित सार्वभौमिक बुनियादी आय के लिए समर्थन व्यक्त किया। 339 उन्होंने 2020 के आम चुनाव में कान्ये वेस्ट के स्वतंत्र अभियान का भी समर्थन किया, 340 लेकिन अंततः 2020 में जो बिडेन के लिए मतदान किया। 338 2022 में, मस्क ने कहा कि वह डेमोक्रेट्स का "अब और समर्थन नहीं कर सकता" क्योंकि वे "विभाजन और घृणा की पार्टी" थे, 341 342 343 और 2024 के अमेरिकी राष्ट्रपति चुनाव में रिपब्लिकन रॉन डेसांटिस का समर्थन करने की ओर झुक रहे थे। 344 345 346 मस्क "अरबपति कर" का विरोध करते हैं, 347 और बर्नी सैंडर्स, 348 349 350 अलेक्जेंड्रिया ओकासियो-कॉर्टेज़, 351 और एलिजाबेथ वॉरेन जैसे अधिक प्रगतिशील डेमोक्रेटिक राजनेताओं का विवाद करते हैं। 352

मस्क के बयानों ने अक्सर विवाद पैदा किया है, जैसे पसंदीदा लिंग सर्वनामों का मज़ाक उड़ाना, 353 354 कनाडा के प्रधान मंत्री जस्टिन ट्रूडो की तुलना 2022 के कनाडाई काफिले के विरोध के समर्थन में एडॉल्फ हिटलर से करना, 355 356 यह कहना कि यू.एस. हम "जो चाहें तख्तापलट कर सकते हैं"। 357

COVID-19

कस्तूरी ने चेहरे पर नकाब पहन रखा है

कस्तूरी COVID-19 महामारी (2021) के दौरान फेस मास्क के रूप में बंदना पहनती हैं।

मस्क की कोविड-19 महामारी के संबंध में उनकी सार्वजनिक टिप्पणियों और आचरण के लिए आलोचना की गई है। 358 359 उन्होंने वायरस के बारे में गलत सूचना फैलाई, जिसमें क्लोरोक्वीन के लाभों पर व्यापक रूप से बदनाम पेपर को बढ़ावा देना और COVID-19 मौत के आंकड़ों को बढ़ा-चढ़ाकर पेश करने का दावा करना शामिल है। 360

मार्च 2020 में, मस्क ने कहा, "कोरोनावायरस आतंक शांत है।" 361 362 टेस्ला कर्मचारियों को एक ईमेल में, मस्क ने COVID-19 को "सामान्य सर्दी के विशेष रूप" के रूप में संदर्भित किया और भविष्यवाणी की कि COVID-19 मामलों की संख्या अमेरिकी आबादी के 0.1% से अधिक नहीं होगी। 363 358 19 मार्च, 2020 को मस्क ने भविष्यवाणी की थी कि "अप्रैल के अंत तक अमेरिका में लगभग शून्य नए मामले होंगे"। 359 364 पोलिटिको ने इस बयान को "2020 के सबसे साहसिक, सबसे भरोसेमंद और शानदार गलत भविष्यवाणियों में से एक" करार दिया। 365 मस्क ने यह भी झूठा दावा किया कि बच्चे कोविड-19 के लिए "अनिवार्य रूप से प्रतिरक्षित" हैं। 366 367

मस्क ने कोविड-19 लॉकडाउन की निंदा की और शुरुआत में स्थानीय आश्रय-स्थल आदेशों की अवहेलना करते हुए मार्च 2020 में टेस्ला फ्रेमॉट कारखाने को बंद करने से इनकार कर दिया। 358 368 369 मई 2020 में, उन्होंने घर पर रहने के स्थानीय आदेश का उल्लंघन करते हुए, 370 371 श्रमिकों को चेतावनी देते हुए टेस्ला फ़ैक्टरी को फिर से खोल दिया कि अगर वे काम पर नहीं आते हैं तो उन्हें भुगतान किया जाएगा और उनके बेरोज़गारी लाभ ख़तरे में पड़ सकते हैं। 370 371। 371

मार्च 2020 में, मस्क ने वादा किया कि कमी होने पर टेस्ला कोविद -19 रोगियों के लिए वेंटीलेटर बनाएगी। 372 न्यूयॉर्क शहर के मेयर बिल डे ब्लासियो जैसे आंकड़ों के बाद मस्क की पेशकश पर प्रतिक्रिया दी, 373 मस्क ने वेंटीलेटर दान करने की पेशकश की जिसे टेस्ला किसी तीसरे पक्ष से बनाएगी या खरीदेगी। 372 हालांकि, मस्क ने अधिक महंगी और इनवेसिव मैकेनिकल वेंटीलेटर (IMV) मशीनों के बजाय BiPAP और CPAP मशीनें खरीदकर दान करना बंद कर दिया। 374 375 376

एससितंबर 2020 में, मस्क ने कहा कि उन्हें COVID-19 के लिए एक टीका नहीं मिलेगा, क्योंकि उन्हें और उनके बच्चों को "कोविद के लिए कोई खतरा नहीं है"। 377 378 379 दो महीने बाद, मस्क ने कोविड-19 को अनुबंधित किया और सुझाव दिया कि उनके कोविड-19 रैपिड एंटीजन टेस्ट के परिणाम संदिग्ध थे, जिसके बाद मस्क के संदर्भ में ट्विटर पर "स्पेस करेन" वाक्यांश ट्रेंड करने लगा। 380 381 हालांकि, दिसंबर 2021 में मस्क ने खुलासा किया कि उन्हें और उनके पात्र बच्चों को टीका लग चुका है। 382

वित्त

मस्क ने कहा है कि उन्हें विश्वास नहीं है कि अमेरिकी सरकार को कंपनियों को सब्सिडी देनी चाहिए; इसके बजाय उन्हें बुरे व्यवहार को हतोत्साहित करने के लिए कार्बन टैक्स का इस्तेमाल करना चाहिए। 383 384 मस्क का कहना है कि मुक्त बाजार सबसे अच्छा समाधान हासिल करेगा और जो वाहन पर्यावरण के अनुकूल नहीं हैं उनके निर्माण के अपने परिणाम होंगे। 385 उनकी स्थिति को पाखंडी कहा गया क्योंकि टेस्ला को अरबों डॉलर की सब्सिडी मिली। 386 इसके अलावा, टेस्ला ने कैलिफोर्निया और संयुक्त राज्य अमेरिका के संघीय स्तर पर पेश किए गए शून्य-उत्सर्जन क्रेडिट की सरकार द्वारा शुरू की गई प्रणालियों से बड़ी रकम बनाई, जिससे टेस्ला वाहनों को शुरुआती उपभोक्ता अपनाने में सक्षम बनाया गया, क्योंकि सरकारों द्वारा दिए गए कर क्रेडिट ने टेस्ला की बैटरी इलेक्ट्रिक वाहनों को सक्षम किया। . वर्तमान कम लागत वाले आंतरिक दहन इंजन वाहनों की तुलना में मूल्य-प्रतिस्पर्धी। 387 विशेष रूप से, टेस्ला अपना अधिकांश राजस्व यूरोपीय संघ उत्सर्जन व्यापार प्रणाली और चीनी राष्ट्रीय कार्बन ट्रेडिंग योजना दोनों के माध्यम से कंपनी को दिए गए कार्बन क्रेडिट की बिक्री से प्राप्त करता है। 388 389 390 391

शॉर्ट-सेलिंग के एक लंबे समय के विरोधी मस्क ने बार-बार अभ्यास की आलोचना की और तर्क दिया कि यह अवैध होना चाहिए। 392 393 शॉर्ट-सेलिंग के लिए मस्क का विरोध इस बात से अनुमानित है कि कैसे शॉर्ट-सेलर्स उनकी कंपनियों के बारे में शत्रुतापूर्ण शोध को लक्षित और प्रकाशित करते हैं। 394 2021 की शुरुआत में, उन्होंने GameStop शॉर्ट स्क्वीज़ को बढ़ावा दिया। 395 396

तकनीकी

कस्तूरी ने क्रिप्टोकरेंसी को बढ़ावा दिया है और पारंपरिक सरकार द्वारा जारी फिएट मुद्राओं पर उनका समर्थन किया है। 397 क्रिप्टोक्यूरेंसी बाजारों पर मस्क के ट्वीट्स के प्रभाव को देखते हुए, 398 क्रिप्टोकरेंसी के बारे में उनके बयानों को अर्थशास्त्री नूरील रौबिनी जैसे कुछ लोगों ने बाजार में हेरफेर के रूप में देखा है। 399 मस्क की सोशल मीडिया पर बिटकॉइन और डॉगकॉइन की प्रशंसा को उनकी कीमतें बढ़ाने का श्रेय दिया गया। नतीजतन, टेस्ला की घोषणा कि वह 2021 में 1.5 बिलियन डॉलर मूल्य के बिटकॉइन खरीदेगी, ने मस्क के सोशल मीडिया व्यवहार पर सवाल उठाए हैं। पर्यावरणविदों और निवेशकों ने टेस्ला की घोषणा की आलोचना की कि वह 400 क्रिप्टोक्यूरेंसी खनन के पर्यावरणीय प्रभाव के कारण भुगतान के लिए बिटकॉइन स्वीकार करेगा; 2021 में, बिटकॉइन खनन की ऊर्जा खपत, जिसमें अंतर्निहित ऊर्जा अक्षमताएं हैं, अर्जेंटीना की तुलना में अधिक है। कुछ महीने बाद, आलोचना के जवाब में, मस्क ने ट्विटर पर घोषणा की कि टेस्ला अब बिटकॉइन को स्वीकार नहीं करेगा और जब तक पर्यावरणीय मुद्दों का समाधान नहीं हो जाता तब तक किसी भी बिटकॉइन लेनदेन में संलग्न नहीं होगा। 401 402

मास ट्रांज़िट इन्फ्रास्ट्रक्चर के निर्माण में बोरिंग कंपनी की भागीदारी के बावजूद, मस्क ने सार्वजनिक परिवहन की आलोचना की और निजी परिवहन (निजी वाहन) को प्रोत्साहित किया। 403 404 405 उनकी टिप्पणियों को "अभिजात्य" कहा गया है और परिवहन और शहरी नियोजन विशेषज्ञों दोनों ने व्यापक आलोचना की है, जिन्होंने बताया है कि घने शहरी क्षेत्रों में सार्वजनिक परिवहन अधिक लागत प्रभावी, अधिक ऊर्जा कुशल है और इसके लिए बहुत कम जगह की आवश्यकता होती है। निजी कारें। 404 406 405

व्यक्तिगत जीवन

2000 के दशक की शुरुआत से लेकर 2020 के अंत तक, मस्क कैलिफोर्निया में रहते थे जहां टेस्ला और स्पेसएक्स दोनों की स्थापना हुई थी। 407 2020 में, वह टेक्सास चले गए, यह कहते हुए कि कैलिफोर्निया आर्थिक सफलता से "संतुष्ट" था। 407 408 मई 2021 में सैटरडे नाइट लाइव की मेजबानी करते हुए, मस्क ने खुलासा किया कि उन्हें एस्पर्जर सिंड्रोम है। 409

विवाह, डेटिंग जीवन और बच्चे

कनाडा के ओंटारियो में क्वीन्स यूनिवर्सिटी में पढ़ाई के दौरान, मस्क अपनी पहली पत्नी, कनाडाई जस्टिन विल्सन से मिले और उन्होंने 2000 में शादी कर ली। 410 2002 में, उनके पहले बच्चे की 10 सप्ताह की आयु में अचानक शिशु मृत्यु सिंड्रोम से मृत्यु हो गई। 411 उनकी मृत्यु के बाद, दंपति ने अपने परिवार को जारी रखने के लिए आईवीएफ का उपयोग करने का फैसला किया। 412 उन्हें 2004 में जुड़वाँ बच्चे हुए और फिर 2006 में तीन बच्चे हुए। 412 युगल ने 2008 में तलाक ले लिया और अपने बच्चों की कस्टडी साझा की। 410 413 414 2022 में, जुड़वा बच्चों में से एक ने अपनी लिंग पहचान दर्शाने के लिए आधिकारिक तौर पर अपना नाम बदल लिया और विल्सन को अपने अंतिम नाम के रूप में इस्तेमाल किया क्योंकि वह अब मस्क के साथ जुड़ना नहीं चाहती थी। 415

2008 में, मस्क ने अंग्रेजी अभिनेत्री तलुलाह रिले के साथ डेटिंग शुरू की। 416 उन्होंने दो साल बाद स्कॉटलैंड के डोर्नोच कैथेड्रल में शादी की। 417 418 2012 में, जोड़े ने अगले वर्ष पुनर्विवाह करने से पहले तलाक ले लिया। 419 2014 में संक्षिप्त रूप से तलाक के लिए दाखिल करने के बाद, 419 मस्क ने 2016 में रिले से दूसरे तलाक के लिए अर्जी दी। 420 421 मस्क ने 2017 में कई महीनों तक एम्बर हर्ड को डेट किया; 422 423 वह 2012 से उसका पीछा कर रहा था। 423 मस्क का बाद में हर्ड के साथ अफेयर था जबकि जॉनी डेप की शादी डेप से हुई थीका आरोप लगाया 424 425 426 मस्क और हर्ड दोनों ने अफेयर से इनकार किया। 424

2018 में, मस्क और कनाडाई संगीतकार ग्रिम्स ने खुलासा किया कि वे डेटिंग कर रहे थे। 427 428 ग्रिम्स ने मई 2020 में अपने बेटे को जन्म दिया। 429 430 कस्तूरी और ग्रिम्स के अनुसार, इसे "X Æ A-12" नाम दिया गया था; हालांकि, नाम ने कैलिफोर्निया के नियमों का उल्लंघन किया होगा क्योंकि इसमें आधुनिक अंग्रेजी वर्णमाला में अक्षर नहीं थे, 431 432 और बाद में इसे "X Æ A-Xii" में बदल दिया गया था। इससे और भ्रम पैदा हुआ, क्योंकि Æ आधुनिक अंग्रेजी वर्णमाला का अक्षर नहीं है। 433 अंत में लड़के का नाम "X AE A-XII" कस्तूरी, पहला नाम "X", मध्य नाम "AE A-XII" और अंतिम नाम "मस्क" रखा गया। 434 दिसंबर 2021 में, ग्रिम्स और मस्क की उनकी दूसरी संतान हुई, एक बेटी जिसका नाम एक्सा डार्क साइडिरियल मस्क (उपनाम "वाई") था, जो सरोगेसी के माध्यम से पैदा हुई थी। 1 ग्रिम्स ने मार्च 2022 में वैनिटी फेयर के साथ एक साक्षात्कार में गर्भावस्था और जन्म का खुलासा किया। पहली गर्भावस्था के बावजूद, मस्क ने रिपोर्ट की पुष्टि की कि युगल सितंबर 2021 में "अर्ध-अलग" हो गए थे; दिसंबर 2021 में टाइम को दिए एक इंटरव्यू में उन्होंने कहा था कि वह सिंगल हैं। 435 436 मार्च 2022 में, ग्रिम्स ने मस्क के साथ अपने रिश्ते के बारे में कहा: "मैं उसे अपना प्रेमी कह सकती हूं, लेकिन हम बहुत तरल हैं।" 1 उस महीने बाद में, ग्राइम्स ने ट्वीट किया कि वह और मस्क फिर से अलग हो गए थे लेकिन संपर्क में बने रहे। मित्रता में। 437

जुलाई 2022 में, इनसाइडर ने अदालती दस्तावेजों को प्रकाशित किया, जिसमें खुलासा किया गया कि मस्क के नवंबर 2021 में सिवोन ज़िलिस के साथ जुड़वां बच्चे हुए, जो न्यूरालिंक में संचालन और विशेष परियोजनाओं के निदेशक थे। 3 438 कस्तूरी और ग्राइम्स ने दिसंबर में सरोगेट के माध्यम से अपना दूसरा बच्चा पैदा किया था, उनके होने के कुछ हफ्ते पहले। समाचार "कार्यस्थल में नैतिकता के बारे में सवाल उठाता है", यह देखते हुए कि ज़िलिस मस्क की प्रत्यक्ष रिपोर्ट है। 439 440 इसके अलावा जुलाई 2022 में, द वॉल स्ट्रीट जर्नल ने बताया कि मस्क का 2021 में Google के सह-संस्थापक सर्गेई ब्रिन की पत्नी के साथ एक कथित संबंध था, जिसके कारण अगले वर्ष उनका तलाक हो गया। 441 मस्क ने रिपोर्ट का खंडन किया। 442

यौन दुराचार का आरोप

इन्हें भी देखें: स्पेसएक्स § यौन उत्पीड़न

मई 2022 में, एक अंदरूनी लेख ने आरोप लगाया कि मस्क ने 2016 में एक निजी जेट पर स्पेसएक्स फ्लाइट अटेंडेंट का यौन उत्पीड़न किया। लेख के अनुसार, फ़्लाइट अटेंडेंट के एक अनाम मित्र का हवाला देते हुए, मस्क, स्पेसएक्स और पूर्व फ़्लाइट अटेंडेंट ने नवंबर 2018 में दावों पर मुकदमा न करने की प्रतिज्ञा के बदले अटेंडेंट को $ 250,000 के भुगतान के साथ एक अलग समझौता किया। 443 मस्क ने जवाब दिया, "अगर मैं यौन उत्पीड़न में लिप्त हूं, तो यह मेरे पूरे 30 साल के करियर में पहली बार नहीं होगा कि यह उजागर हुआ है"। उन्होंने बिजनेस इनसाइडर लेख पर "राजनीति से प्रेरित हिट पीस" होने का आरोप लगाया। 444 445 बिजनेस इनसाइडर लेख प्रकाशित होने के बाद, टेस्ला का स्टॉक 6% से अधिक गिर गया, 446 ने मस्क के नेट वर्थ को 10 बिलियन डॉलर कम कर दिया। 447 Barron's ने लिखा "...कुछ निवेशक की-मैन रिस्क पर विचार करते हैं - एक व्यक्ति के नुकसान से कंपनी को बड़े पैमाने पर नुकसान हो सकता है।" 448

पहचान

मुख्य लेख: एलोन मस्क फिल्मोग्राफी और एलोन मस्क द्वारा प्राप्त पुरस्कारों और सम्मानों की सूची

कस्तूरी पदक पहने हुए

कस्तूरी 449 को 2022 में ब्राजीलियाई सशस्त्र बलों से ऑर्डर ऑफ डिफेंस मेरिट प्राप्त हुआ

कस्तूरी ने आयरन मैन 2 (2010), 450 माचे किल्स (2013), 451 व्हाई हिम? (2016), 452 और मेन इन ब्लैक: इंटरनेशनल (2019)। 453 टेलीविज़न सीरीज़ में वह द सिम्पसंस ("द मस्क हू फेल टू अर्थ", 2015), 454 द बिग बैंग थ्योरी ("द प्लेटोनिक क्रमपरिवर्तन", 2015), 455 साउथ पार्क ("केवल सदस्य") शामिल हैं। , 2016), 456 457 रिक और मोर्टी ("वन क्रू ओवर द क्रू'स मोर्टी", 2019), 458 459 यंग

शेल्डन ("ए पैच, ए मोडेम, एंड ए ज़ैटैक®", 2017) 460 और सैटरडे नाइट लाइव (2021) . 461 उन्होंने डॉक्यूमेंट्री रेसिंग एक्सटिंक्शन (2015) और वर्नर हर्ज़ॉग द्वारा निर्देशित लो एंड बीहोल्ड (2016) में साक्षात्कार में योगदान दिया। 462 463

मस्क को 2018 में रॉयल सोसाइटी (FRS) का फेलो चुना गया था। 464 2015 में, उन्होंने येल विश्वविद्यालय से इंजीनियरिंग और प्रौद्योगिकी में डॉक्टरेट की मानद उपाधि और IEEE मानद सदस्यता प्राप्त की। फाल्कन रॉकेट के विकास में योगदान के लिए 465 466 पुरस्कारों में 2008 में अमेरिकन इंस्टीट्यूट ऑफ एरोनॉटिक्स एंड एस्ट्रोनॉटिक्स जॉर्ज लोव ट्रांसपोर्टेशन अवार्ड, 467 फेडरेशन एरोनॉटिक इंटरनेशनल गोल्ड स्पेस मेडल 2010, 468 और रॉयल एरोनॉटिकल सोसाइटी से गोल्ड मेडल शामिल हैं। 2012. उन्हें 2012 में टाइम पत्रिका के 100 सबसे प्रभावशाली लोगों में सूचीबद्ध किया गया था। 2010 में 469, 2013 में 470, 2018 में 471, 472 और 2021। 473 मस्क को 2021 के लिए टाइम के "पर्सन ऑफ द ईयर" के रूप में चुना गया था। टाइम एडिटर-इन-चीफ एडवर्ड फेलसेंथल ने लिखा है कि "पर्सन ऑफ द ईयर एक प्रभावशाली व्यक्ति है, और कुछ लोगों का मस्क की तुलना में पृथ्वी पर जीवन पर अधिक प्रभाव पड़ा है, और संभवतः पृथ्वी पर जीवन"। 474 475 2022 में मस्क को नेशनल एकेडमी ऑफ इंजीनियरिंग का सदस्य चुना गया।

5

बर्नार्ड अरनॉल्ट

बर्नार्ड अरनॉल्ट

बर्नार्ड जीन एटिएन अरनॉल्ट फ्रेंच का जन्म 5 मार्च 1949) एक फ्रांसीसी व्यापारी, निवेशक और कला संग्राहक है। वह LVMH Moët Hennessy - Louis Vuitton SE, दुनिया की सबसे बड़ी लक्ज़री गुड्स कंपनी के सह-संस्थापक, अध्यक्ष और मुख्य कार्यकारी हैं। 2022 फोर्ब्स की रिपोर्ट के अनुसार अरनॉल्ट दुनिया के सबसे अमीर व्यक्तियों में से एक है।

बर्नार्ड जीन एटिएन अरनॉल्ट का जन्म 5 मार्च, 1949 को रूबैक्स, फ्रांस में हुआ था। उनकी मां, मैरी-जोसेफ सैविनेल, एटिएन सविनेल की बेटी, को "डायर के साथ आकर्षण" था। उनके पिता, निर्माता जीन-लियोन अरनॉल्ट, इकोले सेंट्रल पेरिस के स्नातक, सिविल इंजीनियरिंग कंपनी फेरेट-सविनेल के मालिक थे।

अरनॉल्ट की शिक्षा रूबैक्स के लीची मैक्सेंस वैन डेर मेर्श और लिले के लीची फेदरबे में हुई थी। 1971 में, उन्होंने फ्रांस के प्रमुख इंजीनियरिंग स्कूल इकोले पॉलिटेक्निक से स्नातक किया और अपने पिता की कंपनी के लिए काम करना शुरू किया। तीन साल बाद, जब उन्होंने अपने पिता को कंपनी के फोकस को रियल एस्टेट में स्थानांतरित करने के लिए मना लिया, तो फेरेट-सविनेल ने औद्योगिक निर्माण प्रभाग को बेच दिया और इसका नाम बदलकर फेरिनेल रख दिया। एक कपड़ा कंपनी का अधिग्रहण करने और अपने मुख्यालय को स्थानांतरित करने के बाद, कंपनी ने अपनी रियल एस्टेट शाखा का नाम बदलकर जॉर्ज वी ग्रुप कर दिया। अचल संपत्ति की संपत्ति बाद में कॉम्पैग्नी जेनरेल डेस एओक्स (सीजीई) को बेच दी गई, अंततः नेक्सिटी बन गई।

करियर

अरनॉल्ट ने 1971 में फेरेट-सविनेल में अपना करियर शुरू किया और 1978 से 1984 तक राष्ट्रपति रहे। 1984 में, अर्नाल्ट, एक युवा रियल एस्टेट डेवलपर, ने सुना कि फ्रांसीसी सरकार क्रिश्चियन डायर के स्वामित्व वाले कपड़ा और खुदरा समूह, बुसैक सेंट-फ्रेस साम्राज्य पर कब्जा करने के लिए किसी को चुनने जा रही थी।

लज़ार्ड फ्रेरेस के एक वरिष्ठ भागीदार एंटोनी बर्नहेम की मदद से, अरनॉल्ट ने एक लक्ज़री सामान बनाने वाली कंपनी फाइनेंसर एगाचे का अधिग्रहण किया। वह Financière Agache के सीईओ बन गए और बाद में Boussac सेंट-फ्रेरेस के लिए एक बिडिंग युद्ध जीता, एक फ्रैंक के लिए समूह खरीदा और Boussac सेंट-फ्रेरेस को प्रभावी ढंग से नियंत्रित किया। क्रिश्चियन डायर के साथ, बूसैक की संपत्ति में डिपार्टमेंटल स्टोर ले बॉन मार्चे, रिटेल स्टोर कॉनफोरमा और डायपर निर्माता पुडोस शामिल थे। उद्धरण आवश्यक है

अरनॉल्ट ने बुसैक को खरीदने के बाद, दो साल में 9,000 कर्मचारियों को निकाल दिया, जिससे उन्हें "द टर्मिनेटर" उपनाम मिला। उसके बाद उन्होंने केवल क्रिश्चियन डायर ब्रांड और ले बॉन मार्चे डिपार्टमेंट स्टोर को रखते हुए कंपनी की लगभग सभी संपत्ति बेच दी।

1980 के दशक में, अरनॉल्ट ने लक्ज़री ब्रांडों का एक समूह बनाने की कल्पना की। उन्होंने 1987 में LVMH की स्थापना के लिए Moët Hennessy के CEO Alain Chevalier और Louis Vuitton के अध्यक्ष Henri Racamier के साथ मिलकर काम किया।

जुलाई 1988 में, अरनॉल्ट ने गिनीज के साथ एक होल्डिंग कंपनी बनाने के लिए 1.5 बिलियन डॉलर प्रदान किए जिसमें LVMH के 24% शेयर थे। अफवाहों के जवाब में कि लुई वीटन समूह इसे "अवरुद्ध अल्पसंख्यक" बनाने के लिए एलवीएमएच स्टॉक खरीद रहा था, अरनॉल्ट ने एलवीएमएच के 13.5% अधिक खरीदने के लिए $600 मिलियन खर्च किए, जिससे वह एलवीएमएच के सबसे बड़े शेयरधारक बन गए। LVMH को इस आधार पर बनाया गया था कि एक शत्रुतापूर्ण हमले के लिए समूह बहुत बड़ा होगा। हालांकि, इलाका आंतरिक अधिग्रहण के प्रयासों को रोकने में विफल रहा। जब अरनॉल्ट की रणनीतिक दृष्टि लुइस वुडटन के अध्यक्ष हेनरी रैकमीयर से भिन्न थी, तो इस दोष को अनदेखा करना बहुत बड़ा हो गया। जनवरी 1989 में, उन्होंने LVMH के कुल 43.5% शेयरों और इसके 35% मतदान अधिकारों पर नियंत्रण पाने के लिए $500 मिलियन खर्च किए, इस प्रकार LVMH समूह के टूटने को रोकने के लिए आवश्यक "अवरुद्ध अल्पसंख्यक" तक पहुंच गया। इसके बाद उन्होंने रैकमीयर को चालू किया, उनसे उनकी शक्ति छीन ली और उन्हें निदेशक मंडल से बाहर कर दिया। 13 जनवरी 1989 को, उन्हें सर्वसम्मति से कार्यकारी प्रबंधन बोर्ड के अध्यक्ष के रूप में चुना गया।

पतवार संभालने के बाद, अरनॉल्ट ने एक महत्वाकांक्षी विकास योजना के माध्यम से कंपनी का नेतृत्व किया, जिससे यह स्विस लक्ज़री दिग्गज रिचमॉन्ट और फ्रेंच-आधारित केरिंग के साथ दुनिया के सबसे बड़े लक्ज़री समूहों में से एक बन गया। ग्यारह वर्षों में, वार्षिक बिक्री और मुनाफा 5 गुना बढ़ गया, और LVMH का बाजार मूल्य . जुलाई 1988 में, अरनॉल्ट ने सेलीन का अधिग्रहण किया। उसी वर्ष, उन्होंने कंपनी की लक्ज़री कपड़ों की लाइन को बढ़ावा देने के लिए फ्रांसीसी फैशन डिजाइनर क्रिश्चियन लैक्रिक्स को प्रायोजित किया। LVMH ने 1993 में बर्लुटी और केंजो को खरीदा, उसी वर्ष अरनॉल्ट ने फ्रांसीसी वित्तीय समाचार पत्र ला ट्रिब्यून को खरीदा। 150 मिलियन यूरो के निवेश के बाद कंपनी को अपेक्षित सफलता नहीं मिली और नवंबर 2007 में उसने 240 मिलियन यूरो में एक अलग फ्रांसीसी वित्तीय समाचार पत्र लेस इकोल्स को बेच दिया। 1994 में, LVMH ने परफ्यूम कंपनी Guerlain का अधिग्रहण किया। 1996 में, अरनॉल्ट ने लोव्स का अधिग्रहण किया, इसके बाद 1997 में मार्क जैकब्स और सेपोरा का अधिग्रहण किया। समूह में पांच और ब्रांड भी शामिल किए गए: 1999 में थॉमस पिंक,

2000 में एमिलियो पक्की और 2001 में फेंडी, डीकेएनवाई और ला समैरिटन। 1990 में, अरनॉल्ट ने संयुक्त राज्य अमेरिका में LVMH की उपस्थिति का प्रबंधन करने के लिए न्यूयॉर्क में एक केंद्र विकसित करने का निर्णय लिया। . इस परियोजना काउन्होंने इसकी देखरेख के लिए क्रिश्चियन डे पोर्टेज़म्पार्क को चुना। परिणाम एलवीएमएच टॉवर था, जो दिसंबर 1999 में खुला। उसी वर्ष, अरनॉल्ट ने अपना ध्यान टॉम फोर्ड और डोमेनिको डी सोल द्वारा संचालित एक इतालवी चमड़े के सामान की कंपनी गुच्ची की ओर लगाया। उसने समझदारी से कंपनी में 5 प्रतिशत हिस्सेदारी मांगी। गुच्ची ने प्रतिकूल प्रतिक्रिया दी, इसे "डरावना अधिग्रहण" कहा। प्रदर्शन के बाद, अरनॉल्ट ने अपनी हिस्सेदारी बढ़ाकर 34.4 प्रतिशत कर ली और एक सहायक और निर्विवाद शेयरधारक बनना चाहता है। डी सोले ने प्रस्ताव रखा कि बोर्ड में प्रतिनिधित्व के बदले अरनॉल्ट गुच्ची में अपनी हिस्सेदारी बढ़ाना बंद कर देगा। हालाँकि, अरनॉल्ट ने इन शर्तों को मानने से इनकार कर दिया। डी सोलेल को एक खामी मिली जिसने उन्हें केवल बोर्ड की मंजूरी के साथ शेयर जारी करने की अनुमति दी, और एलवीएमएच द्वारा खरीदे गए प्रत्येक शेयर के लिए, उन्होंने अर्नाल्ट की हिस्सेदारी कम कर दी, जिससे उनके कर्मचारियों के लिए और अधिक हो गया। सितंबर 2001 में समझौता होने तक लड़ाई चली। कानूनी फैसले के बाद, LVMH ने अपने शेयर बेच दिए और 700 मिलियन डॉलर का मुनाफा कमाया।

सफलता और लाभप्रदता में वृद्धि

7 मार्च 2011 को, अरनॉल्ट ने सार्वजनिक रूप से स्वामित्व वाले शेष शेयरों के लिए निविदा देने के इरादे से इतालवी जौहरी बुलगारी के परिवार के स्वामित्व वाले शेयरों में से 50.4% के अधिग्रहण की घोषणा की। लेन-देन का मूल्य $ 5.2 बिलियन था। 2011 में, अरनॉल्ट ने LCapitalAsia की स्थापना के लिए $641 मिलियन का निवेश किया। 7 मार्च, 2013 को, नेशनल बिजनेस डेली ने बताया कि मध्य-मूल्य वाले कपड़ों के ब्रांड QDA को अरनॉल्ट की बीजिंग स्थित निजी इक्विटी फर्म LCapitalAsia और चीनी परिधान कंपनी Xin Hee Co., Ltd द्वारा अधिग्रहित किया गया था। उनके सहयोग से दुकान खुलेगी। फरवरी 2014 में, अरनॉल्ट ने इतालवी फैशन ब्रांड मार्को डि विन्सेंज़ो के साथ एक संयुक्त उद्यम में प्रवेश किया, जिसमें फर्म में अल्पसंख्यक 45% हिस्सेदारी थी। 2016 में, LVMH ने DKNY को G-III परिधान समूह को बेच दिया। अप्रैल 2017 में, अरनॉल्ट ने क्रिश्चियन डायर हाउते कॉउचर, चमड़े, पुरुषों और महिलाओं के रेडी-टू-वियर और फुटवियर लाइनों के अधिग्रहण की घोषणा की, पूरे क्रिश्चियन डायर ब्रांड को LVMH में एकीकृत किया।

जनवरी 2018 तक, अरनॉल्ट ने 2017 में कंपनी के लिए 42.6 बिलियन यूरो की रिकॉर्ड बिक्री दर्ज की थी, जो पिछले वर्ष की तुलना में 13% अधिक थी, क्योंकि सभी डिवीजनों ने जोरदार प्रदर्शन किया था। उसी वर्ष, शुद्ध लाभ में 29% की वृद्धि हुई। 32 नवंबर, 2019 को, अरनॉल्ट ने लगभग 16.2 बिलियन अमेरिकी डॉलर में टिफ़नी एंड कंपनी का अधिग्रहण किया। खरीदने की योजना बनाई। यह सौदा जून 2020 तक बंद होने की उम्मीद थी। LVMH ने बाद में सितंबर 2020 में एक बयान जारी किया जिसमें संकेत दिया गया कि टेकओवर आगे नहीं बढ़ेगा और टिफ़नी द्वारा कोविद -19 महामारी के दौरान व्यापार को संभालने के कारण यह सौदा "अमान्य" था। इसके बाद, टिफ़नी ने एलवीएमएच के खिलाफ मुकदमा दायर किया, अदालत से प्रतिवादी के खिलाफ खरीद या नुकसान का आकलन करने के लिए मजबूर करने के लिए कहा; एलवीएमएच ने यह आरोप लगाते हुए मुकदमा करने की योजना बनाई है कि कुप्रबंधन ने खरीद समझौते को अमान्य कर दिया। सितंबर 2020 के मध्य में, एक विश्वसनीय स्रोत ने फोर्ब्स (पत्रिका) को बताया कि टिफ़नी की खरीद को रद्द करने के अरनॉल्ट के निर्णय का कारण विशुद्ध रूप से वित्तीय था: महामारी के दौरान 32 मिलियन अमेरिकी डॉलर के वित्तीय नुकसान के बावजूद टिफ़नी शेयरधारकों को लाखों का लाभांश दे रही थी। वित्तीय रिकॉर्ड की जाँच करने पर, अरनॉल्ट ने पाया कि नवंबर 2020 में अतिरिक्त यूएस $ 70 मिलियन के साथ, टिफ़नी द्वारा कुछ यूएस $ 70 मिलियन का भुगतान पहले ही किया जा चुका था। LVMH ने टिफ़नी द्वारा शुरू की गई अदालती कार्रवाई के खिलाफ प्रतिवाद दायर किया; LMVH द्वारा जारी एक बयान में महामारी के दौरान टिफ़नी के कुप्रबंधन को दोषी ठहराया गया था, यह दावा करते हुए कि यह "नकद जल रहा था और नुकसान पोस्ट कर रहा था"। अक्टूबर 2020 के अंत में, टिफ़नी और LVMH ने मूल अधिग्रहण योजना पर सहमति व्यक्त की, यद्यपि लगभग 16 बिलियन डॉलर की थोड़ी कम कीमत पर, उपरोक्त सौदे से 2.6% की मामूली कमी हुई। नए सौदे ने एलवीएमएच द्वारा प्रति शेयर भुगतान की गई राशि को $135 के मूल मूल्य से घटाकर $131.50 कर दिया। LVMH ने जनवरी 2021 में टिफ़नी की अपनी खरीदारी पूरी की।

अरनॉल्ट के नेतृत्व में, LVMH मई 2021 तक रिकॉर्ड 313 बिलियन यूरो (382 बिलियन डॉलर) के साथ यूरो जोन 40 में बाजार पूंजीकरण द्वारा सबसे बड़ी कंपनी बन गई है। अरनॉल्ट ने व्यावसायिक रणनीति के रूप में समूह के ब्रांडों को विकेंद्रीकृत करने के निर्णयों को बढ़ावा दिया है। इन उपायों के परिणामस्वरूप, टिफ़नी जैसे एलवीएमएच छाता के तहत ब्रांड अभी भी अपने स्वयं के इतिहास के साथ स्वतंत्र फर्मों के रूप में देखे जाते हैं। 24 मई, 2021 को एक संक्षिप्त अवधि के लिए, अरनॉल्ट अस्थायी रूप से जेफ बेजोस को पीछे छोड़ते हुए 187.3 बिलियन डॉलर की संपत्ति के साथ दुनिया के सबसे अमीर व्यक्ति बन गए। हालांकि, घंटों बाद, अमेज़ॅन के स्टॉक में बढ़ोतरी हुई और जेफ बेजोस ने इस स्थान को पुनः प्राप्त कर लिया।

अन्य निवेश

1998 में, उद्यमी अल्बर्ट फ्रायर के साथ, उन्होंने अपनी व्यक्तिगत क्षमता में शैटॉ चेवल ब्लैंक को खरीदा। LVMH ने 2009 में अरनॉल्ट में हिस्सेदारी खरीदी थी जिसमें समूह की अन्य शराब संपत्तियों में चेतो डी वाईक्वेम शामिल था।

1998 से 2001 तक, Arnault ने अपने EuropaWeb के माध्यम से विभिन्न वेब कंपनियों जैसे Boo.com, Libertysurf और Zebank में निवेश किया। ग्रुप अरनॉल्ट ने भी 1999 में नेटफ्लिक्स में निवेश किया था।

2007 में, ब्लू कैपिटल ने घोषणा की कि अरनॉल्ट फ्रांस के सबसे बड़े सुपरमार्केट रिटेलर का 10.69% और कैलिफोर्निया की संपत्ति फर्म कॉलोनी कैपिटल के साथ दुनिया के सबसे बड़े सुपरमार्केट रिटेलर का अधिग्रहण करेगा।यह दूसरे सबसे बड़े खाद्य वितरक कैरेफोर के स्वामित्व में है।

2008 में, उन्होंने नौकायन व्यवसाय में प्रवेश किया और 253 मिलियन यूरो में राजकुमारी यॉट्स खरीदीं। उसके बाद उन्होंने लगभग इतनी ही राशि के लिए रॉयल वैन लेंट का अधिग्रहण किया।

कला संग्रह

अरनॉल्ट के संग्रह में पिकासो, यवेस क्लेन, हेनरी मूर और एंडी वारहोल के काम शामिल हैं। फ्रांस में एलवीएमएच को कला के एक प्रमुख संरक्षक के रूप में स्थापित करने में भी उनका महत्वपूर्ण योगदान था। LVMH यंग फैशन डिज़ाइनर को फाइन-आर्ट स्कूलों के छात्रों के लिए खुली एक अंतर्राष्ट्रीय प्रतियोगिता के रूप में बनाया गया था। हर साल, विजेता को अपना खुद का लेबल बनाने और एक साल के लिए एक डिज़ाइनर को सलाह देने के लिए अनुदान दिया जाता है। 1999 से 2003 तक, वह कला नीलामी घर फिलिप्स डी प्यूरी एंड कंपनी के मालिक थे और सबसे पहले फ्रांसीसी नीलामीकर्ता तजान का अधिग्रहण किया। 2006 में, अरनॉल्ट ने लुई वुइटन फाउंडेशन की निर्माण परियोजना शुरू की। इमारत को आर्किटेक्ट फ्रैंक गेहरी द्वारा डिजाइन किया गया था, जो सृजन और समकालीन कला के लिए समर्पित था। फाउंडेशन का भव्य उद्घाटन 20 अक्टूबर 2014 को Jardin d'Acclimatation Paris में हुआ।

व्यक्तिगत जीवन

परिवार

1973 में, उन्होंने ऐनी देववेरिन से शादी की, जिनसे उनके दो बच्चे डेल्फिन और एंटोनी हैं। 1990 में वे अलग हो गए। 1991 में, उन्होंने एक कनाडाई कॉन्सर्ट पियानोवादक हेलेन मर्सिएर से शादी की, जिनके साथ उनके तीन बच्चे थे, एलेक्जेंडर, फ्रेडेरिक और जीन। अरनॉल्ट और मर्सिएर पेरिस में रहते हैं। सभी पांच बच्चों - डेल्फिन, एंटोनी, एलेक्जेंडर, फ्रेडेरिक और जीन - की भतीजी स्टेफनी वॉटिन अरनॉल्ट के साथ अरनॉल्ट द्वारा नियंत्रित ब्रांडों में आधिकारिक भूमिकाएँ हैं। अलेक्जेंड्रे टिफनी एंड कंपनी के ईवीपी हैं, फ्रेडरिक टीएजी ह्यूअर के सीईओ हैं, और जीन लुई वुइटन विपणन और विकास निदेशक हैं। 2010 से, अरनॉल्ट की बेटी डेल्फिन दूरसंचार और प्रौद्योगिकी उद्योग में सक्रिय एक फ्रांसीसी अरबपति व्यवसायी ज़ेवियर निएल की भागीदार रही है।

संपत्ति

अप्रैल 1999 में, वह ज़ारा के अमानसियो ओर्टेगा को पीछे छोड़ते हुए फैशन के सबसे अमीर व्यक्ति बन गए। 2016 में, अरनॉल्ट को एलवीएमएच समूह के सीईओ के रूप में €7.8 मिलियन का भुगतान किया गया था। जुलाई 2019 में, अरनॉल्ट 103 बिलियन डॉलर की संपत्ति के साथ दुनिया के दूसरे सबसे अमीर व्यक्ति बन गए। अरनॉल्ट ने दिसंबर 2019 में जेफ बेजोस को पीछे छोड़ दिया, और संक्षेप में जनवरी 2020 में फिर से दुनिया के सबसे अमीर व्यक्ति बन गए। कोविड-19 महामारी के दौरान, लग्जरी सामानों की बिक्री में गिरावट के कारण अरनॉल्ट ने अपने भाग्य को $30 बिलियन तक कम होते देखा। 5 अगस्त, 2021 को, उन्होंने दुनिया के सबसे अमीर व्यक्ति के रूप में अपनी स्थिति फिर से हासिल कर ली, जिसकी कुल संपत्ति बढ़कर 198.4 बिलियन डॉलर हो गई। यह एलवीएमएच के लक्जरी सामान की बिक्री चीन और एशिया के अन्य हिस्सों में बढ़ने के कारण आया। फोर्ब्स की अरबपतियों की सूची में उन्हें "बर्नार्ड अरनॉल्ट एंड फैमिली" के रूप में सूचीबद्ध किया गया है। फोर्ब्स का अनुमान है कि बर्नार्ड अरनॉल्ट और परिवार की संपत्ति 2022 में 158 बिलियन डॉलर हो जाएगी, जिससे वह बिल गेट्स से आगे निकल जाएंगे।

अरनॉल्ट के पास 70 मीटर (230 फीट) परिवर्तित अनुसंधान पोत एमेडियस का स्वामित्व था, जिसे 2015 के अंत में बेचा गया था। उनकी वर्तमान 101.5 मीटर (333 फीट) नौका सिम्फनी नीदरलैंड में फ़ेडशिप द्वारा बनाई गई थी।

बेल्जियम की राष्ट्रीयता के लिए अनुरोध

2013 में, यह पता चला कि अरनॉल्ट ने बेल्जियम की नागरिकता के लिए आवेदन करने की योजना बनाई थी और वह बेल्जियम जाने पर विचार कर रहा था। अप्रैल 2013 में, अरनॉल्ट ने कहा कि उन्हें गलत तरीके से उद्धृत किया गया था और उनका कभी भी फ्रांस छोड़ने का इरादा नहीं था: "मैंने बार-बार कहा है कि मैं फ्रांस में निवासी रहूंगा और मैं अपने करों का भुगतान करना जारी रखूंगा .... आज, मेरे पास है किसी भी अस्पष्टता को दूर करने का फैसला किया। मैं बेल्जियम की राष्ट्रीयता के लिए अपना अनुरोध वापस ले रहा हूं। बेल्जियम की राष्ट्रीयता का अनुरोध मेरे निधन की स्थिति में एलवीएमएच समूह की निरंतरता और अखंडता सुनिश्चित करने के एकमात्र उद्देश्य से बनाई गई नींव की बेहतर सुरक्षा के लिए था।" 10 अप्रैल 2013 को, अरनॉल्ट ने घोषणा की कि उन्होंने बेल्जियम की नागरिकता के लिए अपने आवेदन को छोड़ने का फैसला किया है, क्योंकि वह नहीं चाहते थे कि उस समय कर चोरी से बचने के उपाय के रूप में गलत व्याख्या की जाए जब फ्रांस आर्थिक और सामाजिक चुनौतियों का सामना कर रहा था। अरनॉल्ट ने यह भी कहा कि कई कर्मचारियों ने कर उद्देश्यों के

लिए फ्रांस छोड़ने का अनुरोध किया, लेकिन उन्होंने यह कहते हुए उनके अनुरोधों को अस्वीकार कर दिया कि "75% कर अधिक राजस्व नहीं जुटाएगा, लेकिन कम विभाजनकारी होना चाहिए, क्योंकि अब यह लोगों के बजाय कंपनियों पर लगाया जाने वाला है।" और क्योंकि यह केवल दो साल के लिए ही रहेगा।"

राजनीति

2017 के फ्रांसीसी राष्ट्रपति चुनाव के दूसरे दौर में, अरनॉल्ट ने इमैनुएल मैक्रॉन का समर्थन किया। ब्रिगिट मैक्रॉन अरनॉल्ट के बेटों फ्रेडेरिक और जीन के फ्रांसीसी शिक्षक थे, जब वे लाइकी सेंट-लुइस-डी-गोंजाग में छात्र थे।

पुरस्कार

कमांडर डे ला लेगियन डी'होनूर (10 फरवरी 2007)

ग्रैंड ऑफिसर डे ला लेगियन डी'होनूर (14 जुलाई 2011) 80

वैश्विक कॉर्पोरेट नागरिकता के लिए वुडरो विल्सन पुरस्कार (2011) 81

ब्रिटिश साम्राज्य के सबसे उत्कृष्ट आदेश के मानद नाइट कमांडर (2012) 82

आधुनिक कला संग्रहालय से डेविड रॉकफेलर पुरस्कार (मार्च 2014)

6

बिल गेट्स

बिल गेट्स

Top Richest People

Scan for Story Videos - www.itibook.com

विलियम हेनरी गेट्स III (जन्म 28 अक्टूबर, 1955) एक अमेरिकी व्यापारी, सॉफ्टवेयर डेवलपर, निवेशक, लेखक और परोपकारी हैं। उन्होंने अपने बचपन के दोस्त पॉल एलन के साथ माइक्रोसॉफ्ट की सह-स्थापना की। माइक्रोसॉफ्ट में अपने करियर के दौरान, गेट्स ने अध्यक्ष, मुख्य कार्यकारी अधिकारी (सीईओ), अध्यक्ष और मुख्य सॉफ्टवेयर वास्तुकार के पद संभाले, और मई 2014 तक सबसे बड़े व्यक्तिगत शेयरधारक थे। वह 1970 और 1980 के दशक की माइक्रो कंप्यूटर क्रांति में एक प्रमुख उद्यमी थे।

गेट्स का जन्म और पालन-पोषण सिएटल, वाशिंगटन में हुआ था। 1975 में, उन्होंने और एलन ने अल्बुकर्क, न्यू मैक्सिको में Microsoft की स्थापना की। यह दुनिया की सबसे बड़ी पर्सनल कंप्यूटर सॉफ्टवेयर कंपनी बन गई। सॉफ़्टवेयर शिल्पकार। 1990 के दशक के अंत में, उनकी व्यावसायिक रणनीति के लिए उनकी आलोचना की गई, जिन्हें प्रतिस्पर्धी-विरोधी माना जाता था। इस विचार को कई न्यायिक निर्णयों द्वारा स्वीकार किया गया है। 9 जून 2008 को, गेट्स ने Microsoft में एक अंशकालिक भूमिका स्वीकार की और बिल एंड मेलिंडा गेट्स फाउंडेशन में पूर्णकालिक रूप से काम किया, जो उनके और उनकी तत्कालीन पत्नी मेलिंडा गेट्स द्वारा 2000 में स्थापित एक निजी चैरिटी थी। उन्होंने फरवरी 2014 में माइक्रोसॉफ्ट के बोर्ड के अध्यक्ष के रूप में कदम रखा और नवनियुक्त सीईओ सत्या नडेला का समर्थन करने के लिए प्रौद्योगिकी सलाहकार के रूप में एक नया पद ग्रहण किया। मार्च 2020 में, गेट्स ने जलवायु परिवर्तन, वैश्विक स्वास्थ्य और विकास, और शिक्षा पर अपने परोपकारी प्रयासों पर ध्यान केंद्रित करने के लिए Microsoft और बर्कशायर हैथवे में अपने बोर्ड के पदों को छोड़ दिया।

1987 से, गेट्स को फोर्ब्स की दुनिया के सबसे अमीर लोगों की सूची में शामिल किया गया है। 1995 से 2017 तक, उन्होंने 2010 से 2013 को छोड़कर हर साल दुनिया के सबसे अमीर व्यक्ति का फोर्ब्स का खिताब अपने नाम किया। 15 अक्टूबर 2017 को, उन्हें अमेज़ॅन के संस्थापक और सीईओ जेफ बेजोस ने पीछे छोड़ दिया, जिनकी अनुमानित कुल संपत्ति 90.6 बिलियन अमेरिकी डॉलर थी, जबकि गेट्स की कुल संपत्ति 89.9 बिलियन अमेरिकी डॉलर थी। 16 अगस्त, 2022 तक, गेट्स की कुल संपत्ति 117 बिलियन अमेरिकी डॉलर थी, जिससे वह दुनिया के पांचवें सबसे अमीर व्यक्ति बन गए।

बाद में अपने करियर में और 2008 में Microsoft में दिन-प्रतिदिन के कार्यों को छोड़ने के बाद से, गेट्स ने कई व्यवसाय और परोपकारी प्रयास किए हैं। वह BEN, Cascade Investment, bgC3 और TerraPower सहित कई कंपनियों के संस्थापक और अध्यक्ष हैं। उन्होंने बिल एंड मेलिंडा गेट्स फाउंडेशन के माध्यम से विभिन्न चैरिटी और वैज्ञानिक अनुसंधान कार्यक्रमों के लिए बड़ी रकम दी है, जिसे दुनिया का सबसे बड़ा निजी चैरिटी बताया जाता है। फाउंडेशन के माध्यम से, उन्होंने 21वीं सदी के शुरुआती टीकाकरण अभियान का नेतृत्व किया जिसने अफ्रीका में जंगली पोलियोवायरस के उन्मूलन में महत्वपूर्ण योगदान दिया। 2010 में, गेट्स और वारेन बफेट ने द गिविंग प्लेज की स्थापना की, जिसके तहत वे और अन्य अरबपति अपनी संपत्ति का कम से कम आधा हिस्सा दान में देने का संकल्प लेते हैं।

बिल गेट्स का जन्म 28 अक्टूबर 1955 को सिएटल, वाशिंगटन में हुआ था। 3 वह विलियम एच। गेट्स सीनियर बी (1925–2020) और मैरी मैक्सवेल गेट्स (1929–1994) के पुत्र हैं। उनके वंश में अंग्रेजी, जर्मन और आयरिश/स्कॉट्स-आयरिश शामिल हैं। उनके पिता एक प्रमुख वकील थे और उनकी माँ ने फर्स्ट इंटरस्टेट बैंक सिस्टम और यूनाइटेड वे ऑफ अमेरिका के निदेशक मंडल में सेवा की। गेट्स के दादा, जे डब्ल्यू मैक्सवेल, नेशनल बैंक के अध्यक्ष थे। गेट्स की एक बड़ी बहन, क्रिस्टी (क्रिस्टियन) और एक छोटी बहन, लिब्बी है। यह उनके परिवार में चौथा नाम है लेकिन उन्हें विलियम गेट्स III या "ट्रे" (अर्थात् तीन) के रूप में जाना जाता है क्योंकि उनके पिता के पास प्रत्यय "II" था। जब गेट्स सात साल के थे, तब परिवार एक दुर्लभ तूफान से क्षतिग्रस्त घर में सिएटल के सैंड पॉइंट पड़ोस में रहता था।

अपने जीवन के आरंभ में, गेट्स ने देखा कि उनके माता-पिता चाहते थे कि वे कानून में करियर बनाएं। जब वह छोटा था, तो उसका परिवार नियमित रूप से कांग्रेगेशनल क्रिश्चियन चर्च, एक प्रोटेस्टेंट रिफॉर्मेड संप्रदाय में शामिल होता था। गेट्स अपनी उम्र के हिसाब से छोटे थे और उन्हें बचपन में तंग किया जाता था। परिवार ने प्रतिस्पर्धा को प्रोत्साहित किया; एक आगंतुक ने कहा कि "चाहे वह हट्स हो या पिकलबॉल या डॉक पर तैरना, इससे कोई फर्क नहीं पड़ता; हमेशा जीतने के लिए एक पुरस्कार होता है और हारने के लिए हमेशा एक दंड होता है"।

13 साल की उम्र में, उन्होंने निजी लेकसाइड प्रेप स्कूल में दाखिला लिया, जहाँ उन्होंने अपना पहला सॉफ्टवेयर प्रोग्राम लिखा। जब वे आठवीं कक्षा में थे, तब स्कूल के मदर्स क्लब ने लेकसाइड स्कूल की रद्दी बिक्री से प्राप्त धन का उपयोग टेलेटाइप मॉडल एएसआर टर्मिनल और जनरल इलेक्ट्रिक (जीई) कंप्यूटर पर छात्रों के लिए कंप्यूटर समय का एक ब्लॉक खरीदने के लिए किया। गेट्स बेसिक में GE सिस्टम की प्रोग्रामिंग में रुचि रखते थे और अपनी रुचि को आगे बढ़ाने के लिए उन्हें गणित की कक्षा से बाहर कर दिया गया था। उन्होंने इस मशीन पर अपना पहला कंप्यूटर प्रोग्राम लिखा, टिक-टैक-टो का कार्यान्वयन जिसने उपयोगकर्ताओं को कंप्यूटर के खिलाफ गेम खेलने की अनुमति दी। गेट्स मशीन और कैसे यह हमेशा सॉफ्टवेयर कोड को पूरी तरह से निष्पादित करेगा, से प्रभावित थे। मदर्स क्लब का दान समाप्त होने के बाद, गेट्स और अन्य छात्र डीईसी पीडीपी मिनीकंप्यूटर के साथ सिस्टम पर मांगा गया समय। इनमें से एक सिस्टम कंप्यूटर सेंटर कॉर्पोरेशन (CCC) के स्वामित्व वाला एक PDP-10 था जिसने गेट्स, पॉल एलन, रिक वेइलैंड और गेट्स के सबसे अच्छे दोस्त और पहले बिजनेस पार्टनर केंट इवांस को उस गर्मियों में प्रतिबंधित कर दिया था, जब वे ऑपरेशन में बग का शोषण करते पकड़े गए थे। . मुफ्त कंप्यूटर समय पाने के लिए सिस्टम।

चार छात्रों ने पैसा कमाने के लिए लेकसाइड प्रोग्रामर्स क्लब की स्थापना की। 25 प्रतिबंध के अंत में, उन्होंने अतिरिक्त कंप्यूटर समय के बदले में सीसीसी के सॉफ्टवेयर में बग खोजने की पेशकश की। टेलेटाइप के माध्यम से सिस्टम को दूरस्थ रूप से उपयोग करने के बजाय, गेट्स फोर्ट्रान, लिस्प और मशीन भाषा सहित सिस्टम पर चल रहे विभिन्न कार्यक्रमों के स्रोत कोड का अध्ययन करने के लिए सीसीसी के कार्यालय गए। सीसीसी के साथ व्यवस्था 1970 के दशक तक जारी रही जब कंपनी कारोबार से बाहर हो गई।

अगले वर्ष, लेकसाइड के एक शिक्षक ने गेट्स और इवांस को स्कूल की कक्षा-निर्धारण प्रणाली को स्वचालित करने के लिए सूचीबद्ध किया, जिससे उन्हें बदले में कंप्यूटर समय और रॉयल्टी प्रदान की गई। दोनों ने अपने वरिष्ठ वर्ष के लिए कार्यक्रम तैयार करने के लिए लगन से काम किया। अपने कनिष्ठ वर्ष के अंत में, इवांस की पर्वतारोहण दुर्घटना में मृत्यु हो गई, जिसे गेट्स ने अपने जीवन के सबसे दुखद दिनों में से एक बताया। इसके बाद गेट्स एलन की ओर मुड़े जिन्होंने लेकसाइड की व्यवस्था पूरी करने में उनकी मदद की।

17 साल की उम्र में, गेट्स ने इंटेल 8008 प्रोसेसर पर आधारित ट्रैफिक काउंटर बनाने के लिए एलन के साथ ट्रैफ-ओ-डेटा नामक उद्यम की स्थापना की। 1972 में, उन्होंने प्रतिनिधि सभा में कांग्रेस के पृष्ठ के रूप में कार्य किया। जब उन्होंने 1973 में लेकसाइड स्कूल से स्नातक की उपाधि प्राप्त की, तब वे एक नेशनल मेरिट स्कॉलर थे। उन्होंने स्कोलास्टिक एप्टीट्यूड टेस्ट (SAT) में 1600 में से 1590 स्कोर किया और 1973 के पतन में हार्वर्ड कॉलेज में भर्ती हुए। उन्होंने एक प्री-लॉ मेजर चुना लेकिन गणित और स्नातक स्तर के कंप्यूटर साइंस कोर्स किए। हार्वर्ड में रहते हुए, उनकी मुलाकात साथी छात्र स्टीव बाल्मर से हुई। गेट्स ने दो साल बाद हार्वर्ड छोड़ दिया, जबकि बाल्मर रुके रहे और उन्होंने मैग्ना सह प्रशंसा की डिग्री अर्जित की। कुछ साल बाद, बाल्मर ने माइक्रोसॉफ्ट के सीईओ के रूप में गेट्स की जगह ली और 2014 में उनके इस्तीफे तक 2000 से इस पद पर रहे।

गेट्स ने प्रोफेसर हैरी लेविस द्वारा कॉम्बिनेटरिक्स क्लास में प्रस्तुत की गई अनसुलझी समस्याओं में से एक के समाधान के रूप में पैनकेक छँटाई के लिए एक एल्गोरिथ्म तैयार किया। उनके समाधान ने रिकॉर्ड को 30 से अधिक वर्षों के लिए सबसे तेज़ संस्करण के रूप में रखा, और इसका उत्तराधिकारी केवल 2% तेज है। उनके समाधान को हार्वर्ड कंप्यूटर वैज्ञानिक क्रिस्टोस पापादिमित्रिउ के सहयोग से औपचारिक रूप दिया गया और प्रकाशित किया गया।

गेट्स पॉल एलन के संपर्क में रहे और 1974 की गर्मियों में हनीवेल में उनके साथ जुड़ गए। 1975 में, Intel 8080 CPU पर आधारित MITS Altair 8800 जारी किया गया और गेट्स और एलन को अपनी कंप्यूटर सॉफ्टवेयर कंपनी शुरू करने का अवसर मिला। उसी वर्ष, गेट्स हार्वर्ड से बाहर हो गए। यह देखकर कि वह अपनी खुद की कंपनी शुरू करना चाहते हैं, उनके माता-पिता ने उनका साथ दिया। उन्होंने हार्वर्ड छोड़ने के अपने फैसले के बारे में बताया: "अगर कुछ नहीं हुआ होता, तो मैं हमेशा स्कूल वापस जा सकता था। मैं आधिकारिक तौर पर छुट्टी पर था।"

माइक्रोसॉफ्ट

गेट्स ने लोकप्रिय इलेक्ट्रॉनिक्स के जनवरी 1975 के अंक को पढ़ा, जिसमें अल्टेयर 8800 का प्रदर्शन किया और माइक्रो इंस्ट्रूमेंटेशन एंड टेलीमेट्री सिस्टम्स (एमआईटीएस) से संपर्क किया ताकि उन्हें सूचित किया जा सके कि वे प्लेटफॉर्म और अन्य के लिए एक बेसिक इंटरप्रेटर पर काम कर रहे हैं। वास्तव में, गेट्स और एलन के पास अल्टेयर नहीं था और उन्होंने इसके लिए कोड भी नहीं लिखा था; वे सिर्फ MITS के हित को आंकना चाहते थे। एमआईटीएस के अध्यक्ष एड रॉबर्ट्स एक प्रदर्शन के लिए उनके साथ मिलने के लिए सहमत हुए, और कुछ

ही हफ्तों में उन्होंने एक अल्टेयर एमुलेटर विकसित किया जो एक मिनीकंप्यूटर पर चलता था, और बाद में एक बेसिक दुभाषिया। प्रदर्शन अल्बुकर्क, न्यू मैक्सिको में MITS के कार्यालयों में आयोजित किया गया था; यह सफल रहा और दुभाषिया को Altair BASIC के रूप में वितरित करने के लिए MITS के साथ एक अनुबंध पर हस्ताक्षर किए गए। MITS ने एलन को काम पर रखा, और नवंबर 1975 में गेट्स ने MITS में उनके साथ काम करने के लिए हार्वर्ड से अनुपस्थिति की छुट्टी ले ली। एलन ने अपनी साझेदारी का नाम "माइक्रो-सॉफ्ट" रखा, जो "माइक्रोकंप्यूटर" और "सॉफ्टवेयर" का एक संयोजन है, और उनका पहला कार्यालय अल्बुकर्क में था। गेट्स और एलन को काम पर रखने वाला पहला कर्मचारी उनके उच्च विद्यालय के सहयोगी रिक वीलैंड थे। उन्होंने एक वर्ष के भीतर हाइफ़न को हटा दिया और 26 नवंबर, 1976 को न्यू मैक्सिको राज्य के साथ आधिकारिक तौर पर "माइक्रोसॉफ्ट" व्यापार नाम पंजीकृत किया। गेट्स अपनी शिक्षा पूरी करने के लिए हार्वर्ड नहीं लौटे।

Microsoft का अल्टेयर बेसिक कंप्यूटर के प्रति उत्साही लोगों के बीच लोकप्रिय था, लेकिन गेट्स ने पाया कि एक प्री-मार्केट कॉपी निकली थी और व्यापक रूप से कॉपी और वितरित की जा रही थी। फरवरी 1976 में, उन्होंने MITS न्यूज़लेटर में शौकीनों के लिए एक खुला पत्र लिखा, जिसमें उन्होंने कहा कि Microsoft Altair Basic के 90% से अधिक उपयोगकर्ताओं ने इसके लिए Microsoft को भुगतान नहीं किया, और यह कि Altair "हॉबी मार्केट" के मरने का खतरा था . कोई पेशेवरडेवलपर्स को उच्च-गुणवत्ता वाले सॉफ्टवेयर का उत्पादन, वितरण और रखरखाव करने के लिए प्रोत्साहित करें। यह पत्र कई कंप्यूटर उत्साही लोगों के बीच अलोकप्रिय था, लेकिन गेट्स का मानना था कि सॉफ्टवेयर डेवलपर्स भुगतान की मांग कर सकते हैं। Microsoft 1976 के अंत में MITS से स्वतंत्र हो गया और विभिन्न प्रणालियों के लिए प्रोग्रामिंग भाषा सॉफ्टवेयर विकसित करना जारी रखा। कंपनी 1 जनवरी, 1979 को अल्बुकर्क से बेलेव्यू, वाशिंगटन चली गई।

गेट्स ने कहा कि उन्होंने व्यक्तिगत रूप से समीक्षा की और अक्सर कंपनी द्वारा अपने पहले पांच वर्षों में उत्पादित कोड की प्रत्येक पंक्ति को फिर से लिखा। जैसे-जैसे कंपनी बढ़ी, वह प्रबंधक, फिर कार्यकारी की भूमिका में चले गए।

DONKEY.BAS, 1981 में लिखा गया एक कंप्यूटर गेम है और मूल IBM PC के साथ वितरित PC DOS ऑपरेटिंग सिस्टम के शुरुआती संस्करणों में शामिल है। यह एक ड्राइविंग गेम है जिसमें खिलाड़ी को गधों को मारने से बचना चाहिए। खेल गेट्स और नील कोनजेन द्वारा लिखा गया था।

आईबीएम साझेदारी

आईबीएम, जो तब व्यावसायिक उद्यमों के लिए कंप्यूटर उपकरण का प्रमुख आपूर्तिकर्ता था, ने जुलाई 1980 में माइक्रोसॉफ्ट से उसके आगामी व्यक्तिगत कंप्यूटर, आईबीएम पीसी के लिए सॉफ्टवेयर के लिए संपर्क किया, बिल गेट्स की मां मैरी मैक्सवेल गेट्स के बाद, जॉन ओपल से माइक्रोसॉफ्ट का उल्लेख किया। आईबीएम के सीईओ. 61 आईबीएम ने सबसे पहले माइक्रोसॉफ्ट को एक बेसिक दुभाषिया लिखने का प्रस्ताव दिया। IBM के प्रतिनिधियों ने यह भी उल्लेख किया कि उन्हें एक ऑपरेटिंग सिस्टम की आवश्यकता है, और गेट्स ने उन्हें व्यापक रूप से उपयोग किए जाने वाले CP/M ऑपरेटिंग सिस्टम के निर्माता डिजिटल रिसर्च (DRI) के पास भेजा। हालांकि, डिजिटल रिसर्च के साथ आईबीएम की बातचीत टूट गई, क्योंकि वे लाइसेंसिंग समझौते पर नहीं पहुंचे। आईबीएम के प्रतिनिधि जैक सैम्स ने बाद में गेट्स के साथ एक बैठक में लाइसेंसिंग मुद्दों का उल्लेख किया और पूछा कि क्या माइक्रोसॉफ्ट एक ऑपरेटिंग सिस्टम प्रदान कर सकता है। कुछ सप्ताह बाद, गेट्स और एलन ने पीसी जैसे हार्डवेयर के लिए सिएटल कंप्यूटर प्रोडक्ट्स (एससीपी) के टिम पैटरसन द्वारा विकसित एक सीपी/एम-जैसे ऑपरेटिंग सिस्टम 86-डॉस का उपयोग करने का प्रस्ताव दिया। Microsoft ने अनन्य लाइसेंसिंग एजेंट और बाद में 86-DOS का पूर्ण स्वामी बनने के लिए SCP के साथ एक समझौता किया। माइक्रोसॉफ्ट ने पीसी के लिए ऑपरेटिंग सिस्टम को अनुकूलित करने के लिए पैटरसन को काम पर रखा और $50,000 के एक बार के शुल्क पर आईबीएम को पीसी डॉस के रूप में दे दिया।

इस सौदे ने ही Microsoft को अपेक्षाकृत कम शुल्क अर्जित किया। आईबीएम द्वारा अपने ऑपरेटिंग सिस्टम को अपनाना माइक्रोसॉफ्ट के एक छोटे व्यवसाय से दुनिया की अग्रणी सॉफ्टवेयर कंपनी में परिवर्तन की नींव होगी। गेट्स ने ऑपरेटिंग सिस्टम पर कॉपीराइट को आईबीएम को स्थानांतरित करने की पेशकश नहीं की क्योंकि उनका मानना था कि अन्य पर्सनल कंप्यूटर निर्माता आईबीएम के पीसी हार्डवेयर का क्लोन बना लेंगे। उन्होंने किया, आईबीएम-संगत पीसी बनाना, डीओएस चलाना, एक वास्तविक मानक। MS-DOS की बिक्री (IBM के अलावा अन्य ग्राहकों को बेचे जाने वाले DOS का एक संस्करण) ने Microsoft को उद्योग में एक प्रमुख खिलाड़ी बना दिया। प्रेस ने Microsoft को IBM PC पर बहुत प्रभावशाली माना। पीसी मैग्ज़ीन ने पूछा कि क्या गेट्स "मशीन के पीछे आदमी थे?"।

गेट्स ने 25 जून, 1981 को Microsoft के एक कॉर्पोरेट पुनर्गठन का निरीक्षण किया, जिसने कंपनी को वाशिंगटन राज्य में फिर से शामिल किया और गेट्स को अध्यक्ष और बोर्ड का अध्यक्ष बनाया, जिसमें पॉल एलन उपाध्यक्ष और उपाध्यक्ष थे। 1983 की शुरुआत में, हॉजकिन लिंफोमा के निदान के बाद एलन ने कंपनी छोड़ दी, गेट्स और एलन के बीच औपचारिक व्यापार साझेदारी को प्रभावी ढंग से समाप्त कर दिया, जो महीनों पहले Microsoft इक्विटी पर एक विवादास्पद विवाद से तनावपूर्ण हो गया था। बाद के दशक में, गेट्स ने एलन के साथ अपने संबंधों को सुधारा, और दोनों ने मिलकर उनके बचपन के स्कूल, लेकसाइड को लाखों दान किए। 25 अक्टूबर, 2018 को एलन की मृत्यु तक वे दोस्त बने रहे।

खिड़कियाँ

Microsoft और गेट्स ने 20 नवंबर, 1985 को Apple के Macintosh GUI से प्रतिस्पर्धा को रोकने के प्रयास में Microsoft Windows का अपना पहला खुदरा संस्करण लॉन्च किया, जिसने अपनी सादगी और उपयोग में आसानी के साथ उपभोक्ताओं को लुभाया था। अगले वर्ष अगस्त में, कंपनी ने OS/2 नामक एक अलग ऑपरेटिंग सिस्टम विकसित करने के लिए IBM के साथ एक समझौते पर हस्ताक्षर किए। हालाँकि दोनों कंपनियों ने नई प्रणाली के पहले संस्करण को सफलतापूर्वक विकसित किया, लेकिन बढ़ते रचनात्मक मतभेदों ने साझेदारी को प्रभावित किया। ऑपरेटिंग सिस्टम एक दशक में DOS से व्यवस्थित रूप से विकसित हुआ, जब तक कि DOS टेक्स्ट स्क्रीन को विंडोज 95 के साथ कोठरी में वापस नहीं लाया गया। गेट्स के माइक्रोसॉफ्ट सीईओ के रूप में पद छोड़ने के एक साल बाद, विंडोज एक्सपी जारी किया गया, जो कथित तौर पर पहला डॉस पर आधारित नहीं था। 5 फरवरी 2014 को, गेट्स ने घोषणा की कि फर्म के अध्यक्ष, जॉन डब्ल्यू। थॉम्पसन को छोड़ने से पहले विंडोज 8.1 ओएस का आखिरी संस्करण था।

प्रबंधन शैली

गेट्स के पास 1975 से 2006 तक कंपनी की स्थापना से Microsoft की उत्पाद रणनीति की प्राथमिक जिम्मेदारी थी। उन्होंने दूसरों से अलग रहने के लिए ख्याति प्राप्त की; एक उद्योग कार्यकारी ने 1981 में शिकायत की कि "गेट्स फोन से संपर्क में नहीं आने और फोन कॉल वापस नहीं करने के लिए कुख्यात हैं।" अटारी के एक कार्यकारी ने याद किया कि उन्होंने गेट्स को एक खेल दिखाया और उन्हें 37 में से 35 बार हराया। जब वे एक महीने बाद फिर मिले, गैटसाने ने "हर खेल जीता या बांधा। उन्होंने खेल का तब तक अध्ययन किया जब तक उन्होंने इसे हल नहीं किया। वह एक प्रतियोगी हैं"।

1980 के दशक की शुरुआत में, जबकि व्यापार भागीदार पॉल एलन का कैंसर का इलाज चल रहा था, गेट्स - एलन के अनुसार - ने खुद स्टॉक विकल्प जारी करके Microsoft में एलन की हिस्सेदारी को कम करने की साजिश रची। अपनी आत्मकथा में, एलन ने बाद में याद किया कि गेट्स "मुझे चीरने की साजिश रच रहे थे। यह भाड़े का अवसरवाद सादा और सरल था"। गेट्स कहते हैं कि उन्हें एपिसोड अलग तरह से याद है। एलन को गेट्स का ज़ोर से चिल्लाना भी याद है।

गेट्स वरिष्ठ Microsoft प्रबंधकों और कार्यक्रम प्रबंधकों के साथ नियमित रूप से मिलते थे, और प्रबंधकों ने उन्हें मौखिक रूप से जुझारू बताया। उसने उन्हें उन प्रस्तावों के लिए फटकार लगाई जो उनकी व्यावसायिक नीतियों या कंपनी के दीर्घकालिक हितों को खतरे में डालते हैं। "यह सबसे बेवकूफी भरी बात है जो मैंने कभी सुनी है" और "आप अपने विकल्प क्यों नहीं छोड़ देते और पीस कॉर्प्स में शामिल हो जाते हैं?" उन्होंने इस तरह की टिप्पणियों के साथ प्रस्तुतियों को बाधित किया। गेट पूरी तरह से पक्का होने तक प्रस्ताव का विस्तार से बचाव करना होगा। जब एक अधीनस्थ टालमटोल करता हुआ दिखाई देता था, तो उसे चुटकी लेने के लिए जाना जाता था, "मैं इसे सप्ताहांत में करूँगा।" गेट्स पर माइक्रोसॉफ्ट के कर्मचारियों को धमकाने का आरोप लगाया गया है।

Microsoft के शुरुआती वर्षों में, गेट्स एक सक्रिय सॉफ्टवेयर डेवलपर थे, विशेष रूप से कंपनी के प्रोग्रामिंग भाषा उत्पादों में, लेकिन कंपनी के इतिहास में उनकी प्राथमिक भूमिका एक प्रबंधक और कार्यकारी के रूप में थी। TRS-80 मॉडल, 86 पर काम करने के बाद से वह आधिकारिक तौर पर विकास टीम में नहीं थे, लेकिन 1989 तक कंपनी के उत्पादों के साथ भेजे जाने वाले कोड लिखे। जब गेट्स ने 1985 में माइक्रोसॉफ्ट एक्सेल की घोषणा की, जेरी पौर्नेल ने लिखा: "बिल गेट्स इस कार्यक्रम को पसंद करते हैं, इसलिए नहीं कि यह उन्हें बहुत पैसा बनाने जा रहा है (हालांकि मुझे यकीन है कि यह होगा), लेकिन क्योंकि यह एक साफ हैक है।"

15 जून 2006 को, गेट्स ने घोषणा की कि वे परोपकार के लिए अधिक समय देने के लिए Microsoft में अपनी भूमिका से हटेंगे। उन्होंने धीरे-धीरे अपनी जिम्मेदारियों को दो उत्तराधिकारियों के बीच बांट दिया, जिसमें रे ओजी प्रबंधन के प्रभारी थे और क्रेग मुंडी दीर्घकालिक उत्पाद रणनीति के प्रभारी थे। 88 ओजी और मुंडी को अपने कर्तव्यों को पूरी तरह से स्थानांतरित करने में प्रक्रिया को दो साल लगे और यह 27 जून 2008 को पूरा हुआ।

एंटीट्रस्ट मुकदमेबाजी

गेट्स ने कई निर्णयों को मंजूरी दी, जिसके कारण Microsoft के व्यावसायिक व्यवहारों पर अविश्वास मुकदमेबाजी हुई। 1998 के युनाइटेड स्टेट्स बनाम माइक्रोसॉफ्ट मामले में, गेट्स ने गवाही दी कि कई पत्रकारों ने विरोध किया। उन्होंने "प्रतियोगिता", "संबंधित" और "हम" शब्दों के प्रासंगिक अर्थ पर परीक्षक डेविड बॉयज़ के साथ तर्क दिया। बाद के वर्ष में, न्यायाधीश को हंसते हुए और अपना सिर हिलाते हुए देखा गया जब वीडियोटेप गवाही के अंश अदालत में वापस चलाए गए।

अपनी गवाही के शुरुआती दौर के दौरान, उन्हें कई बार अस्पष्ट जवाब देते और "मुझे याद नहीं है" कहते हुए देखा गया था कि पीठासीन न्यायाधीश को भी हंसना पड़ा था। इससे भी बदतर, प्रौद्योगिकी प्रमुख के कई खंडन और अज्ञानता की दलीलों को अभियोजकों द्वारा सीधे ई-मेल के स्निपेट के साथ खंडित किया गया था जिसे गेट्स ने भेजा और प्राप्त किया था।

गेट्स ने बाद में कहा कि उन्होंने बोइज़ के शब्दों और कार्यों को गलत तरीके से प्रस्तुत करने के प्रयासों का विरोध किया। "क्या मैंने बोइज़ के साथ बाड़ लगाई थी? ... मैंने बोइज़ को पहली डिग्री में दोषी ठहराया था।" गेट्स के इनकार के बावजूद, न्यायाधीश ने फैसला सुनाया कि

Microsoft ने एकाधिकार, बांधने और प्रतियोगिता को अवरुद्ध करने का उल्लंघन किया। शर्मन एंटीट्रस्ट एक्ट।

बाद माइक्रोसॉफ्ट

ब्लूमबर्ग बिलियनेयर्स इंडेक्स के अनुसार, गेट्स 2013 में दुनिया के सबसे अधिक वेतन पाने वाले अरबपति थे, क्योंकि उनकी कुल संपत्ति 15.8 बिलियन अमेरिकी डॉलर बढ़कर 78.5 बिलियन अमेरिकी डॉलर हो गई थी। जनवरी 2014 तक, गेट्स की अधिकांश संपत्ति कैस्केड इन्वेस्टमेंट्स एलएलसी में आयोजित की जाती है, एक इकाई जिसके माध्यम से वे फोर सीजन्स होटल्स एंड रिसॉर्ट्स और कॉर्बिस कॉर्प सहित कई व्यवसायों में हिस्सेदारी रखते हैं। 4 फरवरी 2014 को, गेट्स ने फर्म के "प्रौद्योगिकी सलाहकार" बनने के लिए सीईओ सत्या नडेला के साथ माइक्रोसॉफ्ट के अध्यक्ष के रूप में कदम रखा।

रोलिंग स्टोन पत्रिका के 27 मार्च 2014 के अंक में प्रकाशित एक महत्वपूर्ण साक्षात्कार में गेट्स ने विभिन्न मुद्दों पर अपना दृष्टिकोण प्रदान किया। साक्षात्कार में, गेट्स ने जलवायु परिवर्तन, अपनी परोपकारी गतिविधियों, विभिन्न प्रौद्योगिकी कंपनियों और उनसे जुड़े लोगों और अमेरिका की स्थिति पर अपना दृष्टिकोण प्रदान किया। अपने सबसे बड़े डर के बारे में पूछे जाने पर कि वह 50 साल भविष्य में देखते हैं, गेट्स ने कहा: "अगले 50 या 100 वर्षों में वास्तव में कुछ बुरी चीजें होंगी, लेकिन उम्मीद है कि उनमें से कोई भी नहीं होगा। एक लाख लोगों को आपको एक महामारी से मरना होगा।" , या परमाणु या जैव आतंकवाद। गेट्स ने नवाचार को "प्रगति के वास्तविक चालक" के रूप में पहचाना और घोषित किया कि "अमेरिका की सड़क आज पहले से कहीं बेहतर है।"

गेट्स ने अधीक्षण के संभावित नुकसान के बारे में चिंता व्यक्त की है; Reddit में "मुझसे कुछ भी पूछें", उन्होंने कहा

पहली मशीनें आपके लिए बहुत सारे काम करेंगी और सुपर इंटेलिजेंट नहीं होंगी। अगर हम उसकी चाइसे प्रबंधित किया जाए तो यह सकारात्मक होना चाहिए। कुछ दशक बाद, हालांकि, बुद्धि इतनी मजबूत है कि यह चिंता का विषय है। मैं इस पर एलोन मस्क और कुछ अन्य लोगों से सहमत हूं और यह नहीं समझता कि कुछ लोग परवाह क्यों नहीं करते।

Baidu के सीईओ रॉबिन ली के साथ मार्च 2015 TED सम्मेलन में एक साक्षात्कार में, गेट्स ने कहा कि वह निक बोस्सोम के हालिया काम, अधीक्षण: पथ, खतरे, रणनीतियाँ "अत्यधिक अनुशंसा" करेंगे। सम्मेलन के दौरान, गेट्स ने चेतावनी दी कि दुनिया अगली महामारी के लिए तैयार नहीं है, ऐसी स्थिति जो 2019 के अंत में उत्पन्न होगी जब कोविड-19 (महामारी) महामारी शुरू होगी। मार्च 2018 में, गेट्स ने सऊदी विजन 2030 के लिए निवेश के अवसरों पर चर्चा करने के लिए सिएटल में अपने घर में सुधारवादी ताज राजकुमार और सऊदी अरब के वास्तविक शासक मोहम्मद बिन सलमान से मुलाकात की। जून 2019 में, गेट्स ने स्वीकार किया कि Android के लिए मोबाइल ऑपरेटिंग सिस्टम की दौड़ में हारना उनकी सबसे बड़ी गलती थी। उन्होंने कहा कि एक प्रमुख खिलाड़ी बनना उनके कौशल के भीतर था, लेकिन उस समय के दौरान आंशिक रूप से एंटीट्रस्ट मुकदमेबाजी को दोष देते हैं। उसी वर्ष, गेट्स ब्लूमबर्ग न्यू इकोनॉमी फोरम के सलाहकार बोर्ड के सदस्य बने।

13 मार्च, 2020 को, Microsoft ने घोषणा की कि गेट्स बर्कशायर हैथवे और Microsoft में अपने बोर्ड के पदों को छोड़ देंगे और अपने प्रयासों को जलवायु परिवर्तन, वैश्विक स्वास्थ्य और विकास, और शिक्षा जैसे परोपकारी प्रयासों के लिए समर्पित करेंगे।

कोविड-19 महामारी के दौरान, गेट्स के सार्वजनिक अधिकारी न होने या कोई पिछला चिकित्सा प्रशिक्षण न होने के बावजूद, उन्हें मीडिया द्वारा इस विषय के विशेषज्ञ के रूप में व्यापक रूप से देखा गया है। हालाँकि, उनकी नींव ने 2020 में COVID-19 चिकित्सीय त्वरक की स्थापना की ताकि COVID-19 के रोगियों के इलाज के लिए नई और पुन: डिज़ाइन की गई दवाओं और बायोलॉजिक्स के विकास और मूल्यांकन को गति दी जा सके, और फरवरी 2021 तक, गेट्स ने व्यक्त किया कि वह और एंथोनी फौसी बार-बार व्यवहार करेंगे। महामारी से लड़ने के लिए टीकों और अन्य चिकित्सा नवाचारों सहित अन्य मामलों पर बातचीत और सहयोग करता है।

व्यापार उद्यम और निवेश

गेट्स के पास विभिन्न क्षेत्रों में भागीदारी के साथ बहु-अरब डॉलर का निवेश पोर्टफोलियो है और माइक्रोसॉफ्ट से परे कई उद्यमशीलता उपक्रमों में भाग लिया है, जिनमें शामिल हैं

AutoNation, ऑटोमोटिव रिटेलर जिसमें गेट्स की 16% हिस्सेदारी है, NYSE पर व्यापार करता है। उद्धरण आवश्यक है

bgC3 LLC, गेट्स द्वारा स्थापित एक थिंक-टैंक और शोध कंपनी है।

कैनेडियन नेशनल रेलवे (CN), कैनेडियन क्लास I फ्रेट रेलवे। 2019 तक, गेट्स CN स्टॉक के सबसे बड़े एकल शेयरधारक हैं।

कैस्केड इन्वेस्टमेंट्स एलएलसी, संयुक्त राज्य अमेरिका में शामिल एक निजी निवेश और होल्डिंग कंपनी है, जिसकी स्थापना और नियंत्रण गेट्स द्वारा किया गया था और इसका मुख्यालय किर्कलैंड, वाशिंगटन में है। उद्धरण आवश्यक है

गेट्स संयुक्त राज्य अमेरिका में कृषि भूमि के सबसे बड़े निजी मालिक हैं, जिनके पास कास्केड निवेश के माध्यम से 19 राज्यों में कुल 242,000 एकड़ जमीन है। यह अमेरिका में जमीन का 49वां सबसे बड़ा निजी मालिक है।

कार्बन इंजीनियरिंग, डेविड कीथ द्वारा स्थापित एक लाभकारी उद्यम, जिसे गेट्स ने निधि देने में मदद की। यह शेवरॉन कॉर्पोरेशन और ऑक्सिडेंटल पेट्रोलियम द्वारा भी समर्थित है।

स्कोपेक्स, कीथ का जियोइंजीनियरिंग में "सन-डिमिंग" अकादमिक उद्यम है, जिसके लिए गेट्स ने $12 मिलियन की सबसे बड़ी राशि का योगदान दिया।

कॉर्बिस (मूल रूप से इंटरएक्टिव होम सिस्टम्स का नाम और अब ब्रांडेड एंटरटेनमेंट नेटवर्क के रूप में जाना जाता है), एक डिजिटल छवि लाइसेंसिंग और अधिकार सेवा कंपनी, गेट्स द्वारा स्थापित की गई है।

EarthNow, सिएटल स्थित एक स्टार्टअप कंपनी का उद्देश्य लाइव उपग्रह वीडियो कवरेज के साथ पृथ्वी को कंबल देना है। गेट्स एक बड़ा वित्तीय समर्थन है।

एक्लिप्स एविएशन, अल्ट्रालाइट जेट्स का एक निष्क्रिय निर्माता। परियोजना के प्रारंभिक चरण में गेट्स एक प्रमुख हितधारक थे। उद्धरण आवश्यक है

इम्पॉसिबल फूड्स, एक कंपनी जो मांस उत्पादों के लिए पौधे-आधारित विकल्प विकसित करती है। पैट्रिक ओ. ब्राउन ने अपने व्यवसाय के लिए जुटाए गए $396 मिलियन में से कुछ 2014 से 2017 के बीच गेट्स से प्राप्त किए।

Ecolab, भोजन, ऊर्जा, स्वास्थ्य देखभाल, औद्योगिक और आतिथ्य बाजारों के लिए पानी, स्वच्छता और ऊर्जा प्रौद्योगिकियों और सेवाओं का वैश्विक प्रदाता है। फाउंडेशन के स्वामित्व वाले शेयरों सहित, गेट्स के पास कंपनी का 11.6% हिस्सा है। 2012 में एक शेयरधारक समझौते ने उन्हें कंपनी के 25% तक मालिक होने की अनुमति दी, लेकिन इस समझौते को खत्म कर दिया गया।

ResearchGate, वैज्ञानिकों के लिए एक सोशल नेटवर्किंग साइट। गेट्स ने अन्य निवेशकों के साथ $35 मिलियन के वित्तपोषण में भाग लिया।

TerraPower, गेट्स की सह-स्थापना और अध्यक्षता वाली एक रिएक्टर डिज़ाइन कंपनी, जलवायु परिवर्तन से निपटने के प्रयास में यात्रा-तरंग रिएक्टर परमाणु ऊर्जा संयंत्रों की अगली पीढ़ी का विकास कर रही है।

ब्रेकथ्रू एनर्जी वेंचर्स, 20 साल के क्षितिज (अगला खंड देखें) पर आरओआई चाहने वाले धनी व्यक्तियों के लिए एक क्लोज-एंड फंड है, जो "ग्रीन स्टार्ट-अप और अन्य कम-कार्बन उद्यमशीलता परियोजनाओं को वित्तपोषित कर रहा है, जिसमें उन्नत परमाणु प्रौद्योगिकी से लेकर कृत्रिम तक सब कुछ शामिल है। स्तन का दूध।" " इसकी स्थापना गेट्स ने 2015 में की थी।

Ginkgo Bioworks, एक बायोटेक स्टार्टअप है जिसने 2019 में गेट्स की निवेश फर्म Cascade Investments से वेंचर फंडिंग में $350 मिलियन प्राप्त किए।

Luminous Computing, एक कंपनी जो AI त्वरण के लिए नंबर 1 हैयूरोमॉर्फिक फोटोनिक इंटीग्रेटेड सर्किट विकसित करता है।

मोलॉजिक, ब्रिटिश डायग्नोस्टिक टेक्नोलॉजी कंपनी जिसे गेट्स ने सोरोस इकोनॉमिक डेवलपमेंट फंड से खरीदा था, "ने 10 मिनट का कोविड लेटरल फ्लो टेस्ट विकसित किया है, जिसका लक्ष्य $1 जितना कम खर्च करना है।"

जलवायु परिवर्तन और ऊर्जा

गेट्स जलवायु परिवर्तन और ऊर्जा तक वैश्विक पहुंच को गंभीर, परस्पर संबंधित मुद्दों के रूप में देखते हैं। उन्होंने सरकारों और निजी क्षेत्र से आग्रह किया कि वे स्वच्छ, विश्वसनीय ऊर्जा को किफायती बनाने के लिए अनुसंधान और विकास में निवेश करें। गेट्स की कल्पना है कि टिकाऊ ऊर्जा प्रौद्योगिकी में एक सफल नवाचार ग्रीनहाउस गैस उत्सर्जन और गरीबी दोनों को कम कर सकता है, और ऊर्जा की कीमतों को स्थिर करके आर्थिक लाभ उत्पन्न कर सकता है। 2011 में, उन्होंने कहा: "यदि आप मुझे अगले 10 राष्ट्रपतियों का विकल्प देते हैं या गारंटी देते हैं कि ऊर्जा पर्यावरण के अनुकूल है और एक चौथाई महंगी है, तो मैं ऊर्जा चुनूंगा।"

2015 में, उन्होंने दुनिया की ऊर्जा प्रणाली को मुख्य रूप से जीवाश्म ईंधन-आधारित स्थायी ऊर्जा स्रोतों पर आधारित करने की चुनौती के बारे में लिखा। वैश्विक ऊर्जा परिवर्तन में ऐतिहासिक रूप से दशकों लग गए हैं। उन्होंने लिखा, "मेरा मानना है कि हम इस परिवर्तन को तेजी से कर सकते हैं, क्योंकि नवाचार में तेजी आ रही है, और क्योंकि हमें ऊर्जा के एक स्रोत से दूसरे में जाने की इतनी जल्दी कभी नहीं थी।" गेट्स के अनुसार, यह तेजी से परिवर्तन, परमाणु, सौर और पवन ऊर्जा के अधिक से अधिक उपयोग की सुविधा के लिए ग्रिड ऊर्जा भंडारण और सौर ईंधन के रूप में विविध क्षेत्रों में नवाचार चलाने के लिए बुनियादी अनुसंधान और वित्तीय रूप से जोखिम भरे निजी क्षेत्र के निवेश के लिए सरकारी धन में वृद्धि पर निर्भर करेगा।

गेट्स ने पेरिस में 2015 के संयुक्त राष्ट्र जलवायु परिवर्तन सम्मेलन में घोषित दो पहलों की अगुवाई की। उनमें से एक मिशन इनोवेशन है, जिसमें 20 राष्ट्रीय सरकारों ने पांच साल की अवधि में कार्बन मुक्त ऊर्जा के लिए अनुसंधान और विकास पर अपने खर्च को दोगुना करने का संकल्प लिया। एक अन्य पहल ब्रेकथ्रू एनर्जी है, जो निवेशकों का एक समूह है जो स्वच्छ ऊर्जा प्रौद्योगिकी में उच्च जोखिम वाले स्टार्टअप को निधि देने के लिए सहमत हुआ है। गेट्स, जो पहले से ही अभिनव ऊर्जा स्टार्टअप्स में अपने स्वयं के 1 बिलियन डॉलर का निवेश कर चुके हैं, ने ब्रेकथ्रू एनर्जी के लिए 1 बिलियन डॉलर और देने का वादा किया है। दिसंबर 2020 में, उन्होंने राष्ट्रीय स्वास्थ्य संस्थान के समान स्वच्छ ऊर्जा अनुसंधान के लिए एक एजेंसी बनाने के लिए अमेरिकी संघीय सरकार से आह्वान किया। गेट्स ने अमीर देशों से खाद्य उत्पादन से ग्रीनहाउस गैस उत्सर्जन को कम करने के लिए 100% सिंथेटिक बीफ उद्योगों पर स्विच करने का आह्वान किया है।

उत्सर्जन-गहन निजी जेट सेवा कंपनी सिग्नेचर एविएशन में बड़ी हिस्सेदारी रखने के लिए गेट्स की आलोचना की गई है। 2019 में, इसने जीवाश्म ईंधन से दूर जाना शुरू किया। वह खुद उम्मीद नहीं करता है कि विनिवेश का अधिक व्यावहारिक प्रभाव पड़ेगा, लेकिन कहते हैं कि यदि विकल्प प्रदान करने के उनके प्रयास विफल हो जाते हैं, तो वह जीवाश्म ईंधन भंडार की कीमत में वृद्धि से व्यक्तिगत रूप से लाभान्वित नहीं होना चाहते हैं। जब उन्होंने अपनी पुस्तक अवॉइडिंग क्लाइमेट कैटास्ट्रोफ प्रकाशित की, तो जलवायु कार्यकर्ता समुदाय के कुछ हिस्सों ने तकनीकी लोकतांत्रिक शालीनता के रूप में गेट के दृष्टिकोण की आलोचना की।

जून 2021 में, गेट्स की कंपनी टेरापॉवर और वारेन बफेट के पैसिफिककॉर्प ने व्योमिंग में पहले सोडियम रिएक्टर की घोषणा की। व्योमिंग के गवर्नर माइक गॉर्डन ने कार्बन-नकारात्मक परमाणु ऊर्जा की ओर एक कदम के रूप में इस परियोजना की सराहना की। व्योमिंग के सीनेटर जॉन बैरासो ने भी कहा कि यह राज्य के एक बार सक्रिय यूरेनियम खनन उद्योग को बढ़ावा दे सकता है।

राजनीतिक पद।

1998 में, गेट्स ने संयुक्त राज्य अमेरिका की सीनेट के सामने गवाही देते हुए सॉफ्टवेयर उद्योग के नियमन की आवश्यकता को खारिज कर दिया। [145] 1990 के दशक में फेडरल ट्रेड कमिशन (FTC) द्वारा Microsoft की जाँच के दौरान, गेट्स कमिशनर डेनिस याओ से "Microsoft की बढ़ती एकाधिकार शक्ति पर संभावित प्रतिबंधों का सुझाव देने वाले काल्पनिक प्रश्नों की एक पंक्ति के तैरने" से नाराज थे।

गेट्स उत्तेजित थे। "उन्होंने याओ के विचारों को समाजवादी कहकर शुरू किया," 15 जुलाई की बैठक से परिचित एक सूत्र याद करते हैं, "और जैसे-जैसे उनका गुस्सा और तेज होता गया, उन्होंने उन्हें कम्युनिस्ट कहना शुरू कर दिया।

18 फरवरी, 2021 को, फेसबुक और ट्विटर द्वारा 2020 संयुक्त राज्य अमेरिका के राष्ट्रपति चुनाव के परिणामस्वरूप डोनाल्ड ट्रम्प को उनके प्लेटफार्मों से प्रतिबंधित करने के बाद, 2021 संयुक्त राज्य अमेरिका कैपिटल हमले के लिए अग्रणी, गेट्स ने कहा कि ट्रम्प पर स्थायी प्रतिबंध "अपमानजनक" होगा और एक "चरम उपाय"। उन्होंने चेतावनी दी कि यदि अलग-अलग राजनीतिक विचारों वाले उपयोगकर्ताओं को अलग-अलग सामाजिक नेटवर्क में विभाजित किया गया तो यह "ध्रुवीकरण" की ओर ले जाएगा, और कहा: "मुझे नहीं लगता कि किसी ऐसे व्यक्ति पर प्रतिबंध लगाना जिसे वास्तव में (राष्ट्रपति चुनाव में) उचित मात्रा में वोट मिले हों - ठीक है बहुमत से कम - लेकिन मुझे ऐसा नहीं लगता. कि उन्हें हमेशा के लिए हटा देना ही बेहतर होगा."

COVID-19 टीकों के लिए पेटेंट

अप्रैल 2021 में, गेट्स की यह सुझाव देने के लिए आलोचना की गई थी कि दवा कंपनियां कोविड-19 महामारी के दौरान कोविड-19 टीकों का पेटेंट कराती हैं। गरीब देशों को पर्याप्त टीके प्राप्त करने से रोकने की संभावना के कारण आलोचना हुई। यूनिवर्सिटी ऑफ एसेक्स के तारा वैन हो ने कहा, "गेट्स ऐसा कहते हैंमानो भारत में मारे गए सभी जीवन अपरिहार्य हैं, लेकिन वास्तव में पश्चिम तब मदद करेगा जब अमेरिका और ब्रिटेन विकासशील राज्यों की गर्दन पर पैर रखने से इनकार कर देंगे। बौद्धिक संपदा अधिकारों की सुरक्षा को तोड़ना। ये तो वाहियाद है।"

बिल गेट्स ट्रिप्स छूट का विरोध करते हैं। ब्लूमबर्ग न्यूज ने उन्हें बताया कि उन्होंने तर्क दिया कि ऑक्सफोर्ड विश्वविद्यालय को घोषणा के अनुसार अपनी कोविड-19 सूचना के अधिकार नहीं देने चाहिए, बल्कि इसे एक उद्योग भागीदार को बेचना चाहिए, जैसा कि उन्होंने किया था। चिकित्सा में कानूनी एकाधिकार के मूल्य पर उनके विचार सॉफ्टवेयर में कानूनी एकाधिकार पर उनके विचारों से जुड़े हुए हैं।

cryptocurrency

बिल गेट्स बिटकॉइन जैसी क्रिप्टोकरेंसी की आलोचना करते हैं। गेट्स के अनुसार, क्रिप्टोकरेंसी कोई "मूल्यवान आउटपुट" प्रदान नहीं करती है, समाज के लिए कुछ भी योगदान नहीं करती है, और जोखिम पैदा करती है, विशेष रूप से छोटे निवेशकों के लिए जो संभावित रूप से उच्च नुकसान नहीं उठा सकते हैं। गेट्स के पास स्वयं कोई क्रिप्टोकरेंसी नहीं है।

दूसरों का उपकार करने का सिद्धान्त

बिल एंड मेलिंडा गेट्स फाउंडेशन

विश्व आर्थिक मंच 2008 की वार्षिक बैठक में बोनो के साथ गेट्स, जॉर्डन की रानी रानिया, पूर्व ब्रिटिश प्रधान मंत्री गॉर्डन ब्राउन, नाइजीरियाई राष्ट्रपति उमारू यार'आदुआ और अन्य। गेट्स, एंड्रयू कार्नेगी और जॉन डी. रॉकफेलर के काम का अध्ययन किया और 1994 में "विलियम एच. गेट्स फाउंडेशन" बनाने के लिए कुछ माइक्रोसॉफ्ट स्टॉक दान किया। 2000 में, गेट्स और उनकी पत्नी ने तीन पारिवारिक नींवों को मिलाया, और गेट्स ने धर्मार्थ बिल और मेलिंडा गेट्स फाउंडेशन बनाने के लिए $ 5 बिलियन मूल्य का स्टॉक दान किया, जिसे 2013 में एक एनजीओ कंपनी फंड के रूप में पेश किया गया था, जो दुनिया की सबसे अमीर चैरिटी थी। कथित तौर पर $ 34.6 बिलियन से अधिक मूल्य का। वेलकम ट्रस्ट जैसे अन्य बड़े धर्मार्थ के विपरीत, फाउंडेशन यह जानकारी उपलब्ध कराने की अनुमति देता है कि उसका पैसा कैसे खर्च किया जा रहा है। अपनी नींव के माध्यम से, गेट्स ने गेट्स सेंटर फॉर कंप्यूटर साइंस नामक एक नई इमारत के लिए कार्नेगी मेलन विश्वविद्यालय को $20 मिलियन का दान दिया, जो 2009 में खोला गया था।

गेट्स डेविड रॉकफेलर की उदारता और व्यापक परोपकार को एक प्रमुख प्रभाव के रूप में श्रेय देते हैं। गेट्स और उनके पिता कई बार रॉकफेलर्स से मिले, और उनका परोपकारी कार्य रॉकफेलर परिवार के परोपकारी फोकस पर आधारित है, जिसके माध्यम से वे सरकारों और अन्य संगठनों द्वारा उपेक्षित वैश्विक मुद्दों से निपटने में रुचि रखते हैं। 2007 तक, बिल और मेलिंडा गेट्स अमेरिका में दूसरे सबसे उदार परोपकारी थे, जिन्होंने 28 बिलियन डॉलर से अधिक का दान दिया था; दंपति ने अंततः अपनी संपत्ति का 95% दान में देने की योजना बनाई।

फाउंडेशन को पांच कार्यक्रम क्षेत्रों में संगठित किया गया है: वैश्विक विकास प्रभाग, वैश्विक स्वास्थ्य प्रभाग, संयुक्त राज्य प्रभाग और वैश्विक नीति और हिमायत प्रभाग। दूसरों के बीच, यह सार्वजनिक स्वास्थ्य परियोजनाओं की एक विस्तृत श्रृंखला का समर्थन करता है, एड्स, तपेदिक और मलेरिया जैसे संचारी रोगों से लड़ने में मदद करता है, साथ ही पोलियो उन्मूलन के लिए व्यापक टीका कार्यक्रम भी करता है। यह शैक्षिक संस्थानों और पुस्तकालयों को वित्तपोषित करता है और विश्वविद्यालयों में छात्रवृत्तियों का समर्थन करता है। फाउंडेशन ने गरीब देशों में स्थायी स्वच्छता सेवाएं प्रदान करने के लिए जल, स्वच्छता और स्वच्छता कार्यक्रम की स्थापना की। इसका कृषि विभाग गोल्डन राइस विकसित करने में अंतर्राष्ट्रीय चावल अनुसंधान संगठन की सहायता करता है, जो विटामिन ए की कमी से निपटने के लिए उपयोग की जाने वाली आनुवंशिक रूप से संशोधित चावल की किस्म है। फाउंडेशन का लक्ष्य स्वैच्छिक परिवार नियोजन तक सार्वभौमिक पहुंच के दीर्घकालिक लक्ष्य के साथ सबसे गरीब देशों में 120 मिलियन महिलाओं और लड़कियों को उच्च गुणवत्ता वाली गर्भनिरोधक जानकारी और सेवाएं प्रदान करना है। 2007 में, लॉस एंजिल्स टाइम्स ने फाउंडेशन की गरीबी, प्रदूषण और दवा कंपनियों की संपत्ति विकासशील देशों को नहीं बेचने का आरोप लगाया। हालांकि फाउंडेशन ने सामाजिक उत्तरदायित्व का आकलन करने के लिए अपने निवेश की समीक्षा की घोषणा की, 166 बाद में इसने कंपनी प्रथाओं को प्रभावित करने के लिए वोटिंग अधिकारों का उपयोग करके रिटर्न निवेश को अधिकतम करने की नीति को रद्द कर दिया और बनाए रखा।

गेट्स ने 8 दिसंबर 2020 को सिंगापुर फिनटेक फेस्टिवल में पत्रकार और न्यूज एंकर शेरिन भान द्वारा आयोजित एक शानदार चैट में "लचीलेपन के लिए बुनियादी ढांचे का निर्माण: कोविड-19 रिस्पांस कैन टीच अस टू स्केल फाइनेंशियल इनक्लूजन" पर अपने विचार साझा किए।

सरकारें घटित होने वाली बुरी चीजों के बारे में सोचने के लिए होती हैं। (कोविड-19) महामारी के मामले में पर्याप्त नहीं किया गया है। हम यह नहीं भूल सकते हैं कि एक और महामारी आएगी और हमें तैयार रहने के लिए निवेश करना होगा,... हम तैयार नहीं थे और हमें निवेश करना होगा - जैसे अग्निशमन विभाग - बुद्धिमानी से कुछ पैसे और वास्तव में क्या हो सकता है इसका अनुकरण करें और सुनिश्चित करें कि हम इसके लिए तैयार हैं।

गेट्स कोविड-19 मास्क को सामान्य करने के पक्षधर हैं। नवंबर 2020 के एक साक्षात्कार में, उन्होंने कहा: "वे क्या पसंद करते हैं, न्यडिस्ट? मेरा मतलब है, आप जानते हैं, हम आपको पैंट पहनने के लिए कहते हैं, और कोई अमेरिकी नहीं कहता है, या बहुत कम अमेरिकी कहते हैं, कि यह कुछ भयानक बात है।"

व्यक्तिगत दान

मेलिंडा गेट्स ने सुझाव दिया कि लोग सल्वेनकिसी को उस परिवार के परोपकारी प्रयासों का अनुकरण करना चाहिए, जिसने अपना घर बेच दिया और उसका आधा मूल्य दे दिया, जिसका विवरण उनकी किताब द पावर ऑफ हाफ में दिया गया है। 170 गेट्स और उनकी पत्नी ने जोआन साल्वेन को सिएटल में परिवार द्वारा किए गए कार्यों के बारे में बात करने के लिए आमंत्रित किया, और 9 दिसंबर, 2010 को बिल और मेलिंडा गेट्स और निवेशक वॉरेन बफेट ने "गिविंग प्लेज" नामक एक प्रतिबद्धता पर हस्ताक्षर किए, जो एक प्रतिबद्धता है। तीनों को समय के साथ अपनी संपत्ति का कम से कम आधा हिस्सा दान में देना चाहिए।

गेट्स ने शैक्षणिक संस्थानों को व्यक्तिगत दान भी दिया है। 1999 में, गेट्स ने आर्किटेक्ट फ्रैंक गेहरी द्वारा डिज़ाइन की गई "विलियम एच. गेट्स बिल्डिंग" नामक एक कंप्यूटर लैब के निर्माण के लिए मैसाचुसेट्स इंस्टीट्यूट ऑफ टेक्नोलॉजी को 20 मिलियन डॉलर का दान दिया। Microsoft ने पहले संगठन को वित्तीय सहायता दी थी, लेकिन गेट्स की ओर से यह पहला व्यक्तिगत दान था।

हार्वर्ड जॉन ए. पॉलसन स्कूल ऑफ इंजीनियरिंग एंड एप्लाइड साइंसेज की मैक्सवेल डॉर्किन प्रयोगशाला का नाम गेट्स और माइक्रोसॉफ्ट के अध्यक्ष स्टीवन ए। बाल्मर का नाम उनकी मां के नाम पर रखा गया है, जो दोनों एक छात्र थीं (बाल्मर 1977 में स्कूल की स्नातक कक्षा की सदस्य थीं, जबकि गेट्स ने माइक्रोसॉफ्ट के लिए अध्ययन करना छोड़ दिया था) और प्रयोगशाला के निर्माण के लिए धन दिया। गेट्स ने गेट्स कंप्यूटर साइंस बिल्डिंग के निर्माण के लिए $6 मिलियन का दान भी दिया, जो जनवरी 1996 में स्टैनफोर्ड विश्वविद्यालय के परिसर में पूरा हुआ। इस इमारत में कंप्यूटर विज्ञान विभाग और स्टैनफोर्ड के इंजीनियरिंग विभाग की कंप्यूटर सिस्टम प्रयोगशाला (सीएसएल) है।

2005 से, गेट्स और उनकी नींव ने वैश्विक स्वच्छता समस्याओं को हल करने में रुचि ली है। उदाहरण के लिए, उन्होंने "रीइन्वेंट द टॉयलेट चैलेंज" की घोषणा की, जिसे मीडिया का बहुत ध्यान मिला। स्वच्छता और संभावित समाधानों के लिए जागरूकता बढ़ाने के लिए, गेट्स ने 2014 में "मानव मल से बना" पानी पिया - जिसे ओमनी प्रोसेसर नामक सीवेज कीचड़ उपचार प्रक्रिया के माध्यम से उत्पादित किया गया था। 2015 की शुरुआत में, वह द टुनाइट शो विद जिमी फॉलन में दिखाई दिए और उन्हें यह देखने के लिए चुनौती दी कि क्या वे पुनः

प्राप्त पानी और बोतलबंद पानी के बीच के अंतर को चख सकते हैं।

नवंबर 2017 में, गेट्स ने कहा कि वह डिमेंशिया डिस्कवरी फंड को 50 मिलियन डॉलर देंगे, जो एक वेंचर कैपिटल फंड है जो अल्जाइमर रोग का इलाज चाहता है। उन्होंने अल्जाइमर के अनुसंधान पर काम करने वाले स्टार्ट-अप उपक्रमों के लिए अतिरिक्त $50 मिलियन देने का भी वचन दिया। बिल और मेलिंडा गेट्स ने कहा है कि वे अपने तीन बच्चों में से प्रत्येक को विरासत के रूप में 10 मिलियन डॉलर छोड़ना चाहते हैं। परिवार में केवल 30 मिलियन डॉलर बचे होने के कारण, उन्हें अपनी संपत्ति का लगभग 99.96% दान करने की उम्मीद है। 25 अगस्त, 2018 को, गेट्स ने अपने फाउंडेशन यूनिसेफ के माध्यम से $600,000 वितरित किए, जो केरल, भारत में बाढ़ पीड़ितों की मदद कर रहा है।

जून 2018 में, बिल गेट्स ने अमेरिकी कॉलेजों और विश्वविद्यालयों के सभी नए स्नातकों को मुफ्त ई-बुक्स की पेशकश की और 2021 में, दुनिया भर के सभी कॉलेज और विश्वविद्यालय के छात्रों को मुफ्त ई-बुक्स की पेशकश की। बिल एंड मेलिंडा गेट्स फाउंडेशन आंशिक रूप से ओपनस्टैक्स को फंड करता है, जो मुफ्त डिजिटल पाठ्यपुस्तकें बनाता और प्रदान करता है।

चैरिटी खेल आयोजन

29 अप्रैल, 2017 को, गेट्स ने स्विस टेनिस के दिग्गज रोजर फेडरर के साथ अफ्रीका 4 के लिए एक मैच खेलने के लिए भागीदारी की, जो सिएटल में एक बिक-आउट की एरिना में एक गैर-प्रतिस्पर्धी टेनिस मैच था। यह कार्यक्रम अफ्रीका में रोजर फेडरर फाउंडेशन के धर्मार्थ प्रयासों का समर्थन करने के लिए था। फेडरर और गेट्स ने दशक के अधिकांश समय तक शीर्ष क्रम के अमेरिकी खिलाड़ियों जॉन इस्नर और पर्ल जैम के प्रमुख गिटारवादक माइक मैकक्रीडी के खिलाफ खेला। इस जोड़ी ने 6 गेम 4 से 4 जीते। कुल मिलाकर, उन्होंने अफ्रीका में बच्चों के लिए $2 मिलियन जुटाए। अगले वर्ष, गेट्स और फेडरर 5 मार्च 2018 को अफ्रीका 5 के लिए सैन जोस में एसएपी सेंटर में खेलने के लिए लौटे। उनके विरोधी जैक सॉक थे, जो शीर्ष अमेरिकी खिलाड़ियों में से एक और एक ग्रैंड स्लैम युगल विजेता थे, और सवाना गुथरी, एनबीसी के टुडे शो के सह-एंकर थे। गेट्स और फेडरर ने अपने दूसरे मैच के लिए 6-3 के स्कोर से संयुक्त रूप से जीत हासिल की और टूर्नामेंट ने $2.5 मिलियन से अधिक जुटाए।

पुस्तकें

गेट्स ने चार पुस्तकें लिखीं:

द रोड अहेड, माइक्रोसॉफ्ट के कार्यकारी नाथन मेहरवॉल्ड और पत्रकार पीटर राइनरसन के साथ लिखा गया, नवंबर 1995 में प्रकाशित हुआ था। इसने व्यक्तिगत कंप्यूटिंग क्रांति के प्रभावों को सारांशित किया और वैश्विक सूचना सुपरहाइवे के आगमन से भविष्य को गहराई से बदल दिया।

Business @ The Speed of Thought 1999 में प्रकाशित हुआ था, और चर्चा करता है कि कैसे व्यापार और प्रौद्योगिकी को एकीकृत किया जाता है और दिखाता है कि कैसे डिजिटल बुनियादी ढांचा और सूचना नेटवर्क प्रतिस्पर्धा पर बढ़त हासिल करने में मदद कर सकते हैं।

जलवायु आपदा से कैसे बचें (फरवरी 2021) जलवायु परिवर्तन का अध्ययन करने और जलवायु समस्याओं को हल करने के लिए नवाचारों में निवेश करने के एक दशक में गेट्स ने जो सीखा है उसे प्रस्तुत करता है।

अगली महामारी को कैसे रोकें (अप्रैल 2022) COVID-19 महामारी का विवरण देता है और WHO के तत्वावधान में $1 बिलियन की वार्षिक निधि के साथ "वैश्विक महामारी प्रतिक्रिया और संघटन" (GERM) टीम का प्रस्ताव करता है।

औरव्यक्तिगत जीवन

गेट्स एक उत्सुक पाठक हैं, और द ग्रेट गैट्सबी का एक उद्धरण उनके बड़े घरेलू पुस्तकालय की छत पर अंकित है। वह ब्रिज, टेनिस और गोल्फ का भी आनंद लेता है। एक अमेरिकी राष्ट्रपति के कार्यक्रम की तरह ही उनके लिए मिनट-दर-मिनट के आधार पर उनके दिनों की योजना बनाई जाती है। अपनी दौलत और व्यापक व्यापार यात्रा के बावजूद, गेट्स ने 1997 तक वाणिज्यिक विमानों पर कोच (इकोनॉमी क्लास) उड़ाया, जब उन्होंने एक निजी जेट खरीदा।

1994 में, गेट्स ने एक नीलामी में 30.8 मिलियन अमेरिकी डॉलर में लियोनार्दो दा विंची के वैज्ञानिक लेखन के संग्रह कोडेक्स लीसेस्टर को खरीदा। 1998 में, उन्होंने मूल 1885 मरीन पेंटिंग लॉस्ट ऑन द ग्रैंड बैंक्स के लिए $30 मिलियन का भुगतान किया, जो उस समय एक अमेरिकी पेंटिंग के लिए एक रिकॉर्ड कीमत थी।

विवाह और तलाक

गेट्स और मेलिंडा, 2009

गेट्स ने 1 जनवरी, 1994 को लानई के हवाई द्वीप पर मेलिंडा फ्रेंच से शादी की। वे 1987 में मिले जब मेलिंडा ने माइक्रोसॉफ्ट में काम करना शुरू किया। अपनी शादी के दौरान, गेट्स को मेलिंडा ने अपनी पूर्व प्रेमिका, व्यवसायी ऐन विनब्लैड के साथ सीमित समय बिताने की अनुमति दी थी। बिल और मेलिंडा के तीन बच्चे हैं: जेनिफर, रोरी और फीबे। परिवार का निवास मदीना, वाशिंगटन में वाशिंगटन झील के ऊपर एक पहाड़ी के किनारे एक पृथ्वी-आश्रय है। 2009 में, 147.5 मिलियन अमेरिकी डॉलर के कुल मूल्यांकित मूल्य पर हवेली पर संपत्ति

कर 1.063 मिलियन अमेरिकी डॉलर दर्ज किया गया था। 208 66,000 वर्ग फुट (6,100 एम 2) संपत्ति में एक पानी के नीचे संगीत प्रणाली के साथ 60 फुट (18 मीटर) स्विमिंग पूल, साथ ही 2,500 वर्ग फुट (230 एम 2) जिम और 1,000 वर्ग फुट शामिल हैं। (93 वर्ग मीटर) भोजन कक्ष। 3 मई, 2021 को गेट्स ने घोषणा की कि उन्होंने शादी के 27 साल और एक जोड़े के रूप में 34 साल बाद तलाक लेने का फैसला किया है। उन्होंने कहा कि वे धर्मार्थ प्रयासों पर एक साथ काम करना जारी रखेंगे। वॉल स्ट्रीट जर्नल ने बताया कि मेलिंडा 2019 से तलाक के वकीलों के साथ बैठक कर रही थी, जिसमें जेफरी एपस्टीन के साथ बिल के संबंधों के साथ साक्षात्कार उनकी एक चिंता थी। 2 अगस्त, 2021 को तलाक को अंतिम रूप दिया गया।

सार्वजनिक छवि

पिछले कुछ वर्षों में गेट्स की सार्वजनिक छवि बदली है। प्रारंभ में उन्हें एक शानदार लेकिन निर्मम "डाकू बैरन", "पागल-टाइकून" के रूप में जाना जाता था। 2000 में बिल एंड मेलिंडा गेट्स फाउंडेशन की स्थापना के बाद से, और विशेष रूप से माइक्रोसॉफ्ट के प्रमुख के रूप में पद छोड़ने के बाद से, उन्होंने स्वास्थ्य, गरीबी और शिक्षा जैसे कारणों पर $50 बिलियन से अधिक खर्च करते हुए अपना ध्यान परोपकार की ओर लगाया है। उनकी छवि "अत्याचारी टेक्नोक्रेट से संत रक्षक" के रूप में बदलकर "गंभीर अरबपति तकनीकी-परोपकारी" बन गई, जिसे पत्रिका कवर पर मनाया गया और प्रमुख समाचारों पर उनके विचारों की मांग की गई।

दुनिया के अरबपतियों की सूची और 1995 से 1996, 1998 से 2007, 2009 तक सबसे अमीर व्यक्ति थे और जेफ बेजोस से आगे निकलने से पहले 2018 तक इस पद पर रहे। 15 गेट्स 1993 से 2007, 2009 और 2014 से 2017 तक फोर्ब्स 400 की सूची में नंबर एक पर थे।

पहचान

बिल और मेलिंडा गेट्स को 2016 में राष्ट्रपति बराक ओबामा द्वारा राष्ट्रपति पदक से सम्मानित किया गया था।

टाइम पत्रिका ने गेट्स को 20वीं सदी के 100 सबसे प्रभावशाली लोगों में से एक के साथ-साथ 2004, 2005 और 2006 में 100 सबसे प्रभावशाली लोगों में से एक नामित किया।

टाइम ने संयुक्त रूप से गेट्स, उनकी पत्नी मेलिंडा और U2 के प्रमुख गायक बोनो को उनके मानवीय प्रयासों के लिए 2005 के पर्सन ऑफ द ईयर के रूप में नामित किया। 2006 में, उन्हें "हमारे समय के नायकों" की सूची में आठवें स्थान पर वोट दिया गया था।

गेट्स को 1999 में लंदन संडे टाइम्स पॉवर लिस्ट में सूचीबद्ध किया गया था, 1994 में सीईओ ऑफ द ईयर पत्रिका, 1998 में टाइम के "टॉप 50 साइबर एलीट्स" में नंबर एक, 1999 में अपसाइड एलीट 100 में नंबर दो और 2001 में " द गार्जियन में "मीडिया में शीर्ष 100 प्रभावशाली लोगों" के रूप में शामिल।

1996 में गेट्स को "व्यक्तिगत कंप्यूटिंग की स्थापना और विकास में उनके योगदान के लिए" यूएस नेशनल एकेडमी ऑफ इंजीनियरिंग का सदस्य चुना गया था।

1998 में, उन्हें अमेरिकन लाइब्रेरी एसोसिएशन का मानद सदस्य नामित किया गया था।

उन्हें 2017 में चाइनीज एकेडमी ऑफ इंजीनियरिंग के विदेशी सदस्य के रूप में चुना गया था।

फोर्ब्स के अनुसार, 2012 में गेट्स को दुनिया के चौथे सबसे शक्तिशाली व्यक्ति का स्थान दिया गया था, जो 2011 में पांचवें स्थान पर था।

1994 में, उन्हें ब्रिटिश कंप्यूटर सोसाइटी (DFBCS) के 20वें प्रतिष्ठित फेलो के रूप में सम्मानित किया गया। 1999 में, गेट्स ने न्यूयॉर्क इंस्टीट्यूट ऑफ टेक्नोलॉजी से राष्ट्रपति पदक प्राप्त किया।

गेट्स ने न्यानरोड बिजनेस यूनिवर्सिटी (1996), केटीएच रॉयल इंस्टीट्यूट ऑफ टेक्नोलॉजी (2002), वासेदा यूनिवर्सिटी (2005), सिंघुआ यूनिवर्सिटी (2007), हार्वर्ड यूनिवर्सिटी (2007) से डॉक्टरेट की मानद उपाधि प्राप्त की है।), करोलिंस्का इंस्टीट्यूट (2007), और कैम्ब्रिज यूनिवर्सिटी (2009)।

2007 में उन्हें पेकिंग यूनिवर्सिटी का मानद ट्रस्टी भी बनाया गया था।

2005 में, महारानी एलिजाबेथ द्वितीय द्वारा गेट्स को मानद नाइट कमांडर ऑफ द ऑर्डर ऑफ द ब्रिटिश एम्पायर (KBE) बनाया गया।

जनवरी 2006 में, उन्हें पुर्तगाल के राष्ट्रपति, जॉर्ज सैंपैयो द्वारा ग्रैंड क्रॉस ऑफ द ऑर्डर ऑफ प्रिंस हेनरी से सम्मानित किया गया।

नवंबर 2006 में, उन्होंनेउन्हें उनकी पत्नी मेलिंडा के साथ एज़्टेक ईगल के आदेश के प्लेकार्ड से सम्मानित किया गया था, जिन्हें स्वास्थ्य और शिक्षा में उनके परोपकारी कार्यों के लिए, विशेष रूप से मेक्सिको में दुनिया भर में और विशेष रूप से "संयुक्त राष्ट्र" में उनके परोपकारी कार्यों के लिए समान आदेश के प्रतीक चिन्ह से सम्मानित किया गया था। पेस डे लेक्टर्स" कार्यक्रम।

गेट्स को माइक्रोसॉफ्ट में उनकी उपलब्धियों और उनके परोपकार के लिए फ्रैंकलिन इंस्टीट्यूट से बिजनेस लीडरशिप के लिए 2010 का बोवर अवार्ड मिला।

साथ ही 2010 में, उन्हें अमेरिका के बॉय स्काउट्स द्वारा सिल्वर बफ़ेलो अवार्ड से सम्मानित किया गया, जो युवाओं के लिए उनकी सेवा के लिए वयस्कों के लिए सर्वोच्च पुरस्कार है।

2002 में, बिल एंड मेलिंडा गेट्स को वंचितों के लिए उत्कृष्ट सार्वजनिक सेवा के लिए जेफरसन पुरस्कार मिला।

उन्होंने 2006 जेम्स सी। टेक अवाइर्स द्वारा मॉर्गन ग्लोबल ह्यूमैनिटेरियन अवार्ड प्रदान किया गया।

2015 में, गेट्स और उनकी पत्नी मेलिंडा को उनके देश में सामाजिक कार्य के लिए भारत का तीसरा सर्वोच्च नागरिक पुरस्कार पद्म भूषण मिला।

2016 में, बराक ओबामा ने बिल और मेलिंडा गेट्स को उनके परोपकारी प्रयासों के लिए प्रेसिडेंशियल मेडल ऑफ़ फ्रीडम से सम्मानित किया।

2017 में, फ्राँस्वा ओलांद ने बिल और मेलिंडा गेट्स को उनके धर्मार्थ प्रयासों के लिए फ्रांस के सर्वोच्च राष्ट्रीय आदेश, कमांडर ऑफ़ द लीजन ऑफ़ ऑनर से सम्मानित किया।

एंटोमोलॉजिस्टों ने 1997 में बिल गेट्स की फ्लावर फ्लाई, एरिस्टालिस गेट्सी नाम दिया।

2020 में, बिल गेट्स को जापान और दुनिया में वैश्विक स्वास्थ्य उन्नति और तकनीकी परिवर्तन में उनके योगदान के लिए ग्रैंड कॉर्डन ऑफ़ द ऑर्डर ऑफ़ द राइजिंग सन प्राप्त हुआ।

2021 में, बिल गेट्स को उनके निजी YouTube चैनल के लिए 11वें वार्षिक स्ट्रीमी अवाइर्स फॉर क्रॉसओवर में नामांकित किया गया था।

2022 में, बिल गेट्स को अपने देश में सामाजिक कार्यों के लिए हिलाल-ए-पाकिस्तान दूसरा सबसे बड़ा नागरिक पुरस्कार मिला।

7

मार्क जुकरबर्ग

मार्क जुकरबर्ग

Top Richest People

Scan for Story Videos - www.itibook.com

मार्क इलियट जुकरबर्ग (जन्म 14 मई, 1984) एक अमेरिकी मीडिया मैग्नेट, इंटरनेट उद्यमी और परोपकारी व्यक्ति हैं। उन्हें सोशल मीडिया वेबसाइट फेसबुक और इसकी मूल कंपनी मेटा प्लेटफॉर्म (पूर्व में फेसबुक, इंक।) के सह-संस्थापक के रूप में जाना जाता है, जिसे वे अध्यक्ष, सीईओ और शेयरधारक के रूप में नियंत्रित करते हैं।

ज़ुकरबर्ग ने हार्वर्ड विश्वविद्यालय में भाग लिया, जहां उन्होंने फरवरी 2004 में अपने रूममेट्स एडुआर्ड सेवेरिन, एंड्रयू मैक्कलम, डस्टिन मॉस्कोविट्ज़ और क्रिस ह्यूजेस के साथ फेसबुक की शुरुआत की। मूल रूप से कॉलेज परिसरों का चयन करने के लिए लॉन्च किया गया, साइट तेजी से विस्तारित हुई और अंततः 2012 तक एक अरब उपयोगकर्ताओं तक पहुंचकर कॉलेजों से आगे निकल गई। ज़ुकरबर्ग ने मई 2012 में बहुमत हिस्सेदारी के साथ कंपनी को सार्वजनिक कर दिया। 2007 में, 23 साल की उम्र में, वह दुनिया के सबसे कम उम्र के स्व-निर्मित अरबपति बन गए। फोर्ब्स के रियल टाइम बिलियनेयर्स के अनुसार, 18 अगस्त, 2022 तक ज़ुकरबर्ग की कुल संपत्ति 62.7 बिलियन डॉलर थी।

2008 से, टाइम पत्रिका ने अपने पर्सन ऑफ द ईयर पुरस्कार के हिस्से के रूप में ज़करबर्ग को दुनिया के 100 सबसे प्रभावशाली लोगों में नामित किया है, जो उन्हें 2010 में मिला था। दिसंबर 2016 में, ज़करबर्ग को फोर्ब्स की दुनिया के सबसे शक्तिशाली लोगों की सूची में दसवें स्थान पर रखा गया था।

मार्क इलियट ज़ुकरबर्ग का जन्म 14 मई, 1984 को व्हाइट प्लेन्स, न्यूयॉर्क में मनोचिकित्सक करेन (नी केम्पनर) और दंत चिकित्सक एडवर्ड ज़ुकरबर्ग के बेटे के रूप में हुआ था। वह और उसकी तीन बहनें (एरियल, व्यवसायी रैंडी, और लेखिका डोना) का पालन-पोषण डॉब्स फेरी, न्यूयॉर्क में एक सुधार यहूदी घराने में हुआ था। उनके परदादा-दादी ऑस्ट्रिया, जर्मनी और पोलैंड के यहूदी अप्रवासी थे। उन्होंने फिलिप्स एक्सेटर अकादमी में स्थानांतरित होने से पहले अर्दस्ली हाई स्कूल में हाई स्कूल में पढ़ाई की। वह तलवारबाजी टीम के कप्तान थे।

सॉफ्टवेयर डेवलपमेंट

शुरूआती साल

ज़करबर्ग ने मिडिल स्कूल में कंप्यूटर और सॉफ्टवेयर लेखन का उपयोग करना शुरू किया। हाई स्कूल में, उन्होंने एक प्रोग्राम बनाया जिससे उनके घर और उनके पिता के दंत कार्यालय के सभी कंप्यूटर एक दूसरे के साथ संवाद करने की अनुमति देते थे। ज़ुकरबर्ग के हाई स्कूल के वर्षों के दौरान, उन्होंने सिनैप्स मीडिया प्लेयर नामक एक म्यूजिक प्लेयर बनाने पर काम किया। डिवाइस ने उपयोगकर्ता की सुनने की आदतों को सीखने के लिए मशीन लर्निंग का इस्तेमाल किया, जिसे स्लैशडॉट पर पोस्ट किया गया और पीसी मैगज़ीन से 5 में से 3 रेटिंग प्राप्त हुई। एक न्यू यॉर्कर प्रोफ़ाइल ने ज़करबर्ग के बारे में कहा: "कुछ बच्चे कंप्यूटर गेम खेलते हैं। मार्क ने उन्हें बनाया है।"

कॉलेज के साल

द न्यू यॉर्कर ने उल्लेख किया कि जब ज़करबर्ग ने 2002 में हार्वर्ड में कक्षाएं लेना शुरू किया, तो उनके पास पहले से ही "प्रोग्रामिंग कौतुक के रूप में प्रतिष्ठा" थी। उन्होंने मनोविज्ञान और कंप्यूटर विज्ञान का अध्ययन किया और अल्फा एप्सिलॉन पाई और किर्कलैंड हाउस से संबंधित थे। अपने द्वितीय वर्ष के दौरान, उन्होंने कोर्समैच नामक एक कार्यक्रम लिखा, जिसने उपयोगकर्ताओं को अन्य छात्रों की पसंद के आधार पर कक्षा चयन निर्णय लेने की अनुमति दी और उन्हें अध्ययन समूह बनाने में मदद की। बाद में, उन्होंने एक अलग कार्यक्रम बनाया जिसे उन्होंने शुरू में फेसमैश कहा, जिससे छात्रों को तस्वीरों के चयन से सबसे अच्छे दिखने वाले व्यक्ति को चुनने की अनुमति मिली। उस समय ज़करबर्ग के रूममेट, एरी हसीट ने समझाया:

हमारे पास फेस बुक नाम की किताबें थीं, जिनमें छात्र छात्रावास में रहने वाले सभी लोगों के नाम और तस्वीरें थीं। प्रारंभ में, उन्होंने एक साइट बनाई और दो चित्र या दो पुरुष और दो महिला चित्र लगाए। साइट पर आने वाले लोगों को यह चुनना था कि कौन "गर्म" था और वोटों के आधार पर रैंकिंग होगी।

साइट सप्ताहांत में ऊपर चली गई, लेकिन सोमवार की सुबह तक, कॉलेज ने इसे बंद कर दिया था क्योंकि इसकी लोकप्रियता हार्वर्ड के नेटवर्क स्विच में से एक पर फंस गई थी, जिससे छात्रों को इंटरनेट तक पहुंचने से रोक दिया गया था। इसके अलावा कई छात्रों ने शिकायत की कि उनकी फोटो का इस्तेमाल बिना अनुमति के किया जा रहा है. ज़ुकरबर्ग ने सार्वजनिक रूप से माफी मांगी, और छात्र पेपर में यह कहते हुए लेख चलाए गए कि उनकी साइट "पूरी तरह से अनुपयुक्त" थी।

करियर

अगले सेमेस्टर, जनवरी 2004 में, ज़करबर्ग ने नई वेबसाइट के लिए कोड लिखना शुरू किया। 4 फरवरी, 2004 को, ज़करबर्ग ने अपने रूममेट्स एडुआर्ड सेवेरिन, एंड्रयू मैक्कलम, डस्टिन मॉस्कोविट्ज़ और क्रिस ह्यूजेस के साथ साझेदारी में "दफेसबुक" लॉन्च किया, जो मूल रूप से thefacebook.com पर स्थित था। फेसबुक के लिए एक प्रारंभिक प्रेरणा फिलिप्स एक्सेटर अकादमी से मिली हो सकती है, जिस प्रीप स्कूल से ज़ुकरबर्ग ने 2002 में स्नातक किया था। उन्होंने अपनी स्वयं की छात्र निर्देशिका, "द फोटो एड्रेस बुक" प्रकाशित की, जिसे छात्रों ने "द फेसबुक" कहा। इस तरह की फोटो निर्देशिका कई निजी स्कूलों में छात्रों के सामाजिक अनुभव का एक महत्वपूर्ण हिस्सा थी। उनके साथ, छात्र अपने कक्षा वर्ष, अपने दोस्तों और उनके टेलीफोन नंबर जैसी विशेषताओं को सूचीबद्ध करने में सक्षम थे।

साइट के लॉन्च के छह दिन बाद, तीन हार्वर्ड सीनियर्स, कैमरून विंकलेवोस, टायलर विंकलेवोस और दिव्य नरेंद्र ने ज़करबर्ग पर आरोप लगाया कि उन्होंने जानबूझकर उन्हें यह विश्वास दिलाने के लिए गुमराह किया कि वह हार्वर्डकनेक्शन डॉट कॉम नामक सोशल नेटवर्क बनाने में उनकी मदद करेंगे, जबकि उन्होंनेके विचारों का प्रयोग कर रहा था एक प्रतिस्पर्धी उत्पाद बनाएँ। तीनों ने हार्वर्ड क्रिमसन से शिकायत की

और अखबार ने प्रतिक्रिया में एक जांच शुरू की। ज़करबर्ग ने संपादकों को कहानी न चलाने के लिए मनाने की कोशिश की, 28 ज़करबर्ग ने संपादकों के दो ईमेल खातों को हैक कर लिया। उन्होंने यह TheFacebook पर संपादकों के निजी लॉगिन डेटा लॉग के आधार पर किया।

फेसबुक सोशल मीडिया प्लेटफॉर्म के आधिकारिक लॉन्च के बाद, तीनों ने जुकरबर्ग के खिलाफ मुकदमा दायर किया, जिसके परिणामस्वरूप समझौता हुआ। सहमत समझौता 1.2 मिलियन फेसबुक शेयरों और 20 मिलियन डॉलर नकद के लिए था।

जुकरबर्ग का फेसबुक सिर्फ एक "हार्वर्ड चीज" के रूप में शुरू हुआ जब तक जुकरबर्ग ने रूममेट डस्टिन मॉस्कोविट्ज़ की मदद से इसे अन्य स्कूलों में फैलाने का फैसला नहीं किया। उन्होंने कोलंबिया, न्यूयॉर्क विश्वविद्यालय, स्टैनफोर्ड, डार्टमाउथ, कॉर्नेल, पेंसिल्वेनिया विश्वविद्यालय, ब्राउन और येल में शुरुआत की।

जुकरबर्ग ने इस परियोजना को पूरा करने के लिए अपने द्वितीय वर्ष में हार्वर्ड से पढ़ाई छोड़ दी। जुकरबर्ग, मॉस्कोविट्ज़ और अन्य सह-संस्थापक कैलिफोर्निया के पालो अल्टो चले गए, जहाँ उन्होंने एक छोटा सा घर किराए पर लिया जो एक कार्यालय के रूप में कार्य करता था। गर्मियों के दौरान, ज़करबर्ग पीटर थिएल से मिले, जिन्होंने कंपनी में निवेश किया था। उन्हें अपना पहला ऑफिस 2004 के मध्य में मिला था। जुकरबर्ग के अनुसार, समूह ने हार्वर्ड लौटने की योजना बनाई, लेकिन अंततः कैलिफोर्निया में रहने का फैसला किया, जहां जुकरबर्ग ने कैलिफोर्निया की कंप्यूटर प्रौद्योगिकी के केंद्र सिलिकॉन वैली के "पौराणिक स्थान" की प्रशंसा की। उन्होंने कंपनी को खरीदने के लिए बड़े निगमों के प्रस्तावों को पहले ही ठुकरा दिया था। 2007 के एक साक्षात्कार में, ज़करबर्ग ने अपना कारण बताया: "यह पैसे की राशि के बारे में नहीं है। मेरे और मेरे सहयोगियों के लिए, सबसे महत्वपूर्ण बात यह है कि हम जनता के लिए सूचना का एक खुला प्रवाह बनाते हैं। एक मीडिया निगम का स्वामित्व समूह के पास है। बस इतना ही। यह मेरे लिए एक आकर्षक विचार नहीं है।" उसी वर्ष, स्टैनफोर्ड विश्वविद्यालय में वाई कॉम्बीनेटर के स्टार्टअप स्कूल पाठ्यक्रम में बोलते हुए, ज़करबर्ग ने एक विवादास्पद दावा किया कि "युवा लोग बस होशियार हैं" और अन्य उद्यमियों को युवा लोगों को काम पर रखने के प्रति पक्षपाती होना चाहिए।

उन्होंने 2010 में वायर्ड पत्रिका को इन लक्ष्यों को दोहराया: "मैं वास्तव में जिस चीज की परवाह करता हूं वह मिशन है, दुनिया को खोलना।" फेसबुक। 21 जुलाई 2010 को, ज़करबर्ग ने बताया कि कंपनी 500 मिलियन उपयोगकर्ताओं तक पहुँच गई थी। यह पूछे जाने पर कि क्या फेसबुक अपनी अभूतपूर्व वृद्धि के कारण विज्ञापन से अधिक राजस्व अर्जित कर सकता है, उन्होंने समझाया:

मुझे लगता है कि हम कर सकते हैं... अगर आप देखें कि औसत खोज क्वेरी की तुलना में हमारे पेज पर कितने विज्ञापन आ रहे हैं। हमारे लिए औसत पृष्ठों के 10 प्रतिशत से थोड़ा कम है, और विज्ञापनों द्वारा संचालित खोज के लिए औसत 20 प्रतिशत है... यह सबसे आसान काम है जो हम कर सकते हैं। लेकिन हम नहीं हैं। हम पर्याप्त पैसा कमाते हैं। ठीक है, मेरा मतलब है, हम चीजों को जारी रख रहे हैं; हम जितनी तेजी से बढ़ना चाहते हैं, बढ़ रहे हैं।

2010 में, स्टीवन लेवी, जिन्होंने 1984 की पुस्तक हैकर्स: हीरोज ऑफ़ द कंप्यूटर रेवोल्यूशन लिखी थी, ने लिखा कि ज़करबर्ग "स्पष्ट रूप से खुद को एक हैकर के रूप में सोचते हैं"। जुकरबर्ग ने कहा कि "उन्हें बेहतर बनाने के लिए" चीजों को तोड़ना ठीक है। फेसबुक ने हर छह से आठ सप्ताह में "हैकथॉन" की स्थापना की, जिसमें प्रतिभागियों को गर्भ धारण करने और एक परियोजना को पूरा करने के लिए एक रात का समय मिलेगा। कंपनी ने हैकथॉन में संगीत, भोजन और बीयर प्रदान की, और जुकरबर्ग सहित कई फेसबुक कर्मचारियों ने नियमित रूप से भाग लिया। "विचार यह है कि आप रातोंरात कुछ अच्छा बना सकते हैं," ज़करबर्ग ने लेवी से कहा। "और यह अब फेसबुक के व्यक्तित्व का हिस्सा है ... यह निश्चित रूप से बहुत महत्वपूर्ण है कि मैं कौन हूं।"

2007 में, ज़करबर्ग को MIT टेक्नोलॉजी रिव्यू की TR35 सूची में 35 साल से कम उम्र के दुनिया के शीर्ष 35 अन्वेषकों में से एक के रूप में शामिल किया गया था। 2010 में, वैनिटी फेयर पत्रिका ने अपनी शीर्ष 100 "सूचना युग के सबसे प्रभावशाली लोगों" की सूची में जुकरबर्ग को नंबर एक नाम दिया। 2009 में, ज़करबर्ग वैनिटी फेयर 100 की सूची में 23वें स्थान पर थे। 2010 में, जुकरबर्ग को दुनिया के 50 सबसे प्रभावशाली लोगों के न्यू स्टेट्समैन के वार्षिक सर्वेक्षण में 16वें स्थान पर रखा गया था।

स्टीव जॉब्स की मृत्यु के तुरंत बाद पीबीएस के साथ 2011 के एक साक्षात्कार में, ज़करबर्ग ने कहा कि जॉब्स ने उन्हें फेसबुक पर एक प्रबंधन टीम बनाने की सलाह दी थी जो "आप की तरह उच्च गुणवत्ता और अच्छी चीजों के निर्माण पर केंद्रित थी"।

1 अक्टूबर 2012 को, जुकरबर्ग ने रूस में सोशल मीडिया नवाचार को बढ़ावा देने और रूसी बाजार में फेसबुक की स्थिति बढ़ाने के लिए मास्को में रूसी प्रधान मंत्री दिमित्री मेदवेदेव का दौरा किया। रूस के संचार मंत्री ने ट्वीट किया कि प्रधान मंत्री दिमित्री मेदवेदेव ने सोशल मीडिया दिग्गज के संस्थापकों से रूसी प्रोग्रामरों को आकर्षित करने की योजना को छोड़ने और इसके बजाय मास्को में एक शोध केंद्र खोलने पर विचार करने का आग्रह किया। 2012 में, रूस में फेसबुक के लगभग 9 मिलियन उपयोगकर्ता थे, जबकि घरेलू क्लोन वीके के लगभग 34 मिलियन थे। फेसबुक के उपभोक्ता विपणन प्रमुख रेबेका वैन डाइक ने कहा कि 6 अप्रैल, 2013 को 85 मिलियन अमेरिकी फेसबुक उपयोगकर्ताओं ने प्रचार अभियान के पहले दिन घर का दौरा किया।घटित हुआ।

19 अगस्त 2013 को द वाशिंगटन पोस्ट ने बताया कि जुकरबर्ग की फेसबुक प्रोफाइल एक बेरोजगार वेब डेवलपर द्वारा हैक कर ली गई थी।

सितंबर में आयोजित 2013 टेकक्रंच विघटन सम्मेलन में, ज़ुकरबर्ग ने कहा कि वह उन 5 अरब लोगों को नामांकित करने की दिशा में काम कर रहे थे जो फेसबुक पर सम्मेलन तक इंटरनेट से जुड़े नहीं थे। ज़करबर्ग ने तब समझाया कि यह Internet.org प्रोजेक्ट के लक्ष्य से जुड़ा है, जिसके माध्यम से फेसबुक, अन्य प्रौद्योगिकी कंपनियों की मदद से, इंटरनेट से जुड़े लोगों की संख्या में वृद्धि करना चाहता है।

ज़ुकरबर्ग मार्च 2014 में बार्सिलोना, स्पेन में 2014 मोबाइल वर्ल्ड कांग्रेस (MWC) में मुख्य वक्ता थे, जिसमें 75,000 प्रतिनिधियों ने भाग लिया था। विभिन्न मीडिया स्रोतों ने मोबाइल तकनीक पर फेसबुक के फोकस और ज़ुकरबर्ग के भाषण के बीच संबंध पर प्रकाश डालते हुए कहा कि मोबाइल कंपनी के भविष्य का प्रतिनिधित्व करता है। ज़करबर्ग का भाषण सितंबर 2013 में टेकक्रंच सम्मेलन में उल्लिखित एक लक्ष्य पर विस्तारित हुआ, जिसके माध्यम से वे विकासशील देशों में इंटरनेट कवरेज का विस्तार करने के लिए काम कर रहे हैं।

जेफ बेजोस और टिम कुक जैसे अन्य अमेरिकी प्रौद्योगिकी आंकड़ों के साथ, ज़ुकरबर्ग ने चीन की ऑनलाइन नीति को लागू करने के लिए 8 दिसंबर, 2014 को फेसबुक के मुख्यालय में "इंटरनेट जार" के रूप में जाने जाने वाले चीनी राजनेता लू वेई से मुलाकात की। यह बैठक हुई। ज़करबर्ग ने 23 अक्टूबर 2014 को बीजिंग, चीन में सिंघुआ विश्वविद्यालय में एक प्रश्न-उत्तर सत्र में भाग लेने के बाद, जहाँ उन्होंने मंदारिन चीनी में बातचीत करने का प्रयास किया; हालांकि चीन में फेसबुक पर प्रतिबंध लगा दिया गया है, ज़ुकरबर्ग का व्यापक रूप से सम्मान किया जाता है और वे देश के बढ़ते उद्यमशीलता क्षेत्र को बढ़ावा देने के लिए विश्वविद्यालय में थे।

11 दिसंबर, 2014 को मेनलो पार्क में कंपनी के मुख्यालय में लाइव क्यू एंड ए सत्र के दौरान ज़करबर्ग ने प्रश्न पूछे। संस्थापक और सीईओ ने समझाया कि वह नहीं मानते कि फेसबुक समय की बर्बादी है, क्योंकि यह सामाजिक जुड़ाव और सार्वजनिक सत्रों में भागीदारी की सुविधा प्रदान करता है। ताकि वह "समुदाय की बेहतर सेवा करना सीख सकें"।

फेसबुक के सीईओ के रूप में ज़ुकरबर्ग को एक डॉलर का वेतन मिलता है। जून 2016 में, बिजनेस इनसाइडर ने ज़ुकरबर्ग को एलोन मस्क और साल खान के साथ "टॉप 10 बिजनेस विजनरी क्रिएटिंग वैल्यू फॉर द वर्ल्ड" नाम दिया, क्योंकि उन्होंने और उनकी पत्नी ने "99% अपनी संपत्ति देने का वचन दिया था - अनुमानित $ 55.0 अरब है।"

25 मई, 2017 को, हार्वर्ड के 366वें स्थापना दिवस पर, ज़ुकरबर्ग ने प्रारंभिक भाषण देने के बाद, हार्वर्ड से मानद उपाधि प्राप्त की।

जनवरी 2019 में, ज़ुकरबर्ग ने फेसबुक, इंस्टाग्राम और व्हाट्सएप सहित तीन प्रमुख सोशल मीडिया प्लेटफॉर्म के लिए एंड-टू-एंड एन्क्रिप्टेड सिस्टम को एकीकृत करने की योजना बनाई। 14 अगस्त, 2020 को फेसबुक ने आईओएस और एंड्रॉइड डिवाइस दोनों पर इंस्टाग्राम और मैसेंजर के लिए चैट सिस्टम को एकीकृत किया। अपडेट ने इंस्टाग्राम और फेसबुक उपयोगकर्ताओं के बीच बातचीत को प्रोत्साहित किया।

अन्य परियोजनाएँ

अपने बिसवां दशा में एक आदमी का कमर-ऊँचा चित्र, कैमरे को देख रहा है और दोनों हाथों से इशारा कर रहा है, "द नॉर्थ फेस" लिखे हुए एक काले रंग की शर्ट पहने हुए है और उसके गले में एक सफेद नेकबैंड लटका हुआ है।

दावोस, स्विट्ज़रलैंड में वर्ल्ड इकोनॉमिक फोरम में ज़करबर्ग (जनवरी 2009)।

फरवरी 2004 में ज़करबर्ग द्वारा फेसबुक लॉन्च करने के एक महीने बाद, वेन चांग द्वारा बनाई गई i2hub ने एक और कैंपस-ओनली सेवा शुरू की। i2hub पीयर-टू-पीयर फ़ाइल शेयरिंग पर केंद्रित है। उस समय, i2hub और Facebook दोनों प्रेस का ध्यान आकर्षित कर रहे थे और उपयोगकर्ताओं और लोकप्रियता में तेजी से बढ़ रहे थे। अगस्त 2004 में, ज़ुकरबर्ग, एंड्रयू मैक्कलम, एडम डी एंजेलो और सीन पार्कर ने वायरहोग नामक एक प्रतिस्पर्धी पीयर-टू-पीयर फ़ाइल शेयरिंग सेवा शुरू की, जो 2007 में लॉन्च की गई फेसबुक प्लेटफॉर्म एप्लीकेशन के अग्रदूत थे।

2013 में, ज़ुकरबर्ग ने Internet.org लॉन्च किया, जिसे उन्होंने लॉन्च की तारीख तक पांच अरब लोगों तक इंटरनेट पहुंच प्रदान करने की पहल के रूप में वर्णित किया। परियोजना को भारत में महत्वपूर्ण विरोध का सामना करना पड़ा, जहाँ कार्यकर्ताओं ने कहा कि इसका सीमित इंटरनेट नेट तटस्थता के सिद्धांत के विपरीत है; ज़ुकरबर्ग ने जवाब दिया कि सीमित इंटरनेट इंटरनेट न होने से बेहतर है। Internet.org को फरवरी 2016 में भारत में बंद कर दिया गया था, हालांकि आगे की संभावनाओं पर चर्चा करने के लिए ज़करबर्ग ने बाद में नरेंद्र मोदी से मुलाकात की।

ज़ुकरबर्ग सौर सेल अंतरिक्ष यान विकास परियोजना ब्रेकथ्रू स्टारशॉट के बोर्ड सदस्य हैं, जिसे उन्होंने 2016 में सह-स्थापित किया था।

विवाद और मुकदमे

हार्वर्ड के छात्रों कैमरन विंकलेवोस, टायलर विंकलेवोस और दिव्य नरेंद्र ने ज़ुकरबर्ग पर आरोप लगाया कि उन्होंने हार्वर्डकनेक्शन. उन्होंने 2004 में मुकदमा दायर किया; उन्हें 28 मार्च 2007 को तकनीकी कारणों से बर्खास्त कर दिया गया था। इसके तुरंत बाद बोस्टन में संघीय अदालत में इसे परिष्कृत किया गया। ConnectU और i2hub के बीच कथित साझेदारी, विंकलेवॉस चांग ग्रुप द्वारा प्रस्तावित एक परियोजना, सोशल बटरफ्लाई के संबंध में फेसबुक द्वारा विरोध किया गया था। 25 जून 2008 को, मामला सुलझा लिया गया और फेसबुक 1.2 मिलियन से अधिक सामान्य शेयरों को स्थानांतरित करने और नकद में 20 मिलियन डॉलर का भुगतान करने पर सहमत हो गया।

नवंबर 2007 में, हार्वर्ड के पूर्व छात्रों के लिए एक पत्रिका, 02138 की वेबसाइट पर गोपनीय अदालती दस्तावेज़ पोस्ट किए गए थे। इसमें जुकरबर्ग का सामाजिक सुरक्षा नंबर, उनके माता-पिता के घर का पता और उनकी प्रेमिका का पता शामिल था। फेसबुक ने दस्तावेजों को हटाने के लिए अर्जी दाखिल की; न्यायाधीश ने 02138 के पक्ष में फैसला सुनाया।

एडुआर्ड सेवेरिन

2005 में, फेसबुक के सह-संस्थापक एडुआर्ड सेवेरिन ने जुकरबर्ग और फेसबुक के खिलाफ एक मुकदमा दायर किया, जिसमें आरोप लगाया गया कि जुकरबर्ग ने निजी खर्चों पर अवैध रूप से सेवेरिन का पैसा खर्च किया। मामला अदालत के बाहर सुलझा लिया गया था, हालांकि समझौते की शर्तों को सील कर दिया गया था, कंपनी ने फेसबुक के सह-संस्थापक के रूप में सेवेरिन की उपाधि की पुष्टि की और सेवेरिन ने प्रेस से बात करना बंद करने पर सहमति व्यक्त की।

पाकिस्तान आपराधिक जांच

जून 2010 में, पाकिस्तानी डिप्टी अटॉर्नी जनरल मुहम्मद अजहर सिद्दीकी ने फेसबुक पर "ड्रा मुहम्मद" प्रतियोगिता आयोजित करने के बाद जुकरबर्ग और फेसबुक के सह-संस्थापक डस्टिन मॉस्कोविट्ज़ और क्रिस ह्यूजेस की आपराधिक जांच शुरू की। जांच में एक अज्ञात जर्मन महिला का नाम आया जिसने टूर्नामेंट बनाया था। सिद्दीकी ने ईशनिंदा के आरोप में जुकरबर्ग और तीन अन्य को गिरफ्तार करने के लिए देश की पुलिस से इंटरपोल से संपर्क करने को कहा। 19 मई 2010 को, फेसबुक की वेबसाइट को पाकिस्तान में अस्थायी रूप से ब्लॉक कर दिया गया था, जब तक कि मई के अंत में फेसबुक ने अपनी वेबसाइट से प्रतियोगिता को हटा नहीं दिया। सिद्दीकी ने संयुक्त राष्ट्र प्रतिनिधि से संयुक्त राष्ट्र महासभा के समक्ष इस मुद्दे को उठाने के लिए कहा।

पॉल सेगलिया

जून 2010 में, एलेगनी काउंटी, न्यूयॉर्क में एक वुड पेलेट फ्यूल कंपनी के मालिक पॉल सेगलिया ने जुकरबर्ग के खिलाफ मुकदमा दायर किया, जिसमें फेसबुक के 84 प्रतिशत के स्वामित्व का दावा किया गया और मौद्रिक क्षति की मांग की गई। Ceglia के अनुसार, उन्होंने और Zuckerberg ने 28 अप्रैल, 2003 को एक समझौते पर हस्ताक्षर किए, जिसमें Ceglia को $1,000 का प्रारंभिक शुल्क दिया गया, जो वेबसाइट के राजस्व के 50% के बराबर था, साथ ही 1 जनवरी, 2004 के बाद व्यापार में प्रति दिन अतिरिक्त 1% ब्याज था। , जब तक वेबसाइट पूरी नहीं हो जाती। जुकरबर्ग उस समय अन्य परियोजनाओं का विकास कर रहे थे, जिसमें फ़ेसमैश, फ़ेसबुक का अग्रदूत शामिल था, लेकिन 1 जनवरी, 2004 तक thefacebook.com डोमेन नाम पंजीकृत नहीं किया था। फेसबुक प्रबंधन ने मुकदमे को "पूरी तरह से तुच्छ" कहकर खारिज कर दिया। फेसबुक के प्रवक्ता बैरी श्निट ने एक रिपोर्टर को बताया कि सेगलिया के वकील ने अदालत के बाहर समाधान की मांग नहीं की थी।

26 अक्टूबर, 2012 को, संघीय अधिकारियों ने सेगलिया को गिरफ्तार किया, उस पर मेल और वायर धोखाधड़ी और "फेसबुक के संस्थापक को अरबों डॉलर से बाहर निकालने की योजना में सबूतों के साथ छेड़छाड़, नष्ट करना और गढ़ना" का आरोप लगाया। Ceglia पर ईमेल को गढ़ने का आरोप है ताकि यह प्रतीत हो सके कि उसने और जुकरबर्ग ने फेसबुक के शुरुआती संस्करण पर विस्तार से चर्चा की, हालांकि उनके ईमेल की जांच करने के बाद, जांचकर्ताओं ने पाया कि उनमें फेसबुक का कोई उल्लेख नहीं था। केस शुरू होने से पहले कुछ कानून फर्मों को वापस ले लिया गया और अन्य सेगलिया की गिरफ्तारी के बाद।

हवाईयन भूमि स्वामित्व

जनवरी 2017 में, जुकरबर्ग ने हवाई के सैकड़ों मूल निवासियों के खिलाफ आठ "शांत शीर्षक और विभाजन" मुकदमे दायर किए, ताकि वे जमीन के छोटे हिस्से पर दावा कर सकें। यह जमीन काउई के हवाई द्वीप पर 700 एकड़ जमीन के भीतर है जिसे जुकरबर्ग ने 2014 में खरीदा था। हवाई विश्वविद्यालय में कानून के प्रोफेसर कपुआ स्प्रोट ने कहा कि जुकरबर्ग के मुकदमे "नवउपनिवेशवाद का चेहरा" थे। जुकरबर्ग ने एक फेसबुक पोस्ट में आलोचना का जवाब दिया, जिसमें कहा गया था कि मुकदमे जमीन के आंशिक मालिकों को उनका "उचित हिस्सा" देने का एक नेकनीयती भरा प्रयास था। जब उन्हें पता चला कि हवाईयन भूमि स्वामित्व कानून अन्य 49 राज्यों से भिन्न हैं, तो उन्होंने मुकदमों को छोड़ दिया। ज़करबर्ग ने आगे बढ़ने से पहले प्रक्रिया और उसके इतिहास को समझने के लिए समय नहीं निकालने पर खेद व्यक्त किया।

अमेरिकी कांग्रेस के सामने गवाही

10 और 11 अप्रैल, 2018 को, जुकरबर्ग ने फेसबुक-कैम्ब्रिज एनालिटिका डेटा उल्लंघन के संबंध में फेसबुक के व्यक्तिगत डेटा के उपयोग के संबंध में वाणिज्य, विज्ञान और परिवहन पर संयुक्त राज्य सीनेट समिति के समक्ष गवाही देना शुरू किया। उन्होंने इस पूरे मामले को एलेक्जेंडर कोगन, कैंब्रिज एनालिटिका और फेसबुक के बीच भरोसे का उल्लंघन करार दिया। ज़करबर्ग ने मामले पर सबूत देने के लिए यूनाइटेड किंगडम में एक संसदीय समिति के सामने पेश होने के अनुरोध को अस्वीकार कर दिया है।

1 अक्टूबर, 2020 को, अमेरिकी सीनेट वाणिज्य समिति ने ज़करबर्ग, Google के सुंदर पिचाई और ट्विटर के जैक डोरसी सहित तीन शीर्ष टेक कंपनियों के सीईओ को सम्मन जारी करने के लिए सर्वसम्मति से मतदान किया। सम्मन का उद्देश्य मुख्य कार्यकारी अधिकारियों को 1934 के संचार अधिनियम की धारा 230 के तहत कानून द्वारा तकनीकी प्लेटफार्मों को दी गई कानूनी प्रतिरक्षा के बारे में गवाही देने के

लिए मजबूर करना था। यूएस रिपब्लिकन ने तर्क दिया कि कानून ने सोशल मीडिया कंपनियों को रूढ़िवादी विरोधी सेंसरशिप के आरोपों से अनुचित संरक्षण दिया।

मार्च 2021 में, यह घोषणा की गई कि ज़करबर्ग 26 मार्च को फिर से कांग्रेस के सामने गवाही देंगे, जब उनसे 6 जनवरी, 2021 को यूएस कैपिटल बिल्डिंग पर हुए हमले में फेसबुक की भूमिका के बारे में पूछताछ की जाएगी।

मीडिया में चित्रण

सामाजिक जाल

जेसी आओयासेनबर्ग (चित्रित) ने द सोशल नेटवर्क में ज़ुकरबर्ग की भूमिका निभाई

ज़ुकरबर्ग और फेसबुक के प्रारंभिक वर्षों पर आधारित एक फिल्म, द सोशल नेटवर्क, 1 अक्टूबर, 2010 को जारी की गई, जिसमें जेसी ईसेनबर्ग ने ज़ुकरबर्ग की भूमिका निभाई। जब ज़ुकरबर्ग को फिल्म के बारे में बताया गया, तो उन्होंने जवाब दिया, "मैं नहीं चाहता था कि मेरे जीवित रहते कोई मेरे बारे में फिल्म बनाए।" इसके अलावा, फिल्म की स्क्रिप्ट इंटरनेट पर लीक होने के बाद और यह पता चला कि फिल्म पूरी तरह से सकारात्मक प्रकाश में ज़ुकरबर्ग को चित्रित नहीं करेगी, उन्होंने कहा कि वह खुद को "अच्छे आदमी" के रूप में स्थापित करना चाहते हैं। यह फिल्म बेन मेजरिच की किताब द एक्सीडेंटल बिलियनेयर्स पर आधारित है, जिसे पुस्तक के प्रचारक ने "रिपोर्टेज" के बजाय "बड़ा रसदार मज़ा" बताया। फिल्म के पटकथा लेखक आरोन सॉर्किन ने न्यूयॉर्क मैग़ज़ीन को बताया, "मैं नहीं चाहता कि मेरी निष्ठा सच हो; मैं चाहता हूं कि यह कहानी कहने जैसा हो", यह कहते हुए, "सटीकता के लिए सटीकता के बारे में इतना अच्छा क्या है, और क्या हम नहीं कर सकते? असली अच्छाई का दुश्मन है।" है ना?"

16 जनवरी, 2011 को सर्वश्रेष्ठ चित्र के लिए गोल्डन ग्लोब पुरस्कार जीतने के बाद, निर्माता स्कॉट रुडिन ने फेसबुक और ज़ुकरबर्ग को "हमें अपने जीवन का उपयोग करने और एक रूपक के रूप में काम करने की अनुमति देने के लिए धन्यवाद दिया, जिसके माध्यम से संचार और हमारे तरीके के बारे में एक कहानी बताने के लिए एक दूसरे से जुड़े हुए हैं।" सॉर्किन, जिन्होंने सर्वश्रेष्ठ पटकथा के लिए जीत हासिल की, ने अपनी स्क्रिप्ट में दिए गए कुछ छापों को वापस ले लिया:

मैं आज रात मार्क ज़ुकरबर्ग को बताना चाहता था, अगर आप देख रहे हैं, रूनी मारा का चरित्र फिल्म की शुरुआत में एक भविष्यवाणी करता है। वह गलत थी। आप एक महान उद्यमी, दूरदर्शी और अविश्वसनीय परोपकारी व्यक्ति रहे हैं।

29 जनवरी, 2011 को, ज़करबर्ग ने जेसी ईसेनबर्ग द्वारा आयोजित सैटरडे नाइट लाइव में एक आश्चर्यजनक अतिथि भूमिका निभाई। दोनों ने कहा कि वे पहली बार मिले थे। ईसेनबर्ग ने ज़ुकरबर्ग से पूछा, जिन्होंने फिल्म के माध्यम से उनके चित्रण की आलोचना की थी, वह फिल्म के बारे में क्या सोचते हैं। ज़ुकरबर्ग ने जवाब दिया, "यह दिलचस्प था।" 100 उनकी मुलाकात के बारे में बाद में एक साक्षात्कार में, ईसेनबर्ग ने समझाया कि वह "उससे मिलने के लिए घबराए हुए थे, क्योंकि मैंने डेढ़ साल उनके बारे में सोचने में बिताया था ..." उन्होंने आगे कहा, "मार्क ने किसी चीज़ के बारे में इतनी दया दिखाई है कि वास्तव में असहज था... तथ्य यह है कि वह एसएनएल करेंगे और स्थिति पर मज़ाक उड़ाएंगे, यह बहुत प्यारा और उदार है। मुझे लगता है कि किसी चीज़ को संभालने का यह सबसे अच्छा तरीका है जो अन्यथा बहुत असहज हो सकता है।"

विवादित सटीकता

डेविड किर्कपैट्रिक, फॉर्च्यून पत्रिका के पूर्व प्रौद्योगिकी संपादक और द फेसबुक इफ़ेक्ट: द इनसाइड स्टोरी ऑफ़ द कंपनी दैट कनेक्टिंग द वर्ल्ड, (2011) के लेखक के अनुसार, "फिल्म केवल" 40% सच है ... जिस तरह से उन्होंने ज़करबर्ग को चित्रित किया फिल्म में। यह क्रूर और व्यंग्यात्मक नहीं है।" वह कहते हैं कि "कई तथ्यात्मक घटनाएं सटीक हैं, लेकिन कई विकृत हैं और समग्र प्रभाव गलत है", और निष्कर्ष निकाला कि उनकी प्रेरणा मुख्य रूप से "एक नया रास्ता खोजने के लिए" थी इंटरनेट पर सूचनाओं का आदान-प्रदान करने के लिए "।

हालांकि ज़ुकरबर्ग ने फेसबुक के निर्माण को हार्वर्ड में किसी भी एलीट फाइनल क्लब में भर्ती नहीं होने के रूप में चित्रित किया, ज़ुकरबर्ग ने कहा कि उन्हें क्लब में शामिल होने में कोई दिलचस्पी नहीं है। 11 किर्कपैट्रिक ने सहमति व्यक्त की कि फिल्म द्वारा दी गई धारणा "झूठी" थी। फ़ेसबुक के एक पूर्व वरिष्ठ इंजीनियर कारेल बालून ने कहा कि "ज़करबर्ग की सामाजिक रूप से अयोग्य मूर्ख के रूप में छवि अतिरंजित है ... यह काल्पनिक है ..." उन्होंने इसी तरह फिल्म को यह कहते हुए खारिज कर दिया कि वह "जानबूझकर एक दोस्त को धोखा देंगे।"

अन्य दृष्टांत

ज़ुकरबर्ग ने "लोन-ए लिसा" नामक द सिम्पसंस के एक एपिसोड में खुद को आवाज दी, जो पहली बार 3 अक्टूबर, 2010 को प्रसारित हुई थी। इस कड़ी में, लिसा सिम्पसन और उसका दोस्त नेल्सन एक उद्यमी सम्मेलन में ज़करबर्ग से मिलते हैं। उदाहरण के तौर पर बिल गेट्स और रिचर्ड ब्रैनसन का हवाला देते हुए, ज़करबर्ग ने लीसा से कहा कि उन्हें अत्यधिक सफल होने के लिए कॉलेज से स्नातक होने की आवश्यकता नहीं है।

9 अक्टूबर 2010 को सैटरडे नाइट लाइव ने ज़करबर्ग और फेसबुक को ट्रैश कर दिया। ज़करबर्ग की भूमिका एंडी सैमबर्ग ने निभाई थी। वास्तविक ज़ुकरबर्ग के प्रसन्न होने की सूचना मिली थी: "मुझे लगा कि यह मजाकिया था।"

30 अक्टूबर, 2010 को, स्टीफन कोलबर्ट ने ज़करबर्ग को रैली टू रिस्टोर सेनिटी एंड/या फीयर में "मेडल ऑफ फियर" के साथ प्रस्तुत किया, "क्योंकि वह आपकी निजता को आपकी तुलना में अधिक महत्व देता है"।

ज़करबर्ग वृत्तचित्र के चरमोत्कर्ष में दिखाई देते हैं नियम और शर्तें लागू हो सकती हैं।

साउथ पार्क एपिसोड "फ्रैंचाइज़ प्रीक्वल" में ज़करबर्ग की पैरोडी की गई थी।

7 दिसंबर, 2018 को, एपिक रैप बैटल ऑफ हिस्ट्री ने जुकरबर्ग और एलोन मस्क के बीच रैप युद्ध का एक वीडियो जारी किया।

परोपकार और चैन जुकरबर्ग पहल

जुकरबर्ग ने स्टार्ट-अप: एजुकेशन फाउंडेशन की स्थापना की। 22 सितंबर, 2010 को, यह बताया गया कि जुकरबर्ग ने नेवार्क, न्यू जर्सी में एक पब्लिक स्कूल प्रणाली, नेवार्क पब्लिक स्कूल को $100 मिलियन का दान दिया। आलोचकों ने नोट किया कि दान का समय द सोशल नेटवर्क के प्रकाशन के बहुत करीब था, जिसने ज़करबर्ग की कुछ हद तक नकारात्मक तस्वीर पेश की। जुकरबर्ग ने इस आलोचना का जवाब देते हुए कहा, "मैं फिल्म के समय को लेकर सबसे ज्यादा चिंतित हूंसंवेदनशील होने के नाते, यानी, मैं नहीं चाहता था कि द सोशल नेटवर्क फिल्म के बारे में प्रेस नेवार्क परियोजना के साथ तालमेल बिठाए। मैं इसे गुमनाम रूप से करने की सोच रहा था। नेवार्क के मेयर कोरी बुकर ने कहा कि उन्हें और न्यू जर्सी के गवर्नर क्रिस क्रिस्टी को जुकरबर्ग की टीम को गुमनाम रूप से दान नहीं करने के लिए राजी करना पड़ा। पत्रकार डेल रुसाकॉफ के अनुसार, पैसा काफी हद तक बर्बाद हो गया था।

2010 में, जुकरबर्ग, बिल गेट्स और निवेशक वारेन बफेट ने "द गिविंग प्लेज" पर हस्ताक्षर किए, जिसमें उन्होंने कहा कि वे अपनी संपत्ति का कम से कम आधा हिस्सा दान में देंगे और अन्य अमीरों को 50 प्रतिशत दान करने के लिए आमंत्रित किया। या अपने धन का अधिक हिस्सा दान में देने के लिए। दिसंबर 2012 में, जुकरबर्ग और उनकी पत्नी प्रिसिला चान ने कहा कि अपने जीवनकाल के दौरान वे द गिविंग प्लेज की भावना में "मानव क्षमता को बढ़ाने और समानता को बढ़ावा देने" के लिए अपने अधिकांश धन को दान कर देंगे।

19 दिसंबर, 2013 को, ज़करबर्ग ने सिलिकॉन वैली कम्युनिटी फाउंडेशन को 18 मिलियन फेसबुक शेयर दान करने की घोषणा की, जो कि महीने के अंत तक प्रयोग किया जाएगा - फेसबुक के मूल्यांकन के आधार पर, शेयर कुल $ 990 मिलियन के लायक थे। 31 दिसंबर 2013 को, दान को 2013 के लिए सार्वजनिक रिकॉर्ड पर सबसे बड़े धर्मार्थ उपहार के रूप में मान्यता दी गई थी। परोपकार के क्रॉनिकल ने 2013 के लिए 50 सबसे उदार अमेरिकियों की पत्रिका की वार्षिक सूची के शीर्ष पर जुकरबर्ग और उनकी पत्नी को स्थान दिया, जिन्होंने दान के लिए लगभग $ 1 बिलियन का दान दिया था।

अक्टूबर 2014 में, ज़करबर्ग और चैन ने इबोला वायरस रोग, विशेष रूप से पश्चिम अफ्रीकी इबोला वायरस महामारी से लड़ने के लिए 25 मिलियन अमेरिकी डॉलर का दान दिया।

1 दिसंबर 2015 को, जुकरबर्ग और चैन ने अपने 99% फेसबुक शेयरों को चैन जुकरबर्ग इनिशिएटिव में स्थानांतरित करने का संकल्प लिया, जिसकी कीमत 45 बिलियन अमेरिकी डॉलर थी। धन तुरंत स्थानांतरित नहीं किया जाएगा, लेकिन उनके जीवन के दौरान। बिल गेट्स, वारेन बफेट, लैरी पेज, सर्गेई ब्रिन और अन्य जैसे अरबपतियों को शेयर मूल्य दान करने के लिए एक धर्मार्थ निगम बनाने के बजाय, जुकरबर्ग और चैन ने सीमित देयता कंपनी (एलएलसी) संरचना का उपयोग करना चुना। कुछ पत्रकारों और शिक्षाविदों ने कहा है कि चैन जुकरबर्ग की पहल परोपकारी पूंजीवाद का आयोजन करती है।

2016 में, चैन जुकरबर्ग इनिशिएटिव ने कर-मुक्त चैरिटी चैन जुकरबर्ग बायोहब को 600 मिलियन डॉलर दिए, जो सैन फ्रांसिस्को के कैलिफोर्निया विश्वविद्यालय के पास सैन फ्रांसिस्को के मिशन बे जिले में एक सहयोगी अनुसंधान स्थान है, जिसका उद्देश्य वैज्ञानिकों के बीच बातचीत और सहयोग बढ़ाना है। यूसीएसएफ, कैलिफोर्निया विश्वविद्यालय, बर्कले और स्टैनफोर्ड विश्वविद्यालय में। उत्पन्न बौद्धिक संपदा का स्वामित्व BioHub और आविष्कारक के गृह संस्थान के पास होगा। बिल और मेलिंडा गेट्स फाउंडेशन जैसी नींवों के विपरीत, जिन्होंने सभी शोधों को अप्रतिबंधित पहुंच और जनता द्वारा पुन:उपयोग के लिए वित्त पोषित किया है, बायोहब किसी भी शोध का व्यावसायीकरण करने का अधिकार सुरक्षित रखता है। शोधकर्ताओं के पास BioHub की अनुमति से अपने निष्कर्षों को खुला स्रोत बनाने का विकल्प होगा। वैज्ञानिक अनुसंधान तक पहुंच बढ़ाने और खुले विज्ञान को बढ़ावा देने के लिए, सीजेड बायोहब को अपने जांचकर्ताओं और स्टाफ वैज्ञानिकों से पांडुलिपियों और संबंधित डेटा को प्रीप्रिंट सर्वर जैसे BioArxiv पर प्रकाशित करने की आवश्यकता है।

कोविड-19 महामारी के दौरान, जुकरबर्ग ने बीमारी के इलाज के लिए बिल एंड मेलिंडा गेट्स फाउंडेशन-समर्थित त्वरक को $25 मिलियन का दान दिया। उन्होंने महामारी से प्रभावित स्थानीय पत्रकारिता का समर्थन करने के लिए $25 मिलियन अनुदान और Facebook, Inc. की भी घोषणा की। स्थानीय अखबारों में विज्ञापन खरीदने के लिए 75 मिलियन डॉलर के अनुदान की घोषणा की, जहां फेसबुक खुद की मार्केटिंग करेगा।

राजनीति

फरवरी 2011 में ओबामा और प्रौद्योगिकी व्यापार जगत के नेताओं के बीच एक निजी बैठक से पहले ज़करबर्ग राष्ट्रपति बराक ओबामा के साथ

2002 में, ज़ुकरबर्ग ने वेस्टचेस्टर काउंटी, न्यूयॉर्क में मतदान करने के लिए पंजीकरण कराया, जहां वे बड़े हुए, लेकिन नवंबर 2008 तक मतदान नहीं किया। मतदाताओं की सांता क्लारा काउंटी रजिस्ट्रार प्रवक्ता एल्मा रोजास ने ब्लूमबर्ग को बताया कि ज़ुकरबर्ग को "कोई वरीयता नहीं" के रूप में सूचीबद्ध किया गया था। "मतदाता सूची में, और उन्होंने 2008 और 2012 में पिछले तीन आम चुनावों में से कम से कम दो में मतदान किया।

ज़करबर्ग ने कभी भी अपनी राजनीतिक संबद्धता या मतदान के इतिहास का खुलासा नहीं किया: कुछ समाचार पत्र उन्हें रूढ़िवादी मानते हैं, अन्य उन्हें उदार मानते हैं।

13 फरवरी 2013 को, ज़ुकरबर्ग ने न्यू जर्सी के गवर्नर क्रिस क्रिस्टी के लिए अपना पहला अनुदान संचय आयोजित किया। इस अवसर पर ज़करबर्ग की विशेष रुचि शिक्षा सुधार थी, और क्रिस्टी का शिक्षा सुधार कार्य शिक्षक संघों और चार्टर स्कूलों के विस्तार पर केंद्रित था। उस वर्ष बाद में, ज़ुकरबर्ग ने नेवार्क के मेयर कोरी बुकर के लिए एक अभियान अनुदान संचय की मेजबानी की, जो 2013 के न्यू जर्सी विशेष सीनेट चुनाव में भाग ले रहे थे। सितंबर 2010 में, गवर्नर क्रिस क्रिस्टी के समर्थन से, बुकर ने ज़ुकरबर्ग से नेवार्क पब्लिक स्कूलों के लिए US$100 मिलियन प्रतिज्ञा प्राप्त की। दिसंबर 2012 में, ज़करबर्ग ने घोषणा की कि सीलिकॉन वैली कम्युनिटी फाउंडेशन को 18 मिलियन शेयर दान किए, एक सामुदायिक संगठन जिसमें अनुदान देने वाले क्षेत्रों की सूची में शिक्षा शामिल है।

11 अप्रैल 2013 को, ज़ुकरबर्ग ने FWD.us नामक 501(c)(4) लॉबिंग समूह का नेतृत्व किया। समूह के संस्थापक और योगदानकर्ता मुख्य रूप से सिलिकॉन वैली के उद्यमी और निवेशक थे, और इसके अध्यक्ष, जो ग्रीन, ज़करबर्ग के घनिष्ठ मित्र थे। समूह के लक्ष्यों में आप्रवासन सुधार, संयुक्त राज्य में शिक्षा की स्थिति में सुधार, और लोगों को लाभ पहुंचाने के लिए अधिक तकनीकी विकास को सक्षम करना शामिल है, हालांकि विभिन्न प्रकार के तेल और तेल-समर्थक विज्ञापन के वित्तपोषण के लिए इसकी आलोचना की गई है। आर्कटिक नेशनल वाइल्डलाइफ रिफ्यूज और कीस्टोन एक्सएल पाइपलाइन में ड्रिलिंग सहित गैस विकास गतिविधियां। 2013 में, द लीग ऑफ़ कंज़र्वेशन वोटर्स, MoveOn.org, सिएरा क्लब, डेमोक्रेसी फ़ॉर अमेरिका, CREDO, डेली कोस, 350.org और प्रेजेंटे और प्रोग्रेसिव यूनाइटेड जैसे कई उदारवादी और प्रगतिशील समूह अपने Facebook विज्ञापनों को हटाने के लिए सहमत हुए। कम से कम दो सप्ताह के लिए फेसबुक विज्ञापन खरीदें या न खरीदें, FWD.us द्वारा तेल ड्रिलिंग और कीस्टोन एक्सएल पाइपलाइन के समर्थन में वित्त पोषित ज़ुकरबर्ग विज्ञापनों के विरोध में, और रिपब्लिकन संयुक्त राज्य अमेरिका के सीनेटरों के बीच ओबामाकेयर के खिलाफ जो आप्रवासन सुधार का समर्थन करते हैं। एक स्पष्टीकरण की जरूरत है।

20 जून, 2013 की एक मीडिया रिपोर्ट से पता चला कि FWD.us वीडियो के ऑनलाइन प्रकाशन के बाद ज़करबर्ग सक्रिय रूप से अपने स्वयं के प्रोफाइल पेज पर फेसबुक उपयोगकर्ताओं के साथ जुड़े। FWD.us के दावे के जवाब में कि संगठन "केवल अधिक लोगों को नियुक्त करने के लिए तकनीक चाहता है," इंटरनेट उद्यमी ने उत्तर दिया: "सबसे बड़ी समस्या जिसे हम हल करने का प्रयास कर रहे हैं, यह सुनिश्चित करना है कि इस देश में 11 मिलियन गैर-दस्तावेजी लोग रह रहे हैं। और भविष्य में ऐसे लोगों के साथ वैसा ही व्यवहार किया जाएगा।"

जून 2013 में, ज़ुकरबर्ग वार्षिक सैन फ्रांसिस्को लेस्बियन, गे, बाइसेक्शुअल और ट्रांसजेंडर प्राइड उत्सव के हिस्से के रूप में कंपनी के फ्लोट पर फेसबुक के कर्मचारियों में शामिल हो गए। कंपनी ने पहली बार 2011 में 70 कर्मचारियों के साथ कार्यक्रम में भाग लिया और मार्च 2013 में यह संख्या बढ़कर 700 हो गई। 2013 का उत्सव विशेष रूप से महत्वपूर्ण था, क्योंकि इसने अमेरिकी सुप्रीम कोर्ट के फैसले का पालन किया था, जिसमें विवाह अधिनियम (DOMA) की रक्षा को असंवैधानिक पाया गया था।

सितंबर 2013 में टेक्रंच व्यवधान सम्मेलन में 2013 के मध्य में PRISM घोटाले के बारे में पूछे जाने पर, ज़करबर्ग ने कहा कि अमेरिकी सरकार ने "इसे उड़ा दिया"। उन्होंने आगे बताया कि सरकार ने अपने नागरिकों, अर्थव्यवस्था और कंपनियों की स्वतंत्रता की रक्षा के मामले में खराब प्रदर्शन किया।

ज़ुकरबर्ग ने 9 दिसंबर, 2015 को अपने फेसबुक वॉल पर एक बयान पोस्ट किया, जिसमें कहा गया कि वह नवंबर 2015 के पेरिस हमलों और 2015 के हमलों के जवाब में "हमारे समुदाय और दुनिया भर में मुसलमानों के समर्थन में मेरी आवाज जोड़ना चाहते हैं"। सैन बर्नार्डिनो हमला। बयान में यह भी कहा गया है कि फेसबुक पर मुसलमानों का "हमेशा स्वागत" है और उनकी स्थिति इस तथ्य का परिणाम है कि "एक यहूदी के रूप में, मेरे माता-पिता ने मुझे सिखाया कि हमें सभी समुदायों पर हमलों के खिलाफ खड़ा होना चाहिए।"

24 फरवरी, 2016 को, ज़करबर्ग ने कर्मचारियों को औपचारिक रूप से फटकार लगाने वाले कर्मचारियों को एक कंपनी-व्यापी आंतरिक ज्ञापन भेजा, जिन्होंने कंपनी की दीवारों पर हस्तलिखित वाक्यांश "ब्लैक लाइव्स मैटर" को पार किया और उन्हें "ऑल लाइव्स मैटर" से बदल दिया। फेसबुक कर्मचारियों को कंपनी की दीवारों पर स्वतंत्र रूप से विचार और वाक्यांश लिखने की अनुमति देता है। मेमो को बाद में कई कर्मचारियों ने लीक कर दिया था। ज़ुकरबर्ग ने पहले कंपनी की पिछली बैठकों में अभ्यास की निंदा की थी, और फेसबुक के अन्य नेताओं ने इसी तरह के अनुरोध जारी किए थे, ज़ुकरबर्ग ने एक मेमो में लिखा था कि वह अब ओवरराइटिंग अभ्यास को न केवल अपमानजनक बल्कि "दुर्भावनापूर्ण" मानेंगे। ज़ुकरबर्ग के मेमो के अनुसार, "ब्लैक लाइव्स मैटर का मतलब यह नहीं है कि अन्य जीवन नहीं कर सकते - यह सिर्फ अश्वेत समुदाय से वह न्याय पाने के लिए कह रहा है जिसके वे हकदार हैं।" मेमो में यह भी कहा गया है कि किसी चीज़ को ओवरराइड करने

का कार्य, "का अर्थ है भाषण को शांत करना या एक व्यक्ति के भाषण को दूसरे की तुलना में अधिक महत्वपूर्ण बनाना।" मेमो में ज़ुकरबर्ग ने यह भी कहा कि वह घटनाओं की जांच शुरू करेंगे। न्यूयॉर्क के डेली न्यूज ने एक फेसबुक कर्मचारी का साक्षात्कार लिया, जिसने गुमनाम रूप से टिप्पणी की, "ज़ुकरबर्ग वास्तव में इस घटना के बारे में गुस्से में थे, और इसने वास्तव में कर्मचारियों को प्रोत्साहित किया कि ज़करबर्ग को इस बात की स्पष्ट समझ थी कि 'ब्लैक लाइव्स मैटर' वाक्यांश क्यों मौजूद होना चाहिए, साथ ही इसकी आवश्यकता क्यों है के बारे में लिखा जाना है।" दिखाया गया है। यह यातना और मिटाने का एक रूप है।"

जनवरी 2017 में, ज़करबर्ग ने कुछ देशों के अप्रवासियों और शरणार्थियों को गंभीर रूप से प्रतिबंधित करने के लिए डोनाल्ड ट्रम्प के कार्यकारी आदेश की आलोचना की।

ज़ुकरबर्ग ने 2020 के आम चुनाव के लिए एक राज्यव्यापी मतपत्र पहल को वित्तपोषित किया, जो राज्य में वाणिज्यिक और औद्योगिक संपत्ति करों को बाजार दर पर मूल्यांकन करने की आवश्यकता के लिए कैलिफोर्निया के प्रस्ताव 13 को बदलकर करों को बढ़ाएगा।

व्यक्तिगत जीवन

ज़ुकरबर्गइंग्लैंड ने अपनी भावी पत्नी, साथी हार्वर्ड छात्र प्रिसिला चान से अपने द्वितीय वर्ष के दौरान एक फ्रैट पार्टी में मुलाकात की। उन्होंने 2003 में डेटिंग शुरू की। सितंबर 2010 में, कैलिफोर्निया विश्वविद्यालय, सैन फ्रांसिस्को में एक मेडिकल छात्र चैन, कैलिफोर्निया के पालो अल्टो में ज़ुकरबर्ग के किराये के घर में चले गए। 19 मई, 2012 को, उन्होंने अपनी हवेली के मैदान में एक कार्यक्रम में शादी की, जिसमें मेडिकल स्कूल से स्नातक होने का भी जश्न मनाया गया। 31 जुलाई 2015 को, ज़करबर्ग ने खुलासा किया कि वे एक बेटी की उम्मीद कर रहे थे, और चैन को पहले तीन गर्भपात हो चुके थे। उनकी बेटी मैक्सिमा चैन ज़ुकरबर्ग का जन्म 1 दिसंबर 2015 को हुआ था। उन्होंने एक चीनी नववर्ष वीडियो में घोषणा की कि उनकी बेटी का चीनी नाम चेन मिंग्यू (चीनी: ???) है। उनकी दूसरी बेटी अगस्त का जन्म अगस्त 2017 में हुआ था। दंपति के पास बीस्ट नाम का एक पूडल भी है, जिसके फेसबुक पर 2 मिलियन से ज्यादा फॉलोअर्स हैं। 2017 में, ज़ुकरबर्ग और उनकी पत्नी ने "संघ के हर राज्य का दौरा करने और लगभग दो अरब लोगों के बारे में अधिक जानने के लिए एक राष्ट्रव्यापी दौरे की शुरुआत की, जो नियमित रूप से सोशल नेटवर्क का उपयोग करते हैं।" उन्होंने किसानों, व्यापार मालिकों से मुलाकात की और मदर एमानुएल में भी बात की जहां 2015 की शूटिंग हुई थी।

एक सुधार यहूदी के रूप में पले-बढ़े, ज़करबर्ग ने बाद में एक नास्तिक के रूप में पहचान बनाई, लेकिन 2016 में कहा, "मैं यहूदी बड़ा हुआ और फिर मैं एक ऐसे दौर से गुज़रा जहां मैंने चीजों पर सवाल उठाया, लेकिन अब मेरा मानना है कि धर्म बहुत महत्वपूर्ण है।"

8
स्टीव जॉब्स

स्टीव जॉब्स

Top Richest People

Scan for Story Videos - www.itibook.com

स्टीवन पॉल जॉब्स (24 फरवरी, 1955 - 5 अक्टूबर, 2011) एक अमेरिकी उद्यमी, औद्योगिक डिजाइनर, बिजनेस मैग्नेट, मीडिया मालिक और निवेशक थे। वह Apple के सह-संस्थापक, अध्यक्ष और सीईओ थे; पिक्सर के अध्यक्ष और बहुसंख्यक शेयरधारक; पिक्सर

के अधिग्रहण के बाद द वॉल्ट डिज़नी कंपनी के निदेशक मंडल के सदस्य; और नेक्स्ट के संस्थापक, अध्यक्ष और सीईओ। उन्हें 1970 और 1980 के दशक की पर्सनल कंप्यूटर क्रांति के अग्रदूत के रूप में पहचाना जाता है, साथ ही उनके शुरुआती बिजनेस पार्टनर और साथी Apple के सह-संस्थापक स्टीव वोज्नियाक भी हैं।

जॉब्स का जन्म सैन फ्रांसिस्को में एक सीरियाई पिता और एक जर्मन-अमेरिकी मां से हुआ था। उनके जन्म के तुरंत बाद ही उन्हें गोद ले लिया गया था। जॉब्स ने उसी वर्ष वापस लेने से पहले 1972 में रीड कॉलेज में भाग लिया। 1974 में, उन्होंने ज्ञान प्राप्त करने और ज़ेन बौद्ध धर्म का अध्ययन करने के लिए भारत की यात्रा की। उन्होंने और वोज्नियाक ने 1976 में वोज्नियाक के ऐप्पल I पर्सनल कंप्यूटर को बेचने के लिए ऐप्पल की सह-स्थापना की। एक साल बाद, इस जोड़ी ने पहले अत्यधिक सफल जन-उत्पादित माइक्रो कंप्यूटरों में से एक, Apple II का उत्पादन और बिक्री करके प्रसिद्धि और भाग्य हासिल किया। जॉब्स ने 1979 में ज़ेरॉक्स ऑल्टो की व्यावसायिक क्षमता देखी, जो माउस-चालित थी और इसमें एक ग्राफिकल यूजर इंटरफेस (जीयूआई) था। इसने 1983 में असफल Apple लिसा के विकास का नेतृत्व किया, इसके बाद 1984 में Macintosh की सफलता, GUI के साथ पहला बड़े पैमाने पर उत्पादित कंप्यूटर। Macintosh ने 1985 में Apple LaserWriter के साथ डेस्कटॉप पब्लिशिंग इंडस्ट्री लॉन्च की, जो वेक्टर ग्राफिक्स की सुविधा देने वाला पहला लेजर प्रिंटर था।

1985 में, कंपनी के बोर्ड और तत्कालीन सीईओ जॉन स्कली के साथ लंबे संघर्ष के बाद जॉब्स को Apple से निकाल दिया गया था। उसी वर्ष, जॉब्स ने नेक्स्ट की स्थापना के लिए कुछ एप्पल कर्मचारियों को अपने साथ लाया, एक कंप्यूटर प्लेटफॉर्म डेवलपमेंट कंपनी जो उच्च शिक्षा और व्यावसायिक बाजारों के लिए कंप्यूटर में विशेषज्ञता रखती है। इसके अलावा, उन्होंने दृश्य प्रभाव उद्योग को विकसित करने में मदद की जब उन्होंने 1986 में जॉर्ज लुकास के लुकासफिल्म के कंप्यूटर ग्राफिक्स डिवीजन को वित्त पोषित किया। नई कंपनी पिक्सर थी, जिसने पहली 3डी कंप्यूटर-एनिमेटेड फीचर फिल्म, टॉय स्टोरी (1995) का निर्माण किया और आगे बढ़ती गई। तब से 25 से अधिक फिल्मों का निर्माण करते हुए एक प्रमुख एनीमेशन स्टूडियो बन गया।

1997 में, कंपनी द्वारा NeXT का अधिग्रहण करने के बाद जॉब्स Apple में CEO के रूप में वापस आ गए। एप्पल को दिवालिएपन के कगार से उबारने के लिए वह काफी हद तक जिम्मेदार थे। उन्होंने अंग्रेजी डिजाइनर जॉनी इवे के साथ मिलकर काम किया, "थिंक डिफरेंट" विज्ञापन अभियान के साथ शुरुआत की और Apple Store, App Store, iMac, iPad, iPod, iPhone, iTunes और अन्य के लिए उत्पादों की एक पंक्ति विकसित की, जिसका बहुत बड़ा सांस्कृतिक प्रभाव था। आईट्यून्स स्टोर। 2001 में, नेक्स्ट के नेक्स्टस्टेप प्लेटफॉर्म पर आधारित, मूल मैक ओएस को बिल्कुल नए मैक ओएस एक्स (अब मैकओएस के रूप में जाना जाता है) से बदल दिया गया, जिससे ऑपरेटिंग सिस्टम को इसकी पहली आधुनिक यूनिक्स-आधारित नींव मिली। 2003 में, जॉब्स को अग्न्याशय के न्यूरोएंडोक्राइन ट्यूमर का पता चला था। 5 अक्टूबर, 2011 को 56 वर्ष की आयु में एक ट्यूमर से संबंधित श्वसन विफलता के कारण उनकी मृत्यु हो गई।

परिवार

स्टीवन पॉल जॉब्स का जन्म सैन फ्रांसिस्को, कैलिफोर्निया में 24 फरवरी, 1955 को जोन कैरल शिबल और अब्दुलफताह जंडाली (अरबी:) के घर हुआ था। 2 उनके चचेरे भाई, बस्मा अल जंदाली कहते हैं कि उनका जन्म का नाम अब्दुल लतीफ जंदाली था। उन्हें क्लारा (नी हागोपियन) और पॉल रेनहोल्ड जॉब्स ने गोद लिया था।

अब्दुलफताह "जॉन" जंडाली का जन्म और पालन-पोषण होम्स, सीरिया में एक अरब मुस्लिम परिवार में हुआ था। लेबनान में बेरूत के अमेरिकी विश्वविद्यालय में स्नातक के रूप में, वह एक छात्र कार्यकर्ता थे और उनकी राजनीतिक गतिविधियों के लिए उन्हें जेल में डाल दिया गया था। उन्होंने विस्कॉन्सिन विश्वविद्यालय में पीएचडी अर्जित की, जहां उनकी मुलाकात जर्मन और स्विस मूल के अमेरिकी कैथोलिक जोआन शिएबल से हुई। दोनों एक ही उम्र के थे, जंडाली एक डॉक्टरेट उम्मीदवार थे और एक पाठ्यक्रम के लिए एक शिक्षण सहायक शिबल ले रहे थे। उपन्यासकार मोना सिम्पसन, जॉब्स की जैविक बहन, ने बताया कि शिएबल के कैथोलिक माता-पिता इस बात से नाखुश थे कि उनकी बेटी एक मुस्लिम के साथ थी। जॉब्स के जीवनी लेखक वाल्टर इसाकसन का कहना है कि शिबल के मरने वाले पिता ने "अब्दुलफताह से शादी करने पर उसे अस्वीकार करने की धमकी दी", इसलिए वे एक अविवाहित जोड़े बने रहे।

पॉल जॉब्स एक तटरक्षक मैकेनिक थे। तटरक्षक बल छोड़ने के बाद, उन्होंने 1946 में अर्मेनियाई मूल के एक अमेरिकी क्लारा हागोपियन से शादी की। उन्होंने 1955 में अस्थानिक गर्भावस्था के कारण गोद लेने पर विचार किया। हागोपियन के माता-पिता अर्मेनियाई नरसंहार के उत्तरजीवी थे।

प्रारंभिक जीवन

मनुष्य के सभी आविष्कारों में, कंप्यूटर निकट या शीर्ष पर रहा है, जैसा कि इतिहास सामने आता है और हम पीछे मुड़कर देखते हैं। यह अब तक का सबसे अच्छा टूल है। मैं ऐतिहासिक रूप से सिलिकॉन वैली में, जहां यह खोज हुई, सही समय पर, सही जगह पर होने के लिए अविश्वसनीय रूप से भाग्यशाली महसूस करता हूं।

-स्टीव जॉब्स, 1995 12

1954 में जॉब्स द्वारा शिएबल गर्भवती हो गई, जबकि उसने और जंडाली ने होम्स में अपने परिवार के साथ गर्मियां बिताई। जंडाली के अनुसार, शिब्बल ने जानबूझ कर उन्हें इस प्रक्रिया के अधीन कियाशामिल नहीं: "मुझे बताए बिना, जोन बड़ा हुआ और मेरे सहित किसी को भी जानने के बिना बच्चा पैदा करने के लिए सैन फ्रांसिस्को चला गया।"

शिबल ने 24 फरवरी, 1955 को सैन फ्रांसिस्को में जॉब्स को जन्म दिया और उसे गोद लेने के लिए "कैथोलिक, शिक्षित और धनी" जोड़े को चुना, लेकिन बाद में इस जोड़े ने अपना विचार बदल दिया। उसके बाद उन्हें पॉल और क्लारा जॉब्स के साथ रखा गया, जिनके पास धन और कॉलेज की शिक्षा की कमी थी, और शिएबल ने गोद लेने के कागजात पर हस्ताक्षर करने से इंकार कर दिया। उसने अदालत से एक अलग परिवार खोजने के लिए कहा, लेकिन वह सहमत हो गया जब पॉल और क्लारा ने उसकी कॉलेज की शिक्षा को निधि देने का वादा किया।

युवावस्था में, उनके माता-पिता उन्हें एक लूथरन चर्च में ले गए। जब वह हाई स्कूल में था, क्लारा ने अपनी प्रेमिका क्रिस्टन ब्रेनन को स्वीकार किया कि वह "स्टीव के जीवन के पहले छह महीनों के लिए उससे प्यार करने से बहुत डरी हुई थी... मुझे डर था कि वे उसे मुझसे दूर ले जाएंगे। हमारे जीतने के बाद भी मामला, स्टीव इतना कठिन लड़का था। मैंने सोचा कि जब वह दो साल का था तब हमने गलती की थी। मैं उसे वापस चाहता था। जब क्रिस ने स्टीव के साथ यह टिप्पणी साझा की, तो उसने कहा कि वह पहले से ही जानता था, और फिर कहा कि पॉल और क्लारा प्यार करते थे और उसे गहराई से लाड़-प्यार दिया। कई वर्षों बाद, जॉब्स की पत्नी लोरेन ने यह भी कहा कि वह "उन दोनों को माता-पिता के रूप में पाकर वास्तव में धन्य महसूस करते हैं।" दत्तक माता-पिता", और वह उन्हें अपने माता-पिता कहते हैं, इसे "1,000%" मानते हैं। जॉब्स ने अपने जैविक माता-पिता को "मेरे शुक्राणु और अंडे के बैंक" के रूप में संदर्भित किया। यह सख्त नहीं है, यह वही है, एक शुक्राणु बैंक, और कुछ नहीं।

बचपन

मैंने बचपन में खुद को एक मानवतावादी के रूप में सोचा था, लेकिन मुझे इलेक्ट्रॉनिक्स से प्यार था ... फिर मैंने कुछ पढ़ा जो मेरे नायकों में से एक, एडविन लैंड ऑफ पोलेरॉइड ने लोगों के मानविकी और विज्ञान के चौराहे पर खड़े होने में सक्षम होने के महत्व के बारे में कहा, और मैंने फैसला किया कि मैं यही करना चाहता हूं।

-स्टीव जॉब्स 20

पॉल जॉब्स ने मशीनिस्ट के रूप में प्रयास करने, कई अन्य नौकरियों और फिर "मशीनिस्ट के रूप में काम करने" सहित कई नौकरियों में काम किया।

पॉल और क्लारा ने 1957 में जॉब्स की बहन पेट्रीसिया को गोद लिया था, और 1959 तक परिवार माउंटेन व्यू, कैलिफोर्निया के मोंटा लोमा पड़ोस में चला गया था। पॉल ने अपने बेटे के लिए "यांत्रिकी के अपने प्यार का पीछा करने" के लिए अपने गैरेज में एक कार्यक्षेत्र बनाया। इस बीच, जॉब्स ने अपने पिता की शिल्प कौशल की प्रशंसा की "क्योंकि वह जानता था कि कुछ भी कैसे बनाना है। अगर हमें एक कैबिनेट की जरूरत होती, तो वह उसे बना देता। जब उसने हमारी बाड़ बनाई, तो उसने मुझे एक हथौड़ा दिया ताकि मैं उसके साथ काम कर सकूं... वह कार। "फिक्सिंग में नहीं... लेकिन मैं अपने पापा के साथ घूमने का इंतजार कर रहा था।" जब वे दस वर्ष के थे, तब तक जॉब्स इलेक्ट्रॉनिक्स में गहराई से शामिल हो गए थे और पड़ोस में रहने वाले कई इंजीनियरों से मित्रता कर ली थी। हालाँकि, उन्हें अपनी उम्र के लड़कों के साथ दोस्ती करने में कठिनाई हुई, और अपने सहपाठियों द्वारा उन्हें "अकेले" के रूप में देखा गया। पृष्ठ आवश्यक

कैलिफोर्निया के लॉस अल्टोस में क्राइस्ट ड्राइव पर पॉल और क्लारा जॉब्स का घर

स्टीव जॉब्स का बचपन का घर और कैलिफोर्निया के लॉस अल्टोस में क्रिस्ट ड्राइव पर एप्पल कंप्यूटर की मूल साइट। 2013 में घर को ऐतिहासिक लॉस अल्टोस साइट्स की सूची में जोड़ा गया था।

नौकरियों को पारंपरिक कक्षाओं में काम करने में कठिनाई होती थी, प्राधिकरण के आंकड़ों की अवहेलना करने की प्रवृत्ति होती थी, अक्सर दुर्व्यवहार किया जाता था, और कई बार निलंबित कर दिया जाता था। क्लारा ने उसे एक बच्चे के रूप में पढ़ना सिखाया था, और जॉब्स ने कहा कि वह "स्कूल में बहुत ऊब गया था और थोड़ा आतंकित हो गया था ... आपको हमें तीसरी कक्षा में देखना चाहिए था, हमने मूल रूप से शिक्षक को नष्ट कर दिया था।" वह अक्सर माउंटेन व्यू में मोंटा लोमा एलीमेंट्री स्कूल में दूसरों के साथ मज़ाक करता था। हालाँकि, उनके पिता पॉल (जो एक बच्चे के रूप में दुर्व्यवहार किया गया था) ने उन्हें कभी नहीं डांटा और इसके बजाय उनके शानदार बेटे को चुनौती न देने के लिए स्कूल को दोषी ठहराया।

जॉब्स ने बाद में अपनी चौथी कक्षा की शिक्षिका, इमोगीन "टेडी" हिल को बदलाव का श्रेय दिया: "उसने एक उन्नत चौथी कक्षा की कक्षा को पढ़ाया, और उसे मेरी स्थिति से तालमेल बिठाने में लगभग एक महीने का समय लगा। उसने मुझे सीखने के लिए रिश्वत दी। कहो। , 'आपको इस कार्यपुस्तिका को पूरा करना होगा। मैं चाहता हूँ। यदि आप समाप्त कर लें तो मैं आपको पाँच रुपये दूंगा।' इससे मुझे चीजें सीखने की इच्छा हुई! मुझे लगता है कि मैंने उस वर्ष स्कूल में किसी भी अन्य वर्ष की तुलना में अधिक सीखा। वे मुझे चाहते थे अगले दो वर्षों के लिए ग्रेड स्कूल छोड़कर विदेश में अध्ययन करने के लिए। मैं सीधे जूनियर हाई में जाना चाहता था लेकिन मेरे माता-पिता ने बहुत बुद्धिमानी से मुझे ऐसा नहीं करने दिया।" जॉब्स ने 5वीं कक्षा छोड़ दी और 6वीं कक्षा के लिए माउंटेन व्यू के क्रिटेंडन मिडिल स्कूल में स्थानांतरित हो

गए जहां वे "सामाजिक रूप से अजीब कुंवारे" बन गए। क्रिटेंडेन मिडिल में जॉब्स को अक्सर "बुलाया" जाता था, और 7 वीं कक्षा के मध्य में, उन्होंने अपने माता-पिता को एक अल्टीमेटम दिया: उन्हें या तो उसे क्रिटेंडेन से बाहर निकालना होगा या वह बाहर निकल जाएगा।

हालांकि जॉब्स परिवार अमीर नहीं था और सभी 1967 मेंबचत का उपयोग एक नया घर खरीदने के लिए किया गया, जिससे जॉब्स को स्कूल बदलने की अनुमति मिली। नया घर (लॉस अल्टोस, कैलिफोर्निया में क्राइस्ट ड्राइव पर एक तीन-बेडरूम वाला घर) क्यूपर्टिनो स्कूल डिस्ट्रिक्ट, क्यूपर्टिनो, कैलिफोर्निया में स्थित था, और माउंटेन व्यू क्षेत्र की तुलना में इंजीनियरिंग परिवारों द्वारा अधिक आबादी वाले वातावरण में सन्निहित था। घर को एक ऐतिहासिक स्थल घोषित किया गया था। 2013, Apple कंप्यूटर के लिए पहली साइट के रूप में। 2013 तक, इसका स्वामित्व जॉब्स की बहन पैटी के पास था और उनकी सौतेली माँ मर्लिन ने इसे ले लिया था।

जब वे 1968 में 13 वर्ष के थे, बिल हेवलेट (हेवलेट-पैकर्ड के) ने उन्हें गर्मियों की नौकरी की पेशकश की, जब जॉब्स ने उन्हें एक इलेक्ट्रॉनिक्स प्रोजेक्ट के लिए पुर्जे मांगने के लिए बुलाया। पृष्ठ आवश्यक

लॉस अल्टोस में घर के स्थान का मतलब था कि जॉब्स पास के होमस्टेड हाई स्कूल में जा सकते थे, जिसका सिलिकन वैली से मजबूत संबंध है। उन्होंने 1968 के अंत में बिल फर्नांडीज के साथ जॉब्स को स्टीव वोज्नियाक से मिलवाया, जो एप्पल के पहले कर्मचारी बने। न तो जॉब्स और न ही फर्नांडीज (जिनके पिता एक वकील थे) एक इंजीनियरिंग पृष्ठभूमि से आए थे और इस तरह उन्होंने जॉन मैकुलम के इलेक्ट्रॉनिक्स 1 वर्ग में दाखिला लेने का फैसला किया। जॉब्स ने अपने बाल लंबे किए और बढ़ते प्रतिसंस्कृति में शामिल हो गए। विद्रोही युवक अंततः मैकुलम से भिड़ गया और कक्षा में रुचि खो दी।

1970 के दशक के मध्य में वह बदल गया: "मुझे पहले पत्थर मार दिया गया था; मैंने शेक्सपियर, डायलन थॉमस और उन सभी महान चीजों की खोज की। मैंने मोबी डिक पढ़ा और रचनात्मक लेखन कक्षाएं लेने वाले जूनियर के रूप में वापस चला गया।" जॉब्स ने बाद में अपने आधिकारिक जीवनी लेखक को बताया कि "मैंने बहुत सारा संगीत सुनना शुरू कर दिया, और मैंने सिर्फ विज्ञान और प्रौद्योगिकी-शेक्सपियर, प्लेटो के बाहर भी बहुत कुछ पढ़ना शुरू कर दिया। मैं किंग लियर से प्यार करता था ... जब मैं अंदर था। मेरे पास यह था अभूतपूर्व एपी अंग्रेजी कक्षा। शिक्षक एक लड़का था जो अर्नेस्ट हेमिंग्वे की तरह दिखता था। उसने हममें से एक समूह को योसेमाइट में स्नोशोइंग किया।" होमस्टेड हाई में अपने पिछले दो वर्षों के दौरान, जॉब्स ने दो अलग-अलग रुचियों का विकास किया: इलेक्ट्रॉनिक्स और सामग्री। जॉब्स के वरिष्ठ वर्ष के दौरान ये दोहरे हित विशेष रूप से स्पष्ट थे क्योंकि उनके सबसे अच्छे दोस्त वोज्नियाक और उनकी पहली प्रेमिका, कलात्मक होमस्टेड जूनियर क्रिस्टन ब्रेनन थीं।

1971 में, वोज्नियाक के कैलिफोर्निया विश्वविद्यालय, बर्कले में अध्ययन शुरू करने के बाद, जॉब्स ने उनसे सप्ताह में कुछ बार मुलाकात की। इस अनुभव ने उन्हें पास के स्टैनफोर्ड विश्वविद्यालय में छात्र संघ में भाग लेने के लिए प्रेरित किया। एक इलेक्ट्रॉनिक्स क्लब में शामिल होने के बजाय, जॉब्स ने होमस्टेड के अवांट-गार्ड जैज़ इवेंट के लिए एक दोस्त के साथ एक लाइट शो किया। होमस्टेड के एक सहपाठी ने उन्हें "एक तरह का दिमाग और एक हिप्पी की तरह ... लेकिन वह कभी भी किसी समूह में फिट नहीं हुआ। वह बेवकूफ होने के लिए काफी चतुर था, लेकिन बेवकूफ नहीं था। और वह एक बहुत ही बौद्धिक हिप्पी था, जो सिर्फ चाहता था अपना सारा समय बर्बाद करने के लिए। था। वह एक बाहरी व्यक्ति की तरह था। हाई स्कूल में सब कुछ घूमता था कि आप किस समूह से संबंधित हैं, और यदि आप सावधानीपूर्वक परिभाषित समूह में नहीं थे, तो आप कोई नहीं थे। वह एक व्यक्ति था, एक में दुनिया जहां व्यक्तित्व संदिग्ध था।" 1971 के अंत में अपने वरिष्ठ वर्ष तक, वह स्टैनफोर्ड में फ्रेशमैन अंग्रेजी कक्षाएं ले रहे थे और होमस्टेड अंडरग्राउंड फिल्म प्रोजेक्ट पर क्रिस ब्रेनन के साथ काम कर रहे थे।

लगभग उसी समय, वोज्नियाक ने टेलीफोन नेटवर्क में हेरफेर करने के लिए आवश्यक टोन उत्पन्न करने के लिए एक कम लागत वाला डिजिटल "ब्लू बॉक्स" डिज़ाइन किया, जिससे लंबी दूरी की मुफ्त कॉल की अनुमति मिली। वह एस्क्वायर के अक्टूबर 1971 के अंक में "लिटिल ब्लू बॉक्स का रहस्य" नामक एक लेख से प्रेरित था। जॉब्स ने तब उन्हें बेचने का फैसला किया और मुनाफे को वोज्नियाक के साथ बांट दिया। अवैध ब्लू बॉक्स की गुप्त बिक्री अच्छी तरह से हुई और शायद जॉब्स के मन में यह बीज बो दिया कि इलेक्ट्रॉनिक्स मज़ेदार और लाभदायक दोनों हो सकते हैं। 38 1994 के एक साक्षात्कार में, उन्होंने याद किया कि ब्लू बॉक्स को डिज़ाइन करने में उन्हें और वोज्नियाक को छह महीने लगे थे। 39 जॉब्स ने बाद में प्रतिबिंबित किया कि वोज्नियाक के ब्लू बॉक्स के बिना "कोई सेब नहीं होगा"। वह कहता है कि उसने देखा कि वह जीत सकता है और बड़ी कंपनियों को हरा सकता है।

हाई स्कूल के अपने वरिष्ठ वर्ष तक, जॉब्स ने एलएसडी का उपयोग करना शुरू कर दिया था। बाद में उन्होंने याद किया कि एक अवसर पर उन्होंने सनीवेल के बाहर एक गेहूं के खेत में इसका सेवन किया था और "उस बिंदु तक मेरे जीवन का सबसे अद्भुत अनुभव" अनुभव किया था। 1972 के मध्य में, स्नातक होने के बाद और रीड कॉलेज जाने से पहले, जॉब्स और ब्रेनन ने अपने दूसरे रूममेट, अल से एक घर किराए पर लिया।

रीड कॉलेज

मुझे पूर्वी रहस्यवाद में दिलचस्पी थी जो उस समय किनारे पर पहुंच गया था। रीड में टिमोथी लेरी और रिचर्ड एल्पर्ट से लेकर गैरी स्नाइडर तक लोगों की एक स्थिर धारा थी। जीवन के सत्य के बारे में बौद्धिक प्रश्नों का निरंतर प्रवाह था। यह एक समय था जब देश का हर कॉलेज

छात्र बी हियर नाउ और डाइट फॉर ए स्मॉल प्लैनेट पढ़ता था।

-स्टीव जॉब्स

सितंबर 1972 में, जॉब्स ने पोर्टलैंड, ओरेगन में रीड कॉलेज में दाखिला लिया। हालांकि पॉल और क्लारा के पास महंगे स्कूल हैं जो वे वहन कर सकते हैं, वे जोर देकर कहते हैं कि केवल रीड ही आवेदन करें। जॉब्स जल्द ही रॉबर्ट फ्रीडलैंड से मिलेकेली से मित्रता की, जो उस समय रीड के छात्रसंघ अध्यक्ष थे। रीड में रहते हुए ब्रेनन जॉब्स के संपर्क में रहे। बाद में उसने उसे रीड कैंपस के पास एक किराए के घर में आने और उसके साथ रहने के लिए कहा, लेकिन उसने मना कर दिया। उद्धरण आवश्यक है

सिर्फ एक सेमेस्टर के बाद, जॉब्स ने अपने माता-पिता को बताए बिना रीड कॉलेज छोड़ दिया। जॉब्स ने बाद में समझाया कि ऐसा इसलिए था क्योंकि वह अपने माता-पिता के पैसे को ऐसी शिक्षा पर खर्च नहीं करना चाहते थे जो उन्हें लगता था कि व्यर्थ है। उन्होंने रॉबर्ट पैलाडिनो द्वारा पढ़ाए जाने वाले सुलेख पाठ्यक्रम सहित अपनी कक्षाओं का ऑडिट किया। स्टैनफोर्ड यूनिवर्सिटी में 2005 के एक प्रारंभिक भाषण में, जॉब्स ने कहा कि इस दौरान, वह दोस्तों के छात्रावास में फर्श पर सोते थे, दोपहर के भोजन के पैसे के लिए कोक की बोतलें लौटाते थे, और स्थानीय हरे कृष्ण मंदिर में मुफ्त साप्ताहिक भोजन प्राप्त करते थे। उसी भाषण में, जॉब्स ने कहा: "अगर मैंने कॉलेज में एक भी कैलीग्राफी कोर्स नहीं छोड़ा होता, तो मैक में कभी भी एक से अधिक टाइपफेस या आनुपातिक रूप से स्पेस वाले फॉन्ट नहीं होते।"

1972-1985

मैं बहुत भाग्यशाली था कि मुझे कंप्यूटर में आने का मौका मिला, जब यह एक बहुत ही युवा और विशिष्ट उद्योग था। कंप्यूटर विज्ञान में बहुत अधिक डिग्रियां प्रदान नहीं की गई थीं, इसलिए कंप्यूटर के लोग गणित, भौतिकी, संगीत, प्राणीशास्त्र, जो भी हो, में होशियार लोग थे। वे इसे प्यार करते थे, और वास्तव में पैसे के लिए कोई भी इसमें नहीं था ... यहाँ आस-पास ऐसे लोग हैं जो सिर्फ पैसा बनाने के लिए कंपनियाँ शुरू करते हैं, लेकिन अच्छी कंपनियाँ, यह वह नहीं है जो इसके बारे में है।

-स्टीव जॉब्स

पूर्व एप्पल

फरवरी 1974 में, जॉब्स लॉस अल्टोस में अपने माता-पिता के घर लौट आए और नौकरी की तलाश करने लगे। वह जल्द ही कैलिफोर्निया के लॉस गैटोस में अटारी, इंक। में शामिल हो गए। तकनीशियन के रूप में नियुक्त। 1973 में, स्टीव वोज्नियाक ने क्लासिक वीडियो गेम पोंग का अपना संस्करण डिजाइन किया और जॉब्स को इसका इलेक्ट्रॉनिक्स बोर्ड दिया। वोज्नियाक के अनुसार, अटारी ने केवल जॉब्स को काम पर रखा क्योंकि वह बोर्ड को कंपनी में ले गया और उसे लगा कि उसने इसे खुद बनाया है। अटारी के सह-संस्थापक नोलन बुशनेल ने बाद में उन्हें "कठिन लेकिन मूल्यवान" के रूप में वर्णित किया, "वह अक्सर कमरे में सबसे चतुर व्यक्ति थे, और उन्होंने लोगों को यह जानने दिया।"

इस दौरान जॉब्स और ब्रेनन दूसरे लोगों से मिलते-जुलते रहे। 1974 की शुरुआत में, जॉब्स जी रहे थे जिसे ब्रेनन ने लॉस गैटोस के एक केबिन में "सरल जीवन" के रूप में वर्णित किया, अटारी में काम कर रहे थे और भारत की आसन्न यात्रा के लिए पैसे बचा रहे थे। उद्धरण आवश्यक है

1974 के मध्य में, जॉब्स आध्यात्मिक ज्ञान की तलाश में अपने कैंची आश्रम में नीम करोली बाबा के दर्शन करने के लिए अपने रीड मित्र (और अंततः Apple कर्मचारी) डैनियल कोट्टके के साथ भारत आए। जब वे नीम करोली आश्रम पहुंचे, तो वह लगभग सुनसान था क्योंकि नीम करोली बाबा का सितंबर 1973 में निधन हो गया था। फिर उन्होंने हैद खान बाबाजी के आश्रम तक सूखी नदी के तल में एक लंबा सफर तय किया।

सात महीने बाद, जॉब्स ने भारत छोड़ दिया और डेनियल कॉटके से पहले अमेरिका लौट आए। जॉब्स ने बदला था अपना रूप; उनका सिर मुंडवा दिया गया था और उन्होंने पारंपरिक भारतीय कपड़े पहने थे। इस समय के दौरान, जॉब्स ने साइकेडेलिक्स के साथ प्रयोग किया, बाद में अपने एलएसडी अनुभवों को "अपने जीवन में किए गए दो या तीन सबसे महत्वपूर्ण चीजों में से एक" कहा। उन्होंने रॉबर्ट फ्रीडलैंड के स्वामित्व वाले ओरेगन में एक कम्यून, ऑल वन फार्म में कुछ समय बिताया। ब्रेनन कुछ समय के लिए वहां शामिल हुए। उद्धरण आवश्यक है

इस अवधि के दौरान, जेन मास्टर कोबुन चिनो ओटोगावा के माध्यम से जॉब्स और ब्रेनन दोनों ज़ेन बौद्ध धर्म के अभ्यासी बन गए। जॉब्स अपने माता-पिता के पिछवाड़े में रहते थे, जिसे उन्होंने बेडरूम में बदल दिया था। उन्होंने जापान में इहेई-जी में मठवासी निवास लेने पर विचार किया और जीवन भर ज़ेन की प्रशंसा की।

1975 के मध्य में, अटारी लौटने के बाद, आर्केड वीडियो गेम ब्रेकआउट के लिए सर्किट बोर्ड डिजाइन करने के लिए जॉब्स को काम पर रखा गया था। बुशनेल के अनुसार, अटारी ने मशीन से निकाले गए प्रत्येक TTL चिप के लिए $100 (2021 में लगभग $500 के बराबर) की पेशकश की। जॉब्स को सर्किट बोर्ड डिजाइन का कुछ विशेष ज्ञान था और उन्होंने वोज्नियाक के साथ शुल्क को समान रूप से विभाजित करने के लिए एक सौदा किया, अगर वोज्नियाक चिप्स की संख्या कम कर सकता था। जैसा कि अटारी इंजीनियरों को आश्चर्य हुआ, वोज्नियाक ने टीटीएल संख्या को घटाकर 46 कर दिया, एक डिजाइन इतना कड़ा था कि असेंबली लाइन पर पुन: पेश करना असंभव था। वोज्नियाक के

अनुसार, जॉब्स ने उन्हें बताया कि अटारी ने उन्हें केवल $700 का भुगतान किया (वास्तविक $5,000 के बजाय) और इसलिए वोज्नियाक का हिस्सा $350 था। वोज्नियाक को दस साल बाद तक वास्तविक बोनस के बारे में पता नहीं चला था, लेकिन अगर जॉब्स ने उन्हें इसके बारे में बताया होता और समझाया होता कि उन्हें पैसे की जरूरत है, तो वोज्नियाक ने उन्हें दे दिया होता।

जॉब्स और वोज्नियाक ने 1975 में होमब्रू कंप्यूटर क्लब की एक बैठक में भाग लिया, जो पहले एप्पल कंप्यूटर के विकास और विपणन के लिए एक महत्वपूर्ण कदम था।

सेब (1976-1985)

मूल रूप से स्टीव वोज्नियाक और मैंने Apple का आविष्कार किया क्योंकि हम एक पर्सनल कंप्यूटर चाहते थे। जो कंप्यूटर बाजार में थे, उन्हें हम वहन नहीं कर सकते थे, और हमारे लिए उनका उपयोग करना अव्यावहारिक था। हमें एक वोक्सवैगन की जरूरत थी। वोक्सवैगन यात्रा के अन्य साधनों की तरह तेज या आरामदायक नहीं है, लेकिन वीडब्ल्यू के मालिक उन्हें चाहते हैं, जहां भी वे चाहते हैंफिर उनके साथ जा सकते हैं। VW के मालिकों का अपनी कारों पर व्यक्तिगत नियंत्रण होता है।

-स्टीव जॉब्स

मार्च 1976 तक, वोज्नियाक ने Apple I कंप्यूटर के मूल डिज़ाइन को पूरा किया और इसे जॉब्स को दिखाया, जिन्होंने इसे बेचने का सुझाव दिया; वोज्नियाक शुरू में इस विचार को लेकर संशय में थे लेकिन बाद में मान गए। उस वर्ष के अप्रैल में, जॉब्स, वोज्नियाक और प्रशासनिक पर्यवेक्षक रोनाल्ड वेन ने 1 अप्रैल, 1976 को जॉब्स के माता-पिता के क्राइस्ट ड्राइव होम में एक व्यावसायिक साझेदारी के रूप में Apple कंप्यूटर कंपनी (जिसे अब Apple Inc कहा जाता है) की स्थापना की। ऑपरेशन जॉब्स के पिता के घर पर शुरू हुआ। बेडरूम और फिर गैरेज में चले गए। जॉब्स और वोज्नियाक को कंपनी के सक्रिय प्राथमिक सह-संस्थापकों के रूप में छोड़कर वेन कुछ समय के लिए रुके। जॉब्स के ओरेगन में ऑल वन फार्म कम्यून से लौटने के बाद दोनों ने "ऐप्पल" नाम तय किया और वोज्नियाक को फार्म के सेब के बाग में अपने समय के बारे में बताया। जॉब्स ने मूल रूप से Apple I के नंगे मुद्रित सर्किट बोर्ड बनाने और उन्हें $ 50 प्रत्येक (2021 में लगभग $ 240 के बराबर) के लिए कंप्यूटर शौकियों को बेचने की योजना बनाई थी। वोज्नियाक ने अपना एचपी साइंटिफिक कैलकुलेटर बेच दिया और जॉब्स ने पहले बैच को फंड करने के लिए अपनी वोक्सवैगन वैन बेच दी। उस वर्ष बाद में, कंप्यूटर रिटेलर पॉल टेरेल ने 50 पूरी तरह से असेंबल की गई Apple I इकाइयों को $500 प्रत्येक के लिए खरीदा। अंततः लगभग 200 Apple I कंप्यूटरों का उत्पादन किया गया।

बाहरी छवि

क्राइस्ट ड्राइव पर एक पड़ोसी ने जॉब्स को एक अजीब व्यक्ति के रूप में याद किया जो अपने ग्राहकों को "अपने अंडरवियर में, नंगे पांव और हिप्पी की तरह बाहर घूमने" के लिए बधाई देता था। एक अन्य पड़ोसी, लैरी वॉटरलैंड, जिन्होंने हाल ही में स्टैनफोर्ड में केमिकल इंजीनियरिंग में पीएचडी अर्जित की थी, पंच कार्ड के बड़े डेक के साथ विशाल मेनफ्रेम कंप्यूटर के स्थापित उद्योग की तुलना में जॉब्स की नवेली व्यवसाय की अस्वीकृति को याद किया: "स्टीव मुझे गैरेज में ले गए। चिप लगा एक सर्किट बोर्ड, एक ड्यूमॉन्ट टीवी। सेट, एक पैनासोनिक कैसेट टेप डेक और एक कीबोर्ड। उन्होंने कहा, 'यह एक एप्पल कंप्यूटर है।' मैंने कहा, 'आप मजाक कर रहे हैं।' मैंने खारिज कर दिया पूरा विचार।" रीड कॉलेज और भारत के जॉब्स के एक मित्र डेनियल कॉटके ने याद किया कि एक प्रारंभिक एप्पल कर्मचारी के रूप में, वह "गैरेज में काम करने वाले एकमात्र व्यक्ति थे... वोज़ सप्ताह में एक बार अपने नवीनतम कोड के साथ दिखाई देते थे। स्टीव जॉब्स ने ऐसा नहीं किया।" टी। उस अर्थ में उसके हाथ गंदे हो जाओ। " " कॉट्टके ने यह भी कहा कि ज्यादातर शुरुआती काम जॉब्स की रसोई में किया जाता था, जहां वह कंपनी के लिए निवेशकों को खोजने की कोशिश में फोन पर घंटों बिताते थे।

उन्हें तत्कालीन अर्ध-सेवानिवृत्त इंटेल उत्पाद विपणन प्रबंधक और इंजीनियर माइक मार्कुला से धन प्राप्त हुआ। सन माइक्रोसिस्टम्स के सह-संस्थापकों में से एक, स्कॉट मैकनली ने कहा कि जॉब्स ने सिलिकॉन वैली में "कांच युग की सीमा" को तोड़ दिया क्योंकि उन्होंने कम उम्र में एक बहुत ही सफल कंपनी का निर्माण किया। Markkula ने Apple को आर्थर रॉक के ध्यान में लाया, जिन्होंने Home Brew कंप्यूटर शो में Apple बूथ पर भीड़ को देखने के बाद $60,000 के निवेश के साथ शुरुआत की और Apple को बोर्ड में शामिल कर लिया। फरवरी 1977 में जब मार्ककुला ने एप्पल के पहले अध्यक्ष और सीईओ के रूप में नेशनल सेमीकंडक्टर से माइक स्कॉट को काम पर रखा तो जॉब्स खुश नहीं थे।

Apple की पहचान यह थी कि इसके वैज्ञानिक कर्मचारियों ने हमेशा कलाकारों की तरह व्यवहार किया और प्रदर्शन किया - तर्कसंगत और दिवआधारी दुनिया से विवश शुष्क व्यक्तित्वों से भरे क्षेत्र में, जहाँ वे रहते थे, Apple की इंजीनियरिंग टीमों में जुनून था। वे हमेशा मानते थे कि वे जो कर रहे हैं वह महत्वपूर्ण और सबसे मजेदार है। Apple में काम करना सिर्फ एक काम नहीं था; यह जनता के लिए महान कंप्यूटिंग शक्ति लाने के लिए एक धर्मयुद्ध, एक मिशन भी था। इसके मूल में, यह रवैया स्टीव जॉब्स से आया था। यह "पावर टू द पीपल" था, साठ के दशक का नारा, अस्सी के दशक में तकनीक में फिर से लिखा गया और मैकिंटोश कहा गया।

—जेफरी एस यंग, 1987

ब्रेनन के भारत की अपनी यात्रा से लौटने के बाद, उसे और जॉब्स को फिर से प्यार हो गया, क्योंकि ब्रेनन ने उसमें बदलाव देखा, जिसका श्रेय उसने कोबन को दिया (जिसका वह अभी भी अनुसरण कर रही थी)। यह लगभग इसी समय था जब जॉब्स ने ब्रेनन और उनके माता-पिता को उनके लिविंग रूम में Apple I कंप्यूटर के एक प्रोटोटाइप का प्रदर्शन किया। ब्रेनन ने इस अवधि के दौरान एक बदलाव का उल्लेख किया, जहां जॉब्स पर दो मुख्य प्रभाव एप्पल इंक। और कोबुन था। 1977 की शुरुआत में, उसने और जॉब्स ने लॉस अल्टोस में ड्वेनेक रेंच में अपने घर पर एक साथ समय बिताया, जो एक छात्रावास और पर्यावरण शिक्षा केंद्र के रूप में कार्य करता था। उद्धरण आवश्यक है

अप्रैल 1977 में, जॉब्स और वोज्नियाक ने वेस्ट कोस्ट कंप्यूटर मेले में Apple II पेश किया। यह Apple कंप्यूटर द्वारा बेचा जाने वाला पहला उपभोक्ता उत्पाद है। मुख्य रूप से वोज्नियाक द्वारा डिज़ाइन किया गया, जॉब्स ने अपने असामान्य मामले के विकास का निरीक्षण किया और रॉड होल्ट ने अद्वितीय बिजली आपूर्ति विकसित की। डिजाइन चरण के दौरान, जॉब्स ने तर्क दिया कि Apple II में दो विस्तार स्लॉट होने चाहिए, जबकि वोज्नियाक आठ चाहते थे। एक गरमागरम बहस के बाद, वोज्नियाक ने धमकी दी कि जॉब्स को "अपने लिए एक और कंप्यूटर लेना चाहिए"। बाद में वे आठ पदों पर सहमत हुए। Apple II दुनिया के पहले अत्यधिक सफल बड़े पैमाने पर उत्पादित माइक्रो कंप्यूटर उत्पादों में से एक बन गया।

नौकरियां उसकीजैसे-जैसे वह इस नई कंपनी में अधिक सफल होता जाता है, ब्रेनन के साथ उसका रिश्ता और अधिक जटिल होता जाता है। 1977 में, Apple की सफलता अब उनके रिश्ते का हिस्सा थी, और ब्रेनन, डैनियल कॉटके और जॉब्स क्यूपर्टिनो में Apple के कार्यालयों के पास एक घर में रहने लगे। जॉब्स के साथ ब्रेनन के संबंध खराब हो गए जैसे-जैसे एप्पल में उनकी स्थिति बढ़ती गई, और वह रिश्ते को समाप्त करने पर विचार करने लगीं। अक्टूबर 1977 में, रॉड होल्ट द्वारा ब्रेनन से संपर्क किया गया, जिन्होंने उसे "सेब के लिए पेड अप्रेंटिसशिप डिजाइनिंग ब्लूप्रिंट" लेने के लिए कहा। . होल्ट स्थिति लेने के लिए विशेष रूप से उत्सुक थे और इसके बारे में अस्पष्टता से हैरान थे। हालाँकि, ब्रेनन के निर्णय को इस अहसास से प्रभावित किया गया था कि वह गर्भवती थी और जॉब्स पिता थे। ब्रेनन के अनुसार, उन्हें जॉब्स को बताने में कुछ दिन लग गए, जिनका चेहरा समाचार में "बदसूरत" हो गया था। उसी समय, ब्रेनन के अनुसार, अपनी तीसरी तिमाही की शुरुआत में, जॉब्स ने उससे कहा: "मैं कभी भी आपसे गर्भपात कराने के लिए नहीं कहना चाहता था। मैं ऐसा नहीं करना चाहता था।" उद्धरण वांछित उन्होंने उसके साथ गर्भावस्था पर चर्चा करने से भी इनकार कर दिया। ब्रेनन ने इंटर्नशिप ठुकरा दी और एप्पल छोड़ने का फैसला किया। उसने कहा कि जॉब्स ने उससे कहा "यदि आप इस बच्चे को गोद लेने के लिए छोड़ देते हैं तो आपको खेद होगा" और "मैं आपकी कभी मदद नहीं करूँगा।" उद्धरण वांछित ब्रेनन के अनुसार, जॉब्स ने "लोगों को इस विचार के साथ बोना शुरू किया। मैं इधर-उधर सोता था और वह बांझ था, जिसका मतलब था कि यह उसका बच्चा नहीं हो सकता।" जन्म देने से कुछ हफ्ते पहले, ब्रेनन को ऑल वन फार्म में अपने बच्चे को जन्म देने के लिए आमंत्रित किया गया था। उसने प्रस्ताव स्वीकार कर लिया। रॉबर्ट फ्रीडलैंड, उनके पारस्परिक मित्र और खेत के मालिक से संपर्क करने के बाद जॉब्स जन्म के लिए वहां चले गए। दूर रहते हुए, जॉब्स ने उसके साथ बच्चे के नाम पर काम किया, जिसके बारे में उन्होंने मैदान में एक कंबल पर चर्चा की। ब्रेनन ने "लिसा" नाम सुझाया, जो जॉब्स को भी पसंद आया, और जॉब्स को "लिसा" नाम से बहुत लगाव था, यह देखते हुए कि "वह सार्वजनिक रूप से पितृत्व से इनकार कर रहे थे"। उन्हें बाद में पता चला कि इस समय के दौरान, जॉब्स एक नए प्रकार के कंप्यूटर का अनावरण करने की तैयारी कर रहे थे जिसे वह एक महिला के नाम पर रखना चाहते थे ("क्लेयर" सेंट क्लेयर के बाद उनकी पहली पसंद थी)। उसने कहा कि उसने उसे कंप्यूटर के लिए बच्चे के नाम का उपयोग करने की अनुमति कभी नहीं दी और उसने योजना को उससे छुपाया। जॉब्स ने अपनी टीम के साथ मिलकर Apple Lisa के लिए एक वैकल्पिक स्पष्टीकरण के रूप में "स्थानीय एकीकृत सॉफ्टवेयर आर्किटेक्चर" वाक्यांश के साथ आने के लिए काम किया। दशकों बाद, हालांकि, जॉब्स ने अपने जीवनी लेखक वाल्टर इसाकसन को स्वीकार किया कि "जाहिर है, यह मेरी बेटी के नाम पर रखा गया था"।

जबकि जॉब्स ने पितृत्व से इनकार किया, डीएनए परीक्षण ने उन्हें लिसा के पिता के रूप में स्थापित किया। स्पष्टीकरण के लिए उसे ब्रेनन को $385 प्रति माह (2021 में लगभग $1,000 के बराबर) का भुगतान करने की आवश्यकता थी, साथ ही उसे प्राप्त कल्याणकारी धन को वापस करने के अलावा। जॉब्स ने उसे $500 प्रति माह (2021 में लगभग $1,400 के बराबर) का भुगतान किया जब Apple ने सार्वजनिक किया और उसे करोड़पति बना दिया। बाद में, ब्रेनन 3 जनवरी, 1983 को जारी टाइम पर्सन ऑफ द ईयर विशेष के लिए टाइम पत्रिका के लिए माइकल मोरिट्ज़ द्वारा साक्षात्कार के लिए सहमत हुए, जिसमें उन्होंने जॉब्स के साथ अपने संबंधों पर चर्चा की। जॉब्स को पर्सन ऑफ द ईयर का नाम देने के बजाय, पत्रिका ने जेनेरिक पर्सनल कंप्यूटर को "मशीन ऑफ द ईयर" नाम दिया। इस मुद्दे में, जॉब्स ने पितृत्व परीक्षण की विश्वसनीयता पर सवाल उठाते हुए कहा कि "जॉब्स, स्टीवन... के लिए पितृत्व की संभावना 94.1% है"। उन्होंने यह तर्क देकर जवाब दिया कि "संयुक्त राज्य अमेरिका की पुरुष आबादी का 28% पिता हो सकता है"। टाइम ने यह भी नोट किया कि "बच्ची और मशीन जिस पर भविष्य के लिए एप्पल को बहुत उम्मीदें हैं, एक ही नाम साझा करती हैं: लिसा"।

1978 में, 23 साल की उम्र में, नौकरियों का मूल्य $1 मिलियन (2021 में $4.15 मिलियन के बराबर) था। 25 साल की उम्र में, उनकी कुल संपत्ति बढ़कर अनुमानित $250 मिलियन (2021 में $745 मिलियन के बराबर) हो गई। [95] वे "फ़ोर्ब्स की देश के सबसे अमीर लोगों की सूची बनाने वाले सबसे कम उम्र के लोगों में से एक थे- और विरासत में मिली संपत्ति के बिना इसे अपने दम पर करने वाले कुछ लोगों में

से एक"।

1982 में, जॉब्स ने सैन रेमो की शीर्ष दो मंजिलों पर एक अपार्टमेंट खरीदा, एक मैनहट्टन इमारत जिसकी राजनीतिक रूप से प्रगतिशील प्रतिष्ठा थी। हालांकि वह वहां कभी नहीं रहे, उन्होंने आईएम पेई की मदद से इसे पुनर्निर्मित करने में वर्षों बिताए। 2003 में, उन्होंने इसे U2 गायक बोनो को बेच दिया। उद्धरण आवश्यक है

1983 में, जॉब्स ने जॉन स्कली को पेप्सी-कोला से दूर एप्पल के सीईओ के रूप में काम करने का लालच दिया और पूछा, "क्या आप अपना शेष जीवन चीनी पानी बेचने में बिताना चाहते हैं, या क्या आप दुनिया को बदलने का मौका चाहते हैं?"

1984 में, जॉब्स ने जैकलिंग हाउस और एस्टेट खरीदा और एक दशक तक वहां रहे। उसके बाद, उन्होंने इसे 2000 तक कई वर्षों के लिए किराए पर दे दिया, जब उन्होंने घर का रखरखाव बंद कर दिया, जिससे मौसम बिगड़ गया। 2004 में, जॉब्स को वुडसाइड शहर से एक छोटा समकालीन शैली का घर बनाने के लिए घर को गिराने की अनुमति मिली। वर्षों तक अदालत में जाने के बाद, उनकी मृत्यु के महीनों पहले 2011 में घर को अंततः ध्वस्त कर दिया गया था।

मैक प्रोटोटाइप

जॉब्स ने 1981 में Apple के शुरुआती कर्मचारी जेफ रस्किन से Macintosh के विकास का काम संभाला, जिन्होंने इस परियोजना की अवधारणा की थी। वोज्नियाक और रस्किन उद्घाटन कार्यक्रम से काफी प्रभावित थे, और वोज्नियाक उस वर्ष की शुरुआत में एक विमान दुर्घटना के कारण छुट्टी पर थे। 22 जनवरी, 1984 को, Apple ने "1984" शीर्षक से एक सुपर बाउल टेलीविज़न विज्ञापन प्रसारित किया, जो इन शब्दों के साथ समाप्त हुआ: "24 जनवरी को, Apple Macintosh कंप्यूटर पेश करेगा। और आप देखेंगे कि यह 1984 जैसा क्यों नहीं है।" 24 जनवरी, 1984 को, डी अंज़ा कॉलेज के फ्लिंट ऑडिटोरियम में आयोजित ऐप्पल की वार्षिक शेयरधारक बैठक में एक भावुक जॉब्स ने मैकिंटोश को एक उत्साही दर्शकों के सामने पेश किया। मैकिंटोश इंजीनियर एंडी हर्ट्ज़फेल्ड ने इस दृश्य को "महामारी" के रूप में वर्णित किया। यह मैकिंटोश लिसा (जेरोक्स पीआरसी के माउस-चालित ग्राफिकल यूज़र इंटरफेस से प्रेरित) से प्रेरित था, और मजबूत प्रारंभिक बिक्री के साथ मीडिया द्वारा व्यापक रूप से प्रशंसा की गई थी। हालांकि, इसके कम प्रदर्शन और उपलब्ध सॉफ्टवेयर की सीमित रेंज के कारण 1984 के अंत में बिक्री में तेज गिरावट आई।

बाहरी वीडियो

दुनिया को बदलने वाली वीडियो आइकन मशीन, पेपरबैक कंप्यूटर; स्टीव जॉब्स साक्षात्कार, 1990, 50:08, 14 मई 1990, WGBH मीडिया लाइब्रेरी और अभिलेखागार

स्कली और जॉब्स का कंपनी के प्रति बहुत अलग दृष्टिकोण था। स्कली ने Apple II जैसे खुले वास्तुकला वाले कंप्यूटरों का समर्थन किया, जो शिक्षा, छोटे व्यवसाय और घरेलू बाज़ारों को लक्षित करते थे जो IBM के लिए कम असुरक्षित थे। जॉब्स चाहते थे कि कंपनी आईबीएम पीसी के व्यावसायिक विकल्प के रूप में बंद किए गए मैकिंटोश आर्किटेक्चर पर ध्यान केंद्रित करे। राष्ट्रपति और सीईओ स्कली का बोर्ड जॉब्स के मैकिंटोश डिवीजन के अध्यक्ष पर बहुत कम नियंत्रण था; यह और Apple II डिवीजन अलग-अलग कंपनियों के रूप में काम करते थे, सेवाओं की नकल करते थे। हालाँकि इसके उत्पादों ने 1985 की शुरुआत में Apple की बिक्री का 85% प्रदान किया, कंपनी की जनवरी 1985 की वार्षिक बैठक में Apple II डिवीजन या कर्मचारियों का उल्लेख नहीं किया गया। वोज्नियाक सहित कई लोग चले गए, जिन्होंने कहा कि कंपनी "पिछले पांच वर्षों से गलत दिशा में जा रही थी" और अपने अधिकांश स्टॉक बेच दिए। हालांकि कंपनी और जॉब्स द्वारा Macintosh के पक्ष में Apple II को बर्खास्त किए जाने से निराश, वोज्नियाक ने सौहार्दपूर्ण ढंग से छोड़ दिया और जॉब्स के साथ आजीवन दोस्ती बनाए रखते हुए Apple के मानद कर्मचारी बने रहे।

1984 में, सॉफ्टवेयर डेवलपर वेंडेल ब्राउन के साथ नौकरी

1985 की शुरुआत में, आईबीएम पीसी को मात देने में मैकिंटोश की विफलता स्पष्ट थी, और इसने कंपनी के भीतर स्कली की स्थिति को मजबूत किया। मई 1985 में, आर्थर रॉक द्वारा प्रोत्साहित स्कली ने Apple के पुनर्गठन का फैसला किया और बोर्ड को एक योजना प्रस्तावित की जो जॉब्स को Macintosh समूह से हटा देगी और उन्हें "नए उत्पाद विकास" का प्रभारी बनाएगी। यह कदम प्रभावी रूप से Apple में जॉब्स को बेमानी बना देगा। जवाब में, जॉब्स ने फिर स्कली से छुटकारा पाने और एप्पल को संभालने की योजना विकसित की। हालांकि, योजना के लीक होने के बाद जॉब्स का सामना किया गया और उन्होंने घोषणा की कि वे Apple छोड़ देंगे। बोर्ड ने उनका इस्तीफा नामंजूर कर दिया और दोबारा विचार करने को कहा। स्कली ने जॉब्स को यह भी बताया कि पुनर्गठन के लिए उनके पास सभी आवश्यक मत हैं। कुछ महीने बाद, 17 सितंबर, 1985 को जॉब्स ने अपना त्याग पत्र Apple बोर्ड को सौंप दिया। पांच अतिरिक्त Apple कर्मचारियों ने भी इस्तीफा दे दिया और जॉब्स अपने नए उद्यम NeXT में शामिल हो गए।

जॉब्स के एप्पल छोड़ने के बाद, मैकिंटोश ने संघर्ष करना जारी रखा। हालांकि विपणन और धूमधाम से प्राप्त, महंगे मैकिंटोश को बेचना मुश्किल था। 1985 में, बिल गेट्स की तत्कालीन विकासशील कंपनी, माइक्रोसॉफ्ट ने "मैक ऑपरेटिंग सिस्टम सॉफ्टवेयर के लाइसेंस के बिना मैक अनुप्रयोगों को विकसित करना बंद करने" की धमकी दी थी। माइक्रोसॉफ्ट अपने ग्राफिकल उपयोगकर्ता का विकास कर रहा है।

इंटरफेस... डॉस के लिए, जिसे उन्होंने विंडोज कहा। और एप्पल विंडोज जीयूआई और मैक इंटरफेस के बीच समानता पर मुकदमा नहीं करना चाहता था।" स्कली ने इसका लाइसेंस माइक्रोसॉफ्ट को दे दिया जो बाद में एप्पल के लिए परेशानी का कारण बना। इसके अलावा, सस्ते आईबीएम पीसी क्लोन दिखाई दिए जो माइक्रोसॉफ्ट सॉफ्टवेयर चलाते थे और एक ग्राफिकल यूजर इंटरफेस था। हालांकि मैकिंटोश क्लोन से पहले, वे अधिक महंगे थे, इसलिए "1980 के दशक के अंत तक, विंडोज यूजर इंटरफेस बेहतर हो रहा था और यह ऐप्पल से अधिक से अधिक हिस्सा ले रहा था"। विंडोज-आधारित आईबीएम-पीसी क्लोन ने आईबीएम के टॉप व्यू या डिजिटल रिसर्च के जीईएम जैसे अतिरिक्त जीयूआई जोड़े, और इस प्रकार "ग्राफिकल यूजर इंटरफेस को मंजूरी दी जाने लगी, मैक के सबसे स्पष्ट लाभ को कम कर दिया ... 1980 के दशक तक यह स्पष्ट था कि Apple पूरे आईबीएम-क्लोन बाजार के खिलाफ अनिश्चित काल तक अकेले नहीं चल सकता।"

1985-1997

अगला कंप्यूटर

1985 में Apple से इस्तीफा देने के बाद जॉब्स ने NeXT Inc. की स्थापना की। $ 7 मिलियन के साथ। एक साल बाद उसके पास पैसा खत्म हो गया और उसने वेंचर कैपिटल की मांग की, जिसमें कोई उत्पाद नहीं था। आखिरकार, जॉब्स ने अरबपति रॉस पेरोट का ध्यान आकर्षित किया, जिन्होंने कंपनी में भारी निवेश किया। अगला कंप्यूटर दुनिया को उस समय दिखाया गया था जिसे जॉब्स की वापसी की घटना माना गया था, एक भव्य केवल-आमंत्रण पर्व लॉन्च इवेंट जिसे मल्टीमीडिया फालतूगांजा के रूप में वर्णित किया गया था। लुई एम. डेविस सिम्फनीहॉल, सैन फ्रांसिस्को, कैलिफोर्निया बुधवार, 12 अक्टूबर, 1988 को। स्टीव वोज्नियाक ने 2013 के एक साक्षात्कार में कहा कि नेक्स्ट में जॉब्स "वास्तव में हमारे सिर एक साथ कर रहे थे"।

अगला वर्कस्टेशन पहली बार 1990 में जारी किया गया था और इसकी लागत $9,999 (2021 में लगभग $21,000 के बराबर) थी। Apple लिसा की तरह, अगला वर्कस्टेशन तकनीकी रूप से उन्नत था और शिक्षा क्षेत्र के लिए डिज़ाइन किया गया था, लेकिन लागत-निषेधात्मक के रूप में व्यापक रूप से खारिज कर दिया गया था। नेक्स्ट वर्कस्टेशन अपनी तकनीकी ताकत के लिए जाना जाता था, उनमें से प्रमुख एक वस्तु-उन्मुख सॉफ्टवेयर विकास प्रणाली थी। जॉब्स ने वित्तीय, वैज्ञानिक और शैक्षणिक समुदाय के लिए NeXT उत्पादों की मार्केटिंग की, जिसमें मच कर्नेल, डिजिटल सिग्नल प्रोसेसर चिप और बिल्ट-इन ईथरनेट पोर्ट जैसी नवीन, प्रायोगिक नई तकनीकों पर प्रकाश डाला गया। नेक्स्ट कंप्यूटर का उपयोग करते हुए, अंग्रेजी कंप्यूटर वैज्ञानिक टिम बर्नर्स-ली ने 1990 में स्विट्जरलैंड के CERN में वर्ल्ड वाइड वेब का आविष्कार किया।

एक बेहतर, दूसरी पीढ़ी का NeXTcube 1990 में जारी किया गया था। जॉब्स ने कहा कि यह पर्सनल कंप्यूटर को बदलने वाला पहला "इंटरपर्सनल" कंप्यूटर था। अपने अभिनव नेक्स्टमेल मल्टीमीडिया ईमेल सिस्टम के साथ, नेक्स्टक्यूब पहली बार ईमेल में ध्वनि, चित्र, ग्राफिक्स और वीडियो साझा कर सकता है। जॉब्स ने संवाददाताओं से कहा, "इंटरपर्सनल कंप्यूटिंग मानव संचार और टीम वर्क में क्रांति लाने जा रही है।" जैसा कि नेक्स्टक्यूब के मैग्नीशियम मामले पर जॉब्स के ध्यान और विकास से स्पष्ट होता है, नेक्स्ट सौंदर्य पूर्णता के साथ एक जुनून के साथ चला। इसने नेक्स्ट के हार्डवेयर डिवीजन पर भारी दबाव डाला, और 1993 में, केवल 50,000 मशीनों को बेचने के बाद, नेक्स्टस्टेप/इंटेल की रिलीज के साथ नेक्स्ट पूरी तरह से सॉफ्टवेयर डेवलपमेंट में परिवर्तित हो गया। 1994 में, कंपनी ने $1.03 मिलियन का अपना पहला वार्षिक लाभ दर्ज किया। 1996 में, NeXT Software, Inc. ने WebObjects, वेब एप्लिकेशन विकास के लिए एक रूपरेखा जारी की। 1997 में, Apple Inc. NeXT के अधिग्रहण के बाद, WebObjects का उपयोग Apple Store, MobileMe सेवा और iTunes Store को बनाने और चलाने के लिए किया गया था।

पिक्सर और डिज्नी

1986 में, जॉब्स ने 10 मिलियन डॉलर की लागत से लुकासफिल्म के कंप्यूटर ग्राफिक्स डिवीजन से ग्राफिक्स ग्रुप (बाद में इसका नाम बदलकर पिक्सर रखा गया) के स्पिनआउट को वित्त पोषित किया, जिसमें से 5 मिलियन डॉलर कंपनी को पूंजी के रूप में और 5 मिलियन डॉलर लुकासफिल्म को प्रौद्योगिकी के लिए दिए गए। प्राधिकरण।

पिक्सर द्वारा अपनी डिज्नी साझेदारी, टॉय स्टोरी (1995) के साथ निर्मित पहली फिल्म, जिसमें जॉब्स को कार्यकारी निर्माता के रूप में श्रेय दिया गया था, प्रशस्ति पत्र की आवश्यकता एक वित्तीय सफलता थी और स्टूडियो के लिए आलोचनात्मक प्रशंसा थी जब इसे रिलीज़ किया गया था। जॉब्स के जीवनकाल के दौरान, पिक्सर के रचनात्मक प्रमुख जॉन लेसेटर के तहत, कंपनी ने बॉक्स ऑफिस हिट ए बग्स लाइफ (1998) का निर्माण किया; टॉय स्टोरी 2 (1999); राक्षस इंक। (2001); फाइंडिंग निमो (2003); द इनक्रेडिबल्स (2004); कारें (2006); रैटटौली (2007); वॉल-ई (2008); अप (2009); टॉय स्टोरी 3 (2010); और कारें 2 (2011)। ब्रेव (2012), जॉब्स की मृत्यु के बाद निर्मित पहली पिक्सर फिल्म को स्टूडियो में उनके योगदान के लिए श्रद्धांजलि के रूप में सम्मानित किया गया। फाइंडिंग निमो, द इनक्रेडिबल्स, रैटटौली, WALL-E, अप, टॉय स्टोरी 3 और ब्रेव प्रत्येक ने 2001 में प्रस्तुत सर्वश्रेष्ठ एनिमेटेड फीचर के लिए अकादमी पुरस्कार जीता।

2003 और 2004 में, जब डिज्नी के साथ पिक्सर का अनुबंध समाप्त हो रहा था, जॉब्स और डिज्नी के मुख्य कार्यकारी माइकल इस्नर ने कोशिश की लेकिन एक नई साझेदारी पर बातचीत करने में विफल रहे, और जनवरी 2004 में, जॉब्स ने घोषणा की कि वह फिर कभी डिज्नी के साथ व्यापार नहीं करेंगे। पिक्सर अनुबंध समाप्त होने के बाद अपनी फिल्मों के वितरण के लिए एक नए साथी की तलाश करेगा।

अक्टूबर 2005 में, बॉब इगर ने डिज्नी में इस्नर की जगह ली, और इगर ने जल्दी से जॉब्स और पिक्सर के साथ संबंधों को सुधारने का काम किया। 24 जनवरी, 2006 को, जॉब्स और इगर ने घोषणा की कि डिज्नी पिक्सर को 7.4 बिलियन डॉलर मूल्य के ऑल-स्टॉक लेनदेन में खरीदने के लिए सहमत हो गया है। जब सौदा पूरा हुआ, तो जॉब्स द वॉल्ट डिज्नी कंपनी के सबसे बड़े एकल शेयरधारक बन गए, जिसके पास कंपनी के लगभग सात प्रतिशत शेयर थे। डिज्नी में जॉब्स की होल्डिंग 1.7% है और डिज्नी परिवार के रॉय ई. 2009 में डिज्नी के मालिक की कंपनी में 1% हिस्सेदारी थी, और आइजनर की उनकी आलोचना - विशेष रूप से डिज्नी के संबंधों में - हलचल मच गई। पिक्सर के साथ-इस्नर की निष्कासन में तेजी आई। जब विलय पूरा हो गया, तो जॉब्स को डिज्नी के 7% शेयर प्राप्त हुए और वे सबसे बड़े व्यक्तिगत शेयरधारक के रूप में निदेशक मंडल में शामिल हो गए। जॉब्स की मृत्यु के बाद, डिज्नी में उनके शेयर लोरेन जॉब्स के नेतृत्व वाले स्टीवन पी। नौकरियां ट्रस्ट को हस्तांतरित कर दी गई।

जॉब्स की मृत्यु के बाद, इगर ने 2019 में याद किया कि कई लोगों ने उन्हें जॉब्स के बारे में चेतावनी दी थी, "वह मुझे और बाकी सभी को धमकी देंगे"। इगर ने लिखा, "कौन नहीं चाहता कि स्टीव जॉब्स कंपनी को चलाने के तरीके पर प्रभाव डालें?", और डिज्नी बोर्ड के एक सक्रिय सदस्य के रूप में "उन्होंने शायद ही कभी मुझे परेशान किया। शायद ही कभी, अगर कभी"। उन्होंने भविष्यवाणी की कि वे डिज्नी और एप्पल का विलय करेंगेअगर गंभीरता से विचार किया जाए तो नौकरियां बच जाती हैं। पिक्सर के फ्लॉयड नॉर्मन ने जॉब्स को एक "परिपक्व, मधुर व्यक्ति" के रूप में वर्णित किया, जिन्होंने फिल्म निर्माताओं की रचनात्मक प्रक्रिया में कभी हस्तक्षेप नहीं किया। जून 2014 की शुरुआत में, पिक्सर के सह-संस्थापक और वॉल्ट डिज्नी एनिमेशन स्टूडियो के अध्यक्ष एड कैटमुल ने खुलासा किया कि जॉब्स ने एक बार उन्हें सलाह दी थी कि "जब तक वे समझें तब तक समझाएं"। कैटमुल ने 2014 में क्रिएटिविटी, इंक. की स्थापना की। इस किताब का विमोचन किया, जिसमें उन्होंने जॉब्स के साथ काम करने के अपने कई अनुभवों को बताया। जॉब्स के प्रति अपने दृष्टिकोण के बारे में, कैटमुल लिखते हैं: 140 पृष्ठों की आवश्यकता है

स्टीव के साथ 26 वर्षों में, स्टीव और मेरे बीच कभी भी ऐसी गर्मागर्म बहस नहीं हुई, और ऐसा करना मेरे स्वभाव में नहीं है। ... लेकिन हम अक्सर चीजों को लेकर असहमत होते थे। ... मैं उससे कुछ कहूंगा और वह उसे तुरंत नीचे गिरा देगा क्योंकि वह मुझसे ज्यादा तेजी से सोच सकता है। ... फिर मैं एक सप्ताह प्रतीक्षा करूंगा ... मैं उसे फोन करूंगा और उसने जो कहा उसके लिए मैं अपना तर्क दूंगा और वह उसे तुरंत नीचे गिरा देगा। इसलिए मुझे एक और हफ्ता इंतजार करना पड़ा और कभी-कभी यह महीनों तक चलता रहा। लेकिन अंत में तीन चीजों में से एक हुआ। लगभग एक तिहाई बार उसने कहा, "ओह, मैं देख रहा हूँ, तुम सही हो।" और वह इसका अंत था। और यह तीसरा समय था जब मैंने कहा, "वास्तव में, मुझे लगता है कि वह सही है।" एक और तीसरी बार, जहाँ हम सहमत नहीं थे, उसने मुझे अपने तरीके से करने दिया, इसके बारे में और कुछ नहीं कहा।

1996 में, Apple ने घोषणा की कि वह NeXT को $427 मिलियन में खरीदेगा। फरवरी 1997 में सौदे को अंतिम रूप दिया गया, जॉब्स को उस कंपनी में वापस लाया गया जिसकी उन्होंने सह-स्थापना की थी। जुलाई 1997 में तत्कालीन सीईओ गिल एमेलियो को पद से हटाए जाने के बाद जॉब्स वास्तव में प्रमुख बन गए। उन्हें औपचारिक रूप से 16 सितंबर को अंतरिम मुख्य कार्यकारी नियुक्त किया गया था। मार्च 1998 में, जॉब्स ने लाभप्रदता पर लौटने के लिए एप्पल के प्रयासों पर ध्यान केंद्रित करने के लिए न्यूटन, साइबरडॉग और ओपनडॉक सहित कई परियोजनाओं को बंद कर दिया। आने वाले महीनों में, कई कर्मचारियों को लिफ्ट में सवारी करते समय नौकरियों का सामना करने का डर था, "दरवाजा खुलने पर वे नौकरी से बाहर हो सकते थे। वास्तविकता यह थी कि नौकरियों का सारांश निष्पादन दुर्लभ था, लेकिन मुट्ठी भर पीड़ित पर्याप्त थे एक पूरी कंपनी को आतंकित करें।" जॉब्स ने Macintosh क्लोन के लिए लाइसेंसिंग प्रोग्राम को बदल दिया, जिससे निर्माताओं के लिए मशीन बनाना जारी रखना बहुत महंगा हो गया।

NeXT की खरीद के साथ, कंपनी की अधिकांश तकनीक ने Apple उत्पादों में अपना रास्ता खोज लिया, विशेष रूप से NeXTSTEP, जिसे Mac OS X में विकसित किया गया था। जॉब्स के मार्गदर्शन में, कंपनी ने iMac और अन्य नए उत्पादों को पेश करते हुए महत्वपूर्ण बिक्री वृद्धि देखी; तब से, आकर्षक डिजाइन और शक्तिशाली ब्रांडिंग ने Apple की अच्छी सेवा की है। 2000 मैकवर्ल्ड एक्सपो में, जॉब्स ने आधिकारिक तौर पर ऐप्पल में अपने शीर्षक से "अंतरिम" संपादक को हटा दिया और स्थायी रूप से सीईओ बन गए। जॉब्स ने विडंबनापूर्ण ढंग से उस समय कहा था कि वह "आईसीईओ" शीर्षक का प्रयोग करेंगे।

कंपनी ने तब अन्य डिजिटल उपकरणों को पेश किया और उनमें सुधार किया। आइपॉड पोर्टेबल म्यूजिक प्लेयर, आईट्यून्स डिजिटल म्यूजिक सॉफ्टवेयर और आईट्यून्स स्टोर की शुरुआत के साथ, कंपनी ने उपभोक्ता इलेक्ट्रॉनिक्स और संगीत वितरण में प्रवेश किया। 29 जून, 2007 को, Apple ने iPhone पेश करके सेलुलर फोन व्यवसाय में प्रवेश किया, एक मल्टी-टच डिस्प्ले सेल फोन जिसमें iPod की विशेषताएं भी शामिल थीं, और अपने स्वयं के मोबाइल ब्राउज़र के साथ मोबाइल ब्राउज़िंग दृश्य में क्रांति ला दी। ओपन-एंडेड इनोवेशन का

पोषण करते हुए, जॉब्स ने अपने कर्मचारियों को "वास्तविक कलाकारों को भेजने" की याद दिलाई।

डेल कंप्यूटर के सीईओ माइकल डेल के साथ जॉब्स का सार्वजनिक युद्ध 1987 में शुरू हुआ, जब जॉब्स ने पहली बार "अन-इनोवेटिव बेज बॉक्स" बनाने के लिए डेल की आलोचना की। 6 अक्टूबर, 1997 को, गार्टनर की एक संगोष्ठी में, जब डेल से पूछा गया कि यदि वह उस समय की एप्पल कंप्यूटर कंपनी चलाता है, तो वह क्या करेगा, उसने कहा: "मैं इसे बंद कर दूंगा और शेयरधारकों को पैसा वापस कर दूंगा।" फिर, 2006 में, जब Apple का बाजार पूंजीकरण Dell के बाजार पूंजीकरण से आगे निकल गया, तो जॉब्स ने सभी कर्मचारियों को एक ईमेल भेजा। यह पढ़ता है:

टिम, यह पता चला है कि माइकल डेल भविष्य की भविष्यवाणी करने में सिद्ध नहीं थे। आज के स्टॉक मार्केट क्लोज के आधार पर, Apple की कीमत Dell से अधिक है। स्टॉक ऊपर और नीचे जाते हैं, और कल चीजें अलग हो सकती हैं, लेकिन मैंने सोचा कि आज का दिन प्रतिबिंब के लायक था। स्टीव।

अनुनय और बिक्री कौशल में उनके घाघ कौशल के लिए जॉब्स की प्रशंसा और आलोचना की गई, जिसे "वास्तविक विकृति का क्षेत्र" कहा गया है और विशेष रूप से मैकवर्ल्ड एक्सपो और ऐप्पल वर्ल्डवाइड डेवलपर्स में उनके कीनोट्स (बोलचाल की भाषा में "स्टीवनोट्स" के रूप में जाना जाता है) में स्पष्ट था। सम्मेलन।

जॉब्स आमतौर पर इस्से मियाके द्वारा काले रंग की लंबी बाजू की मॉक टर्टलनेक, लेवी की 501 नीली जींस और न्यू बैलेंस 991 स्नीकर्स पहनते थे। जॉब्स ने अपने जीवनी लेखक वाल्टर इसाकसन को बताया कि "... उन्हें अपनी रोजमर्रा की सुविधा (उनका दावा किया गया औचित्य) और एक हस्ताक्षर शैली को व्यक्त करने की क्षमता दोनों के लिए खुद के लिए वर्दी रखने का विचार पसंद आया।"

गैप इंक. में जॉब्स ने 1999 से 2002 तक काम किया। में बोर्ड के सदस्य बनेउस।

2001 में, जॉब्स को $18.30 के व्यायाम मूल्य के साथ Apple के 7.5 मिलियन शेयरों के स्टॉक विकल्प दिए गए थे। यह आरोप लगाया गया था कि विकल्प पिछले दिनांकित थे और व्यायाम मूल्य 21.10 डॉलर होना चाहिए था। आगे यह आरोप लगाया गया कि जॉब्स ने कर योग्य आय में $20,000,000 ले लिए, जिसकी उन्होंने रिपोर्ट नहीं की, और यह कि Apple ने उसी राशि से अपनी कमाई को बढ़ा-चढ़ा कर बताया। परिणामस्वरूप, जॉब्स को कई आपराधिक आरोपों और नागरिक दंडों का सामना करना पड़ा। मामला सक्रिय आपराधिक और नागरिक सरकारी जांच का विषय था, 155 29 दिसंबर, 2006 को, Apple द्वारा एक स्वतंत्र आंतरिक जांच में पाया गया कि जॉब्स मुद्दों से अनजान थे और अपने विकल्पों का प्रयोग किए बिना उन्हें निकाल दिया गया था। 2003.

2005 में, जॉब्स ने अप्रैल में क्यूपर्टिनो में एप्पल की वार्षिक बैठक में पर्यावरणविदों और अन्य अधिवक्ताओं को फटकार लगाते हुए अमेरिका में ई-कचरे के लिए एप्पल के खराब रीसाइक्लिंग कार्यक्रमों की आलोचना का जवाब दिया। कुछ सप्ताह बाद, Apple ने घोषणा की कि वह अपने रिटेल स्टोर में iPods को मुफ्त में वापस ले लेगा। कंप्यूटर टेकबैक अभियान ने स्टैनफोर्ड विश्वविद्यालय के स्नातक स्तर पर एक विमान से एक बैनर उड़ाकर प्रतिक्रिया दी, जिस पर जॉब्स प्रारंभिक वक्ता थे। बैनर पर लिखा था, "स्टीव, छोटे खिलाड़ी न बनें—सभी ई-कचरे को रीसायकल करें।"

2006 में, उन्होंने नए मैक खरीदने वाले किसी भी अमेरिकी ग्राहक के लिए एप्पल के रीसाइक्लिंग कार्यक्रमों का विस्तार किया। कार्यक्रम में शिपिंग और उनके पुराने सिस्टम के "पर्यावरण के अनुकूल निपटान" शामिल हैं। Apple के अनूठे उत्पादों और सेवाओं की सफलता ने वर्षों के स्थिर वित्तीय रिटर्न का नेतृत्व किया, जिससे Apple 2011 में दुनिया की सबसे मूल्यवान सार्वजनिक रूप से कारोबार करने वाली कंपनी बन गई।

जॉब्स को एक डिमांडिंग परफेक्शनिस्ट के रूप में जाना जाता था, जो हमेशा अपने व्यवसाय और उसके उत्पादों को सूचना प्रौद्योगिकी उद्योग में सबसे आगे रखने की आकांक्षा रखते थे और नवाचार और शैली में रुझानों की भविष्यवाणी करते थे। जनवरी 2007 में मैकवर्ल्ड सम्मेलन और एक्सपो में एक मुख्य भाषण के अंत में, उन्होंने आइस हॉकी खिलाड़ी वेन ग्रेट्ज़की को उद्धृत करते हुए इस आत्म-अवधारणा को अभिव्यक्त किया:

एक पुराना वेन ग्रेट्ज़की उद्धरण है जो मुझे पसंद है। "मैं स्केट करता हूं जहां पक जा रहा है, जहां नहीं।" और यही हमने Apple में हमेशा करने की कोशिश की है। शुरुआत से। और हम हमेशा करेंगे।

23 जून, 2010 को रूसी राष्ट्रपति दिमित्री मेदवेदेव को आईफोन 4 दिखाते हुए जॉब्स

1 जुलाई, 2008 को कथित प्रतिभूति धोखाधड़ी के कारण खोए हुए राजस्व के लिए Apple के निदेशक मंडल के कई सदस्यों के खिलाफ $7 बिलियन का क्लास एक्शन मुकदमा दायर किया गया था।

2011 में जीवनी लेखक वाल्टर इसाकसन के साथ एक साक्षात्कार में, जॉब्स ने खुलासा किया कि उन्होंने अमेरिकी राष्ट्रपति बराक ओबामा से मुलाकात की थी, देश में सॉफ्टवेयर इंजीनियरों की कमी के बारे में शिकायत की और ओबामा को बताया कि वह "एक-अवधि के राष्ट्रपति पद के लिए जा रहे हैं"। जॉब्स ने प्रस्तावित किया कि अमेरिकी विश्वविद्यालय में इंजीनियरिंग की डिग्री प्राप्त करने वाले किसी भी विदेशी छात्र को स्वचालित रूप से ग्रीन कार्ड दिया जाना चाहिए। बैठक के बाद, जॉब्स ने टिप्पणी की, "राष्ट्रपति बहुत चतुर हैं, लेकिन वह

हमें कारण बताते हैं कि क्यों काम नहीं किया जा सकता ... यह मुझे नाराज करता है।"

स्वास्थ्य समस्याएं

अक्टूबर 2003 में जॉब्स को पता चला कि उन्हें कैंसर है। 2004 के मध्य में, उन्होंने अपने कर्मचारियों को घोषणा की कि उनके अग्न्याशय में कैंसर का ट्यूमर है। अग्न्याशय के कैंसर का पूर्वानुमान आम तौर पर बहुत खराब होता है; जॉब्स ने कहा कि उनके पास एक दुर्लभ, बहुत कम आक्रामक रूप है, जिसे आइलेट सेल न्यूरोएंडोक्राइन ट्यूमर के रूप में जाना जाता है।

जॉब्स ने वैकल्पिक चिकित्सा के पक्ष में नौ महीने तक चिकित्सा हस्तक्षेप के लिए डॉक्टरों की सिफारिशों का विरोध किया। हार्वर्ड के शोधकर्ता रामजी अमरी के अनुसार, इससे "अनावश्यक रूप से जल्दी मौतें" हुईं। अन्य डॉक्टर इस बात से सहमत हैं कि जॉब्स का आहार उनकी बीमारी के इलाज के लिए अपर्याप्त था। हालांकि, कैंसर शोधकर्ता और वैकल्पिक चिकित्सा समीक्षक डेविड गोर्स्की ने लिखा है कि "यह जानना असंभव है कि क्या वू के साथ छेड़खानी से उनके कैंसर से बचने की संभावना कम हो गई थी। मेरा सबसे अच्छा अनुमान यह था कि जॉब्स ने उनके बचने की संभावना कम कर दी थी, अगर वह है।" मेमोरियल स्लोन केटरिंग कैंसर सेंटर में एकीकृत चिकित्सा विभाग के प्रमुख बैरी आर। दूसरी ओर, कैसिलेथ ने कहा, "वैकल्पिक चिकित्सा में जॉब्स के विश्वास ने शायद उन्हें अपना जीवन खो दिया। ... उनके पास अग्नाशयी कैंसर का एकमात्र रूप था जो उपचार योग्य और इलाज योग्य था ... उन्होंने अनिवार्य रूप से खुद को मार डाला।" 171 जीवनी लेखक वाल्टर इसाकसन के अनुसार, "नौ महीने तक उन्होंने अपने अग्न्याशय के कैंसर के लिए सर्जरी से इनकार कर दिया - एक निर्णय जिसे उन्होंने बाद में खेद व्यक्त किया क्योंकि उनका स्वास्थ्य बिगड़ गया था"। "इसके बजाय, उन्होंने एक शाकाहारी भोजन, एक्यूपंक्चर, हर्बल उपचार और अन्य उपचारों की कोशिश की जो उन्हें ऑनलाइन मिले और यहां तक कि एक मनोचिकित्सक से भी सलाह ली। वह उन डॉक्टरों से भी प्रभावित थे जो क्लीनिक चलाते थे जो जूस फास्टिंग, कोलन क्लींजिंग और अन्य अप्रमाणित तरीकों की सिफारिश करते थे। अंत में, जुलाई 2004 में, सर्जरी से पहले।" उन्होंने एक अग्नाशयी डुओडेनेक्टॉमी (या "व्हिपल प्रक्रिया") की, जिसमें ट्यूमर को सफलतापूर्वक हटा दिया गया था। जॉब्स को कीमोथेरेपी या रेडिएशन थेरेपी नहीं मिली। जॉब्स की अनुपस्थिति में, Appleकंपनी को दुनिया भर में बिक्री और संचालन के प्रमुख टिम कुक द्वारा चलाया गया था।

जनवरी 2006 तक, केवल जॉब्स की पत्नी, उनके डॉक्टर और इगर और उनकी पत्नी को पता था कि उनका कैंसर वापस आ गया है। जॉब्स ने इगर को निजी तौर पर बताया कि वह 2010 में अपने बेटे रीड के हाई स्कूल स्नातक को देखने के लिए जीने की उम्मीद करते हैं। अगस्त 2006 की शुरुआत में, जॉब्स ने Apple के वार्षिक विश्वव्यापी डेवलपर्स सम्मेलन में मुख्य भाषण दिया। उनकी "पतली, लगभग भद्दी" उपस्थिति और असामान्य रूप से "सूचीहीन" डिलीवरी, अन्य प्रस्तुतकर्ताओं को अपने मुख्य वक्ता के महत्वपूर्ण हिस्सों को सौंपने के लिए उनकी पसंद, उनके स्वास्थ्य के बारे में मीडिया और इंटरनेट की अटकलों का कारण बनी। इसके विपरीत, Ars Technica पत्रिका में एक रिपोर्ट के अनुसार, वर्ल्डवाइड डेवलपर्स कॉन्फ्रेंस (WWDC) में उपस्थित लोगों ने जॉब्स को व्यक्तिगत रूप से देखा और कहा कि वह "अच्छे लग रहे थे"। कीनोट के बाद, Apple के एक प्रवक्ता ने कहा कि "स्टीव का स्वास्थ्य अच्छा है।"

दो साल बाद, इसी तरह की चिंता जॉब्स के 2008 WWDC के मुख्य भाषण के बाद उठी। Apple के अधिकारियों ने कहा कि जॉब्स एक "सामान्य बग" के शिकार हो गए थे और एंटीबायोटिक्स ले रहे थे, जबकि अन्य लोगों ने व्हिपल प्रक्रिया के लिए उनकी कैशेक्टिक उपस्थिति को जिम्मेदार ठहराया। ऐप्पल की कमाई पर चर्चा करने वाली एक जुलाई कॉन्फ्रेंस कॉल के दौरान, प्रतिभागियों ने जॉब्स के स्वास्थ्य के बारे में "निजी मामला" के रूप में बार-बार सवालों के जवाब दिए। दूसरों ने कहा कि शेयरधारकों को यह जानने का अधिकार है कि जॉब्स अपनी कंपनी कैसे चलाते हैं। जॉब्स के साथ ऑफ-द-रिकॉर्ड फोन पर हुई बातचीत के आधार पर, द न्यूयॉर्क टाइम्स ने बताया, "उनकी स्वास्थ्य समस्याएं 'सामान्य बग' से बेहतर थीं, लेकिन जीवन के लिए खतरनाक नहीं थीं, और उन्हें कैंसर की पुनरावृत्ति नहीं हुई थी। "

28 अगस्त, 2008 को, ब्लूमबर्ग ने गलती से अपनी कॉर्पोरेट समाचार सेवा में जॉब्स का 2,500-शब्द का मृत्युलेख प्रकाशित किया, जिसमें उनकी उम्र और मृत्यु के कारण के लिए रिक्त स्थान थे। जब किसी प्रसिद्ध व्यक्ति की मृत्यु हो जाती है तो समाचार वाहक समाचार वितरण को सुविधाजनक बनाने के लिए हमेशा अप-टू-डेट मृत्युलेखों का स्टॉक करते हैं। हालाँकि त्रुटि को तुरंत ठीक कर लिया गया था, कई समाचार आउटलेट और ब्लॉग ने इस पर रिपोर्ट की, जिससे जॉब्स के स्वास्थ्य के बारे में अफवाहें फैल गईं। 188 जॉब्स ने Apple के सितंबर 2008 के लेट्स रॉक कीनोट पर प्रतिक्रिया व्यक्त करते हुए मार्क ट्वेन की व्याख्या की: "मेरी मृत्यु की रिपोर्ट अतिशयोक्तिपूर्ण है।" बाद के एक मीडिया कार्यक्रम में, जॉब्स ने "110/70" की स्लाइड रीडिंग के साथ अपनी प्रस्तुति समाप्त की। अपने रक्तचाप का उल्लेख करते हुए, उन्होंने कहा कि वह अपने स्वास्थ्य के बारे में और प्रश्नों का उत्तर नहीं देंगे।

16 दिसंबर, 2008 को, Apple ने घोषणा की कि मार्केटिंग वाइस प्रेसिडेंट फिल शिलर Macworld कॉन्फ्रेंस और एक्सपो 2009 में कंपनी का अंतिम मुख्य भाषण देंगे, जो फिर से जॉब्स के स्वास्थ्य के बारे में सवाल उठाएंगे। 5 जनवरी 2009 को Apple.com पर एक बयान में, जॉब्स ने कहा कि वे कई महीनों से "हार्मोन असंतुलन" से पीड़ित थे।

14 जनवरी 2009 को, जॉब्स ने एक आंतरिक Apple मेमो में लिखा कि पिछले सप्ताह में उन्होंने "जान लिया था कि मेरे स्वास्थ्य के मुद्दे मेरे विचार से कहीं अधिक जटिल हैं"। उन्होंने अपने स्वास्थ्य पर बेहतर ध्यान देने के लिए जून 2009 के अंत तक छह महीने की छुट्टी

की घोषणा की। टिम कुक, जिन्होंने पहले 2004 में जॉब्स की अनुपस्थिति के दौरान सीईओ के रूप में कार्य किया था, एप्पल के कार्यवाहक सीईओ बन गए, जॉब्स अभी भी "प्रमुख रणनीतिक निर्णयों" में शामिल थे।

2009 में, टिम कुक ने जॉब्स को अपने जिगर का एक हिस्सा देने की पेशकश की, क्योंकि दोनों का रक्त प्रकार दुर्लभ है और इस तरह के ऑपरेशन के बाद दाता यकृत ऊतक को पुन: उत्पन्न कर सकते हैं। जॉब्स चिल्लाए, "मैं तुम्हें ऐसा कभी नहीं करने दूंगा। मैं ऐसा कभी नहीं करूंगा।"

अप्रैल 2009 में, मेम्फिस, टेनेसी में मेथोडिस्ट यूनिवर्सिटी हॉस्पिटल ट्रांसप्लांट इंस्टीट्यूट में जॉब्स का लीवर प्रत्यारोपण हुआ। जॉब्स के पूर्वानुमान को "उत्कृष्ट" के रूप में वर्णित किया गया था।

इस्तीफा

लीवर प्रत्यारोपण के बाद जॉब्स के काम पर लौटने के डेढ़ साल बाद 17 जनवरी, 2011 को, Apple ने घोषणा की कि उन्हें अनुपस्थिति का चिकित्सा अवकाश दिया गया है। जॉब्स ने कर्मचारियों को लिखे एक पत्र में अपनी छुट्टी की घोषणा करते हुए कहा कि यह फैसला "ताकि वह अपने स्वास्थ्य पर ध्यान दे सकें"। जैसा कि उन्होंने अपने 2009 के मेडिकल अवकाश के दौरान किया था, Apple ने घोषणा की कि टिम कुक दिन-प्रतिदिन के संचालन को चलाएंगे और जॉब्स कंपनी के प्रमुख रणनीतिक निर्णयों में शामिल रहेंगे। छुट्टी पर रहते हुए, जॉब्स 2 मार्च को iPad 2 लॉन्च इवेंट में दिखाई दिए, WWDC के मुख्य वक्ता ने 6 जून को iCloud पेश किया, और 7 जून को क्यूपर्टिनो सिटी काउंसिल के सामने।

24 अगस्त, 2011 को, जॉब्स ने एप्पल के सीईओ के रूप में अपने इस्तीफे की घोषणा की, बोर्ड को लिखा, "मैंने हमेशा कहा है कि अगर वह दिन आता है जब मैं ऐप्पल के सीईओ के रूप में अपने कर्तव्यों और अपेक्षाओं को पूरा नहीं कर सकता, तो मैं सबसे पहले होगा। आपको जानिए.. दुर्भाग्य से वह दिन आ गया।' जॉब्स बोर्ड के अध्यक्ष बने और उन्होंने टिम कुक के उतराधिकारी को सीईओ नामित किया। छह सप्ताह बाद अपनी मृत्यु से एक दिन पहले तक जॉब्स ने Apple के लिए काम करना जारी रखा।

मौत

5 अक्टूबर, 2011 को अपराहन 3 बजे (पीडीटी) के आसपास जॉब्स की पालो आल्टो, कैलिफोर्निया में उनके घर पर मृत्यु हो गई, क्योंकि उनके पहले इलाज किए गए आइलेट-सेल अग्नाशयी न्यूरोएंडोक्राइन ट्यूमर की पुनरावृति हुई थी।इन जटिलताओं के कारण, 15 को श्वसन गिरफ्तारी हुई। वह पिछले दिन होश खो बैठा था और अपनी पत्नी, बच्चों और बहनों के साथ मर गया था। उनकी बहन, मोना सिम्पसन ने उनकी मृत्यु का वर्णन इस प्रकार किया: "स्टीव के अंतिम शब्द, कुछ घंटे पहले, मोनोसिलेबल्स थे, जिन्हें तीन बार दोहराया गया था। शुरू करने से पहले, उन्होंने अपनी बहन को काफी देर तक देखा, फिर अपने बच्चों को, फिर अपने बच्चों को देखा। उसे। जीवन साथी, लॉरेन, और फिर उनके कंधों पर से गुजरा। स्टीव के अंतिम शब्द थे: 'ओह वाह। ओह वाह। ओह वाह।'" फिर वह होश खो बैठा और कुछ घंटों बाद मर गया। 7 अक्टूबर, 2011 को एक छोटा सा निजी अंतिम संस्कार आयोजित किया गया था, जिसका विवरण जॉब्स के परिवार के प्रति सम्मान के कारण सार्वजनिक नहीं किया गया है।

Apple और Pixar प्रत्येक ने उनकी मृत्यु की घोषणा की। Apple ने उसी दिन घोषणा की कि उसकी सार्वजनिक सेवा के लिए कोई योजना नहीं है, लेकिन "शुभचिंतकों" को ऐसे संदेश प्राप्त करने के लिए स्थापित ईमेल पते पर अपने स्मारक संदेश भेजने के लिए प्रोत्साहित कर रहा था। Apple और Microsoft दोनों ने अपने संबंधित मुख्यालयों और परिसरों में आधे कर्मचारियों पर झंडे फहराए।

बॉब इगर ने 6 अक्टूबर से 12 अक्टूबर, 2011 तक वॉल्ट डिज्नी वर्ल्ड और डिज्नीलैंड सहित सभी डिज्नी संपत्तियों को आधे कर्मचारियों पर अपने झंडे फहराने का आदेश दिया। उनकी मृत्यु के दो सप्ताह बाद, Apple ने अपनी कॉर्पोरेट वेब साइट पर एक साधारण पृष्ठ प्रदर्शित किया जिसमें जॉब्स का नाम और उनके जीवन को उनके ग्रेस्केल चित्र के बगल में दिखाया गया था। 19 अक्टूबर, 2011 को, Apple कर्मचारियों ने क्यूपर्टिनो में Apple परिसर में नौकरियों के लिए एक निजी स्मारक सेवा आयोजित की। इसमें जॉब्स की विधवा, लॉरेन और टिम कुक, बिल कैंपबेल, नोरा जोन्स, अल गोर और कोल्डप्ले ने भाग लिया। कुछ Apple रिटेल स्टोर संक्षिप्त रूप से बंद हो गए ताकि कर्मचारी स्मारक में शामिल हो सकें। सेवा का एक वीडियो Apple की वेबसाइट पर अपलोड किया गया था।

कैलिफोर्निया के गवर्नर जेरी ब्राउन ने रविवार, 16 अक्टूबर, 2011 को "स्टीव जॉब्स डे" के रूप में घोषित किया। उस दिन, स्टैनफोर्ड विश्वविद्यालय में केवल-निमंत्रण स्मारक आयोजित किया गया था। उपस्थित लोगों में Apple और अन्य टेक कंपनियों के अधिकारी, मीडिया के सदस्य, मशहूर हस्तियां, राजनेता और जॉब्स के परिवार और करीबी दोस्त शामिल थे। बोनो, यो-यो मा और जोन बेज ने सेवा में प्रदर्शन किया, जो एक घंटे से अधिक समय तक चला। सेवा अत्यधिक सुरक्षित थी, सभी विश्वविद्यालय गेटों पर गार्ड और क्षेत्र के समाचार स्टेशनों से हेलीकाप्टर ओवरहेड थे। प्रत्येक सहभागी को जॉब्स की ओर से "विदाई उपहार" के रूप में एक छोटा भूरा बॉक्स दिया गया, जिसमें परमहंस योगानंद की एक योगी की आत्मकथा की एक प्रति थी।

बचपन के दोस्त और सहकर्मी Apple के सह-संस्थापक स्टीव वोज्नियाक, पिक्सर के पूर्व मालिक, जॉर्ज लुकास, पूर्व प्रतिद्वंद्वी, Microsoft के सह-संस्थापक बिल गेट्स और राष्ट्रपति बराक ओबामा सभी ने पेशकश की। उनकी मृत्यु के जवाब में बयान।

उनके अनुरोध पर, पालो अल्टो में एकमात्र गैर-सांप्रदायिक कब्रिस्तान, अल्टा मेसा मेमोरियल पार्क में जॉब्स को एक अचिह्नित कब्र में दफनाया गया था।

7 अक्टूबर, 2021 को, Apple ने जॉब्स की मृत्यु की दसवीं वर्षगांठ पर एक स्मारक YouTube वीडियो जारी किया।

नवाचार और डिजाइन

जॉब्स का डिजाइन सौंदर्य ज़ेन और बौद्ध धर्म के दर्शन से प्रभावित था। भारत में, उन्होंने अपनी सात महीने की आध्यात्मिक यात्रा के दौरान बौद्ध धर्म का अनुभव किया, और उनके अंतर्ज्ञान ने उन आध्यात्मिक लोगों को प्रभावित किया जिनके साथ उन्होंने अध्ययन किया था। उन्होंने कई संदर्भों और स्रोतों से भी सीखा, जैसे कि जोसेफ आइक्लर की आधुनिकतावादी स्थापत्य शैली, प्रशस्ति पत्र की जरूरत, और रिचर्ड सैपर और डाइटर रैम्स के औद्योगिक डिजाइन। उद्धरण आवश्यक है

Apple के सह-संस्थापक स्टीव वोज्नियाक के अनुसार, "स्टीव ने कभी कोड नहीं किया। वह एक इंजीनियर नहीं थे, और उन्होंने कुछ भी मूल नहीं किया ..." Apple के शुरुआती कर्मचारियों में से एक और जॉब्स के कॉलेज मित्र डैनियल कॉटके ने कहा: "वोज़ और जॉब्स के बीच, वोज़ इनोवेटर, आविष्कारक थे। स्टीव जॉब्स मार्केटिंग मैन थे।"

उन्हें संयुक्त राज्य अमेरिका के पेटेंट या वास्तविक कंप्यूटर और पोर्टेबल उपकरणों से लेकर यूजर इंटरफेस (टच-आधारित), स्पीकर, कीबोर्ड, पावर एडेप्टर, सीढ़ियों तक की तकनीकों से संबंधित पेटेंट अनुप्रयोगों पर या तो प्राथमिक आविष्कारक या सह-आविष्कारक के रूप में सूचीबद्ध किया गया है। क्लैप्स, स्लीव्स, कॉर्ड्स और पैकेज। उनके अधिकांश पेटेंट में उनका योगदान "उत्पाद की उपस्थिति और अनुभव" था। उन्हें और उनके औद्योगिक डिजाइन प्रमुख, जोनाथन इवे को 200 पेटेंट के लिए नामित किया गया है। इनमें से अधिकांश उपयोगिता पेटेंट या आविष्कारों के विपरीत डिज़ाइन पेटेंट हैं; वे विशिष्ट उत्पाद डिज़ाइन हैं जैसे कि मूल और दिवा-शैली iMacs, और PowerBook G4|PowerBook G4 टाइटेनियम। उनके पास आविष्कारों पर जारी किए गए 43 अमेरिकी पेटेंट हैं। उनकी मृत्यु के एक दिन पहले एक पेटेंट जारी किया गया था, जिसमें मैक ओएस एक्स डॉक यूजर इंटरफेस पर "आवर्धन" सुविधा शामिल थी। हालाँकि मूल Apple कंप्यूटरों के इंजीनियरिंग और तकनीकी पक्ष में जॉब्स की बहुत कम भागीदारी थी, लेकिन जॉब्स ने बाद में खुद को सीधे उत्पाद डिजाइन में शामिल करने के लिए CEO शीर्षक का उपयोग किया।

उनके लंबे समय से विपणन कार्यकारी और विश्वासपात्र जोआना हॉफमैन, जो अपने पूरे करियर में कई परियोजनाओं में शामिल रहे हैं, को Apple और Next के कुछ कर्मचारियों में से एक के रूप में जाना जाता है।उनके साथ शामिल होने के बावजूद आटे जी नौकरी को सफलतापूर्वक खड़ा करने में सक्षम थे।

अस्पताल में बीमार होने के दौरान, जॉब्स ने नए उपकरणों को स्केच किया जो आईपैड को अस्पताल के बेड पर रखेंगे। उन्होंने अपनी उंगली पर ऑक्सीजन मॉनिटर का मज़ाक उड़ाया और सादगी के लिए डिज़ाइन को बेहतर बनाने के तरीके सुझाए।

उनकी मृत्यु के बाद से, उन्होंने 141 पेटेंट जीते हैं, जो उनके जीवनकाल में अधिकांश आविष्कारकों से अधिक है। उनके पास कुल 450 पेटेंट हैं।

सेब मैं

हालांकि स्टीव वोज्नियाक द्वारा पूरी तरह से डिज़ाइन किया गया, जॉब्स के पास डेस्कटॉप कंप्यूटर बेचने का विचार था, जिसके कारण 1976 में Apple कंप्यूटर का निर्माण हुआ। जॉब्स और वोज्नियाक दोनों ने हाथ से कई Apple I प्रोटोटाइप बनाए, अपनी कुछ वस्तुओं को बेचकर धन प्राप्त किया। आखिरकार, 200 इकाइयों का उत्पादन किया गया।

सेब द्वितीय

Apple II एक 8-बिट होम कंप्यूटर है, जो दुनिया के पहले अत्यधिक सफल बड़े पैमाने पर उत्पादित माइक्रो कंप्यूटर उत्पादों में से एक है, 87 को मुख्य रूप से वोज्नियाक द्वारा डिज़ाइन किया गया है, जिसमें जॉब्स Apple II के असामान्य मामले के विकास की देखरेख करते हैं और रॉड होल्ट इसे विकसित कर रहे हैं। अद्वितीय बिजली की आपूर्ति। इसे 1977 में वेस्ट कोस्ट कंप्यूटर मेले में जॉब्स और वोज्नियाक द्वारा Apple द्वारा बेचे जाने वाले पहले उपभोक्ता उत्पाद के रूप में पेश किया गया था।

सेब लिसा

लिसा एक व्यक्तिगत कंप्यूटर है जिसे 1978 में Apple द्वारा विकसित किया गया था और 1980 के दशक की शुरुआत में बेचा गया था। यह व्यावसायिक उपयोगकर्ताओं के लिए ग्राफिकल यूजर इंटरफेस वाला पहला पर्सनल कंप्यूटर है। लिसा 100,000 इकाइयों में खराब बेची गई।

1982 में, लिसा परियोजना से निकाल दिए जाने के बाद, उन्होंने लिसा से प्रेरित होकर मैकिंटोश परियोजना को संभाला। अंतिम लिसा 2/10 को संशोधित किया गया और मैकिंटोश एक्सएल के रूप में बेचा गया।

लबादा

एक बार जब वे मैकिंटोश टीम में शामिल हो गए, तो वोज़्नियाक के एक विमान दुर्घटना का शिकार होने और अस्थायी रूप से कंपनी छोड़ने के बाद जॉब्स ने इस परियोजना को संभाल लिया। जॉब्स ने 24 जनवरी, 1984 को मैकिंटोश को लॉन्च किया, जो एक इंटीग्रल ग्राफिकल यूज़र इंटरफेस और माउस वाला पहला मास-मार्केट पर्सनल कंप्यूटर था। इस पहले मॉडल को बाद में विपुल श्रृंखला में Macintosh 128k का नाम दिया गया। 1998 से, Apple ने "Mac" के पक्ष में Macintosh नाम को हटा दिया है, हालाँकि शुरुआत से ही उत्पाद परिवार को "Mac" या "The Mac" उपनाम दिया गया है। Macintosh को 1.5 मिलियन अमेरिकी डॉलर के रिडले स्कॉट टेलीविजन विज्ञापन, "1984" द्वारा पेश किया गया था। यह 22 जनवरी, 1984 को सुपर बाउल XVIII की तीसरी तिमाही में प्रसारित हुआ, और इसे "वाटरशेड इवेंट" और "मास्टरपीस" के रूप में प्राप्त किया गया। रेजिस मैककेना ने विज्ञापन को "मैक से अधिक सफल" कहा। वह कंप्यूटर उद्योग में आईबीएम के प्रभुत्व की अनुरूपता से मानवता को बचाने के तरीके के रूप में मैकिंटोश (उसके सफेद टैंक टॉप पर एक कंप्यूटर के पिकासो-शैली के चित्र द्वारा दर्शाया गया) का प्रतिनिधित्व करने के लिए एक अनाम नायिका का उपयोग करती है। यह विज्ञापन जॉर्ज ऑरवेल के उपन्यास नाइनटीन एट्टी-फोर की ओर इशारा करता है, जो टेलीविजन पर प्रसारित "बिग ब्रदर" द्वारा शासित एक मनहूस भविष्य का वर्णन करता है।

हालांकि, मैकिंटोश महंगा था, जिसने उपभोक्ताओं के लिए कमोडोर 64 के प्रभुत्व वाले बाजार में प्रतिस्पर्धा करने की क्षमता और आईबीएम पर्सनल कंप्यूटर और व्यवसायों के लिए इसके साथ-साथ क्लोन बाजार में बाधा उत्पन्न की। Macintosh सिस्टम अभी भी शिक्षा और डेस्कटॉप प्रकाशन में सफल रहे और अगले दशक के लिए Apple को दूसरे सबसे बड़े पीसी निर्माता के रूप में रखा।

अगला कंप्यूटर

1985 में जॉब्स ने Apple छोड़ने के बाद, एक वर्कस्टेशन कंप्यूटर कंपनी नेक्स्ट शुरू की। नेक्स्ट कंप्यूटर को 1988 में एक भव्य लॉन्च इवेंट में पेश किया गया था। नेक्स्ट कंप्यूटर का उपयोग करते हुए, टिम बर्नर्स-ली ने वर्ल्ड वाइड वेब, दुनिया का पहला वेब ब्राउज़र बनाया। डार्विन ने NeXT कंप्यूटर के ऑपरेटिंग सिस्टम को जन्म दिया, जिसे NeXTSTEP कहा जाता है, जो अब Macintosh के macOS और iPhone के iOS जैसे अधिकांश Apple उत्पादों की नींव है।

आईमैक

1998 में पेश किया गया मूल iMac, जॉब्स रिटर्न के तहत पहला उपभोक्ता-सामना करने वाला Apple उत्पाद था।

Apple iMac G3 को 1998 में पेश किया गया था और इसका अभिनव डिज़ाइन Apple में जॉब्स की वापसी का प्रत्यक्ष परिणाम था। Apple दावा करता है "हमारे कंप्यूटर का पिछला भाग किसी और के सामने से बेहतर दिखता है।" "कार्टून जैसा" के रूप में वर्णित, पहला आईमैक, बॉन्डी ब्लू प्लास्टिक में पहना हुआ, किसी भी व्यक्तिगत कंप्यूटर के विपरीत था जो पहले आया था। 1999 में, Apple ने ग्रेफाइट ग्रे Apple iMac पेश किया और तब से ऑल-इन-वन डिज़ाइन को बनाए रखते हुए आकार, रंग और आकार में काफी बदलाव आया है। डिज़ाइन विचारों का उद्देश्य उपयोगकर्ता के साथ एक संबंध बनाना था जैसे कि कंप्यूटर के सो जाने पर हैंडल और "श्वास" प्रकाश प्रभाव। उस समय Apple iMac $1,299 में बिका था। आईमैक में आगे की सोच वाले बदलाव भी शामिल हैं, जैसे कि फ्लॉपी डिस्क ड्राइव से बचना और केवल बाह्य उपकरणों को जोड़ने के लिए यूएसबी पर जाना। आईमैक की सफलता के कारण इस बाद के परिवर्तन का परिणाम यह था कि इंटरफ़ेस तीसरे पक्ष के परिधीय निर्माताओं के बीच लोकप्रिय हो गया - जैसा कि इस तथ्य से स्पष्ट है कि कई शुरुआती यूएसबी बाह्य उपकरणों को पारभासी प्लास्टिक (आईमैक डिजाइन से मेल खाने के लिए) से बनाया गया था। .

ई धुन

आईट्यून्स एक मीडिया प्लेयर, मीडिया लाइब्रेरी, ऑनलाइन रेडियो ब्रॉडकास्टर और ऐप्पल द्वारा विकसित मोबाइल डिवाइस मैनेजमेंट एप्लिकेशन है। MacOS और Microsoft Windows ऑपरेटिंग सिस्टमइसे चलाने वाले व्यक्तिगत कंप्यूटरों पर डिजिटल ऑडियो और वीडियो (साथ ही आईट्यून्स स्टोर पर उपलब्ध अन्य प्रकार के मीडिया) को चलाने, डाउनलोड करने और प्रबंधित करने के लिए उपयोग किया जाता है। आईट्यून्स स्टोर आईपॉड टच, आईफोन और आईपैड पर भी उपलब्ध है।

आईट्यून्स स्टोर के माध्यम से, उपयोगकर्ता कुछ देशों में संगीत, संगीत वीडियो, टेलीविजन शो, ऑडियोबुक, पॉडकास्ट, मूवी और मूवी किराए पर खरीद और डाउनलोड कर सकते हैं, और आईफोन और आईपॉड टच (बाद में चौथी पीढ़ी) पर उपलब्ध रिंगटोन। आईफोन, आईपैड और आईपॉड टच के लिए एप्लीकेशन सॉफ्टवेयर एप स्टोर से डाउनलोड किया जा सकता है।

आइपॉड

पहली पीढ़ी के आइपॉड को 23 अक्टूबर, 2001 को जारी किया गया था। आइपॉड का प्रमुख नवाचार इसका छोटा आकार था, जो उस समय के खिलाड़ियों में सामान्य 2.5" ड्राइव की तुलना में 1.8" हार्ड ड्राइव का उपयोग करता था। पहली पीढ़ी के iPod की क्षमता 5GB से 10GB तक थी। iPod को US$399 में बेचा गया था और 2001 के अंत से पहले 100,000 से अधिक iPod बेचे गए थे। आइपॉड की शुरुआत ने ऐप्पल को संगीत उद्योग में एक प्रमुख खिलाड़ी बना दिया। इसके अलावा, आइपॉड की सफलता ने आईट्यून संगीत स्टोर और आईफोन के लिए मार्ग प्रशस्त किया। आइपॉड की पहली कुछ पीढ़ियों के बाद, एप्पल ने टचस्क्रीन आइपॉड टच, छोटे आइपॉड मिनी और आइपॉड नैनो,

और स्क्रीन रहित आइपॉड शफल को बाद के वर्षों में जारी किया।

आई - फ़ोन

Apple ने 2005 में पहले iPhone पर काम करना शुरू किया और पहला iPhone 29 जून, 2007 को जारी किया गया। IPhone ने ऐसी हलचल मचाई कि एक सर्वेक्षण में पाया गया कि दस में से छह अमेरिकी इसके जारी होने के बारे में जानते थे। टाइम ने 2007 के लिए इसे "इन्वेंशन ऑफ द ईयर" नाम दिया और इसे 2010 की संचार श्रेणी में ऑल-टाइम 100 गैजेट्स की सूची में शामिल किया। पूर्ण किए गए iPhone में मल्टीमीडिया क्षमताएं थीं और यह क्वाड-बैंड टच स्क्रीन स्मार्टफोन के रूप में कार्य करता था। एक साल बाद, iPhone 3G को जुलाई 2008 में तीन प्रमुख विशेषताओं के साथ जारी किया गया: GPS, 3G डेटा और त्रि-बैंड UMTS/HSDPA के लिए समर्थन। जून 2009 में, iPhone 3GS, जिसके सुधारों में आवाज नियंत्रण, एक बेहतर कैमरा और तेज प्रोसेसर शामिल थे, को फिल शिलर द्वारा पेश किया गया था। IPhone 4 पिछले मॉडल की तुलना में पतला था, इसमें पांच मेगापिक्सल का कैमरा था जो 720p HD में वीडियो रिकॉर्ड करने में सक्षम था, और इसमें वीडियो कॉल के लिए एक सेकेंडरी फ्रंट-फेसिंग कैमरा जोड़ा गया था। अक्टूबर 2011 में पेश किए गए iPhone 4S की एक प्रमुख विशेषता सिरी थी, जो आवाज पहचानने में सक्षम एक आभासी सहायक थी।

ipad

IPad Apple द्वारा डिज़ाइन और विपणन किए गए टैबलेट कंप्यूटरों की एक iOS-आधारित श्रृंखला है। पहला iPad 3 अप्रैल 2010 को जारी किया गया था। यूज़र इंटरफेस वर्चुअल कीबोर्ड के साथ डिवाइस की मल्टी-टच स्क्रीन के आसपास बनाया गया है। iPad में चुनिंदा मॉडलों पर अंतर्निर्मित वाई-फाई और सेल्युलर कनेक्टिविटी शामिल है। अप्रैल 2015 तक, 250 मिलियन से अधिक आईपैड बेचे जा चुके हैं।

व्यक्तिगत जीवन

विवाह

1989 में, जॉब्स पहली बार अपनी भावी पत्नी लॉरेन पॉवेल से मिले, जब उन्होंने स्टैनफोर्ड ग्रेजुएट स्कूल ऑफ बिजनेस में व्याख्यान दिया, जहां वह एक छात्रा थी। घटना के तुरंत बाद, उन्होंने कहा कि लॉरेन "व्याख्यान कक्ष में अग्रिम पंक्ति में थी, और मैं उससे अपनी आँखें नहीं हटा सका ... मैं अपने विचारों की ट्रेन खोता रहा और मुझे थोड़ा चक्कर आने लगा।" व्याख्यान के दौरान, वह उससे पार्किंग में मिला और उसे रात के खाने पर आमंत्रित किया। उस क्षण से वे कुछ मामूली अपवादों के साथ शेष जीवन के लिए एक साथ थे।

नए साल के दिन 1990 को "मुट्ठी भर ताज़ी चुनी हुई वाइल्डफ्लावर" के साथ नौकरी का प्रस्ताव दिया। उन्होंने 18 मार्च, 1991 को योसेमाइट नेशनल पार्क के अहवाहनी होटल में एक बौद्ध समारोह में शादी की। जॉब्स के पिता पॉल और उनकी बहन मोना सहित पचास लोगों ने भाग लिया। जॉब्स के सलाहकार कोबुन चिनो ओटोगावा ने समारोह की मेजबानी की। शाकाहारी शादी का केक योसेमाइट के हाफ डोम के आकार का था, और शादी हाइक और लॉरेन के भाइयों के बीच एक स्नोबॉल लड़ाई के साथ समाप्त हुई। कथित तौर पर जॉब्स ने मोना से कहा: "आप देखिए, मोना ..., लोरेन जो नमथ के वंशज हैं और हम जॉन मुइर के वंशज हैं।"

जॉब्स और पॉवेल की पहली संतान रीड का जन्म सितंबर 1991 में हुआ था। जॉब्स के पिता पॉल का डेढ़ साल बाद 5 मार्च 1993 को निधन हो गया। जॉब्स का बचपन का घर एक पर्यटक आकर्षण है और वर्तमान में यह उनकी सौतेली माँ (पॉल की दूसरी पत्नी), मर्लिन जॉब्स के स्वामित्व में है।

जॉब्स और पॉवेल के दो और बच्चे हुए, एरिन, जिनका जन्म अगस्त 1995 में हुआ और ईव का जन्म मई 1998 में हुआ। परिवार कैलिफोर्निया के पालो अल्टो में रहता था। एक रिपोर्टर जो स्थानीय रूप से बड़ा हुआ, उसे याद आया "पालो अल्टो में सबसे डरावने हेलोवीन सजावट वाले घर का मालिक ... मुझे उसे देखकर याद नहीं है। मैं डरने में बहुत व्यस्त था।"

यद्यपि एक अरबपति, जॉब्स ने माना कि बिल गेट्स की तरह, उन्होंने शर्त रखी थी कि उनकी अधिकांश वित्तीय संपत्ति उनके बच्चों के लिए नहीं छोड़ी जाएगी। दोनों पुरुषों ने अपने बच्चों की पहुंच, उनकी उम्र के आधार पर, सोशल मीडिया, कंप्यूटर गेम और इंटरनेट तक सीमित कर दी थी।

परिवार

क्रिस ब्रेनन ने नोट किया कि जॉब्स को Apple से निकाल दिए जाने के बाद, उन्होंने उसके और लिसा के प्रति "अपने व्यवहार के लिए गंभीर रूप से माफी मांगी"। उन्होंने कहा कि जॉब्स ने "कहा कि उन्होंने कभी ज़िम्मेदारी नहीं ली, और उन्हें खेद है"। इस समय तक जॉब्स ने लिसा और के साथ एक मजबूत रिश्ता विकसित कर लिया थाजॉब्स ने अपने जन्म प्रमाण पत्र पर अपना नाम "लिसा ब्रेनन" से बदलकर "लिसा ब्रेनन-जॉब्स" कर लिया, जब वह नौ साल की थी। जॉब्स और ब्रेनन। सह-माता-पिता लिसा के साथ एक कामकाजी संबंध विकसित किया, जिसे ब्रेनन ने अपनी नई मिली जैविक बहन, मोना सिम्पसन के प्रभाव का श्रेय दिया, जिन्होंने लिसा और जॉब्स के बीच संबंधों को सुधारने का काम किया। जॉब्स ने मोना को पाया। Apple छोड़ने के कुछ ही समय बाद, पहली बार अपनी जन्म बेटी, जोन शिबल सिम्पसन की खोज के बाद।

हालांकि, जॉब्स ने अपनी दत्तक मां क्लारा के जीवनकाल में अपने जन्म परिवार से संपर्क नहीं किया। बाद में उन्होंने अपने आधिकारिक जीवनी लेखक, वाल्टर इसाकसन को बताया: "मैं कभी नहीं चाहता था कि पॉल और क्लारा यह सोचें कि मैं उन्हें अपने माता-पिता के रूप में नहीं मानता, क्योंकि वे बिल्कुल मेरे माता-पिता थे ... मैं उन्हें इतना प्यार करता था कि मैंने कभी नहीं किया वे मेरे माता-पिता थे। मैं चाहता था कि इस खोज का पता चले, और जब उनमें से किसी को पता चला, तो मैंने प्रेस को चुप रहने के लिए कहा।" हालाँकि, 1986 में, जब जॉब्स 31 वर्ष के थे, क्लारा को फेफड़े के कैंसर का पता चला था। उसने उसके साथ अधिक समय बिताना शुरू किया और उसकी पृष्ठभूमि और गोद लेने के बारे में अधिक जानकारी प्राप्त की, जिसके कारण उसे अपनी जैविक मां की खोज करनी पड़ी। जॉब्स ने अपने जन्म प्रमाण पत्र पर सैन फ्रांसिस्को के उस डॉक्टर का नाम पाया, जिसके पास शिबल ने गर्भवती होने के दौरान संपर्क किया था। हालाँकि डॉक्टर ने जॉब्स के जीवित रहते उनकी मदद नहीं की, लेकिन उन्होंने जॉब्स की मृत्यु के बाद खोले जाने के लिए एक पत्र छोड़ दिया। उनकी मृत्यु के कुछ समय बाद, जॉब्स को एक पत्र दिया गया जिसमें लिखा था "उनकी मां विस्कॉन्सिन से एक अविवाहित स्नातक छात्र थीं, जिनका नाम जोआन शिएबल था।"

1986 की शुरुआत में क्लारा की मृत्यु के बाद और अपने पिता पॉल से अनुमति मिलने के बाद, जॉब्स ने शिबल से संपर्क किया। इसके अतिरिक्त, पॉल के सम्मान में, उन्होंने मीडिया से उनकी खोज की रिपोर्ट नहीं करने के लिए कहा। जॉब्स ने कहा कि जिज्ञासा और आवश्यकता दोनों ने "उसे अपनी दाई को खोजने के लिए प्रेरित किया कि वह ठीक है या नहीं और उसे धन्यवाद देने के लिए, क्योंकि मुझे खुशी है कि मैंने गर्भपात नहीं कराया। वह तेईस वर्ष की थी। और उसने बहुत कोशिश की मुझे पाने के लिए।" शिएबल अपनी पहली मुलाकात में भावुक थे (हालाँकि वह एप्पल के इतिहास या उसमें जॉब्स की भूमिका से परिचित नहीं थीं) और उन्हें बताया कि साइन ऑन करने के लिए उन पर दबाव डाला गया था। गोद लेने के दस्तावेज। उसने कहा कि उसे उसे छोड़ने का पछतावा है और वह बार-बार इसके लिए उससे माफी मांगती है। जॉब्स और शिएबल अपने शेष जीवन के लिए दोस्ती कायम करेंगे और साथ में क्रिसमस बिताएंगे।

इस पहली मुलाकात के दौरान, शिएबल ने जॉब्स को बताया कि उनकी मोना नाम की एक बहन है, यह नहीं जानते हुए कि उनका एक भाई है। Schieble ने तब उनके लिए न्यूयॉर्क में मिलने की व्यवस्था की जहाँ मोना काम कर रही थी। जॉब्स के बारे में उनकी पहली धारणा यह थी कि "वह पूरी तरह से सीधे और सुंदर थे, बस एक सामान्य और प्यारा लड़का था।" सिम्पसन और जॉब्स तब एक-दूसरे को जानने के लिए लंबी सैर पर गए। 289 जॉब्स ने बाद में अपने जीवनी लेखक को बताया, "वह पहली बार में पूरी तरह से रोमांचित नहीं हुई थी कि मोना ने अपने जीवन में मुझे पा लिया था और यह कि उसकी माँ मुझसे भावनात्मक रूप से जुड़ी हुई थी... जैसे-जैसे हम एक-दूसरे को जानते गए, हम वास्तव में अच्छे दोस्त बन गए और वह मेरा परिवार है।" मुझे नहीं पता कि मैं उसके बिना क्या करूंगा। मैं एक बेहतर बहन की कल्पना नहीं कर सकता। मेरी गोद ली हुई बहन, पैटी और मैं कभी करीब नहीं रहे।"

मैं एक अकेली संतान के रूप में पली-बढ़ी, एक अकेली माँ के साथ। क्योंकि हम गरीब थे और मुझे पता था कि मेरे पिता सीरिया से आए थे, मैंने कल्पना की कि वह उमर शरीफ की तरह दिखते हैं। मुझे उम्मीद थी कि वह अमीर और दयालु होंगे और हमारे जीवन में आएंगे (और हमारे अभी तक सुसज्जित अपार्टमेंट में नहीं) और हमारी मदद करेंगे। बाद में, अपने पिता से मिलने के बाद, मैंने यह विश्वास करने की कोशिश की कि उन्होंने अपना नंबर बदल लिया है और अग्रेषण पता नहीं छोड़ा क्योंकि वे एक आदर्शवादी क्रांतिकारी थे, जो अरब लोगों के लिए एक नई दुनिया की योजना बना रहे थे। एक नारीवादी के रूप में भी, मैंने अपने पूरे जीवन में एक ऐसे आदमी के प्यार का इंतज़ार किया जो मुझे वापस प्यार कर सके। दशकों तक मैंने सोचा था कि वह आदमी मेरे पिता होंगे। जब मैं 25 साल का था, मैं उस आदमी से मिला, और वह मेरा भाई था।

-मोना सिम्पसन

जॉब्स को तब अपने परिवार के इतिहास के बारे में पता चला। गोद लेने के छह महीने बाद, शिबल के पिता की मृत्यु हो जाती है, वह जन्दाली से शादी करती है और उनकी एक बेटी मोना है। जंदाली का कहना है कि पीएचडी पूरी करने के बाद वह काम करने के लिए सीरिया लौटा और फिर शिबल ने उसे छोड़ दिया। 1962 में उनका तलाक हो गया, और उन्होंने कहा कि बाद में कुछ समय के लिए मोना से उनका संपर्क टूट गया:

जब मेरी बेटी चार साल की थी तब उससे दूर रहने की ज़िम्मेदारी भी मुझ पर है, क्योंकि जब मैं सीरिया गया था तब उसकी माँ ने मुझे तलाक दे दिया था, लेकिन हम 10 साल बाद फिर से जुड़ गए। जब उसकी माँ का निधन हुआ तो हमारा संपर्क फिर से टूट गया और मुझे नहीं पता था कि वह कहाँ थी, लेकिन 10 साल पहले से हम लगातार संपर्क में हैं और मैं उसे साल में तीन बार देखता हूँ। मैंने पिछले साल उसके लिए सीरिया और लेबनान जाने के लिए एक यात्रा का आयोजन किया था और वह फ्लोरिडा में एक रिश्तेदार के साथ जाएगी थे

कुछ साल बाद, शिबल ने आइस स्केटिंग प्रशिक्षक जॉर्ज सिम्पसन से विवाह किया। मोना जंडाली ने अपने सौतेले पिता का अंतिम नाम मोना सिम्पसन के रूप में लिया। 1970 में, अपने दूसरे पति को तलाक देने के बाद, शिबल मोना को लॉस एंजिल्स ले गई और उसे अकेले ही पाला।

जब सिम्पसन को पता चला कि उनके पिता, अब्दुलफतह जंडाली, सैक्रामेंटो, कैलिफोर्निया में रह रहे हैं, तो जॉब्स को उनसे मिलने में कोई दिलचस्पी नहीं थी क्योंकि उनका मानना था कि जंडाली अपने बच्चों के साथ अच्छा व्यवहार नहीं कर रहे थे और कथित तौर पर खोज के बाद उन्होंने 1974 में मिस्र की यात्रा की थी। जन्दाली के परित्याग, उसके छात्रों के बारे में सिएटल टाइम्स का लेख। 5 सिम्पसन ने अकेले सैक्रामेंटो की यात्रा की और जंडाली से मुलाकात की, जो एक छोटे से रेस्तरां में काम करता था। उन्होंने कई घंटों तक बात की और उसने उसे बताया कि उसने रेस्तरां व्यवसाय के लिए पढ़ाना छोड़ दिया है। उन्होंने कहा कि उन्होंने और शिएबल ने गोद लेने के लिए एक और बच्चा छोड़ दिया लेकिन "हम उस बच्चे को फिर कभी नहीं देख पाएंगे। वह बच्चा चला गया।" उसने कहा कि वह एक बार सैन जोस के पास एक मेडिटेरेनियन रेस्तरां का प्रबंधन करता था और "सभी सफल तकनीकी लोग वहां आते थे। यहां तक कि स्टीव जॉब्स भी... ओह, हाँ, वह अंदर आता था, और वह एक मीठा आदमी और एक बड़ा टिपर था। " जॉब्स के अनुरोध पर, सिम्पसन ने जंडाली को यह नहीं बताया कि वह उनके बेटे से मिली थी।

यात्रा के बारे में सुनने के बाद, जॉब्स ने याद किया कि "यह आश्चर्यजनक था ... मैं उस रेस्तरां में कुछ बार गया था, और मुझे मालिक से मिलना याद है। वह सीरियाई था। बाल्डिंग। हमने हाथ मिलाया।" हालाँकि, जॉब्स अभी भी जंडाली से मिलना नहीं चाहते थे क्योंकि "मैं तब तक एक अमीर आदमी था, और मुझे भरोसा नहीं था कि वह ब्लैकमेल करेगा या प्रेस में जाएगा ... मैंने मोना से कहा कि वह उसे न बताए। मेरे बारे में।" जंडाली ने बाद में एक ऑनलाइन ब्लॉग के माध्यम से जॉब्स के साथ अपने संबंधों की पड़ताल की। इसके बाद उन्होंने सिम्पसन से संपर्क किया और पूछा, "स्टीव जॉब्स के बारे में यह क्या बात है?" सिम्पसन ने उसे बताया कि यह सच है और बाद में टिप्पणी की, "मेरे पिता विचारशील और एक प्यारे कहानीकार हैं, लेकिन वह बहुत, बहुत निष्क्रिय हैं ... उन्होंने स्टीव से कभी संपर्क नहीं किया।" क्योंकि सिम्पसन ने खुद अपनी सीरियाई जड़ों पर शोध किया और परिवार से मिलना शुरू किया, उसने मान लिया कि जॉब्स अंततः अपने पिता से मिलेंगे, लेकिन उन्होंने कभी ऐसा नहीं किया। जॉब्स ने भी अपनी सीरियाई विरासत या मध्य पूर्व में कभी दिलचस्पी नहीं दिखाई। सिम्पसन ने अपने 1992 के उपन्यास द लॉस्ट फादर में अपने पिता की खोज को काल्पनिक रूप दिया। मालेक जंडाली उनके चचेरे भाई हैं।

दूसरों का उपकार करने का सिद्धान्त

परोपकार और परोपकार पर जॉब्स के विचार और कार्य एक सार्वजनिक रहस्य हैं। उन्होंने कभी-कभार सार्वजनिक रूप से ज्ञात अपनी कुछ गतिविधियों के बारे में गोपनीयता बनाए रखी। वह अमीर और शक्तिशाली के सामाजिक दायित्वों के बारे में सार्वजनिक बहसों में एक प्रमुख व्यक्ति थे। उनके करियर के माध्यम से, मीडिया ने उनकी और Apple की छानबीन की और विशेष रूप से शक्तिशाली नेताओं और अरबपतियों के बीच असामान्य रूप से और बेवजह अनुपस्थित रहने के लिए उनकी आलोचना की। उनका नाम सभी प्रमुख वैश्विक परोपकार मिलियन डॉलर सूची से अनुपस्थित है। 295 कुछ लोगों ने बड़े गुमनाम दान में उसकी संभावित गुप्त भूमिका के बारे में अनुमान लगाया है।

जोन बाएज़, एप्पल और जॉब्स के पूर्व परोपकारी नेता मार्क वर्मिलियन ने जॉब्स के आजीवन प्रत्यक्ष योगदान में कमी का श्रेय उनके पूर्णतावाद और सीमित समय को दिया। जॉब्स, वर्मिलियन और समर्थकों ने वर्षों से कहा है कि प्रत्यक्ष दान के बजाय कॉर्पोरेट उत्पाद संस्कृति और समाज में जॉब्स का सबसे अच्छा योगदान है। 1985 में, जॉब्स ने कहा, "आप जानते हैं, इस पैसे की बात पर मेरी मुख्य प्रतिक्रिया यह है कि यह एक मज़ाक है, यह सब ध्यान है, क्योंकि यह मेरे साथ अब तक की सबसे अंतर्दृष्टिपूर्ण या मूल्यवान चीज़ नहीं है।"

Apple छोड़ने के कुछ ही समय बाद, वह स्टीवन पी. जॉब्स ने Apple के सामुदायिक नेतृत्व से दूर मार्क वर्मिलियन के नेतृत्व में फाउंडेशन की स्थापना की। जॉब्स पोषण और शाकाहार पर ध्यान केंद्रित करना चाहते थे लेकिन वर्मिलियन सामाजिक उद्यमिता चाहते थे। उस वर्ष, जॉब्स ने जल्द ही नेक्स्ट लॉन्च किया और बिना ज्यादा सफलता के फाउंडेशन को बंद कर दिया। 1997 में Apple में अपनी वापसी पर, जॉब्स ने असफल कंपनी को मुख्य क्षेत्रों जैसे सभी परोपकारी कार्यक्रमों को समाप्त करने, उन्हें कभी भी बहाल नहीं करने के लिए अनुकूलित किया। 2007 में, स्टैनफोर्ड सोशल इनोवेशन रिव्यू पत्रिका ने Apple को "अमेरिका में सबसे कम परोपकारी कंपनियों" में सूचीबद्ध किया। दूसरी अहानिकर खबर के कुछ महीने बाद, Apple ने कर्मचारियों के धर्मार्थ उपहारों का मिलान करने के लिए एक कार्यक्रम शुरू किया। जॉब्स ने साथी अरबपतियों के लिए वारेन बफेट और बिल गेट्स द्वारा 2010 में शुरू की गई द गिविंग प्लेज पर हस्ताक्षर करने से इनकार कर दिया है। 295 294 उन्होंने स्टैनफोर्ड अस्पताल को 50 मिलियन डॉलर का दान दिया और एड्स के इलाज के प्रयासों में योगदान दिया। 296 बोनो ने नोट किया कि ऐप्पल ने अफ्रीका में एड्स और एचआईवी राहत कार्यक्रमों के लिए "लाखों डॉलर" दिए, जबकि जॉब्स सीईओ थे, अन्य कंपनियों को शामिल होने के लिए प्रेरित किया।

सम्मान और पुरस्कार

ग्राफिसॉफ्ट पार्क, बुडापेस्ट में जॉब प्रतिमा

1985: राष्ट्रीय प्रौद्योगिकी पदक (स्टीव वोज़नियाक के साथ), अमेरिकी राष्ट्रपति रोनाल्ड रीगन द्वारा प्रदान किया गया

1987: सार्वजनिक सेवा के लिए जेफरसन पुरस्कार

1989: इंजीदशक के उद्यमी सी.

1991: रीड कॉलेज की ओर से हॉवर्ड वॉलम अवार्ड

2004-2010: पांच अलग-अलग मौकों पर दुनिया के 100 सबसे प्रभावशाली लोगों के रूप में सूचीबद्ध। उद्धरण आवश्यक है

2007: फॉर्च्यून पत्रिका द्वारा व्यापार में सबसे शक्तिशाली लोगों में से एक का नाम दिया गया

2007: इतिहास, महिलाओं और कला के लिए कैलिफोर्निया संग्रहालय में कैलिफोर्निया हॉल ऑफ फेम में शामिल किया गया

2012: ग्रैमी ट्रस्टीज़ अवार्ड, उन लोगों को दिया गया जिन्होंने गैर-प्रदर्शन संबंधित क्षेत्र में संगीत उद्योग को प्रभावित किया है

2012: उन्हें मरणोपरांत एडिसन अचीवमेंट अवार्ड से उनके पूरे करियर में नवाचार के प्रति प्रतिबद्धता के लिए सम्मानित किया गया।

2013: मरणोपरांत डिज्नी लीजेंड के रूप में शामिल किया गया

2017: स्टीव जॉब्स थियेटर एप्पल पार्क में खुला

2022: अमेरिकी राष्ट्रपति जो बिडेन द्वारा मरणोपरांत मेडल ऑफ फ्रीडम से सम्मानित किया गया।

९

वारेन बफेट

वारेन बफेट

वारेन एडवर्ड बफेट; जन्म 30 अगस्त, 1930) एक अमेरिकी व्यवसायी, निवेशक और परोपकारी व्यक्ति हैं। वह वर्तमान में बर्कशायर हैथवे के अध्यक्ष और सीईओ हैं। वह दुनिया के सबसे सफल निवेशकों में से एक हैं और अगस्त 2022 तक उनकी कुल संपत्ति $103 बिलियन से अधिक है, जिससे वह दुनिया के सातवें सबसे अमीर व्यक्ति बन गए हैं।

बफेट का जन्म ओमाहा, नेब्रास्का में हुआ था। उन्होंने अपनी युवावस्था में व्यवसाय और निवेश में रुचि विकसित की, अंततः 1947 में पेंसिल्वेनिया विश्वविद्यालय के व्हार्टन स्कूल में प्रवेश किया और 19 में नेब्रास्का विश्वविद्यालय से स्नातक की उपाधि प्राप्त की। बाद में उन्होंने कोलंबिया बिजनेस स्कूल से स्नातक किया, जहां उन्होंने ढलाई का अभ्यास किया। उनका निवेश दर्शन बेंजामिन ग्राहम द्वारा अग्रणी मूल्य निवेश की अवधारणा के इर्द-गिर्द घूमता है। उन्होंने अपनी अर्थशास्त्र पृष्ठभूमि पर ध्यान केंद्रित करने के लिए न्यूयॉर्क इंस्टीट्यूट ऑफ फाइनेंस में भाग लिया और जल्द ही ग्राहम के साथ विभिन्न व्यापारिक साझेदारियां शुरू कीं। उन्होंने 1956 में बफेट पार्टनरशिप लिमिटेड की स्थापना की, और उनकी फर्म ने अंततः बर्कशायर हैथवे नामक एक कपड़ा निर्माण कंपनी का अधिग्रहण किया, जिसका नाम एक विविध होल्डिंग कंपनी बनाने के लिए रखा गया। 1978 में, चार्ली मुंगेर बफेट के वाइस चेयरमैन के रूप में शामिल हुए।

बफेट 1970 के दशक से बर्कशायर हैथवे के अध्यक्ष और सबसे बड़े शेयरधारक रहे हैं। उन्हें विश्व मीडिया द्वारा "ओरेकल" या "ओमाहा के ऋषि" के रूप में जाना जाता है। वह अपने विशाल धन के बावजूद मूल्य निवेश और अपनी व्यक्तिगत मितव्ययिता के पालन के लिए जाने जाते हैं।

बफेट एक परोपकारी व्यक्ति हैं, जिन्होंने अपने धन का 99 प्रतिशत परोपकारी कार्यों के लिए, मुख्य रूप से बिल एंड मेलिंडा गेट्स फाउंडेशन के माध्यम से गिरवी रख दिया है। उन्होंने 2010 में बिल गेट्स के साथ द गिविंग प्लेज की सह-स्थापना की, जिसके तहत अरबपतियों ने अपनी संपत्ति का कम से कम आधा हिस्सा देने का संकल्प लिया।

बफेट का जन्म 1930 में ओमाहा, नेब्रास्का में हुआ था, जो तीन बच्चों में से दूसरे और लीला (नी स्टाहल) और कांग्रेसी हॉवर्ड बफेट के इकलौते बेटे थे। उन्होंने अपनी शिक्षा रोज हिल एलीमेंट्री स्कूल से शुरू की। 1942 में, उनके पिता यूनाइटेड स्टेट्स कांग्रेस में पहले चार कार्यकालों के लिए चुने गए थे, और अपने परिवार को वाशिंगटन, डीसी में ले जाने के बाद, वॉरेन ने प्राथमिक स्कूल पूरा किया, ऐलिस डील जूनियर हाई स्कूल में भाग लिया, और वुडरो विल्सन हाई स्कूल से स्नातक किया। 1947 में स्कूल, जहां उनकी वरिष्ठ वर्षपुस्तिका की तस्वीर पढ़ी गई: "गणित को प्यार करता है; भविष्य के शेयर दलाल।" हाई स्कूल की पढ़ाई पूरी करने और अपने पक्ष में उद्यमशीलता और निवेश उपक्रमों में सफल होने के बाद, बफेट कॉलेज छोड़ना चाहते थे और सीधे व्यवसाय में जाना चाहते थे लेकिन उनके पिता ने उन्हें मना कर दिया था।

बफेट ने कम उम्र में ही व्यापार और निवेश में रुचि दिखाई। वह सात साल की उम्र में ओमाहा पब्लिक लाइब्रेरी से उधार ली गई एक किताब से प्रेरित थे, $1000 कमाने के एक हजार तरीके। बफेट के शुरुआती बचपन के कई साल उद्यमशीलता के उपक्रमों से अनुप्राणित थे। अपने पहले व्यावसायिक उपक्रमों में से एक में, बफेट ने च्युइंग गम, कोका-कोला की बोतलें और साप्ताहिक पत्रिकाएँ घर-घर बेचीं। वह अपने दादा की किराना दुकान में काम करता था। अभी भी हाई स्कूल में रहते हुए, उन्होंने समाचार पत्रों को वितरित करने, गोल्फ की गेंदों और टिकटों को बेचने, और कारों का ब्यौरा देने, अन्य रास्ते के बीच पैसे कमाए। 1944 में अपने पहले आयकर रिटर्न पर, बफेट ने अपनी साइकिल और घड़ी के उपयोग के लिए अपने पेपर ट्रेल पर $35 की कटौती की। 1945 में, एक हाई स्कूल द्वितीय के रूप में, बफेट और एक दोस्त ने एक इस्तेमाल की हुई पिनबॉल मशीन खरीदने के लिए 25 डॉलर खर्च किए, जिसे उन्होंने एक स्थानीय नाई की दुकान पर रखा था। महीनों के भीतर, उनके पास ओमाहा में तीन अलग-अलग नाई की दुकानों में कई मशीनें थीं। उन्होंने वर्ष के अंत में व्यापार को युद्ध के दिग्गज को $ 1,200 में बेच दिया।

निवेशक बेंजामिन ग्राहम ने युवा बफेट को प्रभावित किया

शेयर बाजार में बफेट की रुचि और निवेश उनके पिता के अपने ब्रोकरेज कार्यालय के पास स्थित एक क्षेत्रीय स्टॉक ब्रोकरेज के ग्राहकों के लाउंज में उनके स्कूल के दिनों में शुरू हुआ था। दस साल की उम्र में न्यूयॉर्क शहर की यात्रा पर, उन्होंने न्यूयॉर्क स्टॉक एक्सचेंज का दौरा करने का फैसला किया। 11 साल की उम्र में, उन्होंने सिटी सर्विस प्रेफर्ड के तीन शेयर अपने लिए और तीन शेयर अपनी बहन डोरिस बफेट (जो एक परोपकारी भी बन गए) के लिए खरीदे। 15 साल की उम्र में वारेन ने वाशिंगटन पोस्ट अखबारों को डिलीवर करते हुए हर महीने 175 डॉलर से ज्यादा कमाए। हाई स्कूल में, उन्होंने अपने पिता के स्वामित्व वाले व्यवसाय में निवेश किया और एक किरायेदार किसान के रूप में 40 एकड़ का खेत खरीदा। उन्होंने 14 साल की उम्र में अपनी बचत के 1,200 डॉलर से जमीन खरीदी थी। जब उन्होंने कॉलेज समाप्त किया, तब तक बफेट बचत में $9,800 जमा कर चुके थे (आज लगभग $112,000)।

1947 में, बफेट ने पेंसिल्वेनिया विश्वविद्यालय के व्हार्टन स्कूल में प्रवेश किया। वह अपने पेशे पर ध्यान देना पसंद करते, लेकिन उनके पिता ने उन्हें भर्ती करने के लिए दबाव डाला। वारेन ने वहां दो साल तक भाग लिया और अल्फा सिग्मा फी बिरादरी में शामिल हो गए। उसके

बाद उन्होंने नेब्रास्का विश्वविद्यालय में स्थानांतरित कर दिया जहां 19 वर्ष की आयु में उन्होंने बिजनेस एडमिनिस्ट्रेशन में विज्ञान स्नातक प्राप्त किया। हार्वर्ड बिजनेस स्कूल द्वारा अस्वीकार किए जाने के बाद, बफेट यह जानने के बाद कोलंबिया चले गए कि बेंजामिन ग्राहम वहां पढ़ाते थेउन्होंने इस विश्वविद्यालय के कोलंबिया बिजनेस स्कूल में प्रवेश लिया। उन्होंने 1951 में कोलंबिया से अर्थशास्त्र में मास्टर ऑफ साइंस की डिग्री हासिल की। स्नातक करने के बाद, बफेट ने न्यूयॉर्क इंस्टीट्यूट ऑफ फाइनेंस में भाग लिया।

निवेश का मूल विचार शेयरों को एक व्यवसाय के रूप में देखना है, अपने लाभ के लिए बाजार में उतार-चढ़ाव का उपयोग करना और सुरक्षा का एक मार्जिन रखना है। यही बेन ग्राहम ने हमें सिखाया है। आज से सौ साल बाद भी वे निवेश के मुख्य आधार बने रहेंगे।

व्यावसायिक कैरियर

प्रारंभिक पेशेवर कैरियर

बफेट ने 1951 से 1954 तक बफेट-फॉक एंड कंपनी में एक निवेश विक्रेता के रूप में काम किया; 1954 से 1956 तक ग्राहम-न्यूमैन कॉर्प। यहाँ एक प्रतिभूति विश्लेषक के रूप में; 1956 से 1969 तक बफेट पार्टनरशिप, लिमिटेड में सामान्य भागीदार के रूप में; और 1970 से बर्कशायर हैथवे इंक. के अध्यक्ष और सीईओ के रूप में।

1951 में, 30 बफेट ने पाया कि ग्राहम GEICO बीमा बोर्ड में थे। एक शनिवार को वाशिंगटन, डीसी के लिए ट्रेन लेते हुए, उन्होंने GEICO के मुख्यालय का दरवाजा तब तक खटखटाया जब तक कि एक चौकीदार ने उन्हें अंदर नहीं जाने दिया। वहां उन्होंने GEICO के उपाध्यक्ष लोरिमर डेविडसन से मुलाकात की और दोनों ने घंटों तक बीमा व्यवसाय पर चर्चा की। डेविडसन अंततः बफेट के आजीवन दोस्त और स्थायी प्रभाव बन गए, और बाद में याद करेंगे कि उन्होंने बफेट को केवल पंद्रह मिनट के बाद "असाधारण व्यक्ति" पाया। बफेट वॉल स्ट्रीट पर काम करना चाहते थे लेकिन उनके पिता और बेन ग्राहम दोनों ने उनसे ऐसा नहीं करने का आग्रह किया। उन्होंने ग्राहम के लिए मुफ्त में काम करने की पेशकश की, लेकिन ग्राहम ने मना कर दिया।

बफेट ओमाहा लौट आए और डेल कार्नेगी पब्लिक स्पीकिंग कोर्स करते हुए स्टॉकब्रोकर के रूप में काम किया। उसने जो सीखा उसका उपयोग करते हुए, उसने नेब्रास्का-ओमाहा विश्वविद्यालय में एक "निवेश सिद्धांत" नाइट क्लास पढ़ाने के लिए पर्याप्त आत्मविश्वास महसूस किया। उनके छात्रों की औसत आयु उनके अपने से दोगुनी थी। इस अवधि के दौरान उन्होंने साइड इन्वेस्टमेंट के रूप में एक सिंक्लेयर गैस स्टेशन भी खरीदा लेकिन यह असफल रहा।

1952 में, बफेट ने डंडी प्रेस्बिटेरियन चर्च में सुसान थॉम्पसन से शादी की। अगले वर्ष उनकी पहली संतान सुसान एलिस हुई। 1954 में, बफेट ने बेंजामिन ग्राहम के साथ साझेदारी में नौकरी ली। उनका शुरुआती वेतन $12,000 प्रति वर्ष (लगभग $121,000 आज) था। वहां उन्होंने वाल्टर श्लॉस के साथ मिलकर काम किया। ग्राहम एक सख्त बॉस थे। वह इस बात पर अड़े थे कि स्टॉक उनकी कीमत और उनके आंतरिक मूल्य के बीच व्यापार-बंद को तौलने के बाद अधिक सुरक्षा प्रदान करते हैं। उसी वर्ष, बफेट का दूसरा बच्चा, हॉवर्ड ग्राहम था। 1956 में, बेंजामिन ग्राहम सेवानिवृत्त हुए और अपनी साझेदारी को बंद कर दिया। इस समय बफेट की व्यक्तिगत बचत $174,000 (आज लगभग $1.73 मिलियन) से अधिक हो गई और उन्होंने बफेट पार्टनरशिप लिमिटेड की शुरुआत की।

बफेट का घर ओमाहा, नेब्रास्का में है

1957 में बफेट ने तीन साझेदारियां कीं। उन्होंने ओमाहा में, जहां वे अब भी रहते हैं, 31,500 डॉलर में पांच बेडरूम वाला प्लास्टर हाउस खरीदा है। 1958 में, बफेट्स के तीसरे बच्चे, पीटर एंड्रयू का जन्म हुआ। बफेट ने उस साल पांच साझेदारियां कीं। 1959 में, कंपनी छह साझेदारियों तक बढ़ी और बफेट ने भावी साथी चार्ली मुंगेर से मुलाकात की। 1960 तक, बफेट ने सात साझेदारियाँ कीं। उन्होंने अपने एक डॉक्टर पार्टनर से कहा कि वह अपनी साझेदारी में प्रत्येक $ 10,000 का निवेश करने के इच्छुक दस डॉक्टर खोजें। आखिरकार, ग्यारह सहमत हुए, और बफेट ने अपने स्वयं के मूल निवेश के साथ, केवल $100 के लिए अपना पैसा जमा किया।

1961 में, बफेट ने खुलासा किया कि साझेदारी की 35% संपत्ति सनबोर्न मैप कंपनी में निवेश की गई थी। उन्होंने समझाया कि 1958 में सनबोर्न स्टॉक केवल $45 प्रति शेयर के हिसाब से बिका, लेकिन कंपनी के निवेश पोर्टफोलियो का मूल्य $65 प्रति शेयर था। इसका मतलब यह था कि सैनबोर्न के मानचित्र व्यवसाय का मूल्य "शून्य से $20" था। बफेट ने अंततः एक सक्रिय निवेशक के रूप में कंपनी के बकाया शेयरों का 23% खरीदा, खुद के लिए निदेशक मंडल में एक सीट हासिल की, और 44% शेयरों को नियंत्रित करने के लिए अन्य असंतुष्ट शेयरधारकों के साथ सहयोग किया। प्रॉक्सी लड़ाई से बचने के लिए, बोर्ड ने अपने निवेश पोर्टफोलियो के हिस्से के साथ भुगतान करके शेयरों को उचित मूल्य पर पुनर्खरीद करने की पेशकश की। बकाया शेयरों का 77% आवंटित किया गया था। बफेट ने केवल दो वर्षों में निवेश पर 50% रिटर्न हासिल किया।

बर्कशायर मानते हैं

1962 में, बफेट अपनी साझेदारी की बदौलत करोड़पति बन गए, जिसकी कीमत जनवरी 1962 में $7,178,500 से अधिक थी, जिसमें से $1,025,000 से अधिक बफेट के थे। उन्होंने इन साझेदारियों को एक में मिला दिया। बफेट ने निवेश किया और अंततः एक कपड़ा निर्माण कंपनी बर्कशायर हैथवे का नियंत्रण ले लिया। उन्होंने बर्कशायर में एक मालिक, सीबरी स्टैंटन से शेयर खरीदना शुरू किया, जिसे उन्होंने बाद

में निकाल दिया। बफेट की साझेदारियों ने प्रति शेयर $7.60 पर शेयर खरीदना शुरू किया। 1965 में, जब बफेट की साझेदारियों ने बर्कशायर को आक्रामक रूप से खरीदना शुरू किया, तो उन्होंने $14.86 प्रति शेयर का भुगतान किया, जबकि कंपनी की कार्यशील पूंजी $19 प्रति शेयर थी। इसमें अचल संपत्तियों (संयंत्र और उपकरण) का मूल्य शामिल नहीं था। बफेट ने एक बोर्ड बैठक में बर्कशायर हैथवे का नियंत्रण ले लिया और कंपनी चलाने के लिए एक नए अध्यक्ष, केन चेस को नियुक्त किया। 1966 में बफेट ने नए पैसे के लिए साझेदारी को बंद कर दिया। बाद में उन्होंने दावा किया कि कपड़ा व्यवसाय एचयह उनका सबसे खराब व्यापार था। इसके बाद उन्होंने व्यवसाय को बीमा क्षेत्र में स्थानांतरित कर दिया और 1985 में, आखिरी मिलों को बेच दिया जो बर्कशायर हैथवे का मुख्य व्यवसाय था।

एक अन्य पत्र में, बफेट ने एक निजी व्यवसाय - होशचाइल्ड, कोहन एंड कंपनी, एक निजी स्वामित्व वाले बाल्टीमोर डिपार्टमेंट स्टोर में अपने पहले निवेश की घोषणा की। 1967 में, बर्कशायर ने अपना पहला और एकमात्र लाभांश 10 सेंट का भुगतान किया। 1969 में, बफेट ने साझेदारी को भंग कर दिया और बर्कशायर हैथवे के शेयरों सहित अपनी संपत्ति अपने भागीदारों को हस्तांतरित कर दी। 1970 में, बफेट ने शेयरधारकों को अपना अब तक का प्रसिद्ध वार्षिक पत्र लिखना शुरू किया। वह पूरी तरह से अपने $ 50,000 प्रति वर्ष के वेतन और अपने बाहरी निवेश से आय पर रहते थे।

1973 में, बर्कशायर ने द वाशिंगटन पोस्ट कंपनी में स्टॉक खरीदना शुरू किया। बफेट कैथरीन ग्राहम के साथ घनिष्ठ मित्र बन गए, जिन्होंने कंपनी और इसके प्रमुख समाचार पत्र को नियंत्रित किया और उनके बोर्ड में शामिल हो गए। 1974 में, बफेट और बर्कशायर के बीच संभावित हितों के टकराव के कारण एसईसी ने वेस्को फाइनेंशियल के अधिग्रहण की औपचारिक जांच शुरू की। कोई शुल्क नहीं लगाया गया है। 1977 में, बर्कशायर ने अप्रत्यक्ष रूप से बफ़ेलो इवनिंग न्यूज़ को $32.5 मिलियन में खरीद लिया। इसके प्रतियोगी, बफ़ेलो कूरियर-एक्सप्रेस ने उकसाया और अविश्वास के आरोप लगाए। 1982 में कूरियर-एक्सप्रेस के बंद होने तक दोनों पेपरों में पैसा खो गया।

1979 में, बर्कशायर ने ABC में स्टॉक खरीदना शुरू किया। कैपिटल सिटीज ने 18 मार्च, 1985 को एबीसी की 3.5 बिलियन डॉलर की खरीद की घोषणा की, जिसने मीडिया उद्योग को चौंका दिया, क्योंकि एबीसी उस समय कैपिटल सिटीज से चार गुना बड़ा था। बफेट ने संयुक्त कंपनी में 25% हिस्सेदारी के बदले सौदे को वित्तपोषित करने में मदद की। नई मर्ज की गई कंपनी, जिसे कैपिटल सिटीज/एबीसी (या कैपेसिटीज/एबीसी) के रूप में जाना जाता है, को संघीय संचार आयोग के स्वामित्व नियमों के कारण कुछ स्टेशनों को बेचने के लिए मजबूर होना पड़ा। दोनों कंपनियों के एक ही बाजार में कई रेडियो स्टेशन भी थे।

1987 में, बर्कशायर हैथवे ने सालोमन इंक का अधिग्रहण किया। में 12% हिस्सेदारी खरीदी, जिससे वह सबसे बड़े शेयरधारक बन गए और बफेट एक निदेशक बन गए। 1990 में, जॉन गुटफ्रेंड (सॉलोमन ब्रदर्स के पूर्व सीईओ) से जुड़ा एक घोटाला प्रकाश में आया। एक दुष्ट व्यापारी, पॉल मोजर, ट्रेजरी नियमों द्वारा अनुमत बोली से अधिक बोलियां जमा कर रहा था। जब यह मामला गुटफ्रेंड के ध्यान में लाया गया, तो उसने तुरंत दुष्ट व्यापारी को निलंबित नहीं किया। गुटफ्रेंड ने अगस्त 1991 में कंपनी छोड़ दी। संकट समाप्त होने तक बफेट सॉलोमन के अध्यक्ष बने।

1988 में, बफेट ने कोका-कोला कंपनी में स्टॉक खरीदना शुरू किया, अंततः 1.02 बिलियन डॉलर में कंपनी का 7% हिस्सा खरीद लिया। यह बर्कशायर के सबसे लाभदायक निवेशों में से एक साबित होगा, और यह अब भी है।

बफेट एक अरबपति बन गए जब बर्कशायर हैथवे ने 29 मई, 1990 को क्लास ए शेयर बेचना शुरू किया और बाजार 7,175 डॉलर प्रति शेयर पर बंद हुआ। 1998 में, उन्होंने जनरल रे (जनरल रे) को एक सहायक कंपनी के रूप में खरीदा, जो कठिनाइयों में चली गई - रेशनल वॉक इन्वेस्टमेंट वेबसाइट के अनुसार, "अंडरराइटिंग मानक अपर्याप्त साबित हुए," जबकि "परेशान डेरिवेटिव बुक" को कई वर्षों के बाद हल किया गया था और एक महत्वपूर्ण नुकसान हुआ था। . 2002 में एआईजी में 50 बफेट मॉरिस आर। ग्रीनबर्ग के साथ शामिल होने के बाद, जनरल रे ने बाद में पुनर्बीमा प्रदान किया।

2005 में एआईजी से जुड़े एक लेखा धोखाधड़ी मामले की जांच के दौरान, जनरल री के अधिकारियों को फंसाया गया था। 15 मार्च 2005 को, एआईजी बोर्ड ने ग्रीनबर्ग को अध्यक्ष और सीईओ के पद से इस्तीफा देने के लिए मजबूर किया, जब न्यूयॉर्क राज्य के नियामकों ने आरोप लगाया कि एआईजी संदिग्ध लेनदेन और अनुचित लेखांकन में लगे हुए हैं। 9 फरवरी, 2006 को, AIG $1.6 बिलियन का जुर्माना भरने पर सहमत हुआ। 2010 में, अमेरिकी सरकार जनरल रे के साथ 92 मिलियन डॉलर के समझौते पर सहमत हुई, जिससे बर्कशायर हैथवे की सहायक कंपनी को एआईजी मामले में अभियोजन से बचने की अनुमति मिली। जनरल रे ने "कॉर्पोरेट गवर्नेंस छूट" को लागू करने के लिए भी प्रतिबद्ध किया, जिसके लिए बर्कशायर हैथवे के मुख्य वित्तीय अधिकारी को जनरल रे की ऑडिट कमेटी की बैठकों में भाग लेने और एक स्वतंत्र निदेशक की नियुक्ति को अनिवार्य करने की आवश्यकता थी।

2002 में, बफेट ने अन्य मुद्राओं के मुकाबले अमेरिकी डॉलर देने के लिए $11 बिलियन मूल्य के वायदा अनुबंधों में प्रवेश किया। अप्रैल 2006 तक, इन अनुबंधों पर उसका सकल लाभ $2 बिलियन से अधिक था। बफेट ने जून 2006 में घोषणा की कि वह अपने बर्कशायर होल्डिंग्स का 85% धीरे-धीरे वार्षिक उपहारों में पांच फाउंडेशनों को देंगे, जो बिल एंड मेलिंडा गेट्स फाउंडेशन को जुलाई 2006 के बाद से सबसे बड़ा योगदान है।

2007 में, शेयरधारकों को लिखे एक पत्र में, बफेट ने घोषणा की कि वह अपने निवेश व्यवसाय को चलाने के लिए एक युवा उत्तराधिकारी, या शायद उत्तराधिकारी की तलाश कर रहे थे।

2007-08 वित्तीय संकट

बफेट को 2007 और 2008 के सबप्राइम मोर्टगेज संकट के दौरान आलोचना का सामना करना पड़ा, जो 2007 में शुरू हुई महान मंदी का हिस्सा था, कि उन्होंने बहुत जल्दी पूंजी आवंटित की थी जिसके परिणामस्वरूप उप-इष्टतम सौदे हुए। "अमेरिकी खरीदें। मैं हूं।" उन्होंने 2008 में न्यूयॉर्क टाइम्स में प्रकाशित एक ओपिनियन पीस के लिए लिखा था। बफेट ने 2007 में शुरू हुई आर्थिक मंदी को "काव्यात्मक न्याय" कहा। 2008 की तीसरी तिमाही के दौरान बफेट की बर्कशायर हैथवे आययह 77% गिर गया और इसके बाद के कई सौदों को मार्क-टू-मार्केट नुकसान हुआ।

बर्कशायर हैथवे ने गोल्डमैन सैक्स के स्थायी पसंदीदा स्टॉक का 10% खरीदा। 2008 के अंत में बफेट के कुछ पुट ऑप्शन (समाप्ति पर केवल यूरोपीय) उन्होंने लिखा (बेचा) लगभग 6.73 बिलियन डॉलर के मार्क-टू-मार्केट नुकसान पर थे। संभावित नुकसान के पैमाने ने SEC को बर्कशायर द्वारा मूल्य अनुबंधों के लिए उपयोग किए जाने वाले कारकों के "मजबूत प्रकटीकरण" की मांग करने के लिए प्रेरित किया। बफेट ने रोहम एंड हास के डॉव केमिकल के $18.8 बिलियन के अधिग्रहण में भी मदद की। इस प्रकार वह बर्कशायर हैथवे के साथ समूह में सबसे बड़ा एकल शेयरधारक बन गया, जिसने ऋण और इक्विटी बाजारों में संकट के दौरान उसकी महत्वपूर्ण भूमिका को रेखांकित करते हुए $3 बिलियन प्रदान किया।

2008 में, बफेट दुनिया के सबसे अमीर व्यक्ति बन गए, उन्होंने बिल गेट्स को पीछे छोड़ दिया, जो फोर्ब्स की सूची में सबसे ऊपर थे, फोर्ब्स द्वारा अनुमानित कुल संपत्ति $62 बिलियन और याहू द्वारा $58 बिलियन थी। लगातार 13 साल। 2009 में, गेट्स फिर से फोर्ब्स की सूची में शीर्ष पर रहे, बफेट दूसरे स्थान पर रहे। फोर्ब्स के अनुसार, दोनों पुरुषों की कुल संपत्ति क्रमशः $40 बिलियन और $37 बिलियन तक गिर गई, बफेट ने 2008/2009 के दौरान 12 महीने की अवधि में $25 बिलियन खो दिया।

अक्टूबर 2008 में, मीडिया ने बताया कि बफेट जनरल इलेक्ट्रिक (GE) के पसंदीदा स्टॉक को खरीदने के लिए सहमत हो गए हैं। सौदे में विशेष प्रोत्साहन शामिल थे: सौदे के पांच साल बाद उन्हें $22.25 प्रत्येक पर जीई स्टॉक के तीन बिलियन शेयर खरीदने का विकल्प मिला, और बफेट को 10% लाभांश भी मिला (तीन साल के भीतर कॉल करने योग्य)। फरवरी 2009 में, बफेट ने अपने निजी पोर्टफोलियो से कुछ प्रॉक्टर एंड गैंबल कंपनी और जॉनसन एंड जॉनसन के शेयर बेचे।

गलत समय पर दिए गए सुझावों के अलावा, इसने बर्कशायर की कुछ प्रमुख होलिंडंग्स, जिसमें द कोका-कोला कंपनी भी शामिल है, जो 1998 में $86 पर चरम पर थी, को बनाए रखने की बुद्धिमत्ता पर सवाल उठाए। बफेट ने कंपनी की 2004 की वार्षिक रिपोर्ट में कब बेचना है जानने की कठिनाई पर चर्चा की:

ऐसा करना आसान लग सकता है जब कोई हमेशा साफ, पीछे देखने वाले शीशे से देखता है। दुर्भाग्य से, हालांकि, यह विंडशील्ड है जिसके माध्यम से निवेशकों को सहकर्मी होना चाहिए, और वह कांच हमेशा धूमिल होता है।

मार्च 2009 में, बफेट ने एक केबल टेलीविजन साक्षात्कार में कहा कि अर्थव्यवस्था "किनारे से गिर गई है...न केवल अर्थव्यवस्था बहुत धीमी हो गई है, बल्कि लोगों ने अपनी आदतों को इस तरह बदल दिया है जैसा मैंने कभी नहीं देखा"। इसके अतिरिक्त, बफेट को डर था कि 1970 के दशक में देखा गया मुद्रास्फीति का स्तर - जिसके कारण वर्षों तक दर्दनाक मुद्रास्फीति रही - फिर से उभर सकती है।

14 अगस्त 2014 को, बर्कशायर हैथवे के शेयर की कीमत पहली बार $200,000 प्रति शेयर पर पहुंच गई, जिससे कंपनी को $328 बिलियन का पूंजीकरण मिला। बफेट ने इस समय तक अपना अधिकांश स्टॉक दान में दे दिया था, हालांकि अभी भी उनके पास $64.2 बिलियन मूल्य के 321,000 शेयर थे। 20 अगस्त 2014 को, बर्कशायर हैथवे पर 9 दिसंबर 2013 को USG Corporation में शेयरों की आवश्यक खरीद की रिपोर्ट करने में विफल रहने के लिए $896,000 का जुर्माना लगाया गया था।

2009 में, स्विस रे के अभियान के हिस्से के रूप में इक्विटी पूंजी जुटाने के लिए बफेट ने 2.6 बिलियन डॉलर का निवेश किया। बर्कशायर हैथवे के पास पहले से ही 20% से अधिक स्वामित्व अधिकारों के साथ 3% हिस्सेदारी थी। इसके अलावा 2009 में, बफेट ने बर्लिंगटन नॉर्दर्न सांता फ़े कॉर्पोरेशन को 34 बिलियन डॉलर नकद और स्टॉक में खरीदा। स्नोबॉल लेखक ऐलिस श्रोडर ने कहा कि खरीद का मुख्य कारण बर्कशायर हैथवे को वित्तीय उद्योग से बाहर करना था। फाइनेंशियल टाइम्स ग्लोबल 500 में बाजार पूंजीकरण द्वारा मापा गया, बर्कशायर हैथवे जून 2009 तक दुनिया में अठारहवां सबसे बड़ा निगम था।

2009 में, बफेट ने कोनोकोफिलिप्स में अपने विफल निवेश से बाहर निकल गए और अपने बर्कशायर के निवेशकों से कहा,

जब तेल और गैस की कीमतें अपने चरम पर थीं तब मैंने बहुत से कोनोकोफिलिप्स स्टॉक खरीदे। मैंने वर्ष की अंतिम छमाही में ऊर्जा की कीमतों में नाटकीय गिरावट का अनुमान नहीं लगाया था। मुझे अब भी विश्वास है कि इस बात की अच्छी संभावना है कि भविष्य में तेल मौजूदा $40–$50 की कीमत से कहीं अधिक बिकेगा। लेकिन अब तक मैं गलत रहा हूं। भले ही कीमतें बढ़नी चाहिए, इसके अलावा, मेरी खरीदारी के भयानक समय ने बर्कशायर को कई बिलियन डॉलर खर्च किए हैं।

बर्लिंगटन उत्तरी सांता फ़े रेलवे (बीएनएसएफ) के साथ विलय बीएनएसएफ शेयरधारकों द्वारा अनुमोदन पर 2010 की पहली तिमाही में बंद हो गया। अनुबंध का मूल्य लगभग $44 बिलियन (बकाया BNSF ऋण में $10 बिलियन सहित) है और यह 22 की पहले से मौजूद हिस्सेदारी में वृद्धि का प्रतिनिधित्व करता है। % जून 2010 में, बफेट ने अमेरिकी वित्तीय संकट में उनकी भूमिका के लिए क्रेडिट-रेटिंग एजेंसियों का बचाव करते हुए दावा किया:

18 मार्च, 2011 को गोल्डमैन सैक्स को गोल्डमैन में बर्कशायर के पसंदीदा स्टॉक को वापस खरीदने के लिए फेडरल रिजर्व की मंजूरी दी गई थी। बफेट स्टॉक को छोड़ने के लिए अनिच्छुक थे, जो दैनिक लाभांश में $1.4 मिलियन का औसत था, उन्होंने कहा:

मैं पूंजीवाद का ओसामा बिन लादेन बनने जा रहा हूं। मैं एशिया में एक अज्ञात गंतव्य की ओर जा रहा हूं जहां मैं गुफाओं का पता लगाऊंगा। अगर अमेरिकी सशस्त्र बल 10 साल में ओसामा बिन लादेन को नहीं ढूंढ पाए, तो गोल्डमैन सैक्स को मुझे खोजने की कोशिश करने दीजिए।

नवंबर 2011 में, यह घोषणा की गई थी कि पिछले आठ महीनेअपने कार्यकाल के दौरान, बफेट ने लगभग 11 बिलियन डॉलर मूल्य के इंटरनेशनल बिजनेस मशीन कॉर्प (आईबीएम) के 64 मिलियन शेयर खरीदे। अप्रत्याशित निवेश ने कंपनी में उनकी हिस्सेदारी लगभग 5.5 प्रतिशत तक बढ़ा दी - आईबीएम में स्टेट स्ट्रीट ग्लोबल एडवाइजर्स के साथ सबसे बड़ी हिस्सेदारी। बफेट ने अतीत में कई बार कहा है कि वह प्रौद्योगिकी में निवेश नहीं करेंगे क्योंकि वह इसे पूरी तरह से नहीं समझते हैं, इसलिए यह कदम कई निवेशकों और पर्यवेक्षकों के लिए एक आश्चर्य के रूप में सामने आया। साक्षात्कार के दौरान, जिसमें उन्होंने जनता के सामने निवेश का खुलासा किया, बफेट ने कहा कि वह कॉर्पोरेट ग्राहकों को बनाए रखने की कंपनी की क्षमता से प्रभावित थे, उन्होंने कहा, "मैं किसी भी बड़ी कंपनी के बारे में नहीं जानता जिसने वास्तव में वही किया है जो उन्होंने किया है। वे इसे आईबीएम के रूप में कैसे करना चाहते हैं और वे इसे कैसे करना चाहते हैं।"

मई 2012 में, बफेट ने मीडिया जनरल के अधिग्रहण की घोषणा की, जिसमें दक्षिणपूर्वी अमेरिका के 63 समाचार पत्र शामिल थे। कंपनी एक साल में बफेट की दूसरी अखबारी कागज की खरीद थी।

अंतरिम प्रकाशक जेम्स डब्ल्यू। होप्सन ने 18 जुलाई, 2013 को घोषणा की कि मई 2013 में बर्कशायर शेयरधारकों की बैठक में अटलांटिक सिटी प्रेस को पिट्सबर्ग, यूएस में स्थित एक निजी होल्डिंग कंपनी ABARTA के माध्यम से बफेट के बीएच मीडिया ग्रुप को बेचा जाएगा, बफेट ने समझाया। उन्होंने बर्कशायर में अखबारों के अधिग्रहण के साथ "सुई को आगे बढ़ाने" की उम्मीद नहीं की थी, लेकिन 10 प्रतिशत वार्षिक रिटर्न की उम्मीद की थी। द प्रेस ऑफ अटलांटिक सिटी अन्य अधिग्रहणों जैसे वर्जीनिया, अमेरिका के रौनोक टाइम्स और यूएस के ओक्लाहोमा के तुलसा वर्ल्ड के अधिग्रहण के बाद बर्कशायर का 30वां दैनिक समाचार पत्र बन गया है।

सितंबर 2013 के अंत में वाशिंगटन, डीसी में जॉर्ज टाउन विश्वविद्यालय में छात्रों के लिए एक प्रस्तुति के दौरान, बफेट ने यूएस फेडरल रिजर्व की तुलना हेज फंड से की, यह कहते हुए कि बैंक अमेरिकी सरकार के राजस्व में "$ 80 बिलियन या $ 90 बिलियन प्रति वर्ष" उत्पन्न कर रहा था। . बफेट ने आगे समाज में धन समानता के मुद्दे की वकालत की:

हमने बहुत सी वस्तुएं और सेवाएं प्रदान करना सीखा है, लेकिन हमने यह नहीं सीखा है कि किस प्रकार सभी को हिस्सा मिलना चाहिए। हमारे जैसे समृद्ध समाज का यह कर्तव्य है कि वह यह पता लगाए कि कोई कैसे पीछे न छूटे।

वित्तीय संकट की कठिनाइयों के बाद, बफेट ने अपनी कंपनी को पूर्व-मंदी मानकों पर वापस लाने में कामयाबी हासिल की: 2014 की दूसरी तिमाही में, बर्कशायर हैथवे ने $6.4 बिलियन का शुद्ध लाभ कमाया, जो तीन महीने की अवधि के लिए अब तक का सबसे अधिक लाभ है।

कोविड-19 महामारी

सीएनबीसी के साथ जून 2021 के एक साक्षात्कार में, बफेट ने कहा कि कोविड -19 महामारी के आर्थिक प्रभाव ने आर्थिक असमानता को बढ़ा दिया है और अफसोस जताया है कि ज्यादातर लोग इस बात से अनजान हैं कि "सैकड़ों या लाखों" छोटे व्यवसाय नकारात्मक रूप से प्रभावित हुए हैं। उन्होंने यह भी कहा कि बिडेन प्रशासन और संयुक्त राज्य अमेरिका के फेडरल रिजर्व की योजनाओं के बावजूद, महामारी के बाद की अवधि के दौरान बाजार और अर्थव्यवस्था अप्रत्याशित होगी। उन्होंने कहा कि कोविड-19 की अनिश्चितता और प्रभाव अभी खत्म नहीं हुआ है।

निवेश दर्शन

वारेन बफेट के लेखन में उनकी वार्षिक रिपोर्ट और विभिन्न लेख शामिल हैं। बफेट को संचारकों द्वारा एक महान कहानीकार के रूप में जाना जाता है, जैसा कि शेयरधारकों को उनके वार्षिक पत्रों से पता चलता है। उन्होंने मुद्रास्फीति के हानिकारक प्रभावों की चेतावनी दी:

अंकगणित यह स्पष्ट करता है कि मुद्रास्फीति हमारे विधायिकाओं द्वारा अधिनियमित किसी भी कर की तुलना में कहीं अधिक विनाशकारी कर है। मुद्रास्फीति करों में केवल पूंजी का उपयोग करने की असाधारण क्षमता होती है। 5 प्रतिशत पासबुक खाते में अपनी बचत वाली एक विधवा को इस बात से कोई फर्क नहीं पड़ता कि उसने शून्य मुद्रास्फीति की अवधि में अपनी ब्याज आय पर 100 प्रतिशत आयकर का भुगतान किया है या 5 प्रतिशत मुद्रास्फीति की अवधि में कोई आयकर नहीं दिया है।

बफेट, फॉर्च्यून (1977)

अपने लेख "ग्राहम-एंड-डॉड्सविले के सुपरिनवेस्टर्स" में, बफेट ने अकादमिक कुशल-बाजार परिकल्पना को खारिज कर दिया, ग्राहम और डोड के कई छात्रों द्वारा प्राप्त परिणामों की ओर इशारा करते हुए, कि एस एंड पी 500 को हरा देना "शुद्ध मौका" था। मूल्य निवेश का स्कूल। बफेट के पास खुद के अलावा वाल्टर जे. श्लॉस, टॉम कन्नप, एड एंडरसन (टवीडी, ब्राउन एलएलसी), विलियम जे। नामित रुआने (सिकोइया फंड), चार्ली मुंगेर (बर्कशायर में बफेट के साथी), रिक गुएरिन (पैसिफिक पार्टनर्स लिमिटेड)। , और स्टेन पर्लमीटर (पर्लमीटर निवेश)। अपने नवंबर 1999 के फॉर्च्यून लेख में, उन्होंने अवास्तविक निवेशक अपेक्षाओं के खिलाफ चेतावनी दी:

शेयर बाजार के बारे में मैं जो कह रहा हूं उसे संक्षेप में बता दूं: मुझे लगता है कि यह एक सम्मोहक मामला बनाना बहुत मुश्किल है कि इक्विटी अगले 17 वर्षों में बिल्कुल वैसा ही प्रदर्शन करेंगे जैसा कि उन्होंने पिछले 17 वर्षों में किया है। यदि मैं सबसे अधिक संभावित रिटर्न का चयन करता, तो प्रशंसा और लाभांश के साथ संयुक्त, कुल-आवर्ती, चक्रवृद्धि-आय निवेशक निरंतर ब्याज दरों, 2% मुद्रास्फीति, और उन कभी-नुकसानदायक घर्षण लागतों की दुनिया में अर्जित करेंगे, 6 होंगे . %!

बफेट, फॉर्च्यून (1999)

बफेट उन लोगों के लिए इंडेक्स फंड के समर्थक हैं जो या तो अपने पैसे का प्रबंधन करने में रूचि नहीं रखते हैं या उनके पास समय नहीं है। बफेट को संदेह है कि सक्रिय प्रबंधन लंबे समय में बाजार को हरा सकता है, और वह व्यक्तिगत और संस्थागत निवेशकों को अपने पैसे को कम लागत वाले इंडेक्स फंड में स्थानांतरित करने की सलाह देते हैं जो व्यापक, विविध स्टॉक मार्केट इंडेक्स को ट्रैक करते हैं। शेयरधारकों को लिखे पत्र में बफेट ने कहा, "जब खरबों डॉलर की दीवारउच्च शुल्क पर स्ट्रीटर्स द्वारा प्रबंधित, यह अक्सर प्रबंधक होते हैं जो लाभ का बड़ा हिस्सा बनाते हैं, ग्राहक नहीं।" 2007 में, बफेट ने एक शर्त लगाई। कई प्रबंधकों के साथ एक साधारण एस एंड पी 500 इंडेक्स फंड हेज फंड से बेहतर प्रदर्शन करेगा जो उच्च शुल्क लेते हैं। फीस। 2017 तक, इंडेक्स फंड बफेट के खिलाफ शर्त लगाने वाले हर हेज फंड से बेहतर प्रदर्शन कर रहा था।

निवेश बैंकों का उपयोग करना

बफेट ने लंबे समय से बर्कशायर हैथवे के माध्यम से निवेश बैंकों की सेवाओं का उपयोग करने का विरोध किया है। डायनेमिक बैरन्स, 98 इनसाइडर, 99 और सीकिंग अल्फा, 100 में भी 97 की सूचना दी गई थी।

व्यक्तिगत जीवन

बफेट ने 1952 में सुसान बफेट (नी थॉम्पसन) से शादी की। उनके तीन बच्चे सूसी, हॉवर्ड और पीटर थे। युगल 1977 में अलग हो गए, हालांकि जुलाई 2004 में सुसान बफेट की मृत्यु तक वे विवाहित रहे। उनकी बेटी, सूसी, ओमाहा में रहती है, गर्ल्स, इंक. की राष्ट्रीय बोर्ड सदस्य है, और सुसान ए। दान बफेट के माध्यम से काम करता है। नींव

उनका 2006 का वार्षिक वेतन लगभग $100,000 था, जो तुलनीय कंपनियों में वरिष्ठ कार्यकारी वेतन की तुलना में छोटा है। 2008 में, उन्होंने मूल वेतन में केवल $100,000 सहित $175,000 का कुल मुआवजा अर्जित किया। वह ओमाहा के केंद्रीय डंडी पड़ोस में उसी घर में रहते थे जिसे उन्होंने 1958 में 31,500 डॉलर में खरीदा था, जो आज के मूल्य का एक अंश है। उनके पास लगुना बीच, कैलिफोर्निया में एक छुट्टी घर भी था, जिसे उन्होंने 1971 में $ 150,000 में खरीदा था। उन्होंने इसे 2018 में 7.5 मिलियन डॉलर में बेचा था। 1989 में, एक निजी जेट पर बर्कशायर के धन का लगभग 6.7 मिलियन डॉलर खर्च करने के बाद, बफेट ने उन्हें "द इम्प्रूडेंस" करार दिया। यह कदम अन्य मुख्य कार्यकारी अधिकारियों की फालतू खरीदारी और अधिक सार्वजनिक परिवहन का उपयोग करने के उनके इतिहास की पिछली आलोचना से एक विराम था।

ब्रिज इतना सनसनीखेज खेल है कि मुझे जेल जाने में कोई आपत्ति नहीं है अगर मेरे पास तीन सेलमेट हैं जो अच्छे खिलाड़ी हैं और जो खेल को 24 घंटे जारी रखने के लिए तैयार हैं।

-ब्रिज पर बुफे

बफेट एक शौकीन चावला ब्रिज खिलाड़ी है, जिसे वह टीम के साथी गेट्स के साथ खेलता है- कहा जाता है कि वह सप्ताह में 12 घंटे खेल खेलता है। डेड लिंक 2006 में, उन्होंने बुफे कप के लिए एक ब्रिज मैच प्रायोजित किया। . गोल्फ के राइडर कप के आधार पर - इससे पहले उसी शहर में आयोजित - टीमों को आमंत्रण द्वारा चुना जाता है, प्रत्येक देश एक महिला टीम और पांच पुरुष टीम प्रदान करता है।

वह नेब्रास्का फुटबॉल के एक समर्पित, आजीवन अनुयायी हैं और अपने शेड्यूल की अनुमति के अनुसार कई खेलों में भाग लेते हैं। 2007 सीज़न के बाद, उन्होंने बो पेलिनी को काम पर रखने का समर्थन करते हुए कहा, "यह यहाँ एक तरह की निराशा है"। उन्होंने ओक्लाहोमा के खिलाफ नेब्रास्का के 2009 के खेल को देखा, जिसे एक मानद सहायक कोच नामित किया गया था।

बफेट ने डीआईसी एंटरटेनमेंट के प्रमुख एंडी हेवर्ड के साथ "सीक्रेट मिलियनेयर क्लब" नामक एक एनिमेटेड श्रृंखला पर क्रिस्टोफर वेबर के साथ काम किया। श्रृंखला में बफेट और मुंगेर शामिल हैं और बच्चों को स्वस्थ वित्तीय आदतें सिखाती हैं।

बफेट को एक प्रेस्बिटेरियन के रूप में उठाया गया था, लेकिन तब से उन्होंने खुद को अज्ञेय के रूप में वर्णित किया है। दिसंबर 2006 में, यह बताया गया कि बफेट के पास मोबाइल फोन नहीं था, उनके डेस्क पर कंप्यूटर नहीं था, और उन्होंने अपना ऑटोमोबाइल, एक कैडिलैक

डीटीएस चलाया। इसके विपरीत, बर्कशायर हैथवे की 2018 शेयरधारक बैठक में, उन्होंने कहा कि वह Google को अपने पसंदीदा खोज इंजन के रूप में उपयोग करते हैं। 2013 में उनके पास एक पुराना नोकिया फ्लिप फोन था और उन्होंने अपने पूरे जीवन में एक ईमेल भेजा। फरवरी 2020 में, बफेट ने CNBC के एक साक्षात्कार में खुलासा किया कि उन्होंने अपने फ्लिप फोन में iPhone 11 के लिए ट्रेड किया था। बफेट एक दिन में पांच अखबार पढ़ते हैं, जिसकी शुरुआत ओमाहा वर्ल्ड हेराल्ड से होती है, जिसे उनकी कंपनी ने 2011 में खरीदा था।

बफेट के भाषण हास्य के साथ व्यापार की बातों को मिलाने के लिए जाने जाते हैं। हर साल, बफेट नेब्रास्का के ओमाहा में बर्कशायर हैथवे के क्वेस्ट सेंटर में वार्षिक शेयरधारक बैठक की अध्यक्षता करते हैं, एक ऐसा आयोजन जो संयुक्त राज्य अमेरिका और विदेशों से 20,000 से अधिक आगंतुकों को आकर्षित करता है, इसे "पूंजीवाद का वुडस्टॉक" उपनाम दिया जाता है। बर्कशायर की वार्षिक रिपोर्ट और बफेट द्वारा तैयार शेयरधारकों को पत्र वित्तीय मीडिया में लगातार कवरेज प्राप्त करते हैं। बफेट का लेखन बाइबिल और मॅई वेस्ट जैसे विविध स्रोतों के साथ-साथ लोक संगीत, मिडवेस्टर्न शैली की सलाह और कई चुटकुलों को उद्धृत करने के लिए जाना जाता है।

अप्रैल 2017 में, बफेट (एक कोका-कोला पीने वाला और कंपनी में शेयरधारक) चीन में चेरी कोक उत्पादों पर अपनी प्रतिकृतियां लगाने पर सहमत हुए। इस विज्ञापन के लिए बफेट को मुआवजा नहीं दिया गया था।

स्वास्थ्य

11 अप्रैल 2012 को बफेट को एक नियमित परीक्षण के दौरान स्टेज I प्रोस्टेट कैंसर का पता चला था। उन्होंने घोषणा की कि वह जुलाई के मध्य से दो महीने का दैनिक विकिरण उपचार शुरू करेंगे। शेयरधारकों को लिखे एक पत्र में, बफेट ने कहा, "मुझे बहुत अच्छा लग रहा है - जैसे कि मैं अपने सामान्य स्वास्थ्य में हूँ - और मेरी ऊर्जा का स्तर 100 प्रतिशत है।" 15 सितंबर, 2012 को बफेट ने घोषणा की कि उन्होंने सभी 44 पूरे कर लिए हैं। -दिन का विकिरण उपचार चक्र, "यह मेरे लिए एक महान दिन रहा है" और "मुझे यह कहते हुए खुशी हो रही है कि यह खत्म हो गया है।"

धन और परोपकार2008 में, फोर्ब्स ने 62 बिलियन डॉलर की अनुमानित संपत्ति के साथ बफेट को दुनिया के सबसे अमीर व्यक्ति के रूप में स्थान दिया। 2009 में, दान के लिए अरबों डॉलर दान करने के बाद, उन्हें बिल गेट्स के बाद दूसरे स्थान पर 37 बिलियन डॉलर की संपत्ति के साथ संयुक्त राज्य में दूसरे सबसे अमीर व्यक्ति के रूप में स्थान दिया गया था। सितंबर 2013 तक उनकी नेटवर्थ 58.5 अरब डॉलर थी।

1999 में, पीटर लिंच और जॉन टेम्पलटन से आगे, कार्सन ग्रुप द्वारा एक सर्वेक्षण में बफेट को बीसवीं शताब्दी का शीर्ष धन प्रबंधक नामित किया गया था। 2007 में उन्हें टाइम की दुनिया के 100 सबसे प्रभावशाली लोगों में शामिल किया गया था। 2011 में, राष्ट्रपति बराक ओबामा ने उन्हें स्वतंत्रता के राष्ट्रपति पदक से सम्मानित किया। विदेश नीति पर 2010 की एक रिपोर्ट में बफेट को बिल गेट्स के साथ सबसे प्रभावशाली वैश्विक विचारक बताया गया।

बफेट ने अपने विश्वास के बारे में कई बार लिखा है कि, एक बाजार अर्थव्यवस्था में, अमीर अपनी प्रतिभा का प्रतिफल पाते हैं। उसके बच्चों को उसकी संपत्ति का एक महत्वपूर्ण हिस्सा विरासत में नहीं मिलेगा। उन्होंने एक बार टिप्पणी की थी, "मैं अपने बच्चों को पर्याप्त देना चाहता हूं ताकि उन्हें लगे कि वे कुछ भी कर सकते हैं, लेकिन इतना भी नहीं कि उन्हें लगे कि वे कुछ नहीं कर सकते।"

बफेट ने लंबे समय से अपने धन को दान में देने का इरादा व्यक्त किया है, और जून 2006 में उन्होंने बिल एंड मेलिंडा गेट्स फाउंडेशन (बीएमजीएफ) को 83% देने की एक नई योजना की घोषणा की। उन्होंने बिल एंड मेलिंडा गेट्स फाउंडेशन को 10 मिलियन बर्कशायर हैथवे क्लास बी शेयर (23 जून, 2006 को लगभग $30.7 बिलियन मूल्य) देने का वचन दिया, जिससे यह इतिहास में सबसे बड़ा धर्मार्थ दान बन गया और बफेट परोपकारी पूंजीवाद के नेताओं में से एक बन गया। प्रत्येक जुलाई 2006 के बाद से फाउंडेशन को कुल 5% प्राप्त होगा। प्रतिज्ञा तीन आवश्यकताओं पर सशर्त है:

बफेट गेट्स फाउंडेशन के बोर्ड में शामिल हुए, लेकिन फाउंडेशन के निवेश में सक्रिय रूप से भाग लेने की उनकी कोई योजना नहीं थी। बफेट ने 23 जून, 2021 को गेट्स फाउंडेशन के ट्रस्टी के रूप में अपने इस्तीफे की घोषणा की।

यह बफेट के पिछले बयानों से एक महत्वपूर्ण बदलाव को चिह्नित करता है, जिसने उनके अधिकांश भाग्य को उनके बफेट फाउंडेशन को दिया होगा। 2004 में उनकी मृत्यु के समय उनकी पत्नी की 2.6 बिलियन डॉलर की संपत्ति का बड़ा हिस्सा वहां चला गया। उन्होंने वाशिंगटन में न्यूक्लियर थ्रेट इनिशिएटिव के लिए $50 मिलियन देने का वादा किया, जहां उन्होंने 2002 में एक सलाहकार के रूप में काम करना शुरू किया।

2006 में, उन्होंने लड़कियों, इंक के लिए पैसे जुटाने के लिए ईबे पर अपनी 2001 लिंकन टाउन कार की नीलामी की। 2007 में, उन्होंने अपने साथ भोजन की नीलामी की जिसने ग्लाइड फाउंडेशन के लिए $650,100 की अंतिम बोली लगाई। बाद की 158 नीलामियों ने $2.1 मिलियन, $1.7 मिलियन और $3.5 मिलियन जुटाए। विजेता पारंपरिक रूप से न्यूयॉर्क के स्मिथ एंड वोलेंस्की स्टेक हाउस में बुफे के साथ भोजन करते हैं। भोजन की मेजबानी के लिए रेस्तरां ग्लाइड को कम से कम $ 10,000 प्रति वर्ष का भुगतान करता है।

2009 में, राल्फ नादर ने ओनली द सुपर रिच कैन सेव अस नामक पुस्तक लिखी, जो "वॉरेन बफेट के नेतृत्व वाले अरबपतियों के एक आंदोलन और टेड टर्नर, जॉर्ज सोरोस और बैरी डिलर सहित, जो अमेरिका को साफ करने के लिए अपने भाग्य का उपयोग करते हैं, के बारे में

एक उपन्यास है।" सी-स्पैन बुकटीवी पर, नादेर ने कहा कि पुस्तक प्रकाशित होने के बाद बफेट ने उन्हें नाश्ते के लिए आमंत्रित किया और "पुस्तक के बारे में बहुत उत्साहित थे।" उन्होंने नादेर को यह भी बताया कि "दुनिया भर के अरबपतियों ने अपने सम्पदा का 50% दान या अच्छे कारणों से दान करने की योजना बनाई है।" 9 दिसंबर, 2010 को, बफेट, बिल गेट्स, और फेसबुक के सीईओ मार्क जुकरबर्ग ने "गेट्स-बफेट गिविंग प्लेज" पर हस्ताक्षर किए, जिसमें वे अपनी संपत्ति का कम से कम आधा दान करने और अन्य धनी लोगों को इसका पालन करने के लिए प्रोत्साहित करने का संकल्प लेते हैं। . 2018 में, लगभग 3.4 बिलियन डॉलर देने के बाद, बफेट को फोर्स की 2018 की अरबपतियों की सूची में तीसरा स्थान मिला।

वॉरेन बफेट सुसान बफेट के सुसान थॉम्पसन बफेट फाउंडेशन, सुसान ऐलिस बफेट के शेरवुड फाउंडेशन, हावर्ड ग्राहम बफेट के हावर्ड जी। बफेट फाउंडेशन और पीटर बफेट का नोवो फाउंडेशन। वारेन बफेट ने अपनी बहन डोरिस बफेट के लेटर्स फाउंडेशन और लर्निंग बाय गिविंग फाउंडेशन का भी समर्थन किया।

वर्षों से अपने राजनीतिक योगदान के अलावा, बफेट ने बराक ओबामा के राष्ट्रपति अभियान का समर्थन किया और अभियान में योगदान दिया। 2 जुलाई 2008 को बफेट ने शिकागो में ओबामा के अभियान के लिए $28,500 प्रति प्लेट अनुदान संचय में भाग लिया। बफेट ने संकेत दिया कि सामाजिक न्याय पर जॉन मैक्केन के विचार उनके अपने विचारों से इतने दूर थे कि बफेट के लिए अपना समर्थन बदलने के लिए मैक्केन को "लोबोटॉमी" की आवश्यकता होगी। 2008 में दूसरी अमेरिकी राष्ट्रपति पद की बहस के दौरान, मैक्केन और ओबामा से पहली बार राष्ट्रपति पद के डिबेट मॉडरेटर टॉम ब्रोकॉ द्वारा पूछे जाने के बाद, दोनों ने बफेट को संभावित भविष्य के ट्रेजरी सचिव के रूप में उल्लेख किया। बाद में, तीसरी और अंतिम राष्ट्रपति पद की बहस में, ओबामा ने बफेट का एक संभावित आर्थिक सलाहकार के रूप में उल्लेख किया। 2003 के कैलिफोर्निया गवर्नर चुनाव के दौरान बफेट ने रिपब्लिकन उम्मीदवार अर्नोल्ड श्वार्ज़नेगर को वित्तीय सलाह दी।अगर भी था।

16 दिसंबर, 2015 को बफेट ने डेमोक्रेटिक राष्ट्रपति पद की उम्मीदवार हिलेरी क्लिंटन का समर्थन किया। 1 अगस्त 2016 को, बफेट ने डोनाल्ड ट्रम्प को अपने कर रिटर्न जारी करने की चुनौती दी। 10 अक्टूबर, 2016 को, एक अन्य राष्ट्रपति बहस में उन्हें संदर्भित करने के बाद, बफेट ने अपना टैक्स रिटर्न जारी किया। उन्होंने कहा कि उन्होंने 2015 में संघीय आय करों में $1.85 मिलियन का भुगतान किया और $11.6 मिलियन की समायोजित सकल आय पर, जिसका अर्थ है कि उनकी प्रभावी संघीय आयकर दर लगभग 16 प्रतिशत थी। बफेट ने कहा कि उन्होंने पिछले साल 2.8 अरब डॉलर से अधिक का दान दिया था। ट्रम्प के इस दावे के जवाब में कि वह अपनी कर जानकारी जारी नहीं कर सके क्योंकि वह ऑडिट के अधीन थे, बफेट ने कहा, "मुझे आईआरएस द्वारा कई बार ऑडिट किया गया है और वर्तमान में ऑडिट किया जा रहा है। मुझे ऑडिट के दौरान अपनी कर जानकारी जारी करने में कोई समस्या नहीं है। ... न ही श्री ट्रम्प - कम से कम उन्हें कोई कानूनी समस्या नहीं होगी।

बफेट ने कहा है कि 2020 के राष्ट्रपति चुनाव में उन्हें वोट देना है या नहीं, यह तय करते समय वह राष्ट्रीय सुरक्षा, आर्थिक विकास और आर्थिक भागीदारी पर अपने परिणामों से राष्ट्रपति डोनाल्ड ट्रम्प का न्याय करेंगे।

स्वास्थ्य देखभाल

बफेट ने राष्ट्रपति बराक ओबामा के तहत स्वास्थ्य देखभाल सुधार को अमेरिका में बढ़ती स्वास्थ्य देखभाल लागत से निपटने के लिए अपर्याप्त बताया है, हालांकि वे स्वास्थ्य बीमा कवरेज के विस्तार के लक्ष्य का समर्थन करते हैं। बफेट ने स्वास्थ्य देखभाल की लागत की तुलना टेपवर्म से करते हुए कहा कि वे विनिर्माण लागत को बढ़ाकर अमेरिकी आर्थिक प्रतिस्पर्धा से समझौता करते हैं। बफेट ने 2010 में कहा था कि अमेरिका अपने सकल घरेलू उत्पाद का 17% स्वास्थ्य देखभाल खर्च के लिए समर्पित कर रहा है, यह देखते हुए कि कई अन्य देशों ने बेहतर स्वास्थ्य देखभाल परिणामों के साथ स्वास्थ्य व्यय पर अपने सकल घरेलू उत्पाद का बहुत कम खर्च किया है। बफेट ने कहा, "यदि आप सबसे अच्छा चाहते हैं, मेरा मतलब है कि यदि आप कोमा या कुछ और में 3 महीने के लिए अपना जीवन बढ़ाने के लिए एक मिलियन डॉलर खर्च करना चाहते हैं, तो अमेरिका शायद सबसे अच्छा है", लेकिन उन्होंने यह भी कहा कि अन्य देश बहुत खर्च करते हैं कम। और स्वास्थ्य देखभाल मूल्य में अधिक प्राप्त करें (दौरे, अस्पताल के बिस्तर, डॉक्टर और प्रति व्यक्ति नर्स)।

बफेट संयुक्त राज्य अमेरिका के चिकित्सा उद्योग में प्रोत्साहनों को दोष देते हैं, कि परिणामों के लिए भुगतान करने के बजाय, भुगतानकर्ता प्रक्रियाओं (सेवा के लिए शुल्क) के लिए डॉक्टरों की प्रतिपूर्ति करते हैं जो अनावश्यक देखभाल (अति प्रयोग) की ओर ले जाते हैं। वह अतुल गावंडे द्वारा न्यू यॉर्कर में 2009 के एक लेख का हवाला देते हैं, जो अमेरिकी स्वास्थ्य देखभाल पर एक उपयोगी नज़र के रूप में है, मैक्लेन, टेक्सास और एल पासो, टेक्सास के बीच मेडिकेयर खर्च में एक असंतुलित असमानता का दस्तावेजीकरण करता है। बफेट ने चिकित्सा उद्योग से पैरवी का मुद्दा उठाया और कहा कि वह अपनी आय को बनाए रखने पर ध्यान केंद्रित कर रहे थे।

जनसंख्या वृद्धि को रोकें

बफेट ने अनियंत्रित जनसंख्या वृद्धि पर चिंता व्यक्त की है। 2009 में, उन्होंने स्वास्थ्य सेवा, शिक्षा और धीमी जनसंख्या वृद्धि पर चर्चा करने के लिए कई अरबपतियों से मुलाकात की। एक अंदरूनी सूत्र द्वारा "द गुड क्लब" करार दिया गया, अरबपतियों ने परोपकारी कार्यों के लिए 45 बिलियन डॉलर दिए और इसमें ओपरा विन्फ्रे, माइकल ब्लूमबर्ग और डेविड रॉकफेलर, जूनियर शामिल थे। बैठक ने कुछ दक्षिणपंथी

ब्लॉगों की आलोचना की है, जिनमें से कुछ का मानना है कि समूह एक गुप्त नसबंदी समाज का हिस्सा है।

बफेट लंबे समय से परिवार नियोजन के हिमायती रहे हैं। बफेट फाउंडेशन ने नियोजित पितृत्व के लिए $ 427 मिलियन को शामिल करने के लिए गर्भपात अनुसंधान के लिए $ 1.5 बिलियन से अधिक दिया है।

कर

बफेट नियम

बफेट ने कहा कि उन्होंने 2006 के लिए अपनी आय पर कुल संघीय करों में केवल 19 प्रतिशत (48.1 मिलियन डॉलर) का भुगतान किया (अपने लाभांश और पूंजीगत लाभ स्रोतों के कारण), जबकि उनके कर्मचारियों ने बहुत कम पैसा बनाने के बावजूद इसका 33 प्रतिशत भुगतान किया। "यह कैसे उचित हो सकता है?" बफेट ने पूछा कि वह अपने कर्मचारियों की तुलना में कितना कम करों का भुगतान करते हैं। "यह कैसे सही हो सकता है?" उन्होंने यह भी कहा, "एक वर्ग युद्ध है, ठीक है, लेकिन यह मेरा वर्ग है, अमीर वर्ग, जो युद्ध लड़ रहा है और हम जीत रहे हैं।" बफेट ने डोनाल्ड ट्रम्प द्वारा "बड़े पैमाने पर कटौती" का आरोप लगाने के बाद कहा, "मेरे पास मेरे रिटर्न के सभी 72 की प्रतियां हैं और कोई भी आगे बढ़ने का उपयोग नहीं करता है।"

बफेट ने उत्तराधिकार कर के पक्ष में तर्क दिया है, यह कहते हुए कि इसे निरस्त करना "2000 ओलंपिक स्वर्ण पदक विजेताओं के सबसे बड़े बेटों को चुनकर 2020 ओलंपिक टीम चुनने" जैसा होगा। 2007 में, बफेट ने सीनेट के सामने गवाही दी और उनसे आग्रह किया कि वे धनिक तंत्र को रोकने के लिए संपत्ति कर बनाए रखें। कुछ आलोचकों ने तर्क दिया है कि बफेट (बर्कशायर हैथवे के माध्यम से) संपत्ति कर को जारी रखने में व्यक्तिगत रुचि रखते हैं, क्योंकि बर्कशायर हैथवे को पिछले व्यापार लेनदेन में संपत्ति कर से लाभ हुआ और पॉलिसीधारकों को भविष्य के संपत्ति कर भुगतान से बचाने के लिए बीमा पॉलिसी विकसित और विपणन की गई।

बफेट का मानना है कि सरकार को जुए के कारोबार का संचालन नहीं करना चाहिए, या इसे अज्ञानता पर कर कहते हुए कैसीनो को वैध बनाना चाहिए।

डॉलर और सोना

व्यापार घाटे ने बफेट को 2002 में पहली बार विदेशी मुद्रा बाजार में प्रवेश करने के लिए प्रेरित किया। ब्याज दरों में उतार-चढ़ाव के कारण मुद्रा अनुबंधों को रखने की लागत मेंग्रोथ के चलते 2005 में उन्होंने अपनी हिस्सेदारी काफी कम कर दी थी। बफेट डॉलर पर मंदी की स्थिति में रहे, उन्होंने कहा कि वह पर्याप्त विदेशी राजस्व वाली कंपनियों का अधिग्रहण करना चाहते हैं। बफेट ने मुख्य रूप से इसकी अनुत्पादक प्रकृति के आधार पर निवेश के रूप में सोने की आलोचना की है। हार्वर्ड में 1998 के एक भाषण में बफेट ने कहा:

इसे अफ्रीका में या कहीं और जमीन से खोदा जाता है। फिर हम इसे पिघलाते हैं, एक और गड्ढा खोदते हैं, इसे फिर से दबाते हैं, और लोगों को इसके चारों ओर खड़े होने के लिए भुगतान करते हैं। यह उपयोगी नहीं है। मंगल ग्रह से देखने वाला कोई भी व्यक्ति अपना सिर खुजला रहा होगा।

1977 में, स्टॉक, सोना, खेत और मुद्रास्फीति पर उन्होंने कहा:

मुद्रास्फीति के युग में स्टॉक शायद सभी खराब विकल्पों में से सबसे अच्छे हैं - कम से कम वे हैं यदि आप सही कीमत पर खरीदते हैं।

चीन

बफेट ने पेट्रो चाइना कंपनी लिमिटेड में निवेश किया और, एक दुर्लभ कदम में, बर्कशायर हैथवे की वेबसाइट पर एक टिप्पणी 201 पोस्ट की जिसमें बताया गया कि हार्वर्ड सूडानी गृहयुद्ध से अपने संबंधों को क्यों नहीं हटाएगा। उन्होंने 2008 की गर्मियों में हिस्सेदारी बेच दी, अगर तेल की कीमतों में तेज गिरावट के बावजूद उन्होंने कंपनी को बनाए रखा होता तो खुद को अरबों डॉलर के नुकसान से बचा लिया।

अक्टूबर 2008 में, बफेट ने बैटरी निर्माता BYD कंपनी (SEHK: 1211) के 10% में $230 मिलियन का निवेश किया, जो इलेक्ट्रिक ऑटोमोबाइल निर्माता BYD Auto की सहायक कंपनी का संचालन करती है। एक साल से भी कम समय में, निवेश ने 500% से अधिक रिटर्न अर्जित किया।

मई 2018 में, BYD के शेयर $9 बिलियन के कुल शुद्ध निवेश नुकसान के साथ काफी गिर गए। यह चीन में बफेट का सबसे खराब निवेश था। 203

तंबाकू

1987 में, RJR Nabisco, Inc. शत्रुतापूर्ण अधिग्रहण की लड़ाई के दौरान, बफेट जॉन गुटफ्रेंड को बता रहे थे:

मैं आपको बताऊंगा कि मुझे सिगरेट का कारोबार क्यों पसंद है। इसे बनाने में एक पैसा खर्च होता है। इसे एक डॉलर में बेच दें। यह नशे की लत है। और शानदार ब्रांड निष्ठा है।

बर्कशायर हैथवे इंक की 1994 की वार्षिक बैठक में बोलते हुए, बफेट ने कहा कि तम्बाकू में निवेश इस प्रकार है:

सामाजिक दृष्टिकोण और वर्तमान प्रशासन से संबंधित प्रश्नों से भरा हुआ। मैं किसी तंबाकू व्यवसाय में अपनी निवल संपत्ति का एक महत्वपूर्ण प्रतिशत निवेश नहीं करना चाहूंगा। किसी व्यवसाय की अर्थव्यवस्था अच्छी हो सकती है, लेकिन इसका मतलब यह नहीं है कि

उसका भविष्य उज्ज्वल है।

कोयला

2007 में, बफेट की पैसिफीकॉर्प, जो उनकी मिडअमेरिकन एनर्जी कंपनी की सहायक कंपनी थी, ने कोयले से चलने वाली छह प्रस्तावित बिजली परियोजनाओं को रद्द कर दिया। इनमें यूटा की इंटरमाउंटेन पावर प्रोजेक्ट यूनिट 3, जिम ब्रिजर यूनिट 5 और चार प्रस्तावित संयंत्र शामिल हैं जो पहले पैसिफीकॉर्प की एकीकृत संसाधन योजना में शामिल थे। नियामकों और नागरिक समूहों के दबाव के कारण इसे रद्द कर दिया गया था।

नवीकरणीय ऊर्जा

मूल अमेरिकी जनजातियों और सामन मछुआरों ने बर्कशायर हैथवे कंपनी पैसिफिककॉर्प के स्वामित्व वाले क्लैमथ नदी से चार पनबिजली बांधों को हटाने के प्रस्ताव के लिए बफेट का समर्थन जीतने की कोशिश की। डेविड सोकोल ने बफेट की ओर से जवाब दिया कि एफईआरसी इस सवाल का फैसला करेगा।

स्टॉक विकल्प की लागत

वह कॉर्पोरेट आय विवरणों पर स्टॉक विकल्प व्यय का प्रबल समर्थक है। 2004 की वार्षिक बैठक में, उन्होंने यूनाइटेड स्टेट्स कांग्रेस के समक्ष एक बिल की आलोचना की, जिसने मुआवजे के खर्च के रूप में केवल कुछ कंपनी द्वारा जारी स्टॉक विकल्पों पर विचार किया होगा, बिल की तुलना इंडियाना हाउस ऑफ रिप्रेजेंटेटिव्स से की थी। विधान 3.14159 से 3.2 विधायी फिएट द्वारा।

जब कोई कंपनी अपने कर्मचारियों को उनकी सेवाओं के बदले में कुछ मूल्यवान देती है, तो यह स्पष्ट रूप से एक मुआवजा व्यय है। और अगर खर्च आय विवरण पर नहीं हैं, तो वे दुनिया में कहां हैं?

तकनीकी

मई 2012 में, बफेट ने कहा कि उन्होंने फेसबुक और गूगल जैसी नई सोशल मीडिया कंपनियों में स्टॉक खरीदने से परहेज किया क्योंकि भविष्य के मूल्य की भविष्यवाणी करना मुश्किल था। उन्होंने यह भी कहा कि स्टॉक का आरंभिक सार्वजनिक निर्गम (आईपीओ) लगभग हमेशा एक बुरा निवेश होता है। निवेशकों को उन कंपनियों पर ध्यान देना चाहिए जिनका दस साल में अच्छा मूल्य होगा।

बिटकॉइन और क्रिप्टोकरेंसी

जनवरी 2018 में सीएनबीसी के साथ एक साक्षात्कार में, बफेट ने कहा कि बिटकॉइन और अन्य क्रिप्टोकरेंसी के लिए हालिया सनक खत्म नहीं होगी, "मुझे नहीं पता कि ऐसा कब होता है या कैसे या कुछ और होता है।" लेकिन उन्होंने कहा कि वह बिटकॉइन फ्यूचर्स पर शॉर्ट पोजीशन नहीं लेंगे।

बफेट के बारे में पुस्तकें

अक्टूबर 2008 तक, यूएसए टुडे ने बफेट के नाम वाली कम से कम 47 पुस्तकें प्रकाशित की थीं। लेख में बॉर्डर्स बुक्स के सीईओ जॉर्ज जोन्स के हवाले से कहा गया है कि पुस्तक के कई शीर्षकों में केवल अन्य जीवित व्यक्ति अमेरिकी राष्ट्रपति, विश्व राजनीतिक हस्तियां और दलाई लामा थे। बफेट ने कहा है कि उनका निजी पसंदीदा उनके निबंधों का एक संग्रह है जिसे द एसेज ऑफ वारेन बफेट कहा जाता है, जिसे वह "मेरी वार्षिक रिपोर्ट से विचारों का एक सुसंगत पुनर्पूंजीकरण" के रूप में वर्णित करते हैं।

बफेट की पुस्तकें या प्रकाशन:

वॉरेन बफेट के निबंध: कॉर्पोरेट अमेरिका, वॉरेन बफेट और लॉरेंस ए. लेसन्स फॉर कनिंघम, द कनिंघम ग्रुप; संशोधित संस्करण (11 अप्रैल, 2001), आईएसबीएन 978-0-9664461-1-1

वारेन बफेट के निबंध: कॉर्पोरेट अमेरिका के लिए सबक, दूसरा संस्करण, वारेन ई. बफेट और लॉरेंस ए. कनिंघम, द कनिंघम ग्रुप; दूसरा संस्करण (14 अप्रैल, 2008), आईएसबीएन 978-0-9664461-2-8

बफेट के बारे में कुछ बेस्टसेलर, या अन्यथा उल्लेखनीय पुस्तकें:

कैरोल जे. लूमिस, टैप डांसिंग टू वर्क: वॉरेन बफेट ऑन प्रैक्टिकली एवरीथिंग, 1966–2012: ए फॉर्च्यून मैगज़ीन बुक।

प्रेस्टन पैश, वारेन बफेट की तीन पसंदीदा पुस्तकें। (ऑनलाइन वीडियो के लिए बफेट की पुस्तकों का संदर्भ देने वाली इंटरएक्टिव पुस्तक)

रोजर लोवेनस्टीन, बफेट, मेकिंग ऑफ एन अमेरिकन कैपिटलिस्ट

रॉबर्ट हैगस्ट्रॉम, द वॉरेन बफेट वे।

ऐलिस श्रोडर, द स्नोबॉल: वारेन बफेट एंड द बिजनेस ऑफ लाइफ। (बफेट के सहयोग से लिखित।) 219

मैरी बफेट और डेविड क्लार्क, बफेटोलॉजी और चार अनुवर्ती पुस्तकें। (1.5 मिलियन से अधिक प्रतियों की संयुक्त बिक्री।)

जेनेट लोव, वारेन बफेट बोलते हैं: दुनिया के सबसे महान निवेशक से ज्ञान और ज्ञान

जॉन ट्रेन, द मिडास टच: रणनीतियाँ जिसने वॉरेन बफेट को 'अमेरिका का सबसे बड़ा निवेशक' बना दिया।

एंड्रयू किलपैट्रिक, एंड्यूरिंग वैल्यू: द वॉरेन बफेट स्टोरी। (330 अध्यायों, 1,874 पृष्ठों और 1,400 तस्वीरों के साथ, बफेट के बारे में सबसे बड़ी पुस्तक का वजन 10.2 पाउंड है।)

रॉबर्ट पी. माइल्स (2004)। वारेन बफेट धन: विश्व के महानतम निवेशक द्वारा उपयोग किए जाने वाले सिद्धांत और व्यावहारिक तरीके। जॉन विले एंड संस। आईएसबीएन 978-0-471-46511-9।

जॉन पी. रीस, "द गुरु इन्वेस्टर: हाउ टू बीट द मार्केट यूजिंग हिस्ट्रीज बेस्ट इनवेस्टमेंट स्ट्रैटेजीज"। 224 (बफेट के दृष्टिकोण के आधार पर चरण-दर-चरण स्टॉक-पिकिंग विधि शामिल है)

तवाकोली, जेनेट एम। (6 जनवरी, 2009)। प्रिय मिस्टर बफेट: एक निवेशक वॉल स्ट्रीट से 1,269 मील दूर क्या सीखता है। जॉन विले एंड संस। आईएसबीएन 978-0-470-44273-9।

जांजिगियां, वाहन (1 मई 2008)। यहां तक कि बफेट्स नॉट परफेक्ट: आप क्या कर सकते हैं - और क्या नहीं - दुनिया के सबसे महान निवेशक से सीखें। पेंगुइन। आईएसबीएन 9781440631474।10

10
धीरू भाई अंबानी

धीरू भाई अंबानी

Top Richest People

धीरजलाल हीराचंद अंबानी (28 दिसंबर 1932 - 6 जुलाई 2002), जिन्हें धीरूभाई अंबानी के नाम से जाना जाता है, एक भारतीय उद्योगपति थे जिन्होंने रिलायंस इंडस्ट्रीज की स्थापना की थी। अंबानी ने 1977 में रिलायंस को सार्वजनिक कर दिया और 2002 में उनकी मृत्यु के समय उनकी संपत्ति 2.9 बिलियन अमेरिकी डॉलर थी। 2016 में, उन्हें व्यापार और उद्योग में उनके योगदान के लिए मरणोपरांत भारत के दूसरे सर्वोच्च नागरिक सम्मान पद्म विभूषण से सम्मानित किया गया था।

धीरूभाई अंबानी मोड वानिया (बनिया) समुदाय के एक ग्राम शिक्षक हीराचंद गोरधनभाई अंबानी और जमनाबेन अंबानी के पुत्रों में से एक थे, और उनका जन्म 28 दिसंबर 1932 को चोरवाड़, मालिया तालुका, जूनागढ़ जिला, गुजरात में हुआ था। उन्होंने बहादुर खानजी स्कूल से पढ़ाई की है।

उन्होंने 1958 में अदन छोड़ दिया और कपड़ा बाजार में भारत में अपने स्वयं के व्यवसाय में हाथ आजमाया।

रिलायंस इंडस्ट्रीज की स्थापना

अंबानी भारत लौट आए और यमन में उनके साथ रहने वाले उनके दूसरे चचेरे भाई चंपकलाल दमानी के साथ साझेदारी में "माजिन" शुरू किया। माजिन को यमन को पॉलिएस्टर यार्न और निर्यात मसालों का आयात करना था।

Reliance Commercial Corporation का पहला कार्यालय मस्जिद बंदर में नरसीनाथ रोड पर स्थापित किया गया था। यह एक 350 वर्ग फुट (33 वर्ग मीटर) का कमरा था जिसमें एक टेलीफोन, एक मेज और तीन कुर्सियाँ थीं। शुरू में उनके व्यवसाय में मदद के लिए उनके पास दो सहायक थे।

इस अवधि के दौरान, अंबानी और उनका परिवार मुंबई के भुलेश्वर में जय हिंद एस्टेट में दो बेडरूम के अपार्टमेंट में रहते थे। 1965 में, चंपकलाल दमानी और धीरूभाई अंबानी के बीच साझेदारी समाप्त हो गई और अंबानी ने अपने दम पर शुरुआत की। ऐसा माना जाता है कि दोनों के स्वभाव अलग-अलग थे और व्यवसाय कैसे चलाया जाए, इस पर उनके अलग-अलग विचार थे। जबकि दमानी एक सतर्क व्यापारी थे और यार्न के भंडारण में विश्वास नहीं करते थे, अंबानी एक जोखिम लेने वाले के रूप में जाने जाते थे और मुनाफे को अधिकतम करने के लिए आविष्कारों के निर्माण में विश्वास करते थे। 1966 में उन्होंने Reliance Commercial Corporation की स्थापना की जो बाद में 8 मई 1973 को Reliance Industries बन गया।

उन्होंने इस समय विमल ब्रांड लॉन्च किया, जो साड़ी, शॉल, सूट और ड्रेस के लिए पॉलिएस्टर सामग्री बेचता था।

स्टॉक एक्सचेंज पर अंबानी का नियंत्रण

आंतरिक भारत में ब्रांड के व्यापक विपणन ने इसे एक घरेलू नाम बना दिया। फ्रेंचाइजी ने खुदरा स्टोर खोले और "ओनली विमल" ब्रांड का कपड़ा बेचा। 1975 में, विश्व बैंक की एक तकनीकी टीम ने 'रिलायंस टेक्सटाइल्स' निर्माण इकाई का दौरा किया।

1988 में, रिलायंस इंडस्ट्रीज ने आंशिक रूप से परिवर्तनीय डिबेंचर के संबंध में राइट्स इश्यू के खिलाफ आवाज उठाई। यह अफवाह थी कि कंपनी यह सुनिश्चित करने के लिए पूरी कोशिश कर रही थी कि उनके शेयर की कीमतें एक इंच भी कम न हों। एक अवसर को भांपते हुए, कलकत्ता में शेयर दलालों के एक समूह, द बियर कार्टेल ने रिलायंस के शेयर बेचना शुरू किया। इसका मुकाबला करने के लिए, शेयर दलालों के एक समूह ने हाल ही में "रिलायंस के मित्र" करार दिया और बॉम्बे स्टॉक एक्सचेंज पर रिलायंस इंडस्ट्रीज के कम बिकने वाले शेयरों को खरीदना शुरू कर दिया। उद्धरण आवश्यक है

भालू कार्टेल इस विश्वास पर काम कर रहा था कि लेन-देन को पूरा करने के लिए बैलों के पास नकदी की कमी होगी और बॉम्बे स्टॉक एक्सचेंज के "बदला" व्यापार प्रणाली के तहत निपटान के लिए तैयार होंगे। बैल खरीदते रहे और कीमत? निपटान के दिन तक 152 प्रति शेयर बनाए रखा गया था। निपटान के दिन, भालू कार्टेल उस समय चौंक गया जब सांडों ने शेयरों की भौतिक डिलीवरी की मांग की। लेन-देन को पूरा करने के लिए, धीरूभाई अंबानी ने रिलायंस के शेयर खरीदने वाले शेयर दलालों को बड़ी रकम का भुगतान किया। निपटान न होने की स्थिति में, क्या बुल्स ने अनबिड या पेनल्टी की मांग की? 35 प्रति शेयर। तो मांग बढ़ी और रिलायंस के शेयर चढ़े? 180 मिनट में। समझौते से बाजार में काफी भ्रम की स्थिति पैदा हो गई। उद्धरण आवश्यक है

स्थिति को हल करने के लिए मुंबई शेयर बाजार को तीन कार्य दिवसों के लिए बंद कर दिया गया था। बॉम्बे स्टॉक एक्सचेंज (बीएसई) के अधिकारियों ने मामले में हस्तक्षेप किया और "अनबदला" दर को नीचे लाया? 2 इस शर्त के साथ कि बियर कार्टेल को अगले कुछ दिनों में शेयरों की सुपुर्दगी करनी है। बेयर कार्टेल ने रिलायंस के शेयरों को उच्च मूल्य स्तर पर बाजार से खरीदा और यह भी पता चला कि धीरूभाई अंबानी ने खुद उन शेयरों को बेयर कार्टेल को सप्लाई किया और बियर कार्टेल के साहसिक कार्य से अच्छा मुनाफा कमाया।

इस घटना के बाद उनके विरोधियों और पत्रकारों ने कई सवाल खड़े किए थे. कुछ साल पहले तक बहुत से लोग यह नहीं समझ पाते थे कि कैसे एक सूत व्यापारी संकट के समय में इतनी बड़ी मात्रा में नकदी प्राप्त करने में कामयाब रहा। इसका जवाब तत्कालीन वित्त मंत्री

प्रणब मुखर्जी ने संसद में दिया था। उसने घर को बताया या एनआरआई को? 1982-83 के दौरान रिलायंस में 220 मिलियन। यह निवेश Crocodile, Lotta और Fiasco जैसी कई कंपनियों के जरिए किया गया था। ये कंपनियां मुख्य रूप से आइल ऑफ मैन में पंजीकृत थीं। इन कंपनियों के सभी प्रमोटरों या मालिकों का एक सामान्य उपनाम शाह था। इस घटना की रिजर्व बैंक की जांच में रिलायंस या उसके प्रवर्तकों द्वारा किए गए किसी भी अनैतिक या अवैध कार्य या लेनदेन का खुलासा नहीं हुआ।

मौत

24 जून 2002 को बड़े पैमाने पर स्ट्रोक के कारण अंबानी को मुंबई के ब्रीच कैंडी अस्पताल में भर्ती कराया गया था। यह उनका दूसरा स्ट्रोक था, पहला स्ट्रोकसी फरवरी 1986 में आया और उसका दाहिना हाथ लकवाग्रस्त हो गया। वह एक सप्ताह से अधिक समय से कोमा में थे और कई डॉक्टरों से सलाह ली गई थी। 6 जुलाई 2002 को उनका निधन हो गया।

देश ने इस बात का ऐतिहासिक साक्ष्य खो दिया है कि एक आम भारतीय, उद्देश्य की भावना से प्रेरित और दृढ़ संकल्प से प्रेरित होकर अपने जीवनकाल में क्या हासिल कर सकता है।

—?अटल बिहारी वाजपेयी, भारत के पूर्व प्रधानमंत्री

तीन दशक पहले भारतीय उद्योग के क्षितिज पर उभरने वाला यह नया सितारा अपने तप और दृढ़ता और बड़े सपने देखने और उसे हकीकत बनाने की क्षमता के कारण अंत तक शीर्ष पर बना रहा। मैं अंबानी की स्मृति में श्रद्धांजलि अर्पित करने में महाराष्ट्र के लोगों के साथ हूं और शोक संतप्त परिवार के प्रति अपनी संवेदना व्यक्त करता हूं। 16

- पीसी एलेक्जेंडर, महाराष्ट्र के पूर्व राज्यपाल

धीरूभाई अंबानी की मृत्यु के बाद, रिलायंस इंडस्ट्रीज

1986 में अपने पहले झटके के बाद, अंबानी ने अपने बेटों मुकेश और अनिल को रिलायंस का नियंत्रण सौंप दिया। नवंबर 2004 में, मुकेश ने एक साक्षात्कार में स्वीकार किया कि स्वामित्व के मुद्दों पर अनिल के साथ उनके मतभेद थे। उन्होंने यह भी कहा कि मतभेद "निजी डोमेन में हैं"। धीरूभाई अंबानी की मृत्यु के बाद, समूह मुकेश के नेतृत्व वाली रिलायंस इंडस्ट्रीज लिमिटेड और अनिल के नेतृत्व वाले रिलायंस अनिल धीरूभाई अंबानी समूह में विभाजित हो गया। इसलिए अंत में मुकेश अंबानी को सीईओ और अनिल अंबानी को चेयरमैन चुना गया।

2017 तक, कंपनी के पास 250,000 से अधिक कर्मचारी हैं। 2012 में, Reliance Industries दुनिया की सबसे बड़ी कंपनियों की फॉर्च्यून 500 सूची में राजस्व के मामले में शीर्ष 100 में रैंक करने वाली दो भारतीय कंपनियों में से एक थी।

लोकप्रिय मीडिया में

1988 में धीरूभाई अंबानी की एक अनौपचारिक जीवनी, हामिश मैकडोनाल्ड द्वारा द पॉलिएस्टर प्रिंस शीर्षक से, उनकी सभी राजनीतिक और व्यावसायिक विजयों को रेखांकित किया गया। पुस्तक भारत में प्रकाशित नहीं हुई क्योंकि अंबानी ने कानूनी कार्रवाई की धमकी दी थी; 2010 में अम्बानी एंड संस शीर्षक के तहत एक अद्यतन संस्करण बेचा गया था और अब तक प्रकाशक के खिलाफ कोई कार्रवाई नहीं की गई है।

धीरूभाई अंबानी के जीवन पर आधारित एक हिंदी फिल्म 12 जनवरी 2007 को रिलीज हुई थी। फिल्म निर्माता मणिरत्नम द्वारा निर्देशित गुरु, राजीव मेनन और ए.आर. फिल्म में रहमान का संगीत एक ऐसे व्यक्ति के संघर्ष को दर्शाता है जो अपनी पहचान बनाने के लिए संघर्ष कर रहा है। काल्पनिक शक्ति ग्रुप ऑफ इंडस्ट्रीज के साथ भारतीय व्यापार जगत।

प्रशंसा

1996, 1998 और 2000 - एशियावीक पत्रिका द्वारा "पावर 50-एशिया के सबसे शक्तिशाली लोग" में विशेष रुप से प्रदर्शित।

जून 15, 1998 - व्हार्टन स्कूल, पेन्सिलवेनिया विश्वविद्यालय द्वारा अनुकरणीय नेतृत्व के लिए डीन का पदक। धीरूभाई अंबानी डीन मेडल पाने वाले पहले भारतीय थे

8 नवंबर, 2000, मुंबई - भारत में रासायनिक उद्योग के विकास और विकास में उनके उत्कृष्ट योगदान के लिए केमटेक फाउंडेशन और केमिकल इंजीनियरिंग वर्ल्ड द्वारा "मैन ऑफ द सेंचुरी" का पुरस्कार।

10 अगस्त 2001, मुंबई - द इकोनॉमिक टाइम्स अवाइर्स फॉर कॉर्पोरेट एक्सीलेंस फॉर लाइफटाइम अचीवमेंट अवार्ड।

फेडरेशन ऑफ इंडियन चैंबर्स ऑफ कॉमर्स एंड इंडस्ट्री फिक्की द्वारा धीरूभाई अंबानी को "20वीं शताब्दी का मैन" नामित किया गया था।

इंडिया पोस्ट ने 28 दिसंबर 2002 को धीरूभाई अंबानी की विशेषता वाला एक डाक टिकट जारी किया।

अक्टूबर 2011- एशियन बिजनेस लीडरशिप फोरम अवार्ड्स में मरणोपरांत एबीएलएफ ग्लोबल एशियन अवार्ड से सम्मानित किया गया।

जनवरी 2016 - मरणोपरांत देश के दूसरे सर्वोच्च नागरिक पुरस्कार पद्म विभूषण से सम्मानित किया गया।

ग्रन्थसूची

मैकडोनाल्ड, हामिश (1998)। द पोलिएस्टर प्रिंस: द राइज़ ऑफ़ धीरूभाई अंबानी। एलन और अनविन। आईएसबीएन 978-18644846871 1

ग्रेट बिझनेसमॅन इन द वर्ल्ड हिंदी

मैकडोनाल्ड, हामिश (1998)। द पोलिएस्टर प्रिंस: द राइज़ ऑफ़ धीरूभाई अंबानी। एलन और अनविन। आईएसबीएन 978-18644846871 1

11
लैरी एलिसन

लैरी एलिसन

Top Richest People

Scan for Story Videos - www.itibook.com

लॉरेंस जोसेफ एलिसन (जन्म 17 अगस्त, 1944) एक अमेरिकी व्यवसायी और निवेशक हैं, जो अमेरिकी कंप्यूटर प्रौद्योगिकी कंपनी Oracle Corporation के सह-संस्थापक, कार्यकारी अध्यक्ष, मुख्य प्रौद्योगिकी अधिकारी (CTO) और पूर्व मुख्य कार्यकारी अधिकारी (CEO) हैं। 2 अगस्त, 2022 तक, उन्हें ब्लूमबर्ग बिलियनेयर्स इंडेक्स द्वारा दुनिया के दसवें सबसे अमीर व्यक्ति के रूप में सूचीबद्ध किया गया था, जिसकी अनुमानित कुल संपत्ति $97 बिलियन थी। एलिसन हवाई द्वीपसमूह के छठे सबसे बड़े द्वीप लानई में अपने 98% स्वामित्व हित के लिए भी जाना जाता है।

लैरी एलिसन का जन्म न्यूयॉर्क शहर में एक यहूदी मां के यहां हुआ था। उनके जैविक पिता एक इतालवी-अमेरिकी यूनाइटेड स्टेट्स आर्मी एयर कॉर्प्स पायलट थे। एलिसन को नौ महीने की उम्र में निमोनिया होने के बाद, उसकी माँ ने उसे गोद लेने के लिए उसकी चाची और चाचा को दे दिया। 48 साल की उम्र तक वह अपनी जैविक मां से दोबारा नहीं मिले।

एलिसन शिकागो के दक्षिण की ओर चले गए, जो तब एक मध्यवर्गीय पड़ोस था। वह अपनी दतक मां को अपने सख्त, असमर्थित और अक्सर दूर के दतक पिता के विपरीत गर्म और प्यार करने वाले के रूप में याद करते हैं, जिन्होंने संयुक्त राज्य अमेरिका, एलिस द्वीप में प्रवेश के अपने बिंदु का सम्मान करने के लिए एलिसन नाम चुना। लुइस एलिसन एक सरकारी कर्मचारी थे, जिन्होंने शिकागो अचल संपत्ति में एक छोटा सा भाग्य बनाया, केवल ग्रेट डिप्रेशन के दौरान इसे खो दिया।

यद्यपि एलिसन को उनके दतक माता-पिता द्वारा एक सुधार यहूदी घर में पाला गया था, जो नियमित रूप से आराधनालय में भाग लेते थे, वे एक धार्मिक संशयवादी बने रहे। तेरह साल की उम्र में, एलिसन ने बार मिट्ज्वा मनाने से इनकार कर दिया। एलिसन कहते हैं: "हालांकि मुझे लगता है कि मैं एक अर्थ में धार्मिक हूं, यहूदी धर्म का विशेष दृष्टिकोण वह नहीं है जिसका मैं समर्थन करता हूं। मुझे विश्वास नहीं होता कि वे वास्तविक हैं। वे दिलचस्प कहानियां हैं। वे दिलचस्प मिथक हैं, और मेरा मानना है कि वे अक्षरशः सत्य हैं। निश्चित रूप से लोगों का सम्मान करते हैं, लेकिन मेरा नहीं। मुझे इसका कोई प्रमाण नहीं दिखता।" एलिसन का कहना है कि इज़राइल के लिए उनका जुनून धार्मिक भावनाओं से नहीं, बल्कि इसकी अभिनव भावना से जुड़ा है। प्रौद्योगिकी क्षेत्र में इजरायल।

एलिसन ने शिकागो में साउथ शोर हाई स्कूल में भाग लिया और फिर अर्बाना-शैंपेन में इलिनोइस विश्वविद्यालय में भाग लिया, एक पूर्व छात्र के रूप में दाखिला लिया। विश्वविद्यालय में, उन्हें साइंस स्टूडेंट ऑफ द ईयर नामित किया गया था। वह अपने द्वितीय वर्ष के बाद अंतिम परीक्षा दिए बिना वापस ले लिया, क्योंकि उसकी दतक मां की हाल ही में मृत्यु हो गई थी। 1966 की गर्मियों को कैलिफोर्निया में बिताने के बाद, उन्होंने एक अवधि के लिए शिकागो विश्वविद्यालय में भाग लिया, जहाँ उन्होंने भौतिकी और गणित का अध्ययन किया, और पहली बार कंप्यूटर डिज़ाइन का सामना किया। 1966 में, 22 वर्ष की आयु में, वे बर्कले, कैलिफोर्निया चले गए।

प्रारंभिक कैरियर और ओरेकल

1970 के दशक की शुरुआत में एम्पेक्स में काम करते हुए, एडगर एफ। वह आईबीएम के लिए रिलेशनल डेटाबेस डिजाइन पर कॉड के शोध से प्रभावित थे। इसके चलते 1977 में कंपनी की स्थापना हुई जो बाद में Oracle बन गई। Oracle मिड-रेंज और लो-एंड सिस्टम के लिए एक सफल डेटाबेस विक्रेता बन गया, बाद में Sybase (1984 में निर्मित) और Microsoft SQL Server (1989 में निर्मित Sybase का एक पोर्ट) के साथ प्रतिस्पर्धा कर रहा था, जिसके कारण एलिसन को फोर्ब्स द्वारा सूचीबद्ध किया गया था। सबसे अमीर आदमी। दुनिया में।

1977-1994

1970 के दशक के दौरान, Amdahl Corporation में एक संक्षिप्त कार्यकाल के बाद, एलिसन ने Ampex Corporation के लिए काम करना शुरू किया। उनकी परियोजनाओं में सीआईए का डेटाबेस था, जिसे उन्होंने "ओरेकल" नाम दिया था। एडगर एफ। से एलिसन। Codd "बड़े साझा डेटा बैंकों के लिए डेटा का एक संबंधपरक मॉडल" नामक रिलेशनल डेटाबेस सिस्टम पर एक पेपर से प्रेरित था। 1977 में, उन्होंने दो भागीदारों और 2,000 डॉलर के निवेश के साथ सॉफ्टवेयर डेवलपमेंट लेबोरेटरीज (एसडीएल) की स्थापना की; $ 1,200 पैसे उसके थे।

1979 में, कंपनी ने अपना नाम बदलकर Relational Software Inc. एलिसन ने आईबीएम सिस्टम आर डेटाबेस के बारे में सुना था, जो कोड के सिद्धांतों पर भी आधारित था, और चाहता था कि ओरेकल इसके साथ संगत हो, लेकिन आईबीएम ने सिस्टम आर के कोड को साझा करने से इंकार कर इसे असंभव बना दिया। Oracle डाटाबेस की प्रारंभिक रिलीज़ 1979 में Oracle संस्करण 2 थी; Oracle संस्करण 1 नहीं था। 17 1983 में, कंपनी अपने प्रमुख उत्पाद के बाद औपचारिक रूप से Oracle सिस्टम्स कॉर्पोरेशन बन गई। 1990 में, Oracle ने अपने कर्मचारियों की संख्या का 10% (लगभग 400 लोग) काट दिया क्योंकि यह पैसे खो रहा था। संकट, जिसके परिणामस्वरूप लगभग कंपनी दिवालिया हो गई, ओरेकल की "अप-फ्रंट" मार्केटिंग रणनीति के कारण हुई, जिसमें सेल्सपर्सन ने संभावित ग्राहकों से एक बार में सबसे बड़ी मात्रा में सॉफ्टवेयर खरीदने का आग्रह किया। सेल्सपर्सन तब अपने बोनस को बढ़ाते हुए मौजूदा तिमाही में भविष्य की लाइसेंस बिक्री का मूल्य बुक करते हैं। यह एक समस्या बन गई जब भविष्य की बिक्री अमल में लाने में विफल रही। Oracle को अंततः अपनी आय को दो बार पुनर्व्यवस्थित करना पड़ा और अपनी आय को अधिक बताने से उपजी क्लास-एक्शन मुकदमों का निपटान करना पड़ा। एलिसन ने बाद में कहा कि ओरेकल ने "एक अविश्वसनीय व्यावसायिक गलती" की थी।

हालांकि IBM ने अपने DB2 और SQL/DS डेटाबेस उत्पादों के साथ मेनफ्रेम रिलेशनल डेटा पेश कियाहालांकि एबेस बाजार पर हावी था, लेकिन यूनिक्स और विंडोज ऑपरेटिंग सिस्टम पर रिलेशनल डेटाबेस के लिए बाजार में प्रवेश में देरी हुई। इसने साइबेस, ओरेकल, इनफॉर्मिक्स और अंततः माइक्रो कंप्यूटरों के लिए मिड-रेंज सिस्टम और माइक्रो कंप्यूटर पर हावी होने का द्वार खोल दिया। लगभग इसी समय Oracle साइबेस से पीछे रह गया। 1990 से 1993 तक, साइबेस सबसे तेजी से विकसित होने वाली डेटाबेस कंपनी और डेटाबेस उद्योग का पसंदीदा विक्रेता था, लेकिन जल्द ही यह एक विलय उन्माद के शिकार हो गया। साइबेस के 1996 में पॉवरसॉफ्ट के साथ विलय ने कोर डेटाबेस प्रौद्योगिकी पर अपना ध्यान कम कर दिया। 1993 में, साइबेस ने विंडोज ऑपरेटिंग सिस्टम के तहत चल रहे अपने डेटाबेस सॉफ्टवेयर के अधिकार माइक्रोसॉफ्ट कॉर्पोरेशन को बेच दिए, जो अब इसे "एसक्यूएल सर्वर" नाम से बेचता है।

ओरेकल में अपने शुरुआती वर्षों के दौरान, एलिसन को अन्स्र्ट एंड यंग एंटरप्रेन्योर ऑफ द ईयर प्रोग्राम के लिए उच्च प्रौद्योगिकी श्रेणी में एक पुरस्कार प्राप्तकर्ता नामित किया गया था।

1994-2010

1994 में, Informix ने Oracle का सबसे महत्वपूर्ण प्रतियोगी बनने के लिए Sybase को पीछे छोड़ दिया। इनफॉर्मिक्स के सीईओ फिल व्हाइट और एलिसन के बीच पिचिंग की लड़ाई तीन साल तक सिलिकॉन वैली में पहले पन्ने की खबर थी। अप्रैल 1997 में, Informix ने आय में भारी कमी और आय में संशोधन की घोषणा की। फिल व्हाइट अंततः जेल गए और आईबीएम ने 2001 में इनफॉर्मिक्स का अधिग्रहण किया। साथ ही 1997 में, स्टीव जॉब्स के कंपनी में लौटने के बाद एलिसन को Apple कंप्यूटर का निदेशक बनाया गया। एलिसन ने 2002 में इस्तीफा दे दिया। Informix और Sybase की हार के बाद, 1990 के दशक के अंत में Microsoft SQL सर्वर के उदय और 2001 में IBM द्वारा अपने DB2 डेटाबेस के पूरक के लिए Informix सॉफ़्टवेयर के अधिग्रहण तक Oracle ने कई वर्षों तक उद्योग के प्रभुत्व का आनंद लिया। 2013 तक, UNIX, Linux, और Windows ऑपरेटिंग सिस्टम पर नए डेटाबेस लाइसेंस के लिए Oracle की मुख्य प्रतियोगिता IBM के DB2 और Microsoft SQL सर्वर से आती है। IBM का DB2 अभी भी मेनफ्रेम डेटाबेस बाजार पर हावी है।

2005 में, Oracle Corporation ने एलिसन को $975,000 का वेतन, $6,500,000 का बोनस और $955,100 का अन्य मुआवजा दिया। 2007 में, एलिसन ने $61,180,524 का कुल मुआवजा अर्जित किया, जिसमें $1,000,000 का मूल वेतन, $8,369,000 का नकद बोनस और $50,087,100 के विकल्प शामिल थे। 2008 में, उन्होंने $84,598,700 का कुल मुआवजा अर्जित किया, जिसमें $1,000,000 का मूल वेतन, $10,779,000 का नकद बोनस, कोई स्टॉक अनुदान नहीं, और $71,372,700 के विकल्प शामिल थे। 31 मई 2009 को समाप्त हुए वर्ष में उन्होंने $56.8 मिलियन कमाए। 2006 में, फोर्ब्स ने उन्हें कैलिफोर्निया में सबसे अमीर व्यक्ति के रूप में स्थान दिया। अप्रैल 2009 में, IBM और Hewlett-Packard के साथ रस्साकशी के बाद, Oracle ने सन माइक्रोसिस्टम्स को खरीदने के अपने इरादे की घोषणा की। 2 जुलाई 2009 को, लगातार चौथे वर्ष, Oracle के बोर्ड ने एलिसन को 7 मिलियन स्टॉक विकल्प प्रदान किए। 22 अगस्त 2009 को, यह बताया गया कि एलिसन को 2010 के वित्तीय वर्ष के लिए अपने मूल वेतन के ऊपर केवल $1 का भुगतान किया जाएगा, जो कि 2009 के वित्तीय वर्ष में भुगतान किए गए $1,000,000 से कम है।

2010-वर्तमान

यूरोपीय संघ ने 21 जनवरी 2010 को ओरेकल के सन माइक्रोसिस्टम्स के अधिग्रहण को मंजूरी दे दी, यह मानते हुए कि ओरेकल के सन के अधिग्रहण में "प्रमुख संपत्ति को पुनर्जीवित करने और नए और अभिनव उत्पाद बनाने की क्षमता है"। सन अधिग्रहण ने ओरेकल को लोकप्रिय MySQL ओपन सोर्स डेटाबेस का नियंत्रण भी दिया, जिसे सन ने 2008 में हासिल कर लिया। 9 अगस्त, 2010 को, एलिसन ने सीईओ मार्क हर्ड को बर्खास्त करने के लिए हेवलेट-पैकर्ड के बोर्ड की आलोचना करते हुए लिखा कि "एचपी बोर्ड ने सबसे खराब कर्मियों का निर्णय लिया क्योंकि ऐप्पल बोर्ड के बेवकूफों ने स्टीव जॉब्स को वर्षों पहले निकाल दिया था।" (एलिसन और हर्ड घनिष्ठ निजी मित्र थे।) फिर 6 सितंबर को Oracle ने सफरा काट्ज के साथ मार्क हर्ड को सह-अध्यक्ष नामित किया। एलिसन ओरेकल में अपनी वर्तमान भूमिका में बने रहे।

मार्च 2010 में, एलिसन को फोर्ब्स की अरबपतियों की सूची में दुनिया के छठे सबसे अमीर व्यक्ति और तीसरे सबसे अमीर अमेरिकी के रूप में स्थान दिया गया था, जिसकी कुल संपत्ति 28 बिलियन अमेरिकी डॉलर थी। 27 जुलाई, 2010 को द वॉल स्ट्रीट जर्नल ने बताया कि एलिसन पिछले एक दशक में सबसे अधिक वेतन पाने वाले कार्यकारी थे, जिन्होंने कुल 1.84 बिलियन अमेरिकी डॉलर का मुआवजा एकत्र किया। सितंबर 2011 में, एलिसन को फोर्ब्स की अरबपतियों की सूची में दुनिया के पांचवें सबसे अमीर व्यक्ति के रूप में सूचीबद्ध किया गया था और अभी भी वह तीसरे सबसे अमीर अमेरिकी थे, जिनकी कुल संपत्ति लगभग 36.5 बिलियन डॉलर थी। सितंबर 2012 में, एलिसन को फिर से फोर्ब्स अरबपतियों की सूची में बिल गेट्स और वॉरेन बफेट के बाद $44 बिलियन की संपत्ति के साथ तीसरे सबसे अमीर अमेरिकी के रूप में सूचीबद्ध किया गया था। ब्लूमबर्ग बिलियनेयर्स इंडेक्स के अनुसार, अक्टूबर 2012 में, उन्हें डेविड हैमिल्टन कोच के बाद दुनिया के आठवें सबसे अमीर व्यक्ति के रूप में सूचीबद्ध किया गया था। एलिसन के पास Salesforce.com, NetSuite, Quark Biotechnology Inc. और एस्टेक्स फार्मास्यूटिकल्स में हिस्सेदारी है। जून 2012 में, एलिसन ने डेविड मर्डोक की कंपनी, कैसल एंड कुक से लानई के हवाई

द्वीप का 98 प्रतिशत खरीदने पर सहमति व्यक्त की। कीमत $ 500 मिलियन और $ 600 मिलियन के बीच बताई गई थी। 2005 में एलिसन ने Oracle नाम की चैरिटी की स्थापना कीचार साल के इनसाइडर-ट्रेडिंग मुकदमे को निपटाने के लिए $100 मिलियन का भुगतान करने की पेशकश की।

द वॉल स्ट्रीट जर्नल के अनुसार, 2013 में एलिसन ने $94.6 मिलियन कमाए। 18 सितंबर 2014 को, एलिसन ने मार्क हर्ड को ओरेकल के सीईओ के रूप में अध्यक्ष के रूप में अपनी पिछली स्थिति से नियुक्त किया; Safra Catz को भी CFO के रूप में अपनी पिछली भूमिका से आगे बढ़ते हुए CEO के रूप में पदोन्नत किया गया था। एलिसन ने मुख्य प्रौद्योगिकी अधिकारी और कार्यकारी अध्यक्ष का पद ग्रहण किया।

नवंबर 2016 में, Oracle ने $9.3 बिलियन में NetSuite का अधिग्रहण किया। एलिसन के स्वामित्व वाले नेटसुइट के 35% की खरीद के समय उन्होंने व्यक्तिगत रूप से $3.5 बिलियन कमाए।

2017 में, फोर्ब्स ने अनुमान लगाया कि एलिसन प्रौद्योगिकी के क्षेत्र में चौथे सबसे अमीर व्यक्ति थे।

फोर्ब्स के अनुसार, जून 2018 तक एलिसन की कुल संपत्ति लगभग 54.5 बिलियन डॉलर थी।

दिसंबर 2018 में, एलिसन उस साल की शुरुआत में 3 मिलियन शेयर खरीदने के बाद टेस्ला, इंक. के बोर्ड में निदेशक बन गए।

31 दिसंबर, 2019 तक, एलिसन के पास Oracle Corporation के 36.2%, Tesla के 46 और 1.7% शेयर हैं।

जून 2020 तक, एलिसन को 66.8 बिलियन डॉलर की संपत्ति के साथ दुनिया का सातवाँ सबसे अमीर व्यक्ति कहा जाता है।

व्यक्तिगत जीवन

एलिसन का चार बार विवाह और तलाक हो चुका है:

Adda Quinn 1967 से 1974 तक।

1977 से 1978 तक नैन्सी व्हीलर जेनकिंस। एलिसन द्वारा सॉफ्टवेयर डेवलपमेंट लेबोरेटरीज की स्थापना के छह महीने पहले उनकी शादी हुई थी। 1978 में इस जोड़े का तलाक हो गया। व्हीलर ने अपने पति की कंपनी के लिए $500 के किसी भी दावे को माफ कर दिया।

1983 से 1986 तक बारबरा बूथ। बूथ संबंधपरक सॉफ्टवेयर इंक. (RSI) एक पूर्व रिसेप्शनिस्ट थीं। उद्धरण वांछित उनके दो बच्चे थे, डेविड और मेगन, जो क्रमशः स्काईडांस मीडिया और अन्नपूर्णा पिक्चर्स में फिल्म निर्माता हैं।

मेलानी क्राफ्ट, एक रोमांस उपन्यासकार, 2003 से 2010 तक। उन्होंने 18 दिसंबर 2003 को अपने वुडसाइड एस्टेट में शादी की। एलिसन के मित्र स्टीव जॉब्स, एप्पल इंक. के पूर्व सीईओ और सह-संस्थापक, 50 वर्षीय आधिकारिक वेडिंग फ़ोटोग्राफ़र थे और प्रतिनिधि टॉम लैंटोस के साथ काम करते थे। 2010 में उनका तलाक हो गया।

एलिसन ने 2010 की फिल्म आयरन मैन 2 में एक छोटी सी भूमिका निभाई थी। 2010 में, एलिसन ने बीएनपी परिबास ओपन टेनिस टूर्नामेंट में 50% हिस्सेदारी खरीदी। 53 एलिसन के पास एक Audi R8 और एक McLaren F1 सहित कई विदेशी कारें हैं। उनका पसंदीदा Acura NSX है, जिसे हर साल इसके निर्माण के दौरान उपहार के रूप में दिया जाता था। 36 एलिसन के पास एक लेकसस LFA भी है।

नाव

2010 की आर्थिक मंदी के कारण, एलिसन ने दुनिया की 12वीं सबसे बड़ी नौका राइजिंग सन में अपनी हिस्सेदारी बेच दी और डेविड गेफेन एकमात्र मालिक बन गए। जहाज 453 फीट (138 मीटर) लंबा, 56 है और इसे बनाने में 200 मिलियन डॉलर से अधिक की लागत आई है। उन्होंने फेडशिप द्वारा निर्मित 288-फुट (88-मी) नौका के आकार को कम कर दिया।

एलिसन ओरेकल टीम यूएसए के माध्यम से नौकायन में प्रतिस्पर्धा करती है। मैक्सी यॉच की सफलता के बाद, एलिसन ने 2003 लुइस वुइटन कप के लिए प्रतिस्पर्धा करने के लिए बीएमडब्ल्यू ओरेकल रेसिंग का गठन किया।

2002 में, एलिसन की ओरेकल टीम ने अमेरिका के कप के माहौल में एक पतंग की नाव लाई। न्यूजीलैंड में परीक्षण के दौरान पतंग को करीब 30 मिनट तक उड़ाने की क्षमता हासिल की गई।

बीएमडब्ल्यू ऑरेकल रेसिंग सैन फ्रांसिस्को के गोल्डन गेट यॉट क्लब की ओर से 2007 अमेरिका कप के लिए वेलेंसिया, स्पेन में "चैलेंजर ऑफ रिकॉर्ड" थी, जब तक कि यह 2007 लुई वुइटन कप चैलेंजर-चयन श्रृंखला के सेमीफाइनल में समाप्त नहीं हो गया। 14 फरवरी, 2010 को एलिसन की नौका यूएसए 17 ने दो दिन पहले पहली रेस जीतने के बाद 33वें अमेरिका कप की दूसरी रेस (बेस्ट-ऑफ-थ्री "डीड ऑफ गिफ्ट" सीरीज में) जीत ली। ऐतिहासिक जीत के साथ, एलिसन और उनकी बीएमडब्ल्यू ऑरेकल टीम "डीड ऑफ गिफ्ट" मैच जीतने वाली पहली चैलेंजर बन गई। कप 1995 के बाद पहली बार अमेरिकी तटों पर लौटा। एलिसन ने दूसरी रेस में चालक दल के सदस्य के रूप में काम किया। इससे पहले, एलिसन ने बट्टारेली की एकतरफा जीत के बाद 2007 में 33वें अमेरिका कप की मेजबानी करने के लिए गोल्डन गेट यॉट क्लब के माध्यम से अर्नेस्टो बट्टारेली (दुनिया के सबसे अमीर व्यक्तियों में से एक) के प्रस्ताव के खिलाफ कई कानूनी चुनौतियां दायर की थीं। अंततः फरवरी 2010 में वालेंसिया में दौड़ आयोजित की गई। स्पष्टीकरण की आवश्यकता है।

25 सितंबर, 2013 को एलिसन की ओरेकल टीम यूएसए ने एमिरेट्स टीम न्यूजीलैंड को हराकर सैन फ्रांसिस्को बे, कैलिफोर्निया में 34वां अमेरिका कप जीता। ओरेकल टीम यूएसए को अमेरिका कप वर्ल्ड सीरीज अभ्यास मैचों के दौरान टीम के कुछ सदस्यों द्वारा धोखा देने के

लिए अंतिम दौर में दो अंकों का दंड दिया गया था। Oracle टीम ने 1-8 की कमी से 9-8 से जीत हासिल की जिसे "खेल इतिहास में सबसे बड़ी वापसी" कहा गया है।

2019 में, एलिसन ने रसेल कॉट्स के साथ मिलकर CelGP इंटरनेशनल रेसिंग सीरीज़ लॉन्च की। श्रृंखला में दुनिया भर के रेगाटा के साथ इतिहास की सबसे तेज नाव F50 फ़ॉइलिंग कटमरैन का उपयोग किया गया। श्रृंखला के आत्मनिर्भर होने तक एलिसन ने पांच साल की फंडिंग की। पहला सीज़न 1.8 बिलियन से अधिक वैश्विक दर्शकों के साथ सफल रहा।

विमानन

एलिसन एक लाइसेंस प्राप्त पायलट है जिसके पास कई विमान हैं। सैन जोस शहर, कैलिफोर्निया में 75,000 पाउंड (34,019 किलोग्राम) से अधिक वजन वाले विमानों द्वारा सैन जोस मिनेटा अंतरराष्ट्रीय हवाई अड्डे से देर रात टेकऑफ और लैंडिंग प्रतिबंधित है।की मर्यादाओं का उल्लंघन करने के आरोप में उनका नाम लिया गया जनवरी 2000 में, एलिसन ने नियम की हवाई अड्डे की व्याख्या पर मुकदमा दायर किया, यह दावा करते हुए कि उनका गल्फस्ट्रीम वी विमान "निर्माता द्वारा दो टेक-ऑफ वज़न पर उड़ान भरने के लिए प्रमाणित था: 75,000 पाउंड, और 90,000 पाउंड लंबी उड़ानों के लिए भारी भार या अधिक ईंधन की आवश्यकता होती है। पायलट ने केवल सैन जोस में विमान उड़ाया। अमेरिकी जिला न्यायाधीश जेरेमी फोगेल ने जून 2001 में एलिसन के पक्ष में फैसला सुनाया और एलिसन के जेट के लिए माफी मांगी, लेकिन कर्फ्यू को अमान्य नहीं किया।

एलिसन के पास कम से कम दो सैन्य विमान भी हैं: इतालवी ट्रेनर SIAI-Marchetti S.211, और एक सेवामुक्त सोवियत लड़ाकू मिग-29, जिसे अमेरिकी सरकार ने आयात करने की अनुमति से इनकार कर दिया है।

टेनिस

2009 में, एलिसन ने $100 मिलियन में कैलिफोर्निया के कोचेला घाटी में इंडियन वेल्स टेनिस गार्डन टेनिस सुविधा और इंडियन वेल्स मास्टर्स टूर्नामेंट खरीदा और बाद में क्लब में $100 मिलियन का निवेश किया।

घर

एलिसन ने अपने लगभग $110 मिलियन के वुडसाइड, कैलिफोर्निया, संपत्ति को सामंती जापानी वास्तुकला में डिजाइन किया, जो मानव निर्मित 2.3-एकड़ (0.93 हेक्टेयर) झील और एक व्यापक भूकंपीय रेट्रोफिट के साथ पूरा हुआ। 2004 और 2005 में उन्होंने कैलिफ़ोर्निया के मालिबू में 12 से अधिक संपत्तियाँ खरीदीं, जिनकी कीमत 180 मिलियन डॉलर से अधिक थी। मालिबू के कार्बन बीच पर पाँच सन्निहित लॉट पर खर्च किए गए $ 65 मिलियन एलिसन ने इसे संयुक्त राज्य अमेरिका के इतिहास में सबसे महंगा आवासीय लेनदेन बना दिया, जब तक कि बैंकर रोनाल्ड पेरेलमैन ने अपने पाम बीच, फ्लोरिडा परिसर को उस वर्ष बाद में $ 70 मिलियन में नहीं बेच दिया। उनके पैसिफिक हाइट्स होम में उनकी मनोरंजन प्रणाली की कीमत $1 मिलियन थी, और एक विशाल सबवूफर के रूप में गैपिंग होल का उपयोग करते हुए, एक सूखा स्विमिंग पूल के एक छोर पर एक रॉक कॉन्सर्ट-आकार का वीडियो प्रोजेक्टर शामिल था।

2010 की शुरुआत में, एलिसन ने न्यूपोर्ट, रोड आइलैंड में $10.5 मिलियन में एस्टर्स की बीचवुड हवेली - पूर्व में एस्टोर परिवार के ग्रीष्मकालीन घर - को खरीदा था।

2011 में उन्होंने कैलिफोर्निया के रैंचो मिराज में 249 एकड़ का पोरपाइन क्रीक एस्टेट और निजी गोल्फ कोर्स 42.9 मिलियन डॉलर में खरीदा था। [76] संपत्ति पहले येलोस्टोन क्लब के संस्थापकों एड्रा और टिम ब्लिक्ससेथ का घर थी, और तलाक और दिवालिएपन के बाद लेनदारों द्वारा एलिसन को बेच दी गई थी।

21 जून 2012 को, हवाई के गवर्नर नील एबरक्रॉम्बी ने घोषणा की कि एलिसन ने डेविड एच। मर्डोक के स्वामित्व वाली कैसल एंड कुक कंपनी से लानाई के अधिकांश द्वीपों को खरीदने के लिए एक समझौते पर हस्ताक्षर किए गए हैं। इस खरीद के बाद, एलिसन के पास हवाई के छठे सबसे बड़े द्वीप लानाई का 98% हिस्सा है।

दिसंबर 2020 में, वह कैलिफोर्निया छोड़कर लानई चले गए।

2022 में, एलिसन ने मनालापन, फ्लोरिडा में $173 मिलियन में 22 एकड़ की संपत्ति खरीदी। उन्होंने इसे जिम क्लार्क से खरीदा था, जिन्होंने इसे जिफ परिवार से खरीदा था। यह फ्लोरिडा के इतिहास में सबसे महंगी आवासीय संपत्ति की खरीद है।

दूसरों का उपकार करने का सिद्धान्त

1992 में, एलिसन ने एक तेज़ गति वाली साइकिल दुर्घटना में अपनी कोहनी तोड़ दी। कैलिफोर्निया विश्वविद्यालय, डेविस में उपचार प्राप्त करने के बाद, एलिसन ने लॉरेंस जे. एलिसन मस्कुलोस्केलेटल रिसर्च सेंटर को सीड करने के लिए $5 मिलियन का दान दिया। 1998 में लॉरेंस जे. एलिसन एम्बुलेटरी केयर सेंटर यूसी डेविस मेडिकल सेंटर के सैक्रामेंटो परिसर में खुलता है।

Oracle स्टॉक में लगभग $1 बिलियन की बिक्री से उपजे एक इनसाइडर ट्रेडिंग मुकदमे को निपटाने के लिए, अदालत ने एलिसन को गलत काम स्वीकार किए बिना $100 मिलियन दान करने की अनुमति दी। कैलिफोर्निया के एक जज ने ओरेकल को कानूनी फीस में एलिसन के $24 मिलियन का भुगतान करने की अनुमति देने से इनकार कर दिया। एलिसन के वकील ने तर्क दिया था कि यदि एलिसन को शुल्क

का भुगतान करना होता है, तो इसे अपराध की स्वीकृति के रूप में माना जा सकता है। स्टैनफोर्ड यूनिवर्सिटी को उनके धर्मार्थ दान ने दो स्टैनफोर्ड प्रोफेसरों की स्वतंत्रता के बारे में सवाल उठाया जिन्होंने ओरेकल के मामले की योग्यता का मूल्यांकन किया। 11 सितंबर, 2001 के आतंकवादी हमलों के जवाब में, एलिसन ने संघीय सरकार को सॉफ्टवेयर 83 दान करने के लिए एक विवादास्पद प्रस्ताव दिया, जो इसे एक राष्ट्रीय पहचान डेटाबेस बनाने और संचालित करने और पहचान पत्र जारी करने में सक्षम बनाता।

फोर्ब्स की 2004 की 400 सबसे अमीर अमेरिकियों द्वारा किए गए धर्मार्थ दान की सूची बताती है कि एलिसन का डॉलर कब? दान किया था, जो उनकी अनुमानित व्यक्तिगत संपत्ति का लगभग 1% था। जून 2006 में, एलिसन ने घोषणा की कि वह हार्वर्ड विश्वविद्यालय को $115 मिलियन की अपनी पिछली प्रतिज्ञा का सम्मान नहीं करेंगे, यह दावा करते हुए कि यह पूर्व राष्ट्रपति लॉरेंस समर्स के प्रस्थान के कारण था। Oracle के प्रवक्ता बॉब विने ने घोषणा की, "यह वास्तव में लैरी समर्स का विचार था, और एक बार लैरी समर्स को ऐसा लगा कि वे जा रहे हैं, लैरी एलिसन ने पुनर्विचार किया ... यह लैरी एलिसन और लैरी समर्स थे जो मूल रूप से इस विचार के साथ आए थे।" 2007 में एलिसन ने इजरायल के साइडरोट में एक सामुदायिक केंद्र को मजबूत करने के लिए 500,000 डॉलर देने का वचन दिया, यह महसूस करने के बाद कि इमारत रॉकेट हमलों के खिलाफ मजबूत नहीं थी। एलिसन के अन्य धर्मार्थ दान में 2014 में फ्रेंड्स ऑफ द इज़राइल डिफेंस फोर्सेज को $ 10 मिलियन शामिल हैं।दान शामिल है। 2017 में, एलिसन ने फिर से इजरायल रक्षा बलों के दोस्तों को दान दिया, इस बार $16.6 मिलियन। उनके दान का उद्देश्य सह-शैक्षिक भर्तियों के लिए नए परिसर में कल्याण सुविधाओं के निर्माण का समर्थन करना था।

अगस्त 2010 में एक रिपोर्ट में एलिसन को उन 40 अरबपतियों में से एक के रूप में सूचीबद्ध किया गया जिन्होंने "द गिविंग प्लेज" पर हस्ताक्षर किए थे।

मई 2016 में, एलिसन ने कैंसर अनुसंधान केंद्र स्थापित करने के लिए दक्षिणी कैलिफोर्निया विश्वविद्यालय को 200 मिलियन डॉलर का दान दिया: लॉरेंस जे। एलिसन इंस्टीट्यूट फॉर ट्रांसफॉर्मेटिव मेडिसिन ऑफ यूएससी।

राजनीतिक भागीदारी

एलिसन ने एनएसए व्हिसल-ब्लोअर एडवर्ड स्नोडेन की आलोचना करते हुए कहा कि "स्नोडेन ने अभी तक एक भी व्यक्ति की पहचान नहीं की है जो एनएसए के डेटा संग्रह द्वारा 'गलत तरीके से घायल' किया गया था।" उन्होंने डेमोक्रेटिक और रिपब्लिकन राजनेताओं दोनों को दान दिया है, और 2014 के अंत में रिपब्लिकन सीनेटर रैंड पॉल को अपने घर पर एक अनुदान संचय के लिए होस्ट किया था।

एलिसन कंज़र्वेटिव सॉल्यूशंस पीएसी के शीर्ष दाताओं में से एक थे, एक सुपर पीएसी जिसने मार्को रूबियो की 2016 की राष्ट्रपति बोली का समर्थन किया था। फरवरी 2016 तक, एलिसन ने पीएसी को कुल $4 मिलियन दिए थे। 2020 में, एलिसन ने पूर्व राष्ट्रपति डोनाल्ड ट्रम्प को अपने रैंचो मिराज एस्टेट में एक शिलान्यास करने की अनुमति दी, लेकिन एलिसन उपस्थित नहीं हुए। जनवरी 2022 में, एलिसन ने सेन को नियुक्त किया। 2022 के चुनाव चक्र के सबसे महत्वपूर्ण वित्तीय योगदानों में से एक, टिम स्कॉट (R-SC) से जुड़े अपॉर्चुनिटी मैटर्स फंड सुपर PAC को $15 मिलियन का दान दिया।

वाशिंगटन पोस्ट ने मई 2022 में बताया कि एलिसन ने 2020 के राष्ट्रपति चुनाव के कुछ दिनों बाद एक कॉन्फ्रेंस कॉल में भाग लिया, जिसमें वोट की वैधता को चुनौती देने की रणनीतियों पर ध्यान केंद्रित किया गया था। कॉल पर अन्य प्रतिभागियों में फॉक्स न्यूज के होस्ट सीन हैनिटी, सीनेटर लिंडसे ग्राहम, ट्रम्प के निजी वकील जे सेकुलो और ड्रू द वोट अटॉर्नी जेम्स बोप शामिल थे। पोस्ट ने अदालती दस्तावेजों और कॉल में एक भागीदार का हवाला दिया।

पहचान

1997 में, एलिसन को अमेरिकन एकेडमी ऑफ अचीवमेंट से गोल्डन प्लेट अवार्ड मिला।

2013 में, एलिसन को बे एरिया बिजनेस हॉल ऑफ फ़ेम में शामिल किया गया था।

2019 में, लॉरेंस जे। USC के एलिसन इंस्टीट्यूट फॉर ट्रांसफॉर्मेटिव मेडिसिन ने वर्षों से अपने उदार समर्थन की मान्यता में एलिसन को अपने पहले रिबेल्स विद ए कॉज़ अवार्ड से सम्मानित किया।

12
लेरी पेज

लेरी पेज

Top Richest People

Scan for Story Videos - www.itibook.com

लॉरेंस एडवर्ड पेज (जन्म 26 मार्च, 1973) एक अमेरिकी व्यवसायी, कंप्यूटर वैज्ञानिक और इंटरनेट उद्यमी हैं। उन्हें सर्गेई ब्रिन के साथ Google के सह-संस्थापक के रूप में जाना जाता है।

पेज 1997 से अगस्त 2001 तक (एरिक शिमट के पक्ष में पद छोड़ते हुए) Google के सीईओ थे, फिर अप्रैल 2011 से जुलाई 2015 तक जब वे अल्फाबेट इंक के सीईओ बने (Google की मूल कंपनी के रूप में "प्रमुख प्रगति" प्रदान करने के लिए बनाया गया)। , ए वह 4 दिसंबर 2019 तक इस पद पर रहे। वे अल्फाबेट बोर्ड के सदस्य, कर्मचारी और नियंत्रक शेयरधारक हैं।

गूगल बनाने से बेशुमार दौलत पैदा हुई। फोर्स की रियल टाइम बिलियनेयर्स लिस्ट के अनुसार, अगस्त 2022 तक, पेज की कुल संपत्ति $100.0 बिलियन है। उन्होंने फ्लाइंग कार स्टार्टअप किट्टी हॉक और ओपनर में भी निवेश किया है।

पेज Google के लिए सर्च रैंकिंग एल्गोरिद्म पेजरैंक का सह-निर्माता और हमनाम है। 2004 में उन्होंने सह-लेखक ब्रिन के साथ मार्कोनी पुरस्कार प्राप्त किया।

पेज का जन्म 26 मार्च 1973 को लांसिंग, मिशिगन में हुआ था। उनकी मां यहूदी हैं; उनके दादा बाद में इज़राइल चले गए, हालाँकि पेज का परिवार बड़ा होकर धर्मनिरपेक्ष था। उनके पिता, कार्ल विक्टर पेज सीनियर ने मिशिगन विश्वविद्यालय से कंप्यूटर विज्ञान में पीएचडी की उपाधि प्राप्त की। बीबीसी पत्रकार विल स्माले ने उन्हें "कंप्यूटर विज्ञान और कृत्रिम बुद्धि में अग्रणी" के रूप में वर्णित किया। पेज के दादा-दादी एक प्रोटेस्टेंट पृष्ठभूमि से आए थे। पेज के पिता मिशिगन स्टेट यूनिवर्सिटी में कंप्यूटर विज्ञान के प्रोफेसर थे, और उनकी मां ग्लोरिया उसी संस्थान में लाइमैन ब्रिग्स कॉलेज में कंप्यूटर प्रोग्रामिंग की प्रशिक्षक थीं।

एक साक्षात्कार के दौरान, पेज ने याद किया कि उनका बचपन का घर "आम तौर पर कंप्यूटर, विज्ञान और प्रौद्योगिकी पत्रिकाओं, और सभी जगह लोकप्रिय विज्ञान पत्रिकाओं से भरा हुआ था", एक ऐसा वातावरण जिसमें उन्होंने खुद को डुबो दिया। पेज अपनी युवावस्था में एक उत्सुक पाठक थे, उन्होंने 2013 में Google के संस्थापकों को लिखे एक पत्र में लिखा था: "मुझे याद है कि मैंने किताबों और पत्रिकाओं पर बहुत समय बिताया है"। लेखक निकोलस कार्लसन के अनुसार, पेज के घर के वातावरण और उसके चौकस माता-पिता के संयुक्त प्रभाव ने "रचनात्मकता और आविष्कार को बढ़ाया"। बड़े होकर, पेज ने वाद्य यंत्र बजाए और संगीत रचना का अध्ययन किया। उनके माता-पिता ने उन्हें एक संगीत समर कैंप - इंटरलोचन, मिशिगन में इंटरलोचन आर्ट्स कैंप में भेजा और पेज ने नोट किया कि उनकी संगीत शिक्षा ने कंप्यूटिंग के साथ उनकी अधीरता और जुनून को बढ़ावा दिया। "एक मायने में, मुझे लगता है कि संगीत प्रशिक्षण ने मुझे Google की उच्च गति वाली विरासत दी है"। एक साक्षात्कार में, पेज ने कहा कि "संगीत में, आप समय के बारे में बहुत जागरूक हैं। समय एक प्राथमिक चीज़ की तरह है" और "यदि आप संगीत के दृष्टिकोण से इसके बारे में सोचते हैं, यदि आप तालवादक हैं, तो आप कुछ हिट करते हैं।" यह मिलीसेकेंड में होना है, एक सेकंड के अंशों में"।

पेज पहली बार कंप्यूटर की ओर तब आकर्षित हुआ जब वह छह साल का था, क्योंकि वह "चारों ओर पड़ी चीजों के साथ खेल सकता था" - पहली पीढ़ी के व्यक्तिगत कंप्यूटर - जो उसके माता और पिता पीछे छोड़ गए थे। वह "वर्ड प्रोसेसर से असाइनमेंट स्वीकार करने वाला अपने प्राथमिक विद्यालय का पहला लड़का" बन गया। उनके बड़े भाई, कार्ल विक्टर पेज जूनियर। उन्हें चीजों को अलग करना सिखाया गया था और लंबे समय से पहले वह "चीजों को अलग कर रहे थे यह देखने के लिए कि उनके घर में सब कुछ कैसे काम करता है"। उन्होंने कहा कि "छोटी उम्र से ही मुझे यह भी एहसास हो गया था कि मैं चीजों का आविष्कार करना चाहता हूं। इससे मुझे प्रौद्योगिकी और व्यवसाय में दिलचस्पी हुई। शायद जब मैं 12 साल का था, तब से मुझे पता था कि मैं अंततः एक कंपनी शुरू करूंगा।"

शिक्षा

पेज ने ओकेमोस, मिशिगन में ओकेमोस मॉन्टेसरी स्कूल (अब मॉन्टेसरी रैडमूर) में 2 से 7 साल (1975 से 1979) तक पढ़ाई की। उन्होंने ईस्ट लांसिंग हाई स्कूल में भाग लिया, 1991 में स्नातक की उपाधि प्राप्त की। समर स्कूल में, उन्होंने इंटरलोचन सेंटर फॉर द आर्ट्स में बांसुरी बजाई लेकिन मुख्य रूप से दो गर्मियों के लिए सैक्सोफोन का अध्ययन किया। पेज ने 1995 में मिशिगन यूनिवर्सिटी से कंप्यूटर इंजीनियरिंग में बैचलर ऑफ साइंस और 1998 में स्टैनफोर्ड यूनिवर्सिटी से कंप्यूटर साइंस में मास्टर ऑफ साइंस की डिग्री हासिल की। मिशिगन विश्वविद्यालय में, पेज ने लेगो ईंटों से बना एक इंकजेट प्रिंटर (शाब्दिक रूप से एक लाइन प्लॉटर) बनाया, जिससे इंकजेट कार्ट्रिज का उपयोग करके बड़े पोस्टर को सस्ते में प्रिंट करना संभव हो गया - पेज ने इंक कार्ट्रिज को रिवर्स-इंजीनियर किया और इसे बनाया। इसे चलाने के लिए इलेक्ट्रॉनिक्स और यांत्रिकी। पेज ने एटा कप्पा नू ऑनर सोसाइटी के बीटा एप्सिलॉन चैप्टर के अध्यक्ष के रूप में कार्य किया, और 1993 में मिशिगन सोलर कार टीम के "मक्का और ब्लू" विश्वविद्यालय के सदस्य थे। मिशिगन विश्वविद्यालय में एक स्नातक के रूप में, उन्होंने प्रस्तावित किया कि स्कूल अपनी बस प्रणाली को एक व्यक्तिगत रैपिड-ट्रांजिट सिस्टम के साथ बदल देता है, अनिवार्य रूप से प्रत्येक यात्री के लिए एक अलग कार के साथ चालक रहित मोनोरेल। उन्होंने एक कंपनी के लिए एक व्यवसाय योजना भी विकसित की जो इस अवधि के दौरान संगीत सिंथेसाइज़र बनाने के लिए सॉफ्टवेयर का उपयोग करेगी।

पीएचडी अध्ययन और अनुसंधान

स्टैनफोर्ड यूनिवर्सिटी में एक कंप्यूटर विज्ञान पीएचडी कार्यक्रम में नामांकन के बाद, पेज एक शोध प्रबंध विषय की तलाश में था और वर्ल्ड वाइड वेब के गणितीय गुणों की खोज करने पर विचार कर रहा था, इसकी लिंक संरचना को एक C बड़ा ग्राफ समझ गया। उनके पर्यवेक्षक, टेरी विनोग्रैड ने उन्हें इस विचार को आगे बढ़ाने के लिए प्रोत्साहित किया, और पेज ने 2008 में याद किया कि यह अब तक की सबसे अच्छी सलाह थी। 38 इस दौरान उन्होंने टेलीप्रेजेंस और सेल्फ ड्राइविंग कारों पर शोध करने पर भी विचार किया।

एक पृष्ठ उस पृष्ठ के लिए मूल्यवान जानकारी के रूप में ऐसे बैकलिंक्स की संख्या और प्रकृति पर विचार करते हुए, किसी दिए गए पृष्ठ से जुड़े वेब पेजों को खोजने की समस्या पर ध्यान केंद्रित करता है। अकादमिक प्रकाशनों में उद्धरणों की भूमिका शोध के लिए भी प्रासंगिक होगी। स्टैनफोर्ड पीएचडी के एक साथी सर्गेई ब्रिन जल्द ही "बैकरब" उपनाम से पेज की शोध परियोजना में शामिल होंगे। साथ में, इस जोड़ी ने "द एनाटॉमी ऑफ़ ए लार्ज-स्केल हाइपरटेक्स्टुअल वेब सर्च इंजन" शीर्षक से एक पेपर लिखा, जो एक उस समय इंटरनेट के इतिहास में सबसे अधिक डाउनलोड किए जाने वाले वैज्ञानिक दस्तावेज़ों में से एक।

वायर्ड पत्रिका के सह-संस्थापक जॉन बैटल ने लिखा है कि पेज ने तर्क दिया था कि:

... पूरा वेब मोटे तौर पर उद्धरण पर आधारित था—आखिरकार, लिंक क्या है लेकिन उद्धरण? यदि उसने वेब पर प्रत्येक बैकलिंक को गिनने और योग्य बनाने के लिए एक विधि बनाई, जैसा कि पेज ने कहा है, "वेब एक अधिक मूल्यवान स्थान बन जाएगा।"

बैटल ने बताया कि कैसे पेज और ब्रिन ने परियोजना पर एक साथ काम किया:

जिस समय पेज ने बैकरब की कल्पना की, उस समय वेब में लगभग 10 मिलियन दस्तावेज़ थे, जिनके बीच अनगिनत लिंक थे। इस तरह के एक जानवर को क्रॉल करने के लिए आवश्यक कंप्यूटिंग संसाधन छात्र परियोजना की सामान्य सीमाओं से परे थे। यह न जानते हुए कि वह क्या कर रहा है, पेज ने अपना क्रॉलर बनाना शुरू किया। विचार की जटिलता और पैमाने ने ब्रिन को नौकरी के लिए आकर्षित किया। एक मल्टीटास्कर जो एक थीसिस विषय पर बसे बिना एक परियोजना से दूसरी परियोजना में कूद गया, बैकरब के पीछे का क्षेत्र आकर्षक था। ब्रिन याद करते हैं, "मैंने स्कूल के आस-पास बहुत से शोध समूहों से बात की, और यह सबसे रोमांचक परियोजना थी, क्योंकि यह मानव ज्ञान का प्रतिनिधित्व करने वाले वेब से संबंधित थी, और मुझे लैरी पसंद आया।"

खोज इंजन विकास

BackRub के वेब क्रॉलर द्वारा एकत्र किए गए बैकलिंक डेटा को किसी दिए गए वेब पेज के लिए महत्व के माप में बदलने के लिए, ब्रिन और पेज ने पेजरैंक एल्गोरिथम विकसित किया और महसूस किया कि इसका उपयोग मौजूदा सर्च इंजनों की तुलना में कहीं बेहतर सर्च इंजन बनाने के लिए किया जा सकता है। एल्गोरिथम एक नई तकनीक पर निर्भर करता है जो एक वेब पेज को दूसरे से लिंक करने वाले बैकलिंक्स की प्रासंगिकता का विश्लेषण करती है।

अपने विचारों को मिलाते हुए, इस जोड़ी ने पेज के डॉर्म रूम को एक मशीन लैब के रूप में उपयोग करना शुरू किया, सस्ते कंप्यूटरों से स्पेयर पार्ट्स को एक उपकरण बनाने के लिए जो वे अब-नए सर्च इंजन को स्टैनफोर्ड के ब्रॉडबैंड कैंपस नेटवर्क से जोड़ने के लिए उपयोग करते थे। उपकरण के साथ 42 पृष्ठ के कमरे को भरने के बाद, उन्होंने ब्रिन के छात्रावास के कमरे को एक कार्यालय और प्रोग्रामिंग केंद्र में परिवर्तित कर दिया, जहां उन्होंने वेब पर अपने नए खोज इंजन डिजाइन का परीक्षण किया। उनकी परियोजना के तेजी से विकास ने स्टैनफोर्ड के कंप्यूटिंग इंफ्रास्ट्रक्चर के साथ समस्याएं पैदा कीं।

पेज और ब्रिन ने उपयोगकर्ताओं के लिए एक सरल खोज पृष्ठ स्थापित करने के लिए पूर्व बुनियादी HTML प्रोग्रामिंग कौशल का उपयोग किया, क्योंकि उनके पास कोई वेब पेज डेवलपर नहीं था जो नेत्रहीन रूप से विस्तृत कुछ भी बना सके। एकाधिक उपयोगकर्ताओं ने खोजों को संभालने के लिए आवश्यक कंप्यूटिंग शक्ति को संयोजित करने के लिए कंप्यूटर के जो भी पुर्जे मिले, उनका उपयोग करना शुरू कर दिया। चूंकि स्टैनफोर्ड उपयोगकर्ताओं के बीच उनके खोज इंजन की लोकप्रियता बढ़ी, प्रश्नों को संसाधित करने के लिए अतिरिक्त सर्वरों की आवश्यकता थी। अगस्त 1996 में, Google का एक प्रारंभिक संस्करण, जो अभी भी स्टैनफोर्ड विश्वविद्यालय की वेबसाइट पर है, इंटरनेट उपयोगकर्ताओं के लिए उपलब्ध कराया गया था।

एक गणितीय वेबसाइट जो पेजरैंक एल्गोरिदम को सरल बनाती है, मंडलियों के आकार-प्रतिशत सहसंबंध द्वारा प्रदर्शित होती है। एल्गोरिथम का नाम पेज के नाम पर ही रखा गया था।

1997 की शुरुआत में, BackRub पेज ने राज्य का वर्णन इस प्रकार किया:

कुछ मोटे आंकड़े (29 अगस्त 1996 तक)

कुल अनुक्रमित HTML URL: 75.2306 मिलियन

डाउनलोड की गई कुल सामग्री: 207.022 गीगाबाइट

बैकरब जावा और पायथन में लिखा गया है और लिनक्स चलाने वाले कई सन अल्ट्रा और इंटेल पेंटियम पर चलता है। प्राथमिक डेटाबेस को 28GB डिस्क के साथ Sun Ultra Series II पर रखा गया है। स्कॉट हसन और एलन स्टरेमबर्ग ने अत्यधिक कुशल कार्यान्वयन में काफी योगदान दिया है। सर्गेई ब्रिन भी बहुत शामिल हैं और बहुत धन्यवाद के पात्र हैं।

BackRub ने पहले ही एक खोज इंजन के बुनियादी कार्यों और सुविधाओं का प्रदर्शन किया: एक क्वेरी इनपुट दर्ज किया गया था और इसने महत्व के आधार पर बैकलिंक्स की एक सूची प्रदान की। पेज को याद किया गया: "हमें एहसास हुआ कि हमारे पास एक क्वेरी टूल था। इसने आपको पेजों की बेहतर रैंकिंग और फॉलो-अप पेजों की रैंकिंग दी।" पेज ने कहा कि 1998 के मध्य में उन्हें अपनी परियोजना की और अधिक क्षमता का एहसास हुआ। : "जल्द ही, हमें एक दिन में 10,000 खोजें मिलने लगीं। और हमने सोचा, शायद यह सच है।"

पेज और ब्रिन की दृष्टि की तुलना आधुनिक छपाई के आविष्कारक जोहान्स गुटेनबर्ग से की गई है:

1440 में, जोहान्स गुटेनबर्ग ने बड़े पैमाने पर यूरोप में मैकेनिकल प्रिंटिंग प्रेस की शुरुआत कीके पैमाने पर इस्तेमाल के लिए बाइबलें छापी जाती थीं। प्रौद्योगिकी ने किताबों और पांडुलिपियों को - मूल रूप से हाथ से कॉपी किया - बहुत तेज़ी से मुद्रित करने की अनुमति दी, ज्ञान का प्रसार किया और यूरोपीय पुनर्जागरण में मदद की... Google ने बस यही किया।

इस तुलना को द गूगल स्टोरी के लेखकों द्वारा भी नोट किया गया है: "गुटेनबर्ग के बाद से नहीं ... के पास कोई नया आविष्कार सशक्त व्यक्ति है, और Google की तरह जानकारी तक पहुंच में क्रांतिकारी बदलाव आया है।" वेब खोजों के लिए अपने नए इंजन का निर्माण करते हुए, उन्होंने उस समय वेब से परे जानकारी के बारे में सोचना शुरू किया, जैसे पुस्तकों का डिजिटाइज़ करना और स्वास्थ्य संबंधी जानकारी का विस्तार करना।

गूगल

1998-2010

इंस्टालेशन

संकाय सदस्यों, परिवार और दोस्तों से धन की याचना करके, ब्रिन और पेज ने कुछ सर्वर खरीदने और मेनलो पार्क में एक प्रसिद्ध गैरेज किराए पर लेने के लिए पर्याप्त रूप से स्क्रैप किया। ... इसके तुरंत बाद, सन माइक्रोसिस्टम्स के सह-संस्थापक एंडी बेक्टोल्सहाइम ने "Google, Inc." को $100,000 का चेक लिखा। एकमात्र समस्या थी, "Google, Inc." अभी तक अस्तित्व में नहीं - कंपनी अभी तक निगमित नहीं हुई थी। दो सप्ताह तक, जब तक वे कागजी कार्रवाई करते रहे, युवक के पास पैसा जमा करने के लिए कहीं नहीं था।

1998 में, ब्रिन एंड पेज ने Google, Inc. प्रारंभिक डोमेन नाम "Google" के साथ, जिसमें एक संख्या होती है जिसके बाद सौ शून्य होते हैं - खोज इंजनों के अन्वेषण के लिए बड़ी मात्रा में डेटा का प्रतिनिधित्व करता है। इसकी स्थापना के बाद, पेज ने खुद को सीईओ नियुक्त किया, जबकि Google के सह-संस्थापक ब्रिन ने Google के अध्यक्ष के रूप में कार्य किया। लेखक निकोलस कार्लसन ने 2014 में लिखा था:

दोनों का मिशन "दुनिया की जानकारी को व्यवस्थित करना और इसे हर जगह सुलभ और उपयोगी बनाना" था। 1999 में, पेज ने छोटे सर्वरों के साथ प्रयोग किया ताकि Google तीसरे पक्ष के गोदामों के प्रत्येक वर्ग मीटर में अधिक फिट हो सके जिसे कंपनी ने अपने सर्वरों के लिए किराए पर लिया था। इसने अंततः एक खोज इंजन का नेतृत्व किया जो उस समय Google के प्रतिस्पर्धियों की तुलना में बहुत तेजी से चलता था।

जून 2000 तक, Google ने एक बिलियन इंटरनेट URL (यूनिफ़ॉर्म रिसोर्स लोकेटर) को अनुक्रमित किया था, जिससे यह उस समय वेब पर सबसे व्यापक खोज इंजन बन गया था। कंपनी ने 26 जून की एक प्रेस विज्ञप्ति में NEC रिसर्च इंस्टीट्यूट डेटा का हवाला देते हुए कहा, "आज 1 बिलियन से अधिक वेब पेज ऑनलाइन हैं," नोट करते हुए, "Google 560 मिलियन पूर्ण-पाठ अनुक्रमित वेब पेज और 500 मिलियन आंशिक रूप से अनुक्रमित URL तक पहुंच प्रदान करता है। "

प्रारंभिक प्रबंधन शैली

सीईओ के रूप में अपने पहले कार्यकाल के दौरान, पेज ने 2001 में Google के सभी परियोजना प्रबंधकों को निकालने का प्रयास शुरू किया। पेज की योजना में सभी Google इंजीनियरों को इंजीनियरिंग के वीपी को रिपोर्ट करना होगा, जो फिर सीधे उन्हें रिपोर्ट करेंगे—पेज ने समझाया कि उन्हें अपने सीमित तकनीकी ज्ञान के कारण गैर-इंजीनियरों की देखरेख करने वाले इंजीनियर पसंद नहीं हैं। पेज ने संदर्भ के रूप में उपयोग करने के लिए अपनी टीम के लिए अपने प्रबंधन सिद्धांतों को भी प्रलेखित किया:

प्रतिनिधि न करें: चीज़ों को तेज़ी से आगे बढ़ाने के लिए सब कुछ स्वयं करें।

यदि आप मूल्य नहीं जोड़ रहे हैं तो रास्ते में न आएं। काम करने वाले लोगों को आपस में बात करने दें जब आप कुछ और करने जायें। नौकरशाह मत बनो।

विचार उम्र से ज्यादा महत्वपूर्ण हैं। सिर्फ इसलिए कि कोई हीन है इसका मतलब यह नहीं है कि वे सम्मान और सहयोग के लायक नहीं हैं।

आप जो सबसे बुरा काम कर सकते हैं, वह यह है कि "नहीं, पीरियड" कहकर किसी को कुछ करने से रोकें। यदि आप नहीं कहते हैं, तो आपको इसे पूरा करने का एक बेहतर तरीका खोजने में सहायता की आवश्यकता है।

हालांकि पेज का नया मॉडल अस्थिर था और प्रभावित कर्मचारियों के बीच असंतोष का कारण बना, इंजीनियरों के गैर-इंजीनियरिंग कर्मचारियों द्वारा प्रबंधित किए जाने के साथ उनकी समस्या बढ़ गई। पेज का मानना था कि Google का सर्च इंजन जितनी तेजी से उत्तर प्रदान करेगा, उसका उतना ही अधिक उपयोग किया जाएगा। उन्होंने मिलीसेकंड पर झल्लाहट की और अपने इंजीनियरों को बनाया -

जिन्होंने एल्गोरिदम विकसित किया और जिन्होंने डेटा सेंटर बनाए - लागत समय के बारे में सोचते हैं। उन्होंने इस बात पर जोर दिया कि Google का होम पेज अपने डिजाइन में विरल होना चाहिए क्योंकि इससे खोज परिणामों को तेजी से लोड करने में मदद मिलेगी।

2001-2011

प्रबंधन और विस्तार में परिवर्तन

सिलिकॉन वैली के दो प्रमुख निवेशकों, क्लेनर पर्किन्स और सिकोइया कैपिटल ने Google में कुल $50 मिलियन का निवेश करने पर सहमति जताई, इससे पहले उन्होंने पेज पर सीईओ के पद से हटने का दबाव डाला ताकि एक अधिक अनुभवी नेता "विश्व स्तरीय प्रबंधन" का निर्माण कर सके। टीम।" पेज अंततः स्टीव जॉब्स और इंटेल के एंड्यू ग्रोव सहित अन्य प्रौद्योगिकी सीईओ के साथ बैठक के बाद इस विचार के प्रति उत्साहित हो गया। उसी वर्ष अगस्त में, पेज प्रोडक्ट्स के अध्यक्ष के रूप में कार्य करते हुए, भूमिका स्वीकार करने के लिए अलग हो गए।

शिमट के नेतृत्व में, Google ने 20 अगस्त, 2004 को अपनी आरंभिक सार्वजनिक पेशकश (IPO) सहित महान विकास और विस्तार की अवधि का अनुभव किया। उन्होंने हमेशा पेज और ब्रिन से सलाह ली जब उन्होंने अधिकारियों को काम पर रखने जैसी पहल शुरू की। टीम और बिक्री बल प्रबंधन प्रणाली का निर्माण। कर्मचारियों कीदेखने में, पेज Google में बॉस बना रहा, क्योंकि उसने सभी नए कामों को अंतिम स्वीकृति दी थी, और पेज ने खुद आईपीओ के लिए हस्ताक्षर प्रदान किए, जिससे वह 30 साल की उम्र में अरबपति बन गया।

पेज ने 2005 में उपभोक्ताओं के हाथ में कंप्यूटर देने की अपनी महत्वाकांक्षा को पूरा करने के लिए $50 मिलियन में Android का अधिग्रहण किया ताकि वे Google को कहीं से भी एक्सेस कर सकें। खरीदारी शिमट की जानकारी के बिना की गई थी, लेकिन अपेक्षाकृत छोटे अधिग्रहण ने सीईओ को परेशान नहीं किया। पेज Android के प्रति जुनूनी हो गया और उसने Android CEO और सह-संस्थापक एंडी रुबिन के साथ काफी समय बिताया। सितंबर 2008 तक, टी-मोबाइल ने एंड्रॉइड सॉफ्टवेयर का उपयोग करने वाला पहला फोन जी1 लॉन्च किया, और 2010 तक, हैंडसेट बाजार में एंड्रॉइड का 17.2% हिस्सा था, जिसने पहली बार ऐप्पल को पीछे छोड़ दिया। Android जल्द ही दुनिया का सबसे लोकप्रिय मोबाइल ऑपरेटिंग सिस्टम बन गया।

Google में CEO के पद पर हैं

जनवरी 2011 की घोषणा के बाद, 4 अप्रैल, 2011 को शिमट आधिकारिक तौर पर Google के सीईओ बन गए, जबकि शिमट ने कार्यकारी अध्यक्ष के रूप में पद छोड़ दिया। इस समय तक, Google का बाज़ार पूंजीकरण $180 बिलियन था और इसमें 24,000 से अधिक कर्मचारी कार्यरत थे। रिपोर्टर मैक्स निसेन ने Google के CEO के रूप में पेज की दूसरी नियुक्ति से पहले के दशक को पेज का "खोया हुआ दशक" बताया है, जबकि उन्होंने उत्पाद विकास और अन्य कार्यों के माध्यम से Google पर महत्वपूर्ण प्रभाव डाला, समय के साथ वे तेजी से डिस्कनेक्ट और कम उतरदायी हो गए।

शिमट ने 20 जनवरी, 2011 को ट्विटर पर मजाक में ट्वीट करते हुए सीईओ के रूप में अपने कार्यकाल की समाप्ति की घोषणा की: "वयस्क-पर्यवेक्षण की अब आवश्यकता नहीं है।"

2011-2013

Google के नए सीईओ के रूप में, पेज के दो मुख्य लक्ष्य सबसे महत्वपूर्ण विभागों की देखरेख करने वाले अधिकारियों के लिए अधिक स्वायत्तता और टीमों के बीच सहयोग, संचार और एकता के उच्च स्तर थे। इसके बाद पेज ने वह भी बनाया जिसे मीडिया ने "एल-टीम" कहा, वरिष्ठ उपाध्यक्षों का एक समूह जो सीधे उन्हें रिपोर्ट करता था और कार्य सप्ताह के हिस्से के लिए उनके कार्यालय के पास काम करता था। इसके अलावा, उन्होंने YouTube, AdWords और Google खोज सहित Google के सबसे महत्वपूर्ण उत्पाद प्रभागों के शीर्ष पर CEO जैसे प्रबंधक को नियुक्त करते हुए कंपनी के वरिष्ठ प्रबंधन का पुनर्गठन किया।

अधिक सामंजस्यपूर्ण टीम वातावरण के बाद, पेज ने एक नई "लड़ाई के लिए जीरो टॉलरेंस" नीति की घोषणा की, जो Google में अपने शुरुआती दिनों के दौरान उनके दृष्टिकोण के विपरीत थी, जब उन्होंने वरिष्ठ प्रबंधन के लिए एक उदाहरण के रूप में ब्रिन के साथ अपनी कठिन और गर्म बहस का इस्तेमाल किया। सीईओ की भूमिका से दूर रहते हुए पेज ने अपनी सोच बदली, क्योंकि उन्होंने अंततः निष्कर्ष निकाला कि महत्वाकांक्षी लक्ष्यों के लिए एक सामंजस्यपूर्ण टीम गतिशील की आवश्यकता है। पेज की सहयोगी कायाकल्प प्रक्रिया के हिस्से के रूप में, Google के उत्पादों और अनुप्रयोगों को एकीकृत किया गया और एक सौंदर्यपूर्ण बदलाव दिया गया।

परिवर्तन और एकीकरण की प्रक्रिया

मार्च 2013 तक Google के कम से कम 70 उत्पादों, सुविधाओं और सेवाओं को अंततः बंद कर दिया गया, जबकि शेष उत्पादों के रंगरूप को समेकित किया गया। जॉन विली, उस समय Google खोज के प्रमुख डिज़ाइनर, कोडनेम पेज का रीडिजाइन ओवरहाल, जिसे आधिकारिक तौर पर 4 अप्रैल, 2011 को "प्रोजेक्ट कैनेडी" लॉन्च किया गया था, जो जनवरी 2013 में महत्वाकांक्षी परियोजनाओं का वर्णन करने के लिए "मूनशॉट्स" शब्द के पेज के उपयोग पर आधारित था। साक्षात्कार। "कन्ना" नामक एक पहल ने पहले Google के उत्पादों की श्रेणी के लिए एक समान डिजाइन सौंदर्य बनाने का प्रयास किया था, लेकिन कंपनी के इतिहास में एक टीम के लिए इस तरह का बदलाव करना

बहुत मुश्किल था। जब "केनेडी" लॉन्च हुआ, तो Android उपयोगकर्ता अनुभव के वरिष्ठ निदेशक मटियास डुआर्ट ने 2013 में समझाया कि "Google डिज़ाइन के बारे में जुनूनी रूप से परवाह करता है।" Google की "एकीकृत दृष्टि" कैसी होनी चाहिए, इस सवाल का जवाब खोजने के लिए पेज ने न्यूयॉर्क शहर में Google क्रिएटिव लैब डिज़ाइन टीम से परामर्श किया।

"कैनेडी" के अंतिम परिणाम, जो जून 2011 से जनवरी 2013 तक क्रमिक रूप से जारी किए गए थे, को द वर्ज टेक्नोलॉजी प्रकाशन द्वारा "शोधन, सफेद स्थान, स्वच्छता, लचीलापन, उपयोगिता और सबसे अधिक सादगी" पर ध्यान केंद्रित करने के रूप में वर्णित किया गया था। अंतिम उत्पादों को पेज के उत्पादों के एक सुसंगत सेट के लक्ष्य के साथ संरेखित किया गया जो "तेजी से आगे बढ़ सकता है," और "कैनेडी" जिसे डुर्ट ने "डिजाइन क्रांति" कहा था। पेज की "यूएक्सए" (यूजर/ग्राफिक्स इंटरफेस) डिजाइन टीम बाद में "कैनेडी" प्रोजेक्ट से उभरी, जिसे "एक सच्चे यूआई ढांचे को डिजाइन और विकसित करने का काम सौंपा गया था जो Google के एप्लिकेशन सॉफ्टवेयर को एक सुंदर, परिपक्व, सुलभ और सुसंगत प्लेटफ़ॉर्म में बदल देता है। उपयोगकर्ता।" सार्वजनिक रूप से अनकही, छोटी UXA इकाई को यह सुनिश्चित करने के लिए डिज़ाइन किया गया था कि "कैनेडी" एक "संस्था" बन जाए।

अधिग्रहण की रणनीति और नए उत्पाद

Google के लिए उत्पादों और कंपनियों का अधिग्रहण करते समय, पेज ने पूछा कि क्या एक व्यावसायिक अधिग्रहण ने टूथब्रश परीक्षण को प्रारंभिक योग्यता के रूप में पारित किया है, "क्या आप इसे दिन में एक या दो बार उपयोग करेंगे और क्या यह आपके जीवन को बेहतर बना देगा?"। इस दृष्टिकोण ने लाभ पर उपयोगिता और तत्काल वित्तीय लाभ पर दीर्घकालिक क्षमता को देखा, जिसे व्यवसाय अधिग्रहण प्रक्रिया में दुर्लभ माना गया है।

फेसबुक पर पेज के दूसरे कार्यकाल की शुरुआत मेंजबकि इसका प्रभाव तेजी से बढ़ रहा था, इसने अंततः 2011 के मध्य में Google के अपने सामाजिक नेटवर्क, Google+ के साथ कड़ी प्रतिस्पर्धा का जवाब दिया। कई देरी के बाद, सामाजिक नेटवर्क को एक बहुत ही सीमित क्षेत्र परीक्षण के माध्यम से जारी किया गया था और इसका नेतृत्व Google के सामाजिक उपाध्यक्ष विक गुंडोत्रा ने किया था।

अगस्त 2011 में, पेज ने घोषणा की कि मोटोरोला मोबिलिटी का अधिग्रहण करने के लिए Google 12.5 बिलियन डॉलर खर्च करेगा। खरीद मुख्य रूप से Google द्वारा Apple इंक सहित कंपनियों के मुकदमों से Android को बचाने के लिए पेटेंट सुरक्षित करने की आवश्यकता से प्रेरित थी। पेज ने 15 अगस्त, 2011 को Google के आधिकारिक ब्लॉग पर लिखा, "Microsoft और Apple सहित कंपनियां Android पर प्रतिस्पर्धा-विरोधी पेटेंट हमलों में सेना में शामिल हो रही हैं। संयुक्त राज्य अमेरिका के न्याय विभाग को हाल की पेटेंट नीलामी के परिणामों में हस्तक्षेप करना पड़ा। प्रतिस्पर्धा को सुरक्षित रखें।" और ओपन सोर्स सॉफ्टवेयर समुदाय में नवीनता। "... मोटोरोला का हमारा अधिग्रहण Google के पेटेंट पोर्टफोलियो को मजबूत करके प्रतिस्पर्धा को बढ़ाएगा, जो हमें Microsoft, Apple और अन्य कंपनियों से प्रतिस्पर्धा-विरोधी खतरों के खिलाफ Android की बेहतर सुरक्षा करने में सक्षम करेगा।" 2014 में, पेज मोटोरोला मोबिलिटी को निजी कंप्यूटर निर्माता लेनोवो को 2.9 बिलियन डॉलर में बेच दिया। इसने दो वर्षों में 9.5 बिलियन डॉलर का घाटा दिखाया।

पेज ने हार्डवेयर में भी उद्यम किया, और Google ने मई 2012 में क्रोमबुक का अनावरण किया। हार्डवेयर उत्पाद Google के ऑपरेटिंग सिस्टम, Chrome OS पर चलने वाला एक लैपटॉप था।

2013-2015

जनवरी 2013 में, पेज ने वायर्ड के साथ एक दुर्लभ साक्षात्कार में भाग लिया, जिसमें लेखक स्टीवन लेवी ने पेज की "10X" मानसिकता पर चर्चा की - Google कर्मचारियों से अपेक्षा की जाती है कि वे अपने प्रतिस्पर्धियों की तुलना में कम से कम 10 गुना बेहतर उत्पाद और सेवाएं बनाएं - Google X के साथ एक परिचयात्मक परिचय में प्रमुख, एस्ट्रो टेलर। ने लेवी को समझाया कि जबकि 10X "पेज कौन है इसका सिर्फ मूल है," पेज "इस बात पर केंद्रित है कि अगला 10X कहां से आएगा।" 63 लेवी के साथ एक साक्षात्कार में। , पेज ने YouTube और Android की सफलता को "पागल" विचारों के उदाहरणों के रूप में उद्धृत किया, जिसमें निवेशकों को शुरू में दिलचस्पी नहीं थी, यह कहते हुए: "यदि आप कुछ पागल नहीं कर रहे हैं, तो आप इसे गलत कर रहे हैं।" पेज ने यह भी कहा कि वह Google+ की स्थिति से "बहुत खुश" था और उसने SOPA बिल और हाल ही में पेश किए गए अंतर्राष्ट्रीय दूरसंचार संघ प्रस्ताव के बारे में इंटरनेट चिंताओं पर चर्चा की:

... मुझे लगता है कि इंटरनेट पर पहले से कहीं ज्यादा हमले हो रहे हैं। मध्य पूर्व में चीजों के कारण सरकारें अब इंटरनेट से डरती हैं, और इसलिए वे उन बातों को सुनने के लिए थोड़ा और इच्छुक हैं जो मुझे व्यावसायिक हितों के रूप में दिखाई देती हैं जो लोगों की स्वतंत्रता को सीमित करके पैसा कमाना चाहते हैं। लेकिन उन्होंने SOPA के खिलाफ प्रतिक्रिया की तरह जबरदस्त उपयोगकर्ता प्रतिक्रिया भी देखी है। मुझे लगता है कि सरकार उपयोगकर्ताओं की स्वतंत्रता के लिए उनके जोखिम पर लड़ती है।

मई 2013 में सैन फ्रांसिस्को में I/O डेवलपर सम्मेलन में, पेज ने एक मुख्य भाषण दिया और कहा "हम संभवतः जितना संभव है उसका 1% पर हैं। तेजी से बदलाव के बावजूद, हम अभी भी अपने अवसरों के सापेक्ष धीरे-धीरे आगे बढ़ रहे हैं। . मुझे लगता है कि इसका बहुत कुछ नकारात्मकता के कारण है।" है ... मैं जो भी कहानी पढ़ता हूं वह Google के खिलाफ है। यह उबाऊ है। यह उतनी तेजी से प्रगति नहीं कर रहा है जितना होना चाहिए", क्योंकि प्रौद्योगिकी में कुछ लोग नकारात्मकता और शून्य-राशि के खेल पर ध्यान केंद्रित कर रहे हैं। दर्शकों के एक

सवाल के जवाब में, पेज ने एक समस्या का उल्लेख किया जो Google Microsoft के साथ अनुभव कर रहा था, जिससे बाद वाले ने आउटलुक प्रोग्राम गूगल के साथ इंटरऑपरेबल था लेकिन बैकवर्ड कम्पैटिबिलिटी की अनुमति नहीं देता था - उसने माइक्रोसॉफ्ट के "मिल्किंग ऑफ" के अभ्यास का उल्लेख किया। अपने कीनोट के सवाल-जवाब वाले हिस्से के दौरान, पेज ने बर्निंग मैन में रुचि व्यक्त की, जिसकी ब्रिन ने पहले प्रशंसा की थी- श शिमट की भर्ती प्रक्रिया के दौरान बाद के लिए यह एक प्रेरक कारक था, क्योंकि ब्रिन को पसंद आया कि शिमट वार्षिक सप्ताह भर चलने वाले कार्यक्रम में शामिल हुए। कार्यक्रम।

सितंबर 2013 में, पेज ने स्वतंत्र केलिको पहल, जैव प्रौद्योगिकी क्षेत्र में एक अनुसंधान एवं विकास परियोजना शुरू की। Google ने घोषणा की कि केलिको मानव स्वास्थ्य के क्षेत्र में नवाचार और सुधार करने की मांग कर रहा है, और आर्ट लेविंसन, एप्पल के बोर्ड के अध्यक्ष और जेनेंटेक के पूर्व सीईओ को नए डिवीजन के सीईओ के रूप में नियुक्त किया। पेज का आधिकारिक बयान पढ़ा गया: "बीमारी और बुढ़ापा हमारे सभी परिवारों को प्रभावित करता है। स्वास्थ्य देखभाल और जैव प्रौद्योगिकी के बारे में कुछ दीर्घकालिक सोच के साथ, मुझे विश्वास है कि हम लाखों लोगों के जीवन में सुधार कर सकते हैं।"

पेज ने मार्च 2014 में वैंकूवर, ब्रिटिश कोलंबिया, कनाडा में आयोजित TedX सम्मेलन में भाग लिया। राहेल वेटस्टोन, पेज के मुख्य जनसंपर्क कार्यकारी, और लॉरेन टूहिल, Google के सीएमओ, ने प्रस्तुति की पटकथा लिखी और एक कृत्रिम रूप से बुद्धिमान कंप्यूटर प्रोग्राम को बड़ी स्क्रीन पर प्रदर्शित किया गया।

निगमों के बारे में एक प्रश्न के लिए, पेज ने जवाब दिया कि निगमों को बड़े हिस्से में "खराब रैप" मिलता है, जो उन्होंने कहा क्योंकि वे शायद "50 यावही वृद्धिशील चीजें कर रहे हैं जो वे 20 साल पहले कर रहे थे। उन्होंने प्रौद्योगिकी नवाचार को उच्च दर पर चलाकर कैल्सीफिकेशन का मुकाबला करने के Google के दृष्टिकोण के लिए इस तरह के वृद्धिशील दृष्टिकोण का उपयोग किया। पेज एलोन मस्क और स्पेसएक्स का हवाला देते हैं:

वह मंगल ग्रह पर मानवता का समर्थन करना चाहता है। यह एक योग्य लक्ष्य है। Google में हमारे बहुत से कर्मचारी हैं जो बहुत अमीर हो गए हैं। आप काम करते हैं क्योंकि आप दुनिया को बदलना चाहते हैं और इसे बेहतर बनाना चाहते हैं... हम जितना करते हैं उससे अधिक मदद करना चाहते हैं।

Page आविष्कार और व्यावसायीकरण के संबंध में निकोला टेस्ला का भी उल्लेख करता है:

आविष्कार काफी नहीं है। निकोला टेस्ला ने हमारे द्वारा उपयोग की जाने वाली विद्युत ऊर्जा का आविष्कार किया, लेकिन उन्होंने इसे जन-जन तक पहुंचाने के लिए संघर्ष किया। आपको दोनों को जोड़ना होगा... खोज और नवाचार पर ध्यान केंद्रित करना, साथ ही... एक कंपनी जो वास्तव में चीजों का व्यावसायीकरण कर सकती है और उन्हें लोगों तक पहुंचा सकती है।

पेज ने अक्टूबर 2014 में एक प्रमुख प्रबंधन पुनर्गठन की घोषणा की ताकि वह दिन-प्रतिदिन के उत्पाद संबंधी निर्णय लेने के लिए जिम्मेदार न रहे। एक मेमो में, पेज ने कहा कि यदि Google के मुख्य व्यवसाय एक निश्चित तरीके से प्रगति करने में सक्षम हैं, तो यह महत्वाकांक्षी अगली पीढ़ी की परियोजनाओं पर ध्यान केंद्रित कर सकता है, जिसमें Google X की पहल भी शामिल है; Google फ़ाइबर के साथ पहुंच और ऊर्जा; नेस्ट लैब्स द्वारा स्मार्ट-होम ऑटोमेशन; और केलिको के तहत जैव प्रौद्योगिकी नवाचार। पेज ने कहा कि वह एक अनौपचारिक "मुख्य उत्पाद अधिकारी" के रूप में जारी रहेगा। घोषणा के बाद, Google के मुख्य उत्पादों के प्रभारी अधिकारियों ने Google के तत्कालीन वरिष्ठ उपाध्यक्ष सुंदर पिचाई को रिपोर्ट किया, जिन्होंने सीधे पेज को रिपोर्ट किया।

नवंबर 2014 के एक साक्षात्कार में, पेज ने कहा कि उन्होंने Google के उत्पादों और परियोजनाओं की एक विस्तृत श्रृंखला के रखरखाव के अपने "गहरे ज्ञान" को प्राथमिकता दी, क्योंकि यह टीम के सदस्यों के लिए एक प्रमुख प्रेरक कारक था। उस समय कंपनी के सीईओ के रूप में अपनी भूमिका के बारे में, पेज ने कहा: "मुझे लगता है कि सीईओ के रूप में मेरा काम - मुझे लगता है कि यह हमेशा लोगों को आगे बढ़ाता है।"

10 अगस्त 2015 को, पेज ने Google के आधिकारिक ब्लॉग पर घोषणा की कि Google ने कई सहायक कंपनियों को एक नई होल्डिंग कंपनी में अल्फाबेट इंक के रूप में पुनर्गठित किया है और वह पेज अल्फाबेट इंक का सीईओ बन गया है और सुंदर पिचाई ने Google इंक के सीईओ के रूप में पदभार संभाला है। . अपनी घोषणा के अनुसार, पेज ने नियोजित होल्डिंग कंपनी का वर्णन इस प्रकार किया:

Alphabet अधिकांश कंपनियों का संग्रह है। उनमें से सबसे बड़ा, निश्चित रूप से, Google है। यह नया Google हमारे मुख्य इंटरनेट उत्पादों से दूर की कंपनियों के बजाय थोड़ा छोटा है, जो अल्फाबेट में शामिल हैं। ... मौलिक रूप से, हम मानते हैं कि यह हमें अधिक प्रबंधन पैमाने की अनुमति देता है, क्योंकि हम उन चीजों को स्वतंत्र रूप से चला सकते हैं जो बहुत संबंधित नहीं हैं।

साथ ही कंपनी के नाम की उत्पत्ति की व्याख्या:

हमें Alphabet नाम पसंद है क्योंकि इसका अर्थ अक्षरों का संग्रह है जो भाषा का प्रतिनिधित्व करता है, मानवता के सबसे महत्वपूर्ण नवाचारों में से एक है और हम Google खोज के साथ कैसे अनुक्रमित करते हैं! हम यह भी पसंद करते हैं कि इसका मतलब अल्फा-बेट (अल्फा का मतलब बेंचमार्क से अधिक निवेश रिटर्न) है, जिसके लिए हम प्रयास करते हैं!

पेज ने लिखा है कि पुनर्गठन के पीछे की प्रेरणा Google को "स्वच्छ और अधिक जवाबदेह" बनाना था। उन्होंने यह भी लिखा कि वे "हम जो कर रहे हैं उसकी पारदर्शिता और निरीक्षण" में सुधार करना चाहते हैं और Google पारिस्थितिकी तंत्र में पहले से असंबद्ध कंपनियों को अधिक नियंत्रण देना चाहते हैं।

पेज ने 2015 से एक प्रेस कॉन्फ्रेंस में भाग नहीं लिया है और 2013 के बाद से उत्पाद लॉन्च या आय कॉल में प्रस्तुत नहीं किया है। ब्लूमबर्ग बिजनेसवीक ने कहा कि अल्फाबेट में पुनर्गठन एक चतुर सेवानिवृति योजना थी जिसने पेज को सभी जिम्मेदारियों को त्यागते हुए Google पर नियंत्रण बनाए रखने की अनुमति दी। इस पर वर्णमाला के अधिकारी पृष्ठ को "भविष्यवादी" के रूप में वर्णित करते हैं, जो दिन-प्रतिदिन के व्यावसायिक कार्यों से काफी हद तक अलग है और चंद्रमा-शॉट परियोजनाओं पर अधिक केंद्रित है। जबकि अल्फाबेट कंपनियों के कुछ प्रबंधक पेज के बारे में अत्यधिक चिंतित हैं, अन्य कहते हैं कि उनका दुर्लभ कार्यालय चेक-इन "एक शाही यात्रा की तरह" है।

2019

3 दिसंबर, 2019 को लैरी पेज ने घोषणा की कि वह अल्फाबेट के सीईओ के रूप में पद छोड़ देंगे और उनकी जगह गूगल के सीईओ सुंदर पिचाई को नियुक्त किया जाएगा। पिचाई गूगल के सीईओ के रूप में भी बने रहेंगे। पेज और गूगल के सह-संस्थापक और अल्फाबेट के अध्यक्ष सर्गेई ब्रिन ने एक संयुक्त ब्लॉग पोस्ट में बदलाव की घोषणा करते हुए कहा, "अल्फाबेट अब अच्छी तरह से स्थापित है, और Google और अन्य दांव अलग-अलग कंपनियों के रूप में प्रभावी ढंग से काम कर रहे हैं, यह हमारी प्रबंधन संरचना को सरल बनाने का एक स्वाभाविक समय है।" जब हमें लगता है कि कंपनी चलाने का एक बेहतर तरीका है तो हम कभी भी प्रबंधन की भूमिका में नहीं रहे हैं। और अल्फाबेट और Google को अब दो सीईओ और अध्यक्षों की आवश्यकता नहीं है।"

अन्य रूचियां

पेज टेस्ला मोटर्स में एक निवेशक है। उन्होंने नवीकरणीय ऊर्जा प्रौद्योगिकियों में निवेश किया है और Google.org, Google की परोपकारी शाखा की सहायता से, प्लग-इन हाइब्रिड इलेक्ट्रिक कारों और अन्य वैकल्पिक ऊर्जा निवेशों को अपनाने को बढ़ावा देता है। स्टार्टअप में वह ओपनरयह उपभोक्ता यात्रा के लिए हवाई वाहन विकसित करने वाला एक रणनीतिक बैकर है।

पेज उन्नत बुद्धिमान प्रणालियों के सामाजिक-आर्थिक निहितार्थों में भी रुचि रखते हैं और कैसे उन्नत डिजिटल तकनीकों का उपयोग बहुतायत बनाने के लिए किया जा सकता है (जैसा कि पीटर डायमेंडिस की पुस्तक में वर्णित है), लोगों की जरूरतों को पूरा करें, कार्य सप्ताह को कम करें और संभावित हानिकारक प्रभावों को कम करें। तकनीकी बेरोजगारी की।

पेज ने एक ट्रांसह्यूमनिस्ट थिंक-टैंक सिंगुलैरिटी यूनिवर्सिटी की स्थापना में भी मदद की। Google संस्थान के कॉर्पोरेट संस्थापकों में से एक है और अभी भी Singularity University में छात्रवृत्ति के लिए धन देता है।

व्यक्तिगत जीवन

18 फरवरी, 2005 को, पेज ने कैलीफोर्निया के पालो आल्टो में 9,000 वर्ग फुट (840 मी2) स्पेनिश औपनिवेशिक पुनरुद्धार वास्तुकला घर खरीदा, जिसे स्टैनफोर्ड कला संग्रहालय के पूर्व क्यूरेटर और कार्मेल के संस्थापक अमेरिकी कलात्मक पॉलीमैथ पेड्रो जोसेफ डी लेमोस द्वारा डिजाइन किया गया था। . कला संस्थान, ऐतिहासिक इमारत 7.95 मिलियन अमेरिकी डॉलर की मांग कीमत के साथ कई वर्षों से बाजार में थी। एक दो मंजिला स्टुको आर्चवे ड्राइववे फैलाता है, और घर में कैलिफोर्निया कला और शिल्प आंदोलन शैली में जटिल स्टुको काम के साथ-साथ पत्थर और टाइल भी है, जो स्पेन में डे लेमोस परिवार की हवेली की याद दिलाता है। पेड्रो डी लेमोस हाउस 1931 और 1941 के बीच डी लेमोस द्वारा बनाया गया था। यह ऐतिहासिक स्थानों के राष्ट्रीय रजिस्टर पर भी है।

2007 में, पेज ने रिचर्ड ब्रैनसन के स्वामित्व वाले कैरेबियाई द्वीप नेकर द्वीप पर लुसिंडा साउथवर्थ से शादी की। साउथवर्थ एक शोध वैज्ञानिक और अभिनेत्री और मॉडल कैरी साउथवर्थ की बहन हैं। पेज और साउथवर्थ के दो बच्चे हैं, जिनका जन्म 2009 और 2011 में हुआ था।

पेज का सुपरयॉट सेंसर हेलसिंकी में डॉक किया गया

2009 में, पेज ने एक बड़े इकोहाउस के लिए जगह बनाने के लिए पालो ऑल्टो में अपने घर के पास संपत्ति खरीदना और घरों को तोड़ना शुरू किया। मौजूदा इमारतों को "विघटित" कर दिया गया और सामग्री को पुनर्चक्रण के लिए दान कर दिया गया। इकोहाउस को "पर्यावरणीय प्रभाव को कम करने" के लिए डिज़ाइन किया गया था। पृष्ठ ने खराब स्वास्थ्य वाले कुछ पेड़ों को बनाए रखने और उन्हें कम पानी का उपयोग करने वाले पेड़ों से बदलने के लिए आर्बोरिस्ट्स के साथ काम किया। पेज ने ग्रीन प्वाइंट प्रमाणन के लिए भी आवेदन किया है, जो पुनर्नवीनीकरण और कम- या नो-वीओसी (वाष्पशील कार्बनिक यौगिक) सामग्री के उपयोग के लिए और सौर पैनलों के साथ छत के बगीचे के लिए अंक देता है। घर के बाहरी हिस्से में जिंक क्लैडिंग और बहुत सारी खिड़कियाँ हैं, जिसमें पीछे की ओर फिसलने वाले कांच के दरवाजे की दीवार भी शामिल है। इसमें पर्यावरण के अनुकूल तत्व शामिल हैं जैसे कि पार्किंग कोर्ट में पारगम्य फर्श और संपत्ति पर पेड़ों के माध्यम से एक मार्ग। 6,000 वर्ग फुट (560 वर्ग मीटर) का घर अन्य ग्रीन होम डिज़ाइन सुविधाओं जैसे जैविक वास्तुकला निर्माण सामग्री और कम-वाष्पशील कार्बनिक यौगिक पेंट का अवलोकन करता है।

2011 में, पेज ने $45 मिलियन का 193-फुट (59m) सुपरयॉट सेंस खरीदा। बाद में, पेज ने मई 2013 में अपनी Google+ प्रोफ़ाइल पर घोषणा की कि उन्होंने पिछली गर्मियों में ठंड के कारण अपनी दाहिनी वोकल कॉर्ड को लकवा मार दिया था, जबकि उनकी बाईं वोकल कॉर्ड को 1999 में लकवा मार गया था। पेज ने बताया कि वह 14 साल से वोकल कॉर्ड की समस्याओं से पीड़ित थे, और मई 2013 की उनकी पोस्ट के अनुसार, डॉक्टर सटीक कारण का पता नहीं लगा सके। Google+ पोस्ट से यह भी पता चला कि पेज ने बोस्टन में वॉयस हेल्थ इंस्टीट्यूट में वोकल-कॉर्ड नर्व-फंक्शन रिसर्च प्रोग्राम के लिए एक बड़ा दान किया है। एक गुमनाम सूत्र ने कहा कि दान $20 मिलियन से अधिक था।

अक्टूबर 2013 में, बिजनेस इनसाइडर ने बताया कि हाशिमोटो के थायरॉयडिटिस, एक ऑटोइम्यून बीमारी के कारण पेज के लकवाग्रस्त मुखर डोरियों ने उसे अनिश्चित काल के लिए Google तिमाही आय सम्मेलन कॉल लेने से रोक दिया।

नवंबर 2014 में, पेज की पारिवारिक नींव, कार्ल विक्टर पेज मेमोरियल फंड, कथित तौर पर 2013 के अंत में एक बिलियन डॉलर से अधिक मूल्य की थी, ने पश्चिम अफ्रीका में इबोला वायरस महामारी के खिलाफ प्रयासों में सहायता के लिए $15 मिलियन दिए। पेज ने अपने Google+ पृष्ठ पर लिखा है कि "मेरी पत्नी और मैंने अभी-अभी $15 मिलियन का दान दिया है... प्रभावित सभी लोगों के प्रति हमारी संवेदनाएं हैं।"

अगस्त 2021 में, यह पता चला कि पेज के पास न्यूजीलैंड निवासी वीजा था और न्यूजीलैंड में नो-एंट्री कानून की घोषणा के बावजूद न्यूजीलैंड में अपने बेटे का इलाज करने के लिए फिजी से एक औसत उड़ान पर देश की यात्रा की थी क्योंकि यह एक महत्वपूर्ण क्षण का सामना कर रहा है। महामारी के कारण देश में। उड़ान 12 जनवरी, 2021 को हुई थी। कोविड-19 महामारी के दौरान पेज फिजी में अपने परिवार के साथ रह रहे थे। उनके पास ग्रीक नागरिकता भी है। उद्धरण आवश्यक है

पुरस्कार और प्रशंसा

1998-2009

पीसी पत्रिका ने Google को 100 शीर्ष वेब साइटों और खोज इंजनों (1998) में से एक के रूप में सम्मानित किया है और 1999 में Google को वेब अनुप्रयोग विकास में नवीन तकनीकी उत्कृष्टता के लिए एक पुरस्कार प्रदान किया। 2000 में, Google ने वेबबी अवार्ड, तकनीकी उपलब्धि के लिए पीपल्स वॉयस अवार्ड जीता। , और 2001 में, सर्वश्रेष्ठ खोज सेवा, सर्वश्रेष्ठ छवि खोज इंजन, सर्वश्रेष्ठ डिज़ाइन के लिए खोज इंजन वॉच पुरस्कार, मोस्ट वेबमास्टर फ्रेंडली सर्च इंजन और बेस्ट सर्च फीचर से सम्मानित किया गया।

2002 में, पेज को वर्ल्ड इकोनॉमिक फोरम ग्लोबल लीडर फॉर टुमॉरो साइटेशन नीड का नाम दिया गया था और ब्रिन के साथ, मैसाचुसेट्स इंस्टीट्यूट ऑफ टेक्नोलॉजी (MIT) टेक्नोलॉजी रिव्यू पब्लिकेशन द्वारा दुनिया के शीर्ष 100 इनोवेटर्स में से एक नामित किया गया था। 35 वर्ष पुराना, इसकी वार्षिक TR100 सूची के भाग के रूप में (2005 के बाद "TR35" में बदल गया)।

2003 में, पेज और ब्रिन दोनों ने आईई बिजनेस स्कूल से एमबीए की डिग्री प्राप्त की, "उद्यमिता की भावना को मूर्त रूप देने और नए व्यवसायों के निर्माण में तेजी लाने के लिए।"

2004 में, उन्होंने मार्कोनी फाउंडेशन पुरस्कार प्राप्त किया और कोलंबिया विश्वविद्यालय में मार्कोनी फाउंडेशन फेलो चुने गए। उनके चयन की घोषणा करते हुए, फाउंडेशन के अध्यक्ष जॉन जे इसेलिन ने दोनों को "उनकी खोजों के लिए बधाई दी, जिन्होंने आज सूचना तक पहुंचने के तरीके को मौलिक रूप से बदल दिया है।"

2004 में, पेज और ब्रिन को अमेरिकन एकेडमी ऑफ अचीवमेंट से गोल्डन प्लेट अवार्ड मिला।

पेज और ब्रिन 2003 में EY एंटरप्रेन्योर ऑफ द ईयर अवार्ड के लिए पुरस्कार प्राप्तकर्ता और राष्ट्रीय फाइनलिस्ट भी थे।

इसके अलावा 2004 में, X PRIZE ने पेज को अपने बोर्ड के ट्रस्टी के रूप में चुना और वह नेशनल एकेडमी ऑफ इंजीनियरिंग के लिए चुने गए। उद्धरण आवश्यक है

2005 में, ब्रिन और पेज अमेरिकन एकेडमी ऑफ आर्ट्स एंड साइंसेज के फेलो चुने गए।

2008 में, पेज को Google की ओर से प्रिंस ऑफ़ ऑस्टुरियस अवार्ड्स में प्रिंस फेलिप से कम्युनिकेशन अवार्ड मिला।

2009 - अब तक

2009 में, पेज को दीक्षांत समारोह में मिशिगन विश्वविद्यालय से डॉक्टरेट की मानद उपाधि मिली। 2011 में, उन्हें फोर्ब्स की अरबपतियों की सूची में 24वां और अमेरिका में 11वां स्थान मिला था।

2015 में, फोर्ब्स साइट पर पेज की "शक्तिशाली लोग" प्रोफाइल ने कहा कि Google "डिजिटल युग की सबसे प्रभावशाली कंपनी" थी।

जुलाई 2014 तक, ब्लूमबर्ग बिलियनेयर्स इंडेक्स पेज को दुनिया के 17वें सबसे अमीर व्यक्ति के रूप में सूचीबद्ध करता है, जिसकी अनुमानित कुल संपत्ति $32.7 बिलियन है।

जैसे ही 2014 करीब आया, फॉर्च्यून पत्रिका ने पेज को "बिजनेसमैन ऑफ द ईयर" नाम दिया, उन्हें "दुनिया का सबसे बोल्ड सीईओ" घोषित किया।

अक्टूबर 2015 में, Google कर्मचारियों द्वारा मतदान के अनुसार पेज को फोर्ब्स की "अमेरिका के हॉटेस्ट सीईओ" सूची में नंबर एक नामित किया गया था।

अगस्त 2017 में, पेज को एग्रीजेंटो, इटली की मानद नागरिकता से सम्मानित किया गया।

13
सर्गी ब्रिन

सर्गी ब्रिन

Top Richest People

Scan for Story Videos - www.itibook.com

सर्गेई मिखाइलोविच ब्रिन (रूसी जन्म 21 अगस्त, 1973) एक अमेरिकी व्यवसायी, कंप्यूटर वैज्ञानिक और इंटरनेट उद्यमी हैं। उन्होंने लैरी पेज के साथ Google की सह-स्थापना की। 3 दिसंबर, 2019 को जब तक ब्रिन ने भूमिका नहीं छोड़ी, तब तक Google की मूल कंपनी, Alphabet Inc. के अध्यक्ष थे वह और पेज अल्फाबेट में सह-संस्थापक, नियंत्रित शेयरधारकों, बोर्ड के सदस्यों और कर्मचारियों के रूप में बने हुए हैं। अगस्त 2022 तक, ब्रिन $100 बिलियन की अनुमानित संपत्ति के साथ दुनिया के 7वें सबसे अमीर व्यक्ति हैं।

ब्रिन छह साल की उम्र में सोवियत संघ से अपने परिवार के साथ संयुक्त राज्य अमेरिका आ गए। अपने पिता और दादा के नक्शेकदम पर चलते हुए, उन्होंने मैरीलैंड विश्वविद्यालय, कॉलेज पार्क में स्नातक की उपाधि प्राप्त की, गणित के साथ-साथ कंप्यूटर विज्ञान का अध्ययन किया। स्नातक स्तर की पढ़ाई के बाद, उन्होंने कंप्यूटर साइंस में पीएचडी करने के लिए स्टैनफोर्ड यूनिवर्सिटी में दाखिला लिया। वहां उनकी मुलाकात पेज से हुई, जिसके साथ उन्होंने एक वेब सर्च इंजन बनाया। कार्यक्रम स्टैनफोर्ड में लोकप्रिय हो गया, और उन्होंने मेनलो पार्क में सुसान वोज्स्की के गैरेज में Google शुरू करने के लिए अपनी पीएचडी की पढ़ाई स्थगित कर दी।

ब्रिन का जन्म 21 अगस्त, 1973 को मास्को, सोवियत संघ में, रूसी यहूदी माता-पिता, मिखाइल और यूजेनिया ब्रिन के यहाँ हुआ था, दोनों मास्को स्टेट यूनिवर्सिटी (MSU) के स्नातक थे। उनके पिता मैरीलैंड विश्वविद्यालय में सेवानिवृत्त गणित के प्रोफेसर हैं और उनकी मां नासा के गोडार्ड स्पेस फ्लाइट सेंटर में शोधकर्ता हैं।

ब्रिन परिवार मध्य मास्को में तीन कमरों के एक अपार्टमेंट में रहता था, जिसे उन्होंने सर्गेई की दादी के साथ भी साझा किया था। 1977 में, जब उनके पिता वारसॉ, पोलैंड में एक गणित सम्मेलन से लौटे, तो मिखाइल ब्रिन ने घोषणा की कि यह परिवार के प्रवास का समय था। सितंबर 1978 में उन्होंने औपचारिक रूप से अपने एग्जिट वीजा के लिए आवेदन किया और परिणामस्वरूप उनके पिता को "तुरंत हटा दिया गया"। संबंधित कारणों से, उनकी माँ को अपनी नौकरी छोड़नी पड़ी। अगले आठ महीनों के लिए, बिना किसी स्थिर आय के, उन्हें अस्थायी नौकरी करने के लिए मजबूर किया गया क्योंकि वे इस डर से इंतजार कर रहे थे कि उनका अनुरोध अस्वीकार कर दिया जाएगा, जैसा कि कई लोगों के लिए था। मई 1979 में, उन्हें अपना आधिकारिक निकास वीजा दिया गया और देश छोड़ने की अनुमति दी गई।

ब्रिन परिवार वियना और पेरिस में रहता था जबकि मिखाइल ब्रिन ने अनातोले काटोक की मदद से मैरीलैंड विश्वविद्यालय में एक शिक्षण पद हासिल किया। इस समय के दौरान, ब्रिन परिवार को हिब्रू आप्रवासी सहायता सोसायटी से समर्थन और सहायता प्राप्त हुई। वह अक्टूबर 1979 को संयुक्त राज्य अमेरिका आए।

ब्रिन ने एडेल्फ़ी, मैरीलैंड में पेंट ब्रांच मोंटेसरी स्कूल में प्राथमिक स्कूल में पढ़ाई की, लेकिन आगे की शिक्षा घर पर प्राप्त की; उनके पिता, मैरीलैंड विश्वविद्यालय में गणित विभाग में एक प्रोफेसर, ने उन्हें गणित का अध्ययन करने के लिए प्रोत्साहित किया, और उनके परिवार ने उन्हें अपने रूसी भाषा कौशल को बनाए रखने में मदद की। उन्होंने मैरीलैंड में एलेनोर रूजवेल्ट हाई स्कूल में पढ़ाई की। सितंबर 1990 में, ब्रिन ने मैरीलैंड विश्वविद्यालय में दाखिला लिया, जहां उन्होंने 1993 में 19 साल की उम्र में कंप्यूटर विज्ञान विभाग से कंप्यूटर विज्ञान और गणित में स्नातक की डिग्री के साथ स्नातक किया। 1993 में, वह मैथेमेटिका के विकासकर्ता वोल्फ्राम रिसर्च में शामिल हो गए।

ब्रिन ने 1995 में कंप्यूटर विज्ञान में एमएस प्राप्त करने के लिए राष्ट्रीय विज्ञान फाउंडेशन स्नातक फेलोशिप पर स्टैनफोर्ड विश्वविद्यालय में कंप्यूटर विज्ञान में स्नातक की पढ़ाई शुरू की। 2008 तक, वह स्टैनफोर्ड में अपनी पीएचडी की पढ़ाई से छुट्टी पर थे।

सर्च इंजन विकास

स्टैनफोर्ड में फ्रेशमैन ओरिएंटेशन के दौरान, उनकी मुलाकात लैरी पेज से हुई। दोनों व्यक्ति अधिकांश विषयों पर असहमत प्रतीत होते थे, लेकिन एक साथ समय बिताने के बाद वे "बौद्धिक साथी और घनिष्ठ मित्र" बन गए। ब्रिन का ध्यान डेटा माइनिंग सिस्टम विकसित करने पर था, जबकि पेज "अन्य पेपर्स के उद्धरणों से एक शोध पत्र के महत्व का अनुमान लगाने की अवधारणा" पर विस्तारित थे। दोनों ने मिलकर "द एनाटॉमी ऑफ ए लार्ज-स्केल हाइपरटेक्स्टुअल वेब सर्च इंजन" शीर्षक से एक पेपर लिखा।

BackRub के वेब क्रॉलर द्वारा एकत्र किए गए बैकलिंक डेटा को किसी दिए गए वेब पेज के लिए महत्व के माप में बदलने के लिए, ब्रिन और पेज ने पेजरैंक एल्गोरिथम विकसित किया और महसूस किया कि इसका उपयोग उस समय के किसी भी मौजूदा सर्च इंजन से कहीं बेहतर सर्च इंजन बनाने के लिए किया जा सकता है। . नया एल्गोरिदम एक नई प्रकार की तकनीक पर निर्भर करता है जो एक वेब पेज से दूसरे वेब पेज पर बैकलिंक्स की प्रासंगिकता का विश्लेषण करती है और पेज की रैंक निर्धारित करने के लिए लिंक की संख्या और उनकी रैंक निर्धारित करती है। अपने विचारों को एक साथ रखते हुए, उन्होंने पेज के डॉर्म रूम को एक मशीन लैब के रूप में उपयोग करना शुरू किया और एक उपकरण बनाने के लिए सस्ते कंप्यूटरों से स्पेयर पार्ट्स की सफाई की, जिसका उपयोग वे नए सर्च इंजन को स्टैनफोर्ड के ब्रॉडबैंड कैंपस नेटवर्क से जोड़ने के लिए करते थे।

पेज के कमरे को उपकरणों से भरने के बाद, उन्होंने ब्रिन के छात्रावास के कमरे को एक कार्यालय और प्रोग्रामिंग केंद्र में बदल दिया, जहां उन्होंने वेब पर अपने नए खोज इंजन डिजाइन का परीक्षण किया। उनकी परियोजना के तेजी से विकास ने स्टैनफोर्ड के कंप्यूटिंग इंफ्रास्ट्रक्चर के साथ समस्याएं पैदा कीं।

पेज और ब्रिन ने उपयोगकर्ताओं के लिए एक साधारण खोज पेज सेट करने के लिए पहले के मूल HTML प्रोग्राम का उपयोग किया था।लक्ष्य कौशल का उपयोग किया गया था, क्योंकि उनके पास कोई वेब पेज डेवलपर नहीं था जो नेत्रहीन रूप से विस्तृत कुछ भी बना सके। एकाधिक उपयोगकर्ताओं ने खोजों को संभालने के लिए आवश्यक कंप्यूटिंग शक्ति को संयोजित करने के लिए कंप्यूटर के जो भी पुर्जे मिले, उनका उपयोग करना शुरू कर दिया। चूंकि स्टैनफोर्ड उपयोगकर्ताओं के बीच उनके खोज इंजन की लोकप्रियता बढ़ी, प्रश्नों को संसाधित करने के लिए अतिरिक्त सर्वरों की आवश्यकता थी। अगस्त 1996 में, Google का प्रारंभिक संस्करण स्टैनफोर्ड वेब साइट पर उपलब्ध कराया गया था।

1997 की शुरुआत में, BackRub पेज ने राज्य का वर्णन इस प्रकार किया:

एक गणितीय वेबसाइट जो पेजरैंक एल्गोरिद्म को सरल बनाती है, मंडलियों के आकार-प्रतिशत सहसंबंध द्वारा प्रदर्शित होती है। एल्गोरिथ्म का नाम पेज के नाम पर ही रखा गया था।

कुछ मोटे आंकड़े (29 अगस्त 1996 तक)

कुल अनुक्रमित HTML यूआरएल: 75.2306 मिलियन

डाउनलोड की गई कुल सामग्री: 207.022 गीगाबाइट

बैकरब जावा और पायथन में लिखा गया है और लिनक्स चलाने वाले कई सन अल्ट्रा और इंटेल पेंटियम पर चलता है। प्राथमिक डेटाबेस को 28GB डिस्क के साथ Sun Ultra Series II पर रखा गया है। स्कॉट हसन और एलन स्टेरेमबर्ग ने अत्यधिक कुशल कार्यान्वयन में काफी योगदान दिया है। सर्गेई ब्रिन भी बहुत शामिल हैं और बहुत धन्यवाद के पात्र हैं।

- लैरी पेज page@cs.stanford.edu

BackRub ने पहले ही एक खोज इंजन के बुनियादी कार्यों और सुविधाओं का प्रदर्शन किया: एक क्वेरी इनपुट दर्ज किया गया था और इसने महत्व के आधार पर बैकलिंक्स की एक सूची प्रदान की। पेज को याद किया गया: "हमें एहसास हुआ कि हमारे पास एक क्वेरी टूल था। इसने आपको पेजों की बेहतर रैंकिंग और फॉलो-अप पेजों की रैंकिंग दी।" : "बहुत जल्द, हमारे पास एक दिन में 10,000 खोजें हुईं। और हमने सोचा, शायद यह वास्तव में सच है।"

कुछ लोगों ने पेज और ब्रिन की दृष्टि की तुलना आधुनिक छपाई के आविष्कारक जोहान्स गुटेनबर्ग के प्रभाव से की है:

1440 में, जोहान्स गुटेनबर्ग ने यूरोप में मैकेनिकल प्रिंटिंग प्रेस की शुरुआत की, बड़े पैमाने पर उपभोग के लिए बाइबल की छपाई की। एक ऐसी तकनीक जिसने किताबों और पांडुलिपियों को अनुमति दी?—?मूल रूप से हाथ से कॉपी करने के लिए?—?बहुत तेज गति से मुद्रित करने के लिए, इस प्रकार ज्ञान का प्रसार करने और यूरोपीय पुनर्जागरण में मदद करने के लिए... Google ने वही काम किया।

इस तुलना को द गूगल स्टोरी के लेखकों द्वारा भी नोट किया गया है: "गुटेनबर्ग के बाद से नहीं ... के पास कोई नया आविष्कार सशक्त व्यक्ति है, और Google की तरह जानकारी तक पहुंच में क्रांतिकारी बदलाव आया है।" वेब खोजों के लिए अपने नए इंजन का निर्माण करते हुए, उन्होंने उस समय वेब से परे जानकारी के बारे में सोचना शुरू किया," जैसे पुस्तकों का डिजिटाइज़ करना और स्वास्थ्य संबंधी जानकारी का विस्तार करना।

अन्य रूचियां

जून 2008 में, ब्रिन ने वर्जीनिया स्थित अंतरिक्ष पर्यटन कंपनी, स्पेस एडवेंचर्स में $4.5 मिलियन का निवेश किया।

ब्रिन और पेज संयुक्त रूप से एक अनुकूलित बोइंग 767-200 और डसॉल्ट/डोर्नियर अल्फा जेट के मालिक हैं, और उन्हें रखने के लिए प्रति वर्ष $1.3 मिलियन का भुगतान करते हैं, और दो गल्फस्ट्रीम वी जेट जो मोफेट फेडरल एयरफील्ड में Google अधिकारियों के स्वामित्व में हैं। उड़ान में प्रयोगात्मक डेटा संग्रह की अनुमति देने के लिए नासा ने विमान पर वैज्ञानिक उपकरण स्थापित किए हैं।

व्यक्तिगत जीवन

मई 2007 में, ब्रिन ने बहामास में बायोटेक विश्लेषक और उद्यमी ऐन वोजसिकी से शादी की। 2008 के अंत में उनका एक बेटा और 2011 के अंत में एक बेटी हुई। अगस्त 2013 में, यह घोषणा की गई थी कि Google ग्लास के विपणन निदेशक अमांडा रोसेनबर्ग के साथ ब्रिन के विवाहेतर संबंध के कारण ब्रिन और उनकी पत्नी अलग हो रहे थे। जून 2015 में, ब्रिन और वोजिकी ने अपने तलाक को अंतिम रूप दिया।

7 नवंबर, 2018 को उन्होंने लीगल टेक फाउंडर निकोल शनहान से शादी की। उनकी एक बेटी है, जिसका जन्म 2018 के अंत में हुआ था। ब्रिन और शनहान 15 दिसंबर, 2021 को अलग हो गए और ब्रिन ने 4 जनवरी, 2022 को तलाक के लिए अर्जी दी। वॉल स्ट्रीट जर्नल की एक रिपोर्ट के अनुसार, उनके ब्रेकअप का कारण शनहान और एलोन मस्क के बीच अफेयर था, इस दावे को मस्क और शनहान ने नकार दिया। सम्बंधित?

ब्रिन की मां, यूजेनिया, पार्किंसंस रोग से पीड़ित हैं। 2008 में, उन्होंने यूनिवर्सिटी ऑफ मैरीलैंड स्कूल ऑफ मेडिसिन को दान करने का फैसला किया, जहां उनकी मां का इलाज हुआ था।

हालांकि ब्रिन और वोज्स्की तलाकशुदा हैं, ब्रिन संयुक्त रूप से वोजसिकी फाउंडेशन चलाते हैं। वह माइकल जे। फॉक्स फाउंडेशन ने भारी दान दिया है और 2009 में हिब्रू आप्रवासी सहायता सोसायटी का समर्थन करने के लिए $1 मिलियन दिए।

ब्रिन डेमोक्रेटिक उम्मीदवारों और संगठनों के लिए लगातार दानदाता रहे हैं, उन्होंने बराक ओबामा के पुन: चुनाव अभियान के लिए $5,000 और DNC को $30,800 का दान दिया।

CNBC के अनुसार, अपने बेटे के साथ एथेरियम माइन करने के लिए गेमिंग कंप्यूटर बनाने के बाद ब्रिन को ब्लॉकचेन तकनीक में दिलचस्पी हो गई।

पुरस्कार और प्रशंसा

2002-2009

2002 में, लैरी पेज के साथ ब्रिन को MIT टेक्नोलॉजी रिव्यू TR100 में 35 वर्ष से कम उम्र के दुनिया के शीर्ष 100 नवप्रवर्तकों में से एक नामित किया गया था।

2003 में, ब्रिन और पेज दोनों ने IE बिजनेस स्कूल से "उद्यमिता की भावना को मूर्त रूप देने और नए व्यवसायों के निर्माण में तेजी लाने के लिए ..." के लिए मानद MBA प्राप्त किया।

2003 में, ब्रिन और पेज दोनों पुरस्कार के प्राप्तकर्ता थेवह EY एंटरप्रेन्योर ऑफ द ईयर अवार्ड के लिए नेशनल फाइनलिस्ट थीं

2004 में, उन्होंने "इंजीनियरिंग में सर्वोच्च पुरस्कार" मारकोनी फाउंडेशन पुरस्कार प्राप्त किया और कोलंबिया विश्वविद्यालय में मार्कोनी फाउंडेशन फेलो चुने गए। "उनके चयन की घोषणा करते हुए, फाउंडेशन के अध्यक्ष जॉन जे इसेलिन ने दोनों को उनकी खोज के लिए बधाई दी, जिसने आज जानकारी प्राप्त करने के तरीके को मौलिक रूप से बदल दिया है।"

2004 में, ब्रिन ने शिकागो, इलिनोइस में एक समारोह में लैरी पेज के साथ अमेरिकन एकेडमी ऑफ अचीवमेंट का गोल्डन प्लेट अवार्ड प्राप्त किया।

2009 - अब तक

नवंबर 2009 में फोर्ब्स ने ब्रिन और पेज को दुनिया के पांचवें सबसे शक्तिशाली लोगों में नामित किया।

उस वर्ष की शुरुआत में, फरवरी में, ब्रिन को नेशनल एकेडमी ऑफ इंजीनियरिंग में शामिल किया गया था, जो "इंजीनियर को प्रदान किए जाने वाले सर्वोच्च पेशेवर सम्मानों में से एक है... और इंजीनियरिंग अनुसंधान, अभ्यास में उत्कृष्ट योगदान का सम्मान करता है..." उन्हें विशेष रूप से "वर्ल्ड वाइड वेब से प्रासंगिक जानकारी के तेजी से अनुक्रमण और पुनर्प्राप्ति के विकास का नेतृत्व करने" के लिए चुना गया था।

फेलो के अपने "प्रोफाइल" में, नेशनल साइंस फाउंडेशन में कई पिछले पुरस्कार शामिल हैं:

वह विश्व आर्थिक मंच और प्रौद्योगिकी, मनोरंजन और डिजाइन सम्मेलनों में एक विशेष वक्ता रहे हैं। ... पीसी पत्रिका ने शीर्ष 100 वेब साइटों और खोज इंजनों (1998) में से एक के रूप में Google की प्रशंसा की है और 1999 में Google को वेब अनुप्रयोग विकास में नवाचार के लिए तकनीकी उत्कृष्टता पुरस्कार प्रदान किया! 2000 में, Google ने वेबबी अवार्ड, पीपल्स वॉयस अवार्ड जीता। तकनीकी उपलब्धियों के लिए, और 2001 में, सर्च इंजन वॉच अवार्ड्स ने सर्वश्रेष्ठ खोज सेवा, सर्वश्रेष्ठ छवि खोज इंजन, सर्वश्रेष्ठ डिज़ाइन, सर्वाधिक वेबमास्टर अनुकूल खोज इंजन और सर्वश्रेष्ठ खोज फ़ीचर का पुरस्कार दिया।

मई 2021 तक, फोर्ब्स के अनुसार ब्रिन दुनिया के 9वें सबसे अमीर व्यक्ति हैं, जिनकी कुल संपत्ति 95.6 बिलियन डॉलर है।

14

मुकेश अंबानी

मुकेश अंबानी

Top Richest People

Scan for Story Videos - www.itibook.com

मुकेश धीरूभाई अंबानी (जन्म 19 अप्रैल 1957) एक भारतीय अरबपति उद्योगपति हैं। वह Reliance Industries Limited (RIL) के अध्यक्ष और प्रबंध निदेशक हैं, जो फॉर्च्यून ग्लोबल 500 कंपनी है और बाजार मूल्य के हिसाब से भारत की सबसे मूल्यवान कंपनी है। फोर्ब्स और ब्लूमबर्ग बिलियनेयर्स इंडेक्स के अनुसार, 20 अगस्त 2022 तक अंबानी की कुल संपत्ति 92.7 बिलियन अमेरिकी डॉलर है, जो उन्हें गौतम अडानी के बाद एशिया का दूसरा सबसे अमीर व्यक्ति और दुनिया का 11वां सबसे अमीर व्यक्ति बनाता है।

मुकेश धीरूभाई अंबानी का जन्म 19 अप्रैल 1957 को एडन (अब यमन) के ब्रिटिश क्राउन कॉलोनी में एक गुजराती हिंदू परिवार में धीरूभाई अंबानी और कोकिलाबेन अंबानी के घर हुआ था। उनका एक छोटा भाई, अनिल अंबानी और दो बहनें, नीना भद्रश्याम कोठारी और दीप्ति दताराज सलगांवकर हैं।

अंबानी थोड़े समय के लिए ही यमन में रहे क्योंकि उनके पिता ने 1958 में मसालों और वस्त्रों पर ध्यान केंद्रित करते हुए एक व्यापारिक व्यवसाय शुरू करने के लिए भारत लौटने का फैसला किया। बाद वाले को मूल रूप से "विमल" नाम दिया गया था, लेकिन बाद में इसे "केवल विमल" में बदल दिया गया। उनका परिवार 1970 के दशक तक मुंबई के भुलेश्वर में एक मामूली दो बेडरूम के अपार्टमेंट में रहता था। जब वे भारत आए, तो परिवार की वित्तीय स्थिति में थोड़ा सुधार हुआ लेकिन अंबानी अभी भी एक जाति समाज में रहते थे, सार्वजनिक परिवहन का इस्तेमाल करते थे और उन्हें कभी भत्ता नहीं मिलता था। धीरूभाई ने बाद में कोलाबा में 'सी विंड' नामक एक 14 मंजिला अपार्टमेंट ब्लॉक खरीदा, जहां हाल तक अंबानी और उनके भाई अपने परिवारों के साथ अलग-अलग मंजिलों पर रहते थे।

शिक्षा

अंबानी ने अपने भाई और आनंद जैन के साथ मुंबई के पेडर रोड में हिल ग्रेंज हाई स्कूल में पढ़ाई की, जो बाद में उनके करीबी सहयोगी बन गए। अपनी माध्यमिक शिक्षा के बाद, उन्होंने सेंट जेवियर्स कॉलेज, मुंबई में अध्ययन किया। इसके बाद उन्होंने इंस्टिट्यूट ऑफ केमिकल टेक्नोलॉजी से केमिकल इंजीनियरिंग में बीई की डिग्री पूरी की।

अंबानी ने बाद में एमबीए के लिए स्टैनफोर्ड यूनिवर्सिटी में भाग लिया लेकिन 1980 में अपने पिता को रिलायंस बनाने में मदद करने के लिए वापस ले लिया, फिर भी एक छोटा लेकिन तेजी से बढ़ता उद्यम। उनके पिता ने महसूस किया कि वास्तविक जीवन कौशल अनुभव के माध्यम से सबसे अच्छा सीखा जाता है और कक्षा में बैठकर नहीं, इसलिए उन्होंने स्टैनफोर्ड से अपने बेटे को अपनी कंपनी के यार्न निर्माण संयंत्र का प्रभार लेने के लिए भारत वापस बुला लिया।

अंबानी ने कहा है कि वह उनके शिक्षक विलियम एफ. शार्प और मनमोहन शर्मा प्रभावित थे क्योंकि वे "ऐसे प्रोफेसर थे जिन्होंने आपको लीक से हटकर सोचने पर मजबूर किया।"

करियर

1981 में, उन्होंने अपने पिता धीरूभाई अंबानी को अपने पारिवारिक व्यवसाय, रिलायंस इंडस्ट्रीज लिमिटेड को चलाने में मदद करना शुरू किया। इस समय तक इसका इतना विस्तार हो चुका था कि इसने रिफाइनिंग और पेट्रोकेमिकल्स में भी काम किया। व्यवसाय में खुदरा और दूरसंचार उद्योगों में उत्पाद और सेवाएँ भी शामिल हैं। एक अन्य सहायक, रिलायंस रिटेल लिमिटेड, भारत की सबसे बड़ी रिटेलर भी है। 5 सितंबर 2016 को अपने सार्वजनिक लॉन्च के बाद से, Reliance की Jio देश की शीर्ष पांच दूरसंचार सेवाओं में से एक है।

2016 तक, अंबानी 36 वें स्थान पर थे और फोर्ब्स पत्रिका की सूची में पिछले दस वर्षों से लगातार भारत के सबसे अमीर आदमी का खिताब अपने पास रखते हैं। फोर्ब्स की दुनिया के 20 सबसे शक्तिशाली लोगों की सूची में वह एकमात्र भारतीय व्यवसायी हैं। अक्टूबर 2020 तक, फोर्ब्स द्वारा मुकेश अंबानी को दुनिया के 6 वें सबसे अमीर व्यक्ति के रूप में स्थान दिया गया है। उन्होंने जुलाई 2018 में 44.3 बिलियन डॉलर की संपत्ति के साथ अलीबाबा समूह के कार्यकारी अध्यक्ष जैक मा को पीछे छोड़ते हुए एशिया के सबसे अमीर व्यक्ति बन गए। वह उत्तरी अमेरिका और यूरोप के बाहर दुनिया के सबसे अमीर व्यक्ति भी हैं। 2015 तक, चीन के हुरुन रिसर्च इंस्टीट्यूट के अनुसार, अंबानी भारत में परोपकारी लोगों में पांचवें स्थान पर हैं। उन्हें बैंक ऑफ अमेरिका का निदेशक नियुक्त किया गया, जो इसके निदेशक मंडल में बैठने वाले पहले गैर-अमेरिकी बने।

रिलायंस के माध्यम से, वह इंडियन प्रीमियर लीग फ्रेंचाइजी मुंबई इंडियंस के मालिक हैं और इंडियन सुपर लीग, भारत की फुटबॉल लीग के संस्थापक हैं। 2012 में फोर्ब्स ने उन्हें दुनिया के सबसे अमीर खेल मालिकों में से एक का नाम दिया। वह एंटीलिया बिल्डिंग में रहते हैं, जो दुनिया के सबसे महंगे निजी आवासों में से एक है, जिसकी कीमत 1 बिलियन डॉलर है।

समय

1980 के दशक में 1990 के दशक

1980 में, इंदिरा गांधी के नेतृत्व वाली भारत सरकार ने PFY (पॉलिएस्टर फिलामेंट यार्न) उत्पादन को निजी क्षेत्र के लिए खोल दिया। धीरूभाई अंबानी ने पीएफवाई विनिर्माण संयंत्र स्थापित करने के लिए लाइसेंस के लिए आवेदन किया। लाइसेंस प्राप्त करना एक लंबी प्रक्रिया थी जिसके लिए नौकरशाही व्यवस्था में मजबूत कनेक्शन की आवश्यकता थी क्योंकि सरकार उस समय बड़े पैमाने पर उत्पादन को प्रतिबंधित कर रही थी, जिससे वस्त्रों के लिए धागे का आयात करना असंभव हो गया था। टाटा, बिड़ला और अन्य से कड़ी प्रतिस्पर्धा

के बावजूद, धीरूभाई को लाइसेंस दिया गया, जिसे आमतौर पर परवाना राज कहा जाता है। पीएफवाई संयंत्र के निर्माण में मदद करने के लिए, धीरूभाई ने अपने बड़े बेटे को कंपनी में उनके साथ काम करने के लिए स्टैनफोर्ड से बाहर निकाला, जहां वह एमबीए की पढ़ाई कर रहा था। 1981 में, कपड़े से पोलिस्टर फाइबर और बाद में पेट्रोकेमिकल्स में, जहां से धागा बनाया गया था, अंबानी अपने विश्वविद्यालय के कार्यक्रम में वापस नहीं आए, रिलायंस के पिछड़े एकीकरण का नेतृत्व किया, जहां कंपनियों ने अपने आपूर्तिकर्ताओं को अधिक राजस्व उत्पन्न करने और दक्षता में सुधार करने के लिए स्वामित्व दिया। कंपनी ज्वाइन करने के बाद वे रोजाना तत्कालीन कार्यकारी निदेशक रसिकभाई मेसवानी को रिपोर्ट करते थे। कंपनी को इस सिद्धांत पर शुरू से बनाया गया था कि हर किसी को व्यवसाय में योगदान देना चाहिए और चुनिंदा व्यक्तियों पर बहुत अधिक निर्भर नहीं होना चाहिए। धीरूभाई ने उन्हें एक व्यापारिक भागीदार के रूप में माना और उन्हें थोड़ा अनुभव होने के बावजूद योगदान करने की स्वतंत्रता दी। 1985 में रसिकभाई की मृत्यु और 1986 में धीरूभाई के स्ट्रोक के बाद यह सिद्धांत फलीभूत हुआ, जब सारी जिम्मेदारी अंबानी और उनके भाई पर आ गई। मुकेश अंबानी ने Reliance Infocomm Limited (अब Reliance Communications Limited) की स्थापना की, जो सूचना और संचार प्रौद्योगिकी उद्यमों पर केंद्रित थी। 24 साल की उम्र में अंबानी को पातालगंगा पेट्रोकेमिकल प्लांट के निर्माण का जिम्मा उस समय सौंपा गया जब कंपनी तेल शोधन और पेट्रोकेमिकल में भारी निवेश कर रही थी।

2000-वर्तमान

6 जुलाई 2002 को मुकेश के पिता की दूसरे स्ट्रोक से मृत्यु हो गई, जिससे भाइयों के बीच तनाव बढ़ गया क्योंकि धीरूभाई ने 2004 में साम्राज्य के वितरण के लिए वसीयत नहीं छोड़ी थी। उनकी मां ने झगड़े को रोकने के लिए हस्तक्षेप किया, कंपनी को दो हिस्सों में बांट दिया, अंबानी ने रिलायंस इंडस्ट्रीज लिमिटेड और इंडियन पेट्रोकेमिकल्स कॉर्पोरेशन लिमिटेड का नियंत्रण हासिल कर लिया, जिसे बाद में दिसंबर 2005 में बॉम्बे हाई कोर्ट ने मंजूरी दे दी थी।

अंबानी ने 2010 में 660,000 बैरल प्रति दिन (33 मिलियन टन प्रति वर्ष) की क्षमता के साथ जामनगर, भारत में दुनिया की सबसे बड़ी भूमिगत पेट्रोलियम रिफाइनरी के निर्माण का निर्देशन और नेतृत्व किया, जो पेट्रोकेमिकल्स, बिजली उत्पादन, बंदरगाहों और संबंधित बुनियादी ढांचे के साथ एकीकृत है। दिसंबर में 2013, अंबानी मोहाली चले गए।प्रोग्रेसिव पंजाब समिट ने यहां 4जी नेटवर्क के लिए डिजिटल इंफ्रास्ट्रक्चर बनाने के लिए भारती एयरटेल के साथ एक "सहयोगी उद्यम" की संभावना की घोषणा की। 18 जून 2014 को, मुकेश अंबानी ने रिलायंस इंडस्ट्रीज के 40 वें एजीएम को संबोधित करते हुए कहा कि अगले तीन वर्षों में व्यवसाय रुपये का निवेश करेंगे। 1.8 ट्रिलियन (लघु पैमाने) और 2015 में 4 जी ब्रॉडबैंड सेवाओं का शुभारंभ करेंगे।

अंबानी को तेल शोधन, पेट्रोकेमिकल उत्पादों और संबंधित उद्योगों में उनकी इंजीनियरिंग और पेशेवर नेतृत्व के लिए 2016 में नेशनल एकेडमी ऑफ इंजीनियरिंग का फेलो चुना गया था। फरवरी 2016 में, अंबानी के नेतृत्व वाले Jio ने LYF नाम से अपना 4G स्मार्टफोन ब्रांड लॉन्च किया। जून 2016 में, यह भारत में तीसरा सबसे अधिक बिकने वाला मोबाइल फोन ब्रांड था। सितंबर 2016 में, Reliance Jio Infocomm Limited, जिसे आमतौर पर Jio के नाम से जाना जाता है, सफल हो गई और Reliance के शेयर बढ़ गए। RIL की 40वीं वार्षिक आम बैठक के दौरान, उन्होंने 1:1 के अनुपात में बोनस शेयरों की घोषणा की जो भारत में देश में सबसे बड़ा बोनस इश्यू है, और Jio Phone की प्रभावी कीमत 0 है? की घोषणा की। फरवरी 2018 तक, ब्लूमबर्ग के "रॉबिन हुड इंडेक्स" ने अनुमान लगाया कि अंबानी की व्यक्तिगत संपत्ति 20 दिनों के लिए भारतीय संघीय सरकार के संचालन के लिए पर्याप्त थी।

फरवरी 2014 में, केजी बेसिन से प्राकृतिक गैस की कीमत में कथित अनियमितताओं के लिए मुकेश अंबानी के खिलाफ पहली सूचना रिपोर्ट (एफआईआर) दर्ज की गई थी। अरविन्द केजरीवाल, जिन्होंने कुछ समय के लिए दिल्ली के मुख्यमंत्री के रूप में कार्य किया और प्राथमिकी का आदेश दिया, ने विभिन्न राजनीतिक दलों पर गैस मूल्य के मुद्दे पर चुप्पी साधने का आरोप लगाया है। केजरीवाल ने राहुल गांधी और नरेंद्र मोदी दोनों से गैस कीमतों के मुद्दे पर अपना पक्ष स्पष्ट करने को कहा है। केजरीवाल ने आरोप लगाया है कि केंद्र ने गैस की कीमतों को बढ़ाकर आठ डॉलर प्रति यूनिट करने की अनुमति दी है, लेकिन मुकेश अंबानी की कंपनी एक यूनिट यानी 500 रुपये के उत्पादन पर केवल एक डॉलर खर्च करती है। देश को हर साल 540 अरब।

बोर्ड की सदस्यता

बोर्ड ऑफ गवर्नर्स इंस्टीट्यूट ऑफ केमिकल टेक्नोलॉजी, मुंबई के सदस्य

अध्यक्ष, प्रबंध निदेशक, वित्त समिति के अध्यक्ष और कर्मचारी स्टॉक मुआवजा समिति, रिलायंस इंडस्ट्रीज लिमिटेड के सदस्य

पूर्व अध्यक्ष, इंडियन पेट्रोकेमिकल्स कॉर्पोरेशन लिमिटेड

रिलायंस पेट्रोलियम के पूर्व उपाध्यक्ष

बोर्ड के अध्यक्ष, रिलायंस पेट्रोलियम

ऑडिट कमेटी के अध्यक्ष और अध्यक्ष, रिलायंस रिटेल लिमिटेड

चेयरमैन, रिलायंस एक्सप्लोरेशन एंड प्रोडक्शन डीएमसीसी

पूर्व निदेशक, क्रेडिट समिति के सदस्य और मुआवजा और लाभ समिति के सदस्य, बैंक ऑफ अमेरिका कॉर्पोरेशन 53

अध्यक्ष, पंडित दीनदयाल पेट्रोलियम विश्वविद्यालय, गांधीनगर, गुजरात

पुरस्कार और सम्मान

उपराष्ट्रपति वेंकैया नायडू ने एक समारोह में श्री मुकेश अंबानी को कॉर्पोरेट उत्कृष्टता के लिए इकोनॉमिक टाइम्स अवार्ड प्रदान किया।

पुरस्कार या सम्मान का वर्ष पुरस्कार या पुरस्कार देने वाली संस्था का नाम

2000 अन्स्र्ट एंड यंग एंटरप्रेन्योर ऑफ द ईयर अन्स्र्ट एंड यंग इंडिया

2010 ग्लोबल विजन अवार्ड डिनर एशिया सोसायटी

2010 बिजनेस लीडर ऑफ द ईयर एनडीटीवी इंडिया

2010 बिजनेसमैन ऑफ द ईयर फाइनेंशियल क्रॉनिकल

2010 स्कूल ऑफ इंजीनियरिंग एंड एप्लाइड साइंस डीन का मेडल पेंसीलाविनिया विश्वविद्यालय

हार्वर्ड बिजनेस रिव्यू द्वारा 2010 में 5वां सबसे अच्छा प्रदर्शन करने वाला वैश्विक सीईओ का दर्जा दिया गया

2010 ग्लोबल लीडरशिप अवार्ड बिजनेस काउंसिल फॉर इंटरनेशनल अंडरस्टैंडिंग

2010 मानद डॉक्टरेट (डॉक्टर ऑफ साइंस) एमएस यूनिवर्सिटी ऑफ बड़ौदा

2013 इंडियन अफेयर्स इंडिया लीडरशिप कॉन्क्लेव अवाइर्स मिलेनियम बिजनेस लीडर ऑफ द डिकेड 2013) इंडिया लीडरशिप कॉन्क्लेव और इंडियन अफेयर्स बिजनेस लीडरशिप अवाइर्स

2016 विदेशी सहयोगी, यूएस नेशनल एकेडमी ऑफ इंजीनियरिंग नेशनल एकेडमी ऑफ इंजीनियरिंग

2016 ओथमर गोल्ड मेडल केमिकल हेरिटेज फाउंडेशन

व्यक्तिगत जीवन

उन्होंने 1985 में नीता अंबानी से शादी की और उनके दो बेटे आकाश और अनंत और एक बेटी ईशा है, जो आकाश की जुड़वां है। वे अपने पिता के एक नृत्य प्रदर्शन में भाग लेने के बाद मिलते हैं जिसमें नीता भाग लेती है और दोनों के बीच शादी की व्यवस्था करने की योजना बनाती है।

वे मुंबई में एक निजी 27-मंजिला इमारत एंटीलिया में रहते हैं, जिसकी कीमत 1 बिलियन अमेरिकी डॉलर है और यह अपने निर्माण के समय दुनिया का सबसे महंगा निजी आवास था। इमारत को बनाए रखने के लिए 600 कर्मचारियों की आवश्यकता है और इसमें तीन हेलीपैड, एक 160-कार गैरेज, निजी मूवी थियेटर, स्विमिंग पूल और फिटनेस सेंटर शामिल हैं।

2007 में, अंबानी ने अपनी पत्नी को उसके 44वें जन्मदिन पर $60 मिलियन का एयरबस A319 उपहार में दिया। 180-यात्री क्षमता वाले एयरबस को एक लिविंग रूम, बेडरूम, सैटेलाइट टेलीविजन, वाई-फाई, स्काई बार, जकूज़ी और कार्यालय को शामिल करने के लिए कस्टम-फिट किया गया है।

2008 में, आईपीएल क्रिकेट टीम मुंबई इंडियंस को 111.9 मिलियन डॉलर में खरीदने के बाद अंबानी को "दुनिया के सबसे अमीर स्पोर्ट्स टीम मालिक" का नाम दिया गया था।

मुकेश अंबानी सख्त शाकाहारी हैं।

31 मार्च, 2012 को समाप्त होने वाले वित्तीय वर्ष में, उन्होंने रिलायंस इंडस्ट्रीज लिमिटेड (RIL) के प्रमुख के रूप में अपने वार्षिक वेतन से लगभग £240 मिलियन देने का फैसला किया। उन्होंने इस तथ्य के बावजूद ऐसा करने का फैसला किया कि आरआईएल के शीर्ष प्रबंधन कर्मियों द्वारा प्राप्त कुल पारिश्रमिक पैकेज उस वित्तीय वर्ष के दौरान बढ़ गए। मुकेश अंबानी की कंपनी में 50.4% हिस्सेदारी है। इस कदम से उनका वेतन लगातार चौथे वर्ष £150 मिलियन तक सीमित रहा।

2019 की शुरुआत में, मुंबई की एक अदालत ने उनके छोटे भाई, अनिल अंबानी को रिलायंस कम्युनिकेशंस को व्यक्तिगत रूप से स्वीडिश गियरमेकर एरिक्सन द्वारा गारंटीकृत ऋण पर चूक करने के लिए आपराधिक अवमानना में रखा। जेल के समय के बजाय, अदालत ने अनिल को धन लाने के लिए एक महीने का समय दिया। महीने के अंत में, मुकेश ने कर्ज चुका दिया और अपने छोटे भाई को जमानत दे दी। 2021 में, अंबानी एक बम विस्फोट का विषय बन गया जब विस्फोटकों से भरी एक हरी महिंद्रा स्कॉर्पियो एसयूवी मुंबई में एक गगनचुंबी इमारत के पास पाई गई।

15
अमानसियो ओर्टेगा

अमानसियो ओर्टेगा

Scan for Story Videos - www.itibook.com

अमानसियो ओर्टेगा (जन्म 28 मार्च 1936) एक स्पेनिश अरबपति व्यवसायी हैं। वह इंडिटेक्स फैशन समूह के संस्थापक और पूर्व अध्यक्ष हैं, जो अपने कपड़ों और एक्सेसरीज़ स्टोर ज़ारा और बर्शका के लिए सबसे ज्यादा जाने जाते हैं। मार्च 2022 तक, ओर्टेगा की कुल संपत्ति $48.1 बिलियन थी, जिससे वह बर्नार्ड अरनॉल्ट और फ्रांकोइस बेटेनकोर्ट मेयर्स के बाद यूरोप में तीसरे सबसे अमीर व्यक्ति और दुनिया के 27वें सबसे अमीर व्यक्ति बन गए। 2015 में एक संक्षिप्त अवधि के लिए, वह बिल गेट्स को पीछे छोड़ते हुए दुनिया के सबसे अमीर व्यक्ति थे, जिनकी कुल संपत्ति 80 बिलियन डॉलर तक पहुंच गई थी, जब उनकी मूल कंपनी इंडीटेक्स का शेयर अपने चरम पर था।

वह ओर्टेगा परिवार के प्रमुख और दुनिया के दूसरे सबसे अमीर रिटेलर हैं।

चार बच्चों में सबसे छोटे, ओर्टेगा का जन्म वलाडोलिड प्रांत के बसडोंगो डी अरबास, लियोन, स्पेन में, एंटोनियो ओर्टेगा रोड्रिग्ज और जोसेफा गाओना हर्नांडेज़ के यहाँ हुआ था, और उन्होंने अपना बचपन टोलोसा, गिपुज़कोआ में बिताया।

अपने पिता की नौकरी के कारण, एक रेलवे कर्मचारी, उन्होंने स्कूल छोड़ दिया और 14 साल की उम्र में ए कोरुना चले गए। कुछ ही समय बाद, उन्हें गाला नाम के एक स्थानीय शर्ट निर्माता की दुकान में नौकरी मिल गई, जो अभी भी शहर ए कोरुना में उसी कोने पर बैठता है, और हाथ से कपड़े बनाना सीखता है।

करियर

1963 में, उन्होंने क्विल्टेड बाथरोब बेचने के लिए Confeciones Goa की स्थापना की।

1975 में, उन्होंने अपनी पत्नी रोसालिया मेरा के साथ अपना पहला ज़ारा स्टोर खोला।

2009 में, ज़ारा Inditex समूह (Industrias de Diseño Textil Sociedad Anónima) का हिस्सा थी, जिसमें ओर्टेगा का 59.29% स्वामित्व था, और 6,000 से अधिक स्टोरों के अलावा, ज़ारा, मास्सिमो दुती, ओशो, ज़ारा होम, किडीज़ क्लास, अस्थायी, . Stradivarius, Bridges and Bears, Bershka और 92,000 से अधिक कर्मचारी।

2000 में उनकी सार्वजनिक उपस्थिति, 2001 में शेयर बाजार में उनकी कंपनी की प्रारंभिक सार्वजनिक पेशकश से पहले वार्म-अप के हिस्से के रूप में, स्पेनिश वित्तीय प्रेस में सुर्खियां बनीं। हालांकि, उन्होंने अभी तक सिर्फ तीन पत्रकारों को ही इंटरव्यू दिया है।

2011 में, ओर्टेगा ने ज़ारा श्रृंखला की मूल कंपनी इंडीटेक्स से अपनी सेवानिवृत्ति की घोषणा करते हुए कहा कि वह इंडीटेक्स के उपाध्यक्ष और सीईओ पाब्लो इस्ला से उन्हें प्रमुख के रूप में बदलने के लिए कहेंगे। 2012 में, ओर्टेगा ने रोमन कैथोलिक सहायता संगठन कारितास इंटरनेशनल को लगभग €20 मिलियन का दान दिया।

उन्होंने मैड्रिड में टोरे पिकासो गगनचुंबी इमारत खरीदी। उन्होंने मियामी, फ्लोरिडा में एपिक रेजिडेंस एंड होटल भी खरीदा।

जुलाई 2017 में, AEF अवाईर्स के दूसरे संस्करण के लिए, स्पैनिश एसोसिएशन ऑफ फाउंडेशन ने 2017 परोपकारी पहल श्रेणी में अमानसियो ओर्टेगा को सम्मानित किया। उन्होंने पूरे स्पेन में कैंसर से लड़ने के लिए 300 मिलियन यूरो का दान भी दिया, जिसे बीमारी का पता लगाने के लिए 440 मशीनों को खरीदने में निवेश किया गया था। नतीजतन, स्टीरियोटैक्टिक रेडियोथेरेपी मशीनों से लैस स्पेनिश सार्वजनिक अस्पतालों की संख्या 20 से बढ़कर 70 हो गई है। हालांकि, पोडेमोस जैसे कुछ राजनीतिक दलों द्वारा इन फैसलों का सर्वसम्मति से स्वागत और आलोचना नहीं की गई। हाल ही में, समाचार इंगित करता है कि उसने ट्रॉय ब्लॉक कॉम्प्लेक्स खरीदा है, उन इमारतों में से एक जिसे ज्यादातर लोग जानते हैं जहां अमेज़ॉन सिएटल का मुख्यालय है।

जुलाई 2020 में, यह पता चला कि उनकी पोंटेगडिया निवेश कंपनी के माध्यम से ओर्टेगा की संपत्ति $17.2 बिलियन थी। ओर्टेगा पोंटेगडिया के कार्यकारी अध्यक्ष हैं, और उनके पोर्टफोलियो में रियल एस्टेट संपत्तियों में मैनहट्टन की हाउट बिल्डिंग और दक्षिण पूर्व वित्तीय केंद्र शामिल हैं। 2019 में, कंपनी ने डाउनटाउन शिकागो होटल के लिए 72.5 मिलियन डॉलर का सौदा पूरा किया, वाशिंगटन के केंद्रीय व्यापार जिले में एक इमारत और दो सिएटल कार्यालय भवनों की खरीद की।

कोरोनोवायरस महामारी के कारण ओर्टेगा को $ 10 बिलियन का नुकसान होने की सूचना है।

व्यक्तिगत जीवन

ओर्टेगा अपने निजी जीवन के बारे में बहुत निजी हैं और 2012 तक पत्रकारों को केवल तीन साक्षात्कार दिए हैं। ओर्टेगा बहुत समावेशी है और बहुत लो प्रोफाइल रहता है। 1999 तक, ओर्टेगा की कोई तस्वीर प्रकाशित नहीं हुई है।

वह सादे कपड़े पहनना पसंद करते हैं, टाई पहनने से इंकार करते हैं और आम तौर पर नीले ब्लेज़र, सफ़ेद शर्ट और ग्रे पैंट की एक साधारण वर्दी पसंद करते हैं, जिनमें से कोई भी ज़ारा उत्पाद नहीं है।

उन्होंने 1966 में रोसालिया मेरा गोयनेचेया से शादी की, उनके दो बच्चे हुए, मार्कोस और सैंड्रा ओर्टेगा मेरा, इस जोड़े का 1986 में तलाक हो गया। मीरा का अगस्त 2013 में 69 वर्ष की आयु में निधन हो गया। उन्होंने 2001 में अपनी दूसरी पत्नी फ्लोरा परेज़ मार्कोटे से शादी की, जिनसे उन्हें 1984 में एक बेटी, मार्टा ओर्टेगा परेज़ हुई।

वह ज्यादातर एक काली मर्सिडीज-बेंज एस-क्लास (W221) और एक काले रंग की मर्सिडीज-बेंज GL-क्लास (X166) में इधर-उधर ड्राइव करते नजर आते हैं। उनके पास दो याट "ड्रिज़ल" और "वालोरिया बी" के साथ-साथ एक गल्फस्ट्रीम G650 और एक बॉम्बार्डियर ग्लोबल एक्सप्रेस प्राइवेट जेट है।

16
फ्रेंकोइस बेटेनकोर्ट मेयर्स

फ्रेंकोइस बेटेनकोर्ट मेयर्स

Top Richest People

Scan for Story Videos - www.itibook.com

फ्रेंकोइस बेटेनकोर्ट मेयर्स (फ्रेंच:; जन्म 10 जुलाई 1953) एक फ्रांसीसी व्यवसायी, परोपकारी, लेखक, पियानोवादक और अरबपति उत्तराधिकारी, सबसे अमीर महिला हैं। फोर्ब्स के अनुसार, मार्च 2022 तक उनकी अनुमानित कुल संपत्ति 75.3 बिलियन अमेरिकी डॉलर है। वह लिलियन बेटेनकोर्ट की इकलौती बेटी और लोरियल के संस्थापक यूजीन शूएलर की पोती हैं। सितंबर 2017 में उनकी मां की मृत्यु हो गई, जिसके बाद उनके परिवार की होल्डिंग कंपनी टेथिस इन्वेस्ट ने स्टॉक एक्सचेंज पर लोरियल शेयरों के उच्च मूल्यांकन के कारण उनके निवेश को तीन गुना कर दिया।

एक सख्त कैथोलिक को उठाया, उसने कई बाइबिल कमेंट्री लिखीं। वह लिलियन बेटेनकोर्ट की इकलौती बेटी और वारिस हैं। उसने ऑशविट्ज़ में मारे गए एक रब्बी के पोते जीन-पियरे मेयर्स से शादी की, और उन्होंने अपने बेटों जीन-विक्टर और निकोलस यहूदी का पालन-पोषण किया। नाजी सरकार के साथ सहयोग करने के लिए उसके दादा यूजीन शूएलर के परीक्षण के कारण उसकी शादी विवाद का कारण बनी; वह लोरियल के संस्थापक थे। बेटेनकोर्ट मेयर्स और उनके परिवार के पास अभी भी कंपनी का 33% हिस्सा है।

2008 में, उसने फ्रांकोइस-मैरी बानियर पर अपनी मां से पैसे लेने के लिए मुकदमा दायर किया, और उसने अपनी मां को मानसिक रूप से अक्षम घोषित करने के लिए कार्यवाही शुरू की। सबूत के तौर पर इस्तेमाल की गई गुप्त रिकॉर्डिंग के खुलासे से वर्थ-बेटेनकोर्ट कांड हुआ।

दिसंबर 2010 में, बेटेनकोर्ट मेयर्स ने घोषणा की कि वह अपनी मां और बानियर दोनों के साथ एक आउट-ऑफ-कोर्ट समझौता कर चुकी हैं।

सितंबर 2017 में उनकी मां की मृत्यु हो गई, जब उनकी कुल संपत्ति लगभग 39.5 बिलियन डॉलर थी, जिससे बेटेनकोर्ट मेयर्स दुनिया के शीर्ष 20 सबसे अमीर लोगों में शामिल हो गए।

नोट्रे-डेम डे पेरिस में आग लगने से गंभीर रूप से क्षतिग्रस्त होने के बाद, बेटेनकोर्ट मेयर्स और लॉरेल ने गिरजाघर की मरम्मत के लिए $226 मिलियन देने का वचन दिया।

ब्लूमबर्ग बिलियनेयर्स इंडेक्स के अनुसार, जनवरी 2022 तक, वह 94.9 बिलियन डॉलर की अनुमानित संपत्ति के साथ दुनिया की सबसे अमीर महिला थीं।

17

झोंग शानशान

झोंग शानशान

Scan for Story Videos - www.itibook.com

झोंग शानशान (चीनी: पिनयिन: झोंग शानशान, जन्म दिसंबर 1954) एक चीनी अरबपति व्यापारी हैं।

वह नोंगफू स्प्रिंग बेवरेज कंपनी के संस्थापक और अध्यक्ष हैं और बीजिंग वांताई बायोलॉजिकल फार्मेसी एंटरप्राइज के अधिकांश मालिक हैं।

2022 तक, वह 63 बिलियन डॉलर की संपत्ति के साथ सबसे अमीर चीनी नागरिक हैं। उनके धन का स्रोत मुख्य रूप से पेय पदार्थ और फार्मास्यूटिकल्स से है।

झोंग का जन्म 1954 में हांग्जो में हुआ था। उन्होंने सांस्कृतिक क्रांति के दौरान प्राथमिक विद्यालय छोड़ दिया और निर्माण में काम पाया। 1977 में, उन्होंने चीनी का अध्ययन करने के लिए झेजियांग रेडियो और टीवी विश्वविद्यालय में दाखिला लिया। झोंग 1988 में व्यवसाय में प्रवेश करने से पहले झेजियांग डेली में एक पत्रकार थे। 1988 में, झोंग दक्षिणी चीन के तट से दूर हैनान द्वीप चले गए। द्वीप पर रहते हुए उन्होंने मशरूम, झींगे और कछुए बेचे। इसके बाद वह वहा बेवरेज कंपनी के सेल्स एजेंट के रूप में काम करने चला गया और हेल्थकेयर सप्लीमेंट्स बेचने लगा।

करियर

1996 में, झोंग ने हांग्जो में एक बोतलबंद पानी कंपनी की स्थापना की, जो बाद में नोंगफू स्प्रिंग बन गई। 1999 में, नोंगफू स्प्रिंग ने अपने पानी से प्राकृतिक खनिजों को निकालना बंद कर दिया। यह एक समझदार विपणन कदम था और इसने अपने लक्षित दर्शकों के लिए जोखिम बढ़ाने में काफी मदद की। यह चीन में लोकप्रिय था, जहां आसुत जल उस समय आदर्श था, इसके स्वास्थ्य लाभ या इसकी कमी के बारे में कई चिंताओं के बावजूद। झोंग के नेतृत्व में, कंपनी चीन में सबसे बड़ी बोतलबंद पानी उत्पादक बन गई, साथ ही दुनिया की सबसे बड़ी पेय कंपनियों में से एक बन गई। कंपनी ने कोका-कोला, वॉटसन और पेप्सी जैसे उद्योग जगत के दिग्गजों को पीछे छोड़ते हुए सबसे ज्यादा बिकने वाला पैकेज्ड बेवरेज ब्रांड बन गया। झोंग ने नोंगफू स्प्रिंग के ग्राहक आधार को समझने के लिए क्लाउड कंप्यूटिंग और बिग डेटा जैसी नई तकनीकों का लाभ उठाया। इसने देश भर में अद्वितीय बाजार विस्तार को सक्षम किया और एक बार विनम्र कंपनी को महाकाव्य अनुपात के लेविथान में बदल दिया। नीलसन शोध के आंकड़ों के अनुसार, नोंगफू स्प्रिंग्स प्राकृतिक जल 2012 में देश में सबसे लोकप्रिय बोतलबंद पानी बन गया। 2012 से, नोंगफू स्प्रिंग चीन में पैकेज्ड पेय पदार्थों का नंबर एक विक्रेता रहा है। लगातार 8 साल तक इस दबदबे को कायम रखा।

सितंबर 2020 में नोंगफू स्प्रिंग की आरंभिक सार्वजनिक पेशकश ने झोंग की संपत्ति में बहुत वृद्धि की। इससे उनकी संपत्ति 18.9 अरब डॉलर से बढ़कर 50 अरब डॉलर हो गई। इसने उन्हें ब्लूमबर्ग और फोर्ब्स के अनुसार चीन का सबसे अमीर या दूसरा सबसे अमीर व्यक्ति बना दिया। फोर्ब्स ने 2020 के अंत में झोंग को एशिया के सबसे अमीर व्यक्ति के रूप में सूचीबद्ध किया था। जनवरी 2021 में, फोर्ब्स ने बताया कि नोंगफू स्प्रिंग के बढ़ते शेयर की कीमत ने उन्हें 95 बिलियन डॉलर की संपत्ति के साथ चीन का सबसे अमीर आदमी और दुनिया का छठा सबसे अमीर व्यक्ति बना दिया। हालाँकि, वह जल्द ही सबसे अमीर एशियाई बन गए लेकिन भारत के मुकेश अंबानी से आगे निकल गए। इसका उदय चीन में धन की लहर के साथ हुआ, जहां 100 से अधिक अरबपतियों ने सामूहिक रूप से 2020 में अपनी संपत्ति में 0.5 ट्रिलियन डॉलर जोड़े। हालाँकि, उन्होंने 30 बिलियन अमेरिकी डॉलर खो दिए और अंबानी और गौतम अडानी दोनों भारतीयों के बाद एशिया में तीसरे सबसे अमीर व्यक्ति बन गए। 12 सितंबर, 2020 तक, झोंग के पास बीजिंग वांताई बायोलॉजिकल फार्मेसी में 75% हिस्सेदारी थी। वांताई अप्रैल 2020 में सार्वजनिक हो गया, जिससे झोंग की संपत्ति में वृद्धि हुई और उसकी संपत्ति में इजाफा हुआ। 11 जनवरी, 2021 तक, उनके पास नोंगफू स्प्रिंग का 84.4% हिस्सा था और वह कंपनी के अध्यक्ष थे।

व्यक्तिगत जीवन

झोंग एक कम सार्वजनिक प्रोफ़ाइल रखता है, और चीनी मीडिया द्वारा "अकेला भेड़िया" कहा जाता है। उन्होंने ज़िहु जिले, हांग्जो में एक अपार्टमेंट खरीदा, जहां वे मुख्य रूप से रहते हैं। नोंगफू स्प्रिंग का मुख्यालय शिहु जिले में भी है, जो शहर की सुंदर पश्चिमी झील के निकट होने के लिए जाना जाता है। झोंग ने लू शियाओपिंग से शादी की है और उनके तीन बच्चे हैं।

18

स्टीव बाल्मर

स्टीव बाल्मर

Top Richest People

Scan for Story Videos - www.itibook.com

स्टीवन एंथोनी बाल्मर (जन्म 24 मार्च, 1956) एक अमेरिकी व्यवसायी और निवेशक हैं, जिन्होंने 2000 से 2014 तक माइक्रोसॉफ्ट के सीईओ के रूप में कार्य किया। वह नेशनल बास्केटबॉल एसोसिएशन (एनबीए) के लॉस एंजिल्स क्लिपर्स के वर्तमान मालिक हैं। अगस्त 2022 तक, ब्लूमबर्ग बिलियनेयर्स इंडेक्स ने उनकी व्यक्तिगत संपत्ति लगभग 98 बिलियन डॉलर होने का अनुमान लगाया है, जिससे वह पृथ्वी पर नौवें सबसे अमीर व्यक्ति बन गए हैं।

बाल्मर को 1980 में माइक्रोसॉफ्ट में बिल गेट्स द्वारा काम पर रखा गया था और फिर स्टैनफोर्ड यूनिवर्सिटी में एमबीए प्रोग्राम से बाहर कर दिया गया था। वह अंततः 1998 में अध्यक्ष बने और 13 जनवरी 2000 को गेट्स को सीईओ के रूप में प्रतिस्थापित किया। फरवरी 2014 को, बाल्मर सीईओ के रूप में सेवानिवृत्त हुए और उनकी जगह सत्या नडेला ने ले ली; बाल्मर 19 अगस्त 2014 तक Microsoft के निदेशक मंडल में बने रहे, जब उन्होंने एक नई कक्षा को पढ़ाने के लिए पद छोड़ दिया।

माइक्रोसॉफ्ट के सीईओ के रूप में उनके कार्यकाल और विरासत को मिली-जुली समीक्षाएं मिली हैं, कंपनी की बिक्री तिगुनी हुई है और मुनाफा दोगुना हुआ है, लेकिन बाजार का प्रभुत्व खो रहा है और 21 वीं सदी के प्रौद्योगिकी रुझान जैसे कि आईफोन और एंड्रॉइड स्मार्टफोन के रूप में उभर रहे हैं।

बाल्मर का जन्म डेट्रायट, मिशिगन में हुआ था; वह फोर्ड मोटर कंपनी के एक प्रबंधक, बीट्रिस डॉर्किन और फ्रेडरिक हेनरी (फ्रिट्ज़ हंस) बामर के बेटे हैं। फ्रेडरिक जुचविल, स्विट्ज़रलैंड से थे और 1948 में संयुक्त राज्य अमेरिका आए थे। स्टीव की माँ एक रूसी यहूदी शमूएल ड्वोर्किन की बेटी थीं, जो 1914 में संयुक्त राज्य अमेरिका भाग गए और एक कांच की दुकान के लिए विक्रेता बन गए। अपनी मां के माध्यम से बाल्मर अभिनेत्री और कॉमेडियन गिल्डा रेडनर के दूसरे चचेरे भाई हैं। बामर फार्मिंग्टन हिल्स, मिशिगन के संपन्न समुदाय में पले-बढ़े। बामर 1964 से 1967 तक ब्रुसेल्स में भी रहे, जहाँ उन्होंने इंटरनेशनल स्कूल ऑफ़ ब्रुसेल्स में पढ़ाई की।

1973 में, उन्होंने लॉरेंस टेक्नोलॉजिकल यूनिवर्सिटी में कॉलेज की तैयारी और इंजीनियरिंग कक्षाओं में दाखिला लिया। उन्होंने डेट्रायट कंट्री डे स्कूल, बेवर्ली हिल्स, मिशिगन में एक निजी कॉलेज प्रिपरेटरी स्कूल से वेलेडिक्टोरियन के रूप में स्नातक की उपाधि प्राप्त की, SAT के गणित खंड में 800 अंक प्राप्त किए और वह एक नेशनल मेरिट स्कॉलर थे। (वह अंततः स्कूल के निदेशक मंडल के सदस्य बन गए।)

बाल्मर ने हार्वर्ड विश्वविद्यालय में भाग लिया, जहां वे हार्वर्ड क्रिमसन फुटबॉल टीम के प्रबंधक और फॉक्स क्लब के सदस्य थे, उन्होंने हार्वर्ड क्रिमसन समाचार पत्र के साथ-साथ हार्वर्ड वकीलों के लिए काम किया और सहयोगी बिल गेट्स के साथ हॉल में रहते थे। उन्होंने बिल गेट्स की तुलना में अमेरिका के गणितीय संघ द्वारा प्रायोजित विलियम लोवेल पुतनाम गणितीय प्रतियोगिता में अत्यधिक स्कोर किया। उन्होंने 1977 में अनुप्रयुक्त गणित और अर्थशास्त्र में मैग्ना कम लॉड डिग्री के साथ स्नातक किया।

बाल्मर ने प्रॉक्टर एंड गैंबल में सहायक उत्पाद प्रबंधक के रूप में दो साल तक काम किया, जहां उन्होंने जेफ इमेट के साथ एक कार्यालय साझा किया, जो बाद में जनरल इलेक्ट्रिक के सीईओ बने। हॉलीवुड में पटकथा लेखन में एक संक्षिप्त प्रयास के बाद, उन्होंने एमबीए के लिए स्टैनफोर्ड ग्रेजुएट स्कूल ऑफ बिजनेस में भाग लेना शुरू किया, लेकिन 1980 में माइक्रोसॉफ्ट में शामिल होने के लिए छोड़ दिया।

माइक्रोसॉफ्ट के साथ इतिहास

बाल्मर 11 जून 1980 को माइक्रोसॉफ्ट में शामिल हुए, माइक्रोसॉफ्ट के 30वें कर्मचारी बने और गेट्स द्वारा काम पर रखा गया पहला बिजनेस मैनेजर।

बाल्मर को $50,000 वेतन के साथ कंपनी के वेतन का 5-10% देने की पेशकश की गई थी। जब Microsoft की स्थापना 1981 में हुई थी, तब बाल्मर के पास कंपनी का 8% स्वामित्व था। 2003 में, बाल्मर ने लगभग $955 मिलियन मूल्य के 39.3 मिलियन Microsoft शेयर बेचे, जिससे उनका स्वामित्व 4% तक कम हो गया। उसी वर्ष, इसने माइक्रोसॉफ्ट के कर्मचारी स्टॉक विकल्प कार्यक्रम को बदल दिया।

अपनी नियुक्ति के बाद से 20 वर्षों में, बाल्मर ने संचालन, ऑपरेटिंग सिस्टम विकास, और बिक्री और समर्थन सहित माइक्रोसॉफ्ट के कई प्रभागों का नेतृत्व किया है। फरवरी 1992 से, वह बिक्री और समर्थन के कार्यकारी उपाध्यक्ष रहे हैं। बाल्मर ने माइक्रोसॉफ्ट के .NET फ्रेमवर्क के विकास का नेतृत्व किया। बाल्मर को तब माइक्रोसॉफ्ट के अध्यक्ष के रूप में पदोन्नत किया गया था, एक उपाधि जो उन्होंने जुलाई 1998 से फरवरी 2001 तक धारण की, जिससे वह कंपनी में अध्यक्ष और सीईओ बिल गेट्स के बाद दूसरे नंबर पर आ गए।

मुख्य कार्यकारी अधिकारी (2000-2014)

बाल्मर को आधिकारिक तौर पर 13 जनवरी 2000 को सीईओ नामित किया गया था। 3 4 सीईओ के रूप में, बाल्मर ने कंपनी के वित्त और दिन-प्रतिदिन के संचालन को संभाला, लेकिन गेट्स बोर्ड के अध्यक्ष बने रहे और फिर भी मुख्य सॉफ्टवेयर वास्तुकार के रूप में "तकनीकी दृष्टि" को नियंत्रित किया। 2006 में जब गेट्स ने मुख्य सॉफ्टवेयर वास्तुकार के रूप में कदम रखा, तो गेट्स ने अध्यक्ष के रूप में शेष रहते हुए दिन-प्रतिदिन के कार्यों से इस्तीफा दे दिया, और इससे बाल्मर को माइक्रोसॉफ्ट में प्रमुख प्रबंधन परिवर्तन करने के लिए आवश्यक स्वायत्तता मिली।

जब बाल्मर ने सीईओ के रूप में पदभार संभाला, तो कंपनी अमेरिकी सरकार और 20 राज्यों द्वारा लाए गए अविश्वास के मुकदमों के साथ-साथ वर्ग-कार्रवाई के मुकदमों और प्रतिद्वंद्वी कंपनियों की शिकायतों से लड़ रही थी। बता दें कि गेट्स ने केस लड़ना जारी रखा होताइस बीच, बाल्मर ने समाधान के लिए अपनी प्राथमिकता व्यक्त करते हुए कहा: "यह एक बहुत ही अजीब, असुविधाजनक स्थिति है जिस पर मुकदमा चलाया जा सकता है, प्रभावी रूप से, या हमारी सरकार द्वारा शिकायत की जा सकती है। इसमें बस सभी नकारात्मक पहलू हैं। लोग मानते हैं कि सरकार ने शिकायत की है कि वास्तव में वहाँ एक समस्या है और आपकी यह कहने की क्षमता कि हम एक अच्छे, सही, नैतिक स्थान हैं, कठिन है। यह वास्तव में कठिन है, भले ही आप अपने बारे में ऐसा ही महसूस करते हों।"

सीईओ बनने के बाद, सैकड़ों उत्पादों को अनुमति देने के बजाय बाल्मर को नए उत्पादों को स्वीकृत करने के लिए विस्तृत व्यावसायिक औचित्य की आवश्यकता थी, जो दिलचस्प या ट्रेंडी लग सकते हैं। 2005 में, उन्होंने वॉलमार्ट से बी. केविन टर्नर, जो सैम्स क्लब के अध्यक्ष और सीईओ थे, को माइक्रोसॉफ्ट का सीईओ नियुक्त किया। Microsoft में टर्नर को कंपनी के बिक्री, विपणन और सेवा समूह का नेतृत्व करने और कंपनी के संचालन और बिक्री बल में अधिक प्रक्रियाएं और अनुशासन लाने के लिए नियुक्त किया गया था।

बिल गेट्स की सेवानिवृत्ति के बाद से, बाल्मर ने "कंपनी की पीसी-पहली विरासत से एक नाटकीय बदलाव" देखा है, "प्रतिभा-पूल" को तोड़ने के लिए अपने अधिकांश प्रमुख डिवीजन प्रमुखों की जगह ले ली है, और बिजनेसवीक ने कहा कि कंपनी ने "अब यकीनन इसके इतिहास में सबसे अच्छा उत्पाद लाइनअप।" बाल्मर माइक्रोसॉफ्ट की कनेक्टेड कंप्यूटिंग रणनीति को चलाने में महत्वपूर्ण भूमिका निभाते थे, जिसमें स्काइप जैसे अधिग्रहण शामिल थे।

सीईओ के रूप में बाल्मर के कार्यकाल के दौरान माइक्रोसॉफ्ट के शेयर की कीमत स्थिर हो गई। उस समय Microsoft की वित्तीय सफलता के बावजूद, स्टॉक ने खराब प्रदर्शन किया। कंपनी का वार्षिक राजस्व 25 बिलियन डॉलर से बढ़कर 70 बिलियन डॉलर हो गया, जबकि इसकी शुद्ध आय 215% बढ़कर 23 बिलियन डॉलर हो गई, और बिक्री के प्रत्येक डॉलर पर इसका 75 सेंट का सकल लाभ Google या IBM से दोगुना है। कंपनी के 16.4% के सकल वार्षिक लाभ का नेतृत्व करने के मामले में, माइक्रोसॉफ्ट में बॉलर का कार्यकाल जनरल इलेक्ट्रिक के जैक वेल्च (11.2%) और आईबीएम के लुई वी। गेर्स्टनर जूनियर (2%) जैसे प्रसिद्ध सीईओ के प्रदर्शन को मात देना। जबकि ये लाभ मौजूदा विंडोज और ऑफिस फ्रैंचाइजी से आए हैं, बाल्मर ने लिनक्स और अन्य ओपन-सोर्स ऑपरेटिंग सिस्टम और Google डॉक्स जैसे प्रतिस्पर्धियों से खतरों को दूर करते हुए अपनी लाभप्रदता बनाए रखी है। बाल्मर ने आधा दर्जन नए व्यवसाय भी बनाए, जैसे डेटा सेंटर डिवीजन और एक्सबॉक्स एंटरटेनमेंट एंड एक्सेसरीज डिवीजन ($8.9 बिलियन), 33 (जिसने सोनी प्लेस्टेशन और अन्य गेमिंग कंसोल को विंडोज से हारने से रोका), और स्काइप के अधिग्रहण का निरीक्षण किया। बाल्मर ने एक्सचेंज, विंडोज सर्वर, एसक्यूएल सर्वर, शेयरपॉइंट, सिस्टम सेंटर और डायनेमिक्स सीआरएम जैसे नए उत्पादों और सेवाओं सहित कंपनी के $20 बिलियन उद्यम व्यवसाय का भी निर्माण किया, जिनमें से प्रत्येक को शुरू में गोद लेने की लड़ाई का सामना करना पड़ा लेकिन एक नेता के रूप में उभरा। या प्रत्येक श्रेणी में प्रमुख है। इस विविध उत्पाद मिश्रण ने कंपनी की पीसी और मोबाइल कंप्यूटिंग उपकरणों पर निर्भरता को कम करने में मदद की क्योंकि कंपनी ने पीसी-टू-पीसी युग में प्रवेश किया; अप्रैल 2013 में तिमाही परिणामों की रिपोर्टिंग करते समय, विंडोज फोन 8 और विंडोज 8 अपने बाजार हिस्सेदारी को एक अंक से अधिक बढ़ाने में विफल रहे, कंपनी ने 2012 में पिछली तिमाही की तुलना में अपने लाभ में 19% की वृद्धि की, माइक्रोसॉफ्ट बिजनेस डिवीजन (सहित) ऑफिस 365.) और सर्वर और टूल्स। डिवीजन (क्लाउड सर्विसेज) हर विंडोज डिवीजन से बड़ा है।

बाल्मर ने कई नई उपभोक्ता तकनीकों का लाभ उठाने में विफल रहने के लिए आलोचना की, जिससे माइक्रोसॉफ्ट को टैबलेट कंप्यूटिंग, स्मार्टफोन और संगीत खिलाड़ियों के क्षेत्र में मिश्रित परिणाम के साथ पकड़ने के लिए मजबूर होना पड़ा। वॉल स्ट्रीट जर्नल के अनुसार, बाल्मर की घड़ी पर, "कई मामलों में, माइक्रोसॉफ्ट ने स्मार्टफोन, टचस्क्रीन, 'स्मार्ट' कारों और कलाई घड़ी जैसी तकनीकों का इस्तेमाल ऐप्पल या गूगल से बहुत पहले किया था। उन्होंने इसकी नकदी गायों, विंडोज और ऑफिस को धमकी दी थी।" बाल्मर को बीबीसी द्वारा 2013 के सबसे खराब सीईओ में से एक भी नामित किया गया था। 36 इनमें से कई आलोचनाओं के परिणामस्वरूप, मई 2012 में, हेज फंड मैनेजर डेविड आइन्हॉर्न ने बाल्मर को माइक्रोसॉफ्ट के सीईओ के पद से इस्तीफा देने के लिए कहा। आइन्हॉर्न ने बाल्मर के बारे में कहा, "उनकी निरंतर उपस्थिति माइक्रोसॉफ्ट स्टॉक पर सबसे बड़ी बाधा है।" 37 फोर्ब्स पत्रिका में मई 2012 के कॉलम में, एडम हार्टुंग ने बाल्मर को "सार्वजनिक रूप से कारोबार करने वाली एक प्रमुख अमेरिकी कंपनी का सबसे खराब सीईओ" के रूप में वर्णित किया, यह कहते हुए कि उन्होंने "माइक्रोसॉफ्ट को कुछ सबसे तेजी से बढ़ते और सबसे अधिक लाभदायक तकनीकी बाजारों (मोबाइल संगीत) से बाहर कर दिया। (हेडसेट्स) हटा दिया जाता है। और गोलियां)"।

2009 में, और बिल गेट्स के Microsoft के दिन-प्रतिदिन के प्रबंधन से इस्तीफा देने के बाद पहली बार, बाल्मर ने CES में शुरुआती मुख्य भाषण दिया।

हार्डवेयर में विस्तार करने की अपनी योजना के हिस्से के रूप में, 19 जून 2012 को, बाल्मर ने हॉलीवुड, लॉस एंजिल्स में एक कार्यक्रम में माइक्रोसॉफ्ट के पहले कंप्यूटिंग डिवाइस, माइक्रोसॉफ्ट सरफेस नामक टैबलेट का अनावरण किया। इसके बाद उन्होंने सितंबर 2013 में कंपनी द्वारा नोकिया के मोबाइल फोन डिवीजन को खरीदने की घोषणा की, जो कि सीईओ के रूप में माइक्रोसॉफ्ट के लिए उनका आखिरी

बड़ा अधिग्रहण था।

23 अगस्त 2013 को, Microsoft ने घोषणा की कि बाल्मर अगले 12 महीनेसेवानिवृत होगा। बिल गेट्स समेत एक विशेष कमेटी अगले सीईओ का फैसला करेगी।

Microsoft के सीईओ के रूप में बाल्मर के संभावित उत्तराधिकारियों की एक सूची थी, लेकिन सभी ने कंपनी छोड़ दी: जिम ऑलचिन, ब्रैड सिल्वरबर्ग, पॉल मारिट्ज, नाथन मेहरवॉल्ड, ग्रेग माफ़ी, पीट हिगिंस, जेफ राईक्स, जे। एलार्ड, रोबी बाख, बिल वेजीटा, रे ओजी, बॉब मुगलिया और स्टीवन सिनोफस्की। बी। केविन टर्नर, माइक्रोसॉफ्ट के चीफ ऑपरेटिंग ऑफिसर (सीओओ), कुछ लोगों द्वारा बाल्मर के लिए वास्तविक नंबर दो माना जाता है, टर्नर के पास व्यापार और संचालन की मजबूत समझ थी लेकिन तकनीकी दृष्टि की कमी थी। 4 फरवरी 2014 को, सत्या नडेला ने सीईओ के रूप में बाल्मर की जगह ली।

सार्वजनिक छवि

यद्यपि वह एक बच्चे के रूप में इतना शर्मीला था कि वह हिब्रू स्कूल के सामने हाइपरवेंटिलेट करता था, बाल्मर अपने ऊर्जावान और ऊर्जावान व्यक्तित्व के लिए जाना जाता है, जिसका उद्देश्य कर्मचारियों और भागीदारों को प्रेरित करना था, इतना कि उन्हें सर्जरी की आवश्यकता थी। स्वर रज्जु।

माइक्रोसॉफ्ट इवेंट्स में बाल्मर की तेजतर्रार मंचीय प्रस्तुतियों को इंटरनेट पर वायरल वीडियो के रूप में व्यापक रूप से प्रसारित किया जाता है। Microsoft कर्मचारियों के लिए 1986 में बनाया गया, यह एक पागल एडी वाणिज्यिक की शैली में विंडोज 1.0 को बढ़ावा देने वाला एक पैरोडी वीडियो था। बाल्मर और ब्रायन वैलेंटाइन ने बाद में इसे विंडोज एक्सपी के एक धोखा विज्ञापन में दोहराया।

एक व्यापक रूप से परिचालित वीडियो सितंबर 2000 में माइक्रोसॉफ्ट की 25वीं वर्षगांठ समारोह में मंच पर उनका प्रवेश था, जहां बाल्मर ने मंच पर छलांग लगाई और कहा, "मैं इस कंपनी से प्यार करता हूं!" चिल्लाया। एक और मशहूर वायरल वीडियो था। विंडोज 2000 डेवलपर्स सम्मेलन में लिया गया, पसीने से लथपथ बाल्मर "डेवलपर्स" शब्द का उच्चारण करता है।

बिल गेट्स के साथ संबंध

मेलिंडा फ्रेंच से शादी में बाल्मर गेट्स के सबसे अच्छे व्यक्ति थे, और दोनों ने अपने रिश्ते को शादी के रूप में वर्णित किया। पिछले कुछ वर्षों में वे इतने करीब थे कि माइक्रोसॉफ्ट के एक अन्य अधिकारी ने इसे दिमागी मेल के रूप में वर्णित किया। जुझारू वाद-विवाद- माइक्रोसॉफ्ट की कॉर्पोरेट संस्कृति का हिस्सा-जिसके बारे में कई पर्यवेक्षकों का मानना था कि रिश्ते में व्यक्तिगत विवादों का कारण बना; जबकि गेट्स प्रसन्न थे कि बाल्मर 2000 में प्रौद्योगिकी पर ध्यान केंद्रित करने के लिए सीईओ बनने के लिए तैयार थे, वॉल स्ट्रीट जर्नल ने बताया कि सत्ता के संक्रमण को लेकर तनाव था। हालात इतने कड़वे हो गए कि, एक अवसर पर, गेट्स एक चिल्लाते हुए मैच के बाद एक बैठक से बाहर निकल गए, जिसमें बाल्मर उस समय मौजूद एक व्यक्ति के अनुसार, कई सहयोगियों के बचाव में कूद पड़े। विनिमय के बाद, बाल्मर को "पछतावा" महसूस हुआ, उस व्यक्ति ने कहा। बाल्मर ने कहा, एक बार गेट्स के चले जाने के बाद, "मुझे किसी भी चीज़ के लिए उनकी आवश्यकता नहीं होगी। यही सिद्धांत है।" "इसका उपयोग करें, हाँ, इसकी आवश्यकता है, नहीं"।

अक्टूबर 2014 में, बाल्मर के माइक्रोसॉफ्ट में अपना पद छोड़ने के कुछ महीने बाद, एक वैनिटी फेयर प्रोफाइल ने कहा कि बाल्मर के इस्तीफे पर दुश्मनी के कारण बाल्मर और गेट्स अब बोलने की स्थिति में नहीं थे। नवंबर 2016 के एक साक्षात्कार में, बाल्मर ने कहा कि वह और गेट्स तब से "अलग हो गए" थे और कहा कि उनके बीच हमेशा "भाई जैसा रिश्ता" रहा है। उन्होंने कहा कि हार्डवेयर व्यवसाय, विशेष रूप से स्मार्टफोन, जिसका गेट्स ने समर्थन नहीं किया, उनके बीच संबंध विच्छेद का कारण बना।

निवृत्ति

2008 में यह कहने के बाद कि उनका एक और दशक तक सीईओ बने रहने का इरादा है, अधिग्रहण और सरफेस टैबलेट पर अरबों डॉलर गंवाने के बाद बाल्मर ने 2013 में अपनी सेवानिवृत्ति की घोषणा की। समाचार ने Microsoft के शेयर की कीमत को फिर से बढ़ा दिया।

बाल्मर का कहना है कि उन्हें 2000 के दशक की शुरुआत में विंडोज मोबाइल पर ध्यान केंद्रित नहीं करने का पछतावा है, जिससे माइक्रोसॉफ्ट को (तत्कालीन) 2013 स्मार्टफोन बाजार में तीसरा स्थान मिला। इसके अलावा, उन्होंने महंगे आईफोन की सफलता का श्रेय कैरियर सब्सिडी को दिया। उसने जोड़ा,

लोग इस उद्धरण की ओर इशारा करना पसंद करते हैं जहां मैंने कहा था कि आईफोन कभी नहीं बिकेगा, क्योंकि $600 या $700 बहुत अधिक था। और यह Apple द्वारा मासिक सेलफोन बिल में अनिवार्य रूप से शामिल करने के लिए एक बिजनेस मॉडल इनोवेशन था।

उन्होंने नोकिया के मोबाइल फोन डिवीजन के अधिग्रहण को अपने कार्यकाल का "सबसे कठिन निर्णय" कहा, क्योंकि उन्होंने माइक्रोसॉफ्ट के हार्डवेयर में विस्तार के रूप में बदलते प्रोफाइल का निरीक्षण किया।

बाल्मर ने सितंबर 2013 में कंपनी की आखिरी बैठक की, और अगस्त 2014 में कंपनी के निदेशक मंडल से हट गए।

24 दिसंबर 2014 को, द सिएटल टाइम्स ने बताया कि आईआरएस ने बाल्मर, क्रेग मुंडी, जेफ राईक्स, जिम अल्चिन, ऑरलैंडो अयाला और डेविड गुएन्थर पर मुकदमा दायर किया ताकि उन्हें माइक्रोसॉफ्ट के कॉर्पोरेट टैक्स ऑडिट में गवाही देने के लिए मजबूर किया जा सके।

आईआरएस देख रहा है कि माइक्रोसॉफ्ट और अन्य कंपनियां ट्रांसफर प्राइसिंग से कैसे निपटती हैं।

अन्य पद

बाल्मर ने 2001 से 2006 तक एक्सेंचर लिमिटेड के निदेशक और एक्सेंचर एससीए के सामान्य भागीदार के रूप में कार्य किया।

प्रतिस्पर्धी कंपनियों और सॉफ्टवेयर पर

सेब

2007 में, बाल्मर ने कहा "Apple iPhone के पास कोई महत्वपूर्ण बाजार हिस्सेदारी हासिल करने का कोई मौका नहीं है। कोई मौका नहीं।"

2009 में NYC में एक सम्मेलन में बोलते हुए, बाल्मर ने Apple के मूल्य निर्धारण की आलोचना की, "अब मुझे लगता है कि ज्वार (Apple के खिलाफ) दूसरी तरफ मुड़ गया है। अर्थव्यवस्था मददगार है। इस माहौल में, एक कंप्यूटर के लिए अतिरिक्त $500 का भुगतान करना - हार्डवेयर का एक ही टुकड़ा - उस पर एक लोगो प्राप्त करने के लिए? मुझे लगता है कि यह है औसत व्यक्ति के लिए पहले की तुलना में अधिक चुनौतीपूर्ण प्रस्ताव।" है।"

2015 में, बाल्मर ने 1997 में Apple को दिवालिया होने से बचाने के लिए Microsoft के निवेश निर्णय को "अब तक का सबसे असाधारण काम" कहा। 2015 तक, Apple दुनिया की सबसे मूल्यवान कंपनी थी।

2016 में, बाल्मर ने ब्लूमबर्ग को एक साक्षात्कार दिया जहां बाल्मर ने अपने आईफोन बयान का संदर्भ दिया, "लोग इस उद्धरण को देखना पसंद करते हैं ... एक ग्राहक के मासिक बिल की कीमत। वह उस बिजनेस मॉडल इनोवेशन को नहीं समझ पाया, जिसका उपयोग Apple करने जा रहा था।

फ्री और ओपन सोर्स सॉफ्टवेयर

जुलाई 2000 में, बाल्मर ने मुफ्त सॉफ्टवेयर लिनक्स कर्नल को "साम्यवाद" कहा और आगे दावा किया कि यह माइक्रोसॉफ्ट की बौद्धिक संपदा का उल्लंघन करता है। जून 2001 में, उन्होंने लिनक्स को "एक कैंसर कहा जो बौद्धिक संपदा के अर्थ में स्पर्श करने वाली हर चीज को संक्रमित करता है"। बाल्मर ने इस तथ्य पर अपनी चिंता व्यक्त करने के लिए "वायरल" लाइसेंस शर्तों का इस्तेमाल किया कि ऐसे सॉफ्टवेयर द्वारा नियोजित जीएनयू जनरल पब्लिक लाइसेंस (जीपीएल) के लिए सभी व्युत्पन्न सॉफ्टवेयर को जीपीएल या एक संगत लाइसेंस के तहत होना आवश्यक है। अप्रैल 2003 में, उन्होंने म्यूनिख के मेयर से व्यक्तिगत रूप से लिनक्स पर स्विच न करने की विनती करने के लिए स्विटजरलैंड में एक स्कीइंग अवकाश को बाधित किया। लेकिन वह असफल रहा और अपनी पैरवी यात्रा में म्यूनिख से 35% छूट के बावजूद LiMux में बदल गया।

मार्च 2016 में, बाल्मर ने लिनक्स पर अपना रुख बदल दिया, यह कहते हुए कि उन्होंने अपने उत्तराधिकारी सत्या नडेला की ओपन सोर्स प्रतिबद्धता का समर्थन किया। 2001 में उनकी टिप्पणी उस समय सही थी लेकिन उनका कहना है कि समय बदल गया है।

गूगल

2005 में, Microsoft ने अपने पिछले उपाध्यक्षों में से एक काई-फू ली को काम पर रखने के लिए Google पर मुकदमा दायर किया, यह दावा करते हुए कि यह उनके अनुबंध में एक साल के गैर-प्रतिस्पर्धी खंड का उल्लंघन कर रहा था। 2004 में Google को छोड़ने वाले मार्क लुकोव्स्की ने वाशिंगटन राज्य की अदालत में एक शपथ बयान में आरोप लगाया कि जब बाल्मर ने सुना कि लुकोव्स्की Google के लिए Microsoft छोड़ रहे हैं तो वह क्रोधित हो गए, उन्होंने अपनी कुर्सी उठाई और अपने कार्यालय में फेंक दी। , Google के तत्कालीन कार्यकारी अध्यक्ष एरिक शिमट (जो पहले प्रतिस्पर्धियों सन और नोवेल के लिए काम करते थे) का जिक्र करते हुए, बाल्मर ने "Google को मारने की कसम खाई।" लुकोव्स्की की रिपोर्ट:

बातचीत के दौरान श्री बाल्मर ने कहा: "मुझे बताएं कि यह Google नहीं है।" मैंने उससे कहा कि यह Google था। उस समय, श्री बाल्मर ने एक कुर्सी उठाई और उसे अपने कार्यालय में मेज पर मारते हुए पूरे कमरे में फेंक दिया। श्री बाल्मर ने बाद में कहा: "एरिक शिमट एक कमबख्त बिल्ली है। मैं उस आदमी को दफनाने जा रहा हूं, मैंने इसे पहले भी किया है और मैं इसे फिर से करूंगा। मैं गूगल को मारने जा रहा हूं।"

बाल्मर ने तब लुकोव्स्की को माइक्रोसॉफ्ट में बने रहने के लिए राजी करने के अपने प्रयासों को फिर से शुरू किया। बाल्मर ने लुकोव्स्की की घटना को "वास्तव में जो हुआ उसका घोर अतिशयोक्ति" के रूप में वर्णित किया।

2011 में सैन फ्रांसिस्को में वेब 2.0 शिखर सम्मेलन के दौरान, उन्होंने कहा: "आपको विंडोज फोन का उपयोग करने के लिए कंप्यूटर वैज्ञानिक होने की जरूरत नहीं है और आप एंड्रॉइड फोन का उपयोग करते हैं ... मेरे लिए इसके बारे में उत्साहित होना मुश्किल है। एंड्रॉइड फोन "

2013 में, बाल्मर ने कहा कि Google एक "एकाधिकार" था जिस पर प्रतिस्पर्धा अधिकारियों द्वारा दबाव डाला जाना चाहिए।

खेल

6 मार्च 2008 को, सिएटल के मेयर ग्रेग निकल्स ने घोषणा की कि एक स्थानीय स्वामित्व समूह जिसमें बाल्मर शामिल था, ने KeyArena के प्रस्तावित $300 मिलियन नवीनीकरण के लिए $150 मिलियन नकद निवेश करने के लिए "गेम-चेंजिंग" प्रतिबद्धता की थी, और वे इसके लिए तैयार थे सिएटल सुपरसोनिक्स खरीदें। सिएटल में टीम लगाने के लिए प्रोफेशनल बास्केटबॉल क्लब एलएलसी। हालांकि, उद्यम विफल रहा और सुपरसोनिक्स ओक्लाहोमा सिटी, ओक्लाहोमा में स्थानांतरित हो गए, जहां वे अब ओक्लाहोमा सिटी थंडर के रूप में खेलते हैं।

बाल्मर ने जून 2012 में क्रिस आर. सिएटल के SoDo पड़ोस में एक नया क्षेत्र बनाने और सुपरसोनिक्स को सिएटल में वापस लाने का हैन्सन का प्रस्ताव एक निवेशक था। 9 जनवरी, 2013 को, बाल्मर और हैनसेन ने मालोफ़ परिवार से सैक्रामेंटो किंग्स को खरीदने और लगभग 650 मिलियन डॉलर में उन्हें सिएटल में स्थानांतरित करने के प्रयास में निवेशकों के एक समूह का नेतृत्व किया। हालाँकि, यह प्रयास भी विफल रहा।

मई 2014 में डोनाल्ड स्टर्लिंग घोटाले के बाद, लॉस एंजिल्स क्लिपर्स को $ 2 बिलियन की कथित कीमत पर खरीदने के प्रयास में बाल्मर सबसे ऊंची बोली लगाने वाला था, जो उत्तर अमेरिकी खेल इतिहास में एक खेल फ्रेंचाइजी के लिए दूसरी सबसे ऊंची बोली ($2.15 के बाद) थी। 2012 में लॉस एंजिल्स डोजर्स की अरब बिक्री)। कैलिफोर्निया की एक अदालत ने शेली स्टर्लिंग के टीम को बेचने के अधिकार की पुष्टि करने के बाद, 12 अगस्त 2014 को आधिकारिक तौर पर घोषणा की गई कि बाल्मर लॉस एंजिल्स क्लिपर्स के मालिक बन जाएंगे।

25 सितंबर 2014 को, बाल्मर ने कहा कि वह टीम को आईपैड जैसे ऐप्पल उत्पादों का उपयोग करने से प्रतिबंधित कर देगा।प्रतिबंधित करेगा और उन्हें Microsoft उत्पादों से बदल देगा. बताया गया है कि उन्होंने इससे पहले भी अपने परिवार को आईफोन इस्तेमाल करने पर रोक लगा दी थी।

मार्च 2020 में, बाल्मर इंगलवुड, कैलिफोर्निया में द फोरम को खरीदने के लिए सहमत हुए. [93] इस खरीद से उन्हें पास में इंट्इट डोम बनाने की अनुमति मिल जाती, क्योंकि फोरम के पूर्व मालिकों ने एक नए क्लिपर्स अखाड़े की योजनाओं का विरोध किया।

द एथलेटिक द्वारा दिसंबर 2020 के एक सर्वेक्षण में, बाल्मर को बास्केटबॉल में सर्वश्रेष्ठ मालिक चुना गया।

संपत्ति

रॉबर्ट गोइज़ुएटा के बाद, बाल्मर एक निगम के कर्मचारी के रूप में प्राप्त स्टॉक विकल्पों के आधार पर अमेरिकी डॉलर अरबपति बनने वाले दूसरे व्यक्ति थे, जिसमें वे संस्थापक या संस्थापक के रिश्तेदार नहीं थे। संदर्भ आवश्यक नवंबर 2021 तक, ब्लूमबर्ग बिलियनेयर्स इंडेक्स ने उनकी व्यक्तिगत संपत्ति $117 बिलियन होने का अनुमान लगाया, जिससे वह दुनिया के 8वें सबसे अमीर व्यक्ति बन गए।

दूसरों का उपकार करने का सिद्धान्त

12 नवंबर 2014 को, यह घोषणा की गई कि बाल्मर और उनकी पत्नी कोनी ने ओरेगॉन विश्वविद्यालय को $50 मिलियन का दान दिया है। कोनी बाल्मर ओरेगॉन विश्वविद्यालय की पूर्व छात्रा हैं और पहले संस्था के न्यासी मंडल में कार्यरत थीं। यह धनराशि विश्वविद्यालय के $2 बिलियन धन उगाहने वाले प्रयासों की ओर जाएगी और छात्रवृत्ति, सार्वजनिक स्वास्थ्य अनुसंधान और हिमायत, और बाहरी ब्रांडिंग/ संचार पर ध्यान केंद्रित करेगी। 13 नवंबर 2014 को, यह घोषणा की गई कि बाल्मर हार्वर्ड विश्वविद्यालय के कंप्यूटर विज्ञान विभाग को अनुमानित $60 मिलियन का उपहार प्रदान करेगा। उपहार विभाग को नए संकाय को नियुक्त करने की अनुमति देगा और उम्मीद है कि कार्यक्रम की राष्ट्रीय प्रोफाइल में वृद्धि होगी। बाल्मर ने इससे पहले 1994 में बिल गेट्स के साथ संयुक्त उपहार के रूप में उसी विभाग को $10 मिलियन का दान दिया था।

2022 में, बाल्मर ने बच्चों के व्यवहार संबंधी स्वास्थ्य के लिए एक नए संस्थान को निधि देने के लिए ओरेगॉन विश्वविद्यालय को $425 मिलियन का एक बड़ा उपहार दिया।

बाल्मर ज्यूइश नेशनल फंड की वर्ल्ड चेयरमैन काउंसिल में काम करते हैं, जिसका अर्थ है कि उन्होंने जेएनएफ को 1 मिलियन अमेरिकी डॉलर या उससे अधिक का दान दिया है।

यूएसएफैक्ट्स

बाल्मर ने 2017 में USAFacts.org लॉन्च किया, एक गैर-लाभकारी संगठन जिसका उद्देश्य जनता को अमेरिकी सरकार के राजस्व, खर्च और सामाजिक प्रभाव को समझने की अनुमति देना है। आधिकारिक डेटा के साथ वेबसाइटों का एक डेटाबेस बनाने वाले शोधकर्ताओं की टीमों को निधि देने के लिए उन्होंने $ 10 मिलियन का योगदान दिया है।

व्यक्तिगत जीवन

1990 में, बाल्मर ने कोनी स्नाइडर से शादी की; उनके तीन बेटे हैं।

बाल्मर्स द हंट्स पॉइंट, वाशिंगटन में रहते हैं।

19
मा हुआतेंग

मा हुआतेंग

Top Richest People

Scan for Story Videos - www.itibook.com

मा हुआतेंग (चीनी: पिनयिन: मा, जन्म 29 अक्टूबर, 1971), जिन्हें पोनी मा के नाम से भी जाना जाता है, एक चीनी अरबपति व्यवसायी और व्यवसायी हैं। वह टेनसेंट के संस्थापक, अध्यक्ष और सीईओ हैं, जो एशिया की सबसे मूल्यवान कंपनियों में से एक है, सबसे बड़ी इंटरनेट और प्रौद्योगिकी कंपनियों में से एक है, और दुनिया के सबसे बड़े निवेश, गेमिंग और मनोरंजन समूहों में से एक है। कंपनी चीन की सबसे बड़ी मोबाइल इंस्टेंट मैसेजिंग सेवा, वीचैट विकसित करती है, और इसकी सहायक कंपनियां चीन और विश्व स्तर पर मीडिया, मनोरंजन, भुगतान प्रणाली, स्मार्टफोन, इंटरनेट से संबंधित सेवाएं, मूल्य वर्धित सेवाएं और ऑनलाइन विज्ञापन सेवाएं प्रदान करती हैं।

2007, 2014 और 2018 में, टाइम पत्रिका ने उन्हें दुनिया के सबसे प्रभावशाली लोगों में से एक का नाम दिया, जबकि 2015 में फोर्ब्स ने उन्हें दुनिया के सबसे शक्तिशाली लोगों में से एक के रूप में श्रेय दिया। 2017 में, फॉर्च्यून ने उन्हें वर्ष के शीर्ष पेशेवरों में स्थान दिया। 2018 में, उन्हें CEOWORLD पत्रिका द्वारा "दुनिया के सबसे शक्तिशाली लोगों में से एक" नामित किया गया था। मा शेन्ज़ेन म्यूनिसिपल पीपुल्स कांग्रेस के डिप्टी और 12वीं नेशनल पीपुल्स कांग्रेस के प्रतिनिधि थे।

"फॉर्च्यून दुनिया के महान नेताओं में से एक" होने के नाते, मा को उनके साथी चीनी व्यवसायी और अलीबाबा के संस्थापक जैक मा के निवर्तमान व्यक्तित्व की तुलना में उनके कम महत्वपूर्ण व्यक्तित्व के लिए जाना जाता है। मा की तुलना उनके समान निवेश दृष्टिकोण के लिए अमेरिकी निवेशक वारेन बफेट से की गई है और अक्सर उन्हें "आक्रामक अधिग्रहणकर्ता" के रूप में वर्णित किया जाता है।

ब्लूमबर्ग बिलियनेयर्स इंडेक्स के अनुसार, मार्च 2022 तक, उनकी कुल संपत्ति 44 बिलियन अमेरिकी डॉलर है। 1 नवंबर, 2017 तक, उनकी निवल संपत्ति लैरी पेज और सर्गेई ब्रिन (व्यक्तिगत रूप से) से आगे निकल गई, जिससे वह दुनिया के नौवें सबसे अमीर व्यक्ति और फोर्ब्स की शीर्ष अमीर सूची में प्रवेश करने वाले पहले चीनी नागरिक बन गए, हालांकि पेज और ब्रिन की कुल संपत्ति को पार कर गया है। मा का।

मा का जन्म चाओयांग, शान्ताउ, ग्वांगडोंग में हुआ था। जब उनके पिता, मा चेन्शु (???) को शेन्ज़ेन में एक बंदरगाह प्रबंधक के रूप में नौकरी मिली, तो युवा मा उनके साथ आई। उन्होंने 1993 में शेन्ज़ेन विश्वविद्यालय से कंप्यूटर विज्ञान में विज्ञान स्नातक प्राप्त किया और इंजीनियरिंग लागू की।

करियर

Tencent की स्थापना और शुरुआती करियर

मा की पहली नौकरी चाइना मोशन टेलीकॉम डेवलपमेंट में थी, जो दूरसंचार सेवाओं और उत्पादों के आपूर्तिकर्ता थे, जहां वे पेजर्स के लिए सॉफ्टवेयर विकसित करने के लिए जिम्मेदार थे। उन्होंने प्रति माह $ 176 कमाया। उन्होंने शेन्ज़ेन रनक्सुन कम्युनिकेशंस कं, लिमिटेड में इंटरनेट कॉलिंग सेवाओं के लिए अनुसंधान और विकास विभाग में काम किया।

चार अन्य सहपाठियों के साथ, मा हुआतेंग ने 1998 में Tencent की सह-स्थापना की। कंपनी का पहला उत्पाद तब आया जब मा ने ICQ के लिए एक प्रस्तुति में भाग लिया, दुनिया की पहली इंटरनेट इंस्टेंट मैसेजिंग सेवा, जिसकी स्थापना 1996 में एक इज़राइली कंपनी द्वारा की गई थी। इस विचार से प्रेरित होकर, मा और उनकी टीम ने फरवरी 1999 में चीनी इंटरफेस और थोड़ा अलग नाम - OICQ (या, Open ICQ) के साथ एक समान सॉफ्टवेयर लॉन्च किया। उत्पाद जल्दी से लोकप्रिय हो गया और 1999 के अंत तक एक लाख से अधिक पंजीकृत उपयोगकर्ता प्राप्त हुए, जिससे यह चीन में अपनी तरह की सबसे बड़ी सेवाओं में से एक बन गया।

Tencent की स्थापना के बारे में बात करते हुए, उन्होंने 2009 के एक साक्षात्कार में चाइना डेली को बताया कि "अगर मैं आगे देखता हूं, तो यह दिग्गजों के कंधों पर खड़ा है", इसहाक न्यूटन और ICQ और OICQ के बीच समानता के लिए जिम्मेदार एक उद्धरण का जिक्र है।

"हम जानते थे कि हमारे उत्पाद का भविष्य है, लेकिन उस समय हम इसे वहन नहीं कर सकते थे," माला ने याद किया। समस्या के समाधान के लिए मा ने बैंक से कर्ज मांगा और कंपनी को बेचने की बात भी कही।

Tencent की बेशकीमती सेवा OICQ को मुफ्त में पेश किए जाने के साथ, कंपनी ने पूंजीपतियों को अपनी बढ़ती परिचालन लागतों को वित्तपोषित करने के लिए देखा। 2000 में, मा ने अमेरिकी निवेश फर्म IDC और हांगकांग दूरसंचार वाहक पैसिफिक सेंचुरी साइबरवर्क्स (PCCW) की ओर रुख किया, जिन्होंने Tencent के 40 प्रतिशत शेयर US$2.2 मिलियन में खरीदे। जैसे ही पेजर बाजार में गिरावट आई, मा ने QQ उपयोगकर्ताओं को मोबाइल हैंडसेट पर संदेश भेजने की अनुमति देकर मैसेजिंग प्लेटफॉर्म में सुधार किया। उसके बाद, कंपनी का 80 प्रतिशत राजस्व दूरसंचार ऑपरेटरों के साथ सौदों से आया, जो संदेश शुल्क साझा करने के लिए सहमत हुए।

एओएल मध्यस्थता और व्यापार विस्तार

1998 में AOL (अमेरिका ऑनलाइन) द्वारा ICQ का अधिग्रहण करने के बाद, कंपनी ने संयुक्त राज्य अमेरिका में नेशनल आर्बिट्रेशन फोरम में Tencent के खिलाफ एक मध्यस्थता दायर की, जिसमें दावा किया गया कि OICQ के डोमेन नाम OICQ.com और OICQ.net ने ICQ के ट्रेडमार्क का उल्लंघन किया है। Tencent मुकदमा हार गया और उसे डोमेन नाम छोड़ना पड़ा। 30 दिसंबर, 2000 में, मा ने सॉफ्टवेयर का नाम बदलकर QQ कर दिया ("क्यू" और "क्यूक्यू" शब्द "क्यूट" के लिए उपयोग किए जाते हैं)।

AOL चक्कर के बाद, मा ने Tencent के व्यापार पोर्टफोलियो का विस्तार करने का निर्णय लिया। 2003 में, Tencent ने अपना पोर्टल (QQ.com) जारी किया और ऑनलाइन गेम बाजार में प्रवेश किया। 2004 तक, Tencent सबसे बड़ी चीनी इंस्टेंट मैसेजिंग सेवा बन गई (बाजार का 74 प्रतिशत हिस्सा), कंपनी को 32 Ma में हांगकांग स्टॉक एक्सचेंज में सूचीबद्ध करने के लिए प्रेरित किया। 30 कंपनी ने अपने जून आईपीओ में $200 जुटाएक मिलियन जमा करने के बाद, मा जल्दी ही चीन के दूरसंचार उद्योग के सबसे धनी व्यक्तियों में से एक बन गया।

2004 में, Tencent ने एक ऑनलाइन गेमिंग प्लेटफॉर्म लॉन्च किया और उस प्लेटफॉर्म (हथियार, गेमिंग पावर) के साथ-साथ इमोटिकॉन्स और रिंगटोन का समर्थन करने के लिए आभासी सामान बेचना शुरू किया।

मा के इशारे पर, Tencent ने 2005 में C2C प्लेटफॉर्म Paipai.com (???) लॉन्च किया, जो ई-कॉमर्स की दिग्गज कंपनी अलीबाबा का सीधा प्रतियोगी था।

Microsoft की नकल करते हुए, मा ने 2010 में इंजीनियरों की दो प्रतिस्पर्धी टीमों का निर्माण किया और उन पर नए उत्पाद बनाने का आरोप लगाया। दो महीने बाद, एक टीम ने टेक्स्ट मैसेजिंग और ग्रुप चैट के लिए एक ऐप पेश किया - WeChat - जिसे जनवरी 2011 में लॉन्च किया गया। 2015 तक, WeChat (??, Weixin), एशिया-प्रशांत क्षेत्र में इंटरनेट उपयोगकर्ताओं की संख्या के 48 प्रतिशत का उपयोग करते हुए, दुनिया का सबसे बड़ा त्वरित संदेश मंच है।

Tencent द्वारा प्रदान की जाने वाली अन्य विविध सेवाओं में वेब पोर्टल, ई-कॉमर्स और मल्टीप्लेयर ऑनलाइन गेम शामिल हैं। 8 ऑनलाइन गेम जैसे लीजेंड ऑफ यूलोंग और लीजेंड ऑफ जुआनयुआन का राजस्व 1.5 बिलियन अमेरिकी डॉलर के लाभ मार्जिन के साथ आधे से अधिक बढ़कर 5.1 बिलियन अमेरिकी डॉलर हो गया।

दिसंबर 2015 में, मा ने घोषणा की कि Tencent वुज़ेन में एक "इंटरनेट अस्पताल" का निर्माण करेगा जो लंबी दूरी की निदान और दवा वितरण प्रदान करेगा।

दूसरों का उपकार करने का सिद्धान्त

2016 में, मा ने अपने व्यक्तिगत Tencent शेयरों को 2.3 बिलियन अमेरिकी डॉलर मूल्य के अपने दान, मा हुआतेंग ग्लोबल फाउंडेशन में स्थानांतरित कर दिया। हालांकि फोर्स ने उनकी निवल संपत्ति को कम नहीं किया क्योंकि शेयर अभी भी उनके नाम से सूचीबद्ध हैं।

राजनीति

आधिकारिक Tencent वेबसाइट के अनुसार, मा 5वीं शेनझेन म्युनिसिपल पीपुल्स कांग्रेस के डिप्टी हैं और 12वीं नेशनल पीपुल्स कांग्रेस में काम कर चुके हैं।

सिंगापुर में एक तकनीकी सम्मेलन में सेंसरशिप के बारे में बोलते हुए, मा ने कहा कि "सूचना सुरक्षा प्रबंधन के संदर्भ में, किसी भी देश में ऑनलाइन कंपनियों को परिभाषित मानदंडों का पालन करना चाहिए और जिम्मेदारी से कार्य करना चाहिए। अन्यथा यह अफवाहें, मानहानि और मानहानि का कारण बन सकता है। नागरिकों के बीच विवाद - नहीं। देशों के बीच उल्लेख करने के लिए। इसलिए ऑनलाइन प्रबंधन की आवश्यकता अधिक जरूरी है।"

व्यक्तिगत जीवन

मा उपनाम टट्टू का उपयोग करता है, जो उनके परिवार के नाम मा (?) के अंग्रेजी अनुवाद से लिया गया है, जिसका अर्थ है "घोड़ा।" मा हुआतेंग शायद ही कभी मीडिया में दिखाई देते हैं और अपनी गुप्त जीवन शैली के लिए जाने जाते हैं।

मा हुआतेंग की संपत्ति Tencent होल्डिंग्स में 9.7 प्रतिशत हिस्सेदारी से आती है। उनके बारे में कहा जाता है कि वे हांगकांग में संपत्तियों और 150 मिलियन अमेरिकी डॉलर मूल्य की कलाकृतियों के मालिक हैं। उनके पास हांगकांग में 1,820 वर्ग मीटर (19,600 वर्ग फीट) का पुनर्विकसित आलीशान आवास है।

20
कार्लोस स्लिम

कार्लोस स्लिम

Top Richest People

Scan for Story Videos - www.itibook.com

कार्लोस स्लिम हेलू (स्पेनिश उच्चारण: जन्म 28 जनवरी, 1940) एक मैक्सिकन व्यवसायी, निवेशक और परोपकारी व्यक्ति हैं। 2010 से 2013 तक, फोर्ब्स बिजनेस पत्रिका ने स्लिम को दुनिया के सबसे अमीर व्यक्ति के रूप में स्थान दिया। उन्होंने बड़ी संख्या में मैक्सिकन कंपनियों में अपने व्यापक होल्डिंग्स से अपने समूह, ग्रुपो कार्सो के माध्यम से अपना भाग्य बनाया। 5 जून, 2022 तक, ब्लूमबर्ग बिलियनेयर्स इंडेक्स ने उन्हें 78 बिलियन डॉलर की संपत्ति के साथ दुनिया के 12वें सबसे अमीर व्यक्ति के रूप में स्थान दिया, जिससे वह लैटिन अमेरिका के सबसे अमीर व्यक्ति बन गए।

स्लिम का कॉर्पोरेट समूह शिक्षा, स्वास्थ्य देखभाल, औद्योगिक निर्माण, परिवहन, रियल एस्टेट, मास मीडिया, ऊर्जा, आतिथ्य, मनोरंजन, उच्च तकनीक, खुदरा, खेल और वित्तीय सेवाओं सहित मैक्सिकन अर्थव्यवस्था में कई उद्योगों को फैलाता है। यह मैक्सिकन स्टॉक एक्सचेंज में 40% लिस्टिंग के लिए जिम्मेदार है, जबकि इसका शुद्ध मूल्य मेक्सिको के सकल घरेलू उत्पाद के लगभग 6% के बराबर है। 2016 तक, वह न्यूयॉर्क टाइम्स कंपनी का सबसे बड़ा एकल शेयरधारक है।

स्लिम का जन्म 28 जनवरी, 1940 को मेक्सिको सिटी में, जूलियन स्लिम हद्दाद (जन्म खलील सलीम हद्दाद एग्लामाज़) और लिंडा हेलू अट्टा, दोनों लेबनान के मैरोनाइट ईसाई के यहाँ हुआ था। उन्होंने छोटी उम्र में ही तय कर लिया था कि वे एक व्यवसायी बनना चाहते हैं, और उन्होंने अपने पिता से व्यावसायिक शिक्षा प्राप्त की, जिन्होंने उन्हें वित्त, प्रबंधन और लेखा, और वित्तीय विवरणों का विश्लेषण, व्याख्या और पढ़ना सिखाया। सटीक वित्तीय रिकॉर्ड रखने का भी महत्व।

11 साल की उम्र में, स्लिम ने सरकारी बचत बांड में निवेश किया, जिसने उन्हें चक्रवृद्धि ब्याज की अवधारणा के बारे में सिखाया। आखिरकार उन्होंने अपने द्वारा किए गए हर वित्तीय और व्यावसायिक लेन-देन को एक व्यक्तिगत खाता बही में सहेजा, जिसे वह अभी भी रखते हैं। 12 साल की उम्र में, उन्होंने अपनी पहली स्टॉक खरीदारी की, एक मैक्सिकन बैंक के शेयर खरीदे। 15 साल की उम्र तक, स्लिम मेक्सिको के सबसे बड़े बैंक में शेयरधारक बन गया था। 17 साल की उम्र में, उन्होंने अपने पिता की कंपनी में काम करते हुए प्रति सप्ताह 200 पेसो कमाए। उन्होंने मेक्सिको के राष्ट्रीय स्वायत विश्वविद्यालय में सिविल इंजीनियरिंग का अध्ययन किया, जहां उन्होंने एक साथ बीजगणित और रेखीय प्रोग्रामिंग सिखाई।

हालांकि स्लिम एक सिविल इंजीनियरिंग प्रमुख थे, लेकिन उनकी रुचि अर्थशास्त्र में थी। इंजीनियरिंग की पढ़ाई पूरी करने के बाद उन्होंने चिली में अर्थशास्त्र का कोर्स किया। एक सिविल इंजीनियरिंग प्रमुख के रूप में स्नातक, स्लिम ने कहा है कि उनकी गणितीय क्षमताएं और रैखिक प्रोग्रामिंग में उनकी पृष्ठभूमि उन्हें व्यापारिक दुनिया में बढ़त हासिल करने में मदद करने में महत्वपूर्ण कारक थी, खासकर व्यावसायिक निर्णय लेने और संभावित कंपनियों के वित्तीय वक्तव्यों का विश्लेषण करते समय। निवेश अधिग्रहण।

व्यावसायिक कैरियर

1960 के दशक

1961 में विश्वविद्यालय से स्नातक होने के बाद, स्लिम ने मेक्सिको में एक शेयर व्यापारी के रूप में अपना करियर शुरू किया, जो अक्सर 14 घंटे काम करता था। 1965 में, स्लिम के निजी निवेश से लाभ 400,000 अमेरिकी डॉलर तक पहुंच गया, जिससे उन्हें स्टॉक ब्रोकरेज हाउस इनवर्सोरा बरसेटिल शुरू करने में मदद मिली। उन्होंने अपने अंतिम समूह ग्रुपो कार्सो के लिए वित्तीय नींव रखना शुरू किया। 25 1965 में, उन्होंने मैक्सिकन बॉटलिंग और सॉफ्ट ड्रिंक कंपनी जेरिटोस डेल सुर का अधिग्रहण किया। 1966 में, US$40 मिलियन के मूल्य पर, उन्होंने एक रियल एस्टेट एजेंसी और होल्डिंग कंपनी Inmuebles Carso की स्थापना की।

1970 के दशक

निर्माण, शीतल पेय, छपाई, रियल एस्टेट, बॉटलिंग और खनन कंपनियां स्लिम के बढ़ते व्यावसायिक कैरियर का प्रारंभिक फोकस थीं। इसने बाद में मैक्सिकन अर्थव्यवस्था में ऑटो पार्ट्स, एल्यूमीनियम, एयरलाइंस, रसायन, तंबाकू, केबल और तार निर्माण, कागज और पैकेजिंग, तांबा और खनिज निष्कर्षण, टायर, सीमेंट, खुदरा, होटल सहित कई उद्योगों में प्रवेश करके अपने संचालन और व्यावसायिक गतिविधियों का विस्तार किया। . , पेय वितरक, दूरसंचार और वित्तीय सेवाएं (Slim's Grupo Financiero Inbursa बीमा बेचता है और लाखों आम मैक्सिकन लोगों के लिए म्यूचुअल फंड और पेंशन योजनाओं का प्रबंधन करता है)। 1972 तक, उन्होंने निर्माण उपकरण किराए पर लेने वाली कंपनी सहित इन श्रेणियों में सात और व्यवसायों की स्थापना या अधिग्रहण किया था। 1980 में, उन्होंने औद्योगिक निर्माण, निर्माण, खनन, खुदरा, खाद्य और तंबाकू में रुचि रखने वाले समूह की मूल कंपनी के रूप में ग्रुपो गलास बनाकर अपने व्यावसायिक हितों को समेकित किया।

1980 के दशक

1982 में, मैक्सिकन अर्थव्यवस्था तेजी से अनुबंधित हुई। जबकि कई बैंक संघर्ष कर रहे थे और विदेशी निवेशक निवेश में कटौती कर रहे थे और सिकुड़ रहे थे, स्लिम ने भारी निवेश करना शुरू कर दिया, कई प्रमुख मैक्सिकन व्यवसायों को उदास मूल्यांकन पर खरीद लिया। स्लिम के अधिकांश व्यापारिक सौदों में एक सरल रणनीति शामिल होती है, जिसमें एक व्यवसाय खरीदना और उसके नकदी प्रवाह के लिए

उस पर पकड़ बनाना, या अंततः भविष्य में उच्च लाभ पर हिस्सेदारी बेचना शामिल है, जिससे पूंजीगत लाभ होता है और प्रारंभिक पूंजी का पुनर्निवेश होता है। व्यवसाय। इसके अलावा, ग्रुपो कार्सो की कॉर्पोरेट समूह संरचना स्लिम को उद्योगों की एक विस्तृत श्रृंखला में कई भागों को खरीदने की अनुमति देती है, जिससे मेक्स।लेकिन इस घटना में कि अर्थव्यवस्था में एक या एक से अधिक उद्योग क्षेत्र अच्छा प्रदर्शन नहीं कर रहे हैं, समग्र समूह लगभग मंदी से मुक्त हो जाता है।

1985 में रिकवरी से पहले मैक्सिकन आर्थिक मंदी के दौरान, स्लिम ने भारी निवेश किया, डॉलर पर पेनी के लिए कई मैक्सिकन फ्लैगशिप कंपनियों को बंद कर दिया। इनमें एम्प्रेसा फ्रिस्को, एक खनन रियायतग्राही और रासायनिक उत्पादक, Industrias Nacobre, एक तांबा उत्पादक, रेनॉल्ड्स एल्युमिनियो, एक मैक्सिकन एल्यूमीनियम कंपनी, Compañía Hulera Euzkadi's (Mexa Hulera Euzkadi) शामिल हैं। , और बिमेक्स होटल, एक होटल श्रृंखला। वह एक प्रमुख मैक्सिकन खाद्य खुदरा विक्रेता, उपहार की दुकान और रेस्तरां श्रृंखला सैनबोर्न हरमनोस के बहुसंख्यक शेयरधारक बन गए। स्लिम ने 1984 में मैक्सिकन बीमा एजेंसी Seguros de México का अधिग्रहण करने के लिए US$13 मिलियन खर्च किए और बाद में कंपनी को Seguros Inbursa फर्म में विलय कर दिया। चार उपोत्पादों के बाद, अंततः 2007 तक सेग्रोस में उनकी हिस्सेदारी का मूल्य US$1.5 बिलियन हो गया। उन्होंने क्रमशः ब्रिटिश अमेरिकन टोबैको और द हर्श कंपनी के मैक्सिकन हथियारों में 40% और 50% ब्याज अर्जित किया। वह डेनी और फायरस्टोन टायरों के साथ बड़े ब्लॉक ले गया। Seguros de México, Fianzas La Guardiana और Casa de Bolsa Inbursa से, उन्होंने एक वित्तीय सेवा प्रदाता Grupo Financiero Inbursa का गठन किया। 1980 के दशक की शुरुआत में मैक्सिकन आर्थिक मंदी के दौरान इनमें से कई कॉर्पोरेट अधिग्रहणों को तम्बाकू वितरक सिगाटम से राजस्व और नकदी प्रवाह द्वारा वित्तपोषित किया गया था।

1988 में, स्लिम ने रासायनिक कंपनी Quimica Fluor के साथ कॉपर और कॉपर मिश्रधातु उत्पादों का उत्पादन, विपणन और वितरण करने वाली एक कॉपर उत्पादक Nacobre का अधिग्रहण किया।

1990 के दशक

स्लिम ने 1990 के दशक की शुरुआत में भारी मुनाफा कमाया जब मैक्सिकन सरकार ने अपने दूरसंचार उद्योग का निजीकरण करना शुरू किया। अपने समूह ग्रुपो कार्सो के साथ, उन्होंने मैक्सिकन सरकार से एक लैंडलाइन टेलीफोन ऑपरेटर टेलमेक्स खरीदा। 1990 में, ग्रुपो कार्सो को एक सार्वजनिक कंपनी के रूप में शुरू किया गया था, शुरुआत में मैक्सिको और बाद में दुनिया भर में। Grupo Carso ने 1990 में टाइल निर्माता Porcellnite का अधिकांश स्वामित्व हासिल कर लिया।

बाद में 1990 के दशक में, स्लिम ने मैक्सिकन सरकार से लैंडलाइन दूरसंचार ऑपरेटर टेलमेक्स खरीदने के लिए फ्रांस टेलीकॉम और साउथवेस्टर्न बेल कॉर्पोरेशन के साथ मिलकर काम किया, क्योंकि मैक्सिको ने अपने राष्ट्रीय उद्योगों का निजीकरण करना शुरू कर दिया था। 19 स्लिम टेलमेक्स में निवेश करने के शुरुआती प्रस्तावक थे, क्योंकि कंपनी के नकदी प्रवाह और राजस्व में उनकी निजी संपत्ति का एक बड़ा हिस्सा था। 30 32 2006 तक, Telmex ने मैक्सिको में 90 प्रतिशत टेलीफोन लाइनों को नियंत्रित और संचालित किया, और इसकी वायरलेस दूरसंचार कंपनी, Telcel, Radiomobil Dipsa कंपनी 19 से बनाई गई, देश में सभी सेलफोन का लगभग 80 प्रतिशत संचालित करती है।

1991 में, उन्होंने होटल चेन होटल्स कैलिंडा (अब OSTAR Grupo Hotelero) का अधिग्रहण किया और 1993 में, उन्होंने जनरल टायर, एक अमेरिकी टायर निर्माता और एल्यूमीनियम प्रोफाइल और एल्यूमीनियम से संबंधित Grupo Aluminio के वितरक में अपनी हिस्सेदारी बढ़ाई। कंपनी में बहुमत हित।

1996 में, स्लिम का ग्रुप ग्रुपो कार्सो तीन अलग-अलग कंपनियों में विभाजित हो गया: कार्सो ग्लोबल टेलीकॉम, ग्रुपो कार्सो और इनवर्कॉर्पोरेशन। अगले वर्ष, स्लिम ने सियर्स रोबक की मैक्सिकन शाखा खरीदी।

1999 में, स्लिम ने लैटिन अमेरिका से परे अपने व्यापारिक हितों का विस्तार करना शुरू किया। हालाँकि उनकी प्रमुख पकड़ मैक्सिको में बनी रही, फिर भी उन्होंने विदेशी निवेश के लिए संयुक्त राज्य को लक्षित करना शुरू कर दिया।

2000 के दशक

स्लिम ने 2003 में बान्स एंड नोबल, ऑफिसमैक्स, ऑफिस डिपो, सर्किट सिटी, बॉर्डर्स और कंप्यूसा जैसे प्रमुख अमेरिकी खुदरा विक्रेताओं के साथ अमेरिकी व्यापार परिदृश्य में सुर्खियां बटोरीं। मैक्सिको से बाहर स्लिम के अंतर्राष्ट्रीय व्यापार विस्तार के पीछे अधिकांश कारण मैक्सिकन व्यापार हलकों में चल रहे मजाक के कारण था कि "मैक्सिको में हासिल करने के लिए कुछ भी नहीं बचा था।" उन्होंने Telmex USA शाखा की स्थापना की और एक अमेरिकी सेलुलर टेलीफोन ऑपरेटर, Tracphone में हिस्सेदारी भी खरीदी। उसी समय, स्लिम ने ग्रुपो कार्सो के भीतर एक गैर-लाभकारी निर्माण और इंजीनियरिंग फर्म के रूप में कार्सो इन्फ्रास्ट्रक्चर वाई कॉन्स्ट्रक्शन, एसए (सीआईसीएसए) की स्थापना की। उसी वर्ष के दौरान, स्लिम की दिल की सर्जरी हुई, और उसके बाद उनके बच्चों और उनके जीवनसाथी को उनकी दैनिक कॉर्पोरेट भागीदारी दी गई।

अमेरिका मोविल की होल्डिंग कंपनी अमेरिका टेलीकॉम को 2000 में निगमित किया गया था। उसी समय, Telmex ने न्यूयॉर्क स्टॉक एक्सचेंज में US Movil SA की 15 बिलियन डॉलर की लिस्टिंग के लिए अपने अंतरराष्ट्रीय सेल फोन डिवीजन को भी बंद कर दिया। Telmex ने मेक्सिको के बाहर विभिन्न अंतरराष्ट्रीय सेलुलर टेलीफोन ऑपरेटरों में कई हिस्सेदारी हासिल की है, जिसमें ब्राज़ीलियाई ATL और टेलीकॉम अमेरिका की चिंताएँ, अर्जेंटीना में Techtel, और ग्वाटेमाला और इक्वाडोर में अन्य शामिल हैं। बाद के वर्षों में, कंपनी ने कोलंबिया, निकारागुआ, पेरू, चिली, होंडुरास और एल साल्वाडोर में कंपनियों सहित पूरे लैटिन अमेरिका में और निवेश किया, साथ ही अमेरिकी सॉफ्टवेयर हाउस, माइक्रोसॉफ्ट के साथ एक स्पेनिश-भाषा वेब संयुक्त उद्यम, जिसे टीएलएमएसएन कहा जाता है . द्वार।

2005 में, स्लिम ने मैक्सिकन ए वोलारिस को खरीदाArline 19 में निवेश किया और Impulsora del Desarrollo y el Empleo en América Latina SAB de CV (परिवर्णी शब्द "IDEAL" का उपयोग करके - मोटे तौर पर "लैटिन अमेरिका में विकास और रोजगार के आरंभकर्ता" के रूप में अनुवादित) की स्थापना की। एक मैक्सिकन निर्माण और सिविल इंजीनियरिंग कंपनी मुख्य रूप से गैर-लाभकारी बुनियादी ढांचे के विकास में लगी हुई है। 2006 से, आइडियल ने तीन बुनियादी ढांचे के अनुबंध जीते हैं, लेकिन कई अन्य मैक्सिकन और स्पेनिश निर्माण कंपनियों से कड़ी प्रतिस्पर्धा का सामना करना पड़ रहा है।

2007 में, तंबाकू निर्माता सिगाटम में 50.1% हिस्सेदारी हासिल करने के बाद, स्लिम ने अपनी अधिकांश इक्विटी फिलिप मॉरिस को 1.1 बिलियन अमेरिकी डॉलर में बेच दी। इसके अलावा 2007 में, स्लिम ने टाइल बनाने वाली कंपनी पोर्सेलैनाइट में अपनी पूरी हिस्सेदारी 800 मिलियन अमेरिकी डॉलर में बेच दी। उन्होंने सैक्स नाम का लाइसेंस प्राप्त किया और सांता फ़े, मेक्सिको में सैक्स फिफ्थ एवेन्यू रिटेलर की मैक्सिकन शाखा खोली। उसी वर्ष, स्लिम की सभी कंपनियों का मूल्य US$150 बिलियन आंका गया। 8 दिसंबर, 2007 को, ग्रुपो कार्सो ने घोषणा की कि शेष 103 CompUSA रिटेल स्टोर या तो बंद हो जाएंगे या बिक जाएंगे, संघर्षरत कंपनी समाप्त हो जाएगी, हालांकि CompUSA का सूचना प्रौद्योगिकी प्रभाग टेलीविस्टा नाम के तहत विभिन्न अमेरिकी स्थानों में जारी रहा। डलास, टेक्सास (अमेरिकी कॉर्पोरेट कार्यालय) और डेनविल, वर्जीनिया में। टेलीविस्टा के मेक्सिको में पांच केंद्र हैं (तिजुआना में तीन, मेक्सिकैली में एक और मेक्सिको सिटी में एक)। कॉर्पोरेट भागीदारी के 28 वर्षों के बाद, स्लिम व्यवसाय के मानद आजीवन अध्यक्ष बने।

2008 में, स्लिम ने न्यूयॉर्क टाइम्स कंपनी में 6.4% हिस्सेदारी हासिल की, जो एक प्रसिद्ध अमेरिकी समाचार पत्र प्रकाशक है, जिसकी कीमत 27 मिलियन डॉलर है। स्लिम ने 2012 तक अपना हिस्सा बढ़ाकर 8% कर लिया। 20 जनवरी 2015 को, द टाइम्स में स्लिम की हिस्सेदारी फिर से बढ़कर कंपनी के क्लास ए शेयरों का 16.8% हो गई, जब उसने 15.9 मिलियन शेयर खरीदने के लिए स्टॉक विकल्पों का प्रयोग किया, जिससे वह कंपनी का सबसे बड़ा शेयरधारक बन गया। न्यूयॉर्क टाइम्स कंपनी के क्लास ए शेयर सार्वजनिक खरीद के लिए उपलब्ध हैं और क्लास बी शेयरों की तुलना में कंपनी पर कम नियंत्रण दे सकते हैं, जो निजी तौर पर आयोजित किए जाते हैं। कंपनी की 2016 की वार्षिक फाइलिंग के अनुसार, स्लिम के पास कंपनी के क्लास ए शेयरों का 17.4% हिस्सा है और कंपनी के क्लास बी शेयरों में से कोई भी नहीं है।

2010 के दशक

इस खंड में अत्यधिक जटिल विवरण हो सकते हैं जो केवल विशिष्ट श्रोताओं के लिए रुचिकर हो सकते हैं। कृपया विकिपीडिया की समावेशन नीति के विरुद्ध किसी भी प्रासंगिक जानकारी को हटाने या स्थानांतरित करने और अतिरिक्त विवरणों को हटाने में सहायता करें। (नवंबर 2020) (जानें कि इस टेम्पलेट संदेश को कैसे और कब हटाना है)

2012 में, स्लिम ने लियोन गेम्स के प्रसारण अधिकारों को अमेरिकी स्थलीय टेलीविजन नेटवर्क, मैक्सिको में टेलीमुंडो और फॉक्स स्पोर्ट्स और बाकी लैटिन अमेरिका में केबल चैनलों और वेबसाइट mediotiempo.com को बेच दिया। टेलमेक्स द्वारा पेश किए गए यूनो टीवी के माध्यम से गेम इंटरनेट पर भी प्रसारित किए जाते हैं। स्लिम संयुक्त राज्य अमेरिका जैसे प्रमुख बाजारों में मेक्सिको के बाहर खेलों के प्रसारण में शामिल है। मार्च 2012 में, अमेरिकन मूवील ने सोची 2014 और ब्राजील 2016 में लैटिन अमेरिका के लिए ओलंपिक खेलों के प्रसारण के अधिकार हासिल किए।

मार्च 2012 में, स्लिम ने अमेरिकी टेलीविज़न होस्ट लैरी किंग के साथ ऑन-डिमांड डिजिटल टेलीविज़न नेटवर्क ओरा टीवी की सह-स्थापना की, जो लैरी किंग नाउ, पोलिटिकिंग विद लैरी किंग, रिसेशनिस्टा और जेसी वेंचुरा अनसेंसर्ड सहित टेलीविज़न शो का निर्माण और वितरण करता है।

सितंबर 2012 में, स्लिम ने अपनी दूरसंचार कंपनी अमेरिका मोविल के माध्यम से दो मैक्सिकन फुटबॉल टीमों, पचुका और लियोन में 30% हिस्सेदारी खरीदी। दिसंबर 2012 में, उन्होंने दूसरे डिवीजन टीम एस्ट्युडिएंट्स टेकोस के सभी शेयर खरीदे। स्लिम ने लियोन सॉकर टीम के खेलों के टेलीविजन अधिकारों के लिए व्यावसायिक सौदे भी पूरे कर लिए हैं। उनकी कंपनी अमेरिका मोविल ने प्रसारण अधिकारों के साथ 30 प्रतिशत टीम खरीदी क्योंकि स्लिम के पास प्रसारण टेलीविजन या केबल टीवी के माध्यम से सामग्री प्रसारित करने के अधिकार नहीं हैं और इसके पास दो टेलीविजन कंपनियों, टेलीविसा और टीवी एज़्टेका के साथ प्रतिस्पर्धा करने के अधिकार हैं। मैक्सिकन फुटबॉल के पहले डिवीजन के बाकी।

जुलाई 2013 में, स्लिम की कंपनी अमेरिका मोविल ने स्वामित्व के एक अज्ञात हिस्से के लिए ब्रिटिश वाणिज्यिक मोबाइल फोन-आधारित संगीत पहचान सेवा शाज़म में यूएस $ 40 मिलियन का निवेश किया। अमेरिका Movil ने विज्ञापन और टेलीविजन विकास का समर्थन करने और लैटिन अमेरिका में अपनी ऑडियो पहचान सेवा का विस्तार करने के लिए कंपनी के साथ भागीदारी की।

नवंबर 2013 में, स्लिम ने इज़राइली स्टार्टअप मोबली में यूएस $ 60 मिलियन का निवेश किया, एक कंपनी जो विभिन्न हितों वाले लोगों और समुदायों के बीच संबंध से संबंधित है।

दिसंबर 2013 में, स्लिम के निजी इक्विटी फंड, सिनका इनबर्सा ने मैक्सिकन फार्मास्युटिकल कंपनी लैंडस्टीनर साइंटिफिक में अपनी हिस्सेदारी बेच दी। स्लिम ने जून 2008 में कंपनी में 27.51% हिस्सेदारी का अधिग्रहण किया, जो सिनका के निवेश पोर्टफोलियो के 6.6% का प्रतिनिधित्व करता है। निजी इक्विटी फंड के निवेश मुख्य रूप से परिवहन और बुनियादी ढांचे के क्षेत्रों में केंद्रित हैं, और फंड ने 2012 के अंत में 5.152 बिलियन पेसो की कुल मार्केट कैप हासिल की।

23 अप्रैल 2014 को, स्लिम ने 10 साल के अनुबंध के तहत ऑस्ट्रिया की सबसे बड़ी दूरसंचार कंपनी टेली का अधिग्रहण किया।कॉम ने ऑस्ट्रिया का अधिग्रहण किया, जो बुल्गारिया, क्रोएशिया और बेलारूस जैसे देशों में दूरसंचार संचालित करता है। यह यूरोप में स्लिम का पहला सफल व्यावसायिक अधिग्रहण था। सिंडिकेट होल्डिंग संरचना ऑस्ट्रियाई राज्य होल्डिंग कंपनी OIAG के 28% को स्लिम के 27% स्वामित्व के साथ जोड़ती है। अमेरिका Movil एक अनिवार्य सार्वजनिक पेशकश में अल्पसंख्यक शेयरधारकों को खरीदने के लिए US$2 बिलियन तक खर्च करेगा और कंपनी में 1 बिलियन यूरो (US$1.38 बिलियन) तक का निवेश करेगा, जिसे वह "मध्य और पूर्वी यूरोप में विस्तार के लिए मंच" के रूप में देखता है। . . श्रम प्रतिनिधियों ने OIAG पर्यवेक्षी बोर्ड की बैठक का 12 घंटे का बहिष्कार किया और स्पष्ट रोजगार गारंटी की कमी की आलोचना की।

जनवरी 2015 में, Grupo Carso ने सार्वजनिक रूप से Claro Musica लॉन्च किया, जो एक ऑनलाइन संगीत सेवा है जो iTunes और Spotify के लैटिन अमेरिकी समकक्ष है। स्लिम, अपने बेटे के साथ, 2013 से मेक्सिको के संगीत उद्योग में विशेष रूप से खुदरा संगीत क्षेत्र में अपनी कॉर्पोरेट उपस्थिति बढ़ा दी है। स्लिम के स्वामित्व वाली मेक्सिकन रिटेल डिपार्टमेंट स्टोर चेन, सैनबोर्न, मेक्सिको के सबसे सफल रीटेल म्यूजिक स्टोर मिक्सअप में बहुसंख्यक हिस्सेदारी को नियंत्रित करती है। 117-स्टोर मैक्सिकन रिटेलर मिक्सअप ने 2014 में 320 मिलियन अमेरिकी डॉलर से अधिक राजस्व अर्जित किया।

मार्च 2015 में, स्लिम ने पूरे यूरोप में संभावित अधिग्रहण की खोज करते हुए विभिन्न संकटग्रस्त स्पेनिश कंपनियों में दांव खरीदकर स्पेनिश व्यापार परिदृश्य पर अपनी उपस्थिति दर्ज कराई। स्लिम की निवेश कंपनी, इनमोबिलियारिया कार्सो ने घोषणा की कि वह स्पैनिश बैंक, बांकिया में हिस्सेदारी खरीदेगी, जो स्लिम की अन्य स्पेनिश रियल एस्टेट कंपनी स्लिम की खरीद के साथ जुड़ी होगी, जहां स्लिम 25% इक्विटी हिस्सेदारी के साथ दूसरा सबसे बड़ा शेयरधारक है। Fomento de Construcciones y Contratas, एक स्पेनिश निर्माण कंपनी है जहाँ स्लिम एक सक्रिय अल्पसंख्यक शेयरधारक भी है।

15 अप्रैल 2015 को, स्लिम ने एक तेल कंपनी, करसो ऑयल एंड गैस की स्थापना की। नई कंपनी द्वारा जारी एक रिपोर्ट में 17.7 मिलियन शेयरों में इसकी संपत्ति 3.5 बिलियन पेसोस (लगभग यूएस $ 230 मिलियन) रखी गई है। कंपनी की स्थापना के बाद, स्लिम कंपनी की भविष्य की संभावनाओं और मेक्सिको के बढ़ते ऊर्जा क्षेत्र के बारे में आशावादी बने रहे जहां राज्य का एकाधिकार समाप्त हो रहा था। उद्धरण आवश्यक है

25 जुलाई, 2015 को, स्लिम के निवेश समूह ने आईमैचेटिव में निवेश किया, एक प्रौद्योगिकी स्टार्टअप जो दुनिया के हेज फंडों के बीच गहराई से व्यवहारिक प्रोफाइल और बिजनेस एनालिटिक्स बनाता है। सीमित भागीदार प्रति सदस्यता US$30,000 का भुगतान करते हैं जबकि हेज फंड प्रबंधक आधी कीमत का भुगतान करते हैं और कंपनी द्वारा पेश किए जाने वाले उत्पादों के मुफ्त संस्करण के लिए साइन अप करते हैं।

पारिवारिक और निजी जीवन

स्लिम के पिता, खलील सलीम हद्दाद अग्लामाज़, का जन्म 17 जुलाई 1888 55 को जेज़िन, लेबनान (तब ओटोमन साम्राज्य का हिस्सा) में हुआ था। 1902 में, 14 साल की उम्र में, हद्दाद अकेले मेक्सिको चले गए और बाद में अपना नाम बदलकर जूलियन स्लिम हद्दाद रख लिया। ओटोमन आर्मी में शामिल होने से बचने के लिए 15 साल की उम्र से पहले लेबनानी लड़कों को विदेश भेजा जाना असामान्य नहीं था, और हद्दाद के चार बड़े भाई पहले से ही उनके आगमन के समय मैक्सिको में रह रहे थे। अविश्वसनीय। स्रोत?

1911 में, जूलियन ने ला एस्ट्रेला डी ओरिएंट (द स्टार ऑफ द ओरिएंट) नामक एक सूखे माल की खुदरा दुकान की स्थापना की। 1921 तक, उन्होंने मेक्सिको सिटी के फलते-फूलते वाणिज्यिक जिले में अचल संपत्ति में निवेश करना शुरू कर दिया था, जहां जूलियन ने 1910-17 मैक्सिकन क्रांति के दौरान ज़ोकलो जिले में आग की बिक्री कीमतों पर प्रमुख मैक्सिकन अचल संपत्ति खरीदी थी। 1922 तक, जूलियन की कुल संपत्ति $1,012,258 पेसो तक पहुंच गई थी। अचल संपत्ति, निजी तौर पर आयोजित व्यवसायों और शेयरों सहित विभिन्न संपत्तियों में विविधता।

अगस्त 1926 में, जूलियन स्लिम ने लिंडा हेलू अता से शादी की। लेबनानी वंश की लिंडा का जन्म पारल, चिहुआहुआ में हुआ था। उसके माता-पिता 19वीं सदी के अंत में लेबनान से मेक्सिको आ गए थे। मेक्सिको में रहने के बाद, उसके माता-पिता ने लेबनानी-मैक्सिकन समुदाय के लिए पहली अरबी भाषा की पत्रिकाओं में से एक की स्थापना की, एक प्रिंटिंग प्रेस का उपयोग करके जो वे अपने साथ लाए थे। जूलियन और लिंडा के छह बच्चे थे: नूर, अल्मा, जूलियन, जोस, कार्लोस और लिंडा। जूलियन सीनियर की मृत्यु 1953 में हुई, जब कार्लोस 13 वर्ष के थे।

जूलियन के अत्यधिक सफल व्यावसायिक उद्यम और निवेश उपक्रम उनके और उनके परिवार के लिए बहुत बड़ी संपत्ति बन गए। एक प्रमुख व्यवसायी और धनी निवेशक के रूप में, जो लेबनानी मैक्सिकन समुदाय में एक सम्मानित स्तंभ बने रहे, जूलियन को उनके व्यापारिक कौशल और खराब आर्थिक चक्रों (जो मेक्सिको में अक्सर होते थे) के दौरान निवेश करने के कौशल के लिए जाना जाता था। जूलियन अपने व्यवसाय की समझ रखने वाले, मजबूत कार्य नैतिकता और पारंपरिक लेबनानी नैतिक मूल्यों के प्रति प्रतिबद्धता के लिए जाने जाते थे।

फरवरी 2011 में, कार्लोस के सबसे बड़े भाई जूलियन का 74 वर्ष की आयु में निधन हो गया। वह एक सक्रिय व्यवसायी था और मेक्सिको की शीर्ष खुफिया एजेंसियों में से एक में काम करता था।

व्यक्तिगत जीवन

कार्लोस स्लिम की शादी सौम्या डोमित से 1967 से 1999 में उनकी मृत्यु तक हुई थी। उनके हितों में विभिन्न परोपकारी परियोजनाएँ थीं। स्लिम के छह बच्चे हैं: कार्लोस, मार्कवे एंटोनियो, पैट्रिक, सौम्या, वैनेसा और जोहाना हैं। उनके तीन सबसे बड़े बेटे स्लिम द्वारा नियंत्रित कंपनियों में प्रमुख पदों पर हैं, जहां अधिकांश स्लिम के व्यापारिक साम्राज्य के दिन-प्रतिदिन चलने में शामिल हैं। 1999 में, स्लिम की दिल की सर्जरी हुई। हाई स्कूल में, स्लिम के पसंदीदा विषय इतिहास, ब्रह्मांड विज्ञान और गणित थे। स्लिम और उनकी पत्नी की शादी बहुत खुशहाल थी और उन्होंने संकेत दिया कि उनकी दोबारा शादी करने की कोई योजना नहीं है।

अपने कार्यालय में, स्लिम के पास कंप्यूटर नहीं है, और इसके बजाय वह अपने सभी वित्तीय डेटा को एक हस्तलिखित नोटबुक में रखता है। अपने व्यापारिक साम्राज्य के विशाल आकार के कारण, वह अक्सर मज़ाक करता है कि वह उन सभी कंपनियों पर नज़र नहीं रख सकता है जिनका वह प्रबंधन करता है। स्लिम एक मैरोनाइट कैथोलिक है, और रोमन कैथोलिक धार्मिक संगठन, लीजन ऑफ क्राइस्ट के प्रमुख समर्थकों में से एक है।

25 जनवरी, 2021 को, स्लिम को COVID-19 के अनुबंधित होने की सूचना मिली थी।

व्यक्तिगत भाग्य

संपत्ति

29 मार्च, 2007 को, स्लिम अमेरिकी निवेशक वारेन बफेट को पीछे छोड़ते हुए बफेट के 52.4 बिलियन अमेरिकी डॉलर की तुलना में 53.1 बिलियन अमेरिकी डॉलर की अनुमानित निवल संपत्ति के साथ दुनिया के दूसरे सबसे अमीर व्यक्ति बन गए।

4 अगस्त 2007 को द वॉल स्ट्रीट जर्नल ने स्लिम की रूपरेखा पर एक कवर स्टोरी चलाई। लेख में कहा गया है, "जबकि सार्वजनिक रूप से कारोबार करने वाली कंपनियों में उनके शेयरों का बाजार मूल्य किसी भी समय गिर सकता है, वह शायद इस बिंदु पर बिल गेट्स से अधिक अमीर हैं"। द वॉल स्ट्रीट जर्नल के अनुसार, स्लिम अपने दोस्त, भविष्यवादी लेखक एल्विन टॉफ़लर के लेखन के लिए "निवेश के अवसरों की पहचान" करने की अपनी क्षमता का हिस्सा है।

8 अगस्त, 2007 को, फॉर्च्यून पत्रिका ने बताया कि स्लिम ने गेट्स को दुनिया के सबसे अमीर व्यक्ति के रूप में पीछे छोड़ दिया। जुलाई के अंत में उनकी सार्वजनिक होल्डिंग के मूल्य के आधार पर, स्लिम की अनुमानित कुल संपत्ति 59 बिलियन अमेरिकी डॉलर थी। गेट्स की कुल संपत्ति कम से कम US$58 बिलियन आंकी गई थी।

5 मार्च 2008 को, फोर्ब्स ने स्लिम को वॉरेन बफेट और बिल गेट्स के बाद दुनिया के दूसरे सबसे अमीर व्यक्ति के रूप में स्थान दिया। 11 मार्च 2009 को, फोर्ब्स ने स्लिम को गेट्स और बफेट के बाद और लैरी एलिसन से आगे दुनिया के तीसरे सबसे अमीर व्यक्ति के रूप में स्थान दिया।

10 मार्च 2010 को, फोर्ब्स ने एक बार फिर रिपोर्ट दी कि स्लिम ने 53.5 बिलियन अमेरिकी डॉलर की संपत्ति के साथ गेट्स को दुनिया के सबसे अमीर व्यक्ति के रूप में पीछे छोड़ दिया है। उस समय, गेट्स और बफेट की निवल संपत्ति क्रमशः US$53 बिलियन और US$47 बिलियन थी। 3 वह सूची में शीर्ष पर पहुंचने वाले पहले मेक्सिकन थे। 16 वर्षों में पहली बार, सूची में शीर्ष पर रहने वाला व्यक्ति संयुक्त राज्य अमेरिका से नहीं था। यह पहली बार था जब एक उभरती हुई अर्थव्यवस्था सूची में सबसे ऊपर थी। 2008 और 2010 के बीच, स्लिम ने अपने शुद्ध मूल्य को 35 डॉलर से 75 अरब डॉलर तक दोगुना कर दिया।

मार्च 2011 में, फोर्ब्स ने कहा कि स्लिम ने 74 अरब अमेरिकी डॉलर की संपत्ति के साथ दुनिया के सबसे अमीर व्यक्ति के रूप में अपना स्थान बरकरार रखा है।

ब्लूमबर्ग बिलियनेयर्स इंडेक्स के अनुसार, दिसंबर 2012 तक, कार्लोस स्लिम हेलू 75.5 बिलियन अमेरिकी डॉलर की अनुमानित संपत्ति के साथ दुनिया के सबसे अमीर व्यक्ति बने रहे।

5 मार्च 2013 को, फोर्ब्स ने कहा कि स्लिम अभी भी 73 बिलियन अमेरिकी डॉलर की अनुमानित संपत्ति के साथ दुनिया के सबसे अमीर व्यक्ति के रूप में अपना पहला स्थान बनाए हुए है। 16 मई 2013 को, ब्लूमबर्ग एलपी ने स्लिम को बिल गेट्स के बाद दुनिया के दूसरे सबसे अमीर व्यक्ति के रूप में स्थान दिया।

15 जुलाई 2014 को, फोर्ब्स ने घोषणा की कि स्लिम ने 79.6 बिलियन अमेरिकी डॉलर की संपत्ति के साथ दुनिया के सबसे अमीर व्यक्ति के रूप में अपनी स्थिति को पुनः प्राप्त कर लिया है।

सितंबर 2014 में, फोर्ब्स ने 81.6 बिलियन डॉलर की संपत्ति के साथ अरबपतियों की सूची में स्लिम को नंबर 1 के रूप में सूचीबद्ध किया।

दिसंबर 2016 में, स्लिम की कुल संपत्ति 48.1 बिलियन अमेरिकी डॉलर आंकी गई थी।

2017 में उनकी नेटवर्थ 54.5 अरब डॉलर बताई गई थी।

2019 में, उनकी कुल संपत्ति कम से कम $58.1 बिलियन बताई गई, जिससे वे मेक्सिको के सबसे अमीर व्यक्ति बन गए।

अक्टूबर 2020 तक उनकी कुल संपत्ति 53.7 बिलियन डॉलर थी।

2021 में, फोर्ब्स ने उनकी कुल संपत्ति 73.3 बिलियन डॉलर बताई।

रियल एस्टेट

स्लिम एक सक्रिय रियल एस्टेट निवेशक है। उनकी रियल एस्टेट होल्डिंग कंपनी, इनमोबिलियारिया कार्सो ने 1960 के दशक से पूरे मेक्सिको में कई आवासीय और वाणिज्यिक रियल एस्टेट संपत्तियों का विकास, निवेश, स्वामित्व और संचालन किया है। उनकी रियल एस्टेट कंपनी ने मेक्सिको सिटी में प्लाजा कार्सो का निर्माण किया, जहां उनके अधिकांश व्यवसाय एक मुख्यालय का पता साझा करते हैं। 2000 के दशक के प्रारंभ से लेकर 2010 के मध्य तक, स्लिम ने मेक्सिको से परे, विशेष रूप से स्पेन और संयुक्त राज्य अमेरिका में अंतरराष्ट्रीय स्तर पर निजी रियल एस्टेट निवेश करना जारी रखा।

मई 2014 में, स्लिम ने लैटिन अमेरिका में सबसे बड़ा एक्वेरियम इनबर्सा एक्वेरियम खोला। स्लिम के पास न्यू यॉर्क शहर में 5वें एवेन्यू पर 1901 का बीक्स-आर्ट्स हाउस ड्यूक सीमन्स मेंशन है, जिसे उन्होंने 2010 में 44 मिलियन डॉलर में खरीदा था। हवेली 20,000 वर्ग फुट है और इसमें 12 बेडरूम, 14 बाथरूम और बेसमेंट में एक डॉक्टर का कार्यालय है। 28 अप्रैल, 2015 को डेट्रायट में स्लिममार्क्वेट बिल्डिंग का अधिग्रहण किया और सोमरस, न्यूयॉर्क में पेप्सिको अमेरिका बेवरेजेज के मुख्यालय को US$87 मिलियन में खरीदा। स्लिम के पास न्यूयॉर्क शहर में 10 वेस्ट 56 स्ट्रीट में एक और हवेली है, जिसे उन्होंने 2011 में 15.5 मिलियन अमेरिकी डॉलर में खरीदा था।

मार्च 2015 में, स्लिम ने स्पेन की बीमार अर्थव्यवस्था में रियल एस्टेट क्षेत्र में बहुत कम कीमतों पर सस्ती संपत्तियां खरीदकर संभावित निवेश गंतव्य के रूप में स्पेन की जांच शुरू की।

प्रतिक्रिया

स्लिम की बढ़ती संपत्ति विवाद का विषय बन गई है, क्योंकि यह एक विकासशील देश में जमा हो गई है जहां प्रति व्यक्ति औसत आय 14,500 अमेरिकी डॉलर प्रति वर्ष से अधिक नहीं है और लगभग 17% आबादी गरीबी में रहती है। आलोचकों का दावा है कि स्लिम एक एकाधिकारवादी है, जिसमें टेलमेक्स मैक्सिकन लैंडलाइन टेलीफोन बाजार के 90% को नियंत्रित करता है। स्लिम की संपत्ति मेक्सिको के वार्षिक आर्थिक उत्पादन के लगभग 5% के बराबर है। टेलमेक्स, जिसका 49.1% स्लिम और उसके परिवार के स्वामित्व में है, आर्थिक सहयोग और विकास संगठन के अनुसार, दुनिया में सबसे अधिक उपयोग शुल्क लेता है।

Universidad Nacional Autónoma de México के एक अर्थशास्त्री Celso Garrido के अनुसार, मेक्सिको के समूह का पतला प्रभुत्व छोटी फर्मों के विकास को रोकता है, जिसके परिणामस्वरूप नौकरियों की कमी होती है, जिससे कई मेक्सिकोवासियों को अमेरिका में बेहतर जीवन की तलाश करने के लिए मजबूर होना पड़ता है।

2013 में डच आर्थिक मामलों के मंत्री हैंक काम्प ने केपीएन, एक डच लैंडलाइन और मोबाइल दूरसंचार ऑपरेटर को बाय-आउट की पेशकश करने के लिए स्लिम की आलोचना की, क्योंकि उन्होंने अमेरिका से परे अपने दूरसंचार साम्राज्य का विस्तार करने की मांग की थी। काम्प ने स्लिम की अपनी आलोचना को दोहराया: "एक 'विदेशी कंपनी' द्वारा केपीएन का अधिग्रहण नीदरलैंड की राष्ट्रीय सुरक्षा को प्रभावित कर सकता है"। स्लिम की कंपनी को अपने कब्जे में लेने के प्रयास के दो साल बाद, मुख्य रूप से राजनीतिक हस्तक्षेप और कंपनी को खरीदने में स्लिम की दिलचस्पी की कमी के कारण, स्लिम के अमेरिका Movil SAB ने 2.25 बिलियन यूरो की पेशकश शुरू की। अमेरिका Movil अब 20 मई, 2015 तक 3.1 बिलियन यूरो के बाजार मूल्य के साथ KPN में 21.1 प्रतिशत हिस्सेदारी को नियंत्रित करता है। डच फोन लाइन वाहक के लिए 7.2 बिलियन यूरो की बोली वापस लेने के लिए मजबूर होने के बाद से स्लिम धीरे-धीरे अपनी होल्डिंग कम कर रहा है। 2013 में वार्ता विफल होने के बाद।

आलोचना का जवाब देते हुए, स्लिम ने कहा है, "जब आप अन्य लोगों की राय के लिए जीते हैं, तो आप मर चुके हैं। मैं यह सोचकर नहीं जीना चाहता कि मैक्सिकन मुझे कैसे याद रखेंगे," अपनी स्थिति के प्रति उदासीनता का दावा करते हुए। फोर्स की दुनिया के सबसे अमीर लोगों की सूची। उन्होंने कहा है कि उन्हें दुनिया का सबसे अमीर व्यक्ति बनने में कोई दिलचस्पी नहीं है। फोर्स की वार्षिक रैंकिंग के प्रकाशन के तुरंत बाद एक प्रेस कॉन्फ्रेंस में धन में अचानक वृद्धि के बारे में पूछे जाने पर, उन्होंने कहा, "शेयर बाजार ऊपर और नीचे जाता है", और कहा कि उनकी किस्मत जल्दी से गिर सकती है।

2016 में, तत्कालीन राष्ट्रपति पद के उम्मीदवार और अंततः संयुक्त राज्य अमेरिका के 45 वें राष्ट्रपति डोनाल्ड ट्रम्प ने स्लिम पर अपने 2016 के राष्ट्रपति अभियान के दौरान द न्यू यॉर्क टाइम्स में प्रकाशित संपादकीय में शामिल होने का आरोप लगाया। द टाइम्स ने इन आरोपों का जवाब दिया कि स्लिम ने संपादकीय नीति में कभी हस्तक्षेप नहीं किया।

बाद में 2017 में, ट्रम्प और स्लिम व्यक्तिगत रूप से मिले। स्लिम ने बैठक के बारे में सकारात्मक बात की।

दूसरों का उपकार करने का सिद्धान्त

स्लिम को सार्वजनिक रूप से संदेह है कि बिल गेट्स और वारेन बफेट ने अपनी संपत्ति का कम से कम आधा हिस्सा दे दिया है। लेकिन - उनके प्रवक्ता के अनुसार - उन्होंने 2011 तक अपने कार्लोस स्लिम फाउंडेशन को US $ 4 बिलियन या लगभग 5% का दान दिया। हालांकि स्लिम ने गेट्स और बफेट की आधी से अधिक संपत्ति को गिरवी नहीं रखा है, स्लिम ने परोपकार के लिए मजबूत समर्थन व्यक्त किया है और नवोदित उद्यमियों को सलाह दी है कि व्यवसायियों को देने से अधिक करना चाहिए?—? उन्हें "समस्या समाधान में भाग लेना चाहिए"।

स्लिम ने मेक्सिको सिटी पर केंद्रित तीन गैर-लाभकारी संगठनों की स्थापना की: एक कला, शिक्षा और स्वास्थ्य देखभाल के लिए; खेल के लिए एक; और एक डाउनटाउन बहाली के लिए।

2019 में, फोर्स ने स्लिम को अमेरिका के बाहर दुनिया के सबसे उदार परोपकारी लोगों में शामिल किया।

Fundación कार्लोस स्लिम

1986 में स्थापित, Fundación Carlos Slim es ने मेक्सिको सिटी में म्यूजियो सौम्या को प्रायोजित किया, जो 2011 में खोला गया, जिसका नाम स्लिम की दिवंगत पत्नी सौम्या डोमित के नाम पर रखा गया। इसमें धार्मिक अवशेषों सहित 66,000 नमूने शामिल हैं, जो इसे दुनिया का दूसरा सबसे बड़ा रोडिन संग्रह बनाता है। लैटिन अमेरिका में सल्वाडोर डाली का सबसे बड़ा संग्रह द किस में लियोनार्डो दा विंची, पाब्लो पिकासो, पियरे-अगस्टे रेनॉयर और स्पेन के वायसराय के सिक्के शामिल हैं। 2011 में उद्घाटन में मेक्सिको के राष्ट्रपति, नोबेल पुरस्कार विजेताओं, लेखकों और अन्य हस्तियों ने भाग लिया था।

स्लिम को मई 2011 में फोर्स की विश्व की सबसे बड़ी दाताओं की सूची में पांचवें स्थान पर रखा गया था, उन्होंने कहा कि उन्होंने 2010 में Fundación Carlos स्लिम को US$4 बिलियन, US$2 बिलियन और US$2 बिलियन का लाभांश दान किया था। पेरू में 50,000 मोतियाबिंद सर्जरी करने के लिए शिक्षा और स्वास्थ्य देखभाल परियोजनाओं में $100 मिलियन शामिल हैं।

टेलमेक्स फंड

1995 में, स्लिम ने Fundación Telmex की स्थापना कीइसने एक व्यापक परोपकारी संगठन की स्थापना की, जिसने 2007 में घोषित स्वास्थ्य, खेल और शिक्षा के लिए कार्सो फाउंडेशन की स्थापना के लिए यूएस $ 4 बिलियन का संपत्ति आधार प्रदान किया। इसके अलावा, लैटिन अमेरिका में लोगों की मदद करने के लिए बिल क्लिंटन की पहल के समर्थन में काम करना था। फाउंडेशन 2007 और 2008 में गिनीज वर्ल्ड रिकॉर्ड्स द्वारा मान्यता प्राप्त एक शौकिया खेल टूर्नामेंट, कोपा टेलीमेक्स का आयोजन करता है, जो दुनिया में इस तरह के किसी भी टूर्नामेंट में सबसे ज्यादा भाग लेता है। Fundación Carlos स्लिम हेलू के साथ, Telmex ने 2008 में घोषणा की कि वह जमीनी स्तर से लेकर ओलंपिक मानकों तक मैक्सिकन खेल कार्यक्रमों में US$250 मिलियन से अधिक का निवेश करेगा। Telmex ने 2011 सीज़न के लिए Sauber F1 टीम को प्रायोजित किया। Telmex ने क्लिंटन फाउंडेशन को कम से कम $1 मिलियन का दान दिया।

स्लिम 2001 से मैक्सिको सिटी के ऐतिहासिक डाउनटाउन की बहाली के लिए परिषद के अध्यक्ष रहे हैं।

2011 में, उन्होंने मेक्सिको के राष्ट्रपति, मेक्सिको सिटी के मेयर और मेक्सिको सिटी के आर्कबिशप के साथ बेसिलिका डी ग्वाडालूप के पास प्लाजा मारियाना के पहले चरण का उद्घाटन किया। 102 परिसर, जिसका निर्माण स्लिम द्वारा वित पोषित किया गया था, में एक प्रचार केंद्र, एक संग्रहालय, एक कोलम्बेरियम, एक स्वास्थ्य केंद्र और एक बाजार शामिल है।

पुरस्कार

मेक्सिको के चैंबर ऑफ कॉमर्स से 1985 में एंटरप्रेन्योरशिप मेरिट मेडल ऑफ ऑनर।

लियोपोल्ड II के बेल्जियम ऑर्डर में कमांडर

1994 में अमेरिकन एकेडमी ऑफ अचीवमेंट से गोल्डन प्लेट अवार्ड

2003 में लैटिन ट्रेड मैगजीन द्वारा सीईओ ऑफ द ईयर

लैटिन व्यापार पत्रिका द्वारा 2004 में दशक के सीईओ

Fundacion Telmex को 2007 में खेल प्रोत्साहन के लिए मेक्सिको का राष्ट्रीय खेल पुरस्कार मिला

2008 में, उनके परोपकार को लेबनान सरकार ने द नेशनल ऑर्डर ऑफ सीडर के पुरस्कार से मान्यता दी थी।

2011 में, हिस्पैनिक सोसाइटी ऑफ अमेरिका ने कला और संस्कृति में उनके योगदान के लिए फंडाकियन कार्लोस स्लिम को सोरोला मेडल से सम्मानित किया।

20 मई 2012 को, स्लिम को जॉर्ज वाशिंगटन विश्वविद्यालय द्वारा सार्वजनिक सेवा में डॉक्टरेट की मानद उपाधि से सम्मानित किया गया।

21 मार्च 2020 को, उन्हें एक अवार्ड लंच में क्वीन सोफिया स्पेनिश इंस्टीट्यूट सोफिया अवार्ड से सम्मानित किया गया।

21
एलिस वाल्टन

एलिस वाल्टन

Top Richest People

Scan for Story Videos - www.itibook.com

ऐलिस लुईस वाल्टन (जन्म 7 अक्टूबर, 1949) एक अमेरिकी वॉलमार्ट उत्तराधिकारी हैं। सितंबर 2016 तक, वॉलमार्ट के शेयरों में उनका 11 बिलियन अमेरिकी डॉलर से अधिक का स्वामित्व था। ब्लूमबर्ग बिलियनेयर्स इंडेक्स के अनुसार, 3 मार्च, 2022 तक वाल्टन की कुल संपत्ति $60.5 बिलियन है, जिससे वह दुनिया की 20वीं सबसे अमीर व्यक्ति और दूसरी सबसे अमीर महिला बन गई हैं।

वाल्टन का जन्म न्यूपोर्ट, अर्कांसस में हुआ था। वह अपने तीन भाइयों के साथ अर्कांसस के बेंटनविले में पली-बढ़ी और 1966 में बेंटनविले हाई स्कूल से स्नातक की उपाधि प्राप्त की। उन्होंने सैन एंटोनियो, टेक्सास में ट्रिनिटी विश्वविद्यालय से अर्थशास्त्र में बीए के साथ स्नातक किया।

करियर

इससे पहले अपने करियर में, वाल्टन फ़र्स्ट कॉमर्स कॉर्पोरेशन के लिए एक इक्विटी विश्लेषक और मनी मैनेजर थीं और अरवेस्ट बैंक ग्रुप में निवेश गतिविधियों का नेतृत्व करती थीं। वह EF हटन की दलाल भी थीं। 1988 में, वाल्टन ने एक निवेश बैंक, लामा कंपनी की स्थापना की, जहाँ वह अध्यक्ष, अध्यक्ष और मुख्य कार्यकारी अधिकारी थीं।

वाल्टन नॉर्थवेस्ट अर्कांसस काउंसिल की अध्यक्षता करने वाले पहले व्यक्ति थे और उन्होंने नॉर्थवेस्ट अर्कांसस रीजनल एयरपोर्ट के विकास में एक प्रमुख भूमिका निभाई, जो 1998 में खुला। उस समय, नॉर्थवेस्ट अर्कांसस काउंसिल के व्यापार और नागरिक नेताओं ने राज्य के अपने कोने में $ 109 मिलियन क्षेत्रीय हवाई अड्डे की आवश्यकता देखी। वाल्टन ने निर्माण के लिए शुरुआती फंडिंग में $15 मिलियन प्रदान किए। उनकी कंपनी, लामा कंपनी ने बांड में $79.5 मिलियन लिखा। नॉर्थवेस्ट अर्कांसस रीजनल एयरपोर्ट अथॉरिटी ने हवाई अड्डे के निर्माण में वाल्टन के योगदान को मान्यता दी और टर्मिनल का नाम एलिस एल. वाल्टन टर्मिनल बिल्डिंग का नाम दिया। उन्हें 2001 में अर्कांसस एविएशन हॉल ऑफ़ फ़ेम में शामिल किया गया था।

1990 के दशक के अंत में, लामा कंपनी बंद हो गई, और 1998 में, वाल्टन मिल्सैप, टेक्सास में एक खेत में चले गए, जिसका नाम उन्होंने वाल्टन के रॉकिंग डब्ल्यू रेंच रखा। एक उत्साही घोड़ा प्रेमी, वह 2 महीने के बच्चों को देखने के लिए जानी जाती है, यह निर्धारित करने के लिए कि कौन सा चैंपियन कटर बनेगा। वाल्टन ने 2015 में बिक्री के लिए खेत को सूचीबद्ध किया और फोर्ट वर्थ, टेक्सास में स्थानांतरित कर दिया, क्योंकि उन्हें बेंटनविले, अर्कांसस, आर्ट म्यूजियम, क्रिस्टल ब्रिजेज म्यूजियम ऑफ अमेरिकन आर्ट पर ध्यान केंद्रित करने की जरूरत थी, जो 2011 में खोला गया था।

1992 की अपनी आत्मकथा मेड इन अमेरिका में, सैम वाल्टन ने टिप्पणी की कि ऐलिस "मेरी तरह-एक मनमौजी-लेकिन मुझसे अधिक अस्थिर है।"

कला

वाल्टन और उनकी मां अक्सर कैंपिंग ट्रिप पर पानी के रंग पेंट करते थे। कला में उनकी रुचि ने वाल्टन फैमिली फाउंडेशन को अर्कांसस के बेंटनविले में क्रिस्टल ब्रिजेज म्यूजियम ऑफ अमेरिकन आर्ट विकसित करने का नेतृत्व किया।

दिसंबर 2004 में, वाल्टन ने न्यूयॉर्क में सोथबी के डैनियल फ्रॉड और रीटा फ्रॉड के संग्रह से बेची गई कला खरीदी।

2005 में, वाल्टन ने आशेर ब्राउन ड्यूरंड की प्रसिद्ध पेंटिंग, किन्ड्रेड स्पिरिट्स को एक सीलबंद बोली नीलामी में कथित US$35 मिलियन में खरीदा। 1849 की पेंटिंग, हडसन रिवर स्कूल के चित्रकार थॉमस कोल को एक श्रद्धांजलि, 1904 में न्यूयॉर्क पब्लिक लाइब्रेरी को जूलिया ब्रायंट, रोमांटिक कवि और न्यूयॉर्क अखबार के प्रकाशक विलियम कुलेन ब्रायंट की बेटी द्वारा दी गई थी, जिसे पेंटिंग में दर्शाया गया है। कोल। उसने क्रिस्टल ब्रिज के उद्घाटन की तैयारी में अमेरिकी चित्रकारों विंसलो होमर और एडवर्ड हॉपर के साथ-साथ चार्ल्स विल्सन पील के जॉर्ज वाशिंगटन के उल्लेखनीय चित्र को खरीदा है। 2009 में, वाल्टन ने नॉर्मन रॉकवेल की "रोज़ी द रिवेटर" को $4.9 मिलियन में खरीदा।

वाल्टन के धूम्रपान छोड़ने के प्रयास ने उन्हें जॉन सिंगर सार्जेंट द्वारा एक पेंटिंग खरीदने के लिए प्रेरित किया, जो पहले की अल्फ्रेड मौरर पेंटिंग की याद दिलाती है, जिसमें एक पूर्ण लंबाई वाली महिला को धूम्रपान करते हुए दिखाया गया है। टॉम वेसलमैन की एक अन्य पेंटिंग का शीर्षक "स्मोकर" है और इसमें एक अतियथार्थवादी, विकृत हाथ और मुंह से सिगरेट पीते हुए दिखाया गया है।

2011 के एक साक्षात्कार में, उन्होंने अन्य कलाकारों द्वारा महान कार्यों को प्राप्त करने के बारे में बात की। उसने मार्सडेन हार्टले को "मेरे पसंदीदा कलाकारों में से एक के रूप में वर्णित किया - वह एक बहुत ही जटिल व्यक्ति था, कुछ हद तक परेशान था, लेकिन एक बहुत ही आध्यात्मिक व्यक्ति था और अपने काम की भावना और भावना और आध्यात्मिकता से प्यार करता था"। उसने जोड़ा "और एंड्रयू व्याथ-आवाज रहस्य और अकेलापन। आप अकेलेपन को कैसे चित्रित करते हैं?"

राजनीतिक योगदान

एलिस वाल्टन 2004 के अमेरिकी राष्ट्रपति चुनाव में 527 समितियों में 20वीं सबसे बड़ी व्यक्तिगत योगदानकर्ता थीं, जिन्होंने अमेरिका के रूढ़िवादी समूह प्रोग्रेस फॉर अमेरिका को 2.6 मिलियन अमेरिकी डॉलर का दान दिया। 25 जनवरी, 2012 तक, वाल्टन ने मिट रोमनी के राष्ट्रपति अभियान से जुड़े एक सुपर पीएसी, हमारे भविष्य को पुनर्स्थापित करने के लिए $ 200,000 का योगदान दिया था। 26 2016 में ऐलिस ने क्लिंटन और अन्य डेमोक्रेट्स का समर्थन करने वाली एक संयुक्त धन उगाहने वाली समिति हिलेरी विक्ट्री फंड को $353,400 का

दान दिया। 27 2016 में, वाल्टन और अन्य वॉलमार्ट उत्तराधिकारियों ने वॉलमार्ट के शेयरों में $407 मिलियन का दान एक पारिवारिक ट्रस्ट को दिया जो उनके परोपकार को वित्तपोषित करता है। 28

व्यक्तिगत जीवन

वाल्टन ने 1974 में 24 साल की उम्र में लुइसियाना के एक प्रमुख निवेश बैंकर से शादी की, लेकिन 2 साल बाद तलाक हो गया।. फोर्ब्स के अनुसार, उसने जल्द ही "उस ठेकेदार से शादी कर ली जिसने अपना स्विमिंग पूल बनाया", "लेकिन उन्होंने जल्दी ही तलाक भी ले लिया"।

वाल्टन कई वाहन दुर्घटनाओं में शामिल रहा है, जिनमें से एक घातक है। 1983 में अकापुल्को के पास थैंक्सगिविंग परिवार के पुनर्मिलन के दौरान, वह किराये की जीप से नियंत्रण खो बैठी और एक खड्ड में जा गिरी, जिससे उसका पैर टूट गया। उसे मेक्सिको से एयरलिफ्ट किया गया और दो दर्जन से अधिक सर्जरी की गई; वह अपनी चोटों से लगातार दर्द में है। अप्रैल 1989 में, उसने 50 वर्षीय ओलेटा हार्डिन को मारा और मार डाला, जो अर्कांसस के फेयेटविले में एक सड़क पर चल रहा था। 1998 में, शराब के नशे में गाड़ी चलाते समय उसने गैस मीटर को टक्कर मार दी। उसने $ 925 का जुर्माना अदा किया।

22
माइकल ब्लूमबर्ग

माइकल ब्लूमबर्ग

Scan for Story Videos - www.itibook.com

माइकल रूबेन्स ब्लूमबर्ग (जन्म 14 फरवरी, 1942) एक अमेरिकी व्यवसायी, राजनीतिज्ञ, परोपकारी और लेखक हैं। वह ब्लूमबर्ग एलपी के बहुसंख्यक मालिक, सह-संस्थापक और सीईओ हैं। वह 2002 से 2013 तक न्यूयॉर्क शहर के मेयर थे और संयुक्त राज्य अमेरिका के राष्ट्रपति पद के लिए 2020 के डेमोक्रेटिक नामांकन के लिए एक उम्मीदवार हैं।

ब्लूमबर्ग मेडफोर्ड, मैसाचुसेट्स में पले-बढ़े और जॉन्स हॉपकिन्स विश्वविद्यालय और हार्वर्ड बिजनेस स्कूल से स्नातक हुए। 1981 में अपनी खुद की कंपनी स्थापित करने से पहले उन्होंने प्रतिभूति ब्रोकरेज सॉलोमन ब्रदर्स के साथ अपना करियर शुरू किया। वह कंपनी, ब्लूमबर्ग एलपी, एक वित्तीय सूचना, सॉफ्टवेयर और मीडिया फर्म है जो ब्लूमबर्ग टर्मिनल के लिए जानी जाती है। ब्लूमबर्ग ने अगले बीस साल अध्यक्ष और सीईओ के रूप में बिताए। जून 2022 तक, फोर्ब्स ने उन्हें 82 बिलियन अमेरिकी डॉलर की संपत्ति के साथ दुनिया के सोलहवें सबसे अमीर व्यक्ति के रूप में और फोर्ब्स 400 में 55 बिलियन डॉलर की संपत्ति के साथ 14वें स्थान पर रखा है। द गिविंग प्लेज पर हस्ताक्षर करने के बाद से, ब्लूमबर्ग ने परोपकारी कार्यों के लिए 8.2 बिलियन डॉलर दिए हैं।

ब्लूमबर्ग न्यूयॉर्क शहर के 108वें मेयर और शहर के तीसरे यहूदी मेयर चुने गए। पहली बार 2001 में चुने गए, उन्होंने लगातार तीन बार सेवा की, 2005 और 2009 में फिर से चुनाव जीते। सामाजिक रूप से उदार और आर्थिक रूप से उदारवादी नीतियों का अनुसरण करते हुए, ब्लूमबर्ग ने एक तकनीकी प्रबंधकीय शैली विकसित की।

न्यूयॉर्क के मेयर के रूप में, ब्लूमबर्ग ने सार्वजनिक चार्टर स्कूलों की स्थापना की, शहरी बुनियादी ढांचे का पुनर्निर्माण किया और बंदूक नियंत्रण, सार्वजनिक स्वास्थ्य पहल और पर्यावरण संरक्षण का समर्थन किया। उन्होंने 11 सितंबर के हमलों के बाद बड़े पैमाने पर और व्यापक नए वाणिज्यिक और आवासीय निर्माण की सुविधा प्रदान करने वाले शहर के बड़े क्षेत्रों के पुनर्विकास का भी नेतृत्व किया। माना जाता है कि मेयर के रूप में अपने तीन कार्यकालों के दौरान ब्लूमबर्ग का न्यूयॉर्क शहर में राजनीति, व्यापार और संस्कृति पर दूरगामी प्रभाव पड़ा था। शहर के स्टॉप-एंड-फ्रिस्क कार्यक्रम के विस्तार के लिए उन्हें महत्वपूर्ण आलोचना का सामना करना पड़ा, जिसके लिए उन्होंने 2020 के राष्ट्रपति चुनाव से पहले माफी मांगी।

एक पूर्णकालिक परोपकारी के रूप में एक संक्षिप्त कार्यकाल के बाद, उन्होंने 2014 के अंत में ब्लूमबर्ग एलपी में सीईओ का पद फिर से शुरू किया। नवंबर 2019 में, ब्लूमबर्ग ने आधिकारिक तौर पर संयुक्त राज्य अमेरिका के राष्ट्रपति पद के लिए 2020 के डेमोक्रेटिक नामांकन के लिए अपना अभियान शुरू किया। उन्होंने केवल 61 प्रतिनिधियों द्वारा चुनाव जीतने के बाद मार्च 2020 में अपना अभियान समाप्त कर दिया। ब्लूमबर्ग ने $935 मिलियन के साथ अपनी उम्मीदवारी को स्व-वित्तपोषित किया, जिसने सबसे महंगे अमेरिकी राष्ट्रपति के प्राथमिक अभियान का रिकॉर्ड बनाया।

फरवरी 2022 में, ब्लूमबर्ग को डिफेंस इनोवेशन बोर्ड की अध्यक्षता के लिए नामित किया गया था।

ब्लूमबर्ग का जन्म 14 फरवरी, 1942 को सेंट एलिजाबेथ अस्पताल में, बोस्टन के ब्राइटन पड़ोस में, विलियम हेनरी ब्लूमबर्ग (1906-1963), एक डेयरी कंपनी के मुनीम और चार्लोट (नी रूबेन्स) ब्लूमबर्ग के यहाँ हुआ था। 1909-2011)। हार्वर्ड बिजनेस स्कूल में ब्लूमबर्ग सेंटर का नाम विलियम हेनरी के सम्मान में रखा गया था। ब्लूमबर्ग का परिवार यहूदी है, और वे मैनहट्टन में मंदिर इमानु-एल के सदस्य हैं। ब्लूमबर्ग के दादा, रब्बी अलेक्जेंडर "एलिक" ब्लूमबर्ग, एक पोलिश यहूदी थे। ब्लूमबर्ग के दादा, मैक्स रूबेन्स, वर्तमान बेलारूस के एक लिथुआनियाई यहूदी आप्रवासी थे, और उनकी दादी का जन्म न्यूयॉर्क में लिथुआनियाई यहूदी माता-पिता के यहाँ हुआ था। उद्धरण आवश्यक है

ब्लूमबर्ग के दो साल के होने तक परिवार ऑलस्टन में रहता था, फिर दो साल के लिए ब्रुकलाइन, मैसाचुसेट्स में चला गया, अंत में मेडफोर्ड, मैसाचुसेट्स के बोस्टन उपनगर में बसने से पहले, जहां वह कॉलेज से स्नातक होने तक रहता था।

ब्लूमबर्ग बारह साल की उम्र में ईगल स्काउट बन गए थे। उन्होंने 1960 में मेडफोर्ड हाई स्कूल से स्नातक किया। उन्होंने जॉन्स हॉपकिन्स विश्वविद्यालय में भाग लिया, जहाँ वे फी कप्पा साई बिरादरी में शामिल हुए। वहां रहते हुए, उन्होंने विश्वविद्यालय के शुभंकर के लिए एक नीले रंग की जय पोशाक तैयार की। उन्होंने 1964 में इलेक्ट्रिकल इंजीनियरिंग में विज्ञान स्नातक के साथ स्नातक किया। 1966 में, उन्होंने हार्वर्ड बिजनेस स्कूल से मास्टर ऑफ बिजनेस एडमिनिस्ट्रेशन (एमबीए) की डिग्री प्राप्त की।

जॉन्स हॉपकिन्स विश्वविद्यालय द्वारा 1964 की एक पुस्तक में ब्लूमबर्ग।

ब्लूमबर्ग कप्पा बेटा फी और ताऊ बेटा पाई का सदस्य है। ब्लूमबर्ग न्यूज के एडिटर-इन-चीफ मैथ्यू विंकलर की मदद से उन्होंने ब्लूमबर्ग द्वारा एक आत्मकथा, ब्लूमबर्ग लिखी।

व्यावसायिक कैरियर

1973 में, ब्लूमबर्ग एक प्रमुख वॉल स्ट्रीट निवेश बैंक सॉलोमन ब्रदर्स में एक सामान्य भागीदार बने, जहां उन्होंने इक्विटी ट्रेडिंग और बाद में सिस्टम डेवलपमेंट का नेतृत्व किया। Fibro Corporation ने 1981 में सॉलोमन ब्रदर्स को खरीद लिया, और नए प्रबंधन ने ब्लूमबर्ग को फर्म में उनकी इक्विटी के लिए $10 मिलियन का भुगतान करते हुए निकाल दिया।

इस पैसे का उपयोग करते हुए, ब्लूमबर्ग ने इनोवेटिव मार्केट सिस्टम्स (IMS) नामक एक डेटा सेवा कंपनी की स्थापना की, जो उनके इस विश्वास पर आधारित थी कि वॉल स्ट्रीट उच्च गुणवत्ता वाली व्यावसायिक जानकारी के लिए एक प्रीमियम का भुगतान करेगा, जिससे सॉलोमन के लिए एक इन-हाउस कम्प्यूटरीकृत वित्तीय प्रणाली का निर्माण होगा। , उपयोग करने योग्य विभिन्न स्वरूपों में कंप्यूटर टर्मिनलों पर तुरंत वितरित किया जाता है। कंपनी सनुकयूलिट ने वॉल स्ट्रीट फर्मों को रीयल-टाइम मार्केट डेटा, वित्तीय गणना और अन्य एनालिटिक्स देने वाले कंप्यूटर टर्मिनल बेचे। टर्मिनल, जिसे पहले मार्केट मास्टर टर्मिनल कहा जाता था, को दिसंबर 1982 में बाजार में पेश किया गया था।

1986 में, कंपनी ने अपना नाम बदलकर ब्लूमबर्ग एलपी कर दिया। इन वर्षों में, ब्लूमबर्ग न्यूज, ब्लूमबर्ग रेडियो, ब्लूमबर्ग मैसेज और ब्लूमबर्ग ट्रेडबुक सहित सहायक उत्पाद लॉन्च किए गए। ब्लूमबर्ग, एलपी के पास 2018 में लगभग $10 बिलियन का राजस्व था। 2019 तक, कंपनी के दुनिया भर में 325,000 से अधिक टर्मिनल सदस्य हैं और दर्जनों स्थानों पर 20,000 लोगों को रोजगार मिला है।

1980 और 1990 के दशक में कंपनी की संस्कृति की तुलना एक बिरादरी से की गई है, जिसमें कर्मचारी कंपनी के कार्यालयों में अपने यौन शोषण के बारे में शेखी बघारते हैं। महिला कर्मचारियों द्वारा यौन उत्पीड़न के लिए कंपनी पर चार बार मुकदमा किया गया है, जिसमें एक पीड़िता ने बलात्कार का दावा किया है। ब्लूमबर्ग का 48वां जन्मदिन मनाने के लिए, सहकर्मियों ने पोर्टेबल ब्लूमबर्ग: द विट एंड विजडम ऑफ माइकल ब्लूमबर्ग नामक एक पुस्तिका प्रकाशित की। उनके द्वारा कहे गए विभिन्न कथनों में से कई की बाद में सेक्सिस्ट या स्त्री विरोधी के रूप में आलोचना की गई।

ब्लूमबर्ग के तहत डिप्टी मेयर के रूप में प्रारंभिक सेवा के बाद, ब्लूमबर्ग को लेक्स फेनविक और बाद में डैनियल एल। डॉक्टरऑफ द्वारा लिया गया। न्यूयॉर्क शहर के मेयर के रूप में अपना अंतिम कार्यकाल पूरा करने के बाद, ब्लूमबर्ग ने अपने पहले आठ महीने पूर्णकालिक परोपकारी के रूप में कार्यालय से बाहर बिताए। 2014 के पतन में, उन्होंने घोषणा की कि वह 2014 के अंत तक सीईओ के रूप में ब्लूमबर्ग एलपी में वापस आ जाएंगे, डॉक्टरऑफ के बाद, जिन्होंने फरवरी 2008 से कंपनी का नेतृत्व किया था। ब्लूमबर्ग ने अध्यक्ष बनने के लिए 2019 में ब्लूमबर्ग एलपी के सीईओ पद से इस्तीफा दे दिया।

संपत्ति

मार्च 2009 में, फोर्ब्स ने ब्लूमबर्ग की संपत्ति 16 अरब डॉलर होने की सूचना दी, जो पिछले वर्ष से 4.5 अरब डॉलर अधिक थी, जिससे वह 2008 से 2009 तक दुनिया का सबसे बड़ा धन लाभकर्ता बन गया। फोर्ब्स की दुनिया के अरबपतियों की सूची में ब्लूमबर्ग केवल दो वर्षों में 142वें से बढ़कर 17वें स्थान पर पहुंच गए। 2019 फोर्ब्स की दुनिया के अरबपतियों की सूची में, वह नौवें सबसे अमीर व्यक्ति थे; उनकी कुल संपत्ति 55.5 अरब डॉलर थी। वर्तमान में, ब्लूमबर्ग के पास $59 बिलियन का शुद्ध मूल्य है, फोर्ब्स की अरबपतियों की सूची में उन्हें 20वां स्थान दिया गया है।

राजनीतिक कैरियर

ब्लूमबर्ग ने 1 जनवरी, 2002 को न्यूयॉर्क शहर के 108वें मेयर के रूप में कार्यभार संभाला। उन्होंने 2005 और 2009 में फिर से चुनाव जीता। महापौर के रूप में, वह शुरू में 24 प्रतिशत के रूप में कम अनुमोदन रेटिंग के साथ संघर्ष कर रहा था; हालांकि, बाद में उन्होंने उच्च अनुमोदन रेटिंग विकसित और बनाए रखी। ज्यादातर डेमोक्रेटिक शहर में रिपब्लिकन मेयर के रूप में ब्लूमबर्ग रूडी गिउलिआनी, जॉन लिंडसे और फियोरेलो लागार्डिया से जुड़ते हैं।

ब्लूमबर्ग ने कहा कि वह चाहते हैं कि सार्वजनिक शिक्षा सुधार उनके पहले कार्यकाल की विरासत हो और गरीबी को संबोधित करना उनकी दूसरी विरासत हो।

ब्लूमबर्ग ने विभागीय आयुक्तों को उनकी निर्णय लेने की प्रक्रियाओं में व्यापक स्वायत्तता देते हुए शहर सरकार के लिए एक सांख्यिकीय, मैट्रिक्स-आधारित प्रबंधन दृष्टिकोण को लागू करने का विकल्प चुना। 190 वर्षों की परंपरा को तोड़ते हुए, न्यूयॉर्क टाइम्स के राजनीतिक रिपोर्टर एडम नागोर्नी ने वॉल स्ट्रीट ट्रेडिंग फ्लोर के समान "बुलपेन" ओपन ऑफिस योजना के रूप में जाना जाता है, जिसमें दर्जनों सहायक और प्रबंधकीय कर्मचारी एक बड़े कक्ष में एक साथ बैठते हैं। डिजाइन का उद्देश्य जवाबदेही और पहुंच को बढ़ावा देना है।

महापौर के रूप में, ब्लूमबर्ग ने बड़े पैमाने पर संपत्ति कर बढ़ाकर शहर के $6 बिलियन के बजट घाटे को $3 बिलियन के अधिशेष में बदल दिया। 65 ब्लूमबर्ग ने शहर में लगभग 160,000 किफायती घरों को बनाने और संरक्षित करने वाली योजना के माध्यम से नए किफायती आवास विकास के लिए शहर के वित्त पोषण में वृद्धि की। 2003 में, उन्होंने बार और रेस्तरां सहित सभी इनडोर कार्यस्थलों में एक सफल धूम्रपान प्रतिबंध लागू किया, और कई अन्य शहरों और राज्यों ने इसका पालन किया। 5 दिसंबर, 2006 को न्यूयॉर्क शहर सभी रेस्तरां से ट्रांस-वसा पर प्रतिबंध लगाने वाला संयुक्त राज्य अमेरिका का पहला शहर बन गया। यह जुलाई 2008 में प्रभाव में आया और तब से इसे कई अन्य शहरों और देशों द्वारा अपनाया गया है। ब्लूमबर्ग ने साइकिल लेन बनाई, कैलोरी गिनने के लिए आवश्यक चेन रेस्तरां, और टाइम्स स्क्वायर के बहुत से पैदल यात्री। 2011 में, ब्लूमबर्ग ने एनवाईसी यंग मेन्स इनिशिएटिव लॉन्च किया, जो युवा काले और लातीनी पुरुषों और उनके साथियों के बीच असमानताओं को दूर करने के लिए डिज़ाइन किए गए कार्यक्रमों और नीतियों का समर्थन करने के लिए $ 127

मिलियन की पहल थी, और परियोजना के लिए व्यक्तिगत रूप से $ 30 मिलियन का दान दिया। 2010 में, ब्लूमबर्ग ने ग्राउंड ज़ीरो के पास एक तत्कालीन विवादास्पद इस्लामी परिसर का समर्थन किया।

ब्लूमबर्ग ने न्यू यॉर्क सिटी पुलिस विभाग के स्टॉप-एंड-फ्रिस्क कार्यक्रम के बड़े पैमाने पर विस्तार की सूचना दी, जिसमें दस्तावेज़ स्टॉप में छह गुना वृद्धि हुई थी। नीति को अमेरिकी संघीय अदालत में चुनौती दी गई थी, जिसने फैसला सुनाया कि शहर के नीति के कार्यान्वयन ने संविधान के चौथे संशोधन के तहत नागरिकों के अधिकारों का उल्लंघन किया और नस्लीय प्रोफाइलिंग को प्रोत्साहित किया। ब्लूमबर्ग का प्रशासनउसने निर्णय की अपील की; हालांकि, उनके उत्तराधिकारी, मेयर बिल डे ब्लासियो ने अपील को खारिज कर दिया और शासन को प्रभावी होने की अनुमति दी। 11 सितंबर के हमलों के बाद, सेंट्रल इंटेलिजेंस एजेंसी की मदद से, ब्लूमबर्ग के प्रशासन ने एक विवादास्पद कार्यक्रम का निरीक्षण किया, जिसमें धर्म, नस्ल और भाषा के आधार पर मुस्लिम समुदायों का सर्वेक्षण किया गया। कार्यक्रम 2014 में बंद कर दिया गया था।

जनवरी 2014 के क्विनिपियाक पोल में, 64 प्रतिशत मतदाताओं ने मेयर के रूप में ब्लूमबर्ग के 12 वर्षों को "काफी हद तक सफल" कहा।

2001 का चुनाव

2001 में, न्यूयॉर्क के रिपब्लिकन मेयर रूडी गिउलिआनी, शहर की दो-कार्यकाल की सीमा के कारण पुन: चुनाव के लिए अयोग्य थे। डेमोक्रेटिक पार्टी के आजीवन सदस्य ब्लूमबर्ग ने रिपब्लिकन टिकट पर मेयर के लिए दौड़ने का फैसला किया। पहले दौर में 11 सितंबर, 2001 की सुबह मतदान शुरू हुआ। 11 सितंबर के हमलों के कारण, उस दिन पहले दौर को स्थगित कर दिया गया था। पुनर्निर्धारित प्राथमिक में, ब्लूमबर्ग ने रिपब्लिकन उम्मीदवार बनने के लिए पूर्व डेमोक्रेटिक कांग्रेसी हरमन बैडिलो को हराया। अपवाह के बाद, डेमोक्रेटिक उम्मीदवार न्यूयॉर्क सिटी पब्लिक एडवोकेट मार्क जे। ग्रीन के पास गया।

ब्लूमबर्ग को 2001 के चुनाव में सफल होने के लिए गिउलिआनी का समर्थन प्राप्त हुआ। प्रचार खर्च से भी उन्हें काफी फायदा हुआ। हालांकि न्यूयॉर्क शहर का अभियान वित्त कानून एक उम्मीदवार द्वारा स्वीकार किए जा सकने वाले योगदान की मात्रा को सीमित करता है, ब्लूमबर्ग ने सार्वजनिक धन का उपयोग नहीं करने का फैसला किया और इसलिए उनका अभियान इन प्रतिबंधों के अधीन नहीं था। उन्होंने अपने स्वयं के धन में से 73 मिलियन डॉलर अपने अभियान पर खर्च किए, जिसमें ग्रीन पांच से एक से अधिक था। उनके अभियान का एक प्रमुख विषय यह था कि विश्व व्यापार केंद्र के हमलों से पीड़ित शहर की अर्थव्यवस्था के साथ, इसे व्यवसाय के अनुभव वाले महापौर की आवश्यकता थी।

रिपब्लिकन लाइन पर चलने के अलावा, ब्लूमबर्ग विवादास्पद इंडिपेंडेंस पार्टी के टिकट पर दौड़े, जो "सोशल थेरेपी" के नेताओं फ्रेड न्यूमैन और लेनोरा फुलानी से काफी प्रभावित थे। उस लाइन पर ब्लूमबर्ग पोल ने ग्रीन की जीत के अंतर को पार कर लिया। (न्यूयॉर्क के संलयन नियमों के तहत, एक उम्मीदवार एक से अधिक पार्टी लाइन पर चुनाव लड़ सकता है और प्राप्त सभी मतों को जोड़ सकता है।) स्टेटन द्वीप में मतदान एक अन्य कारक है, जो पारंपरिक रूप से शहर के अन्य हिस्सों की तुलना में रिपब्लिकन के लिए मित्रवत रहा है। स्टेटन द्वीप में, ब्लूमबर्ग को 75 प्रतिशत वोट मिले। कुल मिलाकर, उन्होंने 50.3 प्रतिशत से 47.9 प्रतिशत जीत हासिल की। उद्धरण आवश्यक है

11 सितंबर के हमलों के मद्देनजर, ब्लूमबर्ग के प्रशासन ने 2004 के रिपब्लिकन नेशनल कन्वेंशन की मेजबानी करने का सफलतापूर्वक प्रयास किया। सम्मेलन ने हजारों प्रदर्शनकारियों को आकर्षित किया, उनमें न्यू यॉर्कर भी शामिल थे जो जॉर्ज डब्ल्यू बुश के साथ शामिल हुए थे। इराक युद्ध में बुश और बुश प्रशासन की खोज से नफरत करता था।

2005 का चुनाव

ब्लूमबर्ग को नवंबर 2005 में 20 प्रतिशत के अंतर से फिर से मेयर चुना गया, जो न्यूयॉर्क शहर के एक रिपब्लिकन मेयर के लिए अब तक का सबसे बड़ा अंतर है। उन्होंने अपने अभियान पर लगभग $78 मिलियन खर्च किए, जो पिछले चुनाव में खर्च किए गए $74 मिलियन के रिकॉर्ड को पार कर गया। 2004 के अंत या 2005 की शुरुआत में, ब्लूमबर्ग ने अपने पुन: चुनाव अभियान के लिए स्वयंसेवकों की भर्ती के लिए एक फोन बैंक को निधि देने के लिए न्यूयॉर्क की इंडिपेंडेंस पार्टी को 250,000 डॉलर दिए।

ब्रोंक्स बोरो के पूर्व राष्ट्रपति फर्नांडो फेरर ने आम चुनाव में ब्लूमबर्ग का विरोध करने के लिए डेमोक्रेटिक नामांकन जीता। थॉमस ओग्निबेन ने रिपब्लिकन प्राइमरी में ब्लूमबर्ग के खिलाफ दौड़ने की कोशिश की। ब्लूमबर्ग अभियान ने ओग्निबेन को रिपब्लिकन प्राथमिक के लिए मतपत्र पर प्रदर्शित होने से रोकने के लिए चुनाव बोर्ड को प्रस्तुत किए गए हस्ताक्षरों को सफलतापूर्वक चुनौती दी। 85 इसके बजाय, ओग्निबिन विशेष रूप से कंजर्वेटिव पार्टी के टिकट पर दौड़े। ओग्निबे ने ब्लूमबर्ग पर रिपब्लिकन पार्टी के आदर्शों के साथ विश्वासघात करने का आरोप लगाया, यह भावना दूसरों द्वारा प्रतिध्वनित हुई।

ब्लूमबर्ग ने संयुक्त राज्य अमेरिका के मुख्य न्यायाधीश के रूप में जॉन रॉबर्ट्स की पुष्टि का विरोध किया। ब्लूमबर्ग गर्भपात के अधिकारों के कट्टर समर्थक हैं और उन्हें विश्वास नहीं था कि रॉबर्ट्स रो बनाम वेड को बनाए रखने के लिए प्रतिबद्ध थे। रिपब्लिकन समर्थन के अलावा, ब्लूमबर्ग ने कई प्रमुख डेमोक्रेट्स का समर्थन हासिल किया: पूर्व डेमोक्रेटिक मेयर एड कोच; पूर्व डेमोक्रेटिक गवर्नर ह्यूग केरी; डेमोक्रेटिक सिटी काउंसिल के पूर्व अध्यक्ष पीटर वलोन और उनके बेटे, पार्षद पीटर वलोन जूनियर; पूर्व डेमोक्रेटिक कांग्रेसी फ्लॉइड फ्लेक (जिन्होंने पहले

2001 में ब्लूमबर्ग का समर्थन किया था), और ब्रुकलिन बोरो के अध्यक्ष मार्टी मार्कोविट्ज़।

2009 का चुनाव

2 अक्टूबर, 2008 को, ब्लूमबर्ग ने घोषणा की कि वह 2007-08 के वित्तीय संकट के बाद अपने क्षेत्र में एक नेता की आवश्यकता का हवाला देते हुए शहर के शब्द कानून का विस्तार करेंगे और 2009 में तीसरे महापौर पद के लिए दौड़ेंगे। ब्लूमबर्ग ने एक संवाददाता सम्मेलन में कहा, "आवश्यक सेवाओं को मजबूत करते हुए इस वित्तीय संकट से निपटना ... एक चुनौती है जिसे मैं लेना चाहता हूं।" "तो अगर नगर परिषद कार्यकाल की सीमा में सुधार के लिए मतदान करती है, तो मैं चाहता हूं कि न्यू यॉर्कर मेरे स्वतंत्र नेतृत्व रिकॉर्ड को देखें और फिर तय करें कि क्या मैं एक और कार्यकाल के लायक हूं।"रोनाल्ड लॉडर, जिन्होंने 1993 में न्यूयॉर्क शहर की अवधि सीमा के लिए अभियान चलाया और एक महापौर को अधिकतम आठ साल की सेवा तक सीमित करने के लिए $4 मिलियन से अधिक खर्च किए, उन्होंने ब्लूमबर्ग का पक्ष लिया और भविष्य के वैधीकरण से दूर रहने के लिए सहमत हुए। मुद्दे। 95 बदले में, उन्हें ब्लूमबर्ग द्वारा शहर के प्रभावशाली बोर्ड में सीट देने का वादा किया गया था।

कुछ लोगों और संगठनों ने आपत्ति की, और NYPIRG ने शहर के हितों के टकराव बोर्ड में शिकायत दर्ज की। 23 अक्टूबर, 2008 को, नगर परिषद ने कार्यकाल की सीमा को लगातार चार साल की अवधि तक बढ़ाने के पक्ष में 29-22 वोट दिए। 98 दो दिनों की सार्वजनिक सुनवाई के बाद, ब्लूमबर्ग ने 3 नवंबर को बिल पर हस्ताक्षर किए।

तीसरे कार्यकाल के लिए ब्लूमबर्ग की बोली ने कुछ विवादों को जन्म दिया है। न्यू यॉर्क सिविल लिबर्टीज यूनियन के पूर्व निदेशक नॉर्मन सीगल और न्यू यॉर्क सिविल राइट्स गठबंधन के कार्यकारी निदेशक माइकल मेयर्स जैसे नागरिक स्वतंत्रतावादी इस प्रक्रिया को लोकतांत्रिक प्रक्रिया के लिए अवमानना के रूप में निंदा करने में स्थानीय राजनेताओं में शामिल हो गए।

ब्लूमबर्ग के प्रतिद्वंद्वी डेमोक्रेटिक और वर्किंग फैमिली पार्टी के उम्मीदवार बिल थॉम्पसन थे, जो पिछले आठ वर्षों से न्यूयॉर्क शहर के नियंत्रक रहे हैं और इससे पहले न्यूयॉर्क सिटी बोर्ड ऑफ एजुकेशन के अध्यक्ष थे। ब्लूमबर्ग ने थॉम्पसन को 51 प्रतिशत से 46 प्रतिशत तक हराया। ब्लूमबर्ग ने अपने 2009 के अभियान पर $109.2 मिलियन खर्च किए, थॉम्पसन को 11 से एक से अधिक से हरा दिया।

जनवरी 2010 में इंडिपेंडेंस पार्टी के अभियान दस्तावेजों के जारी होने के बाद, ब्लूमबर्ग ने 30 अक्टूबर और 2 नवंबर, 2009 को इंडिपेंडेंस पार्टी को अपने व्यक्तिगत खाते से $600,000 के दो योगदान देने की सूचना दी थी। इंडिपेंडेंस पार्टी ने रिपब्लिकन पार्टी के राजनीतिक निदेशक जॉन हैगर्टी जूनियर को उस पैसे में से 750,000 डॉलर दिए।

इसने फरवरी 2010 में न्यूयॉर्क काउंटी डिस्ट्रिक्ट अटॉर्नी साइरस वेंस जूनियर के कार्यालय द्वारा एक संभावित अनौचित्य जांच का नेतृत्व किया। इंडिपेंडेंस पार्टी ने बाद में सवाल किया कि हैगर्टी ने पैसा कैसे खर्च किया, जो चुनाव देखने वालों के पास जाना था। न्यू यॉर्क स्टेट के पूर्व सीनेटर मार्टिन कोनर ने तर्क दिया कि ब्लूमबर्ग दान अभियान वित्त कानूनों का उल्लंघन कर रहे थे क्योंकि उन्हें वर्तमान अभियानों के लिए बनाए गए खाते के बजाय इंडिपेंडेंस पार्टी हाउसकीपिंग खाते के लिए निर्देशित किया गया था। हैगर्टी ने कार्यालय स्थान पर ब्लूमबर्ग से अलग $200,000 के दान से पैसा भी खर्च किया।

2013 का चुनाव

13 सितंबर, 2013 को ब्लूमबर्ग ने घोषणा की कि वह अपने किसी भी उत्तराधिकारी का समर्थन नहीं करेंगे। अपने रेडियो शो पर, उन्होंने कहा, "मैं अगले महापौर के लिए कुछ भी नहीं करना चाहता कि मैंने फैसला किया है कि मैं इस दौड़ पर अपनी मुहर नहीं लगाऊंगा।" "मैं यह सुनिश्चित करना चाहता हूं कि वह व्यक्ति सफल होने के लिए तैयार है, जो हमने किया है और उस पर निर्माण करने के लिए तैयार है," उन्होंने कहा।

ब्लूमबर्ग ने डेमोक्रेटिक और रिपब्लिकन प्राइमरी में अपने पसंदीदा उम्मीदवारों के रूप में क्रिस्टीन क्विन और जो लोटा का समर्थन करने के लिए न्यूयॉर्क टाइम्स की प्रशंसा की। डेमोक्रेटिक प्राइमरी में क्विन तीसरे और रिपब्लिकन प्राइमरी में ल्होटा ने जीत हासिल की। ब्लूमबर्ग ने डेमोक्रेटिक मेयर पद के उम्मीदवार बिल डे ब्लासियो के प्रचार अभियान की आलोचना की, जिन्हें उन्होंने शुरू में "नस्लवादी" कहा था; कहा गया था ब्लूमबर्ग ने बाद में उन टिप्पणियों को महत्व नहीं दिया और आंशिक रूप से वापस ले लिया।

महापौर के बाद राजनीतिक भागीदारी

2008 और 2012 में राष्ट्रपति पद के लिए, साथ ही 2010 में न्यूयॉर्क के गवर्नर या 2008 में उपाध्यक्ष के लिए ब्लूमबर्ग का बार-बार उल्लेख किया गया है। अंत में उसने इन सभी कार्यालयों की तलाशी लेने से मना कर दिया।

नवंबर 2012 में तूफान सैंडी के तत्काल बाद में, ब्लूमबर्ग ने जलवायु परिवर्तन पर ओबामा की नीतियों का हवाला देते हुए आधिकारिक तौर पर राष्ट्रपति पद के लिए बराक ओबामा का समर्थन करते हुए एक ओप-एड लिखा।

2016 के चुनाव

23 जनवरी 2016 को, यह बताया गया कि बर्नी सैंडर्स को डेमोक्रेटिक नामांकन प्राप्त होने पर ब्लूमबर्ग 2016 के चुनाव में फिर से एक स्वतंत्र उम्मीदवार के रूप में राष्ट्रपति पद के लिए दौड़ने पर विचार कर रहे थे। यह पहली बार था जब उन्होंने आधिकारिक तौर पर पुष्टि की

कि वह एक रन पर विचार कर रहे थे। ब्लूमबर्ग समर्थकों का मानना था कि ब्लूमबर्ग एक मध्यमार्गी के रूप में चल सकते हैं और संभावित डेमोक्रेटिक और रिपब्लिकन उम्मीदवारों से अप्रभावित कई मतदाताओं को आकर्षित कर सकते हैं। हालांकि, 7 मार्च को ब्लूमबर्ग ने घोषणा की कि वह राष्ट्रपति पद के लिए नहीं दौड़ेंगे।

जुलाई 2016 में, ब्लूमबर्ग ने 2016 डेमोक्रेटिक नेशनल कन्वेंशन में एक भाषण दिया जिसमें उन्होंने हिलेरी क्लिंटन को "सही विकल्प" कहा। ब्लूमबर्ग ने डोनाल्ड ट्रम्प के राष्ट्रपति पद के खतरों के प्रति आगाह किया। उन्होंने कहा कि ट्रम्प "चाहते हैं कि आप यह विश्वास करें कि हम मेक्सिकोवासियों को निर्वासित करके और मुसलमानों को बंद करके हमारी सबसे बड़ी समस्याओं का समाधान कर सकते हैं। वह चाहते हैं कि आप यह विश्वास करें कि व्यापार अवरोध लगाने से अच्छी नौकरियां वापस आएंगी। वह दोनों मामलों में गलत हैं।" ब्लूमबर्ग ने यह भी कहा कि ट्रम्प की आर्थिक योजना "छोटे व्यवसायों के लिए प्रतिस्पर्धा करना कठिन बना देगी" और "दुनिया में हमारे प्रभाव को कम कर देगी"। ट्रम्प ने ट्वीट्स की एक श्रृंखला में ब्लूमबर्ग की निंदा करते हुए भाषण का जवाब दिया।

2018 काचुनाव

जून 2018 में, ब्लूमबर्ग ने 2018 के चुनाव में डेमोक्रेटिक कांग्रेस के उम्मीदवारों का समर्थन करने के लिए $ 80 मिलियन का वादा किया, जिसका लक्ष्य रिपब्लिकन-नियंत्रित हाउस के डेमोक्रेट्स को नियंत्रण स्थानांतरित करना था। ब्लूमबर्ग ने एक बयान में कहा कि रिपब्लिकन हाउस का नेतृत्व "पूरी तरह से दोषरहित" था और जिम्मेदारी से शासन करने में विफल रहा। प्रयास का नेतृत्व करने के लिए ब्लूमबर्ग सलाहकार हॉवर्ड वोल्फसन को टैप किया गया था, जिसका मुख्य उद्देश्य उपनगरीय जिलों को लक्षित करना था। अक्टूबर की शुरुआत में, ब्लूमबर्ग ने सदन और सीनेट के लोकतांत्रिक नियंत्रण को वापस करने के लिए $100 मिलियन से अधिक की प्रतिबद्धता जताई थी, जिससे 2020 की राष्ट्रपति पद की दौड़ में गिरफ्तारी को बढ़ावा मिला। 10 अक्टूबर, 2018 को ब्लूमबर्ग ने घोषणा की कि वह डेमोक्रेटिक पार्टी में वापस आ गए हैं।

2020 राष्ट्रपति अभियान

5 मार्च, 2019 को ब्लूमबर्ग ने घोषणा की कि वह 2020 में राष्ट्रपति पद के लिए नहीं दौड़ेंगे। इसके बजाय, उन्होंने डेमोक्रेटिक पार्टी को "उस डेमोक्रेट को नामांकित करने के लिए प्रोत्साहित किया जो डोनाल्ड ट्रम्प को हराने के लिए सबसे मजबूत स्थिति में है।" हालाँकि, डेमोक्रेटिक क्षेत्र से अपने असंतोष के कारण, ब्लूमबर्ग ने पुनर्विचार किया। 24 नवंबर, 2019 को, उन्होंने आधिकारिक तौर पर 2020 के डेमोक्रेटिक नामांकन के लिए अपना अभियान शुरू किया।

ब्लूमबर्ग ने अपने व्यक्तिगत धन से अपने अभियान को स्व-वित्तपोषित किया और अभियान योगदान को स्वीकार नहीं किया।

ब्लूमबर्ग का अभियान दो टेलीविज़न बहसों में उनके खराब प्रदर्शन से प्रभावित हुआ था। जब ब्लूमबर्ग ने अपनी पहली अध्यक्षीय बहस में भाग लिया, तो एलिजाबेथ वारेन ने उन्हें ब्लूमबर्ग एलपी में यौन उत्पीड़न के आरोपों से संबंधित महिलाओं के साथ एक गैर-प्रकटीकरण समझौते से मुक्त करने की चुनौती दी। अनुरोध किए जाने पर वह तीनों में से किसी को भी रिहा कर देंगे। अगले सप्ताह दूसरी बहस में वारेन ने अपना हमला जारी रखा। अन्य लोगों ने ब्लूमबर्ग की उनके धन और अभियान खर्च के साथ-साथ रिपब्लिकन पार्टी के साथ उनकी पिछली संबद्धता की आलोचना की।

दौड़ में देर से प्रवेश करने के कारण, ब्लूमबर्ग ने पहले चार राज्य प्राइमरी और कॉकस को छोड़ दिया। उन्होंने अपनी व्यक्तिगत संपत्ति का $676 मिलियन प्राथमिक अभियान पर खर्च किया, एक राष्ट्रपति के प्राथमिक अभियान पर खर्च किए गए सबसे अधिक धन का रिकॉर्ड तोड़ दिया। उनके अभियान ने प्रसारण और केबल टेलीविजन, इंटरनेट और रेडियो के साथ-साथ प्रत्यक्ष मेल पर अभियान विज्ञापनों के साथ देश भर में धूम मचा दी। ब्लूमबर्ग ने अभियान संचालन पर भी भारी खर्च किया जो बढ़कर 200 फील्ड ऑफिस और 2,400 से अधिक सशुल्क अभियान कर्मचारी हो गए। राष्ट्रीय चुनावों में उनका समर्थन लगभग 15 प्रतिशत था, लेकिन सुपर मंगलवार से पहले स्थिर या गिरा दिया गया था, जबकि पूर्व उपराष्ट्रपति जो बिडेन प्रमुख उम्मीदवारों पीट बटिगिएग और एमी क्लोबुचर से समर्थन प्राप्त करने के बाद केंद्र में सबसे आगे चल रहे थे। ब्लूमबर्ग ने 4 मार्च, 2020 को अपने अभियान को एक निराशाजनक सुपर मंगलवार के बाद स्थगित कर दिया, जिसमें उन्होंने केवल अमेरिकी समोआ जीता और बाद में बिडेन का समर्थन किया। ब्लूमबर्ग ने डेमोक्रेटिक नेशनल कमेटी को $18 मिलियन का दान दिया और बिडेन के अभियान का समर्थन करने के लिए सार्वजनिक रूप से "बड़े पैमाने पर खर्च करने की तैयारी" की योजना बनाई।

जब 60 मिनट के एक रिपोर्टर ने 1 मार्च को टिप्पणी की कि ब्लूमबर्ग ने राष्ट्रपति ट्रम्प से दोगुना खर्च किया है, तो उनसे पूछा गया कि वह कितना खर्च करेंगे। ब्लूमबर्ग ने जवाब दिया, "मैं इस देश में निवेश कर रहा हूं। मेरा निवेश यह है कि मैं 1600 पेंसिल्वेनिया एवेन्यू से राष्ट्रपति ट्रम्प को हटाने जा रहा हूं, या कम से कम जितना हो सके उतना करने की कोशिश करूंगा।"

2020 के डेमोक्रेटिक नेशनल कन्वेंशन की अंतिम रात को बोलते हुए, ब्लूमबर्ग ने ट्रम्प के कोविद -19 महामारी और अमेरिकी अर्थव्यवस्था को संभालने पर निशाना साधा: "क्या आप किसी ऐसे व्यक्ति के लिए फिर से काम करेंगे या काम करेंगे जो आपके व्यवसाय को धरातल पर चलाता है? कोई है जो हमेशा वही करता है जो वह करता है उसके या उसके लिए सबसे अच्छा, कंपनी। यहां तक कि जब यह दर्द होता है, और जिनके लापरवाह फैसले आपको जोखिम में डालते हैं, और कौन काम करने से ज्यादा समय ट्वीट करने में बिताता है? अगर

जवाब नहीं है, तो हम चार और वर्षों के लिए डोनाल्ड ट्रम्प को क्यों रखने जा रहे हैं ?"

राजनीतिक पद

ब्लूमबर्ग 2001 तक एक आजीवन डेमोक्रेट थे, जब उन्होंने मेयर के लिए रिपब्लिकन पार्टी का रुख किया। वह 2007 में निर्दलीय बने और अक्टूबर 2018 में डेमोक्रेट के रूप में फिर से पंजीकृत हुए। 2004 में, उन्होंने जॉर्ज डब्लू. बुश के फिर से चुने जाने और 2004 के रिपब्लिकन नेशनल कन्वेंशन में बोले। उन्होंने 2012 में बराक ओबामा के फिर से चुनाव का समर्थन किया, 2016 के चुनाव में हिलेरी क्लिंटन का समर्थन किया और 2016 के डेमोक्रेटिक नेशनल कन्वेंशन में बात की।

न्यूयॉर्क के मेयर के रूप में, ब्लूमबर्ग ने सार्वजनिक स्वास्थ्य और कल्याण में सरकार की पहल का समर्थन किया। इनमें तम्बाकू नियंत्रण के प्रयास (तंबाकू उत्पादों को खरीदने के लिए कानूनी उम्र बढ़ाना, घरेलू कार्यस्थल में धूम्रपान पर प्रतिबंध, और सिगरेट करों में वृद्धि) शामिल थे; कृत्रिम ट्रांस वसा के उपयोग को समाप्त करें। रेस्तरां में; और मेन्थॉल फ्लेवर सहित सभी फ्लेवर्ड तंबाकू और ई-सिगारेटटी उत्पादों पर प्रतिबंध। 164 ब्लूमबर्ग ने शहर में रेस्तरां और खाद्य सेवा प्रतिष्ठानों से कुछ बड़े (16 औंस से अधिक) मीठा सोडा पर प्रतिबंध लगाने का असफल प्रयास शुरू किया। इन पहलों को सार्वजनिक स्वास्थ्य अधिवक्ताओं द्वारा समर्थित किया गया था लेकिन कुछ ने "नानी राज्य" नीतियों के रूप में आलोचना की।

अपने करियर के दौरान, ब्लूमबर्ग ने "कानून प्रवर्तन, व्यवसाय विनियमन और स्कूल पसंद पर अधिक रूढ़िवादी पदों के साथ प्रगतिशील कारणों के लिए संयुक्त समर्थन दिया है।" ब्लूमबर्ग बंदूक नियंत्रण उपायों, गर्भपात के अधिकार, समलैंगिक विवाह और नागरिकता के मार्ग का समर्थन करता है। अवैध अप्रवासियों के लिए। वह एक सार्वजनिक स्वास्थ्य बीमा विकल्प की वकालत करता है जिसे वह एक सार्वभौमिक एकल-भुगतानकर्ता स्वास्थ्य देखभाल प्रणाली के बजाय "सभी के लिए मेडिकेयर फॉर एक्सपोज्ड पीपल" कहता है। वह जलवायु परिवर्तन के बारे में चिंतित हैं और उन्होंने ग्रीनहाउस गैसों को कम करने के महापौर के प्रयासों पर ध्यान दिया है। ब्लूमबर्ग ने इराक युद्ध का समर्थन किया और सैनिकों को वापस लेने के लिए एक समयरेखा बनाने का विरोध किया। ब्लूमबर्ग ने कभी-कभी अपराध को रोकने और आतंकवाद से बचाव के प्रयासों में निगरानी के उपयोग को स्वीकार किया है।

वह अपने कार्यकाल के दौरान और बाद में स्टॉप-एंड-फ्रिस्क के कट्टर समर्थक थे। नवंबर 2019 में, ब्लूमबर्ग ने समर्थन के लिए माफी मांगी। उन्होंने ट्रम्प के कई कर कटौती के विपरीत वकालत की। उनकी अपनी कर योजना में प्रति वर्ष $5 मिलियन से अधिक की आय पर अतिरिक्त 5 प्रतिशत कर लगाना और एक दशक में संघीय राजस्व में $5 ट्रिलियन की वृद्धि करना शामिल है। उन्होंने संपत्ति कर का विरोध करते हुए कहा कि यह असंवैधानिक है। उन्होंने कड़े वित्तीय नियमों का प्रस्ताव किया है, जिसमें बड़े बैंकों के लिए सख्त पर्यवेक्षण, एक वित्तीय लेनदेन कर और मजबूत उपभोक्ता सुरक्षा शामिल है। उन्होंने अधिक संपत्ति कर एकत्र करने और कर से बचने की योजनाओं को रोकने के लिए संपत्ति कर सीमा को कम करने की भी वकालत की। ProPublica जांच के अनुसार, उन्होंने कई GRATs स्थापित किए, जिन्होंने अपने उत्तराधिकारियों के लिए अपने भाग्य का कुछ हिस्सा सुरक्षित किया।

ब्लूमबर्ग ने कहा कि एक डेमोक्रेट के रूप में दौड़ना - निर्दलीय नहीं - वह डोनाल्ड ट्रम्प को हराने का एकमात्र तरीका था, उन्होंने कहा: "2020 में, इस बात की प्रबल संभावना है कि एक निर्दलीय ट्रम्प विरोधी वोट को विभाजित करेगा और फिर से जीतेगा।" चुने हुए। राष्ट्रपति। यह एक जोखिम है जिसे मैंने 2016 में लेने से इनकार कर दिया था और अब हम इसे लेने का जोखिम नहीं उठा सकते।"

दूसरों का उपकार करने का सिद्धान्त

अगस्त 2010 में, ब्लूमबर्ग ने द गिविंग प्लेज पर हस्ताक्षर किए, जिसके तहत अमीर अपनी संपत्ति का कम से कम आधा हिस्सा देने का संकल्प लेते हैं। तब से, इसने कुल 9.5 बिलियन डॉलर दिए हैं, जिसमें 2019 में 3.3 बिलियन डॉलर शामिल हैं। क्रॉनिकल ऑफ परोपकार के अनुसार, उन्होंने 2019 में किसी भी परोपकारी व्यक्ति की तुलना में सबसे अधिक पैसा दिया।

उनका ब्लूमबर्ग परोपकार फाउंडेशन सार्वजनिक स्वास्थ्य, कला, सरकारी नवाचार, पर्यावरण और शिक्षा पर केंद्रित है। फाउंडेशन के माध्यम से, उन्होंने 2018 में $767 मिलियन और 2019 में $1 बिलियन से अधिक का दान दिया या वचन दिया।

2011 प्राप्तकर्ताओं में तंबाकू मुक्त बच्चों के लिए अभियान शामिल है; रोग नियंत्रण और रोकथाम के लिए केंद्र; जॉन्स हॉपकिन्स ब्लूमबर्ग स्कूल ऑफ पब्लिक हेल्थ; विश्व फेफड़े फाउंडेशन और विश्व स्वास्थ्य संगठन। द न्यूयॉर्क टाइम्स के अनुसार, ब्लूमबर्ग कार्नेगी कॉर्पोरेशन के पास 2001 से 2010 तक "गुमनाम दानकर्ता" थे, जिनके वार्षिक उपहार $5 मिलियन से $20 मिलियन तक थे। कार्नेगी कॉर्पोरेशन ने हार्लेम के डांस थिएटर से लेकर गिल्डा क्लब, एक गैर-लाभकारी संगठन जो कैंसर से प्रभावित लोगों और परिवारों को सहायता प्रदान करता है, न्यूयॉर्क शहर में सैकड़ों संगठनों को इन योगदानों को वितरित किया। वह अपनी नींव के माध्यम से कला का समर्थन करना जारी रखता है।

ब्लूमबर्ग ने 2009 में लगभग 1,400 गैर-लाभकारी संस्थाओं को $254 मिलियन दिए, "मैं यह सब देने में बड़ा विश्वास रखता हूं और हमेशा कहता हूं कि सबसे अच्छी वित्तीय योजना अंडरटेकर को चेक बाउंस होने के साथ समाप्त होती है।"

COVID-19 प्रतिक्रिया

2020 COVID-19 महामारी के दौरान और उसके बाद, ब्लूमबर्ग ने अपनी नींव के माध्यम से कई जरूरी कारणों के लिए प्रतिबद्ध किया है, जिसमें उपचार और टीकों पर शोध करना, वायरस को खत्म करने के लिए अग्रणी संपर्क खोजना, विश्व स्वास्थ्य संगठन का समर्थन करना और इससे लड़ने के लिए वैश्विक प्रयासों को वित्तपोषित करना शामिल है। रोग की रोकथाम और कमजोर आबादी की सुरक्षा। गतिविधियों में शामिल हैं:

न्यूयॉर्क शहर में COVID-19 से प्रभावित गैर-लाभकारी संस्थाओं के लिए $75 मिलियन का कोष स्थापित करना

न्यूयॉर्क शहर में स्वास्थ्य देखभाल कर्मियों को भोजन उपलब्ध कराने के लिए वर्ल्ड सेंट्रल किचन को $6 मिलियन का दान

अपने स्कूल ऑफ पब्लिक हेल्थ के माध्यम से कोविड-19 संपर्क कर्ताओं को प्रशिक्षित करने और वायरस के लिए उपचार खोजने के लिए जॉन्स हॉपकिन्स विश्वविद्यालय के साथ साझेदारी करना।

हार्वर्ड कॉलेज के साथ एक साझेदारी में वक्ताओं और उपस्थित लोगों के द्विदलीय रोस्टर की सुविधा होगी, महापौरों को महामारी के बारे में जानने और उनकी प्रतिक्रियाओं पर चर्चा करने के लिए बुलाया जाएगा।

कॉन्टैक्ट ट्रेसिंग के प्रयासों में न्यूयॉर्क सबसे आगे है

नेशनल लीग ऑफ़ सिटीज़ के माध्यम से शहरों के लिए एक सूचना और कार्रवाई साझाकरण नेटवर्क लॉन्च करना

COVID-19 के प्रसार को रोकने के लिए अंतर्राष्ट्रीय प्रयासों का समर्थन करना और अंतर्राष्ट्रीय बचाव समिति, विश्व स्वास्थ्य संगठन, प्रमुख नीतियों और अन्य भागीदारों के माध्यम से क्षेत्रीय नेताओं को तैयार करना

पर्यावरण वकालत

ब्लूमबर्ग एक पर्यावरणविद् हैं और वहन्यूयॉर्क शहर का मेयर बनने के बाद से, उन्होंने ऐसी नीतियों की वकालत की है जो कम से कम जलवायु परिवर्तन का मुकाबला करें। राष्ट्रीय स्तर पर, ब्लूमबर्ग ने लगातार संयुक्त राज्य अमेरिका के ऊर्जा मिश्रण को जीवाश्म ईंधन से स्वच्छ ऊर्जा में स्थानांतरित करने की वकालत की है। जुलाई 2011 में, ब्लूमबर्ग परोपकार ने सिएरा क्लब के बियॉन्ड कोल अभियान के लिए $50 मिलियन का दान दिया, जिससे अभियान को कोयले से चलने वाले बिजली संयंत्रों को 15 राज्यों से 45 राज्यों तक चरणबद्ध करने के अपने प्रयासों का विस्तार करने की अनुमति मिली। 2015 में, ब्लूमबर्ग ने 2017 तक अमेरिका के आधे कोयला संयंत्रों की सेवानिवृत्ति को सुरक्षित करने में मदद करने के लिए बियॉन्ड कोल पहल में अतिरिक्त $ 30 मिलियन के योगदान की घोषणा की, जो अन्य दाताओं से $ 30 मिलियन से मेल खाता था। जुलाई 2017 में, बियॉन्ड कोल यूरोप की स्थापना 2030 तक महाद्वीप पर कोयले के उपयोग को समाप्त करने के लिए की गई थी। 204 ऑस्ट्रिया ने अपना आखिरी कोयला आधारित संयंत्र अप्रैल 2020 में बंद कर दिया। जून 2019 की शुरुआत में, ब्लूमबर्ग ने एक नई बियॉन्ड कार्बन पहल के माध्यम से 2030 तक जलवायु प्रभावों को कम करने के लिए $500 मिलियन का वादा किया और शेष कोयले से चलने वाले बिजली संयंत्रों को बंद कर दिया।

ब्लूमबर्ग परोपकार ने उच्चतम प्राकृतिक गैस उत्पादन वाले 14 राज्यों में फ्रैकिंग पर सख्त नियमों का समर्थन करने के लिए पर्यावरण रक्षा कोष को $6 मिलियन से सम्मानित किया।

2013 में, ब्लूमबर्ग और ब्लूमबर्ग परोपकार ने पूर्व ट्रेजरी सचिव हैंक पॉलसन और हेज-फंड अरबपति टॉम स्टीयर के साथ एक उद्यम शुरू किया। संयुक्त प्रयास ने जलवायु परिवर्तन के प्रभावों से संयुक्त राज्य अमेरिका के सामने आने वाले आर्थिक जोखिमों को मापने और प्रचारित करके अधिक टिकाऊ ऊर्जा और विकास रणनीतियों की आवश्यकता के व्यापार समुदाय को समझाने के लिए काम किया। जनवरी 2015 में, ब्लूमबर्ग ने स्वच्छ ऊर्जा पहल शुरू करने के लिए हेइज़िंग-साइमन्स परिवार के साथ $48 मिलियन की साझेदारी में ब्लूमबर्ग परोपकार का नेतृत्व किया। यह पहल राज्य-आधारित उपायों का समर्थन करती है जिसका उद्देश्य अमेरिका के पास एक स्वच्छ, विश्वसनीय और सस्ती ऊर्जा प्रणाली सुनिश्चित करना है।

2010 के बाद से, ब्लूमबर्ग ने पर्यावरणीय मुद्दों पर तेजी से वैश्विक रुख अपनाया है। 2010 से 2013 तक, उन्होंने C40 सिटीज़ क्लाइमेट लीडरशिप ग्रुप के अध्यक्ष के रूप में कार्य किया, जो दुनिया के सबसे बड़े शहरों का एक नेटवर्क है जो कार्बन उत्सर्जन को कम करने के लिए प्रतिबद्ध है। अपने कार्यकाल के दौरान, ब्लूमबर्ग ने राष्ट्रपति बिल क्लिंटन के साथ C40 को क्लिंटन क्लाइमेट इनिशिएटिव में विलय करने के लिए काम किया, जिसका लक्ष्य दुनिया भर में जलवायु परिवर्तन के खिलाफ वैश्विक लड़ाई में प्रयासों को बढ़ाना था। वह C40 शहरों के बोर्ड के अध्यक्ष के रूप में कार्य करता है। जनवरी 2014 में, ब्लूमबर्ग ने वाइब्रेंट ओसेन्स इनिशिएटिव के लिए ब्लूमबर्ग परोपकार के माध्यम से $53 मिलियन की कुल पांच साल की प्रतिबद्धता शुरू की। इस पहल ने ओशियाना, रेयर और एंकोरेज कैपिटल के साथ-साथ ब्लूमबर्ग परोपकारियों को मत्स्य पालन में सुधार करने और दुनिया भर में स्थायी आबादी बढ़ाने में मदद की है। 2018 में, ब्लूमबर्ग ने महासागरों की रक्षा के लिए $185 मिलियन की प्रतिबद्धता की घोषणा करने में रे डालियो को शामिल किया।

2014 में, संयुक्त राष्ट्र महासचिव बान की मून ने जलवायु परिवर्तन से निपटने के लिए शहरों के साथ संयुक्त राष्ट्र के काम में मदद करने के लिए ब्लूमबर्ग को शहरों और जलवायु परिवर्तन पर अपना पहला विशेष दूत नियुक्त किया। सितंबर 2014 में, ब्लूमबर्ग ने 2015 में जलवायु परिवर्तन से लड़ने के लिए ठोस कार्रवाई की घोषणा करने के लिए संयुक्त राष्ट्र जलवायु शिखर सम्मेलन में बान और विश्व नेताओं

के साथ बैठक की। 217 2018 में, बान के उत्तराधिकारी, एंटोनियो गुटेरेस ने, ब्लूमबर्ग को जलवायु कार्रवाई के लिए संयुक्त राष्ट्र दूत के रूप में नियुक्त किया। उन्होंने अपने राष्ट्रपति अभियान के लिए नवंबर 2019 में इस्तीफा दे दिया। हालाँकि, 5 फरवरी 2021 को, गुटेरेस ने उन्हें स्कॉटलैंड में नवंबर 2021 जलवायु शिखर सम्मेलन का नेतृत्व करने के लिए जलवायु महत्वाकांक्षा और संकल्प पर विशेष दूत के रूप में फिर से नियुक्त किया।

2014 के अंत में, ब्लूमबर्ग, बान की मून और ग्लोबल सिटीज नेटवर्क ICLEI-लोकल गवर्नमेंट फॉर सस्टेनेबिलिटी (ICLEI), C40 सिटीज क्लाइमेट लीडरशिप ग्रुप (C40) और यूनाइटेड सिटीज एंड लोकल गवर्नमेंट्स (UCLG), UN-Habitat के समर्थन से, स्थानीय ग्रीनहाउस लॉन्च किया महापौरों की कॉम्पैक्ट लॉन्च की, महापौरों और शहर के अधिकारियों के एक वैश्विक गठबंधन ने उत्सर्जन को कम करने, जलवायु लचीलापन बढ़ाने और उनकी प्रगति को पारदर्शी रूप से ट्रैक करने का वचन दिया। तिथि करने के लिए, दुनिया भर में 250 से अधिक शहरों, 300 मिलियन से अधिक लोगों और कुल वैश्विक आबादी का 4.1 प्रतिशत का प्रतिनिधित्व करते हुए, महापौरों के अनुबंध के लिए प्रतिबद्ध हैं, जो जून 2016 में महापौरों के अनुबंध के साथ विलय कर दिया गया है।

2015 में, ब्लूमबर्ग और पेरिस के मेयर ऐनी हिडाल्गो ने स्थानीय नेताओं के लिए एक जलवायु शिखर सम्मेलन बनाया। जो जलवायु परिवर्तन के खिलाफ लड़ाई पर चर्चा करने के लिए पेरिस सिटी हॉल में दुनिया भर के सैकड़ों शहर के नेताओं को एक साथ लाया। शिखर सम्मेलन पेरिस घोषणा की प्रस्तुति के साथ संपन्न हुआ, जो 2030 तक वार्षिक कार्बन उत्सर्जन को 3.7 गीगाटन तक कम करने के लिए विश्व शहर के नेताओं द्वारा प्रतिज्ञा की गई थी।

पेरिस में 2015 के संयुक्त राष्ट्र जलवायु परिवर्तन सम्मेलन के दौरान, बैंक ऑफ इंग्लैंड के गवर्नर और वित्तीय स्थिरता बोर्ड के अध्यक्ष मार्क कार्नी ने घोषणा की कि ब्लूमबर्ग एक नई वैश्विक टास्क फोर्स का नेतृत्व करेगा जो जलवायु परिवर्तन पर उद्योग और वित्तीय बाजारों का आकलन करेगा।में बढ़ते खतरों को समझने में मदद मिलेगी परिवर्तन

राष्ट्रपति डोनाल्ड ट्रम्प की घोषणा के बाद कि अमेरिकी सरकार पेरिस जलवायु समझौते से हट जाएगी, ब्लूमबर्ग ने 'अमेरिका की प्रतिज्ञा' के माध्यम से समझौते के तहत अमेरिका की प्रतिबद्धताओं का सम्मान करने के लिए एक साथ आने वाले शहरों, राज्यों, विश्वविद्यालयों और व्यवसायों के गठबंधन की रूपरेखा तैयार की। ब्लूमबर्ग ने UNFCCC को $15 मिलियन तक की पेशकश की है, संयुक्त राष्ट्र की एजेंसी जो जलवायु परिवर्तन के प्रयासों में देशों की मदद करती है। लगभग एक महीने बाद, ब्लूमबर्ग और कैलिफोर्निया के गवर्नर जेरी ब्राउन ने घोषणा की कि "अमेरिका का प्रतिज्ञा गठबंधन पेरिस समझौते के लक्ष्यों के अनुरूप ग्रीनहाउस गैस उत्सर्जन को कम करने के लिए अमेरिकी राज्यों, शहरों और व्यवसायों द्वारा की गई कार्रवाइयों की मात्रा निर्धारित करने के लिए काम करेगा"। पहल की घोषणा करते हुए ब्लूमबर्ग ने कहा, "अमेरिकी सरकार भले ही पेरिस समझौते से बाहर हो गई हो, लेकिन अमेरिकी जनता इसके लिए प्रतिबद्ध है।" पेरिस समझौते के लिए अमेरिका की प्रतिबद्धताओं को पूरा करने के लिए शहर, राज्य और व्यवसाय जो काम कर रहे हैं, उसका विश्लेषण करने के लिए अमेरिका की प्रतिज्ञा के साथ काम करें।

मई 2019 में, ब्लूमबर्ग ने सेंट लुइस में वाशिंगटन विश्वविद्यालय में 2020 मिडवेस्टर्न कॉलेजिएट क्लाइमेट समिट की घोषणा की, जिसका उद्देश्य क्षेत्र में जलवायु प्रभावों को कम करने के लिए मिडवेस्टर्न विश्वविद्यालयों, स्थानीय सरकारों और निजी क्षेत्र के नेताओं को एक साथ लाना है।

जॉन्स हॉपकिन्स विश्वविद्यालय परोपकार

2019 तक, ब्लूमबर्ग ने अपने अल्मा मेटर जॉन्स हॉपकिन्स विश्वविद्यालय को 3.3 बिलियन डॉलर से अधिक का दान दिया है, जिससे वह "संयुक्त राज्य में किसी भी शैक्षणिक संस्थान के लिए सबसे उदार जीवित दाता" बन गए हैं। उनका पहला योगदान, 1965 में। , $5 था। उन्होंने 1984 में JHU के लिए अपनी पहली $1 मिलियन की प्रतिबद्धता की, और बाद में उच्च शिक्षा के एक अमेरिकी संस्थान को $1 बिलियन का आजीवन दान करने वाले पहले व्यक्ति बने।

जॉन्स हॉपकिन्स में ब्लूमबर्ग के योगदान ने "विश्वविद्यालय की प्रतिष्ठा और रैंकिंग, संकाय और छात्रों के लिए प्रतिस्पर्धात्मकता, और परिसर उपस्थिति में प्रमुख सुधार" का नेतृत्व किया और इसमें बच्चों के अस्पताल (चार्लोट आर। ब्लूमबर्ग चिल्ड्रन सेंटर बिल्डिंग) का निर्माण शामिल था। , ब्लूमबर्ग की मां के नाम पर; द फिजिक्स बिल्डिंग, स्कूल ऑफ पब्लिक हेल्थ (जॉन्स हॉपकिन्स ब्लूमबर्ग स्कूल ऑफ पब्लिक हेल्थ), पुस्तकालय और बायोमेडिकल रिसर्च सुविधाएं, इंस्टीट्यूट फॉर सेल इंजीनियरिंग, स्कूल ऑफ मेडिसिन में स्टेम-सेल रिसर्च इंस्टीट्यूट और मलेरिया रिसर्च इंस्टीट्यूट स्कूल ऑफ पब्लिक हेल्थ। 2013 में, ब्लूमबर्ग ने जॉन्स हॉपकिन्स को 350 मिलियन डॉलर दिए, जिनमें से पांच-सातवां हिस्सा ब्लूमबर्ग विशिष्ट प्रोफेसरों को आवंटित किया गया था। 2016 में, ब्लूमबर्ग परोपकार ने ब्लूमबर्ग अमेरिकन हेल्थ इनिशिएटिव की स्थापना के लिए $300 मिलियन का योगदान दिया। ब्लूमबर्ग ने ईस्ट बाल्टीमोर में जॉन्स हॉपकिन्स स्कूल ऑफ मेडिसिन में कैंसर इम्यूनोथेरेपी के लिए ब्लूमबर्ग-किमेल इंस्टीट्यूट के लॉन्च के लिए $50 मिलियन का उपहार दिया; परोपकारी सिडनी किमेल ने अतिरिक्त $50 मिलियन प्रदान किए और अन्य दानदाताओं ने $25 मिलियन प्रदान किए। यह कैंसर चिकित्सा अनुसंधान, प्रौद्योगिकी और बुनियादी ढांचे के विकास और निजी क्षेत्र की भागीदारी का समर्थन करेगा। 2016 में, ब्लूमबर्ग ने बिडेन की "कैंसर मूनशॉट"

पहल को गले लगाते हुए, संगठन के औपचारिक लॉन्च के लिए उपाध्यक्ष जो बिडेन में शामिल हो गए, जो सरकारी और निजी क्षेत्र के संसाधनों के राष्ट्रीय समन्वय के माध्यम से कैंसर का इलाज खोजने का प्रयास करता है। 2018 में, ब्लूमबर्ग ने जॉन्स हॉपकिन्स को $1.8 बिलियन का एक और उपहार दिया, जिससे विश्वविद्यालय को आवश्यकता-मुक्त प्रवेश का अभ्यास करने और प्रवेशित छात्रों की पूर्ण वित्तीय आवश्यकता को पूरा करने की अनुमति मिली।

अन्य शैक्षिक और अनुसंधान परोपकार

ब्लूमबर्ग परोपकार के माध्यम से, ब्लूमबर्ग ने 2016 में अमेरिकन टैलेंट इनिशिएटिव की स्थापना की, जो कुलीन कॉलेजों में भाग लेने वाले कम आय वाले उच्च-प्राप्त करने वाले छात्रों की संख्या बढ़ाने के लिए प्रतिबद्ध है। ब्लूमबर्ग परोपकार कॉलेजपॉइंट का भी समर्थन करता है, जिसने 2014 से निम्न और मध्यम आय वाले हाई स्कूल के छात्रों को सलाह दी है।

2016 में, विज्ञान संग्रहालय, बोस्टन ने ब्लूमबर्ग से $ 50 मिलियन का उपहार देने की घोषणा की। ब्लूमबर्ग ने मेडफोर्ड, मैसाचुसेट्स में अपनी युवावस्था के दौरान एक संरक्षक और छात्र के रूप में अपनी बौद्धिक जिज्ञासा जगाने का श्रेय संग्रहालय को दिया। संग्रहालय के 186 साल के इतिहास में यह सबसे बड़ा दान है।

2015 में, ब्लूमबर्ग ने स्कूल के रूजवेल्ट द्वीप परिसर में लागू विज्ञान के कॉर्नेल विश्वविद्यालय के स्नातक स्कूल कॉर्नेल टेक को $100 मिलियन का दान दिया।

1996 में, ब्लूमबर्ग ने हार्वर्ड विश्वविद्यालय में विलियम हेनरी ब्लूमबर्ग प्रोफेसरशिप को अपने पिता के सम्मान में $3 मिलियन का उपहार प्रदान किया, जिनकी मृत्यु 1963 में हुई थी, उन्होंने कहा, "अपने पूरे जीवन में, उन्होंने बेहतर मदद करने के लिए गैर-लाभकारी क्षेत्र तक पहुंचने के महत्व को पहचाना समग्र रूप से समाज की भलाई। "

शहरी नवाचार परोपकार

जुलाई 2011 में, ब्लूमबर्ग ने पांच शहरों में "नवाचार वितरण टीमों" को निधि देने के लिए $24 मिलियन की पहल शुरू की। ये टीमें ब्लूमबर्ग परोपकार के प्रमुख लक्ष्यों में से एक का हिस्सा हैं: सरकारी नवाचार को बढ़ावा देना। दिसंबर 2011 में, ब्लूमबर्ग परोपकार ने नए दर्शकों के साथ कलाकारों को जोड़ने के लिए ऑनलाइन टिकट खोज इंजन सीट गीक के साथ भागीदारी की।पुन शुरू किया। डिस्कवर न्यू यॉर्क आर्ट्स प्रोजेक्ट नामक परियोजना में HERE, न्यूयॉर्क थिएटर वर्कशॉप और कॉफ़मैन सेंटर शामिल हैं।

2013 में, ब्लूमबर्ग ने मेयर्स चैलेंज की घोषणा की, जो अमेरिकी शहरों में नवाचार को बढ़ावा देने के लिए एक प्रतियोगिता है। कार्यक्रम को बाद में लैटिन अमेरिका और यूरोप में प्रतियोगिताओं के लिए विस्तारित किया गया।

2016 में, ब्लूमबर्ग ने हार्वर्ड कैनेडी स्कूल के ऐश सेंटर फॉर डेमोक्रेटिक गवर्नेंस एंड इनोवेशन में ब्लूमबर्ग हार्वर्ड सिटी लीडरशिप इनिशिएटिव बनाने के लिए हार्वर्ड को $32 मिलियन दिए; पहल महापौरों और उनके सहायकों को नवीन नगरपालिका नेतृत्व और शहरों के सामने आने वाली चुनौतियों पर प्रशिक्षण प्रदान करती है।

मार्च 2021 में, ब्लूमबर्ग ने मेयरों का समर्थन करने के लिए शहरों के लिए ब्लूमबर्ग सेंटर बनाने के लिए हार्वर्ड को 150 मिलियन डॉलर दिए।

तम्बाकू, आग्नेयास्त्र, और सार्वजनिक स्वास्थ्य

ब्लूमबर्ग वैश्विक तंबाकू नियंत्रण प्रयासों के लिए लंबे समय से दानकर्ता रहा है। ब्लूमबर्ग ने धूम्रपान विरोधी प्रयासों को बढ़ावा देने के लिए विश्व स्वास्थ्य संगठन (डब्ल्यूएचओ) को लगभग $1 बिलियन का दान दिया है, जिसमें 2006 में $125 मिलियन, 2008 में $250 मिलियन, और $360 मिलियन शामिल हैं, जिससे ब्लूमबर्ग परोपकार विकासशील देशों में तंबाकू-नियंत्रण पहलों का सबसे बड़ा फंडर बन गया है। दुनिया। 2013 में, ब्लूमबर्ग को 556 अनुदान देने और 61 देशों में तंबाकू विरोधी अभियानों के लिए 109.24 मिलियन डॉलर दान करने की सूचना मिली थी। ब्लूमबर्ग के योगदान का उद्देश्य "तंबाकू के उपयोग की निगरानी के लिए देशों को प्रोत्साहित करना, मजबूत तम्बाकू-नियंत्रण कानून बनाना और जनता को तम्बाकू के उपयोग के खतरों के बारे में शिक्षित करने के लिए जन मीडिया अभियान बनाना है।" संयुक्त रूप से इलेक्ट्रॉनिक सिगरेट (वापिंग) के युवाओं के उपयोग के खिलाफ $160 मिलियन, तीन साल का अभियान शुरू किया।

ब्लूमबर्ग एवरीटाउन फॉर गन सेफ्टी (पूर्व में मेयर्स अगेंस्ट इललीगल गन्स) के सह-संस्थापक हैं, जो एक गन कंट्रोल एडवोकेसी ग्रुप है।

2016 में, विश्व स्वास्थ्य संगठन ने ब्लूमबर्ग को गैर-संचारी रोगों के लिए वैश्विक राजदूत नियुक्त किया।

अन्य दान

ब्लूमबर्ग परोपकार के माध्यम से, ब्लूमबर्ग ने 2020 की गर्मियों में फ्रेश एयर फंड के 'ओपन स्पेसेस इन द सिटी' के निर्माण का समर्थन किया, ताकि बच्चों को COVID-19 महामारी के दौरान खेलने के लिए सामाजिक रूप से विचलित क्षेत्रों के साथ-साथ स्थानीय किशोरों के लिए रोजगार उपलब्ध कराया जा सके। उन्होंने अपने गृहनगर मेडफोर्ड में एक नए सार्वजनिक पुस्तकालय के निर्माण के लिए $3 मिलियन और मैनहट्टन के हडसन यार्ड्स में एक नए कला और सांस्कृतिक केंद्र द शेड के लिए $75 मिलियन का दान दिया।

ब्लूमबर्ग ने अपने गृहनगर सिनेगॉग, टेंपल शालोम का भी समर्थन किया, जिसे उनके माता-पिता के लिए विलियम और चार्लोट ब्लूमबर्ग यहूदी सामुदायिक केंद्र ऑफ मेडफोर्ड का नाम दिया गया था।

ब्लूमबर्ग ने 2017 में संयुक्त राष्ट्र महासभा की वार्षिक बैठक के दौरान ग्लोबल बिजनेस फोरम की मेजबानी की; सभा में अंतरराष्ट्रीय सीईओ, राज्य के प्रमुख और अन्य प्रमुख वक्ता शामिल थे।

2009 में, ब्लूमबर्ग ने अन्य अरबपतियों जैसे वारेन बफेट, बिल गेट्स, टेड टर्नर और ओपरा विनफ्रे से पर्यावरण, स्वास्थ्य देखभाल और जनसंख्या वृद्धि जैसे मुद्दों को संबोधित करने के लिए मुलाकात की। यद्यपि कोई औपचारिक संगठन स्थापित नहीं किया गया है, यह समझा जाता है कि मेगा-दाताओं की विभिन्न परोपकारी परियोजनाओं को हमारे ग्रह पर विभिन्न मुद्दों को संबोधित करने के लिए एक अधिक एकीकृत प्रयास में लाने के लिए डिज़ाइन किया गया है।

व्यक्तिगत जीवन

परिवार और रिश्ते

1975 में, ब्लूमबर्ग ने यॉर्कशायर, यूनाइटेड किंगडम की एक ब्रिटिश नागरिक सुसान एलिजाबेथ बारबरा ब्राउन से शादी की। उनकी दो बेटियाँ हैं: एम्मा (जन्म 1979) और जॉर्जीना (जन्म 1983), जिन्हें बॉर्न रिच में चित्रित किया गया था, 2003 में बहुत अमीर लोगों के बच्चों के बारे में एक वृत्तचित्र फिल्म थी। ब्लूमबर्ग ने 1993 में ब्राउन को तलाक दे दिया, लेकिन कहा कि वह उनकी "सबसे अच्छी दोस्त" बनी हुई है। 2000 के बाद से, ब्लूमबर्ग न्यूयॉर्क स्टेट बैंकिंग अधीक्षक डायना टेलर के साथ रह रहे हैं।

ब्लूमबर्ग की छोटी बहन, मार्जोरी टिवेन, फरवरी 2002 से संयुक्त राष्ट्र, कांसुलर कोर और प्रोटोकॉल के लिए न्यूयॉर्क सिटी कमीशन की आयुक्त हैं।

धर्म

हालाँकि उन्होंने हिब्रू स्कूल में पढ़ाई की थी, एक बार मिट्ज्वा था, और उनके परिवार ने कोषेर किचन रखा था, ब्लूमबर्ग आज अपेक्षाकृत धर्मनिरपेक्ष बने हुए हैं, मुख्य रूप से उच्च छुट्टियों के दौरान और अपनी बहन मार्जोरी टिवेन के साथ फसह सेडर के दौरान आराधनालय में भाग लेते हैं। उनकी किसी भी बेटी के पास बैट मिट्ज्वा नहीं था।

सार्वजनिक छवि और जीवन शैली

महापौर के रूप में अपने कार्यकाल के दौरान, वह आधिकारिक महापौर आवास, ग्रेसी हवेली के बजाय मैनहट्टन के अपर ईस्ट साइड में अपने घर में रहते थे। 2013 तक, उनके पास साउथेम्प्टन, न्यूयॉर्क में $ 20 मिलियन जॉर्जियाई हवेली सहित दुनिया भर के विभिन्न देशों में 13 संपत्तियां थीं। 2015 में, उन्होंने चेयने वॉक, चेल्सी, लंदन में एक ऐतिहासिक संपत्ति 4 चीने वॉक खरीदी, जो कभी लेखक जॉर्ज एलियट की थी। ब्लूमबर्ग और उनकी बेटियों के बरमूडा में घर हैं और अक्सर आगंतुक आते हैं।

ब्लूमबर्ग ने कहा कि मेयर के रूप में अपने समय के दौरान, उन्होंने हर दिन न्यूयॉर्क सिटी मेट्रो की सवारी की, विशेष रूप से अपने 79वें स्ट्रीट घर से सिटी हॉल में अपने कार्यालय तक आने-जाने के दौरान। द न्यूयॉर्क टाइम्स में अगस्त 2007 की एक कहानी में कहा गया है: आईआरटी लेक्सिंगटन एवेन्यू लाइन पर स्थानीय से एक्सप्रेस ट्रेनों में बदलने से बचने के लिए उन्हें अक्सर न्यूयॉर्क पुलिस विभाग के स्वामित्व वाली दो एसयूवी में स्टेशन तक एक्सप्रेस ट्रेन चलाते देखा गया था। उन्होंने 7 सबवे एक्सटेंशन और सेकेंड एवेन्यू सबवे के निर्माण का समर्थन किया; दिसंबर 2013 में, ब्लूमबर्ग ने महापौर के रूप में अपनी विरासत का जश्न मनाने के लिए नए 34वें स्ट्रीट स्टेशन तक ट्रेन में औपचारिक सवारी की।

अपने महापौर कार्यकाल के दौरान, ब्लूमबर्ग ने द एडजस्टमेंट ब्यूरो और न्यू इयर्स ईव फिल्मों के साथ-साथ 30 रॉक, कर्ब योर उत्साह, द गुड वाइफ और लॉ एंड ऑर्डर के दो एपिसोड में कैमियो किया।

ब्लूमबर्ग एक निजी पायलट हैं। उनके पास छह विमान हैं: तीन डसॉल्ट फाल्कन 900, एक बीचक्राफ्ट बी300, एक पिलाटस पीसी-24 और एक सेसना 182 स्काईलेन। ब्लूमबर्ग के पास दो हेलीकॉप्टर भी हैं: एक AW109 और एक एयरबस हेलीकॉप्टर, और 2012 तक AW609 टिल्टरोलर विमान की प्रतीक्षा सूची में सबसे ऊपर था। अपनी युवावस्था में वे एक लाइसेंस प्राप्त शौकिया रेडियो ऑपरेटर थे, जो मोर्स कोड में कुशल थे और उन्होंने एक हैम रेडियो बनाया था।

पुरस्कार और सम्मान

टफ्ट्स विश्वविद्यालय (2007), बार्ड कॉलेज (2007), रॉकफेलर विश्वविद्यालय (2007), पेंसिल्वेनिया विश्वविद्यालय (2008), फोर्डहम विश्वविद्यालय (2009), विलियम्स कॉलेज (2014), हार्वर्ड विश्वविद्यालय (2014), मिशिगन विश्वविद्यालय (2016), ब्लूमबर्ग विलानोवा यूनिवर्सिटी (2017) और सेंट लुइस (2019) में वाशिंगटन यूनिवर्सिटी। ब्लूमबर्ग प्रिंसटन यूनिवर्सिटी के 2011 के प्रारंभ समारोह में प्रारंभ वक्ता थे।

27 मई 2010 को, ब्लूमबर्ग ने अपने अल्मा मेटर, जॉन्स हॉपकिन्स विश्वविद्यालय में प्रारंभिक भाषण दिया। इसके अलावा, उन्हें 2020 के जॉन्स हॉपकिन्स क्लास में आमंत्रित किया गया और अतिथि टिप्पणी दी। आभासी समारोह में अन्य उल्लेखनीय अतिथि वक्ताओं में

रेडिट के सह-संस्थापक और प्रारंभ वक्ता एलेक्सिस ओहानियन शामिल थे; एंथोनी फौसी, नेशनल इंस्टीट्यूट ऑफ एलर्जी एंड इंफेक्शियस डिजीज के निदेशक और व्हाइट हाउस के कोरोनावायरस टास्क फोर्स के एक प्रमुख सदस्य; व वरिष्ठ वर्ग अध्यक्ष पवन पटेल

ब्लूमबर्ग को ग्लोबल कैपिटल मार्केट्स अवार्ड (2003) में येल स्कूल ऑफ मैनेजमेंट का विशिष्ट नेतृत्व प्राप्त हुआ है; एहुद बराक (2004) द्वारा प्रस्तुत अमेरिकन एकेडमी ऑफ अचीवमेंट का 326 गोल्डन प्लेट अवार्ड; बरनार्ड कॉलेज का बरनार्ड मेडल ऑफ डिस्टिंक्शन (2008); रॉबर्ट वुड जॉनसन फाउंडेशन लीडरशिप फ़ॉर हेल्दी कम्युनिटीज़ हेल्दी कम्युनिटीज़ लीडरशिप अवार्ड (2009); और एक निर्वाचित या नियुक्त अधिकारी (2010) द्वारा सबसे बड़ी सार्वजनिक सेवा के लिए जेफरसन अवार्ड्स फाउंडेशन के अमेरिकी सीनेटर जॉन हेंज अवार्ड। 2013 में उन्होंने यहूदी मूल्यों के लिए वार्षिक उत्पत्ति पुरस्कार का उद्घाटन किया, और दुनिया की भलाई के लिए युवा वयस्कों के बड़े विचारों को पहचानने के लिए एक वैश्विक प्रतियोगिता, उत्पत्ति जनरेशन चैलेंज के लिए पुरस्कार राशि में $1 मिलियन का दान दिया।

ब्लूमबर्ग को 2007 और 2008 के टाइम 100 में दुनिया के 39वें सबसे प्रभावशाली व्यक्ति के रूप में नामित किया गया था। 2010 में, वैनिटी फेयर ने उन्हें प्रभावशाली लोगों की "वैनिटी फेयर 100" सूची में #7 स्थान दिया।

2014 में, महारानी एलिजाबेथ द्वितीय ने ब्लूमबर्ग को उनके "उद्यमी उद्यमशीलता और परोपकारी प्रयासों और कई तरीकों से यूनाइटेड किंगडम और यूके-यूएस विशेष संबंधों को लाभान्वित करने के लिए" ब्रिटिश साम्राज्य का एक मानद नाइट कमांडर नियुक्त किया।

पुस्तकें और अन्य कार्य

ब्लूमबर्ग, मैथ्यू विंकलर के साथ, ब्लूमबर्ग द्वारा ब्लूमबर्ग की आत्मकथा लिखी, जिसे 1997 में विली द्वारा प्रकाशित किया गया था। दूसरा संस्करण 2019 में ब्लूमबर्ग के राष्ट्रपति चुनाव से पहले जारी किया गया था। कार्ल पोप, ब्लूमबर्ग और सिएरा क्लब के पूर्व कार्यकारी निदेशक, सह-लेखक क्लाइमेट ऑफ होप: हाउ सिटीज़, बिज़नेस एंड सिटिज़न्स कैन सेव द प्लैनेट (2017), सेंट मार्टिन प्रेस द्वारा प्रकाशित; यह पुस्तक न्यूयॉर्क टाइम्स की हार्डकवर नॉनफिक्शन बेस्ट-सेलर सूची में दिखाई दी। ब्लूमबर्ग ने द न्यू यॉर्क टाइम्स के लिए विभिन्न मुद्दों पर कई ऑप-एड लिखे हैं, जिसमें ऑप-एड सपोर्टिंग स्टेट और जलवायु परिवर्तन से लड़ने के स्थानीय प्रयास (2017) शामिल हैं, जो उनके 1.8 बिलियन डॉलर के दान के बारे में एक ऑप-एड है। कॉलेज के छात्रों (2018) के लिए वित्तीय सहायता और नीड-ब्लाइंड प्रवेश नीतियों के लिए समर्थन; फ्लेवर्ड ई-सिगरेट पर प्रतिबंध का समर्थन करने वाला ऑप-एड (2019); और ऑप-एड सहायक नीतियां आर्थिक असमानता को कम करने के लिए (2020)

23
गौतम अदानी

गौतम अदानी

Scan for Story Videos - www.itibook.com

गौतम शांतिलाल अदानी (जन्म 24 जून 1962) एक भारतीय अरबपति उद्योगपति हैं। वह अडानी समूह के अध्यक्ष और संस्थापक हैं, जो अहमदाबाद स्थित एक बहुराष्ट्रीय समूह है जो भारत में बंदरगाह विकास और संचालन में लगा हुआ है। अदानी अदानी फाउंडेशन के अध्यक्ष भी हैं, जिसकी प्रमुख मुख्य रूप से उनकी पत्नी प्रीति अदानी हैं। फोर्ब्स और ब्लूमबर्ग बिलियनेयर्स इंडेक्स के अनुसार, 20 अगस्त 2022 तक, वह भारत और एशिया के सबसे अमीर व्यक्ति और दुनिया के चौथे सबसे अमीर व्यक्ति हैं, जिनकी कुल संपत्ति 136.6 बिलियन अमेरिकी डॉलर है।

अडानी का जन्म 24 जून 1962 को अहमदाबाद, गुजरात में एक गुजराती जैन परिवार में शांतिलाल और शांताबेन अदानी के घर हुआ था। उनके 7 भाई-बहन हैं और उनके माता-पिता उत्तरी गुजरात के थराड शहर से आए थे। उनके पिता एक छोटे कपड़े के व्यापारी थे। उनकी शिक्षा अहमदाबाद के शेठ चिमनलाल नागिदास विद्यालय में हुई थी। उन्होंने वाणिज्य में डिग्री के लिए गुजरात विश्वविद्यालय में प्रवेश लिया, लेकिन दूसरे वर्ष के बाद बाहर हो गए। अडानी को बिजनेस का शौक था, लेकिन अपने पिता के टेक्सटाइल बिजनेस का नहीं।

करियर

विदेश मंत्री जॉन केरी ने 2014 में गौतम अडानी को बधाई दी

एक किशोर के रूप में, अडानी 1978 में महेंद्र ब्रदर्स के लिए हीरा सॉर्टर के रूप में काम करने के लिए मुंबई आए।

1981 में उनके बड़े भाई महासुखभाई अडानी ने अहमदाबाद में एक प्लास्टिक इकाई खरीदी और उन्हें संचालन का प्रबंधन करने के लिए आमंत्रित किया। यह उद्यम पॉलीविनाइल क्लोराइड (पीवीसी) के आयात के माध्यम से वैश्विक व्यापार के लिए अडानी का प्रवेश द्वार बन गया।

1985 में, उन्होंने छोटे पैमाने के उद्योगों के लिए प्राथमिक पॉलिमर का आयात करना शुरू किया। 1988 में, अदानी ने अदानी एक्सपोर्ट्स की स्थापना की, जिसे अब अदानी समूह की होल्डिंग कंपनी अदानी एंटरप्राइजेज के नाम से जाना जाता है। मूल रूप से, कंपनी कृषि और ऊर्जा वस्तुओं में काम करती है।

1991 में, आर्थिक उदारीकरण नीतियों ने उनकी कंपनी का पक्ष लिया और उन्होंने धातु, कपड़ा और कृषि उत्पादों के व्यापार में कारोबार का विस्तार करना शुरू कर दिया।

1994 में, गुजरात सरकार ने मुंद्रा पोर्ट के प्रबंधन आउटसोर्सिंग की घोषणा की और 1995 में अडानी को अनुबंध से सम्मानित किया गया।

1995 में उन्होंने पहला जेटी स्थापित किया। मूल रूप से मुंद्रा पोर्ट और विशेष आर्थिक क्षेत्र द्वारा संचालित, परिचालन को अदानी पोर्ट्स और एसईजेड (एपीएसईजेड) में स्थानांतरित कर दिया गया था। आज, कंपनी सबसे बड़ी निजी मल्टी-पोर्ट ऑपरेटर है। मुंद्रा पोर्ट भारत में निजी क्षेत्र का सबसे बड़ा बंदरगाह है, जिसकी क्षमता प्रति वर्ष लगभग 210 मिलियन टन कार्गो को संभालने की है।

1996 में, अदानी समूह की बिजली व्यवसाय शाखा, अदानी पावर, अदानी द्वारा स्थापित की गई थी। अडानी पावर 4620MW थर्मल पावर प्लांट का रखरखाव करता है, जो देश का सबसे बड़ा निजी थर्मल पावर उत्पादक है।

2006 में, अडानी ने बिजली उत्पादन व्यवसाय में प्रवेश किया। 2009 से 2012 तक, उन्होंने ऑस्ट्रेलिया में एबॉट पॉइंट पोर्ट और क्वींसलैंड में कारमाइकल कोयला खदान का अधिग्रहण किया।

मई 2020 में, अडानी ने भारत के सौर ऊर्जा निगम (SECI) द्वारा US$6 बिलियन मूल्य की दुनिया की सबसे बड़ी सौर बोली जीती। 8000MW फोटोवोल्टिक पावर प्लांट प्रोजेक्ट अडानी ग्रीन द्वारा लिया जाएगा; अडानी सोलर 2000 मेगावाट अतिरिक्त सोलर सेल और मॉड्यूल निर्माण क्षमता स्थापित करेगा।

सितंबर 2020 में, अडानी ने मुंबई इंटरनेशनल एयरपोर्ट में 74% हिस्सेदारी हासिल कर ली, जो दिल्ली के बाद भारत का दूसरा सबसे व्यस्त एयरपोर्ट है।

फरवरी 2022 में वह मुकेश अंबानी को पीछे छोड़कर एशिया के सबसे अमीर व्यक्ति बन गए।

मई 2022 में, अडानी परिवार ने अंबुजा सीमेंट्स और उसकी सहायक कंपनी एसीसी को होल्सिम ग्रुप से 10.5 बिलियन डॉलर में एक विदेशी विशेष-उद्देश्य इकाई के माध्यम से अधिग्रहित किया।

अगस्त 2022 में, अडानी समूह की एक इकाई एएमजी मीडिया नेटवर्क्स लिमिटेड (एएमएनएल) ने घोषणा की कि उसने आरआरपीआर होल्डिंग्स को खरीदने की योजना बनाई है, जिसके पास राष्ट्रीय समाचार प्रसारक एनडीटीवी का 29.18% स्वामित्व है, और अन्य 26% खरीदने के लिए एक खुली पेशकश की। NDTV ने एक बयान में कहा, अडानी ने कंपनी की संस्थापक, पूर्व पत्रकार राधिका रॉय और उनके अर्थशास्त्री पति प्रणय रॉय को सूचित किए बिना एक तीसरे पक्ष के माध्यम से अपनी हिस्सेदारी खरीदी और सौदा "बिना चर्चा, सहमति या नोटिस" के किया गया। बोली ने भारत में संपादकीय स्वतंत्रता के बारे में भी चिंता जताई है, क्योंकि अडानी को प्रधान मंत्री नरेंद्र मोदी की

सतारूढ़ भारतीय जनता पार्टी के करीबी माना जाता है।

व्यक्तिगत जीवन

गौतम अडानी की शादी प्रीति से हुई है, उनके दो बेटे हैं, करण अदानी और जीत अदानी।1998 में, उनका अपहरण कर लिया गया और फिरौती के लिए बंधक बना लिया गया, लेकिन बिना कोई पैसा दिए उन्हें रिहा कर दिया गया। 2008 के मुंबई हमलों के दौरान वह ताज होटल में थे।

दूसरों का उपकार करने का सिद्धान्त

अदानी अदानी फाउंडेशन के अध्यक्ष हैं, जिसे अदानी समूह के माध्यम से वित्त पोषित किया जाता है। इसकी स्थापना 1996 में हुई थी। गुजरात के अलावा, फाउंडेशन महाराष्ट्र, राजस्थान, हिमाचल प्रदेश, मध्य प्रदेश, छत्तीसगढ़ और ओडिशा राज्यों में काम करता है।

मार्च 2020 में, उन्होंने कोरोनोवायरस प्रकोप से लड़ने के लिए अपने समूह के परोपकारी कार्यों के माध्यम से पीएम केयर फंड में £100 करोड़ (US$13 मिलियन) का योगदान दिया। गुजरात मुख्यमंत्री राहत कोष में $5 करोड़ (US$630,000) और महाराष्ट्र मुख्यमंत्री राहत कोष में $1 करोड़ (US$130,000) का योगदान दिया गया।

अदानी के नेतृत्व में एक विविध समूह अदानी समूह ने सऊदी अरब के दम्मम से गुजरात में मुंद्रा तक विस्तार किया है।उन्होंने 80 मीट्रिक टन तरल मेडिकल ऑक्सीजन से भरे चार आईएसओ क्रायोजेनिक टैंकों का आयात किया। समूह ने लिंडे सऊदी अरब से 5,000 मेडिकल ग्रेड ऑक्सीजन सिलेंडर भी खरीदे। एक ट्विटर पोस्ट में, अडानी ने साझा किया कि उनका समूह गुजरात के कच्छ जिले में जहां भी जरूरत है, हर दिन मेडिकल ऑक्सीजन के साथ 1,500 सिलेंडर उपलब्ध करा रहा है। जून 2022 में, अडानी ने सामाजिक कार्य के लिए 60,000 करोड़ रुपये (7.7 बिलियन डॉलर) दान करने का संकल्प लिया है। अदानी के कॉर्पस को अदानी फाउंडेशन द्वारा प्रशासित किया जाएगा, जिससे यह भारत में एक परोपकारी ट्रस्ट को सबसे बड़ा हस्तांतरण होगा।

24

फिल नाइट

फिल नाइट

Top Richest People

Scan for Story Videos - www.itibook.com

फिलिप हैम्पसन नाइट (जन्म 24 फरवरी, 1938) एक अमेरिकी अरबपति व्यवसायी हैं। यह नाइके, इंक। के सह-संस्थापक और अध्यक्ष एमेरिटस हैं और पहले कंपनी के अध्यक्ष और मुख्य कार्यकारी अधिकारी थे। 23 जुलाई, 2020 तक, नाइट को फोर्ब्स द्वारा दुनिया के 24 वें सबसे अमीर व्यक्ति के रूप में स्थान दिया गया है, जिसकी कुल संपत्ति 54.5 बिलियन अमेरिकी डॉलर है। वह स्टॉप मोशन फिल्म प्रोडक्शन

कंपनी लाइका के भी मालिक हैं। नाइट ओरेगॉन विश्वविद्यालय और स्टैनफोर्ड ग्रेजुएट स्कूल ऑफ बिजनेस के स्नातक हैं। उन्होंने ओरेगन विश्वविद्यालय में कोच बिल बोमरन के नेतृत्व में ट्रैक चलाया, जिसके साथ वे नाइके के सह-संस्थापक थे।

नाइट ने अपने प्रत्येक अल्मा मेटर के साथ-साथ ओरेगन हेल्थ एंड साइंस यूनिवर्सिटी को लाखों डॉलर का दान दिया है। उन्होंने तीन संगठनों को 2 अरब डॉलर से अधिक का दान दिया है।

फिल हैम्पसन नाइट का जन्म पोर्टलैंड, ओरेगन में बिल नाइट से हुआ था, जो एक वकील से अखबार के प्रकाशक बने, और उनकी पत्नी लोट्टा क्लो (हैटफील्ड) नाइट। नाइट ईस्टमोरलैंड के पोर्टलैंड पड़ोस में बड़ा हुआ और उसने क्लीवलैंड हाई स्कूल में पढ़ाई की। एक सूत्र के अनुसार, "जब उनके पिता ने उन्हें अपने समाचार पत्र, अब निष्क्रिय ओरेगन जर्नल में ग्रीष्मकालीन नौकरी देने से मना कर दिया, यह विश्वास करते हुए कि उनके बेटे को अपने दम पर काम मिलना चाहिए," नाइट "प्रतिद्वंद्वी ओरेगोनियन के पास गया, जहां उन्होंने काम किया। सुबह की पाली में खेल के अंकों को सारणीबद्ध करना। और हर सुबह पूरे सात मील घर दौड़ा।"

नाइट ने यूजीन में ओरेगन विश्वविद्यालय में अपनी शिक्षा जारी रखी, जहां वह फी गामा डेल्टा बिरादरी के स्नातक भाई थे, ओरेगन डेली एमरल्ड के लिए एक खेल रिपोर्टर थे, और 1959 में केवल तीन वर्षों में बैचलर ऑफ बिजनेस एडमिनिस्ट्रेशन (बीबीए) अर्जित किया। . उसी वर्ष, नाइट ने अपना आर्मी रिजर्व कमीशन भी प्राप्त किया और "प्रतिष्ठित सैन्य स्नातक" थे।

ओरेगॉन में मध्य-दूरी के धावक के रूप में, 1 मील (1.6 किमी) के लिए उनका व्यक्तिगत सर्वश्रेष्ठ 4 मिनट, 13 सेकंड, 11 था और उन्होंने अपने ट्रैक प्रदर्शन के लिए 1957, 1958 और 1959 में विश्वविद्यालय पत्र जीते। 1977 में, बोमरन और ज्योफ हॉलिस्टर के साथ, नाइट ने एथलेटिक्स वेस्ट नामक एक अमेरिकी रनिंग टीम की स्थापना की। 12

करियर

करियर की शुरुआत

ब्लू रिबन स्पोर्ट्स से पहले - बाद में नाइके - फला-फूला, नाइट एक सीपीए था, पहले कूपर्स और लाइब्रांड के साथ, और फिर प्राइस वॉटरहाउस। नाइट बाद में पोर्टलैंड स्टेट यूनिवर्सिटी में अकाउंटिंग के प्रोफेसर बने। 13

नाइके इंक।

ओरेगन विश्वविद्यालय से स्नातक होने के तुरंत बाद, नाइट ने सेना में भर्ती कराया और सक्रिय कर्तव्य पर एक वर्ष और सेना रिजर्व में सात वर्ष की सेवा की। 5 उसके बाद उन्होंने स्टैनफोर्ड ग्रेजुएट स्कूल ऑफ बिजनेस में दाखिला लिया, 5 जहां, अपने छोटे व्यवसाय वर्ग के लिए, नाइट ने एक पेपर तैयार किया, "जापानी स्पोर्ट्स शूज़ जर्मन स्पोर्ट्स शूज़ के लिए क्या करते हैं, जापानी कैमरा जर्मन कैमरा के लिए क्या करते हैं?" अंततः दौड़ते हुए जूते बेचने में धावा बोला। उनकी महत्वाकांक्षा जापान से अमेरिकी बाजार में उच्च गुणवत्ता और कम लागत वाले चलने वाले जूते आयात करना था। उन्होंने 1962 में स्टैनफोर्ड से बिजनेस एडमिनिस्ट्रेशन में मास्टर डिग्री प्राप्त की। 5

स्नातक स्तर की पढ़ाई के बाद, नाइट ने नवंबर 1962 में कोबे, जापान में रुकते हुए एक विश्व भ्रमण शुरू किया। यहीं पर उन्होंने ओनित्सुका कंपनी द्वारा कोबे में बनाए गए रनिंग शूज़ के टाइगर ब्रांड की खोज की। आशिक। जूतों की गुणवता और कम कीमत से प्रभावित होकर नाइट ने मिस्टर ओनित्सुका को बुलाया, जो उनसे मिलने के लिए तैयार हो गए। बैठक के अंत तक, नाइट ने पश्चिमी संयुक्त राज्य के लिए टाइगर वितरण अधिकार सुरक्षित कर लिया था। 14

नाइट को बाघों के पहले नमूने भेजे जाने में एक वर्ष से अधिक का समय लगेगा; उस दौरान उन्हें पोर्टलैंड में अकाउंटेंट की नौकरी मिल गई। जब नाइट ने अंततः जूतों के नमूने प्राप्त किए, तो उन्होंने ओरेगन विश्वविद्यालय में बोमरन को बिक्री और प्रभावशाली समर्थन दोनों की उम्मीद में दो जोड़े मेल किए। नाइट को आश्चर्य हुआ, बोमरन ने न केवल टाइगर के जूते का आदेश दिया, बल्कि नाइट के साथ साझेदारी करने और उत्पाद डिजाइन विचार प्रदान करने की पेशकश भी की। दोनों ने हाथ मिलाया और 25 जनवरी, 1964 को साझेदारी के लिए सहमत हुए, ब्लू रिबन स्पोर्ट्स की जन्म तिथि, कंपनी जो बाद में नाइके बन गई। 15

नाइट की पहली बिक्री पैसिफिक नॉर्थवेस्ट में ट्रैक मीटिंग्स में अब मंजिला हरी प्लायमाउथ वैलिएंट ऑटोमोबाइल में की गई थी। 1969 तक, इन शुरुआती बिक्री ने नाइट को ब्लू रिबन स्पोर्ट्स के लिए पूर्णकालिक काम करने के लिए एक एकाउंटेंट के रूप में अपनी नौकरी छोड़ने की अनुमति दी। 14

नाइके के पहले कर्मचारी जेफ जॉनसन ने फर्म का नाम "नाइकी" रखने का सुझाव दिया, जीत की ग्रीक पंखों वाली देवी के नाम पर, 16 और ब्लू रिबन स्पोर्ट्स को बाद में 1971 में नाइकी नाम दिया गया। 17

नाइके का "स्वूश" लोगो, जिसे अब दुनिया के सबसे मूल्यवान लोगो में से एक माना जाता है, को 1971 में ग्राफिक डिज़ाइन छात्र कैरोलिन डेविडसन द्वारा $35 में कमीशन किया गया था। 18 नाइकी की वेबसाइट के अनुसार, नाइट ने उस समय कहा था: "मुझे यह पसंद नहीं है, लेकिन यह मुझ पर बढ़ेगा।" सितंबर 1983 में, डेविडसन को कंपनी के ब्रांड में उनके योगदान के लिए नाइकी स्टॉक की एक अज्ञात राशि से सम्मानित किया गया। अप्रैल 2011 में एक ओपरा टेलीविजन कार्यक्रम में, नाइट ने दावा किया कि कंपनी के सार्वजनिक होने पर उन्होंने डेविडसन को "कुछ सौ शेयर" दिए थे। 19

नाइके में, नाइट ने माइकल जॉर्डन और टाइगर को टक्कर दीवुड्स सहित दुनिया के सबसे प्रसिद्ध खिलाड़ियों में से कुछ के साथ व्यक्तिगत संबंध विकसित किए। 20 21

विंटन स्टूडियो लाइका बन गया

1990 के दशक के अंत में मुख्यधारा की सफलता के बाद, विल विंटन स्टूडियो एनिमेशन कंपनी ने तेजी से विकास के कारण बाहरी निवेशकों की मांग की। 1998 में नाइट ने कंपनी में 15 प्रतिशत हिस्सेदारी ले ली, और उनके बेटे ट्रैविस-जिन्होंने रैप संगीत करियर में असफल प्रयास के बाद अभी-अभी पोर्टलैंड स्टेट से स्नातक की उपाधि प्राप्त की थी-स्टूडियो में एक एनिमेटर के रूप में काम करने के लिए चले गए। 22

कुप्रबंधन का हवाला देते हुए, नाइट ने अंततः विल विंटन स्टूडियो को खरीद लिया और नाइके के अधिकारियों के सहयोग से कंपनी के निदेशक मंडल का नियंत्रण हासिल कर लिया। 2003 के अंत में, नाइट ने अपने बेटे को बोर्ड में नियुक्त किया और, विंटन के पद छोड़ने के बाद—विच्छेद पैकेज के साथ कंपनी छोड़ने से पहले—नाइट ने कंपनी Leica की पुनः ब्रांडिंग की। इसके बाद उन्होंने लाइका में $180 मिलियन का निवेश किया, और स्टूडियो ने 2009 में अपनी पहली स्टॉप-मोशन फीचर फिल्म, कोरलाइन जारी की। कोरलाइन एक वित्तीय सफलता थी और ट्रैविस नाइट को बाद में लीका के सीईओ और अध्यक्ष की भूमिका में पदोन्नत किया गया था। 22 23

मैथ्यू नाइट की मौत

मई 2004 में, नाइट द्वारा विंटन को खरीदने के दो साल बाद, उनका बेटा मैथ्यू, उम्र 34, पोर्टलैंड की एक गैर-लाभकारी संस्था क्रिश्चियन चिल्ड्रेन ऑफ द वर्ल्ड के लिए धन उगाहने वाले वीडियो को फिल्माने के लिए अल साल्वाडोर गया। हालांकि, सैन सल्वाडोर के पास इलोपैंगो झील में अपने सहयोगियों के साथ स्कूबा डाइविंग करते समय, 150 फीट (46 मीटर) पानी के भीतर दिल का दौरा पड़ने से उनकी मृत्यु हो गई। मैथ्यू के शरीर को अमेरिका वापस करने के लिए नाइट और ट्रैविस अल सल्वाडोर की यात्रा करते हैं। 23 लाइका स्टूडियोज की 2005 की लघु फिल्म मूनगर्ल मैथ्यू की स्मृति को समर्पित थी। 24

23 वर्षीय मैथ्यू के अंतिम संस्कार के कुछ महीने बाद, 18 नवंबर, 2004 को नाइट ने नाइकी के सीईओ पद से इस्तीफा दे दिया, लेकिन बोर्ड के अध्यक्ष का पद बरकरार रखा। 25 26 नाइट को एससी जॉनसन एंड सन, इंक. के पूर्व सीईओ विलियम पेरेज़ द्वारा प्रतिस्थापित किया गया था, जिन्हें अंततः 2006 में मार्क पार्कर द्वारा प्रतिस्थापित किया गया था। 27

2011 में, ओरेगन विश्वविद्यालय में मैथ्यू नाइट एरिना को उनके सम्मान में नामित किया गया था। 28

नाइके के बाद के सीईओ की भूमिका

2009-2010 में, ओरेगॉन मतपत्र उपाय 66 और 67 को हराने के अभियान में नाइट सबसे बड़ा एकल योगदानकर्ता था, जो एक बार पारित हो जाने के बाद, कुछ निगमों और उच्च-आय वाले व्यक्तियों पर आयकर बढ़ा दिया। 29

जून 2015 में, नाइट और नाइके ने घोषणा की कि वे कंपनी के अध्यक्ष के रूप में पद छोड़ देंगे, अध्यक्ष और सीईओ मार्क पार्कर द्वारा सफल होने के लिए। 30 31 नाइकी बोर्ड से नाइट की सेवानिवृत्ति जून 2016 के अंत में प्रभावी हुई। सितंबर 2017 में, नाइट ने ओरेगन के पोर्टलैंड में फिल नाइट क्लासिक के लिए एक काली यूएनसी जर्सी पहनने के लिए सेवानिवृत्ति से बाहर आने का फैसला किया। 32 33

इतिहास

नाइट का संस्मरण, शू डॉग, 26 अप्रैल, 2016 को साइमन एंड शूस्टर द्वारा जारी किया गया, जुलाई 2018, 34 में न्यूयॉर्क टाइम्स की बेस्टसेलर सूची में पांचवें नंबर पर था और जापानी जूतों के आयात से नाइके ब्रांड के निर्माण का विवरण देता है। एक संघीय जांच। 35 36

दूसरों का उपकार करने का सिद्धान्त

जुलाई 2021 तक, नाइट की कुल संपत्ति 60.8 बिलियन डॉलर है। 37 1990 में नाइट ने फिलिप एच. नाइट चैरिटेबल फाउंडेशन ट्रस्ट की स्थापना की। 38 2016 तक, पोर्टलैंड बिजनेस जर्नल के अनुसार, "ओरेगॉन के इतिहास में नाइट सबसे उदार परोपकारी है। उसके जीवन भर के उपहार अब $2 बिलियन तक पहुंच गए हैं।" 39

स्टैनफोर्ड विश्वविद्यालय

2006 में, नाइट ने स्टैनफोर्ड ग्रेजुएट स्कूल ऑफ बिजनेस को 105 मिलियन अमेरिकी डॉलर का दान दिया, जो उस समय अमेरिकी बिजनेस स्कूल के लिए सबसे बड़ा व्यक्तिगत दान था। स्कूल में नाइट की परोपकारी सेवा के सम्मान में परिसर का नाम "द नाइट मैनेजमेंट सेंटर" रखा गया। 40

2016 में, यह घोषणा की गई थी कि नाइट ने रोड्स स्कॉलरशिप से प्रेरित नाइट-हेनेसी स्कॉलर्स स्नातक स्तर के शिक्षा कार्यक्रम को शुरू करने के लिए $400 मिलियन का योगदान दिया था। 41 स्नातकों पर जलवायु परिवर्तन और गरीबी जैसी वैश्विक चुनौतियों से निपटने का आरोप है। 21 देशों के 51 विद्वानों का प्रथम वर्ग 2018 के पतन में स्टैनफोर्ड आने वाला था। 42 43 44

मई 2022 में, यह घोषणा की गई थी कि फिल और पेनी नाइट ने स्टैनफोर्ड को ब्रेन रेजिलिएंस के लिए फिल एंड पेनी नाइट इनिशिएटिव स्थापित करने के लिए $75 मिलियन का उपहार दिया था। पहल स्टैनफोर्ड के वू त्साई न्यूरोसाइंसेस इंस्टीट्यूट में रखी जाएगी और पार्किंसंस

और अल्जाइमर जैसे संज्ञानात्मक गिरावट और अपक्षयी मस्तिष्क रोगों का अध्ययन करने के लिए तैयार है। 45

ओरेगन विश्वविद्यालय

नाइट ने ओरेगन विश्वविद्यालय को लाखों डॉलर का दान दिया है। प्रमुख उपहारों में नाइट लाइब्रेरी के नवीनीकरण और नाइट लॉ सेंटर के निर्माण के लिए धन शामिल है। नाइट ने पूरे परिसर में संपन्न कुर्सियाँ भी स्थापित कीं। 46 2016 के पतन में, यह घोषणा की गई थी कि नाइट एक नई तीन-बिल्डिंग प्रयोगशाला और अनुसंधान विज्ञान परिसर के लिए यूओ को $500 मिलियन दान करेगी। 47 दान बड़े उच्च शिक्षा उपहारों की एक शृंखला का हिस्सा था। 48 2021 में, नाइट ने हेवर्ड फील्ड, विश्वविद्यालय के ट्रैक और फील्ड स्टेडियम के नवीनीकरण में मदद की। इस परियोजना पर $270 मिलियन खर्च होने का अनुमान लगाया गया था, हालांकि नाइट का कुल योगदान निजी रहा। 49

ओरेगन बतख

ऑटजेन स्टेडियम, ओरेगन विश्वविद्यालय का बाहरी भाग

अगस्त 2007 में, नाइट ने घोषणा की कि वह और उनकी पत्नी विश्वविद्यालय में सभी एथलेटिक कार्यक्रमों का समर्थन करने के लिए एक UO विज्ञापन बनाएंगे।एथलेटिक्स फाउंडिंग लिगेसी फंड में 100 मिलियन अमेरिकी डॉलर दान करेगा जवाब में, एथलेटिक निदेशक पैट किलकेनी ने कहा: "यह असाधारण उपहार ओरेगन एथलेटिक्स को एक निश्चित डिग्री आत्मनिर्भरता की ओर ले जाएगा और नए एथलेटिक क्षेत्र के साथ आगे बढ़ने के लिए विश्वविद्यालय के लिए लचीलापन और वित्तीय क्षमता पैदा करेगा।" उस समय, विश्वविद्यालय के इतिहास में दान सबसे बड़ा परोपकारी उपहार था। 50

यूओ बास्केटबॉल टीम के मैथ्यू नाइट एरिना का 2010 का निर्माण नाइट और ओरेगन के पूर्व एथलेटिक निदेशक पैट किलकेनी के बीच साझेदारी का परिणाम था। हालांकि नाइट ने सीधे तौर पर इस परियोजना के लिए फंड नहीं दिया, लेकिन उन्होंने $100 मिलियन का "एथलेटिक लिगेसी फंड" स्थापित किया। यह फंड एथलेटिक विभाग का समर्थन करता है। 51 नाइट के मृत बेटे के नाम पर, साइट ने मैकआर्थर कोर्टहाउस को बदल दिया और निर्माण के लिए 200 मिलियन अमेरिकी डॉलर खर्च किए। यह सुविधा ओरेगॉन राज्य द्वारा समर्थित बांडों का उपयोग करके बनाई गई थी। 51

नाइट यूओ के यूएस $68 मिलियन 145,000 वर्ग फुट ग्रिडिरोन फुटबॉल सुविधा के वित्तपोषण के लिए जिम्मेदार था जो आधिकारिक तौर पर जुलाई 2013 के अंत में खोला गया था। टीम के लॉकर रूम में नाइट के व्यक्तिगत लॉकर का शीर्षक "अंकल फिल" है और अन्य विशेषताओं में ब्राजीलियन के साथ एक जिम शामिल है। दृढ़ लकड़ी के फर्श, प्रत्येक खिलाड़ी के लॉकर में एक Apple iPhone चार्जर, विभिन्न सभागार और मीटिंग रूम, एक फ्लैट स्क्रीन टीवी और फॉस्बॉल मशीन वाले खिलाड़ियों के लिए एक गेम रूम और एक कैफेटेरिया। 52 53 54

नवंबर 2015 में, यह घोषणा की गई थी कि नाइट और उनकी पत्नी ओरेगॉन विश्वविद्यालय में एक नई खेल परिसर परियोजना के लिए $19.2 मिलियन का दान करेंगे। सितंबर में 29,000 वर्ग फुट के परिसर की योजनाओं की घोषणा की गई थी। निर्माण जनवरी 2016 में शुरू हुआ और सितंबर 2016 में समाप्त हुआ। 55-स्पोर्ट्स कॉम्प्लेक्स को मार्कस मारिओटा स्पोर्ट्स परफॉर्मेंस सेंटर का नाम दिया गया था और इसमें एक मोशन कैप्चर सिस्टम, न्यूरोकॉग्निटिव असेसमेंट टूल्स, 40-यार्ड डैश ट्रैक और नाइके द्वारा निर्मित स्टीम मशीन शामिल है, जो एथलीटों को अपने जूते पहनने में अधिक तेज़ी से मदद करती है। 56

अक्टूबर 2016 में, नाइट और उनकी पत्नी ने विज्ञान को समर्पित एक नया परिसर बनाने के लिए $ 500 मिलियन का निवेश किया, जिसे वैज्ञानिक प्रभाव को बढ़ाने के लिए फिल और पेनी नाइट कैंपस कहा जाता है। तीन नई इमारतों का निर्माण किया जाएगा और पूरा होने और पूरी तरह से चालू होने पर 750 परिवार-मजदूरी की नौकरियां प्रदान करेगा। 57 58

विवाद

यूओ में एथलेटिक विभाग में नाइट का योगदान भी विवाद का एक स्रोत रहा है। 59 अप्रैल 2000 में, छात्र नेताओं ने स्वेटशॉप और अनुचित श्रम प्रथाओं के खिलाफ अभियान आयोजित करना शुरू किया, और वर्कर्स राइट्स कोएलिशन (WRC) का समर्थन करने के लिए स्कूल के अध्यक्ष डेव फ्रोहनमीयर को बुलाया। 4 अप्रैल, 2000 को छात्र यूओ के प्रशासनिक केंद्र जॉनसन हॉल में बैठने लगे। अप्रैल की शुरुआत में, छात्रों की एक खुली बैठक ने मांग की कि फेयर लेबर एसोसिएशन (FLA) को विश्वविद्यालय द्वारा कोई विचार नहीं दिया जाए, क्योंकि इसे नाइके और अन्य निगमों द्वारा स्थापित, वित्त पोषित और समर्थित समूह के रूप में माना जाता था, और यह था। श्रम अधिकारों के अधिवक्ताओं द्वारा एक बेईमान जनसंपर्क अभ्यास के रूप में इसकी आलोचना की गई थी। 60 61

तब विश्वविद्यालय के अध्यक्ष डेव फ्रोहनमीयर ने WRC के साथ एक साल के अनुबंध पर हस्ताक्षर किए; नाइट ने बाद में ऑटजेन स्टेडियम विस्तार परियोजना के लिए अपनी 30 मिलियन अमेरिकी डॉलर की प्रतिबद्धता वापस ले ली और विश्वविद्यालय को कोई दान नहीं दिया। 62 63 सार्वजनिक बयानों में, नाइट ने अनुचित प्रावधानों और भ्रामक होने के लिए WRC की आलोचना की, जबकि इसके दृष्टिकोण में "संतुलित" होने के लिए FLA की प्रशंसा की। 64 छात्रों के साथ चल रहे संघर्ष के आलोक में, फ्रोहनमेयर ने नाइट के दावे का पक्ष लिया कि WRC असंतुलित प्रतिनिधित्व प्रदान कर रहा था 65 66 और अक्टूबर 2000 में, यूजीन वीकली ने फ्रोहनमेयर को यह कहते हुए उद्धृत किया:

... वह यूओ जनरल काउंसिल मेलिंडा गियर की कानूनी राय के आधार पर डब्ल्यूआरसी का भुगतान करने से इंकार कर देगा, यह कहते हुए कि ऐसा करना अवैध होगा और विश्वविद्यालय को उत्तरदायित्व के लिए खोल देगा। ग्रायर ने दावा किया कि डब्ल्यूआरसी अभी तक शामिल नहीं हुआ था, अभी तक गैर-लाभकारी के रूप में दायर नहीं किया था, और भुगतान को न्यायसंगत बनाने के लिए कोई सार्वजनिक उद्देश्य नहीं दिया था। 61

16 फरवरी, 2001 को, ऑरेगॉन यूनिवर्सिटी सिस्टम ने एक जनादेश अधिनियमित किया जिसमें ऑरेगॉन में सभी विश्वविद्यालयों को WRC या FLA में शामिल होने से रोकते हुए राजनीतिक रूप से तटस्थ दृष्टिकोण से वाणिज्यिक भागीदारों का चयन करने के लिए सिस्टम में सभी संस्थानों की आवश्यकता होती है। 67 विश्वविद्यालय और WRC के बीच संबंध भंग होने के बाद, नाइट ने बंदोबस्ती को बहाल कर दिया और राशि को US$50 मिलियन से अधिक कर दिया। 68

विश्वविद्यालय में एथलेटिक निदेशक नियुक्त करने के लिए पूर्व बीमा कार्यकारी पैट किलकेनी की पैरवी करने में नाइट की सफलता भी विवादास्पद थी। 69 किलकेनी के पास एथलेटिक्स प्रशासन में कोई कॉलेज डिग्री या पूर्व अनुभव नहीं था। उन्होंने भाग लिया लेकिन यूओ से स्नातक नहीं किया, क्योंकि वे कई क्रेडिट घंटे शेष थे। UO में अपनी नियुक्ति से पहले, किलकेनी सैन डिएगो स्थित एरोहेड जनरल इंश्योरेंस एजेंसी के अध्यक्ष और सीईओ थे और जब उन्होंने कंपनी को बेचा तो लिखित प्रीमियम में लगभग US$1 बिलियन के साथ एक राष्ट्रव्यापी संगठन के रूप में व्यवसाय का विकास किया। 2006. 70

अन्य परियोजनाएँ

हिल्सबोरो हवाई अड्डे पर नाइट का निजी हैंगर।

अक्टूबर 2008 में, नाइट और उनकी पत्नी ने ओएचएसयू कैंसर संस्थान को 100 मिलियन अमेरिकी डॉलर देने का वादा किया, जो ओरेगॉन हेल्थ एंड साइंस यूनिवर्सिटी के इतिहास में सबसे बड़ा उपहार है। मान्यता में, विश्वविद्यालय ने संस्थान का नाम "ओएचएसयू नाइट कैंसर संस्थान" में बदल दिया। 71

अक्टूबर 2010 में, नाइट ने आने वाले नए लोगों के लिए छात्रवृत्ति स्थापित करने के लिए केटलिन गैबेल स्कूल को कई मिलियन डॉलर का दान दिया। 72

नाइट्स ग्रीन, मैरीलहर्स्ट, ओरेगन में मैरीलहर्स्ट विश्वविद्यालय में नाइट के नाम पर एक लॉन।

18 मई 2012 को, नाइट ने कोलंबिया स्पोर्ट्सविवयर के सीईओ टिम बॉयल द्वारा स्थापित एक उच्च शिक्षा राजनीतिक कार्रवाई समिति (पीएसी) को 65,000 अमेरिकी डॉलर का योगदान दिया। 73 74 बॉयल के अनुसार, PAC ओरेगन यूनिवर्सिटी सिस्टम में स्कूलों की स्वायत्तता बढ़ाने में मदद करेगी। 75

27 सितंबर, 2013 को, नाइट ने ओएचएसयू नाइट कैंसर संस्थान की द्विवार्षिक सभा में दर्शकों को संबोधित किया, जब उन्होंने अगले दो वर्षों में ओएचएसयू से मेल खाने के लिए शोध के लिए यूएस $ 500 मिलियन दान करने की अपनी मंशा की घोषणा की। 76 25 जून 2015 को, OHSU ने अपने $500 मिलियन के लक्ष्य को पूरा किया और नाइट ने अपने आगामी $500 मिलियन के दान की घोषणा की, जिससे कुल $1 बिलियन हो गया। 77

नाइट और पत्नी पेनी ने मैरीलहर्स्ट, ओरेगन में एक निजी रोमन कैथोलिक विश्वविद्यालय, मैरीलहर्स्ट विश्वविद्यालय में मैरीलहर्स्ट नाइट्स अवसर छात्रवृत्ति कार्यक्रम के लिए भी दान दिया; नतीजतन, विश्वविद्यालय ने परिवार के सम्मान में अपने एक परिसर लॉन का नाम "नाइट्स ग्रीन" रखा। 78

दिसंबर 2016 में, नाइट ने खुलासा किया कि उसने नाइके के स्टॉक में 112 मिलियन डॉलर दान में दिए थे। 79

प्रशंसा

2000 में, ओरेगन में खेलों में उनके विशेष योगदान के लिए नाइट को ओरेगन स्पोर्ट्स हॉल ऑफ़ फ़ेम में शामिल किया गया था। 80 अपनी नियुक्ति के समय, उन्होंने यूओ में लगभग 230 मिलियन अमेरिकी डॉलर का योगदान दिया था, जिनमें से अधिकांश एथलेटिक्स के लिए था। 81

24 फरवरी 2012 को, नाइट को योगदानकर्ता के रूप में नाइस्मिथ मेमोरियल बास्केटबॉल हॉल ऑफ़ फ़ेम के 2012 के सदस्य के रूप में नामित किया गया था। हॉल ने उन्हें अमेरिकी बास्केटबॉल और उसके एथलीटों को नाइके की भारी वित्तीय सहायता के पीछे प्रेरक शक्ति के रूप में पहचाना। नाइट को औपचारिक रूप से 7 सितंबर, 2012 को शामिल किया गया था। 82

1989 में, नाइट को अमेरिकन एकेडमी ऑफ अचीवमेंट से गोल्डन प्लेट अवार्ड मिला। 83 अपने "व्यवसाय, कॉर्पोरेट और परोपकारी नेतृत्व में योगदान" के लिए, नाइट को अमेरिकन एकेडमी ऑफ आर्ट्स एंड साइंसेज के 2015 सदस्यता वर्ग के लिए चुना गया था। 84 85

2020 में, विश्वविद्यालय ने सोशल मीडिया पर पूर्व छात्रों और प्रशंसकों का सर्वेक्षण किया, उनसे पूछा कि वे कौन से चार यूओ पूर्व छात्रों को विश्वविद्यालय के लिए एक काल्पनिक माउंट रशमोर पर रखेंगे। डक ट्रैक लेजेंड स्टीव प्रीफोंटेन के साथ नाइट चार अंतिम चयनों में से एक था; वर्तमान एनएफएल खिलाड़ी मार्कस मारियोटा, 2014 हीस्मैन ट्रॉफी विजेता; और सबरीना Ionescu, जिन्होंने डक के लिए अपना

कॉलेज बास्केटबॉल करियर अभी-अभी समाप्त किया था। 86

व्यक्तिगत जीवन

पोर्टलैंड स्टेट यूनिवर्सिटी में काम करते हुए, नाइट ने अपनी पत्नी पेनेलोप "पेनी" पार्क्स से मुलाकात की और 13 सितंबर, 1968 को शादी कर ली। 87 उनका कैलिफोर्निया के ला क्विंटा में एक घर है। 88 89

नाइट ने 2018 ओरेगन गवर्नर चुनाव के दौरान रिपब्लिकन नॉट ब्यूहलर को 3.5 मिलियन डॉलर का दान दिया। 90

नाइट के बेटे मैथ्यू की 2004 में एल साल्वाडोर में एक स्कूबा डाइविंग दुर्घटना में मृत्यु हो गई थी। 91 नाइट्स का एक और बेटा, ट्रैविस नाइट, लाइका एनिमेशन स्टूडियो चलाता है। फिल नाइट राष्ट्रपति के रूप में कार्य करता है।

25
जॅक मा

जॅक मा

जैक मा यूं ए (चीनी पिनयिन: मा यूं; जन्म 10 सितंबर 1964) एक चीनी व्यापारी, निवेशक और परोपकारी हैं। वह बहुराष्ट्रीय प्रौद्योगिकी समूह अलीबाबा ग्रुप के सह-संस्थापक और पूर्व कार्यकारी अध्यक्ष हैं। इसके अतिरिक्त, उन्होंने एक चीनी निजी इक्विटी फर्म युनफेंग कैपिटल

की सह-स्थापना की। मा खुली और बाजार संचालित अर्थव्यवस्था के प्रबल समर्थक हैं।

अगस्त 2014 में, ब्लूमबर्ग बिलियनेयर्स इंडेक्स के अनुसार, जैक मा की कुल संपत्ति 21.8 बिलियन अमेरिकी डॉलर थी, जिससे वह चीन के सबसे अमीर व्यक्ति बन गए। 2017 में, फॉर्च्यून की वार्षिक "विश्व के 50 महानतम नेताओं" की सूची में मा को दूसरा स्थान दिया गया था। 3 उन्हें व्यापक रूप से चीनी व्यापार के लिए अनौपचारिक वैश्विक राजदूत और स्टार्टअप व्यवसाय समुदाय में एक प्रभावशाली व्यक्ति माना जाता है। 4 सितंबर 2018 को, उन्होंने घोषणा की कि वह अलीबाबा से सेवानिवृत्त होंगे और शैक्षणिक कार्य, परोपकार और पर्यावरणीय कारणों को आगे बढ़ाएंगे; अगले वर्ष, डैनियल झांग ने उन्हें कार्यकारी अध्यक्ष के रूप में सफलता दिलाई।

मार्च 2022 तक, 37.1 बिलियन डॉलर की कुल संपत्ति के साथ, मा चीन में पांचवें सबसे अमीर व्यक्ति हैं (झोंग शानशान, मा हुआतेंग, झेंग युकुन और झांग यिमिंग के बाद), साथ ही साथ दुनिया के 35वें सबसे अमीर व्यक्ति हैं। ब्लूमबर्ग बिलियनेयर्स इंडेक्स के अनुसार। 2019 में, फोर्ब्स ने मा को चीन, अफ्रीका, ऑस्ट्रेलिया और मध्य पूर्व में वंचित समुदायों की मदद करने के उनके काम के लिए "एशिया के 2019 नायकों के परोपकार" की सूची में नामित किया। अप्रैल 2021 में, जैक मा को "2021 फोर्ब्स ग्लोबल रिच लिस्ट" में 48.4 बिलियन अमेरिकी डॉलर की संपत्ति के साथ 26 वें स्थान पर रखा गया था।

मा को अक्टूबर 2020 से केवल दो बार सार्वजनिक रूप से देखा गया है, जिससे उनके ठिकाने के बारे में अटकलें लगाई जा रही हैं।

जैक मा का जन्म 10 सितंबर, 1964 को हांग्जो, झेजियांग, चीन में हुआ था। उन्होंने हांग्जो इंटरनेशनल होटल में अंग्रेजी बोलने वालों के साथ बातचीत करके कम उम्र में अंग्रेजी सीखना शुरू किया। जैक मा के दादा ने जापानी विरोधी युद्ध में एक सुरक्षा गार्ड के रूप में कार्य किया था। मुक्ति के बाद, उन्हें ब्लैक फाइव के रूप में वर्गीकृत किया गया; और मा यूं: नामित, बस उम्मीद है कि भविष्य में जैक मा आज्ञाकारी और समझदार होंगे और परेशानी से बचेंगे। 12 साल की उम्र में, जैक मा ने एक पॉकेट रेडियो खरीदा और तब से वह हर दिन अंग्रेजी रेडियो सुनते थे और अंग्रेजी के प्रति प्रेम विकसित हुआ। 13 साल की उम्र से, जैक मा को हांग्जो नंबर 8 मिडिल स्कूल में स्थानांतरित करने के लिए मजबूर किया गया था क्योंकि उन्हें बहुत सारे झगड़े याद थे। फिर 1982 में, मा यूं ने पहली बार कॉलेज प्रवेश परीक्षा दी और पहली बार सूची से बाहर हो गईं। उसे गणित में सिर्फ 1 अंक मिला था। मा यूं को घृणा हुई। बाद में, वह और उसका चचेरा भाई वेटर की नौकरी के लिए आवेदन करने के लिए एक होटल में गए। नतीजतन, उनके चचेरे भाई को काम पर रखा गया और खारिज कर दिया गया। बॉस द्वारा दिया गया कारण यह था कि मा यून पतली और छोटी थी और दिखने में खराब थी। बाद में जैक मा ने सचिव और कुली के रूप में काम किया। मा यून कॉलेज की प्रवेश परीक्षा में फेल हो गया और उसके पिता मलय फा ने देखा कि वह उदास था और उसने उसे तीन राउंड में पत्रिका को किताबें भेजने के लिए कहा।

एक बहुत ही औसत हाई स्कूल में प्रवेश पाने में उन्हें दो साल लगे और उन्हें गणित में केवल 31 अंक मिले। नौ वर्षों के लिए, मा अपनी साइकिल पर 27 किमी (17 मील) की सवारी करेंगे और पर्यटकों को उनकी अंग्रेजी का अभ्यास कराने के लिए क्षेत्र में ले जाएंगे। वह विदेशियों में से एक के साथ मित्रतापूर्ण हो गया, जिसने उसे "जैक" उपनाम दिया क्योंकि उसे अपने चीनी नाम का उच्चारण करने में कठिनाई हुई थी।

1983 में, मा यूं ने दूसरी बार कॉलेज की प्रवेश परीक्षा दी और फिर से सूची से बाहर हो गए, जिससे उनका गणित स्कोर 19 हो गया। मा यूं के माता-पिता ने उन्हें कॉलेज जाने और अपनी कला का अध्ययन करने की इच्छा छोड़ने के लिए मना लिया। बाद में, मा यूं ने हांग्जो की सड़कों और गलियों के माध्यम से घिसी-पिटी साइकिल की सवारी शुरू की।

1984 में, अपने परिवार के कड़े विरोध के बावजूद, मा यूं ने तीसरी बार कॉलेज की प्रवेश परीक्षा दी। इस बार, उन्होंने गणित की परीक्षा में 89 अंक प्राप्त किए, लेकिन स्नातकों का कुल अलगाव अभी भी 5 अंक अलग था। अंग्रेजी की बड़ी कंपनियों के लिए नामांकन लक्ष्य पूरा नहीं होने के कारण, कुछ उत्कृष्ट अंग्रेजी छात्रों के पास पदोन्नत होने का अवसर है। मा यूं को हांग्जो सामान्य विश्वविद्यालय द्वारा स्नातक विदेशी भाषा प्रमुख के लिए पदोन्नत किया गया था। विश्वविद्यालय में प्रवेश करने के बाद, जैक मा उत्कृष्ट शैक्षणिक प्रदर्शन के साथ एक अच्छे छात्र बन गए और अपनी उत्कृष्ट अंग्रेजी के साथ विदेशी भाषा विभाग में शीर्ष पांच में स्थान प्राप्त किया। इसके बाद, जैक मा को छात्र संघ के अध्यक्ष के रूप में चुना गया और बाद में दो कार्यकाल के लिए हांग्जो फेडरेशन ऑफ स्टूडेंट्स के अध्यक्ष के रूप में कार्य किया।

बाद में अपनी युवावस्था में, मा ने कॉलेज में प्रवेश पाने के लिए संघर्ष किया। मा दो बार हांग्जो टीचर्स कॉलेज की प्रवेश परीक्षा में असफल रहे क्योंकि उनका कमजोर बिंदु गणित था। वार्षिक चीनी प्रवेश परीक्षा पास करने में मा को तीन साल लगे। मा ने हांग्जो शिक्षक संस्थान (अब हांग्जो सामान्य विश्वविद्यालय के रूप में जाना जाता है) में भाग लिया और 1988 में अंग्रेजी में कला स्नातक की डिग्री के साथ स्नातक की उपाधि प्राप्त की। स्कूल में रहते हुए, मा विद्यार्थी परिषद की प्रमुख थीं। स्नातक नंइसलिए, वह हांग्जो डियांजी विश्वविद्यालय में अंग्रेजी और अंतर्राष्ट्रीय व्यापार में व्याख्याता बन गए। उन्होंने हार्वर्ड बिजनेस स्कूल में दस बार आवेदन करने का दावा किया और हर बार खारिज कर दिया गया।

व्यावसायिक कैरियर

मा के आत्मकथात्मक खाते के अनुसार, 1988 में हांग्जो सामान्य विश्वविद्यालय से स्नातक होने के बाद, मा ने 31 अलग-अलग विषम नौकरियों के लिए आवेदन किया और प्रत्येक के लिए खारिज कर दिया गया। "मैं केएफसी में नौकरी के लिए गया था; उन्होंने कहा, 'तुम

अच्छे नहीं हो,' 'मा ने साक्षात्कारकर्ता चार्ली रोज़ से कहा। "जब मैं अपने शहर आया, तो मैं केएफसी भी गया। चौबीस लोग नौकरी के लिए गए। तेईस को स्वीकार किया गया। मैं अकेला व्यक्ति था जिसे अस्वीकार कर दिया गया ..."। इस अवधि के दौरान, चीन देंग जियाओपिंग के चीनी आर्थिक सुधारों के पहले दशक में था।

1994 में, मा ने इंटरनेट के बारे में सुना और अपनी पहली कंपनी हांग्जो हाइबो ट्रांसलेशन एजेंसी (हांग्जो हाइबो फैनी शी ???????) शुरू की। 1995 की शुरुआत में, उन्होंने नगरपालिका सरकार की ओर से अमेरिका की यात्रा की, जिनके सहयोगियों ने उन्हें इंटरनेट से परिचित कराने में मदद की थी। हालाँकि उन्हें कई देशों से बीयर के बारे में जानकारी मिली, लेकिन चीन से कोई भी नहीं मिलने पर उन्हें आश्चर्य हुआ। उन्होंने चीन के बारे में सामान्य जानकारी खोजने की भी कोशिश की और फिर कुछ नहीं पाकर हैरान रह गए। इसलिए उसने और उसके दोस्त ने चीन से संबंधित एक "बदसूरत" वेबसाइट बनाई। उन्होंने सुबह 9:40 बजे वेबसाइट लॉन्च की और दोपहर 12:30 बजे तक उन्हें कुछ चीनी निवेशकों के ईमेल मिले जो उनके बारे में जानना चाहते थे। तभी मुझे एहसास हुआ कि इंटरनेट के पास देने के लिए कुछ बेहतर है। अप्रैल 1995 में, मा और हे यिबिंग (एक कंप्यूटर शिक्षक) ने चाइना पेज के लिए पहला कार्यालय खोला और मा ने अपनी दूसरी कंपनी शुरू की। 10 मई 1995 को, उन्होंने संयुक्त राज्य अमेरिका में डोमेन Chinapages.com पंजीकृत किया। तीन वर्षों के भीतर, कंपनी ने 5,000,000 रॅन्मिन्बी बनाया था जो उस समय 800,000 अमेरिकी डॉलर के बराबर था।

मा ने अमेरिका में दोस्तों की मदद से चीनी कंपनियों के लिए वेबसाइट बनाना शुरू किया। उन्होंने कहा कि "जिस दिन हम वेब से जुड़े, मैंने दोस्तों और टीवी के लोगों को अपने घर आमंत्रित किया", और बहुत धीमी डायल-अप कनेक्शन पर, "हमने साढ़े तीन घंटे इंतजार किया और आधा पृष्ठ प्राप्त किया", उन्होंने याद किया। . "हमने शराब पी, टीवी देखा और ताश खेला, प्रतीक्षा की। लेकिन मुझे बहुत गर्व था। मैंने साबित कर दिया कि इंटरनेट मौजूद है"। 2010 में एक सम्मेलन में, मा ने खुलासा किया कि उन्होंने वास्तव में कभी भी कोड की एक पंक्ति नहीं लिखी थी या किसी ग्राहक को एक कोड नहीं बेचा था। 33 साल की उम्र में उन्होंने पहली बार कंप्यूटर खरीदा।

1998 से 1999 तक, मा ने चाइना इंटरनेशनल इलेक्ट्रॉनिक कॉमर्स सेंटर का नेतृत्व किया, जो विदेश व्यापार और आर्थिक सहयोग मंत्रालय द्वारा स्थापित एक सूचना प्रौद्योगिकी कंपनी है। 1999 में, उन्होंने अपनी नौकरी छोड़ दी और 18 दोस्तों के एक समूह के साथ अपने अपार्टमेंट में चीन स्थित व्यापार-से-व्यवसाय बाज़ार साइट अलीबाबा को खोजने के लिए अपनी टीम के साथ हांग्जो लौट आए। 28 उन्होंने 500,000 युआन के साथ उद्यम विकास का एक नया दौर शुरू किया।

2007 चाइना ट्रस्ट ग्लोबल लीडर्स फोरम में, जैक होन

अक्टूबर 1999 और जनवरी 2000 में, अलीबाबा ने गोल्डमैन सैक्स और सॉफ्टबैंक से विदेशी पूंजी निवेश में कुल $25 मिलियन जीते। विश्व व्यापार संगठन (डब्ल्यूटीओ) की चुनौतियों का सामना करने के लिए इस कार्यक्रम से घरेलू ई-कॉमर्स बाजार में सुधार और चीनी उद्यमों, विशेष रूप से छोटे और मध्यम आकार के उद्यमों (एसएमई) के लिए एक ई-कॉमर्स प्लेटफॉर्म में सुधार की उम्मीद थी। तीन साल बाद अलीबाबा प्रॉफिट में आ गई। मा वैश्विक ई-कॉमर्स प्रणाली में सुधार करना चाहते थे और 2003 से उन्होंने ताओबाओ मार्केटप्लेस, अलीपे, अली मामा और लिंक्स की स्थापना की। Taobao के तेजी से विकास के बाद, ईबे ने कंपनी को खरीदने की पेशकश की। हालांकि, मा ने उनके प्रस्ताव को अस्वीकार कर दिया, बजाय $1 बिलियन के निवेश के साथ याहू के सह-संस्थापक जेरी यांग से समर्थन प्राप्त किया।

अलीबाबा आईपीओ

सितंबर 2014 में, अलीबाबा ने न्यूयॉर्क स्टॉक एक्सचेंज में प्रारंभिक सार्वजनिक पेशकश (आईपीओ) में 25 अरब डॉलर से अधिक की राशि जुटाई।

अलीबाबा समूह के अध्यक्ष

मा ने अलीबाबा ग्रुप के कार्यकारी अध्यक्ष के रूप में कार्य किया, नौ प्रमुख सहायक कंपनियों के साथ एक होल्डिंग कंपनी: अलीबाबा डॉट कॉम, ताओबाओ मार्केटप्लेस, टमॉल, ईटाओ, अलीबाबा क्लाउड कंप्यूटिंग, जुहुआसुआन, 1688.com, अलीएक्सप्रेस डॉट कॉम और अलीपे। नवंबर 2012 में, अलीबाबा की ऑनलाइन लेन-देन की मात्रा एक ट्रिलियन युआन से अधिक हो गई। मा ने 10 मई, 2013 को अलीबाबा के सीईओ के रूप में कदम रखा, लेकिन निगम के कार्यकारी अध्यक्ष के रूप में बने रहे। 2016 तक, मा बोर्डो में चैटेउ डी सॉर्स का मालिक है, कोट्स डी बॉर्ग में चैटेउ गुएरी और ब्लेय, कोट्स डी बोर्डेक्स में चैटेउ पेरिन का मालिक है।

9 जनवरी, 2017 को, मा ने संयुक्त राज्य अमेरिका में अलीबाबा के व्यावसायिक हितों के माध्यम से अगले पांच वर्षों में 1 मिलियन नौकरियों की संभावना पर चर्चा करने के लिए ट्रम्प टॉवर में अमेरिकी राष्ट्रपति-चुनाव डोनाल्ड ट्रम्प के साथ मुलाकात की। 8 सितंबर, 2017 को, अलीबाबा की 18 वीं वर्षगांठ मनाने के लिए, मा मंच पर दिखाई दिए और माइकल-जैक्सन-प्रेरित प्रदर्शन दिया। 2009 में, उन्होंने अलीबाबा के जन्मदिन की पार्टी में "कैन यू फील द लव टुनाइट" का एक एपिसोड प्रदर्शित किया, जिसमें एक भारी धातु प्रमुख गायक के रूप में कपड़े पहने थे। इसी महीने मा, सर ली का-हांगकांग में डिजिटल वॉलेट सेवाएं प्रदान करने के लिए एक संयुक्त उद्यम में शिंग के साथ भागीदारी की।

मा ने 10 सितंबर 2018 को घोषणा की कि वह आने वाले वर्ष में अलीबाबा ग्रुप होल्डिंग के कार्यकारी अध्यक्ष के रूप में पद छोड़ देंगे। मा ने उन रिपोर्टों का खंडन किया कि उन्हें चीनी सरकार द्वारा अलग होने के लिए मजबूर किया गया था और कहा कि वह अपनी नींव के माध्यम से परोपकार पर ध्यान केंद्रित करना चाहते हैं। इसके बाद डेनियल झांग अलीबाबा के वर्तमान कार्यकारी अध्यक्ष के रूप में नेतृत्व करेंगे।

जनता की नज़रों से ओझल हो जाना

समाचार आउटलेट्स ने अक्टूबर 2020 और जनवरी 2021 के बीच मा से सार्वजनिक उपस्थिति की कमी की सूचना दी, जो उनके व्यवसायों पर एक नियामक कार्रवाई के साथ मेल खाता था। फाइनेंशियल टाइम्स ने बताया कि लापता होने को वार्षिक पीपुल्स बैंक ऑफ चाइना फाइनेंशियल मार्केट्स फोरम में एक भाषण से जोड़ा जा सकता है, जिसमें मा ने चीन के नियामकों और बैंकों की आलोचना की थी। नवंबर 2020 में, फाइनेंशियल टाइम्स ने बताया कि वित्तीय नियामकों के हस्तक्षेप के बाद एंट ग्रुप की अपेक्षित आरंभिक सार्वजनिक पेशकश (आईपीओ) को अचानक रद्द कर दिया गया था। चीनी बैंकरों और अधिकारियों के अनुसार, हस्तक्षेप के पीछे वित्तीय स्थिरता का उद्देश्य था। कुछ टिप्पणीकारों ने अनुमान लगाया है कि मा एक जबरन गायब होने का शिकार हो सकता है, जबकि अन्य अनुमान लगाते हैं कि वह स्वेच्छा से नीचे गए होंगे। मा ने 20 जनवरी 2021 को वार्षिक ग्रामीण शिक्षक पहल चैरिटी कार्यक्रम में ग्रामीण शिक्षकों के एक समूह से वीडियो लिंक के माध्यम से बात करते हुए एक और सार्वजनिक उपस्थिति दर्ज की। फरवरी 2021 में, ब्लूमबर्ग ने बताया कि उन्हें चीनी द्वीप हैनान के सन वैली गोल्फ रिज़ॉर्ट में गोल्फ खेलते हुए देखा गया था। अक्टूबर 2021 में, रॉयटर्स ने बताया कि मा स्पेनिश द्वीप मल्लोर्का के एक स्थानीय स्टोर में खरीदारी कर रही थी। उनका सुपरयॉट एंड्राटेक्स हार्बर में लंगर डाले हुए था।

मनोरंजन करियर

2017 में, मा ने अपनी पहली कुंग फू लघु फिल्म गोंग शॉ डाओ के साथ अभिनय की शुरुआत की। इसे डबल 11 शॉपिंग कार्निवल सिंगल्स डे के सहयोग से फिल्माया गया था। उसी वर्ष, उन्होंने एक गायन समारोह में भाग लिया और अलीबाबा की 18वीं वर्षगांठ की पार्टी में नृत्य किया।

नवंबर 2020 में, अफ्रीका के बिजनेस हीरोज के फाइनल में, मा को "शेड्यूलिंग संघर्षों के कारण" अलीबाबा के कार्यकारी पेंग लेई द्वारा प्रतिस्थापित टेलीविजन शो में जज के रूप में बदल दिया गया था।

पुरस्कार और सम्मान

2004 में, मा को चाइना सेंट्रल टेलीविज़न (CCTV) द्वारा "वर्ष की शीर्ष 10 वित्तीय हस्तियों" में से एक के रूप में सम्मानित किया गया था।

सितंबर 2005 में, वर्ल्ड इकोनॉमिक फोरम ने मा को "यंग ग्लोबल लीडर" के रूप में चुना।

2005 में फॉर्च्यून ने उन्हें "एशिया के 25 सबसे शक्तिशाली व्यवसायियों" में से एक के रूप में चुना।

2007 में BusinessWeek ने उन्हें "Man of the Year" चुना।

2008 में, बैरन ने उन्हें 30 "विश्व के सर्वश्रेष्ठ सीईओ" में से एक के रूप में स्थान दिया।

मई 2009 में, टाइम पत्रिका ने मा को दुनिया के 100 सबसे शक्तिशाली लोगों में से एक के रूप में सूचीबद्ध किया। मा की उपलब्धि पर रिपोर्ट करते हुए, टाइम के पूर्व वरिष्ठ संपादक और हार्वर्ड बिजनेस रिव्यू के प्रधान संपादक आदि इग्नाटियस ने कहा कि "चीनी इंटरनेट उद्यमी मृदुभाषी और योगिनी की तरह है- और वह वास्तव में अच्छी अंग्रेजी बोलता है" और टिप्पणी की। "Taobao.com, मिस्टर मा की उपभोक्ता-नीलामी वेबसाइट चीन में ईबे को मात देती है।" उन्हें 2014 में इस लिस्ट में शामिल किया गया था।

BusinessWeek द्वारा उन्हें चीन के सबसे शक्तिशाली लोगों में से एक के रूप में चुना गया था।

2009 में फोर्ब्स चाइना ने उन्हें चीन के शीर्ष 10 सबसे सम्मानित उद्यमियों में से एक के रूप में चुना। मा को 2009 का सीसीटीवी इकोनॉमिक पर्सन ऑफ द ईयर: बिजनेस लीडर्स ऑफ द डिकेड अवार्ड मिला।

2010 में, फोर्ब्स एशिया द्वारा आपदा राहत और गरीबी उन्मूलन में उनके योगदान के लिए मा को एशिया के परोपकारी नायकों में से एक के रूप में चुना गया था।

2011 में, यह घोषणा की गई थी कि उनकी एक कंपनी ने "अलीपे का संचालन जारी रखने के लिए लाइसेंस सुरक्षित करने के लिए भुगतान कंपनियों को विनियमित करने वाले चीनी कानून का पालन करने के लिए" अलीबाबा समूह की पूर्व सहायक कंपनी अलीपे का नियंत्रण हासिल कर लिया था।

जबकि कई विश्लेषकों ने बताया कि मा ने अलीबाबा समूह के बोर्ड या याहू और सॉफ्टबैंक के अन्य प्रमुख मालिकों को सूचित किए बिना अलीपे को खुद को बेच दिया, मा ने कहा कि अलीबाबा समूह के निदेशक मंडल लेनदेन के बारे में जानते थे। स्वामित्व विवाद अलीबाबा समूह, याहू! और जुलाई 2011 में सॉफ्टबैंक।

नवंबर 2013 में, मा को हांगकांग विज्ञान और प्रौद्योगिकी विश्वविद्यालय द्वारा डॉक्टरेट की मानद उपाधि से सम्मानित किया गया।

मा जापान के सॉफ्टबैंक (2007-2020) और चीन के हुआई ब्रदर्स मीडिया कॉर्पोरेशन के बोर्ड सदस्य थे।

2013 में, वह प्रकृति संरक्षण के चीन कार्यक्रम के लिए बोर्ड के अध्यक्ष बने; यह उनके अलीबाबा से कंपनी के सीईओ पद से हटने के एक दिन बाद की बात है।

2014 में, फोर्ब्स द्वारा प्रकाशित वार्षिक रैंकिंग में उन्हें दुनिया के 30वें सबसे शक्तिशाली व्यक्ति के रूप में स्थान दिया गया था। 68

2015 में एशियन अवाइर्स ने उन्हें एंटरप्रेन्योर ऑफ द ईयर अवार्ड से सम्मानित किया।

2017 में, फॉर्च्यून ने मा को विश्व के 50 महानतम नेताओं की सूची में दूसरा स्थान दिया।

2017 में, केपीएमजी सर्वेक्षण ने वैश्विक तकनीकी नवाचार दूरदर्शी सर्वेक्षण में माला को तीसरा स्थान दिया।

अक्टूबर 2017 में, मा को डी ला सालले यूनिवर्सिटी मनीला से सम्मानित किया गया, फिलीपींस से टेक्नोप्रेन्योरशिप में मानद डॉक्टर ऑफ साइंस की डिग्री से सम्मानित किया गया।

मई 2018 में, मा को प्रौद्योगिकी, समाज और दुनिया में उनके योगदान के लिए हांगकांग विश्वविद्यालय द्वारा डॉक्टर ऑफ सोशल साइंसेज की मानद उपाधि से सम्मानित किया गया।

मई 2018 में, मा को तेल अवीव विश्वविद्यालय के प्रोफेसरों याकोव फ्रेंकेल और यारोन ओझ से डॉक्टरेट की मानद उपाधि मिली।

मई 2019 में, मा और 16 अन्य प्रभावशाली वैश्विक हस्तियों को संयुक्त राष्ट्र महासचिव द्वारा सतत विकास लक्ष्यों के लिए नए अधिवक्ताओं के रूप में नियुक्त किया गया था।

जुलाई 2020 में, मा को कोविड-19 महामारी के खिलाफ लड़ाई में उनके योगदान के लिए किंग अब्दुल्ला द्वितीय से प्रथम श्रेणी पदक मिला। 76

अगस्त 2020 में मा को पाकिस्तान के राष्ट्रपति से कोविड-19 महामारी के खिलाफ लड़ाई में उनके योगदान के लिए हिलाल ए क़ैद ए आज़म पदक प्राप्त करना था।

मई 2010 में अलीबाबा डॉट कॉम की शेयरधारकों की वार्षिक आम बैठक में, मा ने घोषणा की कि अलीबाबा समूह 2010 में पर्यावरण संरक्षण, विशेष रूप से जल और वायु गुणवत्ता सुधार परियोजनाओं के लिए वार्षिक राजस्व का 0.3% अलग करना शुरू करेगा। अलीबाबा के भविष्य के बारे में उन्होंने कहा, "हमारी चुनौती अधिक लोगों को स्वस्थ धन, 'टिकाऊ धन', पैसा जो न केवल उनके लिए बल्कि समाज के लिए भी अच्छा है, की मदद करना है। यही वह परिवर्तन है जिसे हम बनाना चाहते हैं। इसे बनाएं।"

24 सितंबर 2014 को, Taobao के साथ एक साक्षात्कार में, मा ने अमेरिकी समाज की ताकत को अपनी ईसाई विरासत के लिए जिम्मेदार ठहराया और सांस्कृतिक क्रांति की विरासत को दूर करने के लिए चीन द्वारा सकारात्मक मूल्य प्रणाली को लागू करने के महत्व में अपना विश्वास व्यक्त किया।

नवंबर 2018 में, पीपुल्स डेली ने मा को चीनी कम्युनिस्ट पार्टी के सदस्य के रूप में पहचाना, आश्चर्यजनक पर्यवेक्षक।

996 कार्य घंटे प्रणाली के रूप में जानी जाने वाली चीनी कार्य प्रणाली का सार्वजनिक रूप से समर्थन करने के बाद मा अंतरराष्ट्रीय आलोचना के घेरे में आ गए।

2019 में भविष्य पर अपने विचार साझा करने के लिए कहा गया, मा ने दोहराया कि 996 अब सफलता प्राप्त करने के लिए एक "बहुत बड़ा आशीर्वाद" है, लेकिन यह कि कृत्रिम बुद्धिमता तकनीक भविष्य में बेहतर अवकाश जीवन का कारण बन सकती है, उन्होंने कहा। जहां लोगों को हफ्ते में तीन दिन सिर्फ चार घंटे काम करना पड़ता है। उसी समय, मा ने संदेह व्यक्त किया कि एआई कभी भी लोगों को पूरी तरह से बदल सकता है, इस सिद्धांत का जिक्र करते हुए कि सफलता के लिए "प्रेम भाग" की आवश्यकता होती है और कहा कि मशीनें कभी भी इस सफलता से मेल नहीं खा सकती हैं। मा ने यह भी भविष्यवाणी की कि भविष्य में जनसंख्या में गिरावट एक बड़ी समस्या बन जाएगी।

दूसरों का उपकार करने का सिद्धान्त

मुख्य लेख: जैक मा फाउंडेशन

जैक मा, जैक मा फाउंडेशन के संस्थापक हैं, जो एक परोपकारी संगठन है जो शिक्षा, पर्यावरण और सार्वजनिक स्वास्थ्य में सुधार पर ध्यान केंद्रित करता है।

2008 में, अलीबाबा ने सिचुआन भूकंप पीड़ितों को $808,000 का दान दिया। 2009 में जैक मा नेचर कंज़र्वेंसी के चीन कार्यक्रम के ट्रस्टी बने और 2010 में वे संगठन के वैश्विक निदेशक मंडल में शामिल हुए।

2015 में, अलीबाबा ने अलीबाबा हांगकांग यंग एंटरप्रेन्योर्स फाउंडेशन लॉन्च किया, जो एक गैर-लाभकारी संगठन है जो हांगकांग के उद्यमियों को अपना व्यवसाय बढ़ाने में मदद करता है। उसी वर्ष, कंपनी ने नेपाल में 1,000 भूकंप-क्षतिग्रस्त घरों के पुनर्निर्माण के लिए वित्त पोषित किया और अन्य 9,000 के लिए धन जुटाया। 2015 में, उन्होंने एक बिजनेस स्कूल हूपन स्कूल की स्थापना की।

सितंबर 2018 में, मा ने जैक मा फाउंडेशन लॉन्च किया और घोषणा की कि वह शैक्षिक, परोपकारी और पर्यावरणीय कारणों को आगे बढ़ाने के लिए अलीबाबा से सेवानिवृत्त होंगे।

2019 में, फोर्ब्स ने मा को "एशिया में परोपकार के 2019 नायकों" की सूची में नामित किया और उन्हें मैल्कम एस। फोर्ब्स लाइफटाइम अचीवमेंट अवार्ड से सम्मानित।

2020 में, COVID-19 महामारी के जवाब में, अलीबाबा फाउंडेशन और जैक मा फाउंडेशन ने विभिन्न पहलें शुरू कीं, जिनमें से कुछ में संयुक्त राज्य अमेरिका के साथ-साथ एशिया, अफ्रीका और यूरोप के विभिन्न देशों को चिकित्सा आपूर्ति दान करना शामिल था।

26

मासायोशी सन

मासायोशी सन

Top Richest People

Scan for Story Videos - www.itibook.com

मासायोशी सोन (जापानी रोमानी: सोन मसायोशी, कोरियाई: ???, रोमानी: सोन जियोंग-उई) (जन्म 11 अगस्त, 1957) एक कोरियाई-जापानी अरबपति प्रौद्योगिकी उद्यमी, निवेशक, फाइनेंसर और परोपकारी हैं। एक तीसरी पीढ़ी "ज़ैनी की कोरियाई", उन्होंने 1990 में एक

जापानी नागरिक के रूप में स्वाभाविक रूप से बनाया। वह जापानी होल्डिंग कंपनी सॉफ्टबैंक के संस्थापक, अध्यक्ष और मुख्य कार्यकारी अधिकारी (सीईओ), सॉफ्टबैंक मोबाइल के सीईओ और यूके स्थित आर्म होल्डिंग्स के अध्यक्ष हैं।

चूंकि सोन ने 1981 में सॉफ्टबैंक की स्थापना की थी, उसने सैकड़ों निवेश किए हैं, लेकिन उनमें से अधिकांश सौदे विफल रहे, और एक निवेशक के रूप में उसकी प्रतिष्ठा केवल 2000 में अलीबाबा समूह में 20 मिलियन डॉलर के निवेश पर टिकी हुई थी, जिसका मूल्य 130 बिलियन डॉलर था। 2018 में।

अक्टूबर 2021 तक, ब्लूमबर्ग बिलियनेयर्स इंडेक्स ने सोन की कुल संपत्ति 23.1 बिलियन अमेरिकी डॉलर होने का अनुमान लगाया, जिससे वह इतिहास में सबसे अधिक पैसा गंवाने के बावजूद जापान में दूसरा सबसे अमीर व्यक्ति और दुनिया में 68वां सबसे अमीर व्यक्ति बन गया (डॉट के दौरान लगभग $70bn)। -कॉम क्रैश ऑफ 2000)।

फोर्ब्स मैगजीन की दुनिया के सबसे ताकतवर लोगों की सूची में बेटे को दुनिया का 45वां सबसे ताकतवर शख्स बताया गया है।

मई 2022 तक, सन 2022 की दुनिया के अरबपतियों की फोर्ब्स की सूची में 74वें स्थान पर है।

मासायोशी सन का जन्म जापान के क्यूश्यू द्वीप पर सागा प्रान्त के पूर्वी भाग में तोसु (???, तोसु-शि) में चार बच्चों में से दूसरे के रूप में हुआ था।

उसके दादा-दादी के जापान जाने से पहले बेटे के परिवार ने चीन से अप्रवासी होने के बाद कोरिया में 21 पीढ़ियाँ बिताई। लड़का तीसरी पीढ़ी का ज़ैनी कोरियाई है। ज़ैनिची कोरियाई जापान में स्थायी निवास या नागरिकता के साथ जातीय कोरियाई हैं। लड़के के दादा, सोन जोंग-क्यूंग, जापानी औपनिवेशिक काल के दौरान डेगू से जापान चले गए, जहाँ उन्होंने खनिक के रूप में काम किया। उनके पिता पुत्र सैम-ह्योन।

उनके पिता और अन्य कोरियाई लोगों ने जापान नेशनल रेलवे के स्वामित्व वाली भूमि पर अवैध रूप से अपने घरों का निर्माण किया, जिससे उन्हें अधिकारियों से परेशानी हुई। उनके पिता ने जमीन पर सूअर और मुर्गियां पाल लीं और एक अवैध खाद्य व्यवसाय शुरू किया जो अंततः उनके परिवार के लिए शहर में कार रखने वाले पहले लोगों के लिए काफी सफल हो गया। उसका परिवार अंततः पड़ोस से बाहर चला गया ताकि लड़का एक अच्छे स्कूल में पढ़ सके।

मैकडॉनल्ड्स जापान के अध्यक्ष डैन फुजिता से मुलाकात करके बेटे ने व्यवसाय में अपनी रुचि विकसित की। उनकी सलाह मानकर बेटा अंग्रेजी और कंप्यूटर साइंस की पढ़ाई करने लगा।

डैन फुजिता की सलाह पर उन्होंने अमेरिका में पढ़ाई करना छोड़ दिया। 16 साल की उम्र में, लड़का जापान से कैलिफोर्निया चला गया और दक्षिण सैन फ्रांसिस्को में अपने दोस्तों और परिवार के साथ रहने लगा। उन्होंने सेरामोंटे हाई में आवश्यक परीक्षा देकर तीन सप्ताह में हाई स्कूल की पढ़ाई पूरी की। उद्धरण आवश्यक है

लड़के ने कैलिफोर्निया विश्वविद्यालय, बर्कले में अध्ययन किया। 19 साल की उम्र में, एक पत्रिका में छपी एक माइक्रोचिप से मोहित होने के बाद, लड़के को विश्वास हो गया कि कंप्यूटर प्रौद्योगिकी अगली व्यावसायिक क्रांति लाएगी।

उन्होंने एक छात्र के रूप में अपना पहला व्यावसायिक उद्यम शुरू किया। कुछ प्राध्यापकों की मदद से, सोन ने एक इलेक्ट्रॉनिक अनुवादक बनाया जिसे उसने शार्प कॉर्पोरेशन को $1.7 मिलियन में बेच दिया। उन्होंने जापान से उपयोग की गई वीडियो गेम मशीनों को क्रेडिट पर आयात करके और डॉर्मिटरी और रेस्तरां में स्थापित करके $1.5 मिलियन कमाए।

1980 में बर्कले से अर्थशास्त्र में बीए के साथ स्नातक, उन्होंने ओकलैंड, सीए में यूनिसन वर्ल्ड नामक एक वीडियो गेम कंपनी शुरू की। बाद में उन्होंने कंपनी को लगभग 2 मिलियन डॉलर में एक सहयोगी को बेच दिया, और अंततः कंपनी को क्योसेरा द्वारा अधिग्रहित कर लिया गया।

लड़के ने बचपन से ही अपने परिवार द्वारा अपनाए गए जापानी उपनाम का इस्तेमाल किया। हालाँकि, जापान लौटने के बाद, सोन ने इसके बजाय अपने परिवार के मूल कोरियाई उपनाम का उपयोग करने का निर्णय लिया। इस अधिनियम और इसके जैसे अन्य लोगों के लिए, सन को जापान में जातीय कोरियाई बच्चों के लिए एक आदर्श माना जाता है।

सॉफ्टबैंक

याहू! और अलीबाबा

बेटा याहू की स्थापना करने वाली इंटरनेट कंपनियों में शुरुआती निवेशक था! 1995 में और 1999 में अलीबाबा में इक्विटी में $20 मिलियन का निवेश किया; स्टॉक मार्केट क्रैश से पहले वह थोड़े समय के लिए दुनिया के सबसे अमीर आदमी थे। बेटे की होल्डिंग कंपनी सॉफ्टबैंक के पास अलीबाबा का 29.5% हिस्सा है, जिसकी कीमत 23 अक्टूबर, 2018 तक लगभग 108.7 बिलियन डॉलर है। याहू! हालांकि सॉफ्टबैंक की इसमें हिस्सेदारी है! 7% तक गिर गया था बेटा याहू! ब्रॉडबैंड सितंबर 2001 में, Yahoo! जापान जिसमें अभी भी उनका नियंत्रण हित है। सॉफ्टबैंक की इक्विटी के गंभीर अवमूल्यन के बाद, सोन ने अपना ध्यान Yahoo! ध्यान केन्द्रित करने के लिए विवश किया बीबी और बीबी फोन। सॉफ्टबैंक ने अब तक क़रीब 1.3 अरब डॉलर का क़र्ज़ जुटाया है। हालाँकि, याहू! बीबी ने जापान टेलीकॉम का अधिग्रहण किया, जो 600,000 आवासीय और 170,000 व्यावसायिक ग्राहकों के साथ तीसरा सबसे बड़ा ब्रॉडबैंड और लैंडलाइन प्रदाता था। याहू! बीबी

अब जापान की अग्रणी ब्रॉडबैंड प्रदाता है।

आर्म होल्डिंग्स

जुलाई 2016 में, सॉफ्टबैंक ने आर्म होल्डिंग्स को £23.4 बिलियन ($31.4 बिलियन) में खरीदने की योजना की घोषणा की, जो किसी यूरोपीय प्रौद्योगिकी कंपनी की अब तक की सबसे बड़ी खरीद होगी। सितंबर 2016 में, सॉफ्टबैंक ने लेन-देन पूरा होने की घोषणा कीइ। कुल अधिग्रहण मूल्य लगभग £24 बिलियन ($34 बिलियन) था।

2020 में, सॉफ्टबैंक ग्रुप ने यूके चिप डिजाइनर आर्म लिमिटेड को यूएस चिप निर्माता एनवीडिया को $40 बिलियन नकद और स्टॉक सौदे में बेचने पर सहमति व्यक्त की। सौदे की घोषणा करते हुए, सॉफ्टबैंक ने कहा कि आर्म और एनवीडिया के संयोजन से एक कंप्यूटिंग कंपनी बनेगी जो कृत्रिम बुद्धिमत्ता के "युग का नेतृत्व" करेगी। हालाँकि, बाद में एनवीडिया के साथ सौदा विफल हो गया।

स्प्रिंट कॉर्पोरेशन

2010 के दशक में, सॉफ्टबैंक में अपनी हिस्सेदारी के माध्यम से, सन ने स्प्रिंट में 76% हिस्सेदारी हासिल कर ली। सॉफ्टबैंक ने स्प्रिंट में लगभग 84% स्वामित्व शेयर जमा कर लिए हैं।

सौर ऊर्जा

2011 में फुकुशिमा दाइची परमाणु आपदा के जवाब में, मासायोशी सोन ने "जापानी लोगों के लिए सबसे चिंताजनक समस्या" पैदा करने के लिए परमाणु उद्योग की आलोचना की और जापान के लिए एक राष्ट्रव्यापी सौर ऊर्जा नेटवर्क में निवेश करने के लिए प्रतिबद्ध किया। मार्च 2018 में, यह घोषणा की गई थी कि यह अब तक की सबसे बड़ी सौर परियोजना में निवेश कर रहा है, सऊदी अरब के लिए अपने विज़न 2030 के हिस्से के रूप में 200GW क्षमता विकास की योजना बनाई गई है।

जुलाई 2018 में, कवरेज ने संकेत दिया कि यह 2027 तक भारत के नियोजित 275 GW नए नवीकरणीय प्रावधान के "अधिकतम 100 GW पर अंडरराइट" करेगा।

विजन फंड

2017 में स्थापित, सॉफ्टबैंक ग्रुप के निवेश वाहन, $ 100 बिलियन विजन फंड का उद्देश्य कृत्रिम बुद्धिमत्ता (एआई), रोबोटिक्स और इंटरनेट ऑफ थिंग्स जैसी उभरती प्रौद्योगिकियों में निवेश करना था। 33 2019 तक, एआई कंपनियों के पोर्टफोलियो को 70 से 125 तक लगभग दोगुना करने का लक्ष्य था। हालाँकि, इसने रियल एस्टेट, परिवहन और खुदरा क्षेत्रों में क्रांति लाने पर ध्यान केंद्रित करने वाली कंपनियों में भी निवेश किया। सोना ने दावा किया कि वह विजन फंड द्वारा वित्तपोषित सभी कंपनियों के सीईओ के साथ व्यक्तिगत संबंध बनाएंगे ताकि उन कंपनियों के बीच तालमेल बनाया जा सके। सन हर कुछ वर्षों में $100 बिलियन नए फंड जुटाने की योजना बना रहा है, स्टार्टअप्स में प्रति वर्ष लगभग $50 बिलियन का निवेश कर रहा है। 2019 में, 108 बिलियन डॉलर के लक्ष्य के साथ एक दूसरा विजन फंड बनाया गया था, जिसमें से 38 बिलियन डॉलर सॉफ्टबैंक से ही आएंगे। लेकिन सॉफ्टबैंक ग्रुप और मासायोशी सन से परे निवेश भागीदारों की कमी के कारण राशि कम कर दी गई।

2020 तक, पहले फंड ने 88 कंपनियों में निवेश किया था, जिनमें कूपांग, दीदी, दूरदर्शन, फैनेटिक्स, ग्रैब, ओयो, पेटीएम उबर, अन्य शामिल हैं। और WeWork, लेकिन Covid-19 महामारी और एक चीनी अविश्वास दरार के कारण अनुग्रह से एक अजीब गिरावट का अनुभव हुआ जिसने निवेश प्रबंधन समूह के पोर्टफोलियो को कमजोर कर दिया। अलीबाबा समूह की भारी वृद्धि के बाद, लड़का एक शेयर निवेशक के रूप में प्रसिद्ध हो गया। 2000 में, उन्होंने जैक मा की अलीबाबा में 20 मिलियन डॉलर का निवेश किया, जब यह एक युवा चीनी स्टार्टअप कंपनी थी, हालांकि दुर्भाग्य से अमेज़ॉन और टेस्ला दोनों में निवेश करने के अवसर जल्दी से पारित हो गए। इसके अलावा, उन्होंने 2017 में सॉफ्टबैंक विजन फंड लॉन्च करने के बाद से एक स्टॉक निवेशक के रूप में अपनी वैश्विक प्रोफाइल को बढ़ाया है, प्रौद्योगिकी स्टार्टअप को समर्थन देने के लिए लगभग $100 बिलियन का एक अभूतपूर्व निवेश वाहन बनाया है। लेकिन 2021 तक, वह अभी भी अपने प्रयासों के मूल्य के बारे में निवेशकों को समझाने के लिए संघर्ष कर रहा था, आंशिक रूप से क्योंकि WeWork, OneWeb, Wirecard, OYO Rooms, Katera या Greensill Capital, और सॉफ्टबैंक समूह के अपने स्टॉक का कारोबार उसकी संपत्ति के मूल्य से बहुत नीचे है, जिसमें शामिल हैं कर देनदारियां, जोखिम, छूट पिछले प्रदर्शन, नुकसान, प्रदर्शन शुल्क और बेटे के खराब ट्रैक रिकॉर्ड के कारण कई हेयरकट की उच्च संभावना को दर्शाती है। घाटे में चल रही कंपनियों में बड़े निवेश के लिए विजन फंड और उच्च उत्साह अक्टूबर 2021 तक, मासायोशी सोन ने 9 महीने से भी कम समय में अपने विजन फंड 2 पोर्टफोलियो में कंपनियों की संख्या में वृद्धि की, अपने स्टार्टअप निवेश की गति बढ़ाई, सॉफ्टबैंक अधिक सौदों में कटौती कर रहा था पहले से कम कर्मचारियों के साथ, और प्रति कंपनी औसत निवेश राशि कम हो गई थी। विज़न फ़ंड 1 में $943 मिलियन से लेकर विज़न फ़ंड 2 में $192 मिलियन तक। 2022 में, सॉफ्टबैंक विजन फंड ने 31 मार्च, 2022 को समाप्त वित्तीय वर्ष में रिकॉर्ड 3.5 ट्रिलियन येन (27.4 बिलियन डॉलर) का नुकसान दर्ज किया, क्योंकि इसके स्टॉक पोर्टफोलियो का मूल्यांकन गिर गया था। सॉफ्टबैंक की गलतियाँ, कर्लना जैसे स्टार्टअप्स के संबंध में आवेगी निवेश निर्णयों का मूल्यांकन नहीं किया गया था, जबकि कुछ अन्य निवेश फर्म स्टार्टअप्स की कमाई से पहले करोड़ों डॉलर का मुनाफा कमाने में सक्षम थीं। अगस्त 2022 में, मासायोशी सोन ने कहा कि जब

उनसे सॉफ्टबैंक विजन फंड चलाने के तरीके के बारे में बात करने के लिए कहा गया तो वह "शर्मिंदा" और "शर्मिंदा" थे, और बैरन ने फंड को "विफल प्रयोग" के रूप में वर्णित किया, जबकि वॉल स्ट्रीट जर्नल ने सॉफ्टबैंक को "शर्मिंदा" कहा। "बिग लूज़र" और ब्लूमबर्ग ने "मासायोशी सन का टूटा व्यापार मॉडल" का विस्तृत विवरण दिया।

व्यक्तिगत जीवन

संयुक्त राज्य अमेरिका में विदेश में पढ़ाई के दौरान लड़का अपनी पत्नी मसामी ओनो से मिला, जो एक प्रमुख जापानी डॉक्टर की बेटी थी। उनकी दो बेटियां हैं। वह टोक्यो में 50 मिलियन डॉलर की तीन मंजिला हवेली में रहता है और उसके पास मौसम की स्थिति और दुनिया के शीर्ष गोल्फ कोर्स के तापमान का अनुकरण करने के लिए तकनीक के साथ एक गोल्फ रेंज है। वह वुडसाइड, कैल में चला गयासाथ ही कैलिफोर्निया में सिलिकॉन वैली के पास एक घर भी खरीदा, जिसकी कीमत 117 मिलियन डॉलर है। वह सॉफ्टबैंक हॉक्स, एक पेशेवर जापानी बेसबॉल टीम के मालिक हैं। लड़के के तीन भाई हैं और भाई-बहनों में वह दूसरे नंबर का है। उनके सबसे छोटे भाई, ताइज़ो सोन, एक क्रमिक उद्यमी और निवेशक हैं, जिन्होंने गनघो ऑनलाइन एंटरटेनमेंट और वेंचर कैपिटल फर्म मिस्टलेटो की स्थापना की है।

जब वह हाई स्कूल और फिर कैलिफोर्निया विश्वविद्यालय, बर्कले में भाग लेने के लिए 16 साल की उम्र में संयुक्त राज्य अमेरिका चले गए, तो उन्होंने अपने असली कोरियाई उपनाम का उपयोग करने का फैसला किया। "अगर मैं हर समय जापान में रहता, श्री सोन ने कहा, तो मैं शायद अन्य जापानी लोगों की तरह अधिक रूढ़िवादी बन गया होता।"

दूसरों का उपकार करने का सिद्धान्त

2011 में, सोन ने 2011 तोहोकू भूकंप और सुनामी के पीड़ितों की सहायता के लिए सेवानिवृत्ति तक 10 बिलियन येन (120 मिलियन डॉलर) और शेष वेतन दान करने का संकल्प लिया।

27
माइकल डेल

माइकल डेल

Scan for Story Videos - www.itibook.com

माइकल शॉल डेल (जन्म 23 फरवरी, 1965) एक अमेरिकी अरबपति व्यवसायी और परोपकारी व्यक्ति हैं। वह डेल टेक्नोलॉजीज के संस्थापक, अध्यक्ष और सीईओ हैं, जो दुनिया की सबसे बड़ी प्रौद्योगिकी अवसंरचना कंपनियों में से एक है। ब्लूमबर्ग बिलियनेयर्स इंडेक्स द्वारा फरवरी 2022 तक 60 बिलियन डॉलर की संपत्ति के साथ उन्हें दुनिया में 20वां स्थान दिया गया है।

2011 में, उनके पास 3.5 बिलियन डॉलर के डेल स्टॉक के 243.35 मिलियन शेयर थे, जिससे उन्हें कंपनी का 12% स्वामित्व मिला। उनकी अनुमानित $10 बिलियन की संपत्ति का बाकी अन्य कंपनियों में निवेश किया गया है और MSD Capital द्वारा प्रबंधित किया जाता है, जिसमें उनके आद्याक्षर भी शामिल हैं। जनवरी 2013 में, यह घोषणा की गई थी कि इसने महान मंदी के बाद से सबसे बड़े प्रबंधन खरीद में $24.4 बिलियन के लिए डेल इंक को निजी लेने के लिए बोली लगाई थी। डेल इंक। आधिकारिक तौर पर अक्टूबर 2013 में निजी हो गया। कंपनी दिसंबर 2018 में फिर से सार्वजनिक हुई।

डेल का जन्म ह्यूस्टन में 1965 में एक यहूदी परिवार में हुआ था। उनके माता-पिता लोरेन चार्लोट (नी लैंगफैन), एक स्टॉकब्रोकर और अलेक्जेंडर डेल, एक ऑर्थोडॉन्टिस्ट थे। माइकल डेल ने ह्यूस्टन में हेरोड एलीमेंट्री स्कूल में पढ़ाई की। वह मेमोरियल हाई स्कूल में भाग लेने जाएगा। पेशे में जल्दी प्रवेश करने के प्रयास में, उन्होंने आठ साल की उम्र में हाई स्कूल समकक्षता परीक्षा देने के लिए आवेदन किया। प्रशस्ति पत्र की जरूरत एक किशोर के रूप में, उन्होंने स्टॉक और कीमती धातुओं में अंशकालिक नौकरी से अपनी कमाई का निवेश किया।

डेल ने सात साल की उम्र में अपना पहला कैलकुलेटर खरीदा और जूनियर हाई में जल्दी ही टेलेटाइप टर्मिनल का सामना किया। 15 साल की उम्र में, Radio Shack में कंप्यूटर के साथ खेलने के बाद, उन्हें अपना पहला कंप्यूटर, एक Apple II मिला, जिसे उन्होंने तुरंत यह देखने के लिए डिसाइड किया कि यह कैसे काम करता है। डेल ने ह्यूस्टन में मेमोरियल हाई स्कूल में भाग लिया और ग्रीष्मकाल के दौरान ह्यूस्टन पोस्ट को सदस्यता बेची। डेल के माता-पिता चाहते थे कि वह एक डॉक्टर बने, और उन्हें खुश करने के लिए उन्होंने 1983 में टेक्सास विश्वविद्यालय में प्री-मेड किया। डेल ने सिर्फ कोल्ड कॉलिंग के बजाय न्यूज़लेटर सदस्यता के लिए विशिष्ट जनसांख्यिकी को लक्षित करना सीखना जारी रखा और उस गर्मी में $18,000 कमाए। अपने व्यवसाय के पहले वर्ष में कई कर्मचारियों को काम पर रखने और लगभग $200,000 का सकल लाभ कमाने के बाद, डेल ने 19 साल की उम्र में टेक्सास विश्वविद्यालय से पढ़ाई छोड़ दी।

व्यावसायिक कैरियर

टेक्सास विश्वविद्यालय में एक पूर्व-मेड छात्र के रूप में, डेल ने डॉबी सेंटर आवासीय भवन के कमरा 2713 में पर्सनल कंप्यूटर के लिए अपग्रेड किट को असेंबल करने और बेचने का एक अनौपचारिक व्यवसाय शुरू किया। फिर उन्होंने टेक्सास राज्य अनुबंध पर बोली लगाने के लिए एक विक्रेता के लाइसेंस के लिए आवेदन किया, बिना कंप्यूटर शॉप ओवरहेड के बोली जीत ली।

जनवरी 1984 में, डेल ने अपना विश्वास साझा किया कि पीसी बेचने वाले निर्माता की संभावित लागत बचत का पारंपरिक अप्रत्यक्ष खुदरा चैनलों पर भारी लाभ था। जनवरी 1984 में डेल ने अपनी कंपनी को "PC's Limited" के रूप में पंजीकृत कराया। एक सहस्वामित्व से बाहर काम करते हुए, व्यवसाय ने $50,000 और $80,000 के बीच पीसी अपग्रेड, किट और ऐड-ऑन घटकों को बेचा। मई में, डेल ने कंपनी को "डेल कंप्यूटर कॉर्पोरेशन" के रूप में शामिल किया और उत्तरी ऑस्टिन में एक व्यापार केंद्र में स्थानांतरित कर दिया। कंपनी ने कुछ लोगों को ऑर्डर लेने वाले के रूप में नियुक्त किया, दूसरों को ऑर्डर भरने के लिए और, जैसा कि डेल ने कहा, एक प्रोडक्शन स्टाफ जिसमें "तीन लोग स्क्रूड्राइवर्स के साथ छह फुट टेबल पर बैठे थे।" उद्यम की पूंजीगत लागत $ 1,000 थी।

1992 में, 27 वर्ष की आयु में, वह फॉर्च्यून पत्रिका की शीर्ष 500 निगमों की सूची में नामित होने वाली कंपनी के सबसे कम उम्र के सीईओ बन गए। 1996 में, डेल ने वेब पर कंप्यूटर बेचना शुरू किया, उसी वर्ष उनकी कंपनी ने अपना पहला सर्वर लॉन्च किया। डेल इंक। कब जल्दी? dell.com से प्रतिदिन लगभग $1 मिलियन की बिक्री की रिपोर्ट करता है। 2001 की पहली तिमाही में, डेल इंक। 12.8 प्रतिशत की वैश्विक बाजार हिस्सेदारी हासिल की, कॉम्पैक को पछाड़कर दुनिया का सबसे बड़ा पीसी निर्माता बन गया। मीट्रिक ने सात वर्षों में पहली बार रैंकिंग को बदल दिया था। डेस्कटॉप, नोटबुक और सर्वर की कंपनी की संयुक्त शिपमेंट दुनिया भर में 34.3 प्रतिशत और संयुक्त राज्य अमेरिका में 30.7 प्रतिशत बढ़ी, जबकि प्रतिद्वंदि‌वियों की बिक्री गिर गई।

1998 में, डेल ने अपने परिवार के निवेश के प्रबंधन के लिए MSD Capital LP की स्थापना की। निवेश गतिविधियों में सार्वजनिक रूप से कारोबार वाली प्रतिभूतियां, निजी इक्विटी गतिविधियां और रियल एस्टेट शामिल हैं। फर्म में 80 लोग कार्यरत हैं और इसके कार्यालय न्यूयॉर्क, सांता मोनिका और लंदन में हैं। डेल स्वयं दिन-प्रतिदिन के कार्य में शामिल नहीं है। 4 मार्च 2004 को, डेल ने सीईओ के रूप में कदम रखा, लेकिन डेल इंक के बोर्ड के अध्यक्ष बने रहे, जबकि केविन रॉलिन्स, तत्कालीन अध्यक्ष और सीओओ, अध्यक्ष और सीईओ बने। 31 जनवरी, 2007 को, डेल बोर्ड के अनुरोध पर सीईओ के रूप में लौटे और रॉलिंस की जगह ली।

2013 में, माइकल डेल ने सिल्वर लेक पार्टनर्स, माइक्रोसॉफ्ट और लेनदारों के एक संघ की मदद से डेल, इंक। का गठन किया। निजी लिया। यह सौदा 25 अरब डॉलर का था और इसे लागू करने में कठिनाइयां थीं। कार्ल इकान की ओर से काफी प्रतिरोध था, लेकिन उन्होंने कई महीनों के बाद अलग हट गए. माइकल डेल को निजी तौर पर आयोजित कंपनी में 75% हिस्सेदारी मिली।

12 अक्टूबर 2015 को, डेल इंक। एंटरप्राइज़ सॉफ़्टवेयर और स्टोरेज कंपनी EMC Corporation का अधिग्रहण करने के अपने इरादे की घोषणा की। $ 67 बिलियन में, इसे "इतिहास में उच्चतम-मूल्यवान प्रौद्योगिकी अधिग्रहण" का नाम दिया गया है। सितंबर 2016 को अधिग्रहण को अंतिम रूप दिया गया था।

दंड

जुलाई 2010 में, डेल इंक। Intel Corporation से अघोषित भुगतानों से संबंधित SEC शुल्कों को निपटाने के लिए $100 मिलियन का जुर्माना देने पर सहमत हुए। माइकल डेल और पूर्व सीईओ केविन रॉलिन्स प्रत्येक $ 4 मिलियन का भुगतान करने के लिए सहमत हुए, और पूर्व सीएफओ जेम्स श्नाइडर ने आरोपों को निपटाने के लिए $ 3 मिलियन का भुगतान करने पर सहमति व्यक्त की।

प्रशंसा

इंक. डेल के पुरस्कारों में शामिल है। पत्रिका का "वर्ष का उद्यमी" (24 वर्ष की आयु में); वर्थ पत्रिका में "अमेरिकी व्यापार में शीर्ष सीईओ"; फाइनेंशियल वर्ल्ड, इंडस्ट्री वीक और मुख्य कार्यकारी पत्रिकाओं द्वारा "सीईओ ऑफ द ईयर"। डेल को अमेरिकन एकेडमी ऑफ अचीवमेंट से 1998 का गोल्डन प्लेट अवार्ड और फ्रैंकलिन इंस्टीट्यूट से बिजनेस लीडरशिप के लिए 2013 का बोवर अवार्ड भी मिला।

संबंधन

डेल वर्ल्ड इकोनॉमिक फोरम के फाउंडेशन बोर्ड, इंटरनेशनल बिजनेस काउंसिल, यूएस बिजनेस काउंसिल की कार्यकारी समिति में कार्य करता है। उन्होंने पहले विज्ञान और प्रौद्योगिकी पर अमेरिकी राष्ट्रपति की सलाहकार परिषद के सदस्य के रूप में कार्य किया।

अप्रैल 2020 में, गवर्नर ग्रेग एबॉट ने टेक्सास को खोलने के लिए डेल स्ट्राइक फोर्स का नाम दिया - एक समूह "कोविड -19 महामारी के दौरान राज्य को धीरे-धीरे फिर से खोलने के लिए सुरक्षित और प्रभावी तरीके खोजने के लिए काम कर रहा है"।

लिख रहे हैं

डेल की 1999 की पुस्तक, डायरेक्ट फ्रॉम डेल: स्ट्रैटेजीज़ दैट रेवोल्यूशनाइज़्ड एन इंडस्ट्री (हार्पर बिज़नेस द्वारा), उनके प्रारंभिक जीवन, उनकी कंपनी की स्थापना, विकास और गलतियों के साथ-साथ सीखे गए पाठों का वर्णन करती है। यह किताब कैथरीन फ्रीडमैन के सहयोग से लिखी गई है।

डेल की दूसरी किताब, प्ले नाइस बट विन: ए सीईओज़ जर्नी फ्रॉम फाउंडर टू लीडर (पोर्टफोलियो के माध्यम से), उस आंतरिक लड़ाई की कहानी है जिसने उन्हें एक नेता के रूप में परिभाषित किया। यह किताब जेम्स कापलान के सहयोग से लिखी गई थी।

संपत्ति

फोर्ब्स ने अप्रैल 2021 तक डेल की कुल संपत्ति 50.4 अरब डॉलर आंकी है।

फरवरी 2018 में, यह बताया गया कि 2014 में, डेल ने मैनहट्टन के वन57 पेंटहाउस के लिए $100.5 मिलियन का भुगतान किया, जिसने उस समय शहर में बेचे गए सबसे महंगे घर का रिकॉर्ड बनाया था।

व्यक्तिगत जीवन

डेल ने 28 अक्टूबर, 1989 को ऑस्टिन, टेक्सास में सुसान लिबरमैन से शादी की; दंपती अपने चार बच्चों के साथ वहीं रहता है।

दूसरों का उपकार करने का सिद्धान्त

1999 में, माइकल और सुसान डेल ने माइकल और सुसान डेल फाउंडेशन की स्थापना की, जो अन्य कारणों के अलावा अनुदान, शहरी शिक्षा, बचपन के स्वास्थ्य और परिवार की वित्तीय स्थिरता पर केंद्रित है। 2006 में, फाउंडेशन ने टेक्सास विश्वविद्यालय से संबद्ध तीन स्वास्थ्य-संबंधी संस्थानों को $50 मिलियन का पुरस्कार दिया: माइकल एंड सुसान डेल सेंटर फॉर एडवांसमेंट ऑफ हेल्दी लिविंग, डेल पीडियाट्रिक रिसर्च इंस्टीट्यूट को डेल चिल्ड्रन मेडिकल सेंटर के पूरक के साथ-साथ फंडिंग ऑस्टिन परिसर में टेक्सास विश्वविद्यालय में एक नए कंप्यूटर विज्ञान भवन के लिए। इसलिए। 2013 में, फाउंडेशन ने ऑस्टिन में टेक्सास विश्वविद्यालय में डेल मेडिकल स्कूल की स्थापना के लिए अतिरिक्त $50 मिलियन की प्रतिबद्धता प्रदान की। 1999 से, MSDF ने संयुक्त राज्य अमेरिका, भारत और दक्षिण अफ्रीका में गैर-लाभकारी संस्थाओं और सामाजिक उद्यमों के लिए $1.23 बिलियन की प्रतिबद्धता जताई है। डेल ऑस्टिन के नॉर्थवेस्ट हिल्स पड़ोस में डेल यहूदी सामुदायिक परिसर की स्थापना के पीछे भी है।

2011 तक, फाउंडेशन ने संयुक्त राज्य अमेरिका, भारत और दक्षिण अफ्रीका में बच्चों के मुद्दों और सामुदायिक पहलों के लिए $650 मिलियन से अधिक की प्रतिबद्धता जताई थी। आज फाउंडेशन के पास प्रबंधन के तहत संपत्ति में $466 मिलियन से अधिक है।

2002 में, डेल को आयरलैंड और स्थानीय समुदाय में उनके निवेश और शैक्षिक पहलों के समर्थन के लिए लिमरिक विश्वविद्यालय से अर्थशास्त्र में मानद डॉक्टरेट की उपाधि मिली।

2012 में, माइकल और सुसान डेल फाउंडेशन ने चिकित्सा शिक्षा के लिए $50 मिलियन का वचन दिया। डेल मेडिकल स्कूल ने 2016 में छात्रों का नामांकन शुरू किया।

2014 में, उन्होंने फ्रेंड्स ऑफ द इज़राइल डिफेंस फोर्सेज को $ 1.8 मिलियन का दान दिया।

2017 में, हरिकेन हार्वे के मद्देनज़र, ह्यूस्टन निवासी डेल ने राहत प्रयासों के लिए $36 मिलियन देने का वचन दिया।

मई 2017 में, डेल ने अपने फाउंडेशन को $1 बिलियन का दान दिया, जो बाल गरीबी पर केंद्रित है; यह निवेश और धर्मार्थ दान दोनों को प्रभावित करता है।

2018 में, डेल टेक्नोलॉजीज एक जटिल वित्तीय पुनर्गठन के माध्यम से सार्वजनिक बाजार में लौट आई।

28
शिव नादर

शिव नादर

Top Richest People

शिव नादर (जन्म 14 जुलाई 1945) एक भारतीय अरबपति व्यवसायी और परोपकारी हैं। वह एचसीएल टेक्नोलॉजीज लिमिटेड और शिव नादर फाउंडेशन के संस्थापक और अध्यक्ष एमेरिटस हैं। नादेर ने 1970 के दशक के मध्य में एचसीएल की स्थापना की और अगले तीन

दशकों में कंपनी के फोकस में निरंतर नवाचार के साथ आईटी हार्डवेयर कंपनी को एक आईटी उद्यम में बदल दिया। 2008 में, नादेर को आईटी उद्योग में उनके प्रयासों के लिए पद्म भूषण से सम्मानित किया गया था। दोस्तों द्वारा मैगस (पुरानी फारसी में "जादूगर") उपनाम नादेर ने 1990 के दशक के मध्य से शिव नादेर फाउंडेशन के माध्यम से भारत की शिक्षा प्रणाली को विकसित करने पर ध्यान केंद्रित किया है। फोर्ब्स के अनुसार, वह 6 जुलाई 2022 तक 23.9 बिलियन अमेरिकी डॉलर की अनुमानित संपत्ति के साथ भारत के तीसरे सबसे अमीर व्यक्ति और दुनिया के 60वें सबसे अमीर व्यक्ति हैं।

नादेर का जन्म 1945 में, थूथुकुडी जिले (वर्तमान दिन), तमिलनाडु, भारत के मुलीपोझी गाँव में, तिरुचेंदूर से लगभग 10 किलोमीटर (6.2 मील) दूर हुआ था। उनकी मां, वामसुंदरी देवी, दीना थांथी अखबार के संस्थापक, एसपी अदितनार की बहन हैं।

नादेर ने टाउन हायर सेकेंडरी स्कूल, कुंभकोणम में पढ़ाई की। उन्होंने एलंगो कॉर्पोरेशन हायर सेकेंडरी स्कूल, मदुरै में भी अध्ययन किया। 10 जून 1955 को, उन्हें पहले फॉर्म (छठी कक्षा) में भर्ती कराया गया और जून 1957 तक टाउन हाई स्कूल में अपनी शिक्षा जारी रखी। बाद में, उन्होंने सेंट जोसेफ बॉयज़ हायर सेकेंडरी स्कूल, त्रिची में दाखिला लिया और वहाँ अपनी उच्च माध्यमिक शिक्षा पूरी की। नादेर ने अमेरिकन कॉलेज, मदुरै से सर्कुलर संदर्भ में प्री-यूनिवर्सिटी डिग्री और पीएसजी कॉलेज ऑफ टेक्नोलॉजी, कोयम्बटूर से इलेक्ट्रिकल और इलेक्ट्रॉनिक्स इंजीनियरिंग में डिग्री प्राप्त की।

करियर

नादेर ने 1967 में पुणे में वालचंद समूह के कूपर इंजीनियरिंग लिमिटेड की स्थापना की। उन्होंने यहां अपने करियर की शुरुआत की थी। उन्होंने जल्द ही कई मित्रों और सहयोगियों के साथ साझेदारी में अपना उद्यम शुरू करने के लिए छोड़ दिया। ये साझेदार अजय चौधरी (पूर्व अध्यक्ष, एचसीएल), अर्जुन मल्होत्रा (सीईओ और अध्यक्ष, हेडस्ट्रॉन्ग), सुभाष अरोड़ा, योगेश वैद्य, एस. रमन, महेंद्र प्रताप और डीएस पुरी।

नादेर और उनके साझेदारों ने जो प्रारंभिक उद्यम शुरू किया, वह माइक्रोकॉम्प था, जो एक ऐसी कंपनी थी जो भारतीय बाजार में टेलीडिजिटल कैलकुलेटर बेचने पर ध्यान केंद्रित करती थी। HCL की स्थापना 1976 में रुपये के निवेश के साथ की गई थी। 187,000।

1980 में, एचसीएल ने आईटी हार्डवेयर बेचने के लिए सिंगापुर में सुदूर पूर्व कंप्यूटर खोलकर अंतरराष्ट्रीय बाजार में प्रवेश किया। इस पहल के पहले वर्ष में रु. राजस्व में 1 मिलियन और सिंगापुर के संचालन को संबोधित करना जारी रखा। नादेर बिना किसी प्रबंधन नियंत्रण के सबसे बड़े शेयरधारक बने रहे।

जुलाई 2020 में, नादेर ने अपनी बेटी रोशनी नादेर को सौंप दिया, जो एक सूचीबद्ध भारतीय आईटी कंपनी की पहली महिला अध्यक्ष बनीं। 21 जुलाई 2021 को, नादेर ने एचसीएल टेक्नोलॉजीज के प्रबंध निदेशक के रूप में भी कदम रखा और उनकी जगह एचसीएल टेक के सीईओ सी विजय कुमार को पांच साल की अवधि के लिए नियुक्त किया गया।

अक्टूबर 2021 में, फोर्ब्स पत्रिका ने उन्हें 31 बिलियन अमेरिकी डॉलर (2,36,600 करोड़ रुपये) की अनुमानित संपत्ति के साथ भारत के तीसरे सबसे अमीर व्यक्ति के रूप में स्थान दिया।

शिक्षा और स्वास्थ्य देखभाल पर ध्यान दें

शिव और रोशनी नादेर रुपये का चेक पेश करते हुए। 17 जनवरी, 2005 को नई दिल्ली में प्रधानमंत्री राष्ट्रीय राहत कोष के लिए डॉ. मनमोहन सिंह को 4 करोड़

1996 में, नादेर ने चेन्नई, तमिलनाडु में SSN कॉलेज ऑफ इंजीनियरिंग की स्थापना की, जिसका नाम उनके पिता शिवसुब्रमण्यम नादेर के नाम पर रखा गया। नादेर ने रुपये सहित कॉलेज की गतिविधियों में सक्रिय भूमिका निभाई। कॉलेज को एचसीएल के 1 मिलियन मूल्य के शेयर। 2006 में, नादेर ने घोषणा की कि कॉलेज यह सुनिश्चित करने के अलावा अनुसंधान को बढ़ावा देगा कि विदेशी विश्वविद्यालयों के साथ गठजोड़ से छात्रों को लाभ हो। नादेर 2005 में इंडियन स्कूल ऑफ बिजनेस के कार्यकारी बोर्ड में शामिल हुए। मार्च 2008 में, नादेर के एसएसएन ट्रस्ट ने यूपी में ग्रामीण छात्रों के लिए दो विद्याज्ञान स्कूलों की स्थापना की घोषणा की, जहां उत्तर प्रदेश के 50 जिलों के 200 छात्रों को मुफ्त छात्रवृति दी जाएगी। उन्होंने फरवरी 2011 में टाउन हाई स्कूल का दौरा किया और रुपये के कंप्यूटर और अन्य उपकरण दान किए। 80 लाख। उन्होंने 2014 तक भारतीय प्रौद्योगिकी संस्थान खड़गपुर (IIT खड़गपुर या IIT-KGP) के बोर्ड ऑफ गवर्नर्स के अध्यक्ष के रूप में कार्य किया।

व्यक्तिगत जीवन

उनकी इकलौती बेटी रोशनी नादेर अब एचसीएल की चेयरपर्सन हैं।

उनकी पत्नी किरण शिव नादेर एक भारतीय कला संग्राहक और परोपकारी हैं।

पुरस्कार और प्रशंसा

2008 में, भारत सरकार ने उन्हें आईटी उद्योग में उनके योगदान के लिए तीसरे सर्वोच्च नागरिक पुरस्कार पद्म भूषण से सम्मानित किया।

2007 में, उन्हें मद्रास विश्वविद्यालय द्वारा डॉक्टरेट की मानद उपाधि से सम्मानित किया गया।

शिव नादेर को वर्ष 2007 (सेवा) के E&Y एंटरप्रेन्योर से सम्मानित किया गया।

2011 में, उन्हें एशिया पैसिफिक में फोर्ब्स के 48 नायकों के परोपकार में गिना गया था।

अप्रैल 2017 में, इंडिया टुडे पत्रिका ने 2017 के भारत के 50 सबसे शक्तिशाली लोगों की सूची में नादर #16 को स्थान दिया।

शिव नादर द्वारा परोपकार$1 बिलियन से अधिक के लिए प्रतिबद्ध किया गया है

29
लक्ष्मी मित्तल

लक्ष्मी मित्तल

Top Richest People

Scan for Story Videos - www.itibook.com

लक्ष्मी निवास मित्तल (हिंदी (सुनो); जन्म 15 जून 1950) यूनाइटेड किंगडम में स्थित एक ब्रिटिश स्टील मैग्नेट है। वह दुनिया के सबसे बड़े स्टील निर्माता आर्सेलर मित्तल के कार्यकारी अध्यक्ष होने के साथ-साथ स्टेनलेस स्टील निर्माता अप्रम के अध्यक्ष भी हैं। मित्तल के पास आर्सेलर मित्तल का 38% और ईएफएल चैंपियनशिप के क्वींस पार्क रेंजर्स का 20% है।

2005 में, फोर्ब्स ने मित्तल को दुनिया के तीसरे सबसे अमीर व्यक्ति के रूप में स्थान दिया, जिससे वह प्रकाशन की दुनिया के सबसे अमीर लोगों की वार्षिक सूची में शीर्ष दस में जगह बनाने वाले पहले भारतीय नागरिक बन गए। 2011 में फोर्ब्स ने उन्हें दुनिया के छठे सबसे अमीर व्यक्ति के रूप में स्थान दिया था, लेकिन मार्च 2015 में वह 82वें स्थान पर आ गए। वह फोर्ब्स की 2015 की "सबसे शक्तिशाली लोग" सूची में नामित 72 व्यक्तियों में से "57वें सबसे शक्तिशाली व्यक्ति" भी हैं। उनकी बेटी वनिशा मित्तल की शादी इतिहास की दूसरी सबसे महंगी शादी थी।

मित्तल 2008 से गोल्डमैन सैक्स के निदेशक मंडल के सदस्य हैं। वह वर्ल्ड स्टील एसोसिएशन की कार्यकारी समिति में बैठता है, और चाइनीज पीपुल्स एसोसिएशन फॉर फ्रेंडशिप विद फॉरेन कंट्रीज, द फॉरेन इनवेस्टमेंट काउंसिल ऑफ कजाकिस्तान और वर्ल्ड इकोनॉमिक फोरम के ग्लोबल सीईओ काउंसिल का सदस्य है। अंतर्राष्ट्रीय व्यापार परिषद, और उद्योगपतियों का यूरोपीय गोलमेज। वह क्लीवलैंड क्लिनिक के न्यासी बोर्ड के सदस्य भी हैं।

2005 में, द संडे टाइम्स ने उन्हें "वर्ष 2006 का बिजनेस पर्सन" नाम दिया, फाइनेंशियल टाइम्स ने उन्हें "पर्सन ऑफ द ईयर" और टाइम पत्रिका ने उन्हें "इंटरनेशनल न्यूजमेकर ऑफ द ईयर 2006" का नाम दिया। 2007 में टाइम पत्रिका ने उन्हें "टाइम 100" सूची में शामिल किया।

2021 में, फोर्ब्स ने उन्हें 14.9 बिलियन डॉलर की संपत्ति के साथ भारत का छठा सबसे अमीर व्यक्ति बताया।

मित्तल का जन्म एक हिंदू मारवाड़ी परिवार में हुआ था। उन्होंने 1957 से 1964 तक कलकत्ता के श्री दौलतराम नोपानी विद्यालय में अध्ययन किया। उन्होंने कलकत्ता विश्वविद्यालय से संबद्ध सेंट जेवियर्स कॉलेज से प्रथम श्रेणी में बी.कॉम की डिग्री प्राप्त की।

लक्ष्मी के पिता मोहनलाल मित्तल स्टील का कारोबार निप्पॉन डेंब्रो इस्पात चलाते थे। 1976 में, भारत सरकार द्वारा इस्पात उत्पादन पर अंकुश लगाने के साथ, 26 वर्षीय मित्तल ने अपना पहला इस्पात कारखाना, पीटी इस्पात इंडो, सिदोअर्जो, पूर्वी जावा, इंडोनेशिया में खोला।

1989 में, मित्तल ने त्रिनिदाद और टोबैगो में राज्य के स्वामित्व वाले इस्पात कार्यों को खरीदा, जो भारी घाटे में चल रहे थे। उन्होंने एक साल के भीतर उन्हें लाभदायक उद्यमों में बदल दिया।

1990 के दशक तक, भारत में परिवार की मुख्य संपत्ति नागपुर में शीट स्टील के लिए कोल्ड-रोलिंग मिल और पुणे के पास एक मिश्रित स्टील फैक्ट्री थी। आज, मुंबई के पास एक बड़े एकीकृत स्टील प्लांट सहित पारिवारिक व्यवसाय उनके छोटे भाइयों प्रमोद मित्तल और विनोद मित्तल द्वारा चलाया जाता है, लेकिन लक्ष्मी का इससे कोई लेना-देना नहीं है।

1995 में, मित्तल ने IR£1 के मामूली शुल्क पर सरकार से कॉर्क, आयरलैंड में आयरिश स्टील प्लांट खरीदा। इसे सिर्फ छह साल बाद 2001 में बंद कर दिया गया, जिससे 400 से अधिक लोग बेकार हो गए। साइट पर बाद की पर्यावरणीय समस्याओं ने आलोचना की है। आयरिश सरकार ने असफल रूप से उच्च न्यायालय के फैसले की मांग की कि मित्तल की कंपनी को कॉर्क हार्बर की सफाई की लागत में योगदान देना चाहिए। सफाई की लागत € 70 मिलियन होने की उम्मीद थी।

दिसंबर 2001 से पहले, मित्तल ने संपत्तियों का अधिग्रहण किया था, जिसका नाम उन्होंने इस्पात मेक्सिकाना और उनके कज़ाकस्तानी ऑपरेशन इस्पात केर्मेंट रखा था। उस महीने उन्होंने साइडेक्स गलाटी का नाम बदलकर इस्पात साइडेक्स कर दिया, जिसे उन्होंने नवंबर 2001 में अधिग्रहित कर लिया।

अक्टूबर 2003 में, LNM ग्रुप द्वारा PHS स्टील ग्रुप को अपने कब्जे में लेने के अगले दिन, इसने रोमानियाई सरकार को अपने स्टील एसेट्स के नियंत्रण से मुक्त करने के लिए $ 155 मिलियन का लेनदेन पूरा करने में कामयाबी हासिल की, जिसमें Huta Sendzimira, Huta Katowice, Siderurgica Hunedoara और Petrotub Roman शामिल हैं। हुता फ्लोरियन और हुता सैडलर पोलिश सरकार से।

पेट्रोटब रोमन का नाम बदलकर इस्पात टेप्रो कर दिया गया।

2003 में, मित्तल ने पोलैंड के सबसे बड़े PHS स्टील ग्रुप के निजीकरण में पोलिश अधिकारियों को प्रभावित करने के लिए मारेक डोचनल के वकील को सफलतापूर्वक नियुक्त किया। डोचनल को बाद में रूसी एजेंटों की ओर से पोलिश अधिकारियों को रिश्वत देने के एक अलग मामले में गिरफ्तार किया गया था। मार्च 2007 में, पोलिश सरकार ने कहा कि वह आर्सेलर मित्तल को 2004 की बिक्री पर फिर से बातचीत करना चाहती है।

मित्तल के कर्मचारियों पर उनकी खानों में कई मौतों के बाद "गुलाम श्रम" की स्थिति की अनुमति देने का आरोप लगाया गया है। 35 उदाहरण के लिए, दिसंबर 2004 में, कजाकिस्तान में इसकी एक खदान में दोषपूर्ण गैस डिटेक्टरों के कारण हुए विस्फोट में तेईस खनिकों की मौत हो गई।

2006-07 में, मित्तल आर्सलर के लिए एक शत्रुतापूर्ण अधिग्रहण बोली में सफल हुए, जिसका नाम उन्होंने आर्सलर मित्तल रखा। ऐसा करने में, उसने फ्रांस की यूसिनोर स्टील संपत्तियों, लक्ज़मबर्ग की अर्बेड स्टील संपत्तियों और स्पेन की एसरालिया स्टील संपत्तियों का नियंत्रण प्राप्त किया।

विवाद

मित्तल केस: "कैश फॉर इन्फ्लुएंस"

2002 में, प्लेड साइमरू सांसद एडम प्राइस ने मित्तल के एलएनएम सी की आलोचना कीटोनी ब्लेयर को ग्रुप स्टील के समर्थन में रोमानियाई सरकार को एक पत्र मिला, जो रोमानियाई राज्य के स्वामित्व वाले उद्यम को खरीदने के लिए बोली लगाने की प्रक्रिया में था। रहस्योद्घाटन ने विवाद को जन्म दिया, क्योंकि मित्तल ने पिछले साल ब्रिटिश लेबर पार्टी को 125,000 पाउंड दिए थे। हालांकि ब्लेयर ने ब्रिटिश कंपनी की "सफलता का उत्सव" के रूप में अपने पत्र का बचाव किया, लेकिन उनकी आलोचना की गई क्योंकि एलएनएम डच एंटीलिज में पंजीकृत था और यूके में अपने कर्मचारियों के 1% से भी कम कार्यरत थे। एलएनएम "ब्रिटेन के अपने संघर्षशील इस्पात उद्योग के लिए एक प्रमुख वैश्विक प्रतियोगी" था।

ब्लेयर के पत्र ने सुझाव दिया कि फर्म का निजीकरण करने और इसे मित्तल को बेचने से यूरोपीय संघ में प्रवेश के लिए रोमानिया का रास्ता आसान हो सकता है। इसमें एक अंश भी था, जिसे मित्तल को "एक दोस्त" बताते हुए ब्लेयर के हस्ताक्षर से पहले हटा दिया गया था।

अक्टूबर 2003 में, एलएनएम ग्रुप रोमानियाई सरकार को इस्पात संपत्तियों के नियंत्रण से मुक्त करने के लिए एक लेनदेन पूरा करने में कामयाब रहा।

सामाजिक कार्य

खेल

2000 के ग्रीष्मकालीन ओलंपिक में भारत द्वारा केवल एक पदक, एक कांस्य, और 2004 के ग्रीष्मकालीन ओलंपिक में एक पदक, एक रजत जीतने के बाद, मित्तल ने दस भारतीय एथलीटों की मदद करने के लिए $9 मिलियन के साथ मित्तल चैंपियंस ट्रस्ट की स्थापना करने का निर्णय लिया। विश्व पटल पर छा जाना। 2008 में मित्तल ने अभिनव बिंद्रा को रु. निशानेबाजी में भारत को अपना पहला व्यक्तिगत ओलंपिक स्वर्ण पदक दिलाने के लिए 1.5 करोड़ (15 मिलियन रुपये)। आर्सलर मित्तल ने 2012 ग्रीष्मकालीन ओलंपिक के लिए आर्सलर मित्तल कक्षा के निर्माण के लिए स्टील भी प्रदान किया।

कॉमिक रिलीफ के लिए उन्होंने सेलिब्रिटी विशेष बीबीसी कार्यक्रम, द अपरेंटिस पर जुटाए गए धन (~ 1 मिलियन) का मिलान किया। उद्धरण आवश्यक है

मित्तल बार्कलेज प्रिमियरशिप क्लब विगन और एवर्टन की खरीद और बिक्री के लिए एक प्रमुख दावेदार के रूप में उभरा। हालांकि, 20 दिसंबर 2007 को, यह घोषणा की गई कि मित्तल परिवार ने क्वींस पार्क रेंजर्स फुटबॉल क्लब में 20 प्रतिशत हिस्सेदारी खरीदी थी, जिसमें फ्लावियो ब्रियोटोर और मित्तल के दोस्त बर्नी एक्लेस्टोन शामिल थे। निवेश के हिस्से के रूप में, मित्तल के दामाद अमित भाटिया को बोर्ड में सीट मिली। संघर्षरत क्लब में संयुक्त निवेश ने सुझाव दिए हैं कि मित्तल अंग्रेजी फुटबॉल में भारी निवेश करने वाले और रोमन अब्रामोविच जैसे परोपकारी लोगों का अनुकरण करने वाले धनी व्यक्तियों की बढ़ती श्रेणी में शामिल होना चाह रहे हैं। 19 फरवरी 2010 को, Briatore ने QPR के अध्यक्ष के रूप में इस्तीफा दे दिया और क्लब में Ecclestone को और शेयर बेच दिए, जिससे Ecclestone सबसे बड़ा शेयरधारक बन गया।

शिक्षा

2003 में, लक्ष्मी निवास मित्तल, उषा मित्तल फाउंडेशन और राजस्थान सरकार ने जयपुर में LNM इंस्टीट्यूट ऑफ इंफॉर्मेशन टेक्नोलॉजी (LNMIIT) के रूप में विश्वविद्यालय को एक स्वायत गैर-लाभकारी संस्थान के रूप में स्थापित करने के लिए भागीदारी की।

2009 में, फाउंडेशन ने भारतीय विद्या भवन के साथ नई दिल्ली में उषा लक्ष्मी मित्तल इंस्टीट्यूट ऑफ मैनेजमेंट की स्थापना की। उद्धरण आवश्यक है

लक्ष्मी निवास मित्तल फाउंडेशन के एक बड़े दान के बाद एसएनडीटी महिला विश्वविद्यालय ने महिला प्रौद्योगिकी संस्थान (आईटीडब्ल्यू) का नाम बदलकर उषा मित्तल प्रौद्योगिकी संस्थान कर दिया। उद्धरण आवश्यक है

उन्होंने अपनी प्राथमिक और माध्यमिक शिक्षा नोपानी हाई से पूरी की, जिसे पहले श्री दौलतराम नोपानी विद्यालय के नाम से जाना जाता था।

चिकित्सा

2008 में, मित्तल ने लंदन में ग्रेट ऑरमंड स्ट्रीट हॉस्पिटल को 15 मिलियन पाउंड का दान दिया, जो अस्पताल को अब तक का सबसे बड़ा निजी योगदान है। दान का उपयोग उनकी नई सुविधा, मित्तल चिल्ड्रन मेडिकल सेंटर को निधि देने के लिए किया गया था।

कोविड-19 महामारी

2020 में, उन्होंने भारत में कोविड -19 महामारी के दौरान पीएम केयर फंड में 100 करोड़ का दान दिया।

व्यक्तिगत जीवन

मित्तल का निवास, केंसिंग्टन पैलेस गार्डन, लंदन।

मित्तल का जन्म 15 जून 1950 को राजस्थान के सादुलपुर में एक राजस्थानी मारवाड़ी परिवार में हुआ था। उन्होंने उषा से शादी की है। उनका एक बेटा आदित्य मित्तल और एक बेटी वनिशा मित्तल है।

लक्ष्मी मित्तल के दो भाई, प्रमोद मित्तल और विनोद मित्तल और एक बहन, सीमा लोहिया हैं, जिनका विवाह इंडोनेशियाई व्यवसायी श्री प्रकाश लोहिया से हुआ है। केंसिंग्टन पैलेस गार्डन में उनका निवास - जिसे 2004 में फॉर्मूला वन बॉस बर्नी एक्लेस्टोन द्वारा £67 मिलियन (US$128 मिलियन) में खरीदा गया था - उस समय दुनिया का सबसे महंगा घर बन गया। घर को उसी खदान से लिए गए संगमरमर से सजाया गया है जिसने ताजमहल की आपूर्ति की थी। धन की अपव्यय को "ताज मित्तल" कहा जाता है। इसमें 12 बेडरूम, एक इनडोर पूल, टर्किश बाथ और 20 कारों के लिए पार्किंग है। वह एक डेयरी-शाकाहारी है।

मित्तल ने अपनी बेटी वनिशा मित्तल के लिए 2008 में 70 मिलियन पाउंड में 9A पैलेस ग्रीन्स, केंसिंग्टन गार्डन, पूर्व में फिलीपींस दूतावास खरीदा था, जिसकी शादी एक व्यवसायी और परोपकारी अमित भाटिया से हुई है। मित्तल ने फ्रांस के वर्साय पैलेस में वनिशा का भव्य "शाकाहारी स्वागत" किया।

2005 में, उन्होंने 22 नंबर, डॉ एपीजे अब्दुल कलाम रोड, नई दिल्ली में 30 मिलियन डॉलर में एक औपनिवेशिक बंगला भी खरीदा, जो भारत की सबसे विशिष्ट सड़कों में से एक है, जिस पर दूतावासों और अरबपतियों का कब्जा है, और इसे एक घर के रूप में फिर से बनाया।

दिसंबर 2013 में मित्तल की भतीजी सृष्टि मित्तल हिचउन्होंने तीन दिवसीय उत्सव में निवेश बैंकर गुलराज बहल से शादी की थी, जिसने बार्सिलोना को चौंका दिया था और इसकी लागत 50 मिलियन पाउंड तक थी। भारत और थाईलैंड से लगभग 200 बटलर, रसोइया और सचिव स्पेन भेजे गए, जबकि 500 मेहमानों को गोपनीयता समझौते पर हस्ताक्षर करने के लिए बनाया गया था।

निजी संपत्ति

संडे टाइम्स रिच लिस्ट 2016 के अनुसार, मित्तल और उनके परिवार की अनुमानित व्यक्तिगत संपत्ति £7.12 बिलियन थी, जो पिछले वर्ष की तुलना में $2.08 बिलियन कम थी। इस बीच, 2016 में फोर्ब्स पत्रिका की वार्षिक अरबपतियों की सूची में मित्तल की संपत्ति 135 वें सबसे अमीर अरबपति के रूप में 8.4 बिलियन अमेरिकी डॉलर की संपत्ति के साथ अनुमानित है। द संडे टाइम्स द्वारा मित्तल की संपत्ति 2008 में 27.70 बिलियन पाउंड और फोर्ब्स द्वारा 45.0 बिलियन अमेरिकी डॉलर पर पहुंच गई, जिसने उन्हें दुनिया के चौथे सबसे अमीर व्यक्ति के रूप में रेटिंग दी।

30

राधाकिशन दमानी

राधाकिशन दमानी

Top Richest People

राधाकिशन शिवकिशन दमानी एक भारतीय अरबपति निवेशक, व्यवसायी और DMart के संस्थापक हैं। वह अपनी निवेश फर्म ब्राइट स्टार इन्वेस्टमेंट्स लिमिटेड के माध्यम से अपने पोर्टफोलियो का प्रबंधन करता है। 19 अगस्त 2021 को, उन्हें ब्लूमबर्ग बिलियनेयर्स इंडेक्स द्वारा दुनिया के सबसे अमीर व्यक्ति के रूप में स्थान दिया गया।

राधाकिशन शिवकिशन दमानी एक मारवाड़ी परिवार में मुंबई में एक कमरे के अपार्टमेंट में पले-बढ़े। उन्होंने बॉम्बे विश्वविद्यालय में वाणिज्य का अध्ययन किया लेकिन एक साल बाद ही पढ़ाई छोड़ दी। दलाल स्ट्रीट पर काम करने वाले अपने पिता की मृत्यु के बाद, दमानी ने अपना बॉल बेयरिंग व्यवसाय छोड़ दिया और शेयर बाजार के दलाल और निवेशक बन गए। 1990 के दशक में, हर्षद मेहता ने अवैध रूप से फुलाए गए शेयरों को कम बेचकर मुनाफा कमाया। 1995 में सार्वजनिक होने के बाद दमानी एचडीएफसी बैंक के सबसे बड़े व्यक्तिगत शेयरधारक थे। 1992 में, हर्षद मेहता कांड के सामने आने के बाद, उस अवधि के दौरान शॉर्ट-सेलिंग लाभ ने उनकी आय में वृद्धि की। 1999 में, उन्होंने नेरुल में एक सहकारी डिपार्टमेंटल स्टोर अपना बाज़ार की फ्रेंचाइजी ली, लेकिन इसके व्यवसाय मॉडल से "असंबद्ध" थे। उन्होंने 2002 में पवई में अपना पहला स्टोर खोलने के लिए 2000 में शेयर बाजार छोड़ दिया, DMart ने 2002 में पवई में अपना पहला स्टोर खोला। 2010 में श्रृंखला के 25 स्टोर थे, जिसके बाद कंपनी तेजी से बढ़ी और 2017 में सार्वजनिक हो गई।

आज पूरे भारत में उनके 234 डीमार्ट स्टोर हैं। दमानी लो प्रोफाइल रहते हैं और कम ही इंटरव्यू देते हैं। उन्होंने भारतीय अरबपति राकेश झुनझुनवाला को अपनी स्टॉक ट्रेडिंग तकनीक भी सिखाई है। उद्धरण आवश्यक है

2020 में, वह 16.5 बिलियन डॉलर की संपति के साथ चौथे सबसे अमीर भारतीय बन गए। दुनिया के अरबपतियों की सूची में उन्हें 117वां स्थान मिला था। वह 2022 की विश्व अरबपतियों की सूची (फोर्ब्स) में 18.9 बिलियन डॉलर की संपति के साथ 87वें स्थान पर थे।

निवेश

दमानी की तंबाकू कंपनी वीएसटी इंडस्ट्रीज से लेकर सीमेंट निर्माता इंडिया सीमेंट्स तक की कंपनियों में हिस्सेदारी है। दमानी के पास आंध्रा पेपर में 1% हिस्सेदारी थी। दमानी ने मई 2020 में इंडिया सीमेंट्स में 15% हिस्सेदारी खरीदी, जिससे इंडिया सीमेंट्स में उनका निवेश 19.89% हो गया। 22 दमानी के पास अपने निवेश पोर्टफोलियो में सार्वजनिक रूप से 6 शेयर हैं और उनके स्टॉक पोर्टफोलियो का कुल मूल्य 2021 में 1,02,077 करोड़ रुपये (लगभग US$13 बिलियन) होने का अनुमान है।

व्यक्तिगत जीवन

वह शादीशुदा है और उसके तीन बच्चे है।

31
हिंदुजा समूह

हिंदुजा समूह

Scan for Story Videos - www.itibook.com

हिंदुजा समूह एक एंग्लो-इंडियन अंतरराष्ट्रीय समूह है। समूह ऑटोमोटिव, तेल और विशेष रसायन, बैंकिंग और वित, आईटी और आईटीईएस, साइबर सुरक्षा, स्वास्थ्य सेवा, व्यापार, बुनियादी ढांचा परियोजना विकास, मीडिया और मनोरंजन, ऊर्जा और रियल एस्टेट सहित ग्यारह क्षेत्रों में मौजूद है। हिंदुजा बंधुओं के पास दुनिया भर में 100 अरब डॉलर की संपत्ति है। हिंदुजा परिवार के पास अमेरिका में करीब 50 अरब डॉलर की संपत्ति है। हिंदुजा बंधुओं की मौजूदा संपत्ति 100 अरब डॉलर है।

कंपनी की स्थापना 1914 में परमानंद दीपचंद हिंदुजा ने की थी, जो भारत में एक सिंधी परिवार से थे। शुरुआत में शिकापुर (पूर्व में पाकिस्तान) और मुंबई, भारत में संचालन करते हुए, उन्होंने 1919 में ईरान में कंपनी का पहला अंतर्राष्ट्रीय परिचालन खोला। समूह का मुख्यालय 1979 तक ईरान में रहा, जब इस्लामी क्रांति ने इसे यूरोप जाने के लिए मजबूर किया।

समूह के अध्यक्ष श्रीचंद हिंदुजा और उनके भाई गोपीचंद, सह-अध्यक्ष, निर्यात व्यवसाय को विकसित करने के लिए 1979 में लंदन चले गए; तीसरा भाई प्रकाश जिनेवा, स्विट्जरलैंड में समूह के संचालन का प्रबंधन करता है, जबकि सबसे छोटा भाई अशोक इसके भारतीय हितों की देखभाल करता है।

समूह 200,000 से अधिक लोगों को रोजगार देता है और भारत सहित दुनिया भर के कई प्रमुख शहरों में इसके कार्यालय हैं। 2017 में, श्रीचंद और गोपीचंद हिंदुजा को संडे टाइम्स रिच लिस्ट 2017 में £ 16.2 बिलियन के अनुमानित भाग्य के साथ ब्रिटेन में सबसे अमीर व्यक्ति के रूप में वर्णित किया गया था।

2015 में, द एशियन अवाईर्स में, हिंदुजा भाइयों को बिजनेस लीडर ऑफ द ईयर अवार्ड से सम्मानित किया गया। 11 अशोक हिंदुजा को यूएई सरकार द्वारा प्रायोजित एशियन बिजनेस लीडरशिप फोरम में 2017 में एबीएलएफ ग्लोबल एशियन अवार्ड से सम्मानित किया गया। OneOTT Entertainment Limited (OIL), हिंदुजा समूह की मीडिया वर्टिकल शाखा, को Telecomlead.com द्वारा 2019 इनोवेशन लीडर्स अवार्ड से सम्मानित किया गया है।

हिंदुजा समूह की कंपनियां
हिंदुजा नेशनल हॉस्पिटल, मुंबई
अशोक लेलैंड प्लेटफॉर्म पर बने हिंदुजा नेशनल हॉस्पिटल के मोबाइल क्लीनिक
हिंदुजा हाउसिंग फाइनेंस लिमिटेड...
अशोक लीलैंड
optare
अशोक लीलैंड फाउंड्रीज - अशोक लीलैंड का एक प्रभाग, जिसे हिंदुजा फाउंड्री के नाम से भी जाना जाता है
पीडी हिंदुजा नेशनल हॉस्पिटल एंड मेडिकल रिसर्च सेंटर
हिंदुजा हेल्थकेयर लिमिटेड
हिंदुजा बैंक (स्विट्जरलैंड) लिमिटेड (पूर्व में अमास बैंक)
इंडसइंड बैंक
हिंदुजा लीलैंड फाइनेंस लिमिटेड
हिंदुजा ग्लोबल सॉल्यूशंस लिमिटेड
जीओसीएल कॉर्पोरेशन लि
गल्फ ऑयल इंटरनेशनल लिमिटेड
गल्फ ऑयल लुब्रिकेंट्स इंडिया लिमिटेड
क्वेकर-ह्यूटन इंटरनेशनल लिमिटेड
गल्फ ऑयल मिडिल ईस्ट लिमिटेड
हिंदुजा नेशनल पावर कॉर्पोरेशन लिमिटेड
हिंदुजा नवीकरणीय ऊर्जा प्रा
हिंदुजा रियल्टी वेंचर्स लिमिटेड
हिंदुजा ग्रुप इंडिया लिमिटेड
केपीबी हिंदुजा कॉलेज ऑफ कॉमर्स
NXTDIGITAL Ltd (पूर्व में हिंदुजा वेंचर्स लिमिटेड) - इसमें Nxtdigital Hits, OneOTT iNtertainment Ltd, INE, और इंडिजिटल शामिल हैं
साइक्रेक्स सिस्टम्स प्राइवेट लिमिटेड
ब्रिटिश मेटल कॉर्पोरेशन (इंडिया) प्राइवेट लिमिटेड

हिंदुजा इंवेस्टमेंट्स एंड प्रोजेक्ट सर्विसेज लिमिटेड

विवाद

बोफोर्स घोटाला

श्रीचंद, गोपीचंद और प्रकाश हिंदुजा बोफोर्स घोटाले की जांच से जुड़े थे, जिसमें स्वीडिश फर्म बोफोर्स ने 1986 में भारत सरकार को 400 हॉवित्जर तोपों की 1.3 बिलियन अमेरिकी डॉलर की बिक्री के संबंध में सरकारी अधिकारियों और राजनेताओं को अवैध रिश्वत दी थी। भारत के केंद्रीय जांच ब्यूरो ने अक्टूबर 2000 में तीनों भाइयों को दोषी ठहराया, लेकिन 2005 में दिल्ली के उच्च न्यायालय ने सबूतों की कमी और मामले के दस्तावेजों की केंद्रीयता का हवाला देते हुए उनके खिलाफ सभी आरोपों को खारिज कर दिया। "बेकार और संदिग्ध" क्योंकि उनकी उत्पत्ति सत्यापित नहीं की जा सकती। न्यायाधीश आरएस सोढ़ी ने कहा: "मुझे अपनी नाराजगी व्यक्त करनी चाहिए कि 14 साल की मुकदमेबाजी और 2.5 बिलियन पाउंड (31 मिलियन अमेरिकी डॉलर) सार्वजनिक धन इस मामले पर खर्च किए गए हैं। इससे हिंदुओं को वित्तीय, भावनात्मक, पेशेवर और व्यक्तिगत नुकसान हुआ है।" "

2001 हिंदुजा केस

जनवरी 2001 में, यह पता चला कि यूके सरकार के मंत्री पीटर मैंडेलसन ने श्रीचंद हिंदुजा की ओर से गृह मंत्रालय के मंत्री माइक ओ'ब्रायन को फोन किया था, जो उस समय ब्रिटिश नागरिकता की मांग कर रहे थे और जिनकी पारिवारिक फर्म "विश्वास" का मुख्य प्रायोजक बनना था। मिलेनियम डोम में क्षेत्र"। नतीजतन, 24 जनवरी 2001 को, मैंडेलसन ने दूसरी बार सरकार से इस्तीफा दे दिया, और जोर देकर कहा कि उन्होंने कुछ भी गलत नहीं किया है। सर एंथोनी हैमंड द्वारा की गई एक स्वतंत्र जांच ने निष्कर्ष निकाला कि न तो मैंडेलसन और न ही किसी और ने अनुचित तरीके से काम किया था।

जनवरी 2001 में, आप्रवासन मंत्री बारबरा रोशे ने एक लिखित कॉमन्स उत्तर में खुलासा किया कि लीसेस्टर ईस्ट के संसद सदस्य और तत्कालीन विदेश सचिव और अन्य सांसदों द्वारा हिंदुजा बंधुओं के बारे में गृह कार्यालय से भी संपर्क किया गया था। वाज ने इस बारे में पूछताछ की थी कि उनके नागरिकता आवेदन पर कब तक फैसला होने की उम्मीद है।

25 जनवरी को, वाज़ हिंदुजा मामले के बारे में विपक्ष के सवालों का केंद्र बन गया और कई संसदीय सवालों की मांग की गई कि वह पूरी तरह से अपनी स्थिति का खुलासा करे। वाज ने एक विदेश कार्यालय के प्रवक्ता के माध्यम से कहा कि वह सर एंथनी हैमंड क्यूसी द्वारा पूछे गए प्रश्नों का उत्तर देने के लिए "पूरी तरह से तैयार" होंगे, जिन्हें प्रधान मंत्री ने मामले की जांच करने के लिए कहा था। यह हिंदुजा भाइयों के लिए कुछ समय थावाज ने कहा कि वह असुन को जानता है; 1993 में जब चैरिटेबल हिंदुजा फाउंडेशन की स्थापना हुई थी और 1998 में जब भाइयों टोनी और चेरी ब्लेयर ने दिवाली समारोह के लिए आमंत्रित किया था, तब वह उपस्थित थे।

26 जनवरी 2001 को, प्रधान मंत्री टोनी ब्लेयर पर हिंदुजा पासपोर्ट मामले की एक स्वतंत्र जांच को पूर्वाग्रह से ग्रसित करने का आरोप लगाया गया था, यह घोषणा करने के बाद कि कीथ वाज़ ने "कुछ भी गलत नहीं किया" था। उसी दिन, वाज ने संवाददाताओं से कहा कि मामले के तथ्य सामने आने के बाद उन्हें अपने व्यवहार पर "पछतावा" होगा। उन्होंने कहा, "इस रिपोर्ट के सामने आने पर आप में से कुछ लोग बहुत मूर्ख महसूस करेंगे। आपने पीटर और दूसरों के बारे में और मेरे बारे में कुछ बातें कही हैं, जब सच्चाई सामने आएगी तो आपको बहुत पछतावा होगा।" यह पूछे जाने पर कि हिंदुजा बंधुओं में से एक के पासपोर्ट आवेदन पर सामान्य से अधिक तेजी से कार्रवाई क्यों की गई, जबकि इसे संसाधित होने और छह महीने में स्वीकृत होने में दो साल लग सकते हैं, उन्होंने जवाब दिया, "यह असामान्य नहीं है।"

29 जनवरी को, सरकार ने पुष्टि की कि हिंदुजा फाउंडेशन ने हाल के दिनों में पहले एशियाई मंत्री के रूप में उनकी नियुक्ति का जश्न मनाने के लिए सितंबर 1999 में वाज़ के लिए एक स्वागत समारोह आयोजित किया था। वाज़ ने सदस्यों के हितों के हाउस ऑफ़ कॉमन्स रजिस्टर पर पार्टी को सूचीबद्ध नहीं किया, और कंज़र्वेटिव संसदीय अभियान इकाई के तत्कालीन प्रमुख जॉन रेडवुड ने वाज़ के आतिथ्य को स्वीकार करने के फैसले पर सवाल उठाया।

मार्च में, वाज़ को मानक के लिए तत्कालीन संसदीय आयुक्त एलिजाबेथ फिल्किन द्वारा उनके वित्तीय मामलों में शुरू की गई एक नई जाँच के साथ पूरी तरह से सहयोग करने का आदेश दिया गया था। वाज के वरिष्ठ विदेश सचिव रॉबिन कुक ने भी हिंदुजा बंधुओं के साथ संबंधों के आरोपों का पूरी तरह से जवाब देने के लिए उनसे मुलाकात की। श्री वाज़ ने श्रीमती फिल्किन से 20 मार्च को उन शिकायतों पर चर्चा करने के लिए मुलाकात की कि हिंदुजा फाउंडेशन ने उनकी पत्नी द्वारा संचालित कंपनी मैप्सबरी कम्युनिकेशंस को £1,200 का भुगतान किया था, जिसके बदले में हाउस ऑफ़ कॉमन्स में हिंदुजा-प्रायोजित स्वागत समारोह आयोजित करने में मदद की थी। . वाज ने पहले हिंदुओं से पैसे लेने से इनकार किया था, लेकिन जोर देकर कहा कि लेनदेन से कोई व्यक्तिगत लाभ नहीं हुआ है।

जून 2001 में, वाज ने स्वीकार किया कि हिंदुजा बंधुओं के ब्रिटिश नागरिकता के आवेदन के दौरान एक बैकबेंच सांसद के रूप में उन्होंने बयान दिया था। टोनी ब्लेयर ने यह भी स्वीकार किया कि वाज़ ने अन्य एशियाई लोगों की ओर से "बयान" दिया था। 11 जून 2001 को, वाज़ को यूरोप के मंत्री के रूप में बर्खास्त कर दिया गया, उनकी जगह पीटर हेन ने ले ली। प्रधान मंत्री कार्यालय ने कहा कि वाज ने टोनी ब्लेयर को लिखा था कि वह स्वास्थ्य कारणों से इस्तीफा देना चाहते हैं।

दिसंबर 2001 में, एलिजाबेथ फिल्किन ने वाज को हिंदुजा बंधुओं द्वारा उनकी पत्नी की कानूनी फर्म को किए गए भुगतानों को दर्ज करने में विफल रहने के लिए मंजूरी दे दी, लेकिन उन्होंने भुगतानों को छुपाने के लिए अपनी पत्नी के साथ सांठगांठ की। फिल्किन की रिपोर्ट में कहा गया है कि भुगतान उनकी पत्नी को आव्रजन मुद्दों पर कानूनी सलाह के लिए किया गया था और निष्कर्ष निकाला कि वाज़ को कोई प्रत्यक्ष व्यक्तिगत लाभ नहीं मिला और कॉमन्स नियमों के अनुसार उन्हें अपनी पत्नी को भुगतान का खुलासा करने की आवश्यकता नहीं थी। हालांकि, उन्होंने उनकी गोपनीयता के लिए उनकी आलोचना की और कहा, "मेरे लिए यह स्पष्ट हो गया है कि श्री वाज और उनकी पत्नी के बीच इस तथ्य को छिपाने के लिए और मुझे उनकी संभावित वित्तीय स्थिति के बारे में सटीक जानकारी प्राप्त करने से रोकने के लिए जानबूझकर मिलीभगत की गई है।" हिंदुजा परिवार के साथ संबंध"।

अशोक लीलैंड

फरवरी 2005 में, हिंदुजा समूह के भाइयों के भारतीय प्रमुख अशोक लेलैंड ने सूडानी रक्षा मंत्रालय को 100 सैन्य वाहनों की आपूर्ति के लिए एक अनुबंध की घोषणा की। शस्त्र प्रचारक मार्क थॉमस ने आरोप लगाया कि इसने ब्रिटेन के हथियार निर्यात कानूनों का उल्लंघन किया, क्योंकि कंपनी के कई निदेशक ब्रिटेन के निवासी या नागरिक थे।

32

उदय कोटक

उदय कोटक

Top Richest People

Scan for Story Videos - www.itibook.com

उदय सुरेश कोटक (जन्म 15 मार्च 1959) एक भारतीय अरबपति बैंकर और कोटक महिंद्रा बैंक के कार्यकारी उपाध्यक्ष और प्रबंध निदेशक हैं।

1980 के दशक की शुरुआत में, जब भारत अभी भी एक बंद अर्थव्यवस्था था और आर्थिक विकास मौन था, कोटक ने एक बहुराष्ट्रीय कंपनी से एक आकर्षक नौकरी की पेशकश को ठुकरा दिया और अपने दम पर शुरू करने का फैसला किया। अगले कुछ वर्षों में, इसने अपने व्यवसाय को वित्तीय सेवाओं के विभिन्न क्षेत्रों में विविधता प्रदान की, बिल डिस्काउंटिंग, स्टॉक ब्रोकिंग, निवेश बैंकिंग, कार वित्त, जीवन बीमा और म्यूचुअल फंड में एक प्रमुख उपस्थिति स्थापित की। 22 मार्च 2003 को, कोटक महिंद्रा फाइनेंस लिमिटेड भारत के कॉर्पोरेट इतिहास में भारतीय रिज़र्व बैंक से बैंकिंग लाइसेंस प्राप्त करने वाली पहली कंपनी बन गई।

ब्लूमबर्ग बिलियनेयर्स इंडेक्स ने अप्रैल 2021 तक उनकी संपत्ति 14.8 बिलियन अमेरिकी डॉलर होने का अनुमान लगाया है। उन्होंने और गोल्डमैन सैक्स ने 2006 में अपनी 14 साल की साझेदारी को समाप्त कर दिया जब गोल्डमैन सैक्स ने दो सहायक कंपनियों में अपनी 25% हिस्सेदारी मि. कोटक को 7.2 करोड़ डॉलर में खरीदा।

कोटक एक उच्च मध्यम वर्ग के गुजराती संयुक्त परिवार में पले-बढ़े, जिसमें 60 लोग एक ही छत के नीचे एक आम रसोई साझा करते थे। परिवार मूल रूप से एक साथ व्यापार में था। उन्होंने इसे "काम पर पूंजीवाद और घर में समाजवाद" कहा। उनके दो शगल क्रिकेट और सितार बजाना थे। 2014 में एनडीटीवी के साथ एक साक्षात्कार में, उन्होंने स्वीकार किया कि वह अब सतार बजाना नहीं चाहते हैं। गणित के लिए उनकी प्रतिभा ने उनके करियर के चुनाव को प्रभावित किया। उन्होंने सिडेनहैम कॉलेज से स्नातक की डिग्री प्राप्त की और 1982 में जमनालाल बजाज इंस्टीट्यूट ऑफ मैनेजमेंट स्टडीज से प्रबंधन अध्ययन में मास्टर डिग्री पूरी की।

करियर

MBA पूरा करने के बाद, कोटक ने Kotak Capital Management Finance Limited (बाद में Kotak Mahindra Finance Limited) की शुरुआत की। परिवार और दोस्तों से जुटाई गई बीज पूंजी में US$80,000 से कम से, उन्होंने एक बिल-डिस्काउंटिंग स्टार्ट-अप को US$19 बिलियन (मार्च 2014 तक) की संपत्ति और दूसरे सबसे बड़े अनुसूचित वाणिज्यिक बैंक के साथ एक वित्तीय सेवा समूह में बदल दिया। 1250 से अधिक शाखाओं के साथ भारत में बाजार पूंजीकरण (निजी और पीएसयू)।

2014 के दौरान, कोटक महिंद्रा बैंक में अपने शेयरों के रूप में कोटक ने अपनी संपत्ति को लगभग दोगुना कर दिया, नवंबर 2014 में प्रतिद्वंद्वी आईएनजी वैश्य बैंक के लिए 2.4 बिलियन डॉलर का सौदा किया, जो आंशिक रूप से डच वित्तीय सेवा समूह आईएनजी के स्वामित्व में था।

2015 में, कोटक ने सामान्य बीमा व्यवसाय में प्रवेश किया और एक छोटा भुगतान बैंक शुरू करने के लिए दूरसंचार प्रमुख सुनील मित्तल की भारती एयरटेल के साथ भागीदारी की।

कोटक ने अभी तक कोटक महिंद्रा बैंक में अपनी हिस्सेदारी घटाकर 30% कर दी है, क्योंकि आरबीआई के निर्देशों के अनुसार इसे 20% तक लाना आवश्यक है।

अगस्त 2019 में उन्हें £27 लाख (US$34,000) के मासिक वेतन के साथ किसी भी भारतीय बैंक के सबसे अधिक वेतन पाने वाले CEO के रूप में रिपोर्ट किया गया था।

उन्होंने 2020-21 के लिए भारतीय उद्योग परिसंघ (CII) के अध्यक्ष के रूप में कार्यभार संभाला।

सम्मान और पुरस्कार

जून 2014 में, उन्हें अर्न्स्ट एंड यंग वर्ल्ड एंटरप्रेन्योर ऑफ द ईयर नामित किया गया था।

वह मनी मास्टर्स: द मोस्ट पावरफुल पीपल इन द फाइनेंशियल वर्ल्ड, फोर्ब्स मैगज़ीन, यूएस (मई 2016) में शामिल होने वाले एकमात्र भारतीय फाइनेंसर थे।

इंडिया टुडे पत्रिका ने उन्हें 2017 में भारत के 50 सबसे शक्तिशाली लोगों की सूची में 8वां स्थान दिया।

सदस्यता

कोटक भारत सरकार की वित्तीय बुनियादी ढांचे पर उच्च स्तरीय समिति का सदस्य है, भारतीय प्रतिभूति और विनिमय बोर्ड की प्राथमिक बाजार सलाहकार समिति का सदस्य है, राष्ट्रीय प्रतिभूति बाजार संस्थान के बोर्ड ऑफ गवर्नर्स का सदस्य है और इक्रियर। वह भारत के महिंद्रा यूनाइटेड वर्ल्ड कॉलेज के गवर्निंग सदस्य और सीआईआई की राष्ट्रीय परिषद के सदस्य भी हैं। उद्धरण वांछित कोटक राष्ट्रीय कानून फर्म सिरिल अमरचंद मंगलदास के रणनीतिक सलाहकार बोर्ड के सदस्य हैं।

व्यक्तिगत जीवन

उन्होंने पल्लवी कोटक से शादी की है, उनके दो बच्चे हैं और वे मुंबई में रहते हैं।

33
सावित्री जिंदल

सावित्री जिंदल

Scan for Story Videos - www.itibook.com

सावित्री देवी जिंदल (जन्म 20 मार्च 1950) एक भारतीय व्यवसायी और राजनीतिज्ञ हैं। वह ओपी जिंदल ग्रुप की चेयरपर्सन थीं। वह महाराजा अग्रसेन मेडिकल कॉलेज, अग्रोहा की अध्यक्ष भी हैं।

जिंदल का जन्म असम के तिनसुकिया में हुआ था। उन्होंने 1970 के दशक में ओम प्रकाश जिंदल से शादी की, जिन्होंने जिंदल समूह, एक इस्पात और बिजली समूह की स्थापना की। जिंदल हरियाणा सरकार में मंत्री थे और हिसार निर्वाचन क्षेत्र से हरियाणा विधानसभा (विधान सभा) के सदस्य थे। 2014 में, वह हरियाणा विधानसभा चुनाव हार गईं। उनके पति ओपी की 2005 में एक हेलीकॉप्टर दुर्घटना में मृत्यु हो गई थी। वह जिंदल की जगह राष्ट्रपति बनीं। वह INC राजनीतिक दल की सदस्य हैं। उद्धरण आवश्यक है

सावित्री जिंदल भारत की सबसे अमीर महिला हैं, और 2016 में 16वीं सबसे अमीर भारतीय हैं, जिनकी संपत्ति $4.0 बिलियन से अधिक है; 2016 में वह दुनिया की 453वीं सबसे अमीर व्यक्ति थीं। वह दुनिया की सातवीं सबसे अमीर मां हैं और अपने पति द्वारा शुरू किए गए सार्वजनिक कार्यों में योगदान देती हैं। उन्हें 2008 में अखिल भारतीय तेरापंथ महिला मंडल द्वारा आचार्य तुलसी उपलब्धि पुरस्कार से सम्मानित किया गया था।

राजनीतिक जीवन

2005 में, जिंदल हिसार निर्वाचन क्षेत्र से हरियाणा विधान सभा के लिए चुनी गईं, जिसका प्रतिनिधित्व उनके दिवंगत पति ओम प्रकाश जिंदल ने लंबे समय तक किया था। 2009 में, वह निर्वाचन क्षेत्र से फिर से चुनी गईं और 29 अक्टूबर 2013 को उन्हें हरियाणा सरकार में कैबिनेट मंत्री के रूप में नियुक्त किया गया।

पिछली कैबिनेट में, उन्होंने राजस्व और आपदा प्रबंधन, एकीकरण, पुनर्वास और आवास राज्य मंत्री के साथ-साथ शहरी स्थानीय निकाय और आवास राज्य मंत्री के रूप में कार्य किया। उद्धरण आवश्यक है

उनके द्वारा कंपनी की कमान संभालने के बाद, कंपनी का राजस्व चौगुना हो गया। हरियाणा राज्य में एक पृष्ठभूमि और इतिहास के साथ, उन्होंने हरियाणा विधान सभा के सदस्य के रूप में कार्य किया और 2010 तक बिजली मंत्री का पद संभाला। ओपी जिंदल ग्रुप की शुरुआत 1952 में पेशे से इंजीनियर ओपी जिंदल ने की थी। यह स्टील, ऊर्जा, खनन, तेल और गैस समूह बन गया। उनके व्यवसाय के इन चार विभागों में से प्रत्येक का संचालन उनके चार बेटे पृथ्वीराज, सज्जन, रतन और नवीन जिंदल करते हैं। जिंदल स्टील्स भारत में तीसरा सबसे बड़ा इस्पात उत्पादक है।

34

साइरस एस. पूनावाला को

साइरस एस. पूनावाला को

Top Richest People

साइरस एस. पूनावाला (जन्म 1941) एक भारतीय अरबपति व्यवसायी और साइरस पूनावाला समूह के अध्यक्ष और प्रबंध निदेशक हैं, जिसमें सीरम इंस्टीट्यूट ऑफ इंडिया शामिल है, जो एक भारतीय बायोटेक कंपनी है जो दुनिया की सबसे बड़ी वैक्सीन निर्माता है। 2022 तक, वह फोर्ब्स इंडिया रिच लिस्ट में 24.3 बिलियन डॉलर की संपत्ति के साथ चौथे स्थान पर है। यह हुरुन ग्लोबल हेल्थ केयर रिच लिस्ट 2022 में पहले स्थान पर है।

पूनावाला ने 1966 में सीरम इंस्टीट्यूट ऑफ इंडिया की स्थापना की और इसे टीकों का दुनिया का सबसे बड़ा उत्पादक (खुराक द्वारा) बनाया। सीरम हर साल खसरा, पोलियो और फ्लू सहित विभिन्न टीकों की 1.5 बिलियन खुराक का उत्पादन करता है।

परिवार

साइरस पूनावाला का जन्म एक पारसी परिवार में हुआ था, जो घोड़े के ब्रीडर सोली पूनावाला के बेटे थे। उनकी शादी विल्लू पूनावाला से हुई थी, जिनका 2010 में निधन हो गया था। उनका एक बेटा अदार है, जो वर्तमान में सीरम इंस्टीट्यूट ऑफ इंडिया के सीईओ के रूप में कार्य करता है।

पुरस्कार

2005 में, भारत सरकार ने उन्हें चिकित्सा के क्षेत्र में उनके योगदान के लिए पद्म श्री से सम्मानित किया।

नवंबर 2007 में हेल्थकेयर और लाइफ साइंसेज श्रेणी में अर्न्स्ट एंड यंग "एंटरप्रेन्योर ऑफ द ईयर"।

फरवरी 2015 में भारत के लिए अर्न्स्ट एंड यंग एंटरप्रेन्योर ऑफ द ईयर।

जून 2018 में मैसाचुसेट्स मेडिकल स्कूल विश्वविद्यालय से मानद डॉक्टरेट।

जून 2019 में ऑक्सफोर्ड विश्वविद्यालय से मानद डॉक्टरेट।

अगस्त 2021 में लोकमान्य तिलक राष्ट्रीय पुरस्कार।

COVID-19 के दौरान टीकों के उत्पादन में योगदान के लिए व्यापार और उद्योग के क्षेत्र में भारत सरकार द्वारा 2022 में पद्म भूषण।

दूसरों का उपकार करने का सिद्धान्त

मई 2019 में, यह बताया गया कि पूनावाला ने नोआम कोएन के साथ साझेदारी में यूक्रेन को मुफ्त टीकाकरण के लिए खसरे के टीके की 100 हजार खुराक देने का प्रस्ताव रखा।

लोकप्रिय संस्कृति में

बेनेट, कोलमैन एंड कंपनी लिमिटेड द्वारा "ग्लोबल इंडियंस 2022" का तीसरा संस्करण साइरस एस। पूनावाला का जीवन 25 अन्य उल्लेखनीय व्यक्तित्वों के साथ प्रकाशित हुआ था। पुस्तक की पहली प्रति भारत के उपराष्ट्रपति श्री वेंकैया नायडू को भेंट की गई।

35
कुमार मंगलम बिर्ला

कुमार मंगलम बिर्ला

Top Richest People

Scan for Story Videos - www.itibook.com

कुमार मंगलम बिड़ला (जन्म 14 जून 1967) एक भारतीय अरबपति उद्योगपति, परोपकारी और आदित्य बिड़ला समूह के अध्यक्ष हैं, जो भारत के सबसे बड़े वैश्विक समूहों में से एक है। वह बिड़ला इंस्टीट्यूट ऑफ टेक्नोलॉजी एंड साइंस के चांसलर और भारतीय प्रबंधन संस्थान अहमदाबाद के अध्यक्ष भी हैं। फोर्ब्स के अनुसार, 11 जनवरी, 2022 तक उनकी अनुमानित कुल संपत्ति 17.5 बिलियन अमेरिकी डॉलर है।

राजस्थान में बिड़ला परिवार की चौथी पीढ़ी के सदस्य, कुमार बिड़ला का जन्म कोलकाता में हुआ था और मुंबई में एक संयुक्त परिवार में उनके माता-पिता आदित्य विक्रम बिड़ला और राजश्री बिड़ला और छोटी बहन वासवदत बिड़ला के साथ उनका पालन-पोषण हुआ। उन्होंने अपना हाई स्कूल सिडेनहैम कॉलेज ऑफ कॉमर्स एंड इकोनॉमिक्स से किया और स्नातक की डिग्री एचआर कॉलेज ऑफ कॉमर्स एंड इकोनॉमिक्स, मुंबई विश्वविद्यालय से प्राप्त की। बाद में उन्होंने लंदन बिजनेस स्कूल में अध्ययन किया और 1992 में लंदन विश्वविद्यालय से मास्टर ऑफ बिजनेस एडमिनिस्ट्रेशन प्राप्त किया। वह एलबीएस में मानद फेलो भी हैं। वह इंस्टीट्यूट ऑफ चार्टर्ड अकाउंटेंट्स ऑफ इंडिया (आईसीएआई) के चार्टर्ड एकाउंटेंट हैं।

करियर

बिड़ला ने अपने पिता आदित्य विक्रम बिड़ला की मृत्यु के बाद 28 वर्ष की आयु में 1995 में आदित्य बिड़ला समूह की अध्यक्षता ग्रहण की। उनकी अध्यक्षता के दौरान, समूह का वार्षिक कारोबार 1995 में US$2 बिलियन से बढ़कर 2021 में US$45 बिलियन हो गया। आज, समूह छह महाद्वीपों के 36 देशों में मौजूद है और इसका 50% से अधिक राजस्व विदेशी परिचालनों से आता है।

समय

1995-2005

1995 में, कुमार मंगलम बिड़ला ने पारिवारिक व्यवसाय को संभाला और समूह की सभी कंपनियों को आदित्य बिड़ला समूह (एबीजी) ब्रांड के तहत समेकित किया।

2003 में, बिड़ला की एबीजी की सहायक कंपनी हिंडाल्को ने ऑस्ट्रेलिया में निफ्टी कॉपर माइन्स का अधिग्रहण किया, जबकि आदित्य बिड़ला ग्रुप ने ऑस्ट्रेलिया में माउंट गॉर्डन कॉपर माइन्स का अधिग्रहण किया।

2004 में, बिड़ला ने एलएंडटी सीमेंट में बड़ी हिस्सेदारी हासिल कर ली, जिसे बाद में अल्ट्राटेक सीमेंट का नाम दिया गया। उसी वर्ष, बिड़ला के नेतृत्व वाले समूह हिंडाल्को इंडस्ट्रीज ने इंडियन एल्युमिनियम कंपनी (INDAL) के सभी व्यवसायों के साथ विलय की घोषणा की।

2005-2015

2007 में, बिड़ला ने आदित्य बिड़ला समूह के प्रमुख, हिंडाल्को से अटलांटा स्थित नॉवेलिस इंक., दुनिया में एल्युमीनियम रोल्ड उत्पादों के अग्रणी उत्पादक की खरीद का नेतृत्व किया।

2012 में, बिड़ला के आदित्य बिड़ला नूवो लिमिटेड ने भारत के फ्यूचर ग्रुप की पैंटालून रिटेल लिमिटेड का अधिग्रहण किया। खरीद लिया

2013 में, बिड़ला के नेतृत्व वाले आदित्य बिड़ला केमिकल्स ने भारत के सोलारिस केमटेक इंडस्ट्रीज के क्लोर-क्षार और फॉस्फोरिक एसिड डिवीजनों का अधिग्रहण किया।

बिड़ला का नाम भारतीय कोयला आवंटन मामले में आया था, जो 2004 और 2009 के बीच कोयला खदानों के आवंटन से उत्पन्न हुआ था। 2014 में सीबीआई ने बिड़ला के खिलाफ क्लोजर रिपोर्ट दाखिल की।

2015 में, आदित्य बिड़ला ग्रुप ने अपनी लाइफस्टाइल रिटेल फर्म पैंटालून्स फैशन एंड रिटेल इंडिया लिमिटेड को बेच दिया। आंतरिक ब्रांडेड परिधान व्यवसाय का विलय किया और इसका नाम बदलकर आदित्य बिड़ला फैशन एंड रिटेल कर दिया, जिससे राजस्व और बिक्री आउटलेट की संख्या के हिसाब से भारत की शीर्ष ब्रांडेड परिधान कंपनी बन गई।

2016-वर्तमान

जून 2017 में, बिड़ला की अगुआई वाली अल्ट्राटेक सीमेंट ने पांच ग्राइंडिंग इकाइयों के साथ जयप्रकाश एसोसिएट्स के छह सीमेंट संयंत्रों का अधिग्रहण पूरा किया। उसी वर्ष, बिड़ला ने प्रीमियम डिजिटल ड्रामा सीरीज़ के निर्माण पर ध्यान देने के साथ एक मीडिया, सामग्री और आईपी निर्माण स्टूडियो अप्लॉज़ एंटरटेनमेंट को पुनर्जीवित किया। बालाजी टेलीफिल्म्स के पूर्व सीईओ समीर नायर, आदित्य बिड़ला समूह का हिस्सा, उद्यम का नेतृत्व कर रहे हैं।

2018 में, आदित्य बिड़ला समूह के स्वामित्व वाली आइडिया सेल्युलर ने भारत के सबसे बड़े दूरसंचार सेवा प्रदाता - वोडाफोन आइडिया लिमिटेड को बनाने के लिए वोडाफोन इंडिया के साथ विलय कर दिया। इसके अलावा 2018 में बिड़ला के मार्गदर्शन में, अल्ट्राटेक सीमेंट ने सेंचुरी टेक्सटाइल्स के सीमेंट व्यवसाय का अधिग्रहण किया, जबकि बिनानी सीमेंट मालिक बन गया। अल्ट्राटेक सीमेंट की सहायक कंपनी। 2018 में, बिड़ला के नेतृत्व वाली नोवेलिस ने एलेरिस कॉर्पोरेशन का अधिग्रहण करने के लिए एक समझौता किया। यह सौदा 2020 में 2.8 बिलियन डॉलर में बंद हुआ था। बिड़ला के नेतृत्व में, आदित्य बिड़ला फैशन एंड रिटेल (ABFRL) ने जयपुर ब्रांड का अधिग्रहण किया और 2019 में फ़ाइनेस इंटरनेशनल डिज़ाइन में 51% हिस्सेदारी हासिल की, जो डिज़ाइनर वियर लेबल शांतनु और निखिल चलाती है।

2020 में, वॉलमार्ट के स्वामित्व वाली फ्लिपकार्ट ने कंपनी में 1,500 करोड़ रुपये का निवेश करके आदित्य बिड़ला फैशन एंड रिटेल में 7.8% हिस्सेदारी हासिल कर ली।

2021 में, वैश्विक समूह आदित्य बिड़ला समूह की प्रमुख कंपनी ग्रासिम इंडस्ट्रीज ने तीन वर्षों में 5,000 करोड़ रुपये के निवेश के साथ पेंट व्यवसाय में प्रवेश किया। आदित्य बिड़ला फैशन एंड रिटेल लिमिटेड (ABFRL) ने डिजाइनर ब्रांड सब्यसाची में 51% हिस्सेदारी खरीदने के लिए एक समझौता किया है। उसी साल बाद में, बिड़ला के नेतृत्व वाली एबीएफआरएल ने डिजाइनर तरुण तहिलियानी के साथ साझेदारी की। ABFRL ने भारत में रीबॉक के संचालन को संभालने और भारत का अग्रणी स्पोर्ट्स एथलेटिक लाइफस्टाइल ब्रांड बनाने के लिए ऑथेंटिक ब्रांड्स ग्रुप के साथ भागीदारी की।

अगस्त 2021 में, बिड़ला ने 2018 विलय के माध्यम से आइडिया सेल्युलर और वोडाफोन इंडिया का निर्माण किया।उन्होंने दूरसंचार कंपनी वोडाफोन आइडिया के गैर-कार्यकारी अध्यक्ष के रूप में पद छोड़ दिया।

जनवरी 2022 में ABFRL ने हाउस ऑफ मसाबा लाइफस्टाइल में 51% हिस्सेदारी का अधिग्रहण किया।

पहचान

बिड़ला को 2016 में अंतर्राष्ट्रीय विज्ञापन संघ के "सीईओ ऑफ द ईयर अवार्ड" सहित कई पुरस्कार प्राप्त हुए हैं; 2014 में यूएस इंडिया बिजनेस काउंसिल का "ग्लोबल लीडरशिप अवार्ड"; 2003 और 2013 में इकोनॉमिक टाइम्स "बिजनेस लीडर अवार्ड"; फोर्ब्स इंडिया लीडरशिप अवार्ड - फ्लैगशिप अवार्ड "वर्ष 2012 का उद्यमी; एनडीटीवी प्रॉफिट बिजनेस लीडरशिप अवार्ड्स 2012, "मोस्ट इंस्पायरिंग लीडर"; CNBCTV18 IBLA "बिजनेस लीडर टू टेक इंडिया एब्रॉड 2012"; सीएनएन-आईबीएन "इंडियन ऑफ द ईयर अवार्ड 2010"; जेआरडी टाटा "लीडरशिप अवार्ड 2008"; NDTV का "ग्लोबल इंडियन लीडर ऑफ द ईयर 2007"।

एक शिक्षाविद, बिड़ला बिड़ला इंस्टीट्यूट ऑफ टेक्नोलॉजी एंड साइंस (BITS) और BITS स्कूल ऑफ मैनेजमेंट (BITSoM) के चांसलर हैं। वह IIT दिल्ली, IIM अहमदाबाद के अध्यक्ष और ऑक्सफोर्ड विश्वविद्यालय के लिए रोड्स इंडिया छात्रवृत्ति समिति के अध्यक्ष हैं। वह लंदन बिजनेस स्कूल के एशिया पैसिफिक एडवाइजरी बोर्ड में कार्यरत हैं और लंदन बिजनेस स्कूल के मानद फेलो हैं।

बोर्ड की सदस्यता और संबद्धता

अध्यक्ष, आदित्य बिड़ला समूह।

चांसलर, बिट्स, पिलानी, हैदराबाद, गोवा और दुबई।

चेयरमैन, गवर्निंग काउंसिल, बिट्स स्कूल ऑफ मैनेजमेंट (बीआईटीएसओएम)।

अध्यक्ष, भारतीय प्रबंधन संस्थान, अहमदाबाद।

सदस्य, एशिया प्रशांत सलाहकार बोर्ड, लंदन बिजनेस स्कूल (एलबीएस)।

ऑक्सफोर्ड विश्वविद्यालय, इंग्लैंड के लिए रोड्स इंडिया छात्रवृत्ति समिति के अध्यक्ष।

जीडी बिड़ला मेडिकल रिसर्च एंड एजुकेशन फाउंडेशन के निदेशक डॉ.

पूर्व अध्यक्ष, आईआईटी दिल्ली।

पूर्व निदेशक, केंद्रीय निदेशक मंडल, भारतीय रिजर्व बैंक।

पूर्व अध्यक्ष, सलाहकार समिति, कंपनी मामलों के मंत्रालय।

पूर्व अध्यक्ष, भारतीय प्रतिभूति और विनिमय बोर्ड (सेबी) कॉर्पोरेट प्रशासन समिति।

पूर्व अध्यक्ष, व्यापार मंडल, वाणिज्य और उद्योग मंत्रालय।

इनसाइडर ट्रेडिंग पर सेबी की समिति के पूर्व अध्यक्ष।

प्रशासनिक और कानूनी सरलीकरण पर प्रधान मंत्री की टास्क फोर्स के पूर्व संयोजक।

पूर्व सदस्य, भारत के व्यापार और उद्योग पर प्रधान मंत्री की सलाहकार परिषद।

सम्मान और पुरस्कार

वर्ष का नाम पुरस्कार देने वाला संगठन संदर्भ।

2001 आउटस्टैंडिंग बिजनेस मैन ऑफ द ईयर नेशनल एचआरडी नेटवर्क

2003 द इकोनॉमिक टाइम्स बिजनेस लीडर ऑफ द ईयर

2003 बिजनेस मैन ऑफ द ईयर बिजनेस इंडिया

2004 यंग ग्लोबल लीडर्स वर्ल्ड इकोनॉमिक फोरम (दावोस)

2004 डॉक्टर ऑफ लिटरेचर (मानद उपाधि) बनारस हिंदू विश्वविद्यालय

2005 अर्न्स्ट एंड यंग एंटरप्रेन्योर ऑफ़ द ईयर - इंडियाअर्न्स्ट एंड यंग

2007 ग्लोबल इंडियन लीडर ऑफ़ द ईयर एनडीटीवी

2008 जेआरडी टाटा कॉरपोरेट लीडरशिप अवार्ड एआईएमए

2008 डॉक्टर ऑफ लिटरेचर एसआरएम यूनिवर्सिटी

2011 जीक्यू बिजनेस लीडर ऑफ द ईयर इयरकोंडे नास्ट इंडिया प्रा. सीमित।

2012 एंटरप्रेन्योर ऑफ द ईयर फोर्ब्स इंडिया लीडरशिप अवार्ड (FILA)

2012 मोस्ट इंस्पायरिंग लीडरएनडीटीवी

2012 बिजनेस लीडरसीएनबीसीटीवी18

2012 ग्लोबल बिजनेस लीडर अवार्ड NASSCOM

2012 डॉक्टर ऑफ साइंस (मानद उपाधि) विश्वेश्वरैया प्रौद्योगिकी विश्वविद्यालय

2013 द इकोनॉमिक टाइम्स बिजनेस लीडर ऑफ द ईयर

2013 में 100 सीईओ में चौथे सबसे शक्तिशाली सीईओ इकोनॉमिक टाइम्स कॉर्पोरेट इंडिया पोस्टिंग डेफिनिट पावर

2014 में मुंबई के रोटरी क्लब के मानद सदस्य के रूप में शामिल किया गया

2016 सीईओ ऑफ द ईयर इंटरनेशनल एडवरटाइजिंग एसोसिएशन

2017 सर्वश्रेष्ठ उद्यमी CNBC-TV18 - IBLA

2017 GIL विजनरी लीडरशिप अवार्ड फ्रॉस्ट एंड सुलिवन

2019 ग्लोबल एशियन अवाइसएबीएलएफ

2021 ग्लोबल एंटरप्रेन्योर ऑफ द ईयर 'इंडस एंटरप्रेन्योर्स इन बिजनेस ट्रांसफॉर्मेशन (टीआईई)

दूसरों का उपकार करने का सिद्धान्त

एडलगिव हुरुन इंडिया परोपकार सूची 2021 के अनुसार, कुमार मंगलम बिड़ला और उनका परिवार मुख्य रूप से स्वास्थ्य सेवा क्षेत्र को दान के साथ परोपकार सूची में चौथे स्थान पर है। 2020 में, आदित्य बिड़ला समूह ने रु। कोविड राहत उपायों के लिए 500 करोड़। इसमें रुपये का योगदान शामिल था। PM-CARES फंड को 400 करोड़।

कुमार मंगलम बिड़ला ने लंदन बिजनेस स्कूल में सालाना पूर्णकालिक एमबीए उम्मीदवारों का समर्थन करने के लिए £15 मिलियन का वित्तपोषित छात्रवृत्ति कार्यक्रम बनाया है। बीके बिड़ला स्कॉलर्स प्रोग्राम का नाम बिड़ला के दिवंगत दादा बसंत कुमार बिड़ला के नाम पर रखा गया है। यह छात्रवृत्ति कार्यक्रम यूरोपीय बिजनेस स्कूल के लिए सबसे बड़ा छात्रवृत्ति उपहार है।

बिड़ला परिवार ने बिट्स पिलानी और बिड़ला मंदिरों सहित पूरे भारत में स्कूलों और मंदिरों का निर्माण किया है।

36

दिलीप संघवी

दिलीप संघवी

Top Richest People

Scan for Story Videos - www.itibook.com

37
सुनील मित्तल

सुनील मित्तल

Top Richest People

सुनील भारती मित्तल (जन्म 23 अक्टूबर 1957) एक भारतीय अरबपति उद्यमी, परोपकारी और भारती एंटरप्राइजेज के संस्थापक और अध्यक्ष हैं, जिनके दूरसंचार, बीमा, रियल एस्टेट, शिक्षा, मॉल, आतिथ्य, कृषि और भोजन में विविध हित हैं। भारती एयरटेल, समूह की प्रमुख कंपनी, दुनिया की सबसे बड़ी और भारत की दूसरी सबसे बड़ी दूरसंचार कंपनी है, जिसके एशिया और अफ्रीका के 18 देशों में 399 मिलियन से अधिक ग्राहक हैं। भारती एयरटेल ने FY2016 में US$14.75 बिलियन से अधिक का राजस्व अर्जित किया। फोर्ब्स ने उन्हें 14.8 बिलियन डॉलर की संपत्ति के साथ भारत के 12वें सबसे अमीर व्यक्ति के रूप में सूचीबद्ध किया है।

2007 में, उन्हें भारत के तीसरे सर्वोच्च नागरिक सम्मान पद्म भूषण से सम्मानित किया गया। 15 जून 2016 को, उन्हें इंटरनेशनल चैंबर ऑफ कॉमर्स के अध्यक्ष के रूप में चुना गया।

सुनील भारती मित्तल का जन्म एक पंजाबी अग्रवाल परिवार में हुआ था। उनके पिता, सत पॉल मित्तल, लुधियाना, पंजाब से राज्य सभा (भारतीय राष्ट्रीय कांग्रेस) के सदस्य थे, पंजाब से दो बार (1976 और 1982) चुने गए और एक बार (1988) राज्यसभा के लिए नामांकित हुए। उन्होंने पहले मसूरी के विनबर्ग एलन स्कूल में पढ़ाई की, लेकिन बाद में ग्वालियर के सिंधिया स्कूल में पढ़ाई की और 1976 में पंजाब विश्वविद्यालय, चंडीगढ़ से स्नातक की उपाधि प्राप्त की, जिसके लिए उन्होंने आर्य कॉलेज, लुधियाना में अध्ययन किया। 1992 में उनके पिता का दिल का दौरा पड़ने से निधन हो गया।

उद्यमशीलता की गतिविधियाँ

पहली पीढ़ी के उद्यमी, सुनील ने अपना पहला व्यवसाय 18 वर्ष की आयु में अप्रैल 1976 8 में अपने पिता से £20,000 (US$250) के पूंजी निवेश के साथ शुरू किया। उनका पहला व्यवसाय स्थानीय साइकिल निर्माताओं के लिए क्रैंकशाफ्ट बनाना था।

1980 में, उन्होंने अपने भाइयों राकेश मित्तल और राजन मित्तल के साथ भारती ओवरसीज ट्रेडिंग कंपनी नामक एक आयात व्यवसाय शुरू किया। उन्होंने साइकिल के पुर्जे और धागे के कारखाने बेचे और मुंबई आ गए। 1981 में, उन्होंने पंजाब में निर्यात कंपनियों से आयात लाइसेंस खरीदे। 8 फिर उन्होंने जापान से हज़ारों Suzuki Motors के पोर्टेबल इलेक्ट्रिक-पॉवर जेनरेटर आयात किए। तत्कालीन भारत सरकार ने जनरेटर के आयात पर अचानक प्रतिबंध लगा दिया।

1984 में, उन्होंने भारत में पुश-बटन फोन को असेंबल करना शुरू किया, जिसे उन्होंने पहले ताइवान की कंपनी किंगटेल से आयात किया था, ताकि पुराने जमाने के बोझिल रोटरी फोन को देश में इस्तेमाल किया जा सके। भारती टेलीकॉम लिमिटेड (बीटीएल) का गठन किया गया और इलेक्ट्रॉनिक पुश बटन फोन के निर्माण के लिए जर्मनी की सीमेंस एजी के साथ एक तकनीकी समझौता किया गया। 1990 के दशक की शुरुआत में, सुनील फैक्स मशीन, कॉर्डलेस फोन और अन्य टेलीकॉम गियर का निर्माण कर रहे थे। सुनील कहते हैं, "1983 में, सरकार ने जेनसेट के आयात पर प्रतिबंध लगा दिया। मैं रातों-रात कारोबार से बाहर हो गया। मैं जो कुछ भी कर रहा था, वह ठप हो गया। मैं मुश्किल में था। फिर सवाल था: मुझे आगे क्या करना चाहिए? फिर, कॉल करने का अवसर आया। ताइवान में रहते हुए, मैंने पुश-बटन फोन की लोकप्रियता पर ध्यान दिया - कुछ ऐसा भारत ने तब नहीं देखा था। हम अभी भी स्पीड डायल या रेडियल के बिना रोटरी डायल का उपयोग कर रहे थे। मैंने अपने अवसर को महसूस किया और दूरसंचार व्यवसाय को अपनाया। मैंने BTEL ब्रांड नाम के तहत टेलीफोन, आंसरिंग/ फैक्स मशीन की मार्केटिंग शुरू की और कंपनी वास्तव में आगे बढ़ गई।" उन्होंने अपने पहले पुश-बटन फोन का नाम 'मित्तब्रू' रखा।

1992 में, इसने भारत में नीलाम किए गए चार मोबाइल फोन नेटवर्क लाइसेंसों में से एक के लिए सफलतापूर्वक बोली लगाई। दिल्ली सेलुलर लाइसेंस के लिए शर्तों में से एक यह थी कि बोली लगाने वाले को टेलीकॉम ऑपरेटर के रूप में कुछ अनुभव होना चाहिए। इसलिए मित्तल ने फ्रांसीसी दूरसंचार समूह विवेंडी के साथ एक सौदा किया। वह पहले भारतीय उद्यमी थे जिन्होंने मोबाइल दूरसंचार व्यवसाय को एक प्रमुख विकास क्षेत्र के रूप में पहचाना। उनकी योजनाओं को अंततः 1994 8 में सरकार द्वारा अनुमोदित किया गया और उन्होंने 1995 में दिल्ली में सेवाएं शुरू कीं, जबकि भारती सेल्युलर लिमिटेड (बीसीएल) का गठन 1997 में ब्रांड नाम एयरटेल के तहत सेलुलर सेवाएं प्रदान करने के लिए किया गया था। भारती कुछ ही सालों में एक कंपनी बन गई। 2 मिलियन मोबाइल ग्राहकों को पार करने वाली पहली दूरसंचार कंपनी। भारती ने 'इंडियावन' ब्रांड नाम के तहत भारत में एसटीडी/आईएसडी सेलुलर दरों को कम कर दिया है।

मई 2008 में, सुनील भारती मित्तल अफ्रीका और मध्य पूर्व में 21 देशों में कवरेज के साथ दक्षिण अफ्रीका स्थित दूरसंचार कंपनी एमटीएन समूह को प्राप्त करने की संभावना तलाश रहे थे। फाइनेंशियल टाइम्स ने बताया कि भारती एमटीएन में 100% हिस्सेदारी के लिए 45 बिलियन अमेरिकी डॉलर की पेशकश करना चाह रही है, जो किसी भारतीय फर्म द्वारा अब तक का सबसे बड़ा विदेशी अधिग्रहण होगा। हालांकि, दोनों पक्षों ने वार्ता की अस्थायी प्रकृति पर जोर दिया है, द इकोनॉमिस्ट पत्रिका ने ध्यान दिया कि "यदि कुछ भी हो, तो भारती शादी करने वाली है," क्योंकि एमटीएन के पास अधिक ग्राहक, उच्च राजस्व और व्यापक भौगोलिक पहुंच है। हालाँकि, वार्ता तब टूट गई जब MTN समूह ने भारती को नई कंपनी की सहायक कंपनी बनाकर वार्ता को उलटने की कोशिश की। मई 2009 में, भारती एयरटेल ने पुष्टि की कि वह एमटीएन के साथ बातचीत कर रही थी और कंपनियां 31 जुलाई 2009 तक संभावित लेनदेन पर चर्चा करने के लिए सहमत हो गई। वार्ता अंततः एक समझौते के बिना समाप्त हो गई, कुछ सूत्रों ने कहा कि यह दक्षिण अफ्रीकी सरकार के विरोध के कारण था।

जून 2010 में मित्तल के नेतृत्व में भारती जैन टेलीकॉम का अफ्रीकी कारोबार$10.7 बिलियन (उद्यम मूल्य) के लिए अधिग्रहण किया गया और यह किसी भारतीय दूरसंचार कंपनी द्वारा अब तक का सबसे बड़ा अधिग्रहण है। 2012 में, भारती ने पूरे भारत में कई रिटेल स्टोर खोलने के लिए अमेरिकी रिटेल दिग्गज वॉल-मार्ट के साथ करार किया। 2014 में, भारती ने लूप मोबाइल को 7 अरब रुपये में खरीदने की योजना बनाई, लेकिन बाद में सौदा टूट गया। उनके बेटे कविन भारती मित्तल हाइक मैसेंजर के सीईओ और संस्थापक हैं।

सितंबर 2010 में, मित्तल के बेटे, श्रविन मित्तल, भारती एयरटेल में एक प्रबंधक के रूप में शामिल हुए और न्यूयॉर्क में मेरिल लिंच और लंदन में अन्स्र्ट एंड यंग के लिए काम किया।

2012 में, मित्तल ने भारती इंफ्राटेल को आईपीओ के साथ सार्वजनिक किया, जिसने 760 मिलियन डॉलर जुटाए। मित्तल ने कहा कि बिक्री, जिसे कई लोग मामूली सफलता मानते थे, "योग्य निवेशकों द्वारा दृढ़ता से समर्थित" थी। आईपीओ से पहले बोर्ड का पुनर्गठन किया गया और मित्तल अध्यक्ष और प्रबंध निदेशक बने रहे। आईपीओ के बाद शुरुआती कारोबार में भारती इंफ्राटेल के शेयरों में भारी गिरावट आई।

2013 में, कुछ कंपनियों को एयरवेव्स के अतिरिक्त आवंटन के बारे में सवालों के जवाब देने के लिए मित्तल को दिल्ली की एक विशेष अदालत में पेश होने का आदेश दिया गया था। मित्तल पर अवैध रूप से अतिरिक्त स्पेक्ट्रम हासिल करने के लिए सरकार में प्रमुख दूरसंचार अधिकारियों के साथ मिलीभगत का आरोप लगाया गया है। मित्तल के खिलाफ कोई आरोप जारी नहीं किया गया था, हालांकि ट्रायल कोर्ट के जज ने कहा कि आगे बढ़ने के लिए रिकॉर्ड में पर्याप्त सामग्री थी।

2013 के अंत में, मित्तल ने वारिद कांगो के अधिग्रहण की घोषणा की, जिससे भारती एयरटेल कांगो गणराज्य में सबसे बड़ा दूरसंचार प्रदाता बन गया।

2015 में, सुनील मित्तल ने घोषणा की कि वह एक अंतरिक्ष इंटरनेट कंपनी वनवेब के बोर्ड में शामिल होंगे। मित्तल 500 मिलियन डॉलर के निवेश दौर में निवेशकों में से एक थे जिसमें कोका-कोला, वर्जिन और क्वालकॉम शामिल थे।

2016 में, मित्तल ने भारती एयरटेल को नया रूप दिया ताकि कंपनी जियो के लॉन्च के साथ प्रतिस्पर्धा कर सके। भारत की सबसे बड़ी दूरसंचार कंपनी बनने की दौड़ में।

2017 में, मित्तल ने भारत में आउटगोइंग और इनकमिंग कॉल के साथ-साथ अंतर्राष्ट्रीय रोमिंग शुल्क के लिए शुल्क समाप्त करके "रोमिंग पर युद्ध" की घोषणा की।

दूसरों का उपकार करने का सिद्धान्त

मित्तल भारती एंटरप्राइजेज की परोपकारी शाखा, भारती फाउंडेशन के माध्यम से भारत को शिक्षित करने के लिए काम कर रहे हैं। फाउंडेशन ने भारत भर के गांवों में स्कूल स्थापित किए हैं और गरीब बच्चों को मुफ्त किताबें, वर्दी और मध्याहन भोजन के साथ मुफ्त गुणवत्तापूर्ण शिक्षा प्रदान करता है।

सत्य भारती स्कूल कार्यक्रम' - फाउंडेशन का प्रमुख कार्यक्रम छह राज्यों में 254 स्कूल चला रहा है और 45,000 से अधिक ग्रामीण बच्चों को नि:शुल्क सेवा प्रदान कर रहा है। सत्य भारती स्कूल, मेरिट सपोर्ट और शिक्षा केंद्र कार्यक्रमों सहित अन्य शैक्षिक पहल वर्तमान में 11 राज्यों में 350,000 से अधिक वंचित बच्चों तक पहुंच रहे हैं। फाउंडेशन का एक अन्य कार्यक्रम जिसका वंचितों पर महत्वपूर्ण प्रभाव पड़ा है - 'सत्य भारती अभियान' (स्वच्छता)।

2017 में, भारती परिवार ने समाज के आर्थिक रूप से कमजोर वर्गों के योग्य युवाओं को शिक्षित करने के लिए विश्व स्तरीय विश्वविद्यालय, सत्य भारती विद्यापीठ की स्थापना के लिए परोपकार के लिए अपनी संपत्ति का 10% (लगभग 70 बिलियन रुपये) गिरवी रख दिया।

परिवार

मित्तल की शादी "दशकों" से शिक्षा पर केंद्रित परोपकारी न्याना मित्तल से हुई है। दंपति की एक बेटी और दो बेटे हैं, जो जुड़वाँ हैं, जिनका जन्म 31 अगस्त 1987 को हुआ था। बेटी, ईशा भारती पसरीचा, एक "जीवनशैली निवेशक", अपने पति, व्यवसायी शरण पसरीचा और उनके दो बच्चों के साथ लंदन में रहती हैं। एक बेटा, कविन भारती मित्तल, एक उद्यमी और हाइक के संस्थापक और सीईओ हैं, जो नई दिल्ली मुख्यालय वाली तकनीक और इंटरनेट स्टार्टअप है। एक अन्य पुत्र, श्रवण भारती मित्तल, लंदन स्थित उद्यम पूंजी और निजी इक्विटी फर्म अनबाउंड के संस्थापक और सीईओ हैं और भारती कॉर्पोरेट परिवार की लंदन मुख्यालय वाली शाखा, भारती ग्लोबल लिमिटेड के निदेशक हैं। वनवेब के सफल अधिग्रहण में उनकी महत्वपूर्ण भूमिका थी। अप्रैल 2015 में, शावरिन ने दिल्ली में साक्षी छाबड़ा से शादी की।

पुरस्कार और मान्यता

पद्म भूषण, भारत सरकार, 2007 35

ट्रांसफॉर्मिंग इंडिया लीडर, एनडीटीवी बिजनेस लीडर अवाइर्स

जीएसएम एसोसिएशन अध्यक्ष पुरस्कार, 2008

एशिया बिजनेसमैन ऑफ द ईयर, फॉर्च्यून पत्रिका, 2006

टेलीकॉम पर्सन ऑफ द ईयर, वॉयस एंड डेटा मैगज़ीन (इंडिया), 2006

सीईओ ऑफ द ईयर, फ्रॉस्ट एंड सुलिवन एशिया पैसिफिक आईसीटी अवाइर्स, 2006

वर्ष 2005-06 के सीईओ, बिजनेस स्टैंडर्ड

सर्वश्रेष्ठ एशियाई दूरसंचार सीईओ, दूरसंचार एशिया पुरस्कार, 2005

सर्वश्रेष्ठ सीईओ, भारत, संस्थागत निवेशक, 2005

बिजनेस लीडर ऑफ द ईयर, इकोनॉमिक टाइम्स, 2005

फ़िलान्थ्रोपिस्ट ऑफ़ द ईयर अवार्ड, द एशियन अवाइर्स, 2010

INSEAD बिजनेस लीडर अवार्ड, 2011

ऑनोरिस कॉसा डॉक्टरेट ऑफ साइंसेज (D.Sc.) डिग्री, एमिटी यूनिवर्सिटी गुड़गांव, 2016

मानद कौसा डॉक्टरेट ऑफ साइंसेज (डीएससी) डिग्री, श्री माता वैष्णो देवी विश्वविद्यालय, कटरा, जम्मू और कश्मीर, 2018

डॉक्टर मानद उपाधि, ESCP Business School, ESCP यूरोप, पेरिस, 2018

वैश्विक मोबाइल उद्योग ने सुनील भारती मित्तल को वैश्विक मोबाइल उद्योग में योगदान के लिए जीएसएमए बोर्ड, 2019 के अध्यक्ष के रूप में सम्मानित किया

उद्योग संघ और संबद्धता

अध्यक्ष, जीएसएम एसोसिएशन, 2017-19

मानद अध्यक्ष, इंटरनेशनल चैंबर ऑफ कॉमर्स (आईसीसी) सदस्य, अंतर्राष्ट्रीय दूरसंचार संघ (ITU) के दूरसंचार बोर्ड, सूचना और संचार प्रौद्योगिकी आयुक्त, सतत डिजिटल विकास के लिए ब्रॉडबैंड आयोग, ITU में लीड UN एजेंसी

अध्यक्ष, विश्व आर्थिक मंच की दूरसंचार संचालन समिति

सदस्य, अंतर्राष्ट्रीय व्यापार परिषद, विश्व आर्थिक मंच

सदस्य, निदेशक मंडल, कंतर फाउंडेशन एंडोमेंट

सदस्य, निदेशक मंडल, सॉफ्टबैंक कार्पोरेशन (2011-2013)

सदस्य, निदेशक मंडल, यूनिलीवर पीएलसी और यूनिलीवर एनवी (2011-2013)

सदस्य, निदेशक मंडल की अंतर्राष्ट्रीय सलाहकार समिति, एनवाईएसई यूरोनेक्स्ट (2008-2011)

सदस्य, निदेशक मंडल, स्टैंडर्ड चार्टर्ड बैंक पीएलसी (2007-2009)

सदस्य, निदेशक मंडल, हीरो होंडा मोटर्स (2006-2009)

अध्यक्ष, भारतीय उद्योग परिसंघ (CII) (2007-2008)

सह-अध्यक्ष, वार्षिक बैठक, विश्व आर्थिक मंच, दावोस (2007)

सदस्य, ग्लोबल जीएसएम एसोसिएशन बोर्ड (2003-2007)

अकादमी

सदस्य, वैश्विक सलाहकार परिषद, हार्वर्ड विश्वविद्यालय

सदस्य, भारत में कुलपति के सलाहकार बोर्ड, कैम्ब्रिज विश्वविद्यालय

सदस्य, डीन के सलाहकार बोर्ड, हार्वर्ड बिजनेस स्कूल (2010 - 2019)

सदस्य, शासी निकाय, लंदन बिजनेस स्कूल (2010 - 2013)

विश्व व्यापार

सह-अध्यक्ष, व्यापार और निवेश विकास कार्य बल, B20 अर्जेंटीना (2018)

सह-अध्यक्ष, व्यापार और निवेश विकास कार्य बल, B20 जर्मनी (2017)

सह-अध्यक्ष, एसएमई विकास कार्यबल, बी20 चीन (2016)

38
गोदरेज परिवार

गोदरेज परिवार

Top Richest People

गोदरेज परिवार एक भारतीय पारसी परिवार है जो 1897 में अर्देशिर गोदरेज और उनके भाई पिरोजशा बुर्जोरजी गोदरेज द्वारा स्थापित एक समूह गोदरेज समूह का प्रबंधन और बड़े पैमाने पर मालिक है। यह रियल एस्टेट, उपभोक्ता उत्पाद, औद्योगिक इंजीनियरिंग आदि जैसे विभिन्न क्षेत्रों में फैला हुआ है। उपकरण, फर्नीचर, सुरक्षा और कृषि उत्पाद। आदि गोदरेज, उनके भाई नादिर गोदरेज और चचेरे भाई जमशेद गोदरेज के नेतृत्व वाला परिवार भारत के सबसे धनी परिवारों में से एक है; 2014 तक अनुमानित कुल संपत्ति $11.6bn के साथ।

व्यवसाय में परिवार की उपस्थिति 1897 में बंबई में शुरू हुई, जब अर्देशिर गोदरेज ने अपने भाई पिरोजशा की मदद से शहर भर में बढ़ती अपराध दरों के बारे में समाचार पत्रों में लेख पढ़ने के बाद तालों का विकास और बिक्री शुरू की। अर्देशिर गोदरेज निःसंतान मर गए; पिरोजशा गोदरेज के बेटे बुर्जोर, सोहराब और नवल दूसरी पीढ़ी में सफल हुए। आज, पोते आदि, नादिर और जमशेद समूह का प्रबंधन करते हैं। प्रारंभिक उद्यम, गोदरेज ब्रदर्स, तब से विभिन्न क्षेत्रों में विविध हो गया है और गोदरेज उद्योग, गोदरेज एग्रोवेट, गोदरेज कंज्यूमर प्रोडक्ट्स, गोदरेज प्रॉपर्टीज, गोदरेज इंटेरियो और होल्डिंग कंपनी गोदरेज एंड बॉयस सहित गोदरेज समूह छतरी के नीचे कई कंपनियों में विकसित हुआ है।

मुंबई में एस्टेट

परिवार की सबसे बेशकीमती संपत्ति में मुंबई के विक्रोली में 3,500 एकड़ की संपत्ति है, जिसे अगर विकसित किया जाए तो इसकी कीमत 12 बिलियन डॉलर होगी; 2011 में, परिवार ने गोदरेज इंडस्ट्रीज और गोदरेज प्रॉपर्टीज के तहत एक संयुक्त उद्यम के माध्यम से 2017 तक तीन मिलियन वर्ग फुट विकसित करने की योजना की घोषणा की। 5 दशकों से, परिवार ने संपत्ति में लगभग 1,750 एकड़ मैंग्रोव दलदलों का संरक्षण किया है, जिसके कारण 2012 में फोर्ब्स पत्रिका की सबसे अमीर हरित अरबपतियों की सूची में आदि गोदरेज और जमशेद गोदरेज को शामिल किया गया था। गोदरेज परिवार ने 18 जून 2014 को होमी जे. भाभा का प्रतिष्ठित बंगला, मेहरानगीर रु. में खरीदा गया मुंबई में नेशनल सेंटर फॉर परफॉर्मिंग आर्ट्स द्वारा शुरू की गई नीलामी के माध्यम से 372 करोड़

सदस्य

गोदरेज ब्रदर्स के को-फाउंडर अर्देशिर गोदरेज

गोदरेज ब्रदर्स के को-फाउंडर पिरोजशा बुर्जोरजी गोदरेज

बुर्जोर गोदरेज

सोहराब पिरोजशा गोदरेज, ग्रुप चेयरमैन

नवल गोदरेज

आदि गोदरेज, अध्यक्ष, गोदरेज समूह

परमेश्वर गोदरेज, समाजवादी और एड्स कार्यकर्ता

पिरोजशा आदि गोदरेज, प्रबंध निदेशक और मुख्य कार्यकारी अधिकारी, गोदरेज प्रॉपर्टीज लिमिटेड

नादिर गोदरेज, प्रबंध निदेशक, गोदरेज इंडस्ट्रीज और अध्यक्ष, गोदरेज एग्रोवेट

जमशेद गोदरेज, अध्यक्ष, गोदरेज एंड बॉयस

नीरिका होल्कर, कार्यकारी निदेशक, गोदरेज एंड बॉयस

दान

परिवार पिरोजशा गोदरेज फाउंडेशन, सूनबाई पिरोजशा गोदरेज फाउंडेशन और गोदरेज मेमोरियल ट्रस्ट को नियंत्रित करता है।

ग्रन्थसूची

बीके करंजिया (1997)। गोदरेज : बिल्डर भी बढ़ता है। पेंगुइन पुस्तकें। आईएसबीएन 9780670879243।

बीके करंजिया (2004)। विजयात्मा: फाउंडर-प्रमोटर अर्देशिर गोदरेज। वाइकिंग। आईएसबीएन 9780670057627।

बीके करंजिया (2000)। अंतिम विजय: नौसेना पिरोजशा गोदरेज का जीवन और मृत्यु। वाइकिंग। आईएसबीएन 9780670896448।

सोहराब पिरोजशा गोदरेज; बीके करंजिया (2001)। प्रचुर जीवन, बेचैन प्रयासः एक संस्मरण। वाइकिंग। आईएसबीएन 9780670912056

39
अजीम प्रेमजी

अजीम प्रेमजी

Top Richest People

अजीम हाशिम प्रेमजी (जन्म 24 जुलाई 1945) एक भारतीय व्यापारी, निवेशक, इंजीनियर और परोपकारी हैं, जो विप्रो लिमिटेड के अध्यक्ष थे। प्रेमजी बोर्ड के गैर-कार्यकारी सदस्य और संस्थापक अध्यक्ष हैं। उन्हें अनौपचारिक रूप से भारतीय आईटी उद्योग के जार के रूप में जाना जाता है। वे सॉफ्टवेयर उद्योग में वैश्विक नेताओं में से एक के रूप में उभरने के लिए विविधीकरण और विकास के चार दशकों के माध्यम से विप्रो का मार्गदर्शन करने के लिए जिम्मेदार थे। 2010 में, एशियावीक ने उन्हें दुनिया के 20 सबसे शक्तिशाली पुरुषों में शामिल किया। टाइम पत्रिका ने उन्हें दो बार 100 सबसे प्रभावशाली लोगों में सूचीबद्ध किया है, एक बार 2004 में और सबसे हाल ही में 2011 में। 10 वर्षों के लिए, वह नियमित रूप से 500 सबसे प्रभावशाली मुसलमानों की सूची में रहे हैं। वह अजीम प्रेमजी विश्वविद्यालय, बैंगलोर के कुलाधिपति के रूप में भी कार्य करते हैं। पर्मजी को भारत सरकार द्वारा भारत के दूसरे सर्वोच्च नागरिक पुरस्कार पद्म विभूषण से सम्मानित किया गया है।

ब्लूमबर्ग बिलियनेयर्स इंडेक्स के अनुसार वह 32.8 बिलियन अमेरिकी डॉलर की अनुमानित संपत्ति के साथ भारत के सबसे अमीर लोगों में से एक हैं। 2013 में, उन्होंने गिविंग प्लेज पर हस्ताक्षर किए और अपनी संपत्ति का कम से कम आधा हिस्सा देने पर सहमत हुए। प्रेमजी ने अजीम प्रेमजी फाउंडेशन को 2.2 बिलियन डॉलर का दान देकर शुरुआत की, जो भारत में शिक्षा पर केंद्रित है। वह 2020 एडलगिव हुरुन इंडिया परोपकार सूची में शीर्ष पर रहे। 16 2019 में, वह चैरिटी के लिए बड़ी रकम देने के कारण फोर्ब्स इंडिया रिच लिस्ट में दूसरे स्थान से गिरकर 17 वें स्थान पर आ गए।

प्रेमजी का जन्म बॉम्बे, भारत में एक गुजराती मुस्लिम परिवार में हुआ था। उनके पिता एक प्रसिद्ध उद्योगपति थे और उन्हें बर्मा के राइस किंग के रूप में जाना जाता है। पाकिस्तान के संस्थापक मुहम्मद अली जिन्ना ने अपने पिता मोहम्मद हशम प्रेमजी को पाकिस्तान आने का निमंत्रण दिया, उन्होंने अनुरोध को अस्वीकार कर दिया और भारत में रहना पसंद किया।

प्रेमजी ने स्टैनफोर्ड विश्वविद्यालय से इलेक्ट्रिकल इंजीनियरिंग में विज्ञान स्नातक की उपाधि प्राप्त की है। 20 उन्होंने यास्मीन प्रेमजी से शादी की है। दंपति के दो बेटे रिशद और तारिक हैं। रिशद प्रेमजी वर्तमान में मुख्य रणनीति अधिकारी, आईटी व्यवसाय, विप्रो हैं।

करियर

1945 में, मोहम्मद हाशिम प्रेमजी ने महाराष्ट्र के जलगाँव जिले के एक छोटे से गाँव अमलनेर में वेस्टर्न इंडियन वेजिटेबल प्रोडक्ट्स लिमिटेड की स्थापना की। इसने ब्रांड नाम सूरजमुखी संयंत्र के तहत खाना पकाने के तेल और 787 नामक कपड़े धोने के साबुन का उत्पादन किया, जो तेल उत्पादन का एक उपोत्पाद है। 1966 में, अपने पिता की मृत्यु की खबर पर, तत्कालीन 21 वर्षीय अजीम प्रेमजी विप्रो का कार्यभार संभालने के लिए स्टैनफोर्ड विश्वविद्यालय से घर लौटे, जहाँ वे इंजीनियरिंग की पढ़ाई कर रहे थे। कंपनी, जो उस समय वेस्टर्न इंडियन वेजिटेबल प्रोडक्ट्स के रूप में जानी जाती थी, हाइड्रोजनीकृत तेल के उत्पादन के व्यवसाय में थी, लेकिन अज़ीम प्रेमजी ने बाद में कंपनी को बेकरी वसा, जातीय-आधारित प्रसाधन, बालों की देखभाल करने वाले साबुन, शिशु प्रसाधन, प्रकाश उत्पादों और हाइड्रोलिक सिलेंडरों में विविधता प्रदान की। . 1980 के दशक में, युवा उद्यमी ने उभरते हुए आईटी क्षेत्र के महत्व को पहचानते हुए, आईबीएम के भारत से बाहर होने से पीछे छूटे शून्य का लाभ उठाया, कंपनी का नाम विप्रो रखा और मिनीकंप्यूटर का निर्माण करके हाई-टेक क्षेत्र में प्रवेश किया। एक अमेरिकी कंपनी Sentinel Computer Corporation के साथ सहयोग। उसके बाद प्रेमजी ने अपना ध्यान साबुन से हटकर सॉफ्टवेयर की ओर लगाया।

पहचान

दुनिया में सबसे तेजी से बढ़ती कंपनी के रूप में विप्रो के उभरने के लिए जिम्मेदार होने के लिए बिजनेस वीक द्वारा प्रेमजी को "सर्वश्रेष्ठ उद्यमी" नामित किया गया है।

2000 में, उन्हें मणिपाल एकेडमी ऑफ हायर एजुकेशन द्वारा डॉक्टरेट की मानद उपाधि से सम्मानित किया गया। 2006 में अजीम प्रेमजी को नेशनल इंस्टीट्यूट ऑफ इंडस्ट्रियल इंजीनियरिंग, मुंबई द्वारा लक्ष्य बिजनेस विजनरी से सम्मानित किया गया।

2009 में, उन्हें उनके उत्कृष्ट परोपकारी कार्यों के लिए मिडलटाउन, कनेक्टिकट में वेस्लीयन विश्वविद्यालय द्वारा डॉक्टरेट की मानद उपाधि से सम्मानित किया गया। 2015 में, मैसूर विश्वविद्यालय ने उन्हें डॉक्टरेट की मानद उपाधि से सम्मानित किया।

2005 में, भारत सरकार ने उन्हें व्यापार और वाणिज्य के क्षेत्र में उत्कृष्ट कार्य के लिए पद्म भूषण की उपाधि से सम्मानित किया।

2011 में, उन्हें भारत सरकार के दूसरे सर्वोच्च नागरिक पुरस्कार पद्म विभूषण से सम्मानित किया गया था।

अप्रैल 2017 में, इंडिया टुडे पत्रिका ने उन्हें 2017 में भारत के 50 सबसे शक्तिशाली लोगों में 9वें स्थान पर रखा।

2018 में, प्रेमजी को फ्रांसीसी सरकार द्वारा सर्वोच्च फ्रांसीसी नागरिक सम्मान शेवेलियर डे ला लेगियन डी'होनूर (नाइट ऑफ द लीजन ऑफ ऑनर) से सम्मानित किया गया था।

दिसंबर 2019 में, प्रेमजी को फोर्ब्स पत्रिका द्वारा एशिया-प्रशांत क्षेत्र में "30 परोपकारी नायकों" में से एक के रूप में उद्धृत किया गया था। 35

2019 में, फोर्ब्स ने प्रेमजी को अमेरिका के बाहर दुनिया के सबसे उदार परोपकारी लोगों में से एक बताया।

दूसरों का उपकार करने का सिद्धान्त

अजीम प्रेमजी फाउंडेशन

2001 में, उन्होंने एक गैर-लाभकारी संगठन अजीम प्रेमजी फाउंडेशन की स्थापना की।

दिसंबर 2010 में, उन्होंने भारत में स्कूली शिक्षा में सुधार के लिए 2 बिलियन अमेरिकी डॉलर दान करने का संकल्प लिया। यह विप्रो लिमिटेड के 213 मिलियन इक्विटी शेयरों को अजीम प्रेमजी ट्रस्ट को स्थानांतरित करके किया गया था, जो इसके द्वारा नियंत्रित कुछ संस्थाओं द्वारा आयोजित किया गया था। यह दान भारत का सबसे बड़ा दान है। मार्च 2019 में, प्रेमजी ने अपने विप्रो स्टॉक का 34% अतिरिक्त बेच दिया।फाउंडेशन को वचन दिया। लगभग US$7.5 बिलियन के वर्तमान मूल्य पर, यह आवंटन फाउंडेशन के लिए उसकी कुल बंदोबस्ती को US$21 बिलियन कर देगा।

मई 2020 में, अजीम प्रेमजी फाउंडेशन ने कोरोनोवायरस महामारी से निपटने के लिए परीक्षण बुनियादी ढांचे का विस्तार करने के लिए नेशनल सेंटर फॉर बायोलॉजिकल साइंसेज और इंस्टीट्यूट फॉर स्टेम सेल साइंस एंड रीजनरेटिव मेडिसिन के साथ सहयोग किया।

फाउंडेशन ने धोखाधड़ी वाले ईमेलों के खिलाफ चेतावनी दी है जो फाउंडेशन से होने का दावा करते हैं और झूठा दान मांगते हैं।

देने की शपथ

प्रेमजी ने कहा है कि उन्हें अमीर होने के बारे में "रोमांचित" महसूस नहीं हुआ। वह गिविंग प्लेज के लिए साइन अप करने वाले पहले भारतीय बने, वॉरेन बफेट और बिल गेट्स द्वारा संचालित एक अभियान, जो धनी लोगों को परोपकारी कार्यों के लिए अपना अधिकांश धन देने के लिए प्रतिबद्ध करने के लिए प्रोत्साहित करता है। वह रिचर्ड ब्रैनसन और डेविड सेन्सबरी के बाद क्लब में शामिल होने वाले तीसरे गैर-अमेरिकी हैं।

मेरा दृढ़ विश्वास है कि हममें से जिन्हें धन का सौभाग्य प्राप्त है, उन्हें लाखों लोगों के लिए एक बेहतर दुनिया बनाने की कोशिश में महत्वपूर्ण योगदान देना चाहिए।

अप्रैल 2013 में, उन्होंने कहा कि उन्होंने पहले ही अपनी व्यक्तिगत संपत्ति का 25 प्रतिशत से अधिक दान में दे दिया है।

जुलाई 2015 में, उन्होंने विप्रो में अपनी हिस्सेदारी का 18% अतिरिक्त योगदान दिया, जिससे उनका अब तक का कुल योगदान 39% हो गया।

गिविंग प्लेज पर हस्ताक्षर करने वाले पहले भारतीय, उनका जीवन भर का दान अब 21 बिलियन अमेरिकी डॉलर है। अप्रैल 2019 में, अजीम प्रेमजी शीर्ष भारतीय परोपकारी बन गए।

एडलगिव हुरुन इंडिया परोपकार सूची

10 नवंबर 2020 को हुरुन इंडिया और एडलगिव द्वारा जारी "इंडियाज मोस्ट जेनरस" सूची में अजीम प्रेमजी शीर्ष पर रहे। उन्होंने वित्त वर्ष 2019-20 में £79.04 बिलियन का दान दिया, जो वित्त वर्ष 19 में $4.53 बिलियन से 17 गुना अधिक है। शिक्षा उनके दान का प्राथमिक कारण है। उन्होंने £9,713 करोड़ (US$1.33 बिलियन) का दान करके FY21 में अपनी स्थिति बनाए रखी।

40
राहुल बजाज

राहुल बजाज

राहुल बजाज (10 जून 1938 - 12 फरवरी 2022) एक भारतीय अरबपति व्यापारी थे। वह भारतीय समूह बजाज समूह के अध्यक्ष एमेरिटस थे। 2001 में, उन्हें भारत के तीसरे सर्वोच्च नागरिक पुरस्कार, पद्म भूषण से सम्मानित किया गया।

बजाज का जन्म 10 जून 1938 को कमलनयन बजाज और सावित्री बजाज के घर हुआ था। वह भारतीय स्वतंत्रता सेनानी जमनालाल बजाज के पोते थे, जो महात्मा गांधी के करीबी सहयोगी थे। बजाज हार्वर्ड बिजनेस स्कूल, सेंट स्टीफेंस कॉलेज, दिल्ली, गवर्नमेंट लॉ कॉलेज, मुंबई और अमेरिका में कैथेड्रल और जॉन कॉनन स्कूल के पूर्व छात्र थे।

करियर

बजाज ने 1965 में बजाज समूह का अधिग्रहण किया। पांच दशकों से अधिक के करियर में, उन्होंने समूह के प्रमुख बजाज ऑटो का कारोबार £7.5 करोड़ से £12,000 करोड़ तक ले लिया, कंपनी का स्कूटर बजाज चेतक मुख्य विकास चालक रहा।

बजाज ने 2005 में अपनी भूमिका से इस्तीफा दे दिया और उनके बेटे राजीव समूह के प्रबंध निदेशक बन गए। बजाज ने बजाज ऑटो को 2008 में तीन इकाइयों में विभाजित किया: बजाज ऑटो, बजाज फिनसर्व और एक होल्डिंग कंपनी। उन्होंने मार्च 2019 में चेयरमैन एमेरिटस बनने के लिए बजाज फिनसर्व के अध्यक्ष और गैर-कार्यकारी निदेशक के पद से इस्तीफा दे दिया। अप्रैल 2021 में, बजाज ने अपने चचेरे भाई नीरज बजाज को पद सौंपते हुए, बजाज ऑटो के गैर-कार्यकारी अध्यक्ष के रूप में पद छोड़ दिया, जो कंपनी के अध्यक्ष एमेरिटस बने हुए हैं।

2006-2010 की अवधि के लिए, प्रमोद महाजन की मृत्यु से खाली हुई सीट को भरने के लिए, बजाज को भारत की संसद के ऊपरी सदन राज्यसभा के लिए चुना गया था।

बजाज 1979-1980 और 1999-2000 में दो बार भारतीय उद्योग परिसंघ (CII) के अध्यक्ष चुने गए। भारतीय उद्योग के लिए उनके उत्कृष्ट कार्य के लिए, भारत के तत्कालीन राष्ट्रपति प्रणब मुखर्जी ने उन्हें 2017 में लाइफटाइम अचीवमेंट के लिए CII राष्ट्रपति पुरस्कार प्रदान किया।

बजाज के कुछ अन्य पदों में इंडियन एयरलाइंस के चेयरमैन, वर्ल्ड इकोनॉमिक फोरम में इंटरनेशनल बिजनेस काउंसिल के चेयरमैन, इंडियन इंस्टीट्यूट ऑफ टेक्नोलॉजी बॉम्बे में बोर्ड के चेयरमैन, ब्रुकिंग्स इंस्टीट्यूट में इंटरनेशनल एडवाइजरी काउंसिल के सदस्य और ए. हार्वर्ड बिजनेस स्कूल में दक्षिण एशिया सलाहकार बोर्ड के सदस्य।

बजाज को 2001 में भारत का तीसरा सर्वोच्च नागरिक सम्मान पद्म भूषण मिला।

फोर्ब्स की 2016 की दुनिया के अरबपतियों की सूची में, उन्हें 2.4 बिलियन अमेरिकी डॉलर की संपत्ति के साथ 722वां स्थान दिया गया था।

व्यक्तिगत जीवन और मृत्यु

उनके बेटे राजीव बजाज और संजीव बजाज उनकी कंपनियों के प्रबंधन में शामिल हैं। उनकी बेटी सुनैना की शादी टेमासेक इंडिया के पूर्व प्रमुख मनीष केजरीवाल से हुई है।

बजाज का निमोनिया से 12 फरवरी 2022 को 83 वर्ष की आयु में निधन हो गया। उन्हें पहले पुणे के रूबी हॉल क्लिनिक में भर्ती कराया गया था और अस्पताल में उनका इलाज चल रहा है। मौत से पहले उन्हें कैंसर और दिल की बीमारी भी थी।

41
सैम वाल्टन

सैम वाल्टन

सैमुअल मूर वाल्टन (29 मार्च, 1918 - 5 अप्रैल, 1992) एक अमेरिकी व्यवसायी और उद्यमी थे, जिन्हें खुदरा विक्रेताओं वॉलमार्ट और सैम क्लब की स्थापना के लिए जाना जाता है। वॉल-मार्ट स्टोर्स इंक। राजस्व के साथ-साथ दुनिया के सबसे बड़े निजी नियोक्ता के रूप में दुनिया का सबसे बड़ा निगम बन गया। एक समय वाल्टन अमेरिका के सबसे धनी व्यक्ति थे।

सैमुअल मूर वाल्टन का जन्म किंगफिशर, ओक्लाहोमा में थॉमस गिब्सन वाल्टन और नैन्सी ली के घर हुआ था। वह 1923 तक अपने माता-पिता के साथ उनके खेत में रहे। हालांकि, खेत ने परिवार को पालने के लिए पर्याप्त पैसा नहीं दिया और थॉमस वाल्टन ने खेत को गिरवी रख दिया। उन्होंने अपने भाई की वाल्टन मॉर्टगेज कंपनी के लिए काम किया, जो मेट्रोपॉलिटन लाइफ इंश्योरेंस के लिए एक एजेंट था, जहां उन्होंने ग्रेट डिप्रेशन के दौरान खेत पर अनुमान लगाया था।

वह और उसका परिवार (अब एक दूसरा बेटा, जेम्स, 1921 में पैदा हुआ) ओक्लाहोमा से आकर बस गया। वे कई वर्षों के लिए एक छोटे से शहर से दूसरे शहर में चले गए, ज्यादातर मिसौरी में। जबकि शेलबीना, मिसौरी में आठवीं कक्षा में, सैम राज्य के इतिहास में सबसे कम उम्र का ईगल स्काउट बन गया। वयस्क जीवन में, वाल्टन अमेरिका के बॉय स्काउट्स से प्रतिष्ठित ईगल स्काउट अवार्ड के प्राप्तकर्ता बने।

परिवार अंततः कोलंबिया, मिसौरी चला गया। ग्रेट डिप्रेशन के दौरान बढ़ते हुए, उन्होंने अपने परिवार के लिए सिरों को पूरा करने में मदद करने के लिए काम किया, जैसा कि उस समय आम था। उन्होंने परिवार की गाय का दूध निकाला, अतिरिक्त बोतलबंद किया और ग्राहकों के पास ले गए। उसके बाद, वह कोलंबिया डेली ट्रिब्यून अखबारों को पेपर रूट से वितरित करेगा। इसके अतिरिक्त, उन्होंने पत्रिका सदस्यताएँ बेचीं। कोलंबिया के डेविड एच। हिकमैन हाई स्कूल से स्नातक होने के बाद, उन्हें "मोस्ट वर्सटाइल बॉय" चुना गया।

वाल्टन अपनी हाई स्कूल वार्षिकी, 1936 में

हाई स्कूल के बाद, वाल्टन ने अपने परिवार का समर्थन करने के लिए एक बेहतर तरीका खोजने की उम्मीद में कॉलेज जाने का फैसला किया। उन्होंने ROTC कैडेट के रूप में मिसौरी विश्वविद्यालय में भाग लिया। इस दौरान उन्होंने खाने के बदले वेटिंग टेबल समेत कई तरह के छोटे-मोटे काम किए। साथ ही कॉलेज में रहते हुए, वाल्टन बीटा थीटा पाई बिरादरी के जीटा फी अध्याय में शामिल हो गए। उन्हें क्यूईबीएच, परिसर में प्रसिद्ध गुप्त समाज, जो शीर्ष वरिष्ठ पुरुषों का सम्मान करता है, और स्कैबार्ड और ब्लेड, राष्ट्रीय सैन्य सम्मान समाज द्वारा भी टैप किया गया था। इसके अतिरिक्त, वाल्टन ने मिसौरी विश्वविद्यालय और स्टीफेंस कॉलेज में एक बड़े छात्र निकाय बुरल बाइबल क्लास के अध्यक्ष के रूप में कार्य किया। 1940 में अर्थशास्त्र में डिग्री के साथ स्नातक होने के बाद, उन्हें कक्षा का "स्थायी अध्यक्ष" चुना गया।

इसके अलावा, उन्होंने समझाया कि उन्होंने छोटी उम्र से ही यह सीख लिया था कि बच्चों के लिए यह महत्वपूर्ण है कि वे घर में मदद करें, लेने वाले के बजाय देने वाले बनें। सेना में सेवा करते हुए, वाल्टन ने महसूस किया कि वह खुदरा क्षेत्र में जाना चाहता है और अपने लिए व्यवसाय करना चाहता है।

वाल्टन कॉलेज से स्नातक होने के तीन दिन बाद, वह डेस मोइनेस, आयोवा में एक प्रबंधन प्रशिक्षु के रूप में जेसी पेनी में शामिल हो गए। स्थिति ने उन्हें प्रति माह $ 75 अर्जित किया। वाल्टन ने जे.सी. पेनी के साथ लगभग 18 महीने बिताए। द्वितीय विश्व युद्ध में सेवा के लिए सेना में शामिल होने की प्रत्याशा में उन्होंने 1942 में इस्तीफा दे दिया। इस बीच, उन्होंने ओक्लाहोमा के तुलसा के पास एक ड्यूपॉन्ट मूनिशन प्लांट में काम किया। इसके तुरंत बाद, वाल्टन अमेरिकी सेना खुफिया कोर में सेना में शामिल हो गए, जो विमान संयंत्रों और युद्ध शिविरों के कैदियों की सुरक्षा की निगरानी करते थे। इस क्षमता में उन्होंने साल्ट लेक सिटी, यूटा में फोर्ट डगलस में सेवा की। आखिरकार वह कप्तानी तक पहुंचे।

पहले भंडार

1945 में, सेना छोड़ने के बाद, वाल्टन ने 26 साल की उम्र में अपने पहले किस्म के स्टोर का प्रबंधन संभाला। अपने ससुर से $ 20,000 के ऋण की मदद से, सेना में रहते हुए उन्होंने $ 5,000 की बचत की, वाल्टन ने न्यूपोर्ट, अरकंसास में बेन फ्रैंकलिन के वैरायटी स्टोर को खरीदा। यह स्टोर बटलर ब्रदर्स चेन की फ्रैंचाइजी थी।

वाल्टन ने कई अवधारणाएँ पेश कीं जो उनकी सफलता के लिए महत्वपूर्ण थीं। वाल्टन के अनुसार, लोग घर पर खरीदारी करेंगे यदि वह कार द्वारा चार घंटे दूर शहरों में दुकानों की तुलना में अच्छी या बेहतर कीमतों की पेशकश करता है। वाल्टन ने यह सुनिश्चित किया कि अलमारियों में वस्तुओं की एक विस्तृत श्रृंखला के साथ लगातार स्टॉक किया गया था। उनका दूसरा स्टोर, छोटा "ईगल" डिपार्टमेंटल स्टोर, उनके पहले बेन फ्रैंकलिन और न्यूपोर्ट में उनके मुख्य प्रतियोगी के बगल में था।

जैसे ही तीन वर्षों में बिक्री $80,000 से बढ़कर $225,000 हो गई, वाल्टन ने जमींदार पीके होम्स का ध्यान आकर्षित किया, जिनके परिवार का खुदरा व्यापार में इतिहास था। सैम की महान सफलता की सराहना करते हुए, और अपने बेटे के लिए स्टोर (और फ्रैंचाइज़ी अधिकार) को फिर से हासिल करना चाहते हैं, उन्होंने पट्टे को नवीनीकृत करने से इनकार कर दिया। बिक्री के 5% के निषेधात्मक रूप से उच्च किराए के साथ नवीकरण विकल्प की कमी, वाल्टन के लिए शुरुआती व्यावसायिक सबक थे। वाल्टन को बाहर करने के लिए मजबूर

करने के बावजूद, होम्स ने $50,000 में स्टोर की वस्तु-सूची और जुड़नार खरीदे, जिसे वाल्टन ने "उचित मूल्य" कहा।

पट्टे पर एक वर्ष शेष था, लेकिन स्टोर प्रभावी रूप से बिक गया, वह, उसकी पत्नी हेलेन और उसकासासरे अर्कांसस के बेंटनविले के डाउनटाउन स्क्वायर पर एक नए स्थान की खरीद के लिए बातचीत करने में कामयाब रहे। वाल्टन ने इस शर्त पर एक छोटे से डिस्काउंट स्टोर और भवन के शीर्षक की खरीद के लिए बातचीत की कि वह एक निकटवर्ती स्टोर में विस्तार करने के लिए 99 साल का पट्टा प्राप्त करता है। एक पड़ोसी स्टोर के मालिक ने छह बार मना कर दिया, और वाल्टन ने बेंटनविले को मना कर दिया जब उसके ससुर, सैम से अनभिज्ञ थे, ने स्टोर के मालिक से अंतिम मुलाकात की और पट्टे को सुरक्षित करने के लिए $ 20,000 की पेशकश की। सौदा पूरा करने और हेलेन के पिता को चुकाने के लिए पहले स्टोर की बिक्री से काफी कुछ बचा था। उन्होंने 9 मई, 1950 को एक दिन की रीमॉडलिंग सेल के साथ कारोबार शुरू किया।

बेंटनविले स्टोर खरीदने से पहले, यह बिक्री में $72,000 कर रहा था और यह पहले साल बढ़कर $105,000 हो गया और फिर $140,000 और $175,000 हो गया।

बेन फ्रैंकलिन स्टोर्स की एक श्रृंखला

नए बेंटनविले "फाइव एंड डाइम" के व्यवसाय के लिए खुले होने और 220 मील दूर न्यूपोर्ट में अपने पट्टे पर एक वर्ष शेष रहने के साथ, नकदी-संकटग्रस्त युवा वाल्टन को प्रतिनिधि बनाना सीखना पड़ा।

अब तक दो दुकानों के साथ (और युद्ध के बाद के बेबी बूम के पूर्ण प्रभाव के साथ), सैम अधिक स्थानों को खोजने और अधिक बेन फ्रैंकलिन फ्रेंचाइजी खोलने के लिए उत्साहित था। (इसके अलावा, पहिये के पीछे अनगिनत घंटे बिताने और उनके करीबी भाई जेम्स "बड" वाल्टन युद्ध में पायलट होने के कारण, उन्होंने एक छोटा सेकंड-हैंड विमान खरीदने का फैसला किया। उन्होंने और उनके बेटे जॉन दोनों ने बाद में पूरा किया। पायलट और लॉग हजारों घंटों की खोज और पारिवारिक व्यवसाय का विस्तार करता है।)

1954 में, उन्होंने अपने भाई बड के साथ रस्किन हाइट्स, कैनसस सिटी, मिसौरी में एक शॉपिंग सेंटर में एक स्टोर खोला। अपने भाई और ससुर की मदद से सैम ने कई नए किस्म के स्टोर खोले। उन्होंने अपने प्रबंधकों को व्यवसाय में निवेश करने और इक्विटी हिस्सेदारी लेने के लिए प्रोत्साहित किया, अक्सर उनके स्टोर में $1000 तक, या आगे आउटलेट खोलने के लिए। (इसने प्रबंधकों को अपने प्रबंधकीय कौशल को तेज करने और उद्यम में अपनी भूमिका का स्वामित्व लेने के लिए प्रेरित किया।) 1962 तक, अपने भाई बड के साथ, अरकंसास, मिसौरी और कंसास में उनके 16 स्टोर थे (पंद्रह बेन फ्रैंकलिन में और एक स्वतंत्र, में फेयेटविले)।

सैम वाल्टन को खुदरा श्रृंखला उद्योग में सबसे महान परियोजना उद्यमियों में से एक के रूप में जाना जाता है। उन्हें सीखने का बहुत शौक था। उन्होंने यह जानने के लिए देश भर के वॉलमार्ट्स का बार-बार अघोषित दौरा किया कि कौन से स्थानीय नवाचार काम कर रहे हैं जिन्हें अन्य वॉलमार्ट्स के साथ साझा किया जा सकता है। उन यात्राओं में से एक पर, वह स्टोर के प्रवेश द्वार पर "नमस्ते" कहते हुए और सहयोगी से पूछ रहा था कि वह क्या कर रहा है, वह आश्चर्यचकित था। अभिवादक ने समझाया कि उसका मुख्य काम दुकानदारों को प्रवेश द्वार के माध्यम से भुगतान किए बिना स्टोर से माल लेने से हतोत्साहित करना था। वाल्टन खुश हुए और पूरी श्रृंखला में अपने "सहयोगियों" के साथ नवाचार साझा किया।

पहला वॉलमार्ट

मुख्य लेख: वॉलमार्ट का इतिहास

पहला द्र वॉलमार्ट 2 जुलाई, 1962 को रोजर्स, अर्कांसस में खुला। वॉल-मार्ट डिस्काउंट सिटी स्टोर कहा जाता है, यह 719 वेस्ट वॉलनट स्ट्रीट पर स्थित था। उन्होंने अमेरिकी निर्मित उत्पादों को बेचने का दृढ़ प्रयास शुरू किया। इन प्रयासों में अमेरिकी निर्माताओं को खोजने की इच्छा शामिल है जो संपूर्ण वॉलमार्ट श्रृंखला के लिए विदेशी प्रतिस्पर्धा को पूरा करने के लिए कम लागत वाले माल की आपूर्ति कर सकते हैं।

जैसे-जैसे मीजर स्टोर चेन बढ़ती गई, इसने वाल्टन का ध्यान खींचा। उन्होंने स्वीकार किया कि उनका वन-स्टॉप-शॉपिंग सेंटर प्रारूप मीजर की मूल नवीन अवधारणा पर आधारित था। अमेरिकी डिस्काउंट स्टोर चेन की प्रचलित प्रथा के विपरीत, वाल्टन के स्टोर बड़े शहरों के बजाय छोटे शहरों में रखे गए हैं। ग्राहकों के करीब रहने के लिए उस वक्त छोटे शहरों में आउटलेट खोलना ही एकमात्र विकल्प था। वाल्टन के मॉडल ने दो फायदे पेश किए। सबसे पहले, मौजूदा प्रतिस्पर्धा सीमित थी और दूसरी बात, अगर एक दुकान शहर और उसके आसपास के कारोबार पर हावी होने के लिए काफी बड़ी थी, तो अन्य व्यापारियों को बाजार में प्रवेश करने से हतोत्साहित किया जाएगा।

अपने मॉडल को काम करने के लिए, उन्होंने रसद पर जोर दिया, विशेष रूप से वॉलमार्ट के क्षेत्रीय गोदामों के एक दिन की ड्राइव के भीतर दुकानों का पता लगाने और अपनी ट्रकिंग सेवा के माध्यम से वितरित किया। बड़ी मात्रा में खरीदारी और कुशल वितरण ने नाम के ब्रांड के मर्चेंडाइज को छूट पर बेचने की अनुमति दी। इस प्रकार, 1977 में 190 स्टोर से 1985 में 800 तक निरंतर वृद्धि हासिल की गई।

इसके पैमाने और आर्थिक प्रभाव को देखते हुए, वॉलमार्ट किसी भी क्षेत्र में एक महत्वपूर्ण प्रभाव डालता है जहां यह एक स्टोर स्थापित करता है। इन सकारात्मक और नकारात्मक दोनों प्रभावों को "वॉलमार्ट प्रभाव" का नाम दिया गया है। 25

व्यक्तिगत जीवन

वाल्टन ने वेलेंटाइन डे के दिन 14 फरवरी, 1943 को हेलेन रॉबसन से शादी की। 8 उनके चार बच्चे थे: 1944 में पैदा हुए सैमुअल रॉबसन (रॉब), 1948 में पैदा हुए जॉन थॉमस (1946-2005), जेम्स कैर (जिम) और 1949 में पैदा हुए एलिस लुईस।

वाल्टन ने विभिन्न धर्मार्थ कारणों का समर्थन किया। वह और हेलेन बेंटनविले में प्रथम प्रेस्बिटेरियन चर्च में सक्रिय थे; 27 सैम ने एक पिता और संडे स्कूल शिक्षक, हाई स्कूल उम्र के छात्रों के रूप में सेवा कीसिखाया नहीं। मण्डली में 28 परिवारों ने महत्वपूर्ण योगदान दिया। वाल्टन ने वॉलमार्ट के कॉर्पोरेट ढांचे में "नौकर नेतृत्व" की अवधारणा पर काम किया और यह एक सेवक नेता के रूप में मसीह की अवधारणा पर आधारित था और ईसाई धर्म के आधार पर दूसरों की सेवा करने के महत्व पर जोर दिया।

वाल्टन का बालों वाली कोशिका ल्यूकेमिया के लिए निदान और उपचार किया गया था।

मौत

5 अप्रैल, 1992 (वॉलमार्ट की तीसवीं वर्षगांठ के तीन महीने बाद) लिटिल रॉक, अर्कांसस में वाल्टन की मृत्यु मल्टीपल मायलोमा, रक्त कैंसर के एक रूप से हुई। उनकी मृत्यु का समाचार सभी 1,960 वॉलमार्ट स्टोर्स में उपग्रह के माध्यम से प्रसारित किया गया था। 33 उस समय, उनकी कंपनी में 380,000 लोग कार्यरत थे। 1,735 वॉलमार्ट, 212 सैम क्लब और 13 सुपरसेंटर से लगभग $50 बिलियन की वार्षिक बिक्री उत्पन्न होती है।

उन्हें बेंटनविले कब्रिस्तान में सुपुर्द-ए-खाक किया गया। उन्होंने वॉलमार्ट में अपना स्वामित्व अपनी पत्नी और बच्चों के लिए छोड़ दिया: रॉब वाल्टन ने वॉलमार्ट के अध्यक्ष के रूप में अपने पिता की जगह ली, और जॉन वाल्टन 2005 की विमान दुर्घटना में अपनी मृत्यु तक निदेशक थे। अन्य सीधे कंपनी में शामिल नहीं हैं (शेयरधारकों के रूप में उनके मतदान अधिकारों के अलावा), हालांकि उनके बेटे जिम वाल्टन अरवेस्ट बैंक के अध्यक्ष हैं। 2005 तक, वाल्टन परिवार के पास संयुक्त राज्य अमेरिका के शीर्ष दस सबसे अमीर व्यक्तियों में से पांच थे। सैम के भाई बड वाल्टन की दो बेटियां - ऐन क्रोनके और नैन्सी लॉरी - कंपनी में छोटे शेयर रखती हैं।

विरासत

1998 में, वाल्टन को टाइम की 20वीं सदी के 100 सबसे प्रभावशाली लोगों की सूची में शामिल किया गया था। वाल्टन को उनकी मृत्यु से एक महीने पहले मार्च 1992 में खुदरा क्षेत्र में उनके काम के लिए सम्मानित किया गया था, जब उन्होंने तत्कालीन राष्ट्रपति जॉर्ज एचडब्ल्यू बुश से स्वतंत्रता का राष्ट्रपति पदक प्राप्त किया था।

फोर्ब्स ने 1982 से 1988 तक संयुक्त राज्य अमेरिका में सैम वाल्टन को सबसे अमीर व्यक्ति के रूप में स्थान दिया, 1989 में जॉन क्लूज को पीछे छोड़ दिया, जब संपादकों ने वाल्टन के भाग्य को उनके और उनके चार बच्चों के लिए संयुक्त रूप से जिम्मेदार ठहराया। (बिल गेट्स 1992 में सूची में सबसे ऊपर थे, जिस वर्ष वाल्टन की मृत्यु हुई थी।) वॉल-मार्ट स्टोर्स, इंक। सैम का क्लब वेयरहाउस स्टोर भी संचालित करता है। वॉलमार्ट संयुक्त राज्य अमेरिका और पंद्रह से अधिक अंतरराष्ट्रीय बाजारों में संचालित होता है, जिनमें शामिल हैं: अर्जेंटीना, ब्राजील, कनाडा, चिली, चीन, कोस्टा रिका, अल सल्वाडोर, ग्वाटेमाला, भारत, दक्षिण अफ्रीका, बोत्सवाना, घाना, मलावी, मोजाम्बिक, नामीबिया, तंजानिया , युगांडा, जाम्बिया, केन्या, लेसोथो, इस्वातिनी (स्वाज़ीलैंड), होंडुरास, जापान, मैक्सिको, निकारागुआ और यूनाइटेड किंगडम।

अर्कांसस विश्वविद्यालय में, उनके सम्मान में कॉलेज ऑफ बिजनेस (सैम एम। वाल्टन कॉलेज ऑफ बिजनेस) का नाम रखा गया है। वाल्टन को 1992 में जूनियर अचीवमेंट यूएस बिजनेस हॉल ऑफ फेम में शामिल किया गया था।